GOETHE

Sein Leben in Bildern und Texten
Vorwort von Adolf Muschg
Herausgegeben von Christoph Michel
Gestaltet von Willy Fleckhaus
Insel Verlag

Feb. 2005
Kristina Lechner Jg. 1212

Der vorliegende Band folgt dem von Ernst Freud und Ilse Grubrich-Simitis erstmals für die Bildbiographie Sigmund Freuds entwickelten inhaltlich-editorischen Strukturschema: *Sigmund Freud. Sein Leben in Bildern und Texten.* Suhrkamp Verlag, Frankfurt, 1976.
Der Insel Verlag übernimmt Aufbau und Titelformulierung dieses Buches für diese Autoren-Bildbände.

Druck: Offizin Andersen Nexö, Leipzig
Printed in Germany
Erste Auflage 1982

3 4 5 6 – 04 03 02 01 00

Inhalt

Der »ungeheure Riß« und die Behauptung der individuellen »Ganzheit«. Von den Siegen Napoleons bis zum Ende der Befreiungskriege. Weimar 1806 bis 1814

Die ›dritte Jugend‹. »Vergangenes und Gegenwärtiges in Eins«. Weimar 1814 bis 1832

Anhang

Goethe der Einzige, Goethe das Beispiel. Von Adolf Muschg

Was denn nun?
Der beispielhafte Mensch richtet sich an eine definierbare Gesellschaft und setzt eine solche voraus. Er verkörpert eine Norm, an ihrer verklärten obern Grenze, gewiß – aber er verkörpert sie. Er läßt sich vergleichen und fordert auf zum Vergleich; seine Leistung, und damit seine Größe, ist meßbar. – Der Einzige aber steht, jenseits oder abseits der Norm, nur für sich selbst.
Wenn sich die Nebelwand der Superlative teilt, läßt sie ein Stück Wahrheit durchblicken; es ist eine widersprüchliche und bedenkliche Wahrheit. Leider ist es wahr, daß Goethe einzig dasteht in einer Kultur, die, anders als die englische oder französische, keine gesellschaftliche, keine öffentliche Kultur mehr war, sondern eine private Leistung Vereinzelter. Goethes Leben und Werk einen Glücksfall zu nennen ist nur auf dem Hintergrund deutscher Misere möglich, also nicht erlaubt. Er war begünstigt, das war sein Glück. Begünstigt durch seine Herkunft aus dem Patriziat der Freien Reichsstadt Frankfurt, deren bürgerliche Traditionen die Katastrophe des Dreißigjährigen Krieges überdauert hatten. Begünstigt durch das Selbstvertrauen einer Mutter, die den Reichtum ihrer Natur nicht hatte verkümmern müssen; durch eine Erziehung zur Sympathie, die ihn Freunde finden und an Freundschaft glauben ließ. Daß er Wurzeln hatte, erlaubte ihm Bewegung; er konnte mit Krisen umgehen, denn er hatte weniger als andere um seine Identität fürchten gelernt und brauchte darum ihre Verwandlung nicht zu fürchten. Wahrlich kein Normalfall deutscher Sozialisation. Der Sohn aus gutem Haus, der 1775 sein klassisches Weimarer Domizil bezog, hatte sich nicht im Verdacht, ein Fürstenknecht zu sein; er blieb (beinahe) frei, aufzubrechen, wohin er wollte. Ein solcher Gebrauch der eigenen Kraft kam minder Begünstigten wie ein Naturereignis vor. In ihm konnten sie lieben – wenn es ihnen die Selbstüberwindung erlaubte –, was sie am meisten entbehrten. Schon in Schillers theoretischen Schriften steht Goethe als die Ausnahme da: ihr Glanz aber beruht eben darauf, daß sich von ihr keine Brücke schlagen läßt zur Tristesse der Regel. Die vergötterte Erscheinung kann keine gesellige sein: zu dieser würde die korrespondierende Entwicklung eines äußeren Ganzen gehören.
Aber hat Goethe nicht ebendies geleistet: die Entwicklung zu einem Ganzen, und beruht nicht eben darauf das Beispiel- und Musterhafte? Es ist wahr: er hat, durch sein Leben nicht minder als durch sein Werk, ein kulturelles Maß gesetzt, dessen Natürlichkeit im Wortsinn bestechend ist: es vermag über seinen Ausnahme-Charakter zu täuschen, mit der eigenen Leistung zu spielen, ja ihrer zu spotten. Die Krisen seines Lebens sind nicht zu nennen, die Brüche des Werks nicht zu zählen (aber wie eifrig sind sie genannt und gezählt worden) – zusammen gesehen suggerieren sie den Schein – die *Möglichkeit* – einer ganzen Existenz; zusammenwirkend machen sie Sinn. Sie machen Sinn, und öffnen die Sinne. Man kann von Goethe keine Zeile lesen, und wäre es die nachlässigste; man kann keinen Zug seiner Physiognomie betrachten, ohne erschüttert und gerührt zu sein. Erschüttert über die historische Unwahrscheinlichkeit des Gelingens; gerührt von der Sorglosigkeit, die er – so scheint es – dabei walten ließ. Eine geglückte Existenz? Doch wohl nach keinem bekannten Maßstab, wenn man nicht unterschlagen und schönen will. Wieviel Treulosigkeit oder schwer erträgliche Diplomatie im Verkehr mit Menschen, wieviel Pedanterie im Umgang mit Sachen; wieviel Abwehr und Fluchtverhalten vor starken Gefühlen und humaner Zumutung; welche Schlafsucht in Situationen der Entscheidung; wieviel offene Todes- und also verheimlichte Lebensangst! Und das Werk, von der Lebensarbeit weniger abzulösen als bei jedem andern: voller Idiosynkrasien und Manierismen, voller Privatheiten, deren Mitteilung pompös wirken müßte, wäre da nicht soviel unwillkürliche Anmut in der Selbstbehauptung, solch ruhige Sicherheit in der Richtigstellung unsicherer Verhältnisse, ein Maß des persönlich Plausiblen, dessen Vertraulichkeit den Leser einnimmt und seinen Widerstand überspielt, als könnte es gar nicht anders sein. Goethes Gestus, nicht – oder nicht immer – seine Themen, macht uns die Täuschung weis und wahr, hier

rede ein Klassiker aus der gesammelten Weisheit von Generationen und auf dem gesicherten Boden einer allgemeinen Kultur.
Aber es ist Einzelarbeit, und ihr Boden ist das hohe Seil. Was Goethe darauf Fuß vor Fuß zu setzen erlaubt, als wäre es sicherer Boden, ist ein phänomenaler Gleichgewichtssinn; in diesem delikaten und zerbrechlichen Organ sitzt sie, diese ganze Kultur. Und nur an den Stellen, wo der Schritt unsicher, der Abgrund unter ihm fühlbar wird, wird es auch die Leistung: dieser Mensch stützt sich auf keine Kultur; er bringt eine hervor. Die schöpferische Goethe-Rezeption, von Schiller über Thomas Mann hinaus, hat sich an diesem Schauspiel erregt und war nicht immer weit von der Feststellung, daß es eigentlich nicht sein kann oder nicht sein darf; daß so viel Ausnahme bei so wenig Regel moralisch unerlaubt, ästhetisch unhaltbar sei. Regelsüchtige können Goethe nicht lieben, ohne an ihm zu leiden; das Zähneknirschen der Schulmeister war nie zu überhören, wenn sie diesen Menschen ihren Schülern zur Andacht empfahlen, ohne seinen Lebenswandel empfehlen zu dürfen; seine Lieben waren zum Auswendiglernen, aber nicht zur Nachfolge bestimmt. So hat Goethe der Kultur, die sich auf ihn berief, immer einen merkwürdigen Kraftakt zugemutet und die Pfäfflein aller Provenienzen dazu verführt, in seinem Namen Schwarze Messen gegen ihre Überzeugungen zu lesen, ein Mißtrauensvotum gegen ihre Lebensmühe abzugeben. Daß auch die Größten der von Goethe Betroffenen bestätigten, ihnen sei dem Vortrefflichen gegenüber keine Freiheit geblieben als die Liebe, war eigentlich Hexerei – weil es so überaus natürlich schien.
»Vortrefflich« ist aber kein Wort für Naturereignisse: vortreffliche Bäume gibt es so wenig wie vortreffliche Erdbeben. Es gibt nur vortreffliche Arbeit. Es war Arbeit, was Goethe Leben und Werk gelingen und das Gelingen natürlich erscheinen ließ, die Arbeit eines Einzelnen; wie Gnade wirkt sie nur, weil man ihr das Schwere nicht anmerkt, nein: weil das Schwere daran nicht schwer geblieben ist. Kunst habe es mit dem »Schweren und Guten« zu tun, so sein eigenes Wort. Aber sie beläßt es nicht dabei; sie macht das Schwere gut – sie heitert es auf, bis die Frage nach dem moralisch Guten so unhaltbar wird wie die nach dem Gegenteil. Das Notwendige läßt die Not vergessen, aus der es geboren war, und nimmt die Freiheit des Spiels an – ohne ganz zu verbergen (daher die Erschütterung, die Rührung), daß es ein *angenommenes* Spiel ist. Angenommen im zweifachen Sinn: der Spieler fingiert es, und er macht es sich ganz zu eigen. »Sehr ernste Scherze« hat Goethe den »Faust« genannt, das lebenslängliche Hauptwerk, dessen später Abschluß von seiner Nicht-Schlüssigkeit nicht zu trennen ist; ein von Vers zu Vers *zwangloses* Werk, das den Erdenrest, den es mitführt, unbefangen »peinlich« nennen darf. Der Widerstand gegen jede Vollendung, die nur ironisch gegeben, der Himmelskönigin zu weiterer Metamorphose anvertraut werden kann, leidet es nicht, überspielt zu werden; aber er wird zum Mitspielen verführt wie der Teufel an Fausts Grab, sinnlich entzückt gegen seinen Willen. Dieser zur Teilnahme erzogene, aber ungelöste Widerspruch ist kein Fall für Verklärung. Aber für Erheiterung. Das Schöne sei, sagt Rilke, nichts als des Schrecklichen Anfang – an seinem Ende steht bei Goethe das Heitere, die Erhellung der Konfliktstoffe im Spiel, das sie nicht aufgehen, sondern mitwirken heißt: die Kunst als Tao – in dem denn auch der Widerspruch zwischen Goethe dem Einzigen und Goethe dem Beispiel zu lösen wäre; lösbar nicht wie ein logisches Rätsel, sondern körperlich loszulassen wie ein Krampf im Bein, wie ein überständiges Hindernis im Bewußtsein. Goethes Beispiel kann nur dann Schule machen, wenn es keine Schüler macht. Wer es sich zu Herzen genommen hat, der eröffnet sein eigenes Spiel, oder er hat den Meister nicht verstanden. Es ist die alte Zen-Geschichte von Guteis Finger. Der Meister liebte es, seine Belehrung mit erhobenem Finger zu begleiten, das war sein Tic und sein Markenzeichen. Eines Tages sieht er seinen liebsten Schüler ein Gleiches tun. Gutei springt herzu und schneidet den erhobenen Finger ab. Als der Junge in Schock und Schmerz erstarrt, hebt der Meister langsam seinen Finger. In diesem Augenblick wird der Schüler erleuchtet:

jetzt ist Alles Eins, Finger und Nicht-Finger; jetzt braucht er kein Schüler mehr zu sein. In Goethes Sprache: »Drum sei ein Mann und folge mir nicht nach.« Das ist wohl mehr als die Bitte, sich von Werther nicht in den Selbstmord – gelbe Hose, blauer Frack – locken zu lassen. Ich höre darin das Verbot vor Nachahmung überhaupt und die Anstiftung zum Eigensinn (Hesses Lieblingswort). Nur bei Eigen-Sinnigen ist die Freiheit hinreichend aufgehoben – und die gemeinschaftliche Kultur. Das fängt bei der Aufmerksamkeit für das eigene Gesicht an und endet nicht mit der Verweigerung des Kriegsdienstes.

Und was ist mit der Nachahmung der Natur?

So hat sich die abendländische Kunst seit der Antike verstanden: als nachgeahmte Natur. Goethe scheint mir auch darin ein Beispiel (es darf nicht vereinzelt bleiben), daß er diesem Verhältnis einen neuen Sinn gegeben hat. Er macht seinen Zeitgenossen – und seinen Nachgeborenen – einen andern Umgang mit der Natur *vor*. Die »Farbenlehre« – die er für sein wichtigstes Werk hielt – ist ein einziges Kompendium angemessener Verkehrsformen mit der Natur. Die Gegenstände der Erkenntnis sollen (wie »Erkennen« in alter Bedeutung besagt) Gegenstände der Liebe werden. Dahinter steht das Bewußtsein einer Krise. Solange die Natur übermächtig gewesen war, schien sie der Schonung durch den Menschen nicht zu bedürfen (obwohl »primitive« Kulturen es anders wußten). Jetzt aber hat der Fortschritt der Maschinen diesen Überfluß erschöpft. Die unterworfene Natur beginnt zu verstummen. In den Herrschaftstechniken der Naturwissenschaft – für Goethe verkörpert in der Newtonschen Spektralanalyse – spürte er den Angriff auf die Intaktheit der Natur. Und, da auch das erkennende Subjekt Natur ist: die Selbstverkürzung, ja mögliche Selbstzerstörung des Menschen. Wenn die Natur dem Geist, der sie mit Zählen und Rechnen begriff, zu gleichen begann, ging für Goethe eine Welt unter – eine Welt kreatürlicher Verwandtschaft, lebensrettender Beziehungen, lebendiger Entwicklung. Dieser drohende Weltuntergang, der sich für Goethe als magischer Verrat, als Ausscheren aus dem Bündnis der Lebendigen, dargestellt hatte, ist heute keine Metapher mehr. Wir können es nachrechnen, wenn wir es nicht spüren: daß der Spott über Goethes »Unwissenschaftlichkeit« auf einen Wissenschaftsbegriff zurückfällt, der dazu erzogen wurde, seinen Gegenständen – vom Versuchstier bis zum Atomkern – Gewalt zu tun. Sein wissenschaftlicher Takt sagte Goethe, daß Gefühl in der Hand sein muß, die nach der Natur greift, und daß nicht jeder Griff erlaubt ist; daß ein ausbeutendes Verhältnis zum Objekt sich rächt in der Verarmung des Subjekts; daß es zwischen beiden Korrespondenzverhältnisse zu entdecken, zu pflegen, ja zu retten gibt. Denn die Beziehung ist gefährdet, und der Beziehungslose ist – mag er auch Triumphe der Machbarkeit feiern – in Gefahr. Es gilt die empfindliche Weisheit zu schützen vor der unempfindlichen Wissenschaft. Die Tragweite *dieses* Goethe hat Rudolf Steiner gefühlt; für die Praxis unserer Zivilisation bleibt sie, spät genug, noch zu entdecken. Wir können heute wissen, daß für ihre Lebensfragen lineare Antworten nicht ausreichen. Wir müssen in Netzen, gestaltförmig denken lernen, und wir dürfen unsern Sinnen stärker trauen als unsern Maschinen. Das Subjekt braucht sich von ihnen nicht mehr unterschlagen zu lassen. Die nachbarlich-dilettantische Gefühls- und Naturweisheit, die wir nötig haben, ist bei Goethe vorgebildet; auch durch sie ist er ein Vorbild. Denn »dilettare« hat mit Lieben und Freude zu tun. Bei Goethe kann ich die Fähigkeit ausbilden, das, was ich tue, zu mögen – und nicht mehr alles zu tun, was ich kann.

Es hat Gründe, daß das Interesse an Goethe vital ist; daß schon die Zeitgenossen in seinen Zügen so gebannt gelesen haben wie in seinen Büchern: als wäre da eine lebenswichtige Wahrheit verzeichnet. Ein Uomo universale in einem Universum, dessen Auflösung, im Zeichen des Fortschritts, auf der historischen Tagesordnung steht; der souveräne und eigensinnige Dilettant mitten im großen Aufbruch der Fachleute; der Repräsentant einer Kultur, die sich nur ironisch repräsentieren läßt, weil sie Postulat oder Utopie, jedenfalls im Sozialen – wohin das Repräsentative gehört – keine Realität ist: Goethes

Erscheinung ist inkommensurabel, ein Wunder, aber nicht der Natur, sondern pointiert: der Kunst, obwohl diese Kunst wie keine andere natürlich, natur-bezogen wirkt; ist also Arbeit und Gnade in denkwürdigem Gleichgewicht. Goethe kann jedem, der zu seinen Zeugnissen greift, wie der Erste Mensch erscheinen, ein neuer Adam, der Dingen und Mitgeschöpfen noch einmal, von frischem, die Namen gibt, die ihnen gehören, und der vom Baum der Erkenntnis etwas Heilsameres gepflückt hat als die Gewißheit des Todes und das Bewußtsein von Schuld. Aber das Bild des noch einmal mit dem Ganzen gesegneten Anfangs täuscht, denn es ist selbstgeschaffen, ist Erfahrung *und* Erfindung eines Einzelnen; keine bekannte Größe unserer Kultur ist so selbsterschaffen wie diese. Und wieder täuscht sie nicht; denn in solcher Autonomie, solcher Erfindung kommt nicht nur die Schöpfung zur Sprache, sondern der Schöpfer zum Wort.

Das Kunstwerk als Schöpfungsgeheimnis, und die Schöpfung als Werk der Kunst: darin ist Goethe nicht nur ursprünglich, darin ist er modern. Dieser Einzelne steht auf der schmalen Höhe zwischen Kulturstiftung – der Arbeit des Herakles – und Vereinzelung: der Lage des Poeten in der Industriegesellschaft. Goethes Werk ist Kulturstiftung in der Vereinzelung und unter ihren Bedingungen; davon, fast nur davon reden seine späten Arbeiten. Wie schließt sich das obdachlos gewordene Individuum mit seinesgleichen zusammen; wie schließt es sich an das zerstreute Ganze an; wie, mit welchen Mitteln der Kunst, mit welchem Einsatz des Lebens, bildet es ein neues Ganzes? Das ist das Thema der »Wanderjahre«, wo die Bildung zum Ganzen unter den Bedingungen seines Verlusts erforscht wird; die Fundierung des Einzelnen unter den Bedingungen seiner »Auswanderung«, die Heimat unter den Bedingungen der Fremde, die »Meisterschaft« unter den Bedingungen der Arbeitsteiligkeit. »Daß ein Eignes wir suchen, so weit es auch ist« – die Sorge von Goethes Arbeit ist die Produktivität des konkreten Eigenwillens inmitten und gegen zunehmend abstrakte Verhältnisse; die Bewahrung der Sinnlichkeit im Angesicht des Sinnverkehrten; das Leben gegen die Lebensbedrohung. Goethes Reisen, die realen in die Schweiz, den winterlichen Harz, nach Italien oder an den Rhein und die imaginären Reisen nach Persien oder China, sind Expeditionen gegen die Erstarrung *und* Standhalten gegen die Flucht der Zeit. Es sind magische Koloniebildungen, die aus der geschichtlichen Dimension ausgebrochen und in der Vertikale des Ursprünglichen befestigt sind. Sie vermitteln, von Satz zu Satz und Vers zu Vers, ein Repertoire von Bewegung, das dem »berechtigten Mann« – und der berechtigten Frau –, selbst wenn es sich um eine »kleinste Schar« handelt, gemeinschaftlichen Widerstand und persönliche Entwicklung erlaubt gegen den Tod bei lebendigem Leib; das den Sinn für das *Mögliche* wachhält, den möglichen Anfang in jedem *auch* möglichen Ende.

Das ist Goethes Genie: im tiefsten Reiz der Kunst den Anreiz zur Lebenskunst fortzupflanzen. Wenn Kunst symbolisches Handeln ist, so wird bei Goethe die Anweisung zum Handeln einlösbar als Spiel; Spiel um ein *ganzes* Leben. Nicht einem Dichter schulden wir die Aktualität seines Werks, sondern uns selbst.

Goethe der Einzige, der Titan, wie er seiner Zeit erschienen ist; Goethe der Vereinzelte, der moderne Autor, wie er uns erscheint: eine so zweideutige Stellung geht nicht ohne menschliches Zwielicht ab. Kein zweiter deutscher Autor hat so warm und so kalt gewirkt. Der »Egoist in ungewöhnlichem Grade«, der »kein Moment der Ergießung« hat, das »Wesen«, das »die Menschen nicht um sich herum aufkommen lassen« soll, die »stolze Prüde, der man ein Kind machen muß, um sie vor der Welt zu demütigen«, der elbische All-Ironiker und großzügige Ausbeuter seiner Nächsten – von Schiller bis zu Thomas Mann und Martin Walser hat die eifersüchtige Verehrung nichts verschwiegen, was ihr an Goethe sauer geworden ist und die Frömmigkeit vor seiner Erscheinung verbietet. Kein Satz der Liebe, der versuchten Nähe, für den sich nicht aus demselben Mund ein bitterer Gegen-Satz finden ließe; Grillparzer schildert seine zwei Besuche bei Goethe, als wäre er verschiedenen Personen begegnet. Nicht nur für das Ressentiment, auch für das Leiden stellt Goethes Existenz eine Kränkung dar und sein haushälterischer Umgang mit Gefühlen und Beziehungen ein Unrecht an der Wahrheit. Aber an ihrem tiefsten Punkt wollte sich die Kränkung nie halten lassen. Glanz und Schein sind bei Goethes Leistung nicht zu trennen; aber der Schein lügt nicht, wenn er auf die Nacht verweist, der dieser zart gebildete Olymp abgewonnen und keineswegs enthoben ist, gegen die er – aber im Zeichen der Versöhnung, des gewagtesten Austauschs – jeden Tag befestigt werden muß. Goethes Meisterschaft ist nicht das Produkt einer gesicherten, sondern einer gewagten Existenz. Die Kräfte der Erschütterung, die sie zugleich bedrohen und nähren, vermag der Betrachter am eigenen Leib zu spüren; in der Transformation dieser unentbehrlichen chaotischen Energie besteht die eigentliche kulturbildende Kraft von Goethes Werk. In diesem selbst hat die Ambivalenz der Verehrung ihren Grund; denn auch hier findet sich kein Satz, der nicht nachbebte vom Bewußtsein all dessen, was gegen ihn spricht und zu sprechen fortfährt. Ironie – aber Ironie als Anstiftung zum Schaffen *trotzdem*; Kunst als Entwurf auf eine zweite Natur hin, die wir uns aneignen müssen, nachdem die ursprüngliche Natur uns nicht mehr hält; Trauer-Arbeit also am untergegangenen Urvertrauen als Vorleistung auf eine wohl oder übel selbstgeschaffene Welt, die ihre Quellen reinhalten, ihre Dämonen versöhnen lernt.

Goethe traute der Weltgeschichte nicht; sie war kein Träger, von dem er sich den Sinn der menschlichen Existenz hätte verbürgen lassen. Dieser sprang für ihn quer zur Geschichte auf, im Widerstand gegen ihre unheilbare Willkür. Er war zu eröffnen, dieser Sinn, im Testament der Kunst, als einer unerschöpflichen Spielregel für persönliche Lebensarbeit, für das Waltenlassen von Polarität und Steigerung, für die Vermittlung von Freiheit und Ordnung, Oben und Unten, Ursprung und Gegenwart in jedem Augenblick. Und dieser Sinn war chancenlos ohne offene Sinne; ohne die Fähigkeit, sich von der Kunst-Natur von Fall zu Fall neue, lebensrettende Organe aufschließen zu lassen; er hing ganz und gar an der Rettung der Sinnlichkeit. Sie allein lehrt wahrnehmen und im Vertrauen auf die Wahrnehmung handeln; und von ihr lebt Goethes Kunst bis ins Alterswerk, wo sie sich ins Zeichenhafte zusammenzieht: geballte Energie zur Verwandlung toter Masse in menschliche Bewegung.

Nicht nur in der Geschichte, auch in der Gesellschaft fand Goethe keinen Garanten der Humanität; er glaubte nicht an die humane Wirksamkeit verbesserter sozialer Maschinen. Um so mehr setzte er seine Kunst daran, das Individuum wandlungsfähig und unveräußerlich zu machen; die allem Natürlichen eingeborene Kompetenz der Entwicklung für den Einzelnen zu retten. Stirb und werde – das ist die Maxime eines neuen Maquis, einer Widerstandsbewegung im Untergrund der Geschichte, die Fühlung mit der mütterlichen Erde behält, die Vaterstelle vertreten kann an jedem bedrohten verwandten Geschöpf und Gebilde. Verbunden sind diese Vereinzelten durch keine Satzung, auch wenn Goethe, von der Turmgesellschaft bis zur Pädagogischen Provinz, immer wieder mit Verfassungen für seine Utopie spielt: das sind Wittgensteinsche Leitern, die abwerfen kann, wer die Mauer der Erfahrung erstiegen hat. Die Erfahrung aber, die die Vereinzelten über Land und Ozean hinweg zum »Band« macht, ist die gelernte und durch keinen Sachzwang beirrbare Aufmerksamkeit für das Lebendige um uns und in uns. Hier wird die Kunst Umgangssprache, Umgangsform; sie fragt nicht nach Warum und Wozu, sie spricht aus dem Wie. In der Form sind die möglichen Inhalte der Humanität gespeichert, zugleich fest und offen, notwendig und frei; was das Kunstwerk ausmacht, macht es zugleich *vor*: es enthält die Utopie des möglichen, vielleicht wieder möglichen Sozialen. Denn Ästhetik hat mit Wahrnehmen zu tun, und zureichende Wahrnehmung findet den Andern.

Die Unveräußerlichkeit des Einzelnen, der Primat der Umgangsform, die Verteidigung der Sinne – das sind keine unpolitischen Maximen im Zeitalter industrieller Weltwirtschaft, das zu Goethes Lebzeiten aufgebrochen ist und dessen Apokalypse wir erleben und vielleicht nicht überleben. Wäre Goethes

Lebensarbeit auf eine inhaltliche Position reduzierbar, so würde sie uns nichts helfen. Da sie aber Form ist, das heißt: gesammelte Bewegung, stiftet sie zur Bewegung an und ermutigt dazu. Das »Buch der Freunde«, das im »West-östlichen Divan« vorgesehen war, blieb ungeschrieben: an seine Stelle traten die »Noten und Abhandlungen«, die nicht mehr *über* Freunde reden, sondern den Gestus der Freundschaft verwirklichen, zur Bundesgenossenschaft der räumlich und zeitlich Zerstreuten herausfordern. Es gibt auch keinen dritten »Meister«-Roman, in dem der Name des Helden programmatisch eingelöst würde. Aber die »Wanderjahre« geben, durch offene Behandlung des Kunstwerks, durch Konzentration auf das Eine, das nottut, die Bedingungen an, unter denen der Dienst am Menschen zu meistern wäre; unter denen die Meisterschaft eine Sache unter Brüdern wird. Es ist der Leser, der halten lernen soll, was das Buch verspricht. Der »Faust« endet im Himmel – aber die wundervoll-ironische Umstimmung des Dramas zur Oper läßt den Geist ahnen, in dem die Entwicklung zum Menschen auch *ohne* die Gnade des Himmels möglich wäre. Fiktion als Vor-Schein des Guten und Schönen, das wahr nur wird, wenn wir es verwirklichen: das ist keine unverbindliche Größe mehr.

Wir mögen Goethes Einzigkeit, den Ausdruck seiner Vereinzelung, als Glücks- oder Trauerfall betrachten. Behandeln müssen wir sie als unsere Sache. Beispielhaft war er durch die Kultur, die er seiner Vereinzelung, einem leider repräsentativen Befund *unserer* Zivilisation, abgewonnen hat. Ob sie noch einmal Kultur wird, ob sie auch nur zum Überleben reicht, wird daran zu messen sein, was wir aus Goethes vertrauensvoller Zumutung machen – *wie* wir den Mut haben, mit ihr wie mit uns zu leben.

Ein wunderbares Lied ist euch bereitet:
Vernehmt es gern und jeden ruft herbey.
Durch Berg' und Thäler ist der Weg geleitet;
Hier ist der Blick beschränkt, dort wieder frey,
Und wenn der Pfad sacht in die Büsche gleitet,
So denket nicht, daß es ein Irrthum sey;
Wir wollen doch, wenn wir genug geklommen,
Zur rechten Zeit dem Ziele näher kommen.

Doch glaube keiner, daß mit allem Sinnen
Das ganze Lied er je enträthseln werde:
Gar viele müssen vieles hier gewinnen,
Gar manche Blüthen bringt die Mutter Erde;
Der eine flieht mit düsterm Blick von hinnen,
Der andre weilt mit fröhlicher Geberde:
Ein jeder soll nach seiner Lust genießen,
Für manchen Wandrer soll die Quelle fließen.

1 Aus Goethes ›Biographischem Schema‹ (1809)

1742. / Carl VII. gekrönt. 24. Jan*[uar]* / residirt zu Frankfurt. / mein Vater zum kayserl*[ichen]* / Rath ernannt. 16. März. [. . .]
1745. / Carl der VII stirbt 20. Jan. / Franz der I. gekrönt d*[en]* 13. S*[eptember]* [. . .]
1747. / Achner Friede.
1748. / Heirat meiner Eltern
1749 / geb*[oren]* d*[en]* 28 Aug*[ust]* mit dem Schlage 12 Mittag.

So prächtig die Krönung Karls des Siebenten gewesen war, . . . so war doch die Folge für den guten Kaiser desto trauriger, der seine Residenz München nicht behaupten konnte und gewissermaßen die Gastfreiheit seiner Reichsstädter anflehen mußte. War die Krönung Franz' des Ersten nicht so auffallend prächtig wie jene, so wurde sie doch durch die Gegenwart der Kaiserin Maria Theresia verherrlicht, deren Schönheit ebenso einen großen Eindruck auf die Männer scheint gemacht zu haben, als die ernste würdige Gestalt und die blauen Augen Karls des Siebenten auf die Frauen . . .
›Dichtung und Wahrheit‹ I 1

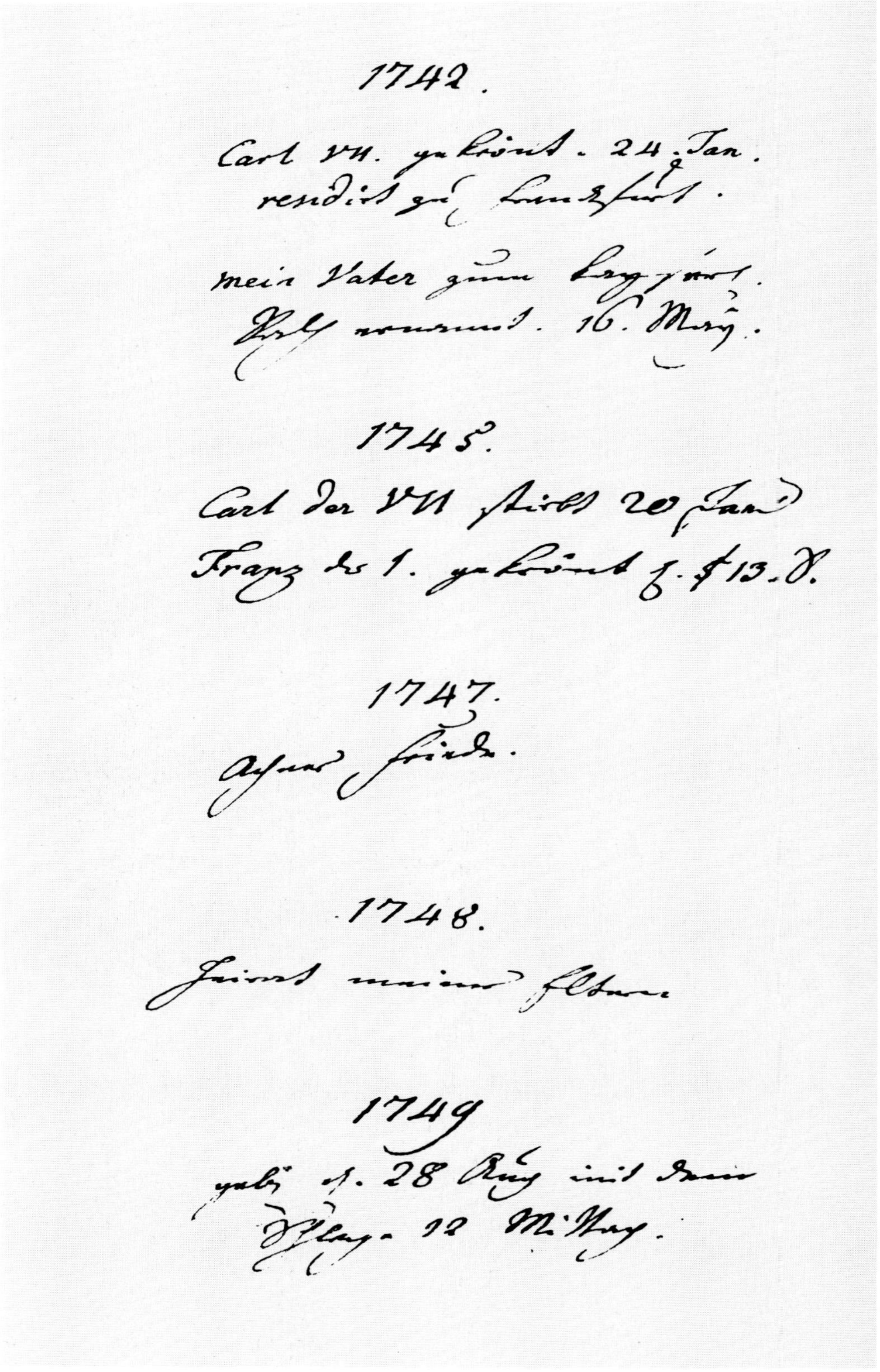
1742.
Carl VII. gekrönt. 24. Jan.
residirt zu Frankfurt.
mein Vater zum kayserl.
Rath ernannt. 16. März.
1745.
Carl der VII stirbt 20 Jan.
Franz der I. gekrönt d. 13. S.
1747.
Achner Friede.
1748.
Heirat meiner Eltern
1749
geb. d. 28 Aug mit dem
Schlage 12 Mittag.

2, 3 Vignette und Ausschnitt der Chronik aus dem ›Ausführlichen Diarium‹ der Krönung Franz' I. 1745

4 Bildnis Karls VII. *(vorm. Kurfürst Karl Albrecht von Bayern), 1742-1745 deutscher Kaiser*

An eine Begegnung mit dem Kaiser in ihrem 13. Lebensjahr erinnerte sich Goethes Mutter (Bericht Bettina Brentanos): »Damals [1744] war Carl VII. mit dem Zunamen: der Unglückliche, in Frankfurt; an einem Charfreytag begegnete sie ihm, wie er mit der Kaiserin Hand in Hand, in langem schwarzen Mantel die Kirchen besuchte. Beyde hatten Lichter in der Hand, die sie gesenkt trugen . . .› ich verließ ihn nicht, folgte ihm in alle Kirchen, überall knieete er auf der letzten Bank unter den Bettlern und legte sein Haupt eine Weile in die Hände; wenn er wieder empor sah, war mir's allemal wie ein Donnerschlag in der Brust. Da ich nach Hause kam war meine alte Lebensweise weg . . . wie wenn ein großes Thor in meiner Brust geöffnet wär. Da er einmal offne Tafel hielt, drängte ich mich durch die Wachen und kam in den Saal . . .; seine Gesundheit wurde von allen anwesenden großen Herrn getrunken und die Trompeten schmetterten dazu, da jauchzte ich laut mit; der Kayser sah mich an und nickte mir. Am andern Tag reiste er ab, ich lag früh Morgens 4 Uhr in meinem Bett, da hörte ich fünf Posthörner blasen, das war Er und so höre ich jetzt nie das Posthorn ohne mich jener Tage zu erinnern.‹ . . . das war ihre erste rechte Leidenschaft und auch ihre letzte. Sie hatte später noch Neigungen, aber nie eine, die sich ihr so mächtig angekündigt und gleich wie diese bey dem ersten Schritte ihr so ganz verschiedene Himmelsgegenden gezeigt hätte.« ›Aristeia der Mutter‹

DAß unter menschlichen Dingen auch das gröste und erhabenste dem Gesetz der Vergänglichkeit unterworffen sey, lehret die Welt-Geschichte durch Vorlegung vieler tausend Exempel: und die tägliche Erfahrung, als die beste Lehrmeisterin, überzeuget uns hiervon noch gewisser, wann wir so gar den Glantz Kayserlicher Cronen dahin fallen sehen. Es sind noch nicht vier Jahre, als wir die Erhebung **Carls** VII. auf den Kayserlichen Thron, samt allen dabey vorgefallenen Ceremonien und prächtigen Solennitäten, dem Publico in einem besondern Diario vorstellig machten. So groß damahls die Sehnsucht und so starck die Hoffnung war, daß das Römische Reich in kurtzem wieder zu seinem innerlichen Ruhestande gelangen würde; so wenig hat der Erfolg mit dem allgemeinen Wunsch übereingestimmet. **Carl** VII. sahe sich in so beschwerliche Umstände und Zeit-Läufften verwickelt, daß er seinen Aufenthalt bis gegen Ablauff des vorigen Jahrs in dieser freyen Reichs-Stadt Franckfurt fortsetzen muste, und als Er endlich die Rückkehr nach seiner Residentz München mit der gantzen Hofstatt genommen, auch seinen Reichs-Hof-Rath zu sich dahin beruffen hatte, gefiel es dem Allmächtigen, aus weisen, jedoch verborgenen Ursachen, denselben unverhofft aus der Sterblichkeit abzufordern.

5 Johann Wolfgang Textor (1637-1701) *Jurist, Rat der Stadt Nürnberg, Professor in Heidelberg; von 1690 bis zu seinem Tod Syndicus primarius in Frankfurt am Main. Kupferstich von W. P. Kilian*

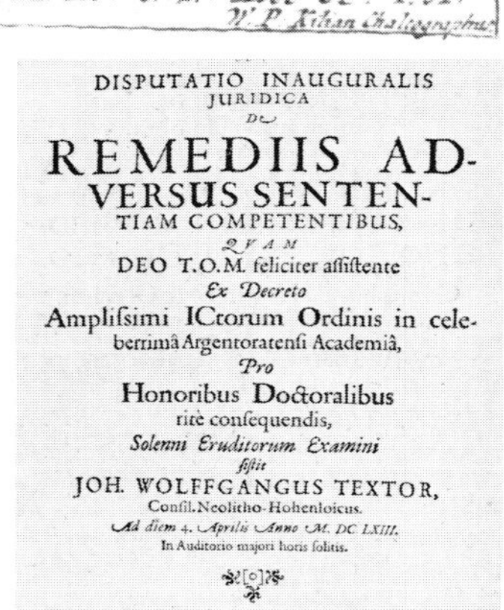

DISPUTATIO INAUGURALIS
JURIDICA
DE
REMEDIIS ADVERSUS SENTENTIAM COMPETENTIBUS,
QUAM
DEO T.O.M. feliciter assistente
Ex Decreto
Amplissimi ICtorum Ordinis in celeberrimâ Argentoratensi Academiâ,
Pro
Honoribus Doctoralibus
ritè consequendis,
Solenni Eruditorum Examini
sistit
JOH. WOLFFGANGUS TEXTOR,
Consil. Neolitho-Hohenloicus.
Ad diem 4. Aprilis Anno M. DC LXIII.
In Auditorio majori horis solitis.

ARGENTORATI,
Literis GEORGII ANDREÆ DOLHOPFFII.

6 Titelblatt der juristischen Dissertation J. W. Textors. 1663

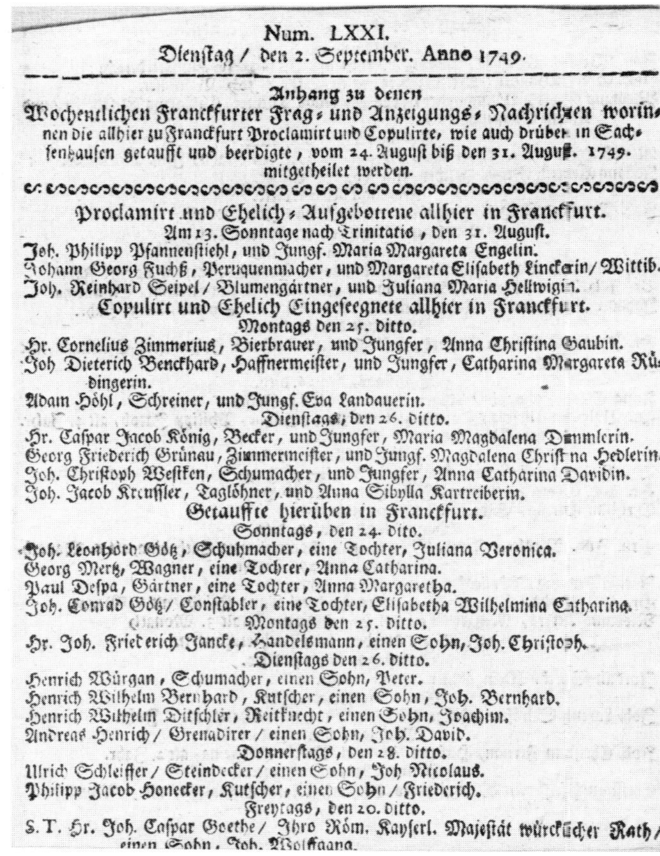

Num. LXXI.
Dienstag / den 2. September. Anno 1749.

Anhang zu denen
Wochentlichen Franckfurter Frag- und Anzeigungs-Nachrichten worinnen die allhier zu Franckfurt Proclamirt und Copulirte, wie auch drüber in Sachsenhausen getaufft und beerdigte, vom 24. August biß den 31. August. 1749. mitgetheilet werden.

Proclamirt und Ehelich-Aufgebottene allhier in Franckfurt.
Am 13. Sonntage nach Trinitatis, den 31. August.
Joh. Philipp Pfannenstiehl, und Jungf. Maria Margareta Engelin.
Johann Georg Fuchß, Peruquenmacher, und Margareta Elisabeth Linckerin / Wittib.
Joh. Reinhard Seipel / Blumengärtner, und Juliana Maria Hellwigin.

Copulirt und Ehelich Eingeseegnete allhier in Franckfurt.
Montags den 25. ditto.
Hr. Cornelius Zimmerius, Bierbrauer, und Jungfer, Anna Christina Gaubin.
Joh Dieterich Benckhard, Haffnermeister, und Jungfer, Catharina Margareta Rüdingerin.
Adam Höhl, Schreiner, und Jungf. Eva Landauerin.
Dienstags, den 26. ditto.
Hr. Caspar Jacob König, Becker, und Jungfer, Maria Magdalena Dimmlerin.
Georg Friederich Grünau, Zimmermeister, und Jungf. Magdalena Christina Hedlerin.
Joh. Christoph Westken, Schumacher, und Jungfer, Anna Catharina Davidin.
Joh. Jacob Kreussler, Taglöhner, und Anna Sibylla Kartreiberin.

Getauffte hierüben in Franckfurt.
Sonntags, den 24. dito.
Joh. Leonhord Götz, Schuhmacher, eine Tochter, Juliana Veronica.
Georg Mertz, Wagner, eine Tochter, Anna Catharina.
Paul Despa, Gärtner, eine Tochter, Anna Margaretha.
Joh. Conrad Götz / Constabler, eine Tochter, Elisabetha Wilhelmina Catharina.
Montags den 25. ditto.
Hr. Joh. Friederich Jancke, Handelsmann, einen Sohn, Joh. Christoph.
Dienstags den 26. ditto.
Henrich Würgan, Schumacher, einen Sohn, Peter.
Henrich Wilhelm Bernhard, Kutscher, einen Sohn, Joh. Bernhard.
Henrich Wilhelm Ditschler, Reitknecht, einen Sohn, Joachim.
Andreas Henrich / Grenadirer / einen Sohn, Joh. David.
Donnerstags, den 28. ditto.
Ulrich Schleiffer / Steindecker / einen Sohn, Joh Nicolaus.
Philipp Jacob Honecker, Kutscher, einen Sohn / Friederich.
Freytags, den 20. ditto.
S. T. Hr. Joh. Caspar Goethe / Ihro Röm. Kayserl. Majestät würcklicher Rath / einen Sohn, Joh. Wolffgang.

7 Taufanzeige *in den ›Wochentlichen Franckfurter Frag- und Anzeigungs-Nachrichten‹ (29. August 1749)*

»Und somit begreifst du mich, wenn ich Dir erzähle, daß das Wochenbett Deiner Mutter blau gewürfelte Vorhänge hatte, worin sie Dich zur Welt brachte? Sie war damals 18 Jahre alt und ein Jahr verheiratet. Drei Tage bedachtest Du Dich, eh Du ans Weltlicht kamst, und machtest der Mutter schwere Stunden; aus Zorn, daß Dich die Not aus dem eingebornen Wohnort trieb, und durch die Mißhandlung der Amme kamst Du ganz schwarz und ohne Lebenszeichen. Sie legten Dich in einen sogenannten Fleischarden mit Wein und bäheten Dir die Herzgrube, ganz an Deinem Leben verzweiflend. Deine Großmutter stand hinter dem Bett; als Du zuerst die Augen aufschlugst, rief sie hervor: Räthin! er lebt! ›Da erwachte mein mütterliches Herz und lebte seitdem in fortwährender Begeistrung bis zu dieser Stunde‹, sagte sie mir in ihrem fünfundsiebzigsten Jahr. Dein Großvater, der der Stadt ein herrlicher Bürger und damals Syndikus war, wendete stets Zufall und Unfall zum Wohl der Stadt an, und so wurde auch Deine schwere Geburt die Veranlassung, daß die Stadt einen Accoucheur für die Armen einsetzte. ›Schon in der Wiege war er den Menschen eine Wohltat‹, sagte die Mutter.«
Bettina an Goethe, 4. November 1810

8 ›Brautteppich‹ der Familien Textor/Goethe
16. Jahrhundert

»Ein Jahr nach der Hochzeit [der Eltern Goethes], am 29. August 1749, ward Wolfgang über diesem Teppich zur Taufe gehalten. Das gleiche geschah bei den Geschwistern. Vermutlich 1808, nach dem Tod der Mutter, kam er mit dem anderen Erbe nach Weimar. August und Ottilie wurden auf ihm getraut. Die Enkelkinder Walther, Wolfgang und Alma erhielten über ihm gleichfalls die Taufe. Bei der Bestattung des Dichters am 26. März 1832 diente der Teppich in der Fürstengruft dem Sarg als Unterlage. 1872, bei dem Tod von Ottilie von Goethe, fand er zum letztenmal Verwendung.«
E. Beutler: ›Briefe aus dem Elternhaus‹

9 Anna Margarethe Justina Textor (1711-1783) *Tochter des Kammergerichtsprokurators Cornelius Lindheimer in Wetzlar, 1727 mit J. W. Textor verheiratet*

»Die Großmutter kam einst nach Mitternacht in die Schlafstube der Töchter und legte sich zu ihnen, weil in ihrer Kammer ihr etwas begegnet war, was sie vor Angst nicht sagen konnte. Am andern Morgen erzählte sie, daß etwas im Zimmer geraschelt habe wie Papier. [...] Kaum hatte sie auserzählt, so ließ sich eine Dame melden, die Frau eines recht innigen Freundes von ihr, sie war in schwarzer Kleidung. Da sie nun auf die Hausfrau zukam, ein ganz zerknittertes Papier hervorzog, da wandelte diese eine Ohnmacht an ... Seit diesem Augenblick verschmähte auch Elisabeth [Goethes Mutter] keine Vorbedeutungen noch ähnliches ...«
›Aristeia der Mutter‹

10 Johann Wolfgang Textor (1693-1771) *Goethes Großvater mütterlicherseits, Schöffe, Bürgermeister und, von 1747-1770, Schultheiß der Freien Reichsstadt Frankfurt*

... tausend Bilder stiegen vor mir auf ... Ich befand mich in meines Großvaters Garten, wo die reich mit Pfirsichen gesegneten Spaliere des Enkels Appetit gar lüstern ansprachen. Sodann erblickt' ich den ehrwürdigen Altvater um seine Rosen beschäftigt, wie er, gegen die Dornen, mit altertümlichen Handschuhen, als Tribut überreicht von zollbefreiten Städten, sich vorsichtig verwahrte dem edlen Laertes gleich, nur nicht wie dieser sehnsüchtig und kummervoll. Dann erblickt' ich ihn im Ornat als Schultheiß, mit der goldnen Kette, auf dem Thronsessel unter des Kaisers Bildnis; sodann leider im halben Bewußtsein einige Jahre auf dem Krankenstuhle, und endlich im Sarge.
›Campagne in Frankreich‹

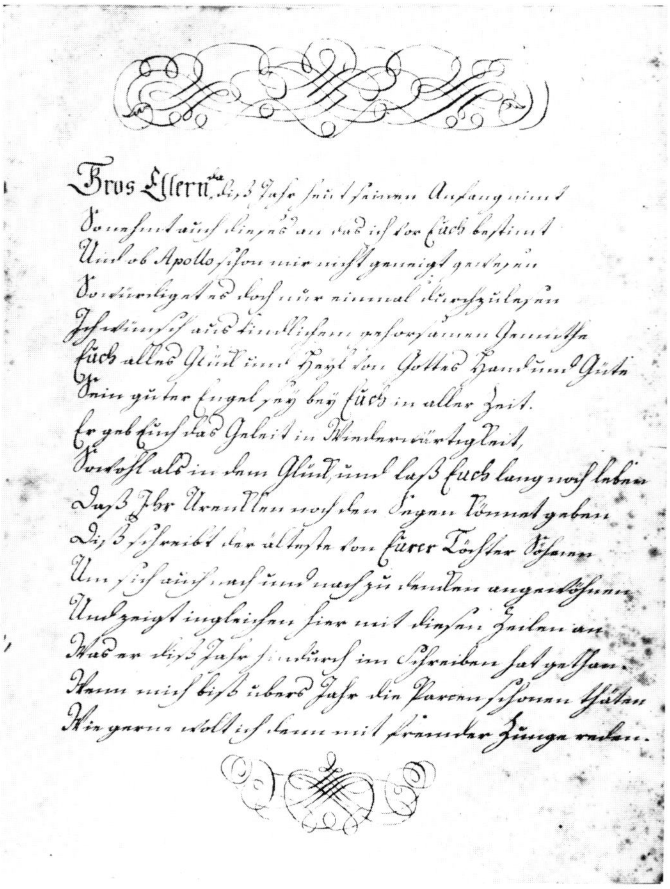
Gros Eltern! dies Jahr hat seinen Anfang nommen
So nehmet auch dieses an das ich vor Euch bestimmt
Und ob Apollo schon mir nicht geneigt gewesen
Verdienet es doch nur einmal durchzulesen
Ich wünsche aus kindlichem gehorsamen Gemüthe
Euch alles Glück und Heyl von Gottes Hand und Güte
Sein guter Engel sey bey Euch in aller Zeit.
Er geb Euch das Geleit in Wiederwärtigkeit,
Vielmehr als in dem Glück, und lass Euch lang noch leben
Daß Ihr Urenklen noch den Segen könnet geben
Dis schreibt der ältste von Eurer Töchter Söhnen
Um sich auch mehr und mehr zu denken angewöhnen
Und zeigt zugleich hier mit diesen Zeilen an
Was er dies Jahr hindurch im Schreiben hat gethan.
Kann mich bis übers Jahr die Parcen schonen Väter
Wie gerne wollt ich dann mit fremder Zunge reden.

11 Goethe: Neujahrsgedicht für die Großeltern Textor
den 1. Jenner 1762
Gros Eltern, da diß Jahr heut seinen Anfang nimt, / So nehmt auch dieses an das ich vor Euch bestimt / Und ob Apollo schon mir nicht geneigt gewesen / So würdiget es doch nur einmal durchzulesen / Ich wünsch aus kindlichem gehorsamem Gemüthe / Euch alles Glück und Heyl von Gottes Hand und Güte / Sein guter Engel sey bey Euch in aller Zeit. / Er geb Euch das Geleit in Widerwärtigkeit, / Sowohl als in dem Glück, und laß Euch lang noch leben / Daß Ihr Urenklen noch den Segen könnet geben. / Diß schreibt der älteste von Eurer Töchter Söhnen / Um sich auch nach und nach zu dencken angewöhnen / Und zeigt ingleichen hier mit diesen Zeilen an / Was er diß Jahr hindurch im Schreiben hat gethan. / Wenn mich biß ubers Jahr die Parcen schonen thäten / Wie gerne wolt ich dann mit fremder Zunge reden.

12 »Gasthaus zum Weidenhoff« *an der Zeil in Frankfurt am Main. Anonymer Kupferstich aus dem späten 18. Jh. zu Werbezwecken. In der Gast- und Schildwirtschaft ›Zum Weidenhof‹ war 1710 Goethes Vater geboren worden. Dessen Mutter, Cornelia, geb. Walther, verw. Schellhorn, hatte den Gasthof als Mitgift in die zweite Ehe mit Friedrich Georg Goethe gebracht, der zuvor, seit 1686, als Schneidermeister in Frankfurt tätig gewesen war.*

Unter andern Vorzügen mißgönnten mir die Übelwollenden auch, daß ich mir in einem Verhältnis gefiel, welches aus dem Schultheißenamt meines Großvaters *[Textor]* für die Familie entsprang . . . ich sollte doch, wie der Pfau auf seine Füße, so auf meinen Großvater väterlicher Seite hinsehen, welcher Gastgeber zum Weidenhof gewesen und wohl an die Thronen und Kronen keinen Anspruch gemacht hätte. Ich erwiderte darauf, daß ich davon keineswegs beschämt sei, weil gerade darin das Herrliche und Erhebende unserer Vaterstadt bestehe, daß alle Bürger sich einander gleich halten dürften . . .
›Dichtung und Wahrheit‹ I 2

13 Goethes Geburtshaus
Das 1733 von Cornelia Goethe erworbene Doppelhaus am Großen Hirschgraben. Rekonstruktion des vermutlichen Zustandes vor dem Umbau von 1755/56

Wenn man sich erinnern will, was uns in der frühsten Zeit der Jugend begegnet ist, so kommt man oft in den Fall, dasjenige, was wir von andern gehört, mit dem zu verwechseln, was wir wirklich aus eigener anschauender Erfahrung besitzen. Ohne also hierüber eine genaue Untersuchung anzustellen, welche ohnehin zu nichts führen kann, bin ich mir bewußt, daß wir in einem alten Hause wohnten, welches eigentlich aus zwei durchgebrochenen Häusern bestand. Eine turmartige Treppe führte zu unzusammenhängenden Zimmern, und die Ungleichheit der Stockwerke war durch Stufen ausgeglichen. Für uns Kinder, eine jüngere Schwester und mich, war die untere weitläuftige Hausflur der liebste Raum, welche neben der Türe ein großes hölzernes Gitterwerk hatte, wodurch man unmittelbar mit der Straße und der freien Luft in Verbindung kam. Einen solchen Vogelbauer, mit dem viele Häuser versehen waren, nannte man ein Geräms. [. . .] Wir hatten die Straße, in welcher unser Haus lag, den Hirschgraben nennen hören; da wir aber weder Graben noch Hirsche sahen, so wollten wir diesen Ausdruck erklärt wissen. Man erzählte sodann, unser Haus stehe auf einem Raum, der sonst außerhalb der Stadt gelegen, und da, wo jetzt die Straße sich befinde, sei ehmals ein Graben gewesen, in welchem eine Anzahl Hirsche unterhalten worden. [. . .] Die alte, winkelhafte, an vielen Stellen düstere Beschaffenheit des Hauses war übrigens geeignet, Schauer und Furcht in kindlichen Gemütern zu erwecken.
›Dichtung und Wahrheit‹ I 1

14 Goethes Puppentheater *Für doppelten Prospekt (Vorder- und Hinterbühne) eingerichtete Marionettenbühne.*

Gewöhnlich hielten wir uns in allen unsern Freistunden zur Großmutter *[Goethe]*, in deren geräumigem Wohnzimmer wir hinlänglich Platz zu unsern Spielen fanden. [. . .] An einem Weihnachtsabende . . . setzte sie allen ihren Wohltaten die Krone auf, indem sie uns ein Puppenspiel vorstellen ließ, und so in dem alten Hause eine neue Welt erschuf.
›Dichtung und Wahrheit‹ I 1

Benedikt, sagte die Alte, ich habe ihnen Puppen geputzt und habe ihnen eine Komödie zurechte gemacht, Kinder müssen Komödien haben und Puppen. Es war euch auch in eurer Jugend so, ihr habt mich um manchen Batzen gebracht, um den Doctor Faust und das Mohrenballett zu sehen . . . Das Theater macht mir der Konstabler-Lieutenant fertig, mit seinem Bruder; und hinten zum Tanz, da sind Schäfer und Schäferinnen, Mohren und Mohrinnen, Zwerge und Zwerginnen, es wird recht hübsch werden! Laß es nur gut sein, und sag' zu Hause nichts davon und mach' nur, daß dein Wilhelm nicht hergelaufen kommt; der wird eine rechte Freude haben, denn ich denk's noch, wie ich ihn die letzte Messe in's Puppenspiel schickte, was er mir alles erzählt hat, und wie er's begriffen hat.
›Wilhelm Meisters theatralische Sendung‹ I 1

15 Das Frankfurter Goethehaus nach dem Umbau von 1755/56 *Älteste Ansicht. Kupfertafel aus dem ›Journal des Luxus und der Moden‹. 1824*

16 Blick aus dem oberen Fenster des Goethehauses (um 1749-55) *Aquarell von K. Th. Reiffenstein (1858)*

Dort war, wie ich heranwuchs, mein liebster, zwar nicht trauriger, aber doch sehnsüchtiger Aufenthalt. Über ... Gärten hinaus, über Stadtmauern und Wälle sah man in eine schöne fruchtbare Ebene; es ist die, welche sich nach Höchst hinzieht. Dort lernte ich Sommerszeit gewöhnlich meine Lektionen, wartete die Gewitter ab, und konnte mich an der untergehenden Sonne ... nicht satt genug sehen.
›Dichtung und Wahrheit‹ I 1

In der Hälfte des Januars erschien folgendes Phänomen. An der Gegend des Horizonts wo im Sommer die Sonne unterzugehen pflegt, war es ungewöhnlich helle, und zwar ein blaulig gelber Schein ..., dieses Licht nahm den vierten Theil des sichtbaren Himmels hinaufzu ein, darüber erschienen Rubinrothe Streifen, die sich (zwar etwas ungleich) nach dem Lichten Gelb zuzogen. Diese Streifen waren sehr abwechselnd und kammen biss in den Zenith. Man sah die Sterne durchfunckeln ... Bald überzog sich der Himmel, und es fiel ein starcker Schnee.
›Ephemerides‹ 1770

17 Vorplatz im ersten Stock des Frankfurter Goethehauses

18 Goethe: Die Treppe im Elternhaus mit Regence-Geländer
Bleistiftzeichnung 1768/70

Die Treppe ging frei hinauf und berührte große Vorsäle, die selbst recht gut hätten Zimmer sein können; wie wir denn auch die gute Jahreszeit immer daselbst zubrachten. Allein ... diese Communication von oben bis unten ward zur größten Unbequemlichkeit, sobald mehrere Partien das Haus bewohnten, wie wir bei Gelegenheit der französischen Einquartierung nur zu sehr erfahren hatten. ... mein Vater hätte weniger von allen Unannehmlichkeiten empfunden, wenn unsere Treppe, nach der Leipziger Art, an die Seite gedrängt, und jedem Stockwerk eine abgeschlossene Thüre zugetheilt gewesen wäre. Diese Bauart rühmte ich einst höchlich ..., zeigte dem Vater die Möglichkeit, auch seine Treppe zu verlegen, worüber er in einen unglaublichen Zorn gerieth, der um so heftiger war, als ich kurz vorher einige schnörkelhafte Spiegelrahmen getadelt und gewisse chinesische Tapeten verworfen hatte. Es gab eine Scene, welche, zwar wieder getuscht und ausgeglichen, doch meine Reise nach dem schönen Elsaß *[1770]* beschleunigte ...
›Dichtung und Wahrheit‹ II 9

19 Die Familie Goethe im Schäferkostüm *Kopie des 1762 von J. K. Seekatz gemalten Atelierbildes von H. Junker*

»... am Geburtstag der Mutter, da schafften die Kinder den grünen Sessel, auf dem sie abends, wenn sie erzählte, zu sitzen pflegte, und der darum der Märchensessel genannt wurde, in aller Stille in den Garten, putzten ihn auf mit Bändern und Blumen, und nachdem Gäste und Verwandte sich versammelt hatten, trat der Wolfgang als Schäfer gekleidet mit einer Hirtentasche, aus der eine Rolle mit goldenen Buchstaben herabhing, mit einem grünen Kranz auf dem Kopf unter den Birnbaum und hielt eine Anrede an den Sessel, als den Sitz der schönen Märchen, es war eine große Freude, den schönen bekränzten Knaben unter den blühenden Zweigen zu sehen, wie er im Feuer der Rede, welche er mit großer Zuversicht hielt, aufbrauste.«
Bettina Brentano an Goethe, 24. November 1810

20 Carl August Erbprinz von Sachsen-Weimar (1757-1828) als »Ares« *Ölgemälde von unbekannter Hand. 1761*

21 Joseph erzählt seine Träume *Ölgemälde von Johann Georg Trautmann (1713-1769). Bild 1 aus dem 1759/62 von François de Théas, Comte de Thoranc, während seiner Einquartierung im Goethehaus in Auftrag gegebenen Zyklus*

Ich erinnere mich noch, daß ich einen umständlichen Aufsatz verfertigte, worin ich zwölf Bilder beschrieb, welche die Geschichte Josephs darstellen sollten: einige *[sieben]* davon wurden ausgeführt.
›Dichtung und Wahrheit‹ I 3

1762 beginnt Goethe eine (vermutlich dem Leipziger Autodafé zum Opfer gefallene) ›Joseph‹-Dichtung.
Nun suchte ich die Charaktere zu sondern und auszumahlen, und durch Einschaltung der Incidenzien und Episoden die alte einfache Geschichte zu einem neuen und selbständigen Werke zu machen. Ich bedachte nicht, was freilich die Jugend nicht bedenken kann, daß hiezu ein Gehalt nöthig sei, und daß dieser uns nur durch das Gewahrwerden der Erfahrung selbst entspringen könne.
›Dichtung und Wahrheit‹ I 4

22 Belagerungsplan der Stadt Frankfurt am Main *Holzschnitt von Hans Grave nach Conrad Faber. 1552*

Was aber die Aufmerksamkeit des Kindes am meisten an sich zog, waren die vielen kleinen Städte in der Stadt, die Festungen in der Festung, die ummauerten Klosterbezirke nämlich, und die aus frühern Jahrhunderten noch übrigen mehr oder minder burgartigen Räume . . . Nichts architektonisch Erhebendes war damals in Frankfurt zu sehen: alles deutete auf eine längst vergangne, für Stadt und Gegend sehr unruhige Zeit. Pforten und Türme, welche die Grenzen der alten Stadt bezeichneten, dann weiterhin abermals Pforten, Türme, Mauern, Brücken, Wälle, Gräben . . . Eine gewisse Neigung zum Altertümlichen setzte sich bei dem Knaben fest, welche besonders durch alte Chroniken, Holzschnitte, wie z. B. den Graveschen von der Belagerung von Frankfurt, genährt und begünstigt wurde . . .
›Dichtung und Wahrheit‹ I 1

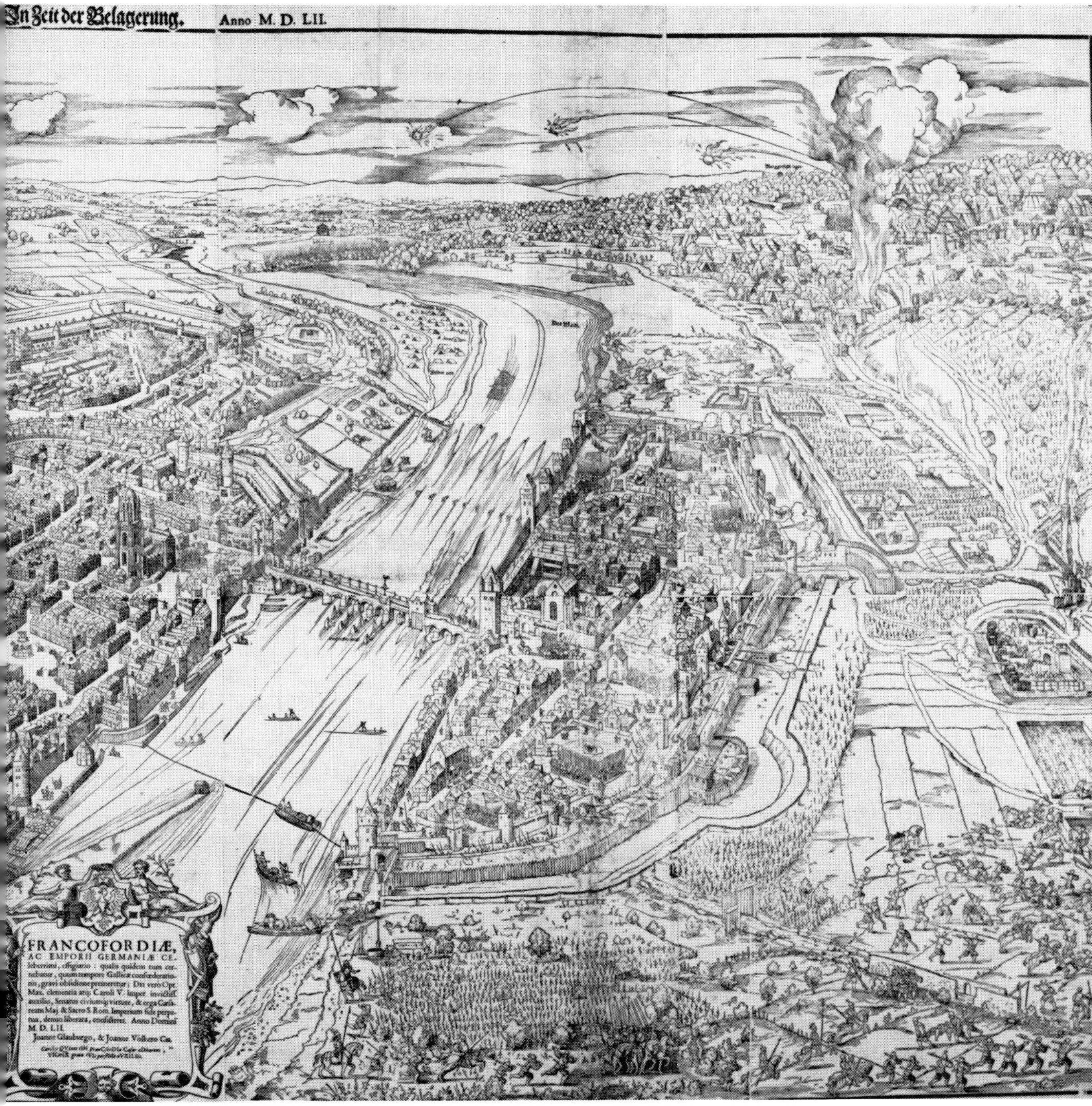

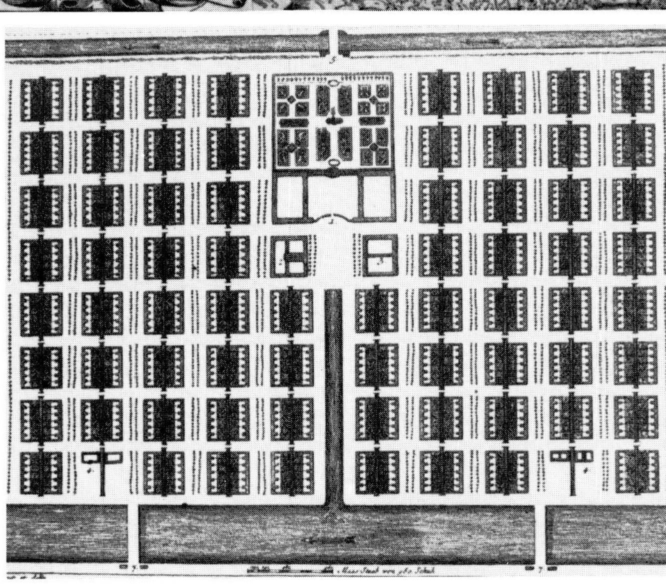

23 Johann Michael von Loën (1694-1776): ›Idealplan einer modernen Stadt‹ *Aus: ›Freye Gedancken zur Verbesserung der menschlichen Gesellschaft‹. 1750*

24 Das Mainufer am Fahrtor mit Blick auf die Alte Brücke und Sachsenhausen *Gemälde von Friedrich Wilhelm Hirt (1721-1772) für Herzog Anton Ulrich von Sachsen-Meiningen. 1757*

Am liebsten spazierte ich auf der großen Mainbrücke. Ihre Länge, ihre Festigkeit, ihr gutes Ansehen machte sie zu einem bemerkenswerten Bauwerk . . . Der schöne Fluß auf- und abwärts zog meine Blicke nach sich; und wenn auf dem Brückenkreuz der goldene Hahn im Sonnenschein glänzte, so war es mir immer eine erfreuliche Empfindung. Gewöhnlich ward alsdann durch Sachsenhausen spaziert, und die Überfahrt für einen Kreuzer gar behaglich genossen. Da befand man sich nun wieder diesseits, da schlich man zum Weinmarkte, bewunderte den Mechanismus der Krane, wenn Waren ausgeladen wurden; besonders aber unterhielt uns die Ankunft der Marktschiffe, wo man so mancherlei und mitunter so seltsame Figuren aussteigen sah.
›Dichtung und Wahrheit‹ I 1

25 Liebfrauenberg, um 1750
Gemälde von Christian Georg Schütz d. Ä. (1718-1791)

Fabrice. Ist dein Spaziergang zu Ende? *Wilhelm.* Ich ging auf den Markt und die Pfarrgasse hinauf und an der Börse *[Haus zum Braunfels am Liebfrauenberg]* zurück. Mir ist's immer eine wunderliche Empfindung Nachts durch die Stadt zu gehen. Wie von der Arbeit des Tages alles theils zur Ruh ist, theils darnach eilt, und man nur noch die Emsigkeit des kleinen Gewerbes in Bewegung sieht! Ich hatte meine Freude an einer alten Käsefrau, die, mit der Brille auf der Nase, bei'm Stümpfchen Licht, ein Stück nach dem andern auf die Waage legte und ab- und zuschnitt, bis die Käuferin ihr Gewicht hatte. *Fabrice.* Jeder bemerkt in seiner Art. Ich glaub' es sind viele die Straße gegangen, die nicht nach den Käsemüttern und ihren Brillen geguckt haben.
›Die Geschwister. Ein Schauspiel in Einem Act‹. 1776

26 Johann Christian Senckenberg (1707-1772)
Gemälde von Anton Wilhelm Tischbein. 1771/72

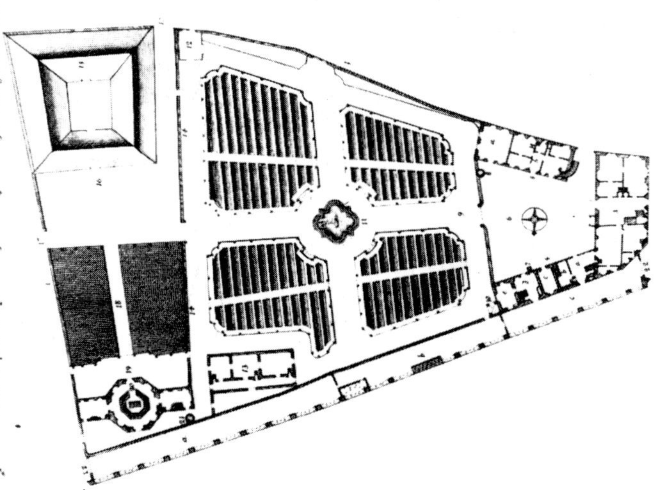

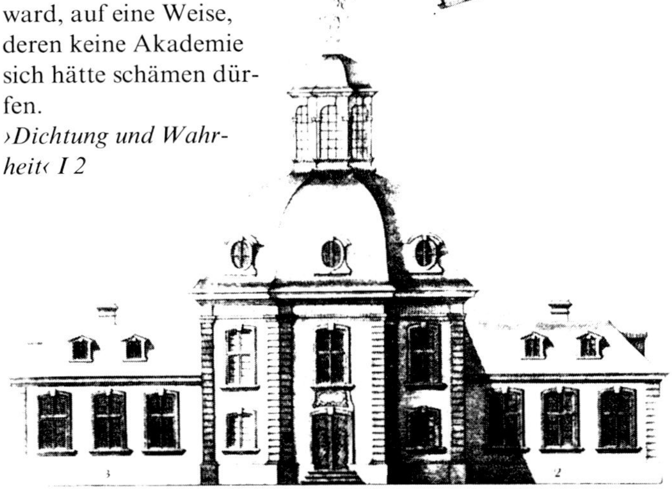

27 Senckenbergische Anatomie und Stiftsgarten 1770
Kupferstiche von J. H. Baeumerth

Noch einer bedeutenden Familie muß ich gedenken, von der ich seit meiner frühsten Jugend viel Sonderbares vernahm und von einigen ihrer Glieder selbst noch manches Wunderbare erlebte; es war die Senkenbergische. *[Drei Söhne; der dritte:]* ein Arzt und ein Mann von großer Rechtschaffenheit . . ., behielt bis in sein höchstes Alter immer ein etwas wunderliches Äußere . . . Er ging schnell, doch mit einem seltsamen Schwanken vor sich hin, so daß er . . . im Gehen ein Zickzack bildete. Spottvögel sagten: er suche durch diesen abweichenden Schritt den abgeschiedenen Seelen aus dem Wege zu gehen . . . Doch aller dieser Scherz . . . verwandelte sich zuletzt in Ehrfurcht gegen ihn, als er *[1763]* seine ansehnliche Wohnung mit Hof, Garten und allem Zubehör, auf der Eschenheimergasse, zu einer medicinischen Stiftung widmete, wo neben der Anlage eines bloß für Frankfurter Bürger bestimmten Hospitals, ein botanischer Garten, ein anatomisches Theater, ein chemisches Laboratorium, eine ansehnliche Bibliothek und eine Wohnung für den Director eingerichtet ward, auf eine Weise, deren keine Akademie sich hätte schämen dürfen.
›Dichtung und Wahrheit‹ I 2

Wenn man Frankfurt durchwandert und die öffentlichen Anstalten sieht, so drängt sich einem der Gedanke auf: daß die Stadt in frühern Zeiten von Menschen müsse regiert gewesen sein, die keinen liberalen Begriff von öffentlicher Verwaltung . . . gehabt, sondern die vielmehr nur so nothdürftig hinregierten und alles gehen ließen wie es konnte. [. . .] Das Gewerb ist so ängstlich und emsig, daß es sich nicht nahe genug an einander drängen kann; der Krämer liebt die engen Straßen, als wenn er den Käufer mit Händen greifen wollte.
›Reise in die Schweiz 1797‹

Die großen, alten, öffentlichen Gebäude sind Werke der Geistlichkeit und zeugen von ihrem Einfluß und erhöhterem Sinn. Der Dom mit seinem Thurm ist ein großes Unternehmen; die übrigen Klöster, in Absicht auf den Raum, den sie einschließen, sowohl als in Absicht auf ihre Gebäude, sind bedeutende Werke und Besitzthümer. Alles dieses ist durch den Geist einer dunklen Frömmigkeit und Wohlthätigkeit zusammengebracht und errichtet. [. . .] Das Rathaus *[der Römer]* scheint früher ein großes Kaufhaus und Waarenlager gewesen zu sein, wie es auch noch in seinen Gewölben für die Messe einen dunkeln und dem Verkäufer fehlerhafter Waaren günstigen Ort gewährt.
›Reise in die Schweiz 1797‹

In seinen *[des Römers]* untern, gewölbeähnlichen Hallen verloren wir uns gar zu gerne. Wir verschafften uns Eintritt in das große, höchst einfache Sessionszimmer des Rates. Bis auf eine gewisse Höhe getäfelt, waren übrigens die Wände so wie die Wölbung weiß, und das Ganze ohne Spur von Malerei oder irgend einem Bildwerk. Nur an der mittelsten Wand in der Höhe las man die kurze Inschrift: Eines Mannes Rede / Ist keines Mannes Rede: / Man soll sie billig hören Beede.
›Dichtung und Wahrheit‹ I 1

28 Alte Peterskirche *nach der Renovierung von 1769/70. Photographie von H. Collischonn. 1895*

29 Der Frankfurter Dom *vor dem Brand von 1867. Photographie von C. F. Mylius. 1860*

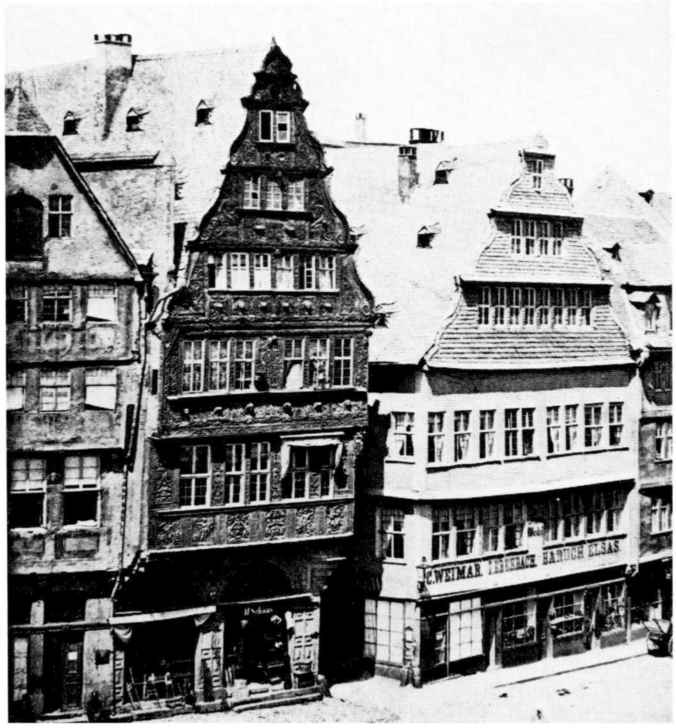

30 Der Römer *Photographie von C. F. Mylius. 1867*

31 Salzhaus und Ecke der Neuen Kräme *Photographie von C. F. Mylius. 1865*
Der Weg nach der neuen Stadt, durch die Neue Kräme, war immer aufheiternd und ergetzlich; nur verdroß es uns, daß nicht neben der Liebfrauenkirche eine Straße nach der Zeile zuging . . .
›Dichtung und Wahrheit‹ I 1

32 Goethe: Leonhardskirche von Süden gesehen *(mit dem später abgetragenen Turm und der Stadt[Flut-]mauer). Bleistift, Tuschlavierung. Um 1770*

33 Judengasse in Frankfurt am Main mit Börnes Geburtshaus *Photographie von C. F. Mylius. 1880*

Zu den ahnungsvollen Dingen, die den Knaben und auch wohl den Jüngling bedrängten, gehörte besonders der Zustand der Judenstadt, eigentlich die Judengasse genannt, weil sie kaum aus etwas mehr als einer einzigen Straße besteht . . . Die Enge, der Schmutz, das Gewimmel, der Accent einer unerfreulichen Sprache, alles zusammen machte den unangenehmsten Eindruck . . . Dabei schwebten die alten Mährchen von Grausamkeit der Juden gegen die Christenkinder, die wir in Gottfrieds Chronik gräßlich abgebildet gesehen, düster vor dem jungen Gemüth. Und ob man gleich in der neuern Zeit besser von ihnen dachte, so zeugte doch das große Spott- und Schandgemählde, welches unter dem Brückenthurm an einer Bogenwand, zu ihrem Unglimpf, noch ziemlich zu sehen war, außerordentlich gegen sie: denn es war nicht etwa durch einen Privatmuthwillen, sondern aus öffentlicher Anstalt verfertigt worden. [. . .] Äußerst neugierig war ich . . ., ihre Ceremonien kennen zu lernen. Ich ließ nicht ab, bis ich ihre Schule *[die Synagoge]* öfters besucht, einer Beschneidung, einer Hochzeit beigewohnt und von dem Laubhüttenfest mir ein Bild gemacht hatte.
›Dichtung und Wahrheit‹ I 4

In der Nacht vom 28. auf den 29. May, kam Feuer aus in unsrer Judengasse das schnell und grässlich überhand nahm, ich schleppte auch meinen Tropfen Wassers zu, und die Wunderbaarsten, innigsten, manigfaltigsten Empfindungen haben mir meine Mühe auf der Stelle belohnt. Ich habe bei dieser Gelegenheit das gemeine Volk wieder näher kennen gelernt, und binn aber und abermal vergewissert worden dass das doch die besten Menschen sind.
An G. F. E. Schönborn,
1. Juni 1774

34 Das Alte Gymnasium *(Barfüßer-Kloster) in Frankfurt am Main*

Mein Vater . . . beschloß den Rector unseres Gymnasiums, Doctor Albrecht *[1694 bis 1774]*, um Privatstunden *[in Hebräisch]* zu ersuchen, die er mir wöchentlich so lange geben sollte, bis ich von einer so einfachen Sprache das Nöthigste gefaßt hätte: denn er hoffte, sie werde, wo nicht so schnell doch wenigstens in doppelter Zeit als die englische sich abthun lassen.
›Dichtung und Wahrheit‹ I 4

35 Johann Heinrich Thym (1722-1789) *Musterschreiber. Goethes Schreiblehrer, seit 1765 Schreiber beim Kriegszeugamt, Verfasser des Steckbriefs der Kindsmörderin Susanna Margaretha Brandt. Radierung von J. J. Koller*

36 Johann Jakob Gottlieb Scherbius (1728-1804) *Sohn des getauften Türken Pery Cherbi, 1756-1760 Goethes Hauslehrer in Latein und Griechisch, 1766-1798 Prorektor des Gymnasiums. Anonymes Bildnis, Öl auf Kupfer*

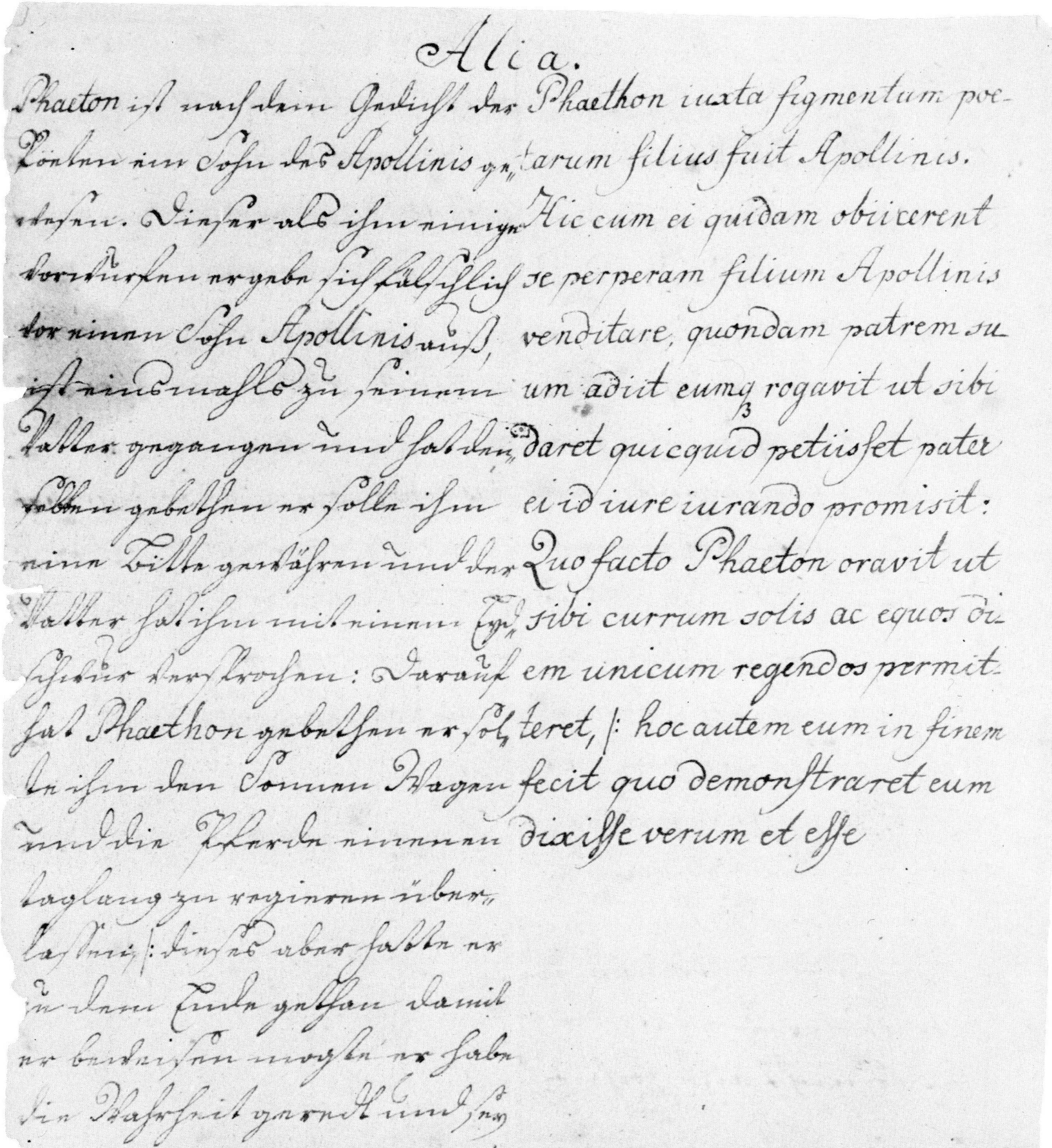

Alia.

Phaethon iuxta figmentum poetarum filius fuit Apollinis.
Hic cum ei quidam obiicerent
se perperam filium Apollinis
venditare, quondam patrem su-
um adiit eumq rogavit ut sibi
daret quicquid petiisset pater
ei id iure iurando promisit:
Quo facto Phaeton oravit ut
sibi currum solis ac equos diem unicum regendos permit-
teret, |: hoc autem eum in finem
fecit quo demonstraret eum
dixisse verum et esse

37 Aus Goethes Exercitienheften (›Labores juveniles‹) *S. 1 einer deutsch-lateinischen Übung (mit Ergänzungen von der Hand des Lehrers Scherbius) über den Phaethon-Mythos. 28. April 1758 (auf S. 2 Testat Eduard Mörikes)*

Phaeton ist nach dem Gedicht der Poeten ein Sohn des Apollinis gewesen. Dieser als ihm einige vorwurfen er gebe sich fälschlich vor einen Sohn Apollinis auß, ist einsmahls zu seinem Vatter gegangen und hat denselben gebethen er solle ihm eine Bitte gewähren und der Vatter hat ihm mit einem Eydschwur versprochen: Darauf hat Phaethon gebethen er solte ihm den Sonnen Wagen und die Pferde einen taglang zu regieren überlassen, (dieses aber hatte er zu dem Ende gethan damit er beweisen mogte er habe die Wahrheit geredt und sey [wahrhaftig ein Sohn des Apollinis.)]
[. . .]

38 Goethe *Ölgemälde von unbekannter Hand, o. D. (1765?). Aus dem Nachlaß von Goethes Jugendfreundin Charitas Meixner (1750 bis 1777)*

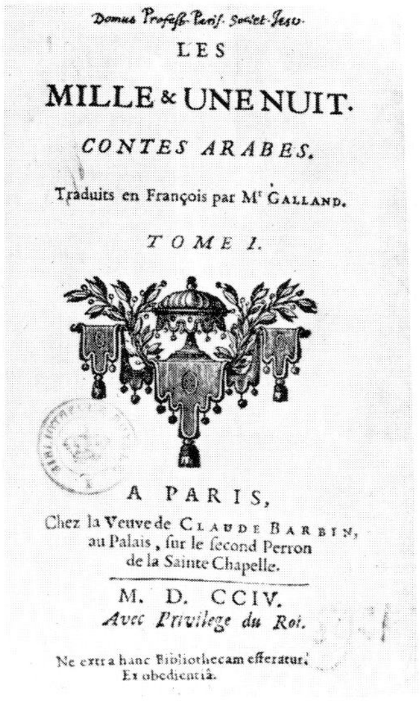

Domus Profess. Paris. Societ. Jesu.
LES
MILLE & UNE NUIT.
CONTES ARABES.
Traduits en François par Mr GALLAND.
TOME I.

A PARIS,
Chez la Veuve de CLAUDE BARBIN,
au Palais, sur le second Perron
de la Sainte Chapelle.
M. D. CCIV.
Avec Privilege du Roi.

Ne extra hanc Bibliothecam efferatur.
Ex obedientiâ.

39 ›Les Mille et Une Nuit. Contes Arabes‹ *Titelblatt der Erstausgabe der Gallandschen Übersetzung, Bd. I, Paris 1704*
Meine Großmutter hatte ein Mährchen vom Magnetenberg: die Schiffe, die zu nahe kamen, wurden auf einmal alles Eisenwerks beraubt, die Nägel flogen dem Berge zu, und die armen Elenden scheiterten zwischen den über einander stürzenden Brettern.
›Die Leiden des jungen Werther‹ I. Buch Am 26. Julius. *[1771] (vgl. die ›Histoire du troisième Calender, fils de Roi‹ im ersten Band der Gallandschen Übersetzung)*

40 Gartentor aus der ›Schlimmen Mauer‹ *›Entrée‹ zum Zaubergarten in Goethes ›Knabenmährchen‹ ›Der neue Paris‹*
Mein Weg führte mich den Zwinger hin, und ich kam in die Gegend, welche mit Recht den Namen ›schlimme Mauer‹ führt: denn es ist dort niemals ganz geheuer. Ich ging nur langsam und dachte an meine drey Göttinnen, besonders aber an die kleine Nymphe, und hielt meine Finger manchmal in die Höhe, in Hoffnung, sie würde so artig seyn, wieder darauf zu balanciren. In diesen Gedanken vorwärts gehend erblickte ich, linker Hand, in der Mauer ein Pförtchen, das ich mich nicht erinnerte je gesehen zu haben.
›Dichtung und Wahrheit‹ I 2

41 Der Untergang Trojas *Ölgemälde von Johann Georg Trautmann (1713-1769), um 1760 (Auftragsarbeit für den im Haus Goethes einquartierten Grafen Thoranc)*

Ach! sie standen noch, Ilios / Mauern, aber die Flammengluth / Zog vom Nachbar zum Nachbar schon / Sich verbreitend von hier und dort / Mit des eignen Sturmes Wehn / Über die nächtliche Stadt hin. / Flüchtend sah ich, durch Rauch und Gluth / Und der züngelnden Flamme Loh'n, / Gräßlich zürnender Götter Nahn, / Schreitend Wundergestalten / Riesengroß durch düsteren / Feuerumleuchteten Qualm hin.
Chor im Helena-Akt von ›Faust II‹

42 Aus dem ›Krönungs-Diarium‹ 1745 *»Rückzug Ihro Churfürstl. Gnaden zu Maynz u. der Churfürstl. fürtrefflichen Ersten Herren Wahl-Botschaffter nach vollbrachter Höchst-beglückten Römischen Königs-Wahl, aus dem Dom nach dem Römer den 13. Sept. 1745«*

Kaum war ich *[von einem Besuch bei Gretchen]* zu Hause angekommen, als mein Vater mich berufen ließ und mir die Eröffnung tat, es sei nun ganz gewiß, daß der Erzherzog Joseph zum Römischen König gewählt und gekrönt werden solle. [. . .] Er wolle daher die Wahl- und Krönungsdiarien der beiden letzten Krönungen mit mir durchgehen . . . Die Diarien wurden aufgeschlagen, und wir beschäftigten uns den ganzen Tag damit bis tief in die Nacht, indessen mir das hübsche Mädchen, bald in ihrem alten Hauskleide, bald in ihrem neuen Kostüm, immer zwischen den höchsten Gegenständen des Heiligen Römischen Reichs hin und wider schwebte. [. . .] Der Einzug des Churfürsten von Mainz *[zum Wahltag]* erfolgte den 21. März *[1764]* . . . hier . . . erschien ein Souverän, ein selbständiger Fürst, der Erste nach dem Kaiser, von einem großen, seiner würdigen Gefolge eingeführt und begleitet. [. . .] An demselben Tage . . . kam Lavater, auf seinem Rückwege von Berlin nach Hause begriffen, durch Frankfurt, und sah diese Feierlichkeit mit an. . . . nach mehreren Jahren, als mir dieser vorzügliche, aber eigene Mann eine poetische Paraphrase, ich glaube der Offenbarung Sanct Johannis, mitteilte, fand ich den Einzug des Antichrist Schritt vor Schritt, Gestalt vor Gestalt, Umstand vor Umstand, dem Einzug des Churfürsten von Mainz in Frankfurt nachgebildet, dergestalt daß sogar die Quasten an den Köpfen der Isabellpferde nicht fehlten.

›Dichtung und Wahrheit‹ I 5

43 Das Krönungs-Bankett für Joseph II. im großen Römersaal 1764

Die Saalthür war bewacht, indeß gingen die Befugten häufig aus und ein. Ich erblickte einen pfälzischen Hausofficianten, den ich anredete, ob er mich nicht hineinbringen könne. Er besann sich nicht lange, gab mir eins der silbernen Gefäße, die er eben trug . . . und so gelangte ich denn in das Heiligthum. [. . .] Am andern Ende des Saals . . . saßen auf Thronstufen erhöht, unter Baldachinen, Kaiser und König in ihren Ornaten . . . Die drei geistlichen Churfürsten hatten, ihre Büffette hinter sich, auf einzelnen Estraden Platz genommen . . . Dagegen ließen die zwar prächtig aufgeputzten aber herrenleeren Büffette und Tische der sämmtlichen weltlichen Churfürsten an das Mißverhältniß denken, welches zwischen ihnen und dem Reichsoberhaupt durch Jahrhunderte allmählich entstanden war . . . und wenn dadurch der größte Theil des Saales ein gespensterhaftes Ansehn bekam, daß so viele unsichtbare Gäste auf das prächtigste bedient wurden, so war eine große unbesetzte Tafel in der Mitte noch betrübter anzusehen: denn hier standen auch so viele Couverte leer, weil alle die, welche allenfalls ein Recht hatten sich daran zu setzen, Anstands halber, um an dem größten Ehrentage ihrer Ehre nichts zu vergeben, ausblieben, wenn sie sich auch dermalen in der Stadt befanden.

›Dichtung und Wahrheit‹ I 5

44 Aus der Bibliothek Johann Caspar Goethes

Neigung meines Vaters zu den reimenden Dichtern. Hagedorn, Kanitz, Gellert, Drollinger, von Kreutz, Haller waren alle in seiner Bibliothek schön in Franzband, eingebunden. */*An diese schlossen sich Neukirchs ›Telemach‹, Koppens ›Befreites Jerusalem‹ und andere Übersetzungen.*/* Hier fand ich meine erste Lectüre. Dagegen war mein Vater ein abgesagter Feind der Hexameter. Durch einen Hausfreund, der alle Sonntage mit uns aß, kam die Messiade an meine Mutter u. von da an die Kinder. Wir erfreuten uns deren unsäglich. Die auffallendsten Stellen, sowohl die zarten als die heftigen, waren geschwind auswendig gelernt. Portia's Traum, besonders aber das wilde Gespräch von Satan u. Adramelech im rothen Meere. Letzteres declamirte ich mit meiner Schwester wechselsweise. Komische Geschichte von dem darüber erschreckenden Barbier. Abermalige Verbannung der Messiade.

›Biographisches Schema‹ 1809 zum Jahr 1758; die Einfügung aus ›Dichtung und Wahrheit‹ I 2, wo auch die Anekdote von dem über die Klopstock-Rezitation erschreckenden Barbier erzählt wird.

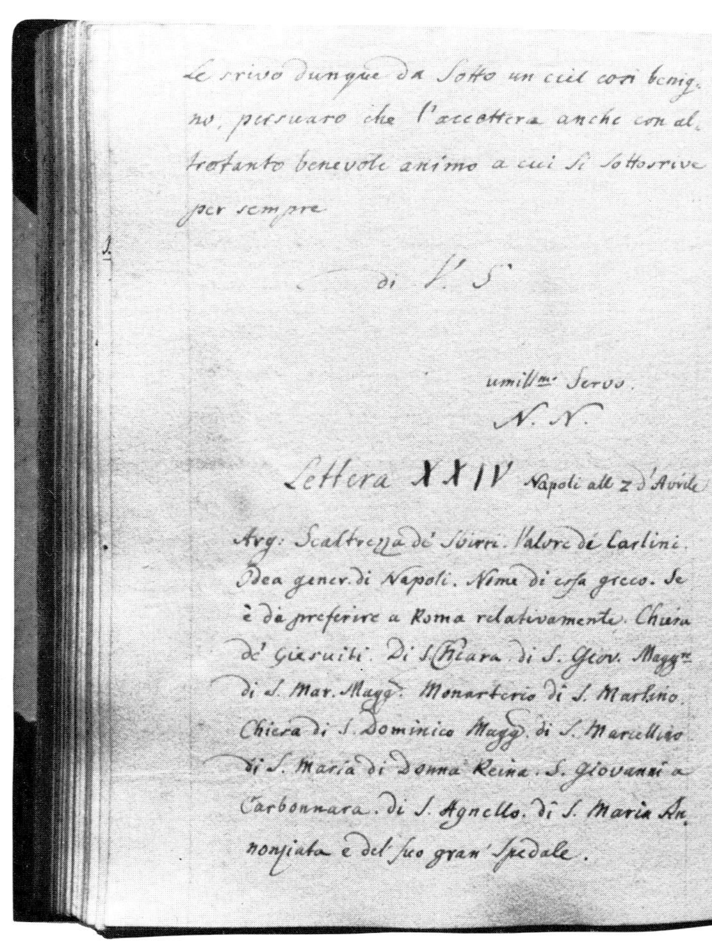

Le scrivo dunque da sotto un ciel così benig-
no, persuaso che l'accetterà anche con al-
trettanto benevole animo a cui si sottoscrive
per sempre

di V. S.

umill.mo Servo
N. N.

Lettera XXIV Napoli alli 2 d'Aprile

Arg: Scaltrezza de' Sbirri. Valore di Carlini.
Idea gener. di Napoli. Nome di essa greco. Se
è da preferire a Roma relativamente. Chiesa
de' Gesuiti. Di S. Chiara di S. Giov. Magg.re
di S. Mar. Magg. Monasterio di S. Martino.
Chiesa di S. Dominico Magg. di S. Marcellino
di S. Maria di Donna Reina. S. Giovanni a
Carbonnara. di S. Agnello. di S. Maria An-
nonziata e del suo gran' Spedale.

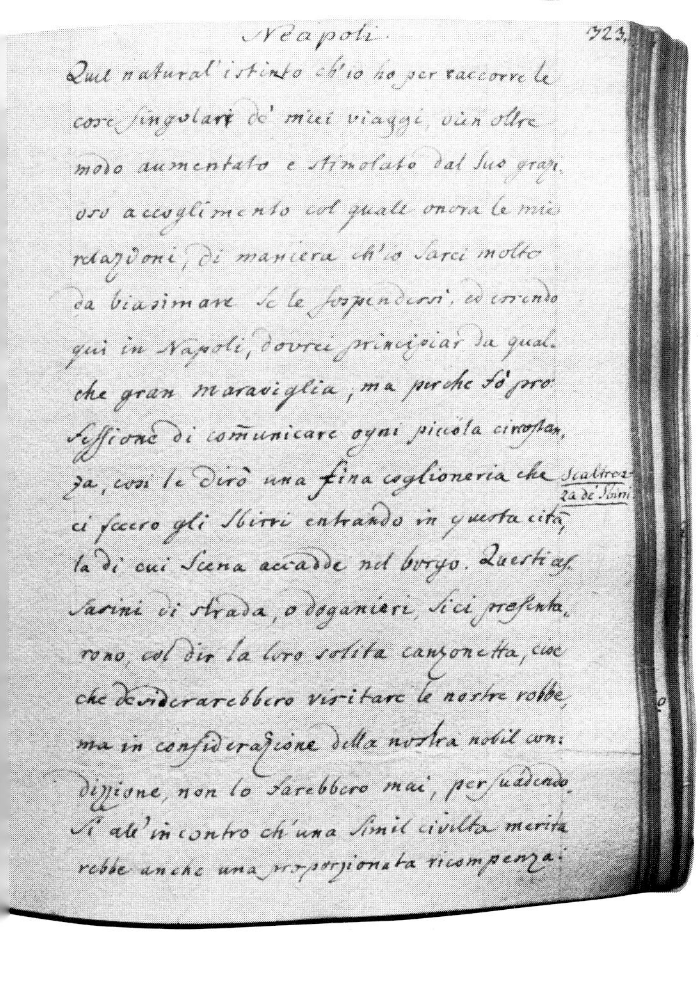
Napoli. 323.

Qui natural' istinto ch'io ho per raccorre le
cose singolari de' miei viaggi, vien oltre
modo aumentato e stimolato dal suo grazi-
oso accoglimento col quale onora le mie
relazioni, di maniera ch'io sarei molto
da biasimare se le sospendessi, ed essendo
qui in Napoli, dovrei principiar da qual-
che gran maraviglia, ma perche so' pro-
fessione di comunicare ogni picciola circostan-
za, così le dirò una fina coglioneria che | Scaltrezza de Sbirri
ci fecero gli Sbirri entrando in questa cit-
tà di cui scena accadde nel borgo. Questi as-
sassini di strada, o doganieri, sici presenta-
rono, col dir la loro solita canzonetta, cioe
che desiderarebbero visitare le nostre robbe,
ma in considerazione della nostra nobil con-
dizione, non lo sarebbero mai, persuadendo-
si all'incontro ch'una simil civiltà merita-
rebbe anche una proporzionata ricompenza:

Zween Meister sah Torquat als seine Lehrer an
Und hat es ihnen gleich, wo nicht zuvor, gethan.
So glücklich ihm Homer und Maro vorgesungen,
So glücklich ist auch Ihm sein Heldenlied gelungen.

Versuch
einer poetischen Uebersetzung
des
Tassoischen Heldengedichts
genannt:
Gottfried,
oder das
Befreyte Jerusalem,
ausgearbeitet
von
Johann Friedrich Koppen,
Königl. Pohlnischen und Churfürstl. Sächsischen
Hof- und Justitien-Secretario.

Leipzig, 1744.
Gedruckt und verlegt durch Bernh. Christoph Breitkopf.

45 J. C. Goethe: Doppelseite aus dem Manuskript seines Reiseberichts in Briefform ›Viaggio in Italia‹ (1740 ff.) *Aus Goethes Bibliothek*

Seine Vorliebe für die italienische Sprache und für alles, was sich auf jenes Land bezieht, war sehr ausgesprochen. . . . einen großen Teil seiner Zeit verwendete er auf eine italienisch verfaßte Reisebeschreibung, deren Abschrift und Redaktion er eigenhändig, heftweise, langsam und genau ausfertigte.
›Dichtung und Wahrheit‹ I 1

Ein junger Mann von vielen Fähigkeiten, der aber durch Anstrengung und Dünkel blödsinnig geworden war, wohnte als Mündel in meines Vaters Hause . . . Er beschäftigte sich am liebsten mit Schreiben . . . Meinem Vater, der keine expedite Hand schrieb, und dessen deutsche Schrift klein und zittrig war, konnte nichts erwünschter sein, und er pflegte daher . . . diesem jungen Manne gewöhnlich einige Stunden des Tags zu diktieren. Ich fand es nicht minder bequem, in der Zwischenzeit alles, was mir flüchtig durch den Kopf ging, von einer fremden Hand auf dem Papier fixiert zu sehen, und meine Erfindungs- und Nachahmungsgabe wuchs mit der Leichtigkeit des Auffassens und Aufbewahrens.
›Dichtung und Wahrheit‹ I 4

46 Johann Friedrich Koppen: ›Versuch einer poetischen Übersetzung des Tassoischen Heldengedichts‹ 1744 *Titelblatt: Die Krönung Tassos durch Apoll; im Vordergrund Vergil und Homer, Tassos ›Lehrer‹. Kupferstich von Bernigeroth*

Die Prinzessin hat Tasso mit dem Lorbeer von der Büste Virgils bekränzt. Tasso:
O nehmt ihn weg von meinem Haupte wieder, / Nehmt ihn hinweg! Er sengt mir meine Locken! / Und wie ein Strahl der Sonne, der zu heiß / Das Haupt mir träfe, brennt er mir die Kraft / Des Denkens aus der Stirne. Fieberhitze / Bewegt mein Blut. Verzeiht! Es ist zu viel!
›Torquato Tasso‹ I 3

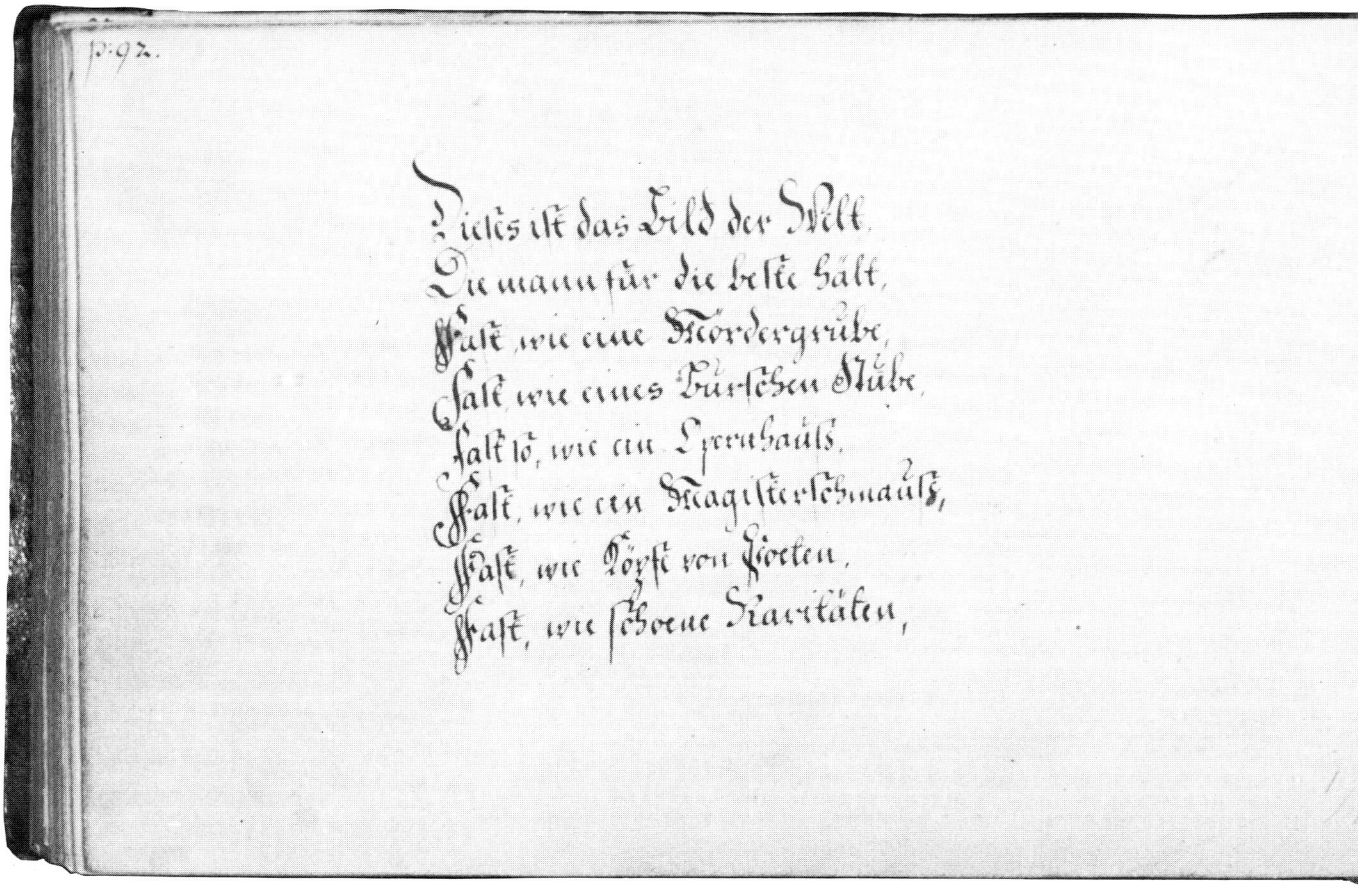
p. 92.

Dieses ist das Bild der Welt,
Die man für die beste hält,
Fast wie eine Mördergrube,
Fast wie eines Burschen Stube,
Fast so, wie ein Opernhaus,
Fast, wie ein Magisterschmaus,
Fast, wie Köpfe von Poeten,
Fast, wie schöne Raritäten,

47 Goethe: Eintragung in das Stammbuch des Frankfurter Jugendfreundes Friedrich Maximilian Moors (›Pylades‹, 1747-1782)

Michael, die Zeit, da ich die Akademie besuchen sollte, rückte heran, und mein Inneres ward eben so sehr vom Leben als von der Lehre bewegt. Eine Abneigung gegen meine Vaterstadt ward mir immer deutlicher. Durch Gretchens Entfernung war der Knaben- und Jünglingspflanze das Herz ausgebrochen; sie brauchte Zeit, um an den Seiten wieder auszuschlagen und den ersten Schaden durch neues Wachsthum zu überwinden. Meine Wanderungen hatten aufgehört, ich ging nur, wie andere, die nothwendigen Wege. Nach Gretchens Viertel kam ich nie wieder, nicht einmal in die Gegend; und wie mir meine alten Mauern und Thürme nach und nach verleideten, so mißfiel mir auch die Verfassung der Stadt, alles was mir sonst so ehrwürdig vorkam, erschien mir in verschobenen Bildern... Mein Vater, in die Angelegenheiten der Stadt nur als Privatmann verflochten, äußerte sich im Verdruß über manches Mißlungene sehr lebhaft. Und sah ich ihn nicht, nach so viel Studien, Bemühungen, Reisen und mannichfaltiger Bildung endlich zwischen seinen Brandmauern ein einsames Leben führen, wie ich mir es nicht wünschen konnte? Dieß zusammen lag als eine entsetzliche Last auf meinem Gemüthe, von der ich mich nur zu befreien wußte, indem ich mir einen ganz anderen Lebensplan, als den mir vorgeschriebenen *[juristischen]*, zu ersinnen trachtete.
›Dichtung und Wahrheit‹ II 6

Der
Meßias
ein
Heldengedicht.

HALLE,
bey Carl Herrmann Hemmerde.
1749.

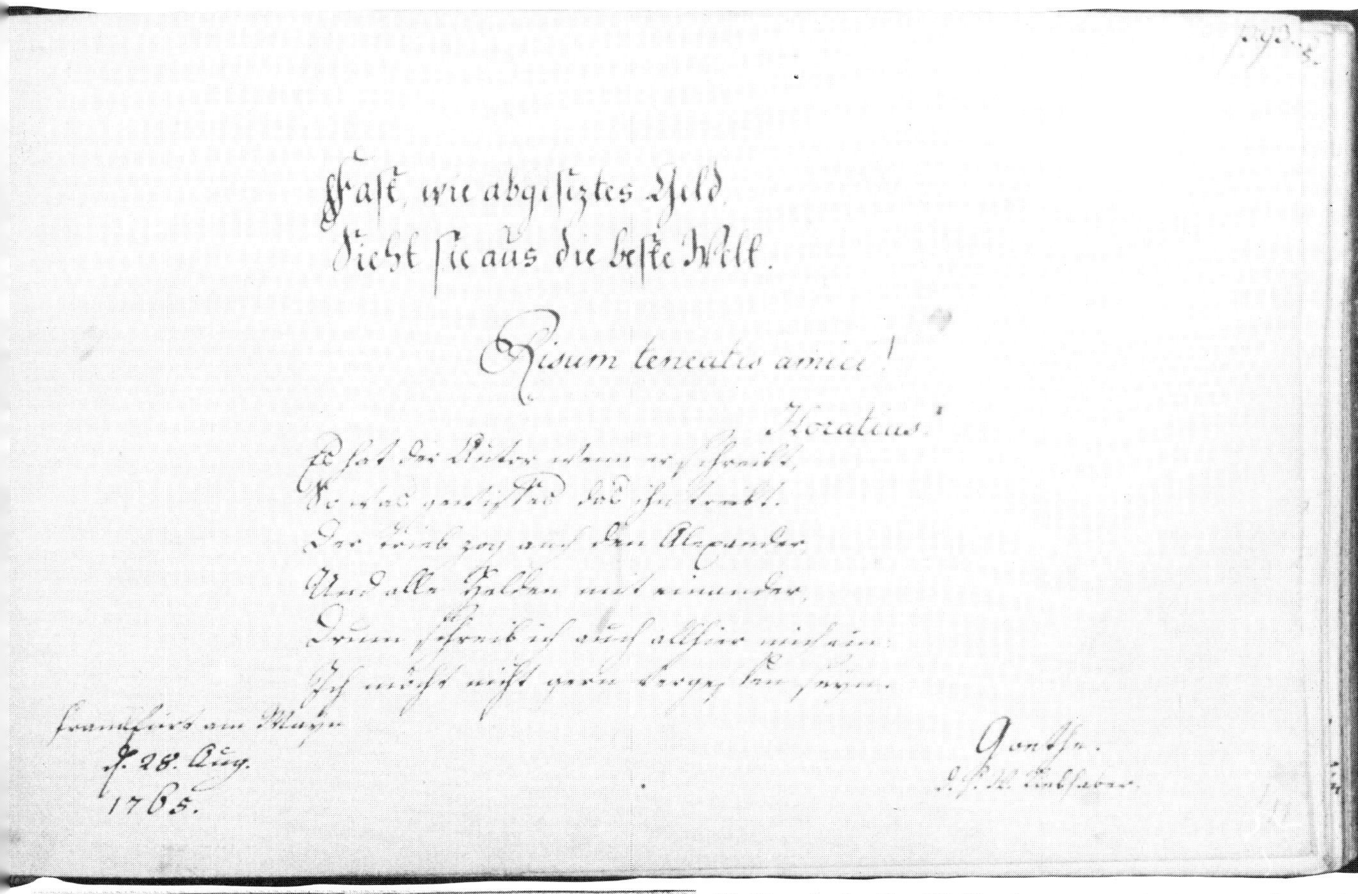

48 Klopstock: ›Der Meßias / ein Heldengedicht‹ *Titelblatt der Erstausgabe. 1749*

49 Friedrich Gottlieb Klopstock (1724-1803) *Kupferstich von J. M. Bernigeroth. 1757*

Nun sollte aber die Zeit kommen, wo das Dichtergenie sich selbst gewahr würde, sich seine eignen Verhältnisse selbst schüfe und den Grund zu einer unabhängigen Würde zu legen verstünde. Alles traf in Klopstock zusammen, um eine solche Epoche zu begründen. Er war, von der sinnlichen wie von der sittlichen Seite betrachtet, ein reiner Jüngling. Ernst und gründlich erzogen legt er, von Jugend an, einen großen Werth auf sich selbst und auf alles was er thut, und indem er die Schritte seines Lebens bedächtig vorausmißt, wendet er sich, im Vorgefühl der ganzen Kraft seines Innern, gegen den höchsten denkbaren Gegenstand. Der Messias, ein Name, der unendliche Eigenschaften bezeichnet, sollte durch ihn auf's neue verherrlicht werden. Der Erlöser sollte der Held sein, den er, durch irdische Gemeinheit und Leiden, zu den höchsten himmlischen Triumphen zu begleiten gedachte. [. . .] Die Würde des Gegenstandes erhöhte dem Dichter das Gefühl eigner Persönlichkeit. [. . .] So erwarb nun Klopstock das völlige Recht, sich als eine geheiligte Person anzusehen, und so befliß er sich auch in seinem Thun der aufmerksamsten Reinigkeit.
›Dichtung und Wahrheit‹ II 10

50 J. W. Goethe *Ölgemälde von A. J. Kern. 1765*

Einer meiner haupt Mängel, ist, daß ich etwas heftig bin. Sie kennen ja die colerische Temperamente, hingegen vergißt niemand leichter eine Beleidigung als ich. Ferner bin ich sehr an das Befehlen gewohnt, doch wo ich nichts zu sagen habe, da kann ich es bleiben laßen. [. . .] Gleich in dem Anfange meines Briefes, werden Sie meinen dritten Fehler finden. Nemlich daß ich so bekannt an Ihnen schreibe, als wenn ich Sie schon Hundert Jahre kennete, aber was hilfts, diß ist einmal etwas, das ich mir nicht abgewöhnen kann . . ., glauben Sie aber, daß ich niemals die schuldige Hochachtung außer Acht setze. Noch eins fällt mir ein, . . . daß ich sehr ungedultig bin, und nicht gerne lange in der Ungewißheit bleibe.
An L. Ysenburg von Buri, 23. Mai 1764

51 Haus »Feuerkugel« in Leipzig *Anonyme Lithographie, o. D.*
Als ich in Leipzig ankam, war es gerade Meßzeit . . . besonders . . . zogen meine Aufmerksamkeit an sich, in ihren seltsamen Kleidern, jene Bewohner der östlichen Gegenden, die Polen und Russen, vor allen aber die Griechen, deren ansehnlichen Gestalten und würdigen Kleidungen ich gar oft zu Gefallen ging. [. . .] Leipzig ruft dem Beschauer keine alterthümliche Zeit zurück . . . Jedoch ganz nach meinem Sinn waren die mir ungeheuer scheinenden Gebäude, die, nach zwei Straßen ihr Gesicht wendend, in großen, himmelhoch umbauten Hofräumen eine bürgerliche Welt umfassend, großen Burgen, ja Halbstädten ähnlich sind. In einem dieser seltsamen Räume quartirte ich mich ein, und zwar in der Feuerkugel *[»weil über dem Torbogen als Wahrzeichen eine brennende Handgranate abgebildet war«, W. Bode]* zwischen dem alten und neuen Neumarkt. Ein paar artige Zimmer, die in den Hof sahen, der wegen des Durchgangs nicht unbelebt war, bewohnte der Buchhändler Fleischer während der Messe, und ich für die übrige Zeit um einen leidlichen Preis.
›Dichtung und Wahrheit‹ II 6

52 Johann Gottlob Böhme (1717-1780), Professor für Staatsrecht und Geschichte in Leipzig, und seine Frau Maria Rosine, geb. Görtz (1725 bis 1767) *Silhouetten aus der Sammlung Ayrer*

Gleich zu Beginn seines Leipziger Aufenthalts erklärt Goethe Böhme seine Absicht eines Studienwechsels. Allein ich fand keineswegs eine gute Aufnahme meines Vortrags. Als Historiker und Staatsrechtler hatte er einen entschiedenen Haß gegen alles was nach schönen Wissenschaften schmeckte. . . .
Nach dem Tod der Hofräthin löst sich Goethe von seinem Mentor: . . . ich schien ihm nicht fleißig genug und zu leichtsinnig. Besonders nahm er es mir sehr übel, als ihm verrathen wurde, daß ich im deutschen Staatsrechte, anstatt gehörig nachzuschreiben, die darin aufgeführten Personen, als den Kammerrichter, die Präsidenten und Beisitzer, mit seltsamen Perrücken an dem Rand meines Heftes abgebildet und durch diese Possen meine aufmerksamen Nachbarn zerstreut und zum Lachen gebracht hatte.
›Dichtung und Wahrheit‹ II 7

53 ›Poetische Gedancken über die Höllenfahrt Jesu Christi‹
In: ›Die Sichtbaren‹. 12. Stück. [Frankfurt a. M.] 1766

Einer von den klügsten Streichen den ich gemacht habe war, daß ich so viel als möglich von meinen Dingen die mich jetzt prostituiren würden, mit aus Franckfurt genommen habe. Und doch ist nicht alles weg, die Amine, und die Höllenfahrt, sind zurückgeblieben und haben mir schon manchen Ärger gemacht. Die eine spielen die guten Leute, und machen sich und mich lächerlich, die andre drucken sie mir in eine vermaledeyte Wochenschrifft, und noch dazu mit dem J. W. G. Ich hätte mögen Toll darüber werden ... Belsazar, Isabel, Ruth, Selima, ppppp haben ihre Jugendsünden nicht anders als durch Feuer büsen können.
An Cornelia, Leipzig, 12. Oktober 1767, über das erste Autodafé

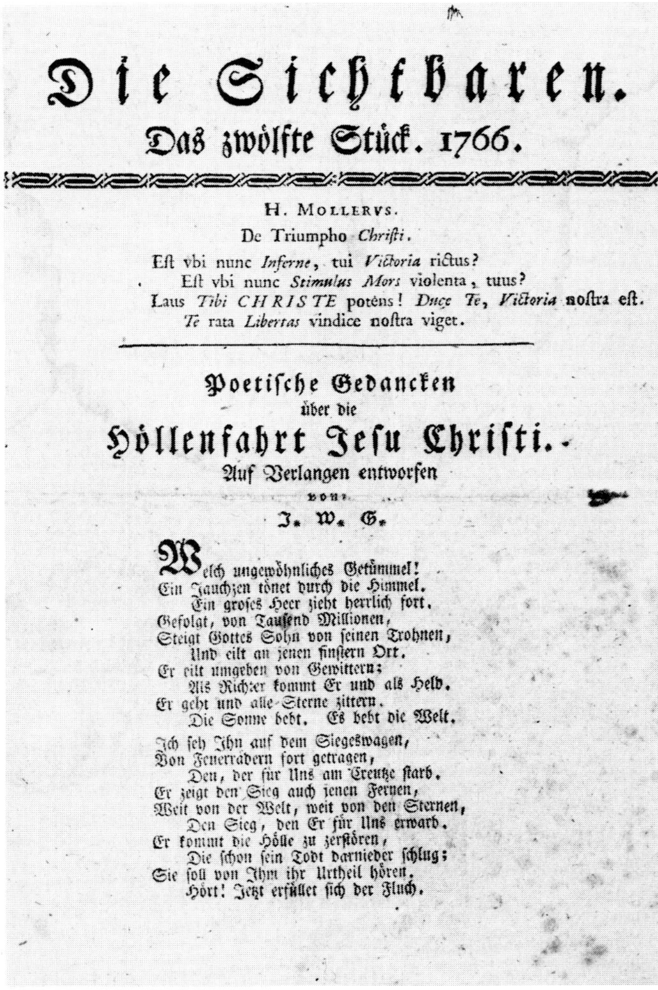
Die Sichtbaren.
Das zwölfte Stück. 1766.

H. MOLLERVS.
De Triumpho Christi.
Est vbi nunc Inferne, tui Victoria rictus?
Est vbi nunc Stimulus Mors violenta, tuus?
Laus Tibi CHRISTE potens! Duce Te, Victoria nostra est.
Te rata Libertas vindice nostra viget.

Poetische Gedancken
über die
Höllenfahrt Jesu Christi.
Auf Verlangen entworfen
von
J. W. G.

Welch ungewöhnliches Getümmel!
Ein Jauchzen tönet durch die Himmel.
Ein grosses Heer zieht herrlich fort,
Gefolgt, von Tausend Millionen,
Steigt Gottes Sohn von seinen Trohnen,
Und eilt an jenen finstern Ort.
Er eilt umgeben von Gewittern;
Als Richter kommt Er und als Held.
Er geht und alle Sterne zittern.
Die Sonne bebt. Es bebt die Welt.

Ich seh Ihn auf dem Siegeswagen,
Von Feuerrädern fort getragen,
Den, der für Uns am Creutze starb.
Er zeigt den Sieg auch jenen Fernen,
Weit von der Welt, weit von den Sternen,
Den Sieg, den Er für Uns erwarb.
Er kommt die Hölle zu zerstören,
Die schon sein Todt darnieder schlug;
Sie soll von Ihm ihr Urtheil hören.
Hört! Jetzt erfüllet sich der Fluch.

54 Cornelia Goethe (1750-1777) *Rötelzeichnung von J. L. E. Morgenstern. Um 1772*

Sie war groß, wohl und zart gebaut und hatte etwas Natürlichwürdiges in ihrem Betragen, das in eine angenehme Weichheit verschmolz. Die Züge ihres Gesichts, weder bedeutend noch schön, sprachen von einem Wesen, das weder mit sich einig war, noch werden konnte. Ihre Augen waren nicht die schönsten, die ich jemals sah, aber die tiefsten, hinter denen man am meisten erwartete, und, wenn sie irgend eine Neigung, eine Liebe ausdrückten, einen Glanz hatten ohne gleichen ...
›Dichtung und Wahrheit‹ II 6

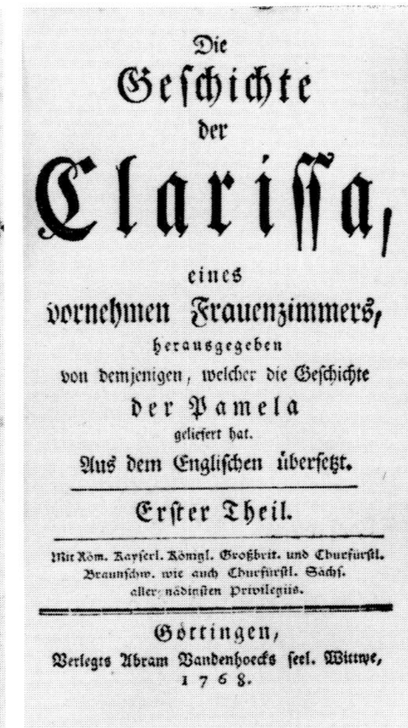
Die
Geschichte
der
Clarissa,
eines
vornehmen Frauenzimmers,
herausgegeben
von demjenigen, welcher die Geschichte
der Pamela
geliefert hat.
Aus dem Englischen übersetzt.
Erster Theil.
Mit Röm. Kayserl. Königl. Großbrit. und Churfürstl. Braunschw. wie auch Churfürstl. Sächs. allergnädigsten Privilegiis.
Göttingen,
Verlegts Abram Vandenhoecks seel. Wittwe,
1768.

55 [S. Richardson:] ›Die Geschichte der Clarissa ...‹ *Aus dem Englischen übersetzt. 1768*

Du bist eine Närrin mit deinem Grandison *[Richardsons Briefroman ›The History of Charles Grandison‹ (1754), für den Goethes Schwester und ihre Freundinnen schwärmten]*. [...] Aber mercke dir's, du sollst keine Romanen mehr lesen, als die ich erlaube. [...] Ich will euch ehestens eine kleine Abhandlung schicken die ich davon schreiben werde. Aber laß dirs nicht Angst seyn Grandison Clarissa und Pamela sollen vielleicht ausgenommen werden.
An Cornelia, Leipzig, 6. Dezember 1765

Ungern spreche ich dieß im Allgemeinen aus, was ich vor Jahren darzustellen unternahm, ohne daß ich es hätte ausführen können. Da ich dieses geliebte unbegreifliche Wesen *[Cornelia]* nur zu bald verlor, fühlte ich genugsamen Anlaß, mir ihren Werth zu vergegenwärtigen, und so entstand bei mir der Begriff eines dichterischen Ganzen, in welchem es möglich gewesen wäre, ihre Individualität darzustellen: allein es ließ sich dazu keine andere Form denken als die der Richardson'schen Romane.
›Dichtung und Wahrheit‹ II 6

56 Catharina Elisabeth Goethe *Gemälde von Georg Oswald May. 1776*

Fais lire les vers suivants a ma mere.

An meine Mutter.

Obgleich kein Gruß, obgleich kein Brief von mir, / So lang dir kömmt, laß keinen Zweifel doch / Ins Herz, als wär die Zärtlichkeit des Sohns, / Die ich dir schuldig bin, aus meiner Brust / Entwichen. Nein, so wenig als der Fels / Der tief im Fluß, vor ewgem Ancker liegt, / Aus seiner Stätte weicht, obgleich die Fluth, / Mit stürmschen Wellen bald, mit sanften bald / Darüber fließt, und ihn dem Aug entreißt. / So wenig weicht die Zärtlichkeit für dich / Aus meiner Brust, obgleich des Lebens Strom, / Vom Schmerz gepeitscht bald stürmend drüber fließt, / Und, von der Freude bald gestreichelt, still / Sie deckt, und sie verhindert daß sie nicht / Ihr Haupt der Sonne zeigt, und ringsumher / Zurückgeworfne Strahlen trägt, und dir / Bey jedem Blicke zeigt, wie dich dein Sohn verehrt.

An Cornelia, 11. Mai 1767

57 Christian Fürchtegott Gellert (1715-1769) *Professor für Poesie an der Universität Leipzig. Gipsbüste von M. G. Klauer nach Oeser. Um 1783*

Die Verehrung und Liebe, welche Gellert von allen jungen Leuten genoß, war außerordentlich . . . Nicht groß von Gestalt, zierlich aber nicht hager, sanfte, eher traurige Augen, eine sehr schöne Stirn, eine nicht übertriebene Habichtsnase, ein feiner Mund, ein gefälliges Oval des Gesichts . . . Es kostete einige Mühe zu ihm zu gelangen. Seine zwei Famuli schienen Priester, die ein Heiligthum bewahren . . . und eine solche Vorsicht war wohl nothwendig: denn er würde seinen ganzen Tag aufgeopfert haben, wenn er alle die Menschen, die sich ihm vertraulich zu nähern gedachten, hätte aufnehmen und befriedigen wollen. [. . .] Gellert hatte sich nach seinem frommen Gemüth eine Moral aufgesetzt, welche er von Zeit zu Zeit öffentlich ablas . . . Das philosophische Auditorium war in solchen Stunden gedrängt voll, und die schöne Seele, der reine Wille, die Theilnahme des edlen Mannes an unserem Wohl, seine Ermahnungen, Warnungen und Bitten, in einem etwas hohlen und traurigen Tone vorgebracht, machten wohl einen augenblicklichen Eindruck; allein er hielt nicht lange nach, um so weniger als sich doch manche Spötter fanden, welche diese weiche und, wie sie glaubten, entnervende Manier uns verdächtig zu machen wußten. Ich erinnere mich eines durchreisenden Franzosen, der sich nach den Maximen und Gesinnungen des Mannes erkundigte, welcher einen so ungeheuern Zulauf hatte. Als wir ihm den nöthigen Bericht gegeben, schüttelte er den Kopf und sagte lächelnd: Laissez le faire, il nous forme des dupes.

›Dichtung und Wahrheit‹ II 6 und 7

Briefe,
nebst einer
praktischen Abhandlung
von dem
guten Geschmacke in Briefen,
von
C. F. Gellert.

WIEN,
gedruckt bey Joh. Thom. Edl. v. Trattnern
K. K. Hofbuchdr. und Buchhändlern.
1769.

58 C. F. Gellert: ›Briefe, nebst einer praktischen Abhandlung von dem guten Geschmacke in Briefen‹ 1769

Ich will auch die heutigen Vorlesungen versäumen, und mich mit dir unterhalten, obgleich Gellert dieses Amt heute mit verrichten wird. [. . .] Du hast zwar feine Empfindungen, wie jedes Frauenzimmer das dir ähnlich ist, aber sie sind zu leicht gefült und zu wenig überlegt. [. . .] Ferner mercke ich daß verschiedne Lecktüren deinen Geschmack in verschiednen Dingen mercklich verdorben haben, der denn wie der meisten Frauenzimmer Geschmack bigarrirt wie ein Harlekinskleid ist, deßwegen wollte ich dich bitten, das Jahr über das wir noch von einander seyn werden, so wenig als möglich zu lesen, viel zu schreiben; allein nichts als Briefe, und das wenn es seyn könnte, wahre Briefe an mich.

An Cornelia, 12. Oktober 1767

Critick über deinen Brief. Du wirst doch eine Abschrift davon haben. [. . .] *Abzwecken* ist kein Briefwort. Sagst du es im gemeinen Leben? *Weil du an viel* hohe Dinge *denckst* wäre natürlich. [. . .] *Verlauten will* ist Curial. [. . .] *Durchleben* ist poetisch. *Und giebt man sich Mühe* es wäre besser: Man giebt sich Mühe. *subsistiren* ist nicht deutsch. *Herbst* setze lieber Weinlese. *Exequien* deutschgeschrieben! *Castrum doloris* besser Trauer Gerüste. *beschauen* ist nicht gewöhnlich. *Dass dir* bald p. warum lässest du die Verba auxiliaria aus, *hätte. mit der Zeit hinwissen,* besser, weil ihnen die Zeit lange wird. [. . .] *gesonnen ist,* besser: will. *zu Ende gebracht,* besser: geendigt. *angewandelt,* setze: angekommen.

An Cornelia, 7. Dezember 1765

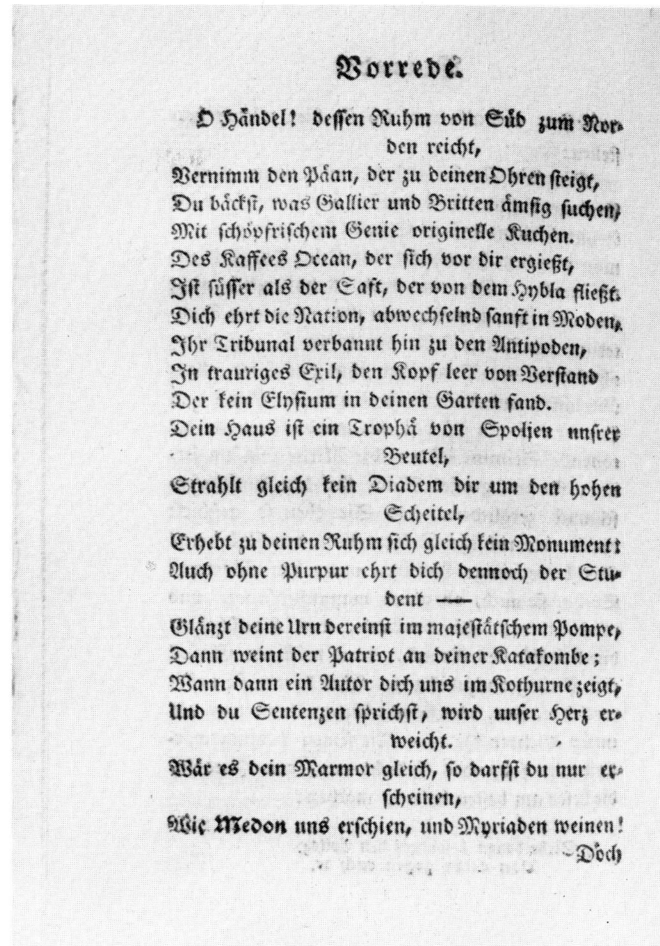

Vorrede.

O Händel! dessen Ruhm von Süd zum Norden reicht,
Vernimm den Päan, der zu deinen Ohren steigt,
Du bäckst, was Gallier und Britten ämsig suchen,
Mit schöpfrischem Genie originelle Kuchen.
Des Kaffees Ocean, der sich vor dir ergießt,
Ist süsser als der Saft, der von dem Hybla fließt.
Dich ehrt die Nation, abwechselnd sanft in Moden,
Ihr Tribunal verbannt hin zu den Antipoden,
In trauriges Exil, den Kopf leer von Verstand
Der kein Elysium in deinen Garten fand.
Dein Haus ist ein Trophä von Spolien unsrer Beutel,
Strahlt gleich kein Diadem dir um den hohen Scheitel,
Erhebt zu deinen Ruhm sich gleich kein Monument:
Auch ohne Purpur ehrt dich dennoch der Student —
Glänzt deine Urn dereinst im majestätschem Pompe,
Dann weint der Patriot an deiner Katakombe;
Wann dann ein Autor dich uns im Kothurne zeigt,
Und du Sentenzen sprichst, wird unser Herz erweicht.
Wär es dein Marmor gleich, so darfst du nur erscheinen,
Wie Medon uns erschien, und Myriaden weinen!
Doch

59 Heinrich Gottfried Koch (1703-1775), Hofschauspieler und Theaterprinzipal *Kupferstich von J. F. Bause (um 1770?)*

Auf dem neuerbauten Theater erhielt natürlicherweise das Schauspiel neue Aufmunterung und Belebung. Die Kochische Gesellschaft hatte Verdienste genug, um das Publicum zu beschäftigen und zu unterhalten. Man wollte ein deutsches Theater auch mit einem patriotischen Stück anfangen und wählte, oder vielmehr man nahm hiezu den *Hermann* von Schlegel, der nun freilich, ungeachtet aller Thierhäute und anderer animalischen Attribute, sehr trocken ablief; und ich, der ich gegen alles was mir nicht gefiel oder mißfiel mich sogleich in eine praktische Opposition setzte, dachte nach, was man bei einer solchen Gelegenheit hätte thun sollen. Ich glaubte einzusehen, daß solche Stücke in Zeit und Gesinnung zu weit von uns ablägen, und suchte nach bedeutenden Gegenständen in der spätern Zeit, und so war dieses der Weg auf dem ich einige Jahre später zu *Götz von Berlichingen* gelangte.
›Leipziger Theater 1768‹ (Nachlaß)

60 Goethe: An den Kuchenbäcker Händel *In: ›Vermischte Gedichte‹ von J. C. Rost. 1769 (Erstdruck)*

Gellert gibt sein öffentliches Praktikum auf. Die Lücke ... gedachte Professor Clodius *[1738-1784]* auszufüllen, der sich im Literarischen, Kritischen und Poetischen einigen Ruf erworben hatte ... Auch er kritisirte nur das Einzelne, corrigirte gleichfalls mit rother Tinte, und man befand sich in Gesellschaft von lauter Fehlern, ohne eine Aussicht zu haben, worin das Rechte zu suchen sei? *Ein von Goethe verfaßtes Hochzeitscarmen, in barocker Tradition mit reicher Götterstaffage, wird von Clodius vernichtend rezensiert. Doch produzierte der Kritiker selbst für die Leipziger Gesellschaft Festgedichte, die sich an Ramlers Oden anlehnten und mit Fremdwörtern und Hyperbeln prunkten.* Solche Gedichte mußten wir nun oft schön gedruckt und höchlich gelobt vor uns sehen, und wir fanden es höchst anstößig, daß er, der uns die heidnischen Götter verkümmert hatte, sich nun eine andere Leiter auf den Parnaß aus griechischen und römischen Wortsprossen zusammenzimmern wollte. Diese oft wiederkehrenden Ausdrücke prägten sich fest in unser Gedächtniß, und zu lustiger Stunde, da wir in den Kohlgärten *[in Hendels Gartenwirtschaft in Reudnitz bei Leipzig]* den trefflichsten Kuchen verzehrten, fiel mir auf einmal ein, jene Kraft- und Machtworte in ein Gedicht an den Kuchenbäcker Hendel zu versammeln. Gedacht, gethan! Und so stehe es denn auch hier, wie es an eine Wand des Hauses mit Bleistift angeschrieben wurde.
›Dichtung und Wahrheit‹ II 7

61 Friederike Oeser (1748 bis 1829) und ihre Schwester Wilhelmine *Gemälde von J. H. Tischbein d. Ä. 1776*

Zwey Jahre beynahe, binn ich in Ihrem Hause herumgegangen, und ich habe Sie fast so selten gesehen, als ein Nachtforschender Magus einen Alraun pfeifen hört. Von dem also zu reden was ich gesehen habe ... So versichre ich Sie, dass ich davon bezaubert binn ... Sie sind glücklich, sehr glücklich ... Das möglichste von Gessners Welten; wenigstens bild ich's mir so ein. Und Ihre Seele hat sich sehr nach dem Glück gebildet, Sie sind zärtlich, fühlbaar, Kennerinn des Reitzes, gut für Sie, gut für Ihre Gespielen; aber nicht gut für mich; und Sie müssen doch auch gut für mich seyn, wenn Sie ein ganzrechtgutes Mädgen seyn wollen. [...] Freudigkeit der Seele, und Heroismus ist so communicabel wie die Elecktricität, und Sie haben soviel davon, als die Elecktrische Maschine Feuerfuncken in sich enthält. ... mein Abschied musste Ihnen gleichgültig seyn, mir war er's warrlich nicht. Ich hätte gewiss geweint, wenn ich nicht gefurcht hätte, Ihre weissen Handschuhe zu verderben; eine überflüssige Vorsicht, ich sah erst am Ende, dass sie gestrickt und von Seide waren, da hätte ich immer weinen können, doch da war's zu spät. Dass ich ein Ende mache. Ich ging aus Leipzig und Ihr Geist begleitete mich, mit der ganzen Munterkeit seines Wesens. Ich kam hier an ... Und sah mich hier nach Freunden um, und fand keine; nach Mädgen, die waren nicht so specificirt wie ich's liebe, und war im Jammer, und klage Ihnen das, in wunderschönen Reimen ... *An Friederike Oeser, Frankfurt, 13. Februar 1769*

62 Goethe: Streit um eine Puppe *Kreide, Feder, Tuschlavierung. o. D. (nach 1770)*

63 Oeser: »Lehrer [Zeus?] zeigt Kindern [Amoretten] eine Minervastatuette« *(Schuchardt). Tuschzeichnung. o. D.*

64 Adam Friedrich Oeser (1717-1799) *Maler, seit 1764 Direktor der Leipziger Kunstakademie. Gipsbüste von M. G. Klauer. 1780*

Zusammen mit einigen jungen Adligen nimmt Goethe Privatstunden im Zeichnen bei Oeser. Der Großteil seiner eigenen Produktion war ›Gebrauchskunst‹, auch Buchillustration; wie denn die Vignetten zu Winckelmanns *[seines Schülers und Freundes]* ersten Schriften von ihm radirt sind. [. . .] Seine Figuren hatten durchaus etwas Allgemeines, um nicht zu sagen Ideelles. Seine Frauen waren angenehm und gefällig, seine Kinder naiv genug; nur mit den Männern wollte es nicht fort, die, bei seiner zwar geistreichen, aber doch immer nebulistischen und zugleich abbrevirenden Manier, meistentheils das Ansehen von Lazzaroni erhielten. Da er seine Compositionen überhaupt weniger auf Form, als auf Licht, Schatten und Massen berechnete, so nahmen sie sich im Ganzen gut aus; wie denn alles, was er that und hervorbrachte, von einer eignen Grazie begleitet war.
So hatte ich z. B. auf blaues Papier einen Blumenstrauß . . . mit schwarzer und weißer Kreide sehr sorgfältig ausgeführt, und theils mit Wischen, theils mit Schraffiren das kleine Bild hervorzuheben gesucht. Nachdem ich mich lange dergestalt bemüht, trat er einstens hinter mich und sagte: Mehr Papier! worauf er sich sogleich entfernte. Mein Nachbar und ich zerbrachen uns den Kopf, was das heißen könne: denn mein Bouquet hatte auf einem großen halben Bogen Raum genug um sich her. Nachdem wir lange nachgedacht, glaubten wir endlich seinen Sinn zu treffen, wenn wir bemerkten, daß ich durch das Ineinanderarbeiten des Schwarzen und Weißen den blauen Grund ganz zugedeckt, die Mitteltinte zerstört und wirklich eine unangenehme Zeichnung mit großem Fleiß hervorgebracht hatte.
›Dichtung und Wahrheit‹ II 8

Mädgen setzt euch zu mir nieder
Niemand stöhrt hier unsre Ruh,
Seht es kommt der Frühling wieder
Weckt die Blumen und die Lieder,
Ihr zu ehren hört mir zu.

Weise, strenge Mütter lehren:
Mädgen, flieht der Männer List.
Und doch lasst ihr euch bethören!
Hört, ihr sollt ein Beyspiel hören,
Wer am meisten furchtbar ist.

65 Anna Katharina (Käthchen) Schönkopf (1746-1810) *Stahlstich von A. Hüssener nach einer zeitgenössischen Miniatur. o. D.*

In einem kleinen Gast- oder Weinhause . . ., das im Brühl lag und dessen Wirt Schönkopf hieß, *lernt Goethe im Frühjahr 1766 Käthchen kennen,* die Tochter vom Hause, jung, hübsch, munter, liebevoll und so angenehm, daß sie wohl verdiente, in dem Schrein des Herzens eine Zeitlang als eine kleine Heilige aufgestellt zu werden.
[. . .]
Weil aber dergleichen Verhältnisse, je unschuldiger sie sind, desto weniger Mannigfaltigkeit auf die Dauer gewähren, so ward ich von jener bösen Sucht befallen, die uns verleitet, aus der Quälerei der Geliebten eine Unterhaltung zu schaffen . . . Sie ertrug es eine Zeitlang mit unglaublicher Geduld . . . Allein zu meiner Beschämung und Verzweiflung mußte ich endlich bemerken, daß sich ihr Gemüth von mir entfernt habe . . . Es gab auch schreckliche Szenen unter uns, bei welchen ich nichts gewann; und nun fühlte ich erst, daß ich sie wirklich liebte und daß ich sie nicht entbehren könne. [. . .] Allein es war zu spät! ich hatte sie wirklich verloren, und die Tollheit, mit der ich meinen Fehler an mir selbst rächte, indem ich auf mancherlei unsinnige Weise in meine physische Natur stürmte, um der sittlichen etwas zu Leide zu tun, hat sehr viel zu den körperlichen Übeln beigetragen, unter denen ich einige der besten Jahre meines Lebens verlor . . .
›Dichtung und Wahrheit‹ II 7

66 Goethe: ›Ziblis‹ *(Strophe 1) aus der von E. W. Behrisch kalligraphisch abgeschriebenen Gedichtsammlung ›Annette‹ 1767*
Behrisch brachte wirklich nach und nach ein allerliebstes Manuscript zusammen. Die Titel der Gedichte waren Fractur, die Verse selbst von einer stehenden sächsischen Handschrift, an dem Ende jeden Gedichtes eine analoge Vignette, die er entweder irgendwo ausgewählt oder auch wohl selbst erfunden hatte, wobei er die Schraffuren der Holzschnitte und Druckerstöcke . . . gar zierlich nachzuahmen wußte. Mir diese Dinge, indem er fortrückte, vorzuzeigen, mir das Glück auf eine komisch-pathetische Weise vorzurühmen, daß ich mich in so vortrefflicher Handschrift verewigt sah, und zwar auf eine Art, die keine Druckerpresse zu erreichen imstande war, gab abermals Veranlassung, die schönsten Stunden durchzubringen.
›Dichtung und Wahrheit‹ II 7

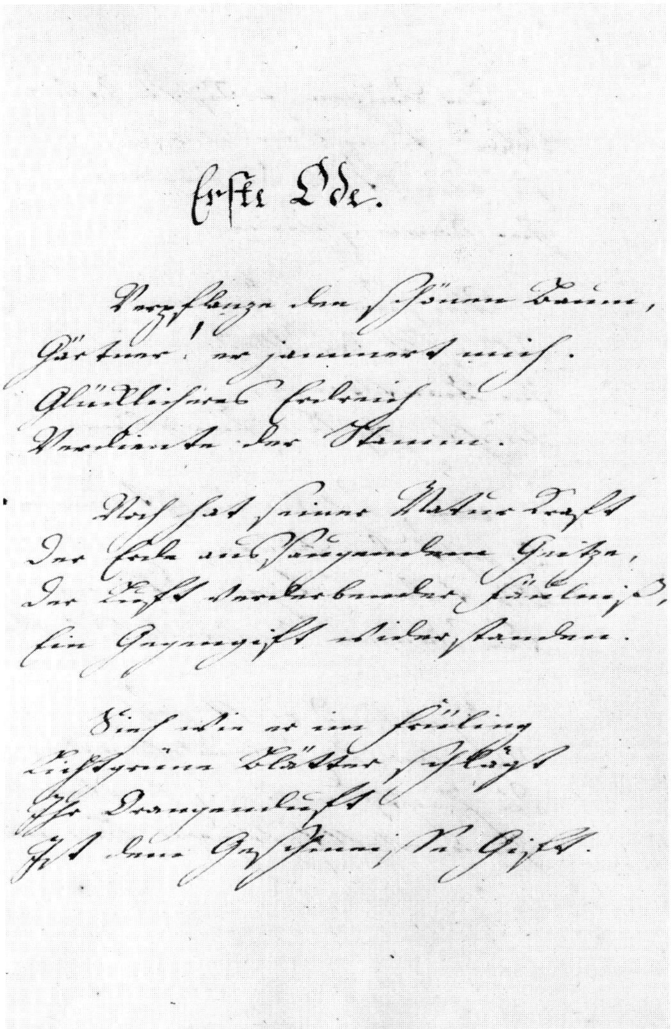
Erste Ode.

Verpflanze den schönen Baum,
Gärtner! er jammert mich.
Glücklicheres Erdreich
Verdiente der Stamm.

Noch hat seiner Natur Kraft
Der Erde aussaugendem Geitze,
Der Luft verderbender Fäulniß,
Ein Gegengift widerstanden.

Sieh wie er im Frühling
Lichtgrüne Blätter schlägt
Ihr Orangenduft
Ist dem Geschmeiße Gift.

67 [Goethe:] [Drei] ›Oden an meinen Freund‹ [Behrisch]. Erste Ode *(Strophen 1-3, Handschrift Goethes). 1767*

Verpflanze den schönen Baum, / Gärtner! er jammert mich. / Glücklicheres Erdreich / Verdiente der Stamm. / Noch hat seiner Natur Kraft / Der Erde aussaugendem Geitze, / Der Luft verderbender Fäulniß, / Ein Gegengift widerstanden. / Sieh wie er im Frühling / Lichtgrüne Blätter schlägt / Ihr Orangenduft / Ist dem Geschmeiße Gift. [. . .]

Ernst Wolfgang Behrisch (1738-1809), seit 1760 Hofmeister des jungen Grafen von Lindenau, mit Goethe im Schönkopfschen Haus bekannt geworden, wurde im Oktober 1767 wegen seiner unkonventionellen Lebensweise entlassen, fand aber am Dessauer Hof als Erzieher des Erbprinzen ein solides Glück.

68 Titelvignette (Firmenzeichen des Leipziger Verlagshauses Breitkopf) aus Johann Christoph Gottscheds (1700 bis 1766) ›Deutscher Schaubühne‹ 1746 *Aus der Bibliothek J. C. Goethes*

69 Goethe: Landschaft mit Wasserfall *Radierung nach A. Thiele. Mit Widmung Goethes an seinen Vater und Abbildung von dessen Wappen. 1768*

. . . der Kupferstecher *[Johann Michael]* Stock. Er war aus Nürnberg gebürtig, ein sehr fleißiger und in seinen Arbeiten *[Vignetten und Illustrationen für den Breitkopfschen Verlag]* genauer und ordentlicher Mann. [. . .] So saß er an einem breiten Arbeitstisch am großen Giebelfenster, in einer sehr ordentlichen und reinlichen Stube, wo ihm Frau und zwei Töchter häusliche Gesellschaft leisteten. Von diesen letzten ist die eine glücklich verheirathet und die andere eine vorzügliche Künstlerin; sie sind lebenslänglich meine Freundinnen geblieben. Ich theilte nun meine Zeit zwischen den obern und untern Stockwerken und attachirte mich sehr an den Mann, der bei seinem anhaltenden Fleiße einen herrlichen Humor besaß und die Gutmüthigkeit selbst war. Mich reizte die reinliche Technik dieser Kunstart . . . Ich radirte . . . unter seiner Anleitung verschiedene Landschaften nach Thiele und andern . . .
›Dichtung und Wahrheit‹ II 8

70 Dorothea Stock (1759 bis 1832), Malerin *Unvollendetes Gemälde ihres Lehrers Anton Graff. 1785*

»Sie vertraute mir einmal unter dem Siegel der Verschwiegenheit, das ich nun wohl brechen darf, die Goethesche Elegie: Alexis und Dora sei an sie gerichtet gewesen.«
G. Parthey: Jugenderinnerungen 1871

71 Johann Joachim Winckelmann (1717-1768) *Ölgemälde von Anton Maron. 1767/68*
Nun vernahmen wir jungen Leute mit Jubel, daß Winckelmann aus Italien zurückkehren, seinen fürstlichen Freund *[Leopold Friedr. Franz v. Dessau]* besuchen, unterwegs bei Oesern eintreten und also auch in unsern Gesichtskreis kommen würde. [. . .] Oeser war selbst ganz exaltirt, wenn er daran nur dachte, und wie ein Donnerschlag bei klarem Himmel fiel die Nachricht von Winckelmanns Tode *[am 8. Juni 1768 in Triest]* zwischen uns nieder. [. . .] Dieser ungeheuere Vorfall that eine ungeheuere Wirkung; es war ein allgemeines Jammern und Wehklagen, und sein frühzeitiger Tod schärfte die Aufmerksamkeit auf den Werth seines Lebens.
›Dichtung und Wahrheit‹ II 8

72 Titelvignette zu J. J. Winckelmann: ›Monumenti antichi inediti . . .‹ *(2 Bde.), Bd. I, Rom 1767*
. . . ihm wird die besondre Auszeichnung dem Papste *[Benedikt XIV.]* aus den monumenti inediti einige Stellen vorlesen zu dürfen . . .
›Schilderung Winckelmanns‹

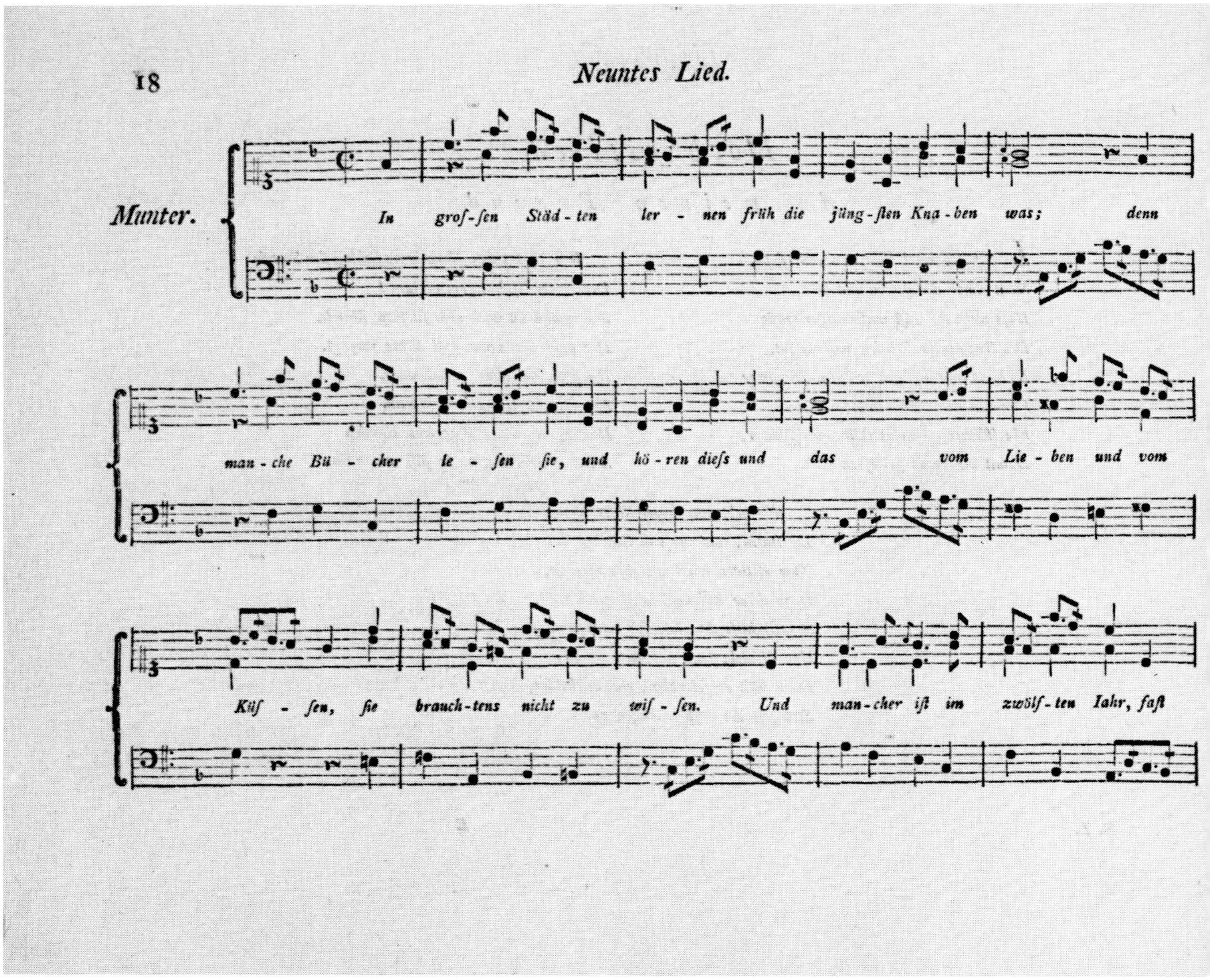

73 ›Neue Lieder‹ Neuntes Lied: ›Kinderverstand‹ *1768*

... ich verhetzte meinen glücklichen Organismus dergestalt, daß die darin enthaltenen besondern Systeme zuletzt in eine Verschwörung und Revolution ausbrechen mußten, um das Ganze zu retten. Eines Nachts wachte ich mit einem heftigen Blutsturz auf, und hatte noch so viel Kraft und Besinnung, meinen Stubennachbar zu wecken. [...] so schwankte ich mehrere Tage zwischen Leben und Tod ...
›Dichtung und Wahrheit‹ II 8

Zwölf Tage bin ich nun wieder in meiner wehrten Vaterstadt, von Anverwandten, und Freunden, und Bekanndten umgeben die sich über meine Ankunft teils freuen teils verwundern, und alle sich bemüen, dem neuen Ankömling, dem halben Fremdling gefällig zu seyn ... Ich schreibe Ihnen ... für dießmal nichts, als daß meine Ankunft nach einer glücklichen Reise, eine erwünschte Ruhe über meine Famielie verbreitet hat, daß meine Kranckheit, die nach dem Ausspruch meiner hiesigen Aerzte nicht so wohl in der Lunge als in denen dazu führenden Teilen liegt, sich täglich zu bessern scheint.
An A. F. Oeser, 13. September 1768

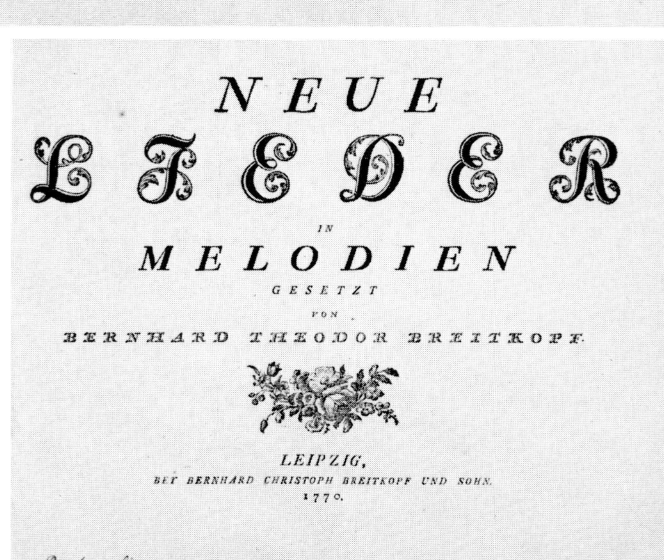

Neuntes Lied. 19

klü - ger als ſein Va - ter war da er die Mut - ter nahm.

Kinderverſtand.

In groſsen Städten lernen früh
Die jüngſten Knaben was;
Denn manche Bücher leſen ſie,
Und hören dieſs und das
Vom Lieben und vom Küſsen,
Sie brauchtens nicht zu wiſſen.
Und mancher iſt im zwölften Iahr,
Faſt klüger als ſein Vater war
Da er die Mutter nahm.

Das Mädgen wünſcht von Iugend auf,
Sich hochgeehrt zu ſehn,
Sie ziert ſich klein und wächſt herauf
In Pracht und Aſſembleen.
Der Stolz verjagt die Triebe
Der Wolluſt und der Liebe,
Sie ſinnt nur drauf wie ſie ſich ziert,
Ein Aug entzückt, ein Herze rührt,
Und denkt ans andre nicht.

Auf Dörfern ſieht's ganz anders aus,
Da treibt die liebe Noth,
Die Jungen auf das Feld hinaus
Nach Arbeit und nach Brod.
Wer von der Arbeit müde,
Läſst gern den Mädgen Friede.
Und wer noch obendrein nichts weiſs,
Der denkt an nichts, den macht nichts heiſs;
So geht's den Bauern meiſt.

Die Bauermädgen aber ſind
In Ruhe mehr genährt,
Und darum wünſchen ſie geſchwind
Was jede Mutter wehrt.
Oft ſtoſsen ſchöckernd Bräute
Den Bräutgam in die Seite,
Denn von der Arbeit, die ſie thun,
Sich zu erhohlen, auszuruhn,
Das können ſie dabey.

D 2

74 [Goethe:] ›Neue Lieder in Melodien gesetzt von Bernhard Theodor Breitkopf‹ *Leipzig 1770. Titelblatt*

Im ersten Brief an Friederike Oeser (6. November 1768), einem Gedicht, erinnert Goethe die Freundin an die ihr zurückgelassenen, ihr zugeeigneten Lieder, *die der älteste der Breitkopfschen Söhne im folgenden Jahr vertonte und zu Ostern 1770 im Verlag seines Vaters ohne den Namen des Autors herausbrachte.*

Die Lieder die ich Dir gegeben, die gehören / Als wahres Eigenthum dem schönen Ort und Dir. / Wenn mich mein böses Mädgen plagte, / Wenn der Verdruss mich aus den Mauern jagte, / War ich verwegen gnug, und wagte / Dich aufzusuchen eh es tagte, / Auf Deinen Feldern die Du liebst, / Die Du mir offt so schön beschriebst. / Da ging ich nun in Deinem Paradiese, / In jedem Holz, auf jeder Wiese, / Am Fluss, am Bach, das hoffende Gesicht / Vom Morgenstrahl geschminckt, und sucht' und fand Dich nicht. / Dann schlug ich, angereitzt von launischem Verdrusse, / Den armen Frosch, am sonnbestrahlten Flusse, / Dann jagt' ich ringsumher, und fing / Bald einen Reim bald einen Schmetterling. / Und mancher Reim, und mancher Schmetterling / Entging / Der ausgestreckten Hand, die mitten / In ihrem Haschen stille stand, / Wenn aus dem Wald, von Stimmen oder Tritten / Den Schall, mein lauschend Ohr empfand. / Am Tage sang ich diese Lieder, / Am Abend ging ich wieder heim, / Nahm meine Feder, schrieb sie nieder / Den guten und den schlechten Reim. / Offt kehrt ich noch mit immer schlechterm Glücke / Auf die fatale Flur zurücke, / Biss mir zuletzt das günstige Geschicke / Noch einen Tag den ich nicht hoffte gab. / Doch ich genoss sie kaum die süssen letzten Stunden, / Sie waren gar zu nah am Grab. / Ich sage nicht, was ich empfunden, / Denn mein prosaisches Gedicht / Stimmt diesesmal sehr zur Empfindung nicht. / Du hast die Lieder nun, und zur Belohnung / Für alles was ich für Dich litt, / Besuchst Du Deine seelge Wohnung; / So nimm sie mit; / Und sing sie manchmal an den Orten / Mit Lust wo ich aus Schmerz sie sang, / Dann denck an mich, und sage: dorten / Am Flusse wartete er lang, / Der Arme der so offt mit ungewognem Glücke / Die schönen Felder fühllos sah! / Käm er in diesem Augenblicke, / Eh nun, jetzt wär' ich da.

75 Matthaeus Merian: Tabula Cebetis *continens totius vitae humanae descriptionem*

76 Moses Mendelssohn: ›Phaedon über die Unsterblichkeit der Seele‹ *Neue Ausgabe: 1767*

Phädon. Ein Weiser stirbt gerne. So beginnt das Gespräch. Eine kleine Abhandl über den Selbstmord. Hier weicht Moses, zum erstenmal ab. Es sey keine Art des Selbstmordes da er ietzt so willig sterbe, behauptet Sokrates . . . Gereinigt durch die Befreyung vom Körper zu werden sey des Weisen Hofnung und Wunsch. Es gäbe Leute die aus Furcht für andern Übeln gerne sterben. Das seyen keine Weisen. Ich glaube, allda bessere Freunde zu finden als ich hier verlasse. So endet sich der Eingang. Cebes verlangt bewiesen zu haben, dass die Seele nicht vergänglich sey. [. . .]
›Ephemerides‹ 1770. Aus Goethes kritischem Referat von Mendelssohns ›Phaedon‹

Jetzo studir' ich Leben und Todt eines andern Helden, und dialogisir's in meinem Gehirn. Noch ist's nur dunckle Ahnung. Den Sokrates, den Philosophischen Heldengeist, die ›Eroberungswuth aller Lügen und Laster, besonders derer, die keine scheinen wollen‹; oder vielmehr den göttlichen Beruf zum Lehrer der Menschen, . . . die Verhältnisse . . . der Gravitation und endlichen Übergewichts der Nichtswürdigkeit. Ich brauche Zeit, das zum Gefühl zu entwickeln. Und dann weiss ich doch nicht, ob . . . ich mich von dem Dienste des Götzenbildes, das Plato bemahlt und verguldet, dem Xenophon räuchert, zu der wahren Religion aufschwingen kann, der statt des Heiligen ein großer Mensch erscheint, den ich nur mit Lieb Enthusiasmus an meine Brust drücke und rufe: Mein Freund und mein Bruder! [. . .]
An Herder, Ende 1771

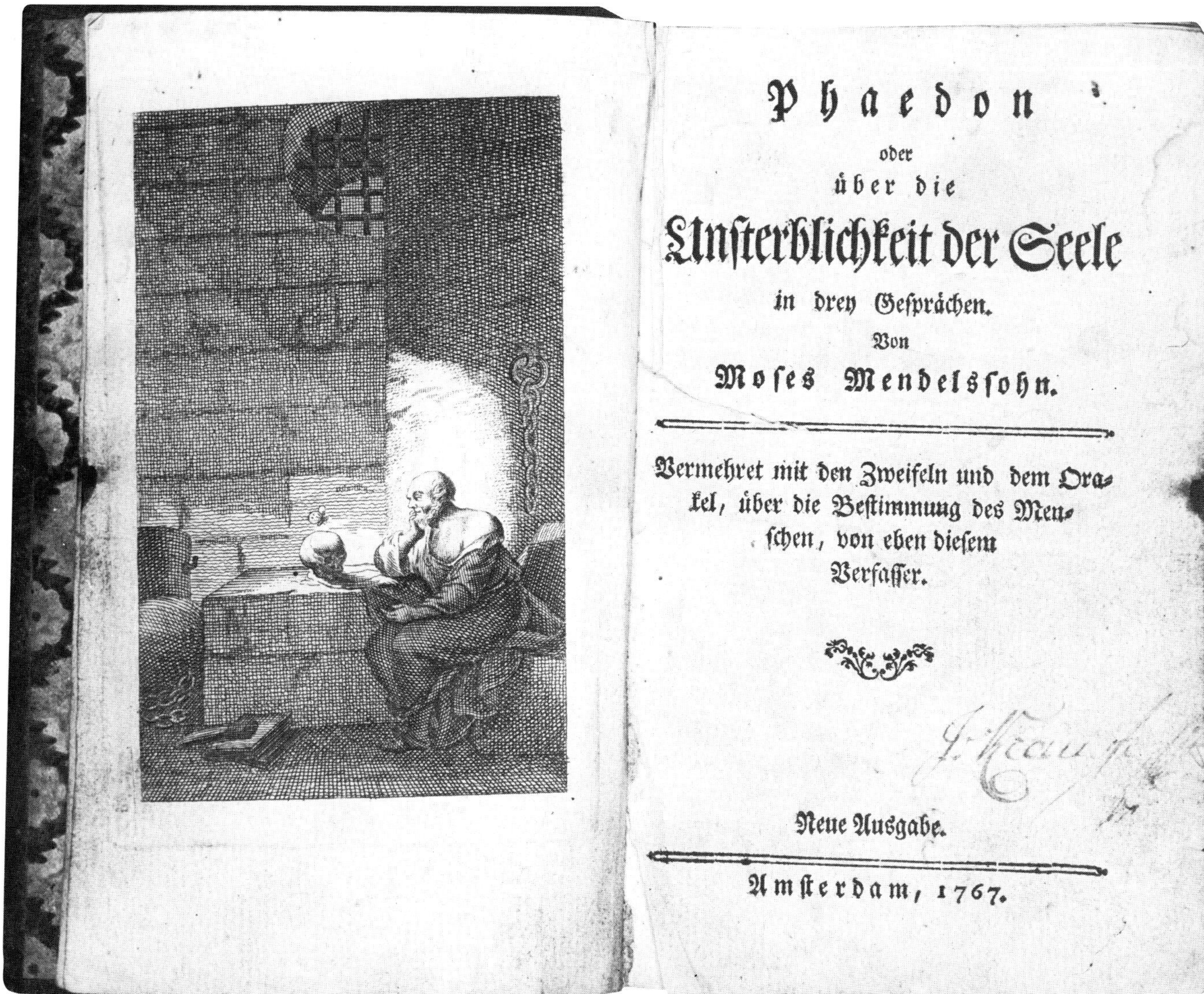

Phaedon
oder
über die
Unsterblichkeit der Seele
in drey Gesprächen.
Von
Moses Mendelssohn.

Vermehret mit den Zweifeln und dem Orakel, über die Bestimmung des Menschen, von eben diesem Verfasser.

Neue Ausgabe.

Amsterdam, 1767.

Gottfrid Arnolds
Unparteyische
Kirchen- und Ketzer-
Historie/
Vom Anfang des Neuen Testaments
Biß auff das Jahr Christi 1688.
Mit Königl. Polnischen/ Churf. Sächsischen und Churfürstl. Brandenburgischen
PRIVILEGIIS.

Franckfurt am Mayn/
bey Thomas Fritsch.
Am Jahr 1700.

77 ›Gottfrid Arnolds Unparteyische Kirchen- und Ketzer-Historie‹ *1700. Aus Goethes Bibliothek*

Einen großen Einfluß erfuhr ich . . . von einem wichtigen Buche, das mir in die Hände gerieth, es war Arnolds Kirchen- und Ketzer-Geschichte. Dieser Mann ist nicht ein bloß reflectirender Historiker, sondern zugleich fromm und fühlend. Seine Gesinnungen stimmten sehr zu den meinigen, und was mich an seinem Werk besonders ergötzte, war, daß ich von manchen Ketzern, die man mir bisher als toll oder gottlos vorgestellt hatte, einen vortheilhaftern Begriff erhielt. Der Geist des Widerspruchs und die Lust zum Paradoxen steckt in uns allen. Ich studirte fleißig die verschiedenen Meinungen, und da ich oft genug hatte sagen hören, jeder Mensch habe am Ende doch seine eigene Religion, so kam mir nichts natürlicher vor, als daß ich mir auch meine eigene bilden könne . . . Der neue Platonismus lag zum Grunde; das Hermetische, Mystische, Kabbalistische gab auch seinen Beitrag her, und so erbaute ich mir eine Welt, die seltsam genug aussah.
›Dichtung und Wahrheit‹ II 8

78 Bücherzeichen der Susanna Catharina von Klettenberg (1723-1774) *Radierung von H. H. Cöntgen nach J. A. Nothnagel*

Fräulein von Klettenberg, eine Verwandte und Freundin von Goethes Mutter: Es ist dieselbe, aus deren Unterhaltungen und Briefen die ›Bekenntnisse der schönen Seele‹ entstanden sind, die man in ›Wilhelm Meister‹ eingeschaltet findet *[›Lehrjahre‹, 6. Buch]*. Sie war zart gebaut, von mittlerer Größe; ein herzliches natürliches Betragen war durch Welt- und Hofart noch gefälliger geworden. Ihr sehr netter Anzug erinnerte an die Kleidung Herrnhutischer Frauen. Heiterkeit und Gemütsruhe verließen sie niemals. Sie betrachtete ihre Krankheit als einen notwendigen Bestandteil ihres vorübergehenden irdischen Seins sie litt mit der größten Geduld, und in schmerzlosen Intervallen war sie lebhaft und gesprächig. Ihre liebste, ja vielleicht einzige Unterhaltung waren die sittlichen Erfahrungen, die der Mensch, der sich beobachtet, an sich selbst machen kann; woran sich denn die religiosen Gesinnungen anschlossen, die auf eine sehr anmutige, ja geniale Weise bei ihr als natürlich und übernatürlich in Betracht kamen. [. . .] Nun fand sie an mir, was sie bedurfte, ein junges, lebhaftes, auch nach einem unbekannten Heile strebendes Wesen, das, ob es sich gleich nicht für außerordentlich sündhaft halten konnte, sich doch in keinem behaglichen Zustand befand, und weder an Leib noch Seele ganz gesund war.
›Dichtung und Wahrheit‹ II 8

Herrn Georgii von Welling
OPUS
MAGO-CABBALISTICUM ET THEOSOPHICUM,
darinnen
der Ursprung, Natur, Eigenschafften und Gebrauch
des
Saltzes, Schwefels
und
MERCURII,
in dreyen Theilen beschrieben, und nebst sehr vielen sonderbaren mathematischen, theosophischen, magischen und mystischen Materien, auch die Erzeugung der Metallen und Mineralien, aus dem Grunde der Natur erwiesen wird; samt dem Haupt-Schlüssel des gantzen Wercks, und vielen curieusen mago-cabbalistischen Figuren. Deme noch beygefüget: Ein Tractätlein von der Göttlichen Weisheit; und ein besonderer Anhang etlicher sehr rar- und kostbarer chymischer Piecen.
Andere Auflage.
Franckfurt und Leipzig,
in der Fleischerischen Buchhandlung, 1760.

79 ›Herrn Georgii von Welling Opus Mago-Cabbalisticum et Theosophicum . . .‹ *1760. Aus Goethes Bibliothek*

Meine Freundin *[Susanne Klettenberg]* . . . hatte schon insgeheim Wellings Opus mago-cabbalisticum studirt . . . Es bedurfte nur einer geringen Anregung, um auch mir diese Krankheit zu inoculiren. Ich schaffte das Werk an, das, wie alle Schriften dieser Art, seinen Stammbaum in gerader Linie bis zur Neuplatonischen Schule verfolgen konnte. [. . .] Wir wendeten uns nun an die Werke des Theophrastus Paracelsus und Basilius Valentinus; nicht weniger an Helmont, Starkey und andere, deren mehr oder weniger auf Natur und Einbildung beruhende Lehren und Vorschriften wir einzusehen und zu befolgen suchten.
›Dichtung und Wahrheit‹ II 8

80 Die ›Jakobsleiter‹ *In: Abraham Kyburz: ›Historien-, Kinder-, Bet- und Bilder-Bibel‹, Bd. I, Augsburg 1737*

81 Der Teufel in Hundegestalt erscheint dem Kardinal Crescentius *Aus Ludwig Gottfrieds ›Historischer Chronik‹ 1743*

»Dieser Weg der Vervollkommnung ist kein ander / kann auch kein ander seyn / als welcher durch Jacobs Leiter vorgestellet worden: Denn gleicher weise wie auff derselben die Engel Gottes auff und nieder steigen / also steigen die wesentlichen lebendigen Kräffte oder geistlichen Leiber der himmlischen Lichter unabläßlich von oben herab durch die ätherische Lufft zu dieser untern Welt / als von dem Haupt zu den Füßen . . .« Franciscus Mercurius von Helmont (zit. in Arnolds ›Kirchen- und Ketzer-Historie‹, 3. Teil, S. 73 ff.)

Faust beschaut das Zeichen des Makrokosmus: Wie alles sich zum Ganzen webt, / Eins in dem andern würckt und lebt! / Wie Himmelskräffte auf und nieder steigen / Und sich die goldnen Eimer reichen! / Mit Seegenduftenden Schwingen / Vom Himmel durch die Erde dringen, / Harmonisch all das All durchklingen!
Aus dem ›Frankfurter Faust‹ (Göchhausen-Abschrift)

[Faust:] Er hebt sich mit Gewalt, / Das ist nicht eines Hundes Gestalt! / Welch ein Gespenst bracht' ich in's Haus! / Schon sieht er wie ein Nilpferd aus, / Mit feurigen Augen, schrecklichem Gebiß. / O! du bist mir gewiß! / Für solche halbe Höllenbrut / Ist Salomonis Schlüssel gut.
›Faust‹ Erster Teil. »Studierzimmer«. 1808

82 »Ha! bist du staubig! Komm! An dir will ich mich laben!« *›Die Mitschuldigen‹ III. Aufzug, 4. Auftritt. 1769. Titelvignette von D. Chodowiecky zu Bd. 2 der ›Schriften‹ Goethes. 1787*

[Der Wirt:] (er fasst sich in die Perrucke) Schweinsaug'-ger Ochsenkopf! mit wahren Eselsohren. / Der Brief! Das Geld! Der Streich! Ich binn als wie verlohren, / So dumm! So voll Begier nach Rach' und Prüglen. Ha! (er erwischt einen Stock und läufft auf dem Theater herum) Ist denn kein Buckel nicht für deinen Hunger da? / Oh wär ich doch ein Wind mit ein Paar Hundert Flügeln, / Ich möcht' die ganze Welt, Sonn Mond und Sterne prügeln. / Ich sterbe, wenn ich nicht! Zerbräch nur eins ein Glas, / So hätt' ich doch Raison. Beging der Jung' nur was. / Ich zehr mich selber auf – Und Rache muß ich haben! (er stösst auf seinen Sessel und prügelt ihn aus) Was bist du staubigt! Nu, komm her du sollst mich laben! /Alcest o möcht' ich doch so deinen Buckel haben! *(1. handschriftliche Fassung 1769)*

Bei meiner Geschichte mit Gretchen und an den Folgen derselben hatte ich zeitig in die seltsamen Irrgänge geblickt, mit welchen die bürgerliche Societät unterminirt ist. [. . .] Wie viele Familien hatte ich nicht schon näher und ferner durch Banqueroute, Ehescheidungen, verführte Töchter, Morde, Hausdiebstähle, Vergiftungen entweder in's Verderben stürzen, oder auf dem Rande kümmerlich erhalten sehen, und hatte, so jung ich war, in solchen Fällen zu Rettung und Hülfe öfters die Hand geboten . . . Um mir Luft zu verschaffen entwarf ich mehrere Schauspiele und schrieb die Expositionen von den meisten. [. . .] Die Mitschuldigen sind das einzige fertig gewordene, dessen heiteres und burleskes Wesen auf dem düsteren Familiengrunde als von etwas Bänglichem begleitet erscheint . . . Die hart ausgesprochenen widergesetzlichen Handlungen verletzen das ästhetische und moralische Gefühl, und deßwegen konnte das Stück auf dem deutschen Theater keinen Eingang gewinnen, obgleich die Nachahmungen desselben, welche sich fern von jenen Klippen gehalten, mit Beifall aufgenommen worden.
›Dichtung und Wahrheit‹ II 7

83 Goethe *Schattenriß. Anonym, o. D. (1765/70)*

Zu Ende Merzens geh ich also nach Strasburg, wenn Ihnen daran was gelegen ist, wie ich glaube. . . . Sie sind ewig das liebenswürdige Mädgen, und werden auch die Liebenswürdige Frau seyn. Und ich, ich werde Goethe bleiben. Sie wissen was das heisst. Wenn ich meinen Nahmen nenne, nenne ich mich ganz, und Sie wissen, dass ich, so lang als ich Sie kenne, nur als ein Theil von Ihnen gelebt habe. . . . In Strasburg werde ich bleiben, und da wird sich meine Adresse verändern wie die Ihrige, es wird auf beyde etwas vom Doctor kommen.
An Käthchen Schönkopf, 23. Januar 1770

AD. Dannegger. Arg. Fec. 175

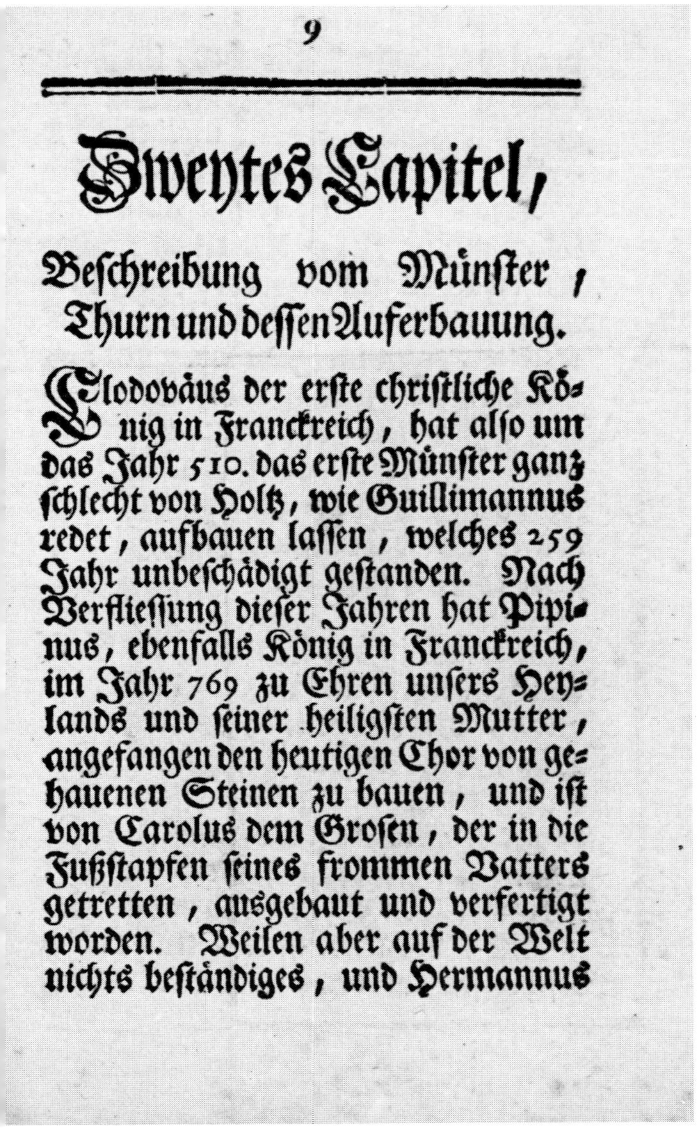

9

Zweytes Capitel,

Beschreibung vom Münster, Thurn und dessen Auferbauung.

Clodovåus der erste christliche König in Franckreich, hat also um das Jahr 510. das erste Münster ganz schlecht von Holtz, wie Guillimannus redet, aufbauen lassen, welches 259 Jahr unbeschädigt gestanden. Nach Verfliessung dieser Jahren hat Pipinus, ebenfalls König in Franckreich, im Jahr 769 zu Ehren unsers Heylands und seiner heiligsten Mutter, angefangen den heutigen Chor von gehauenen Steinen zu bauen, und ist von Carolus dem Grosen, der in die Fußstapfen seines frommen Vatters getretten, ausgebaut und verfertigt worden. Weilen aber auf der Welt nichts beständiges, und Hermannus

84 Joseph Schweigheusser: ›Straßburger Münster- und Thurn-Büchlein‹ 1765 *Kupfertafel zum 2. Kapitel. Aus der Bibliothek J. C. Goethes*

Als ich auf deinem Grabe herumwandelte, edler *Erwin,* und den Stein suchte, der mir deuten sollte: Anno domini 1318. XVI. Kal. Febr. obiit Magister Ervinus, Gubernator Fabricae Ecclesiae Argentinensis, und ich ihn nicht finden, keiner deiner Landsleute mir ihn zeigen konnte, daß sich meine Verehrung deiner, an der heiligen Stätte ergossen hätte; da ward ich tief in die Seele betrübt, und mein Herz, jünger, wärmer, thöriger und besser als jetzt, gelobte dir ein Denkmaal, wenn ich zum ruhigen Genuß meiner Besitzthümer gelangen würde, von Marmor oder Sandsteinen, wie ichs vermögte. Was brauchts dir Denkmaal! Du hast dir das herrlichste errichtet; und kümmert die Ameisen, die drum krablen, dein Name nichts, hast du gleiches Schicksal mit dem Baumeister, der Berge aufthürmte in die Wolken. Wenigen ward es gegeben, einen Babelgedanken in der Seele zu zeugen, ganz, groß, und bis in den kleinsten Theil nothwendig schön, wie Bäume Gottes . . . Wie oft bin ich zurückgekehrt, von allen Seiten, aus allen Entfernungen in jedem Lichte des Tags, zu schauen seine Würde und Herrlichkeit. [. . .] Wie oft hat die Abenddämmerung mein durch forschendes Schauen ermattetes Aug, mit freundlicher Ruhe geletzt, wenn durch sie die unzähligen Theile, zu ganzen Massen schmolzen . . . Da offenbarte sich mir, in leisen Ahndungen, der Genius des großen Werkmeisters. Was staunst du, lispelt er mir entgegen. Alle diese Maßen waren nothwendig, und siehst du sie nicht an allen älteren Kirchen meiner Stadt? Nur ihre willkürliche Größen hab ich zum stimmenden Verhältniß erhoben. Wie über dem Haupteingang, der zwey kleinere zu'n Seiten beherrscht, sich der weite Kreis des Fensters öffnet, der dem Schiffe der Kirche antwortet und sonst nur Tagloch war, wie, hoch drüber der Glockenplatz die kleineren Fenster forderte! das all war nothwendig, und ich bildete es schön. Aber ach, wenn ich durch die düstern erhabnen Öffnungen hier zur Seite schwebe, sie leer und vergebens da zu stehn scheinen. In ihre kühne schlanke Gestalt hab ich die geheimnißvollen Kräfte verborgen, die jene beyden Thürme hoch in die Luft heben sollten, deren, ach, nur einer traurig da steht, ohne den fünfgethürmten Hauptschmuck, den ich ihm bestimmte, daß ihm und seinem königlichen Bruder die Provinzen umher huldigten. Und so schied er von mir, und ich versank in theilnehmende Traurigkeit. Bis die Vögel des Morgens, die in seinen tausend Öffnungen wohnen, der Sonne entgegen jauchzten, und mich aus dem Schlummer weckten. Wie frisch leuchtet er im Morgendufftglanz mir entgegen, wie froh konnt ich ihm meine Arme entgegen strecken, schauen die großen, harmonischen Massen, zu unzählig kleinen Theilen belebt . . . Heil dir, Knabe! der du mit einem scharfen Aug für Verhältnisse geboren wirst, dich mit Leichtigkeit an allen Gestalten zu üben. Wenn denn nach und nach die Freude des Lebens um dich erwacht, und du jauchzenden Menschengenuß nach Arbeit, Furcht und Hoffnung fühlst; das muthige Geschrey des Winzers, wenn die Fülle des Herbsts seine Gefäße anschwellt, den belebten Tanz des Schnitters, wenn er die müsige Sichel hoch in den Balken geheftet hat; wenn dann männlicher, die gewaltige Nerve der Begierden und Leiden in deinem Pinsel lebt, du gestrebt und gelitten genug hast, und genossen, und satt bist irdischer Schönheit, und werth bist auszuruhen in dem Arme der Göttinn, werth an ihrem Busen zu fühlen, was den vergötterten Herkules neu gebahr; nimm ihn auf, himmlische Schönheit, du Mittlerinn zwischen Göttern und Menschen; und mehr als Prometheus leit er die Seeligkeit der Götter auf die Erde.

›Von Deutscher Baukunst. D[is] M[anibus] Ervini a Steinbach‹ 1771 begonnen, 1772 anonyme Flugschrift, 1773 in ›Von Deutscher Art und Kunst‹

Von

Deutscher

Art und Kunst.

(von Herder, Goethe u. Möser)

Einige fliegende Blätter.

Hamburg, 1773.

Bey Bode.

85 [Herder, Goethe, Frisi, Möser:] ›Von Deutscher Art und Kunst‹ 1773 *Titelblatt der Sammelschrift*

86 Straßburg. Treppe im Gasthaus ›Zum Geist‹ *Photographie von E. Traumann*

Ich war . . . in den Gasthof zum Geist gegangen, ich weiß nicht welchen bedeutenden Fremden aufzusuchen. Gleich unten an der Treppe fand ich einen Mann, der eben auch hinaufzusteigen im Begriff war, und den ich für einen Geistlichen halten konnte. Sein gepudertes Haar war in eine runde Locke aufgesteckt, das schwarze Kleid bezeichnete ihn gleichfalls, mehr noch aber ein langer, schwarzer, seidner Mantel, dessen Ende er zusammengenommen und in die Tasche gesteckt hatte. Dieses einigermaßen auffallende, aber doch im Ganzen galante und gefällige Wesen, wovon ich schon hatte sprechen hören, ließ mich keineswegs zweifeln, daß er der berühmte Ankömmling sei, und meine Anrede mußte ihn sogleich überzeugen, daß ich ihn kenne. Er fragte nach meinem Namen, der ihm von keiner Bedeutung sein konnte; allein meine Offenheit schien ihm zu gefallen, indem er sie mit großer Freundlichkeit erwiderte, und als wir die Treppe hinaufstiegen, sich sogleich zu einer lebhaften Mittheilung bereit finden ließ.

›Dichtung und Wahrheit‹ II 10

87 Johann Gottfried Herder (1744-1803) *Gemälde von Anton Graff. 1785*

Herder unterzieht sich in Straßburg einer Augenoperation durch den großen Anatom J. F. Lobstein: . . . ich konnte der Operation beiwohnen und einem so werthen Manne auf mancherlei Weise dienstlich und behülflich sein. Hier fand ich nun alle Ursache, seine große Standhaftigkeit und Geduld zu bewundern: denn weder bei den vielfachen chirugischen Verwundungen, noch bei dem oftmals wiederholten schmerzlichen Verbande bewies er sich im mindesten verdrießlich . . .; aber in der Zwischenzeit hatten wir freilich den Wechsel seiner Laune vielfach zu ertragen. [. . .] Dieser Fall

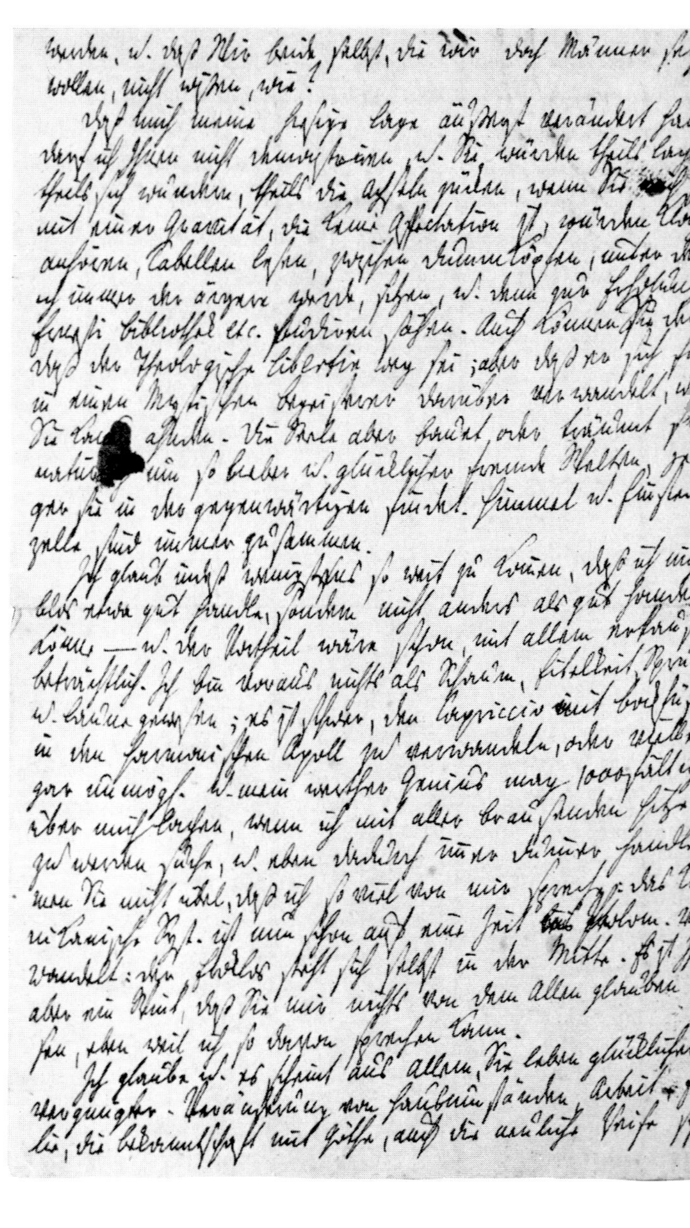

kommt im Leben öfters vor, und man beachtet nicht genug die moralische Wirkung krankhafter Zustände, und beurtheilt daher manche Charaktere sehr ungerecht, weil man alle Menschen für gesund nimmt und von ihnen verlangt, daß sie sich auch in solcher Maße betragen sollen. Die ganze Zeit dieser Cur besuchte ich Herdern Morgens und Abends . . . und gewöhnte mich in Kurzem um so mehr an sein Schelten und Tadeln, als ich seine schönen und großen Eigenschaften, seine ausgebreiteten Kenntnisse, seine tiefen Einsichten täglich mehr schätzen lernte. [. . .] Was in einem solchen Geiste für eine Bewegung, was in einer solchen Natur für eine Gährung müsse gewesen sein, läßt sich weder fassen noch darstellen.
›Dichtung und Wahrheit‹ II 10

88 J. G. Herder: Aus einem Brief an J. H. Merck *Bückeburg, 17. Oktober 1772*

»[. . .] Abwesenheit läutert u. fügt wohl mehr zusammen, wenigstens in anderm Sinne, als die leidige liebe Gewohnheit, u. das ist für mich der bündigste Beweis vom Immaterialismus unsrer Seele u. der feinsten Nerven des Herzens. Ich sehe Ihnen durch eine Perspektive von Meilen tiefer unter die Stirn, als wenn ich mich um Sie zerstreuete. [. . .] In Ihren Zeitungen sind Sie immer Sokrates-Addison, Göthe meistens ein junger, übermüthiger Lord mit entsetzlich scharrenden Hahnenfüßen; u. wenn ich denn einmal komme, so ists der Irrländische Dechant mit der Peitsche. Ueber die hat nun Sokrates sehr acht zu geben, u. Sie haben von Anfang an volles Recht bekommen, zu ändern, u. auszustreichen, was Ihnen gefällt. Insonderheit auszustreichen, ich rede oft, als wenn kein Mensch Deutsch verstünde: u. da mir überhaupt das schöne Runde fehlt, mit dem Ihr Leute die Welt betrügt, so ist allemal die Zeit, wenn ich mich lese, mir Ärgerniß u. Zwist – Benehmen Sie mir die, so viel Sie Können, es ist nicht gut, daß der Mensch sich ärgert. Nächstens ein Blatt von Zoroaster, darüber Ihr Euch freuen werdet, wenn – Ihr Lust habt. Daß Göthe doch an mich schreibe! Viel Umarmung! Ich muß eßen. [. . .]«

. . . ja seine Handschrift sogar übte auf mich eine magische Gewalt aus. Ich erinnere mich nicht, daß ich eins seiner Blätter, ja nur ein Couvert von seiner Hand, zerrissen oder verschleudert hätte . . .
›Dichtung und Wahrheit‹ II 10

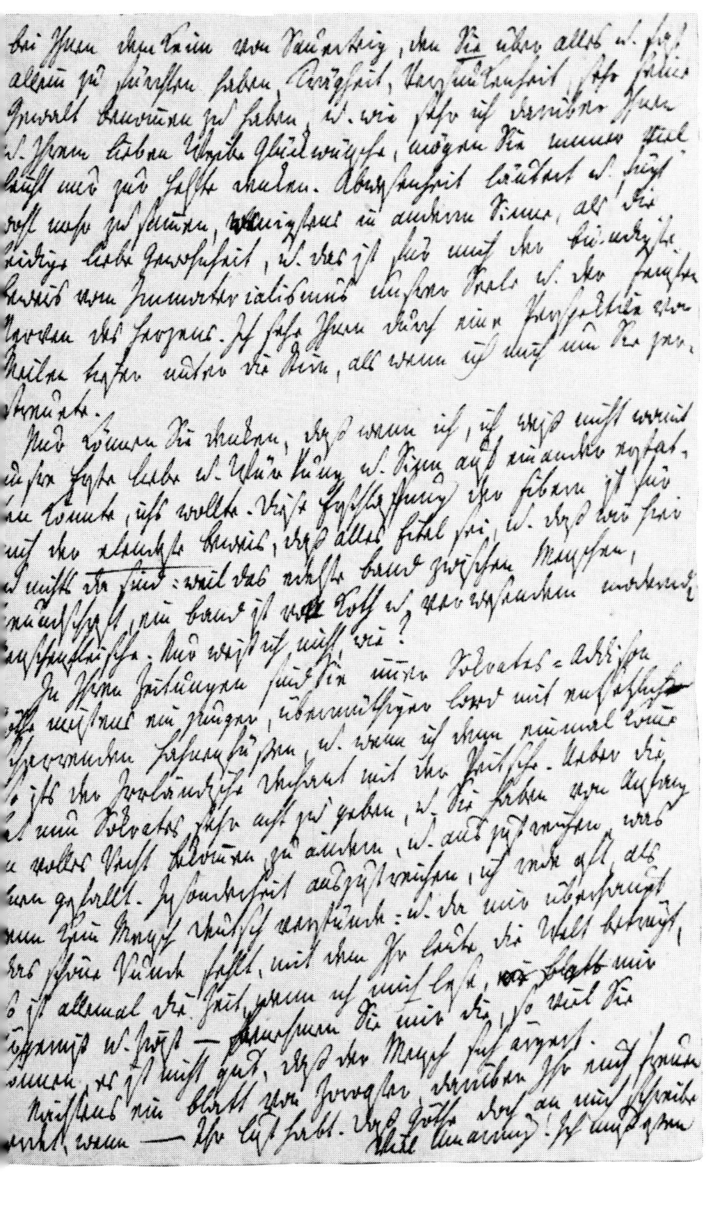

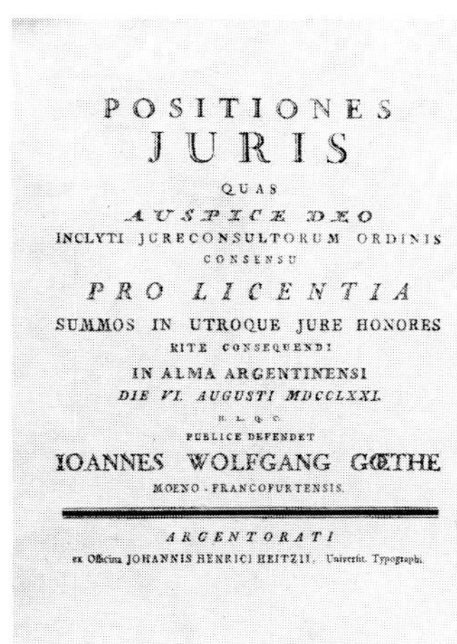

POSITIONES
JURIS
QUAS
AUSPICE DEO
INCLYTI JURECONSULTORUM ORDINIS
CONSENSU
PRO LICENTIA
SUMMOS IN UTROQUE JURE HONORES
RITE CONSEQUENDI
IN ALMA ARGENTINENSI
DIE VI. AUGUSTI MDCCLXXI.
H. L. Q. C.
PUBLICE DEFENDET
IOANNES WOLFGANG GŒTHE
MOENO - FRANCOFURTENSIS.
ARGENTORATI
ex Officina JOHANNIS HENRICI HEITZII, Universit. Typographi.

89 Goethe: ›Positiones iuris‹ Straßburg 1771 *56 Thesen, zur Erlangung der Würde eines Lizentiaten der Rechte*

Zuvor war Goethes Inaugural-Dissertation ›De legislatoribus‹ von der Fakultät abgelehnt worden.
Prof. Metzger (Straßburg) an F. D. Ring: »Je vous marque de même une nouvelle qui vous fera voir que notre faculté est aussi bien réglée qu'aucune autre. Il y a un étudiant ici nommé Goethe, de Francfort sur le Mein, qui comme on dit a très bien étudié, ayant été à Gottingue [!] et à Leipsic. Ce jeune homme enflé de son érudition et principalement de quelques chicanes de Monsieur de Voltaire alla faire une soutenance qui devait avoir pour titre: Jesus autor et judex sacrorum *dans laquelle il avance entre autres que Jésus Christ n'était pas le fondateur de notre religion, mais que quelques autres savants l'avaient faite sous son nom. Que la religion chrétienne n'était autre chose qu'une saine politique etc. Mais on a eu la bonté de lui défendre de faire imprimer son chef-d'oeuvre, alors pour faire un peu sentir son mépris il a donné les thèses les plus simples p. e. jus naturae est quod [!] omnia animalia docuit. On s'est moqué de lui et il en fut quitte.«*
In ›Dichtung und Wahrheit‹ (III 11) wird über einen noch früheren Anlauf, Materialien und Disposition zu einer an Reformtendenzen im Gewohnheits- und Kriminalrecht anschließenden Schrift, berichtet. Zu ›De legislatoribus‹ heißt es da: Die Kirchengeschichte war mir fast noch bekannter als die Weltgeschichte, und mich hatte von jeher der Konflikt, in welchem sich die Kirche, der öffentlich anerkannte Gottesdienst, nach zwei Seiten hin befindet und immer befinden wird, höchlich interessiert. [. . .] Ich hatte mir daher . . . festgesetzt, daß der Staat, der Gesetzgeber, das Recht habe, einen Kultus zu bestimmen . . .

90 Das Steinkohlenbergwerk Teut bei Aachen *Aquarellierte Bleistiftzeichnung von Caspar Wolf (1735-1783). 1780*

22. Juni - 4. Juli 1770: Goethe besucht mit den Straßburger Freunden Weyland und Engelbach das Unterelsaß (Zabern: Schloß des Kardinals Rohan) und Lothringen. Saarbrücken: Hier wurde ich nun eigentlich in das Interesse der Berggegenden eingeweiht, und die Lust zu ökonomischen und technischen Betrachtungen . . . zuerst erregt. Wir hörten von den reichen Dutweiler Steinkohlengruben, von Eisen- und Alaunwerken, ja sogar von einem brennenden Berge, und rüsteten uns, diese Wunder in der Nähe zu beschauen. [. . .] Kurz hinter einander wurden wir mit einem einfachen und einem complicirten Maschinenwerke bekannt, mit einer Sensenschmiede und einem Drahtzug. Wenn man sich an jener schon erfreut, daß sie sich an die Stelle gemeiner Hände setzt, so kann man diesen nicht genug bewundern, indem er in einem höheren organischen Sinne wirkt, von dem Verstand und Bewußtsein kaum zu trennen sind. In der Alaunhütte erkundigten wir uns genau nach der Gewinnung und Reinigung dieses so nöthigen Materials, und als wir große Haufen eines weißen, fetten, lockeren, erdigen Wesens bemerkten und dessen Nutzen erforschten, antworteten die Arbeiter lächelnd, es sei der Schaum, der sich bei'm Alaunsieden obenauf werfe . . . Unser Weg ging nunmehr an den Rinnen hinauf, in welchen das Alaunwasser heruntergeleitet wird, und an dem vornehmsten Stollen vorbei, den sie die Landgrube nennen, woraus die berühmten Dutweiler Steinkohlen gezogen werden. Sie haben, wenn sie trocken sind, die blaue Farbe eines dunkel angelaufenen Stahls, und die schönste Irisfolge spielt bei jeder Bewegung über die Oberfläche hin. Die finsteren Stollenschlünde zogen uns jedoch um so weniger an, als der Gehalt derselben reichlich um uns her ausgeschüttet lag. Nun gelangten wir zu offnen Gruben, in welchen die gerösteten Alaunschiefer ausgelaugt werden, und bald überraschte uns, obgleich vorbereitet, ein seltsames Begegniß. Wir traten in eine Klamme und fanden uns in der Region des brennenden Berges. Ein starker Schwefelgeruch umzog uns; die eine Seite der Hohle war nahezu glühend, mit röthlichem weißgebranntem Stein bedeckt; ein dicker Dampf stieg aus den Klunsen hervor, und man fühlte die Hitze des Bodens auch durch die starken Sohlen. Ein so zufälliges Ereigniß, denn man weiß nicht wie diese Strecke sich entzündete, gewährt der Alaunfabrication den großen Vortheil, daß die Schiefer, woraus die Oberfläche des Berges besteht, vollkommen geröstet daliegen und nur kurz und gut ausgelaugt werden dürfen. Die ganze Klamme war entstanden, daß man nach und nach die calcinirten Schiefer abgeräumt und verbraucht hatte. Wir kletterten aus dieser Tiefe hervor und waren auf dem Gipfel des Berges. Ein anmuthiger Buchenwald umgab den Platz, der auf die Hohle folgte und sich ihr zu beiden Seiten verbreitete. Mehrere Bäume standen schon verdorrt, andere welkten in der Nähe von andern, die, noch ganz frisch, jene Gluth nicht ahneten, welche sich auch ihren Wurzeln bedrohend näherte.
›Dichtung und Wahrheit‹ II 10

Gestern waren wir den ganzen Tag geritten, die Nacht kam herbey und wir kamen eben aufs Lothringische Gebürg, da die Saar im lieblichen Thale unten vorbey fließt. Wie ich so rechter Hand über die grüne Tiefe hinaussah und der Fluß in der Dämmerung so graulich und still floß, und lincker Hand die schweere Finsterniß des Buchenwaldes vom Berg über mich herabhing, wie um die dunckeln Felsen durchs Gebüsch die leuchtenden Vögelgen still und geheimnißvoll zogen; da wurds in meinem Herzen so still wie in der Gegend und die ganze Beschweerlichkeit des Tags war vergessen wie ein Traum ... Welch Glück ist's ein leichtes, ein freyes Herz zu haben! ... das ist vielleicht das meiste was ich gegen Liebe habe; man sagt sie mache mutig. Nimmermehr ... Wenn ich Liebe sage, so verstehe ich die wiegende Empfindung, in der unser Herz schwimmt ... Wir sind wie Kinder auf dem Schaukelpferde immer in Bewegung, immer in Arbeit, und nimmer vom Fleck.

An Katharina Fabricius, Saarbrücken, 27. Juni 1770

91 Friederike Brion (1752 bis 1813) *Nach einer alten Postkarte aus dem Goethe-Nationalmuseum*

Die älteste Tochter kam wieder hastig in die Stube, unruhig, ihre Schwester *[Friederike]* nicht gefunden zu haben . . . nur der Vater sagte ganz ruhig: Laßt sie immer gehn, sie kommt schon wieder! In diesem Augenblick trat sie wirklich in die Thür; und da ging fürwahr an diesem ländlichen Himmel ein allerliebster Stern auf. Beide Töchter trugen sich noch deutsch, wie man es zu nennen pflegte . . . Ein kurzes weißes rundes Röckchen mit einer Falbel, nicht länger als daß die nettsten Füßchen bis an die Knöchel sichtbar blieben; ein knappes weißes Mieder und eine schwarze Taffetschürze – so stand sie auf der Gränze zwischen Bäuerin und Städterin. Schlank und leicht, als wenn sie nichts an sich zu tragen hätte, schritt sie, und beinahe schien für die gewaltigen blonden Zöpfe des niedlichen Köpfchens der Hals zu zart. Aus heiteren blauen Augen blickte sie sehr deutlich umher, und das artige Stumpfnäschen forschte so frei in die Luft, als wenn es in der Welt keine Sorge geben könnte; der Strohhut hing ihr am Arm, und so hatte ich das Vergnügen, sie bei'm ersten Blick auf einmal in ihrer ganzen Anmuth und Lieblichkeit zu sehn und zu erkennen.
›Dichtung und Wahrheit‹ II 10

Liebe neue Freundinn, Ich zweifle nicht Sie so zu nennen; denn wenn ich mich anders nur ein klein wenig auf die Augen verstehe; so fand mein Aug, im ersten Blick, die Hoffnung zu dieser Freundschafft in Ihrem, und für unsre Herzen wollt ich schwören; Sie, zärtlich und gut wie ich Sie kenne, sollten Sie mir, da ich Sie so lieb habe, nicht wieder ein Bissgen günstig seyn?
An Friederike, Straßburg, 15. Oktober 1770 (Konzept)

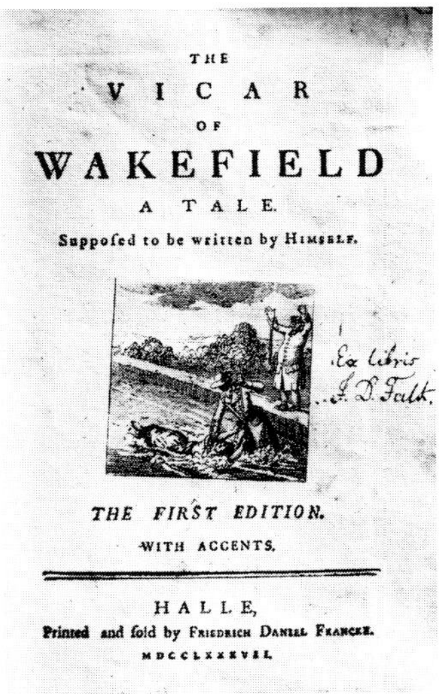

THE
VICAR
OF
WAKEFIELD
A TALE.
Supposed to be written by Himself.

Ex Libris J. D. Falk.

THE FIRST EDITION.
WITH ACCENTS.

HALLE,
Printed and sold by Friedrich Daniel Francke.
MDCCLXXXVII.

92 Oliver Goldsmith: ›The Vicar of Wakefield‹ 1787
(Nach der Ausgabe von 1766)

In Goethes späterer Sicht ein Schlüsselroman für seine Straßburger und Sesenheimer Zeit.
Ein protestantischer Landgeistlicher ist vielleicht der schönste Gegenstand einer modernen Idylle; er erscheint, wie Melchisedech, als Priester und König in Einer Person...; er ist Vater, Hausherr, Landmann und so vollkommen ein Glied der Gemeine. Auf diesem reinen, schönen, irdischen Grunde ruht sein höherer Beruf... eigentlich fühlte ich mich aber in Übereinstimmung mit jener ironischen Gesinnung *[des Werks]*, die sich über die Gegenstände, über Glück und Unglück, Gutes und Böses, Tod und Leben erhebt, und so zum Besitz einer wahrhaft poetischen Welt gelangt.... keineswegs aber hätte ich erwartet alsobald aus dieser fingirten Welt in eine ähnliche wirkliche versetzt zu werden.
›Dichtung und Wahrheit‹ II 10

93 Goethe: Pfarrhaus Sesenheim *Rötelzeichnung. 1770*

Mein Tischgenosse Weyland, der sein stilles fleißiges Leben dadurch erheiterte, daß er, aus dem Elsaß gebürtig, bei Freunden und Verwandten in der Gegend von Zeit zu Zeit einsprach, ... hatte mir öfters von einem Landgeistlichen gesprochen, der nahe bei Drusenheim, sechs Stunden von Straßburg, im Besitz einer guten Pfarre mit einer verständigen Frau und ein paar liebenswürdigen Töchtern lebe. [...] Laß dich, sagte Weyland, indem er mir das Haus von weitem zeigte, nicht irren, daß es einem alten und schlechten Bauernhause ähnlich sieht; inwendig ist es desto jünger. – Wir traten in den Hof; das Ganze gefiel mir wohl: denn es hatte gerade das, was man mahlerisch nennt, und was mich in der niederländischen Kunst so zauberisch angesprochen hatte. Jene Wirkung war gewaltig sichtbar, welche die Zeit über alles Menschenwerk ausübt. Haus und Scheune und Stall befanden sich in dem Zustande des Verfalls gerade auf dem Puncte, wo man unschlüssig, zwischen Erhalten und Neuaufrichten zweifelhaft, das eine unterläßt, ohne zu dem andern gelangen zu können.
›Dichtung und Wahrheit‹ II 10

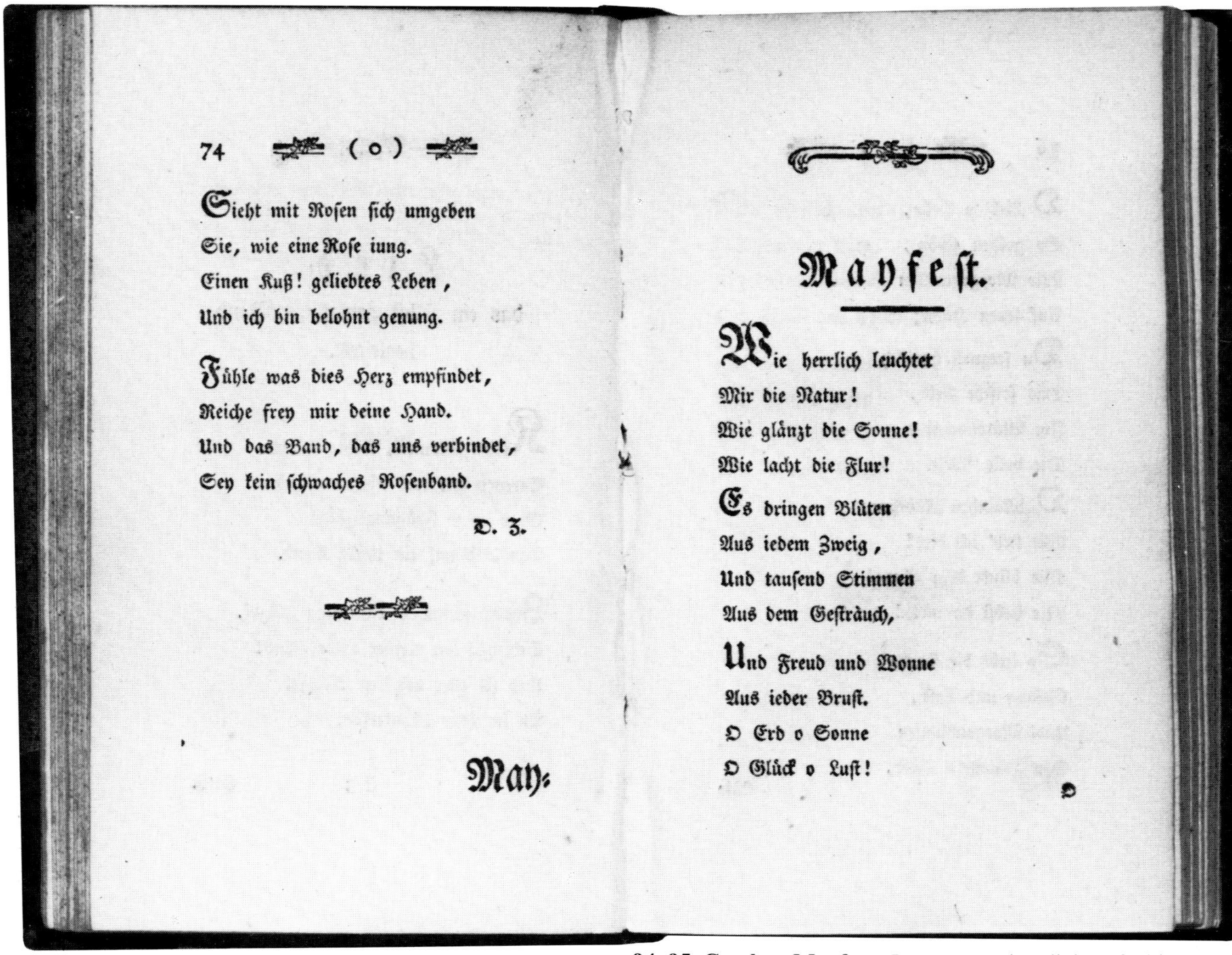
74 (o)

Sieht mit Rosen sich umgeben
Sie, wie eine Rose iung.
Einen Kuß! geliebtes Leben,
Und ich bin belohnt genung.

Fühle was dies Herz empfindet,
Reiche frey mir deine Hand.
Und das Band, das uns verbindet,
Sey kein schwaches Rosenband.

D. Z.

May=

Mayfest.

Wie herrlich leuchtet
Mir die Natur!
Wie glänzt die Sonne!
Wie lacht die Flur!

Es dringen Blüten
Aus iedem Zweig,
Und tausend Stimmen
Aus dem Gesträuch,

Und Freud und Wonne
Aus ieder Brust.
O Erd o Sonne
O Glück o Lust!

O

94, 95 Goethe: ›Mayfest‹ *In: ›Iris‹. Zweyter Band. Düsseldorf 1775 (früheste überlieferte Fassung des im Mai 1771 entstandenen Gedichts)*

Monate lang beglückten uns reine ätherische Morgen, wo der Himmel sich in seiner ganzen Pracht wies, indem er die Erde mit überflüssigem Thau getränkt hatte; und damit dieses Schauspiel nicht zu einfach werde, thürmten sich oft Wolken über die entfernteren Berge bald in dieser, bald in jener Gegend. Sie standen Tage, ja Wochen lang, ohne den reinen Himmel zu trüben, und selbst die vorübergehenden Gewitter erquickten das Land und verherrlichten das Grün, das schon wieder im Sonnenschein glänzte, ehe es noch abtrocknen konnte. Der doppelte Regenbogen, zweifarbige Säume eines dunkelgrauen, beinah schwarzen himmlischen Bandstreifens waren herrlicher, farbiger, entschiedener, aber auch flüchtiger als ich sie irgend beobachtet. Unter diesen Umgebungen trat unversehens die Lust zu dichten, die ich lange nicht gefühlt hatte, wieder hervor. Ich legte für Friederiken manche Lieder bekannten Melodien unter. Sie hätten ein artiges Bändchen gegeben; wenige davon sind übrig geblieben, man wird sie leicht aus meinen übrigen herausfinden.
›Dichtung und Wahrheit‹ III 11

Im Sommer 1771 bereitet sich, unter der Oberfläche, Goethes Abschied von Sesenheim vor, der auch beim letzten Besuch, nach der Promotion Anfang August, vor Friederike geheimgehalten wird.
Die angenehmste Gegend, Leute die mich lieben, ein Zirckel von Freuden! Sind nicht die Träume deiner Kindheit alle erfüllt? frag ich mich manchmal, wenn sich

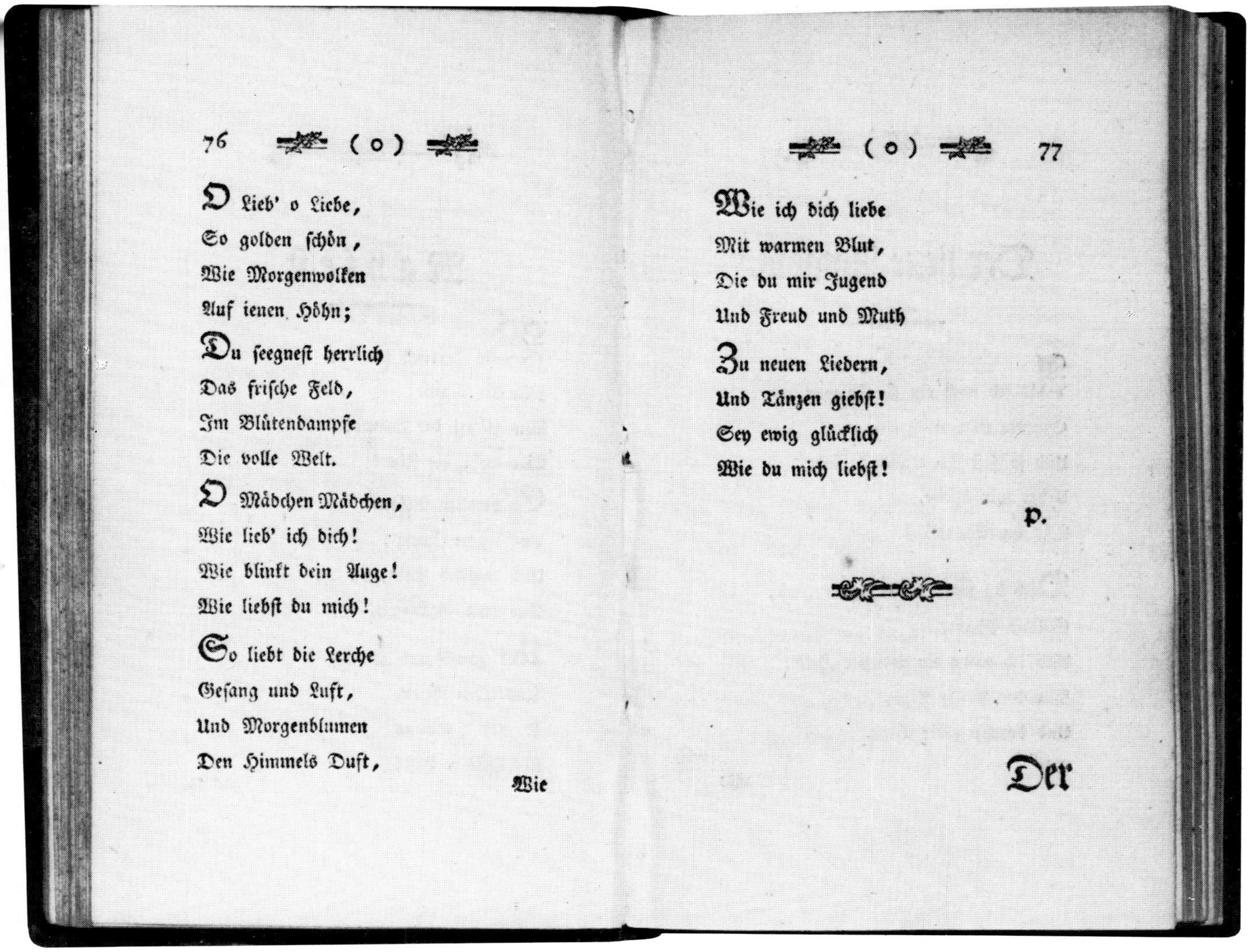

76 (o)

O Lieb' o Liebe,
So golden schön,
Wie Morgenwolken
Auf ienen Höhn;

Du seegnest herrlich
Das frische Feld,
Im Blütendampfe
Die volle Welt.

O Mädchen Mädchen,
Wie lieb' ich dich!
Wie blinkt dein Auge!
Wie liebst du mich!

So liebt die Lerche
Gesang und Luft,
Und Morgenblumen
Den Himmels Duft,

Wie

(o) 77

Wie ich dich liebe
Mit warmen Blut,
Die du mir Jugend
Und Freud und Muth

Zu neuen Liedern,
Und Tänzen giebst!
Sey ewig glücklich
Wie du mich liebst!

P.

Der

mein Auge in diesem Horizont von Glückseeligkeiten herumweidet; Sind das nicht die Feengärten nach denen du dich sehntest? – Sie sinds, sie sinds! Ich fühle es lieber Freund, und fühle dass man um kein Haar glücklicher ist wenn man erlangt was man wünschte. Die Zugabe! die Zugabe! die uns das Schicksaal zu ieder Glückseeligkeit drein wiegt.
An J. D. Salzmann, Sesenheim, 19. Juni 1771

In solchem Drang und Verwirrung konnte ich doch nicht unterlassen, Friederiken noch einmal zu sehen. Es waren peinliche Tage, deren Erinnerung mir nicht geblieben ist. Als ich ihr die Hand vom Pferde reichte, standen ihr die Thränen in den Augen, und mir war sehr übel zu Muthe. Nun ritt ich auf dem Fußpfade gegen Drusenheim, und da überfiel mich eine der sonderbarsten Ahnungen. Ich sah nämlich, nicht mit den Augen des Leibes, sondern des Geistes, mich mir selbst, denselben Weg, zu Pferde wieder entgegen kommen, und zwar in einem Kleide, wie ich es nie getragen: es war hechtgrau mit etwas Gold. Sobald ich mich aus diesem Traum aufschüttelte, war die Gestalt ganz hinweg. Sonderbar ist es jedoch, daß ich nach acht Jahren, in dem Kleide das mir geträumt hatte, und das ich nicht aus Wahl, sondern aus Zufall gerade trug, mich auf demselben Wege fand, um Friederiken noch einmal zu besuchen.
›Dichtung und Wahrheit‹ III 11

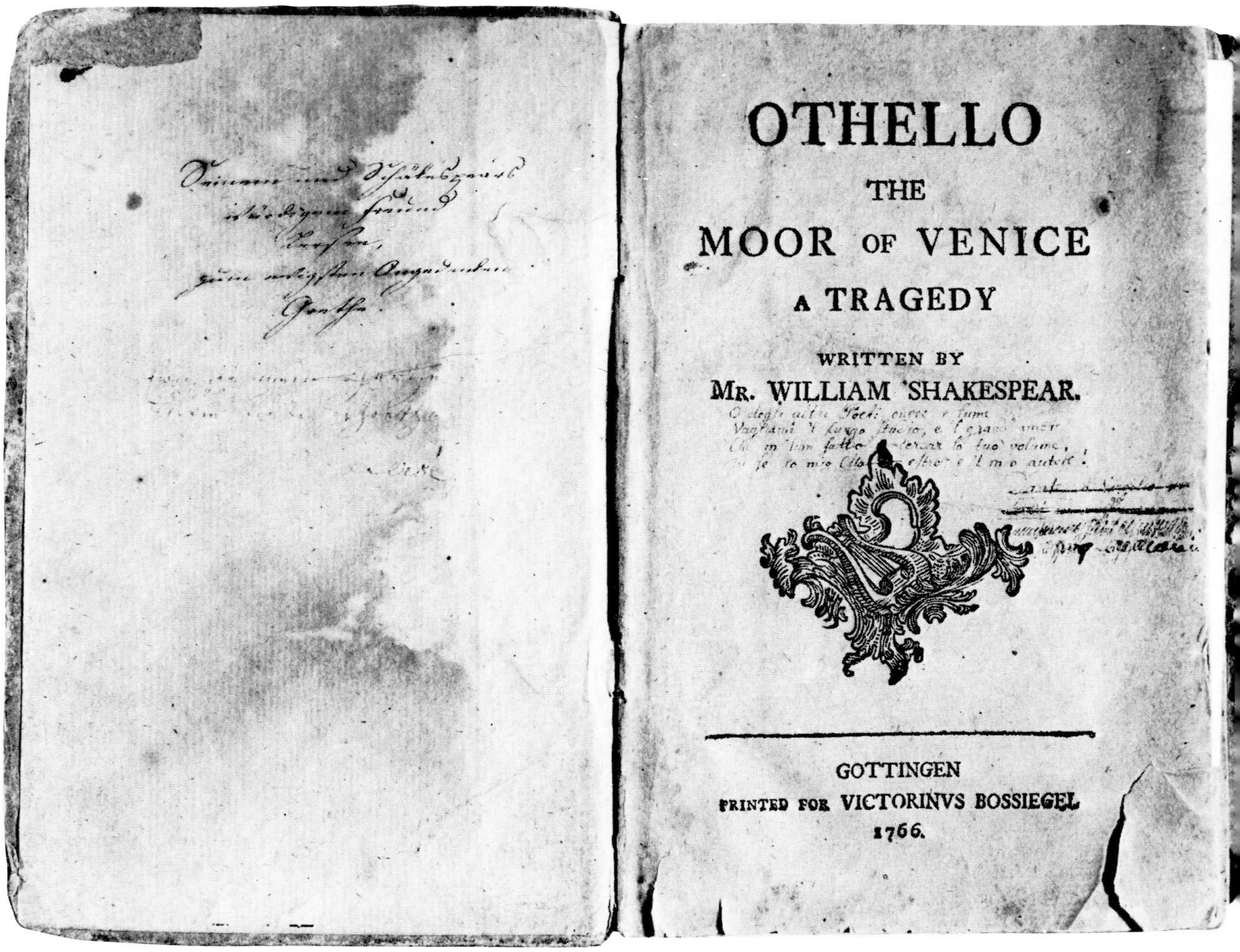

96 Shakespeare: ›Othello the Moor of Venice‹ *Titelblatt einer Ausgabe von 1766 mit nebenstehender Widmung Goethes für seinen Straßburger Kommilitonen Franz Christian Lersé (1749-1800)*

97 Jakob Michael Reinhold Lenz (1751-1792) *Kupferstich von G. F. Schmoll. Um 1775*

. . . so wirkte in unserer Straßburger Societät Shakespeare, übersetzt und im Original, stückweise und im Ganzen, stellen- und auszugsweise, dergestalt, daß wie man bibelfeste Männer hat, wir uns nach und nach in Shakespeare befestigten, die Tugenden und Mängel seiner Zeit . . . in unseren Gesprächen nachbildeten, an seinen Quibbles die größte Freude hatten, und durch Übersetzung derselben, ja durch originalen Muthwillen mit ihm wetteiferten. [. . .] Will jemand unmittelbar erfahren, was damals in dieser lebendigen Gesellschaft gedacht, gesprochen und verhandelt worden, der lese den Aufsatz Herders über Shakespeare, in dem Hefte von Deutscher Art und Kunst; ferner Lenzens Anmerkungen über's Theater, denen eine Übersetzung von Love's labour's lost beigefügt war. Herder dringt in das Tiefere von Shakespeare's Wesen und stellt es herrlich dar; Lenz beträgt sich mehr bilderstürmerisch gegen die Herkömmlichkeit des Theaters, und will denn eben all und überall nach Shakespeare'scher Weise gehandelt haben.
›Dichtung und Wahrheit‹ III 11

98 William Shakespeare
Stahlstich von P. Scheemaker. 1740

Meine Schwester macht mich noch einmal ansetzen. Ich soll Sie grüßen, und Sie auf den vierzehnten October invitiren, da Schäkesp*[eares]* Namenstag mit großem Pomp hier gefeiert werden wird. Wenigstens sollen Sie im Geiste gegenwärtig sein, und wenn es möglich ist, Ihre Abhandlung auf den Tag einsenden, damit sie einen Theil unsrer Liturgie ausmache.
Nachschrift zu einem Brief an Herder, Frankfurt, Herbst 1771

Die erste Gesundheit nach dem Will of all Wills soll auch Ihnen getrunken werden. Ich habe schon dem Warwickshirer ein schön Publicum zusammengepredigt, und übersetze Stückgen aus dem Ossian, damit ich auch den aus vollem Herzen verkündigen kann.
An Herder, September 1771

Wir ehren heute das Andencken des größten Wandrers, und thun uns dadurch selbst eine Ehre an. Von Verdiensten die wir zu schätzen wissen, haben wir den Keim in uns. Erwarten Sie nicht, das ich viel und ordentlich schreibe, Ruhe der Seele ist kein Festtagskleid; und noch zur Zeit habe ich wenig über Schäckespearen gedacht; geahndet, empfunden wenns hoch kam, ist das höchste wohin ich's habe bringen können. Die erste Seite die ich in ihm las, machte mich auf Zeitlebens ihm eigen, und wie ich mit dem ersten Stücke fertig war, stund ich wie ein blindgebohrener, dem eine Wunderhand das Gesicht in einem Augenblicke schenckt.
›Zum Schäkespears Tag‹

Anmerkungen
übers Theater
nebst
angehängten übersetzten Stück
Shakespears.

Leipzig,
in der Weygandschen Buchhandlung.
1774.

99 J. M. R. Lenz: ›Anmerkungen übers Theater nebst angehängtem übersetzten Stück Shakespeares‹ 1774
[Vorbemerkung: »Diese Schrift ward zwey Jahre vor Erscheinung der deutschen Art und Kunst und des Götz von Berlichingen in einer Gesellschaft guter Freunde vorgelesen. (...)«]

Lebens-Beschreibung
Herrn
Gözens
von
Berlichingen,
Zugenannt mit der Eisern Hand,
Eines zu Zeiten Kaysers Maximiliani I.
und Caroli V. kühnen und tapfern
Reichs-Cavaliers,
Worinnen derselbe 1.) alle seine von Jugend auf gehabte Fehden, und im Krieg ausgeübte That-Handlungen, 2.) seine in dem Bauern-Krieg A. 1525. wiederwillig geleistete Dienste, und dann 3.) einige andere, ausserhalb dem Krieg, und denen Fehden, gethane Ritter-Dienste aufrichtig erzehlet, und dabey seine erlebte Fatalitäten mit anführet.
Mit verschiedenen Anmerckungen erläutert,
und
Mit einem vollständigen Indice versehen, zum Druck befördert,
von
Verono Franck von Steigerwald
welch zu
Zu noch mehrerer Illustrirung eine Dissertation de Diffidationibus & Faidis, beygefügt sich befindet,
von
Wilhelm Friedrich Pistorius,
Hohenloh-Weickersheimischen Hof-Rath.
Nürnberg, verlegts Adam Jonathan Feißecker. 1732.

100 ›Lebens-Beschreibung Herrn Gözens von Berlichingen, Zugenannt mit der Eisern Hand‹ 1732

101 Grabmal des Götz von Berlichingen *im Kloster Schöntal an der Jagst*

Mein ganzer Genius liegt auf einem Unternehmen worüber Homer und Schäkespear und alles vergessen worden. Ich dramatisire die Geschichte eines der edelsten Deutschen, rette das Andenken eines braven Mannes . . . Wenn's fertig ist sollen Sie's haben, und ich hoff Sie nicht wenig zu vergnügen, da ich Ihnen einen edeln Vorfahr (die wir leider nur von ihren Grabsteinen kennen) im Leben darstelle.
An J. D. Salzmann, 28. November 1771

Das Resultat meiner hiesigen Einsiedelei kriegen Sie hier in einem Skizzo, das zwar mit dem Pinsel auf Leinwand geworfen, an einigen Orten sogar einigermaßen ausgemalt, und doch weiter nichts als Skizzo ist. [. . .] Ihr Urtheil wird mir nicht nur über dieses Stück die Augen öffnen, sondern vielmehr über diesem Stück dich lehren, wie Oeser, es als Meilensäule pflanzen, von der wegschreitend du eine weite, weite Reise anzutreten, und bei Ruhestunden zu berechnen hast.
An Herder, Ende 1771

102 Wilhelm Tischbein: Weislingen, Marien für einen Geist haltend *Feder, Tuschlavierung. o. D. Aus Goethes Sammlungen*

Weislingens Schloß. Weislingen. [. . .] Ein kalter, kalter, verzehrender Schweiß lähmt mir jedes Glied. Es dreht mir alles vor'm Gesicht. Könnt' ich schlafen. Ach – (*Maria* tritt auf) *Weislingen.* Jesus Marie! – Laß mir Ruh! Laß mir Ruh! – Die Gestalt fehlte noch! Sie stirbt, Marie stirbt, und zeigt sich mir an. – Verlaß mich, seliger Geist, ich bin elend genug. *Maria.* Weislingen, ich bin kein Geist. Ich bin Marie. *Weislingen.* Das ist ihre Stimme. *Maria.* Ich komme meines Bruders Leben von dir zu erflehen. Er ist unschuldig, so strafbar er scheint.
›Götz von Berlichingen mit der eisernen Hand. Ein Schauspiel‹ 1773

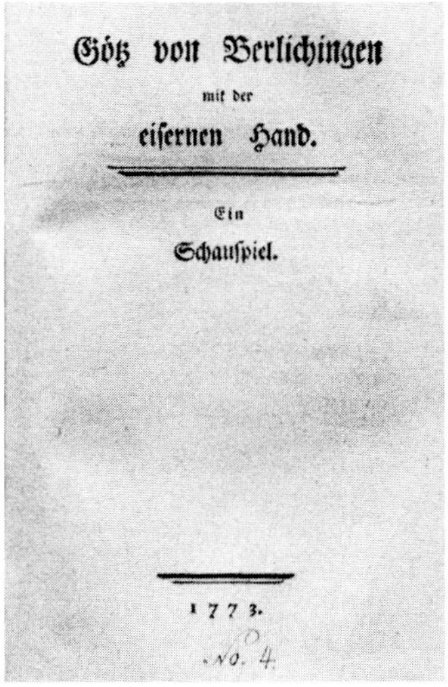

Götz von Berlichingen
mit der
eisernen Hand.
Ein
Schauspiel.
1773.

103 [Goethe:] ›Götz von Berlichingen mit der eisernen Hand. Ein Schauspiel‹ 1773 *Titelblatt der von Merck und Goethe finanzierten ersten Buchausgabe*

Von ›Berlichingen‹ ein Wort. Euer Brief war Trostschreiben; ich setzte ihn weiter schon herunter als Ihr. Die Definitiv, »daß Euch Shakespeare ganz verdorben etc.« erkannt' ich gleich in ihrer ganzen Stärke; genug, es muß eingeschmolzen, von Schlacken gereinigt, mit neuem edlerem Stoff versetzt und umgegossen werden. Dann soll's wieder vor Euch erscheinen. Es ist alles nur gedacht. Das ärgert mich genug. ›Emilia Galotti‹ ist auch nur gedacht, und nicht einmal Zufall oder Caprice spinnen irgend drein. Mit halbweg Menschenverstand kann man das Warum von jeder Scene, von jedem Wort, möcht' ich sagen, auffinden. Drum bin ich dem Stück nicht gut, so ein Meisterstück es sonst ist, und meinem eben so wenig. Wenn mir im Grunde der Seele nicht noch so vieles ahndete, manchmal nur aufschwebte, daß ich hoffen könnte, »wenn Schönheit und Größe sich mehr in dein Gefühl webt, wirst du Gutes und Schönes thun, reden und schreiben, ohne daß du's weißt, warum.« –
An Herder, Mitte Juli 1772

104 Goethe: Portrait seiner Schwester Cornelia *auf einem Druckbogen des ›Götz von Berlichingen‹. 1773*

Ich schrieb die ersten Szenen . . . und abends wurden sie Cornelien vorgelesen. Sie schenkte ihnen vielen Beifall, jedoch nur bedingt, indem sie zweifelte, daß ich so fortfahren würde . . . Dieses reizte mich nur um so mehr . . .
›Dichtung und Wahrheit‹ III 13

105 Friedrich II., König von Preußen (1712-1786) *Gemälde von J. G. Ziesenis. 1769*

106 Justus Möser (1720 bis 1794) *Schabkunstblatt von J. G. Haug. o. D.*

107 ›Comedia‹ und ›hohes‹ Theater *Aquarell von S. Trifft. Um 1800. Aus Goethes Sammlungen*

14. April 1774: Uraufführung des ›Götz‹ in Berlin unter dem Prinzipal H. G. Koch. 1780 rechnete Friedrich d. Große mit der neueren Dramenliteratur ab: »Pour vous convaincre du peu de goût qui jusqu'à nos jours règne en Allemagne, vous n'avez qu'à vous rendre aux spectacles publics. Vous y verrez représenter les abominables pièces de Shakespear traduites en notre langue, et tout l'auditoire se pâmer d'aise en entendant ces farces ridicules et dignes des sauvages du Canada. . . . On peut pardonner a Shakespear ces écarts bizarres; car la naissance des arts n'est jamais le point de leur maturité. Mais voilà encore un Goetz de Berlichingen, qui paraît sur la scène, imitation détestable de ces mauvaises pièces anglaises, et le parterre applaudit et demande avec enthousiasme la répétition de ces dégoûtantes platitudes. [. . .]« ›De la litterature allemande‹, Berlin 1780 »Ich weiß nicht, ob ich Ihnen schon gemeldet habe, daß Göthe ein Gespräch ›in einem Wirtshause zu Frankfurt, an der table d'hote‹ geschrieben hat, wo eine Deutscher u. Franzose sich über des Kön. Schrift Sur la liter. Allemande besprechen? Er hats mir zu lesen gegeben u. es sind einzelne schöne Gedanken drinn; das Ganze aber hat mir nicht gnuggethan u. die Einfaßung nicht gefallen. Er wills Französ. übersetzen laßen u. so herausgeben, wo es sich aber nicht ausnehmen wird.« (Herder an Hamann, 11. Mai 1781.) Zu Goethes Anwalt machte sich in einer wortmächtigen Entgegnung Justus Möser (›Über die deutsche Sprache und Literatur. Schreiben an einen Freund‹; 1781 veröffentlicht). »Das von dem Könige so sehr heruntergesetzte Stück: Götz von Berlichingen, ist immer ein edles und schönes Produkt unsers Bodens . . . Der Zungen, welche an Ananas gewöhnt sind, wird hoffentlich in unserm Vaterlande eine geringe Zahl sein; und wenn von einem Volksstück die Rede ist, so muß man den Geschmack der Hofleute beiseite setzen.

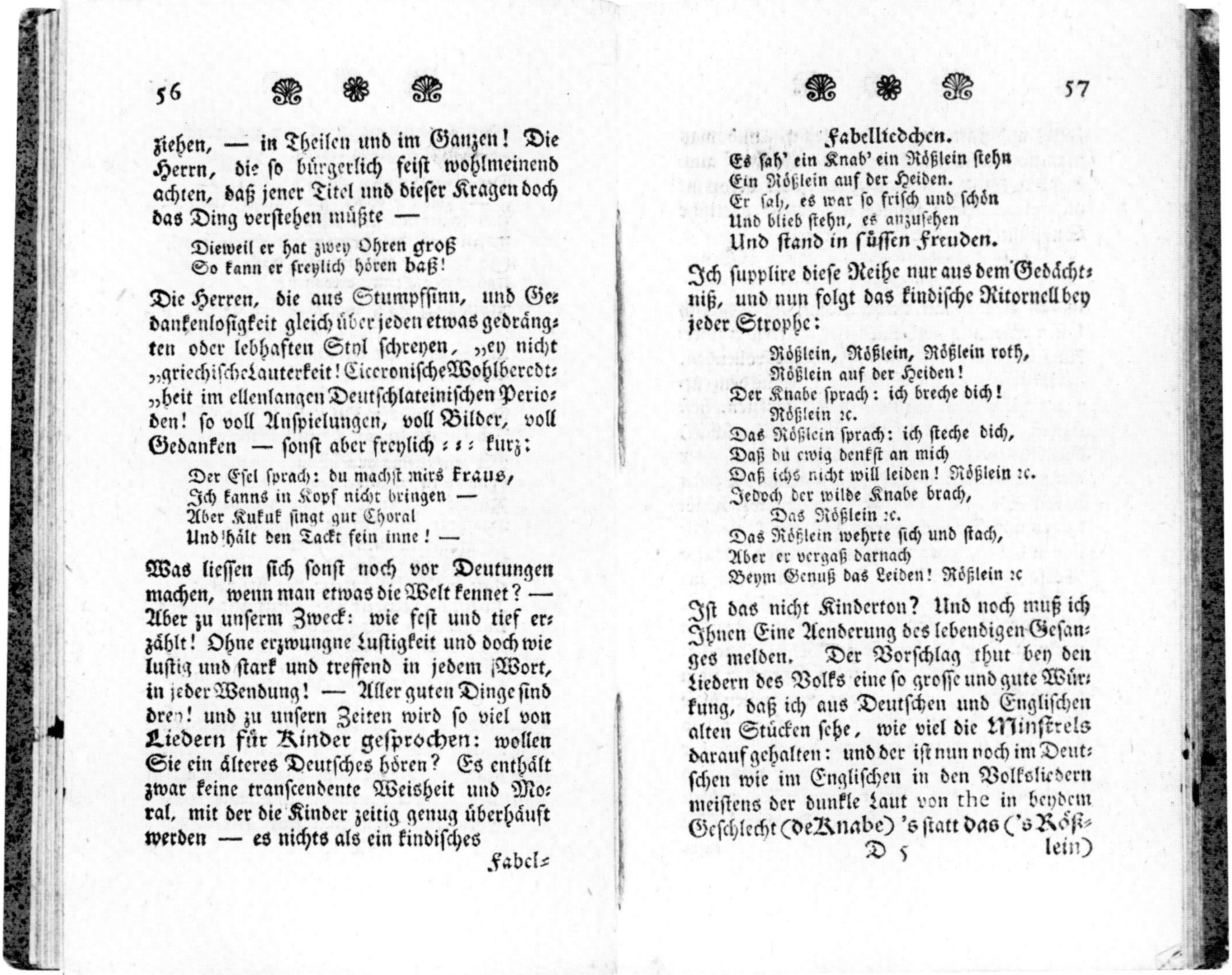

56

ziehen, — in Theilen und im Ganzen! Die Herrn, die so bürgerlich feist wohlmeinend achten, daß jener Titel und dieser Kragen doch das Ding verstehen müßte —

Dieweil er hat zwey Ohren groß
So kann er freylich hören baß!

Die Herren, die aus Stumpfsinn, und Gedankenlosigkeit gleich über jeden etwas gedrängten oder lebhaften Styl schreyen, „ey nicht „griechische Lauterkeit! Ciceronische Wohlberedt„heit im ellenlangen Deutschlateinischen Perioden! so voll Anspielungen, voll Bilder, voll Gedanken — sonst aber freylich ; ; ; kurz:

Der Esel sprach: du machst mirs kraus,
Ich kanns in Kopf nicht bringen —
Aber Kukuk singt gut Choral
Und hält den Tackt fein inne! —

Was liessen sich sonst noch vor Deutungen machen, wenn man etwas die Welt kennet? — Aber zu unserm Zweck: wie fest und tief erzählt! Ohne erzwungne Lustigkeit und doch wie lustig und stark und treffend in jedem Wort, in jeder Wendung! — Aller guten Dinge sind drey! und zu unsern Zeiten wird so viel von Liedern für Kinder gesprochen: wollen Sie ein älteres Deutsches hören? Es enthält zwar keine transcendente Weisheit und Moral, mit der die Kinder zeitig genug überhäuft werden — es nichts als ein kindisches

Fabel-

57

Fabelliedchen.

Es sah' ein Knab' ein Rößlein stehn
Ein Rößlein auf der Heiden.
Er sah, es war so frisch und schön
Und blieb stehn, es anzusehen
Und stand in süssen Freuden.

Ich supplire diese Reihe nur aus dem Gedächtniß, und nun folgt das kindische Ritornell bey jeder Strophe:

Rößlein, Rößlein, Rößlein roth,
Rößlein auf der Heiden!
Der Knabe sprach: ich breche dich!
Rößlein ꝛc.
Das Rößlein sprach: ich steche dich,
Daß du ewig denkst an mich
Daß ichs nicht will leiden! Rößlein ꝛc.
Jedoch der wilde Knabe brach,
Das Rößlein ꝛc.
Das Rößlein wehrte sich und stach,
Aber er vergaß darnach
Beym Genuß das Leiden! Rößlein ꝛc

Ist das nicht Kinderton? Und noch muß ich Ihnen Eine Aenderung des lebendigen Gesanges melden. Der Vorschlag thut bey den Liedern des Volks eine so grosse und gute Würkung, daß ich aus Deutschen und Englischen alten Stücken sehe, wie viel die Minstrels darauf gehalten: und der ist nun noch im Deutschen wie im Englischen in den Volksliedern meistens der dunkle Laut von the in beydem Geschlecht (de Knabe) 's statt das ('s Rößlein)

D 5

108 Goethe: Radierte Titelvignette zu Band I und II der von ihm und J. H. Merck veranstalteten englischen Neuausgabe des Ossian 1773
(auch in Bd. III und IV 1777)

Puail teud, a mhic Alpin na mfón, / Ambail solas a nclarsich na nieöl / Taom air Ossian, agus Ossun gu tróm / Ta anam a snamh a nceö. Rühr Saite du Sohn Alpins des G'sangs / Wohnt Trost in de' Harfen der Lüffte. / Wälz über Ossian, zu. Ossian dem traurgen. / Seine Seel ist gehüllt in Nebel.
Son of Alpin strike the string. Is there ought of ioy in the Harp? Pour it then, on the Soul of Ossian: it is folded in mist. [. . .] Diese Stellen sind alle aus dem siebenten Buch. Wenn Sie schon einen Ossian haben, so braucht' ich das nicht dazu zu fügen. Sie werden sehen, ob Sie mit mir einig sein können, wenn ich sage, die Relicks *[Th. Percy: ›Reliques of ancient english poetry‹ 1765]* und Ossians Schottisches machen ganz verschiedne Würckung auf Ohr und Seele. Der ungebildete Ausdruck, die wilde Ungleichheit des Sylbenmaßes . . ., das nachklingende Pleonastische . . . das alles ruckt so weit von dem Englischen Balladenrhythmus, von ihrer Eleganz pp. [. . .] Wenn Sie noch mehr aus dem Schottischen übersetzt haben wollen, so schreiben Sie's.
An Herder, September 1771

109 Herder: ›Auszug aus einem Briefwechsel über Oßian und die Lieder alter Völker‹
S. 56 f. aus der Sammelschrift ›Von Deutscher Art und Kunst‹ 1773, mit dem von Goethe beigesteuerten ›Fabelliedchen‹ (von Goethe erst 1789 in veränderter Gestalt unter dem Titel ›Heidenröslein‹ veröffentlicht)

. . . ich habe noch aus Elsaß zwölf Lieder mitgebracht, die ich auf meinen Streifereien aus denen Kehlen der ältsten Müttergens aufgehascht habe. Ein Glück! denn ihre Enkel singen alle: ich liebte nur Ismenen . . . ich habe sie bisher als einen Schatz an meinem Herzen getragen; alle Mädgen, die Gnade vor meinen Augen finden wollen, müssen sie lernen und singen . . .
An Herder, Frankfurt, September 1771

110, 111 Claude Lorrain: ›Liber Veritatis‹: *›Der Morgen‹ und ›Landschaft mit dem Titusbogen‹*

Zwey Landschaften nach *Claude Lorrain.* Kinder des wärmsten poetischen Gefühls, reich an Gedanken, Ahndungen und paradiesischen Blicken. Das erste, gestochen von *Mason,* ein *Morgen.* Hier landet eine Flotte, von der Morgensonne, die überm Horizont noch im Nebel dämmert, angeblickt, an den Küsten des glücklichsten Welttheils; hier hauchen Felsen und Büsche in jugendlicher Schönheit, ihren Morgenathem um einen Tempel edelster Baukunst, ein Zeichen edelster Bewohner. Wer bist du? der landet? an den Küsten, die von Göttern geliebt und geschützt, in untadelicher Natur aufblühen, kommst du mit deinen Heeren, Feind oder Gast des edlen Volks? Es ist *Aeneas,* freundliche Winde von den Göttern führen dich in den Busen Italiens. Heil dir, Held! werde die Ahndung wahr! der heilige Morgen verkündet einen Tag der Klarheit, der hohen Sonne, sey er dir Vorbote der Herrlichkeit deines Reichs, und seiner taggleich aufsteigenden Größe. Das zweyte! herabgestiegen ist die Sonne, vollendet ihr Taglauf, sinkt in Nebel, und dämmert über Ruinen in weiter Gegend. Nacht wird zur Seite hier der Felsenwald, die Schafe stehn und schauen nach dem Heimweg, und mühsam zwingen diese Mädchen die Ziege zum Bade im Teich. Zusammengestürzt bist du Reich, zertrümmert deine Triumphbogen, zerfallen deine Palläste, mit Sträuchen verwachsen und düster, und über deiner öden Grabstätte dämmert Nebel im sinkenden Sonnenglanz.
›Frankfurter gelehrte Anzeigen‹ Nr. 80 vom 6. Oktober 1772

112 Johann Heinrich Merck (1741-1791) *Anonyme Tuschzeichnung über Bleistift. o. D.*

113 Johann Georg Schlosser (1739-1799) *Kupferstich von Prestel nach Ph. Becker. 1788*

Merck, bald ästhetisch, bald literarisch, bald kaufmännisch thätig, hatte den wohldenkenden, unterrichteten, in so vielen Fächern kenntnißreichen Schlosser angeregt, die Frankfurter gelehrten Anzeigen in diesem Jahr *[1772]* herauszugeben. [. . .] Was mich betrifft, so sahen sie wohl ein, daß mir nicht mehr als alles zum eigentlichen Recensenten fehlte. Mein historisches Wissen hing nicht zusammen, die Geschichte der Welt, der Wissenschaften, der Literatur hatte mich nur epochenweis, die Gegenstände selbst aber nur theil- und massenweis angezogen. Die Möglichkeit, mir die Dinge auch außer ihrem Zusammenhange lebendig zu machen und zu vergegenwärtigen, setzte mich in den Fall, in einem Jahrhundert, in einer Abtheilung der Wissenschaft völlig zu Hause zu sein, ohne daß ich weder von dem Vorhergehenden noch von dem Nachfolgenden irgend unterrichtet gewesen wäre.

›Dichtung und Wahrheit‹ III 12

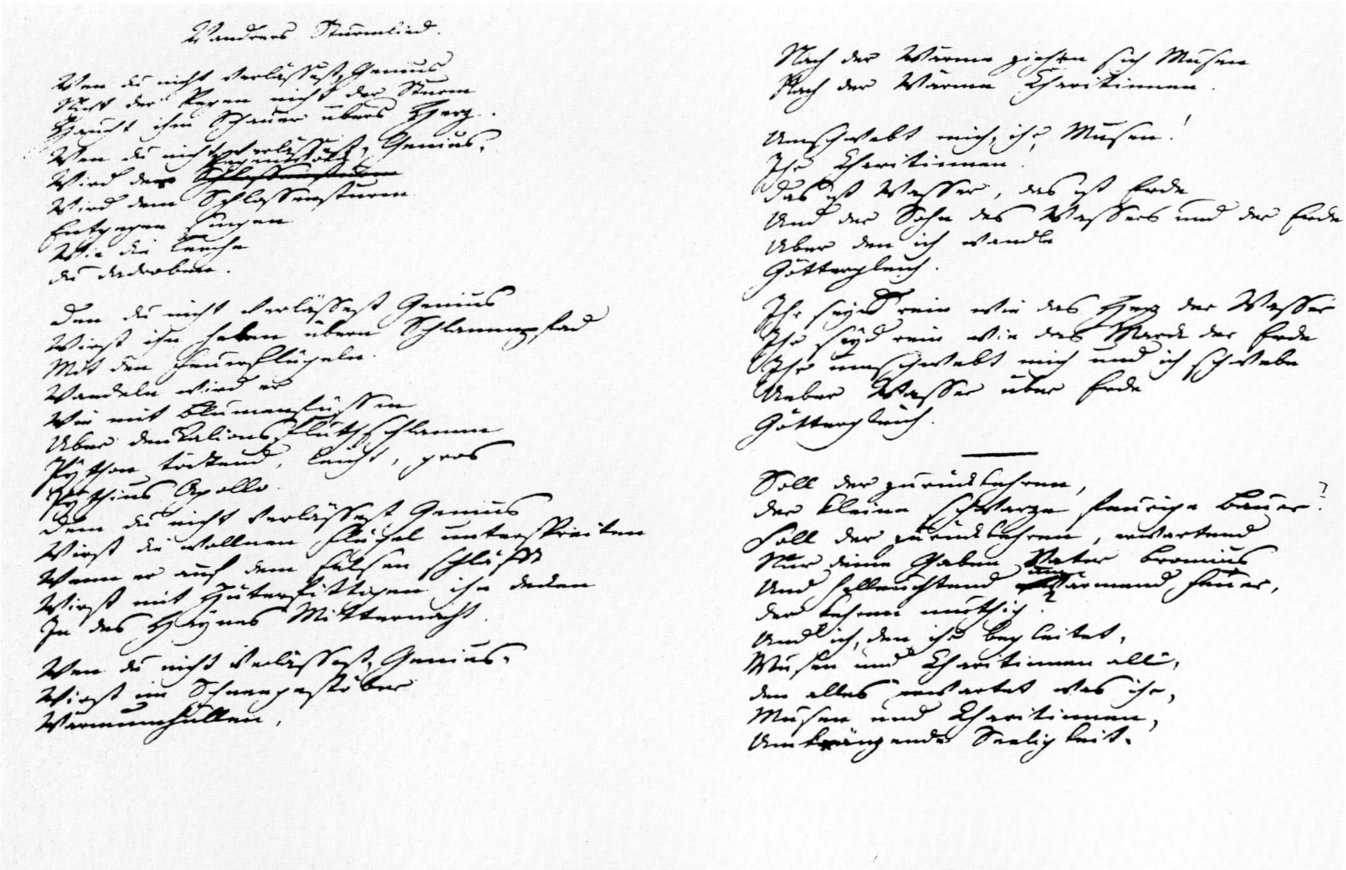

114 Goethe: ›Wandrers Sturmlied‹, 1771 *(aus Goethes Reinschrift 1777)*

115 Darmstadt von Südosten *Anonymer Kupferstich. o. D.*

116 Caroline Flachsland (1750-1809) *Anonymes Gemälde. Um 1770*

Man pflegte mich . . . den Vertrauten zu nennen, auch wegen meines Umherschweifens in der Gegend, den Wanderer. Dieser Beruhigung für mein Gemüth . . . kam die Lage von Frankfurt zu statten, das zwischen Darmstadt und Homburg mitten inne lag, zwei angenehmen Orten, die durch Verwandtschaft beider Höfe in gutem Verhältniß standen. Ich gewöhnte mich, auf der Straße zu leben, und wie ein Bote zwischen dem Gebirg und dem flachen Lande hin und her zu wandern. Oft ging ich allein oder in Gesellschaft durch meine Vaterstadt, als wenn sie mich nichts anginge, speis'te in einem der großen Gasthöfe in der Fahrgasse und zog nach Tische meines Wegs weiter fort. [. . .] Unterwegs sang ich mir seltsame Hymnen und Dithyramben, wovon noch eine, unter dem Titel Wandrers Sturmlied, übrig ist. Ich sang diesen Halbunsinn leidenschaftlich vor mich hin, da mich ein schreckliches Wetter unterwegs traf, dem ich entgegen gehen mußte.
›Dichtung und Wahrheit‹ III 12

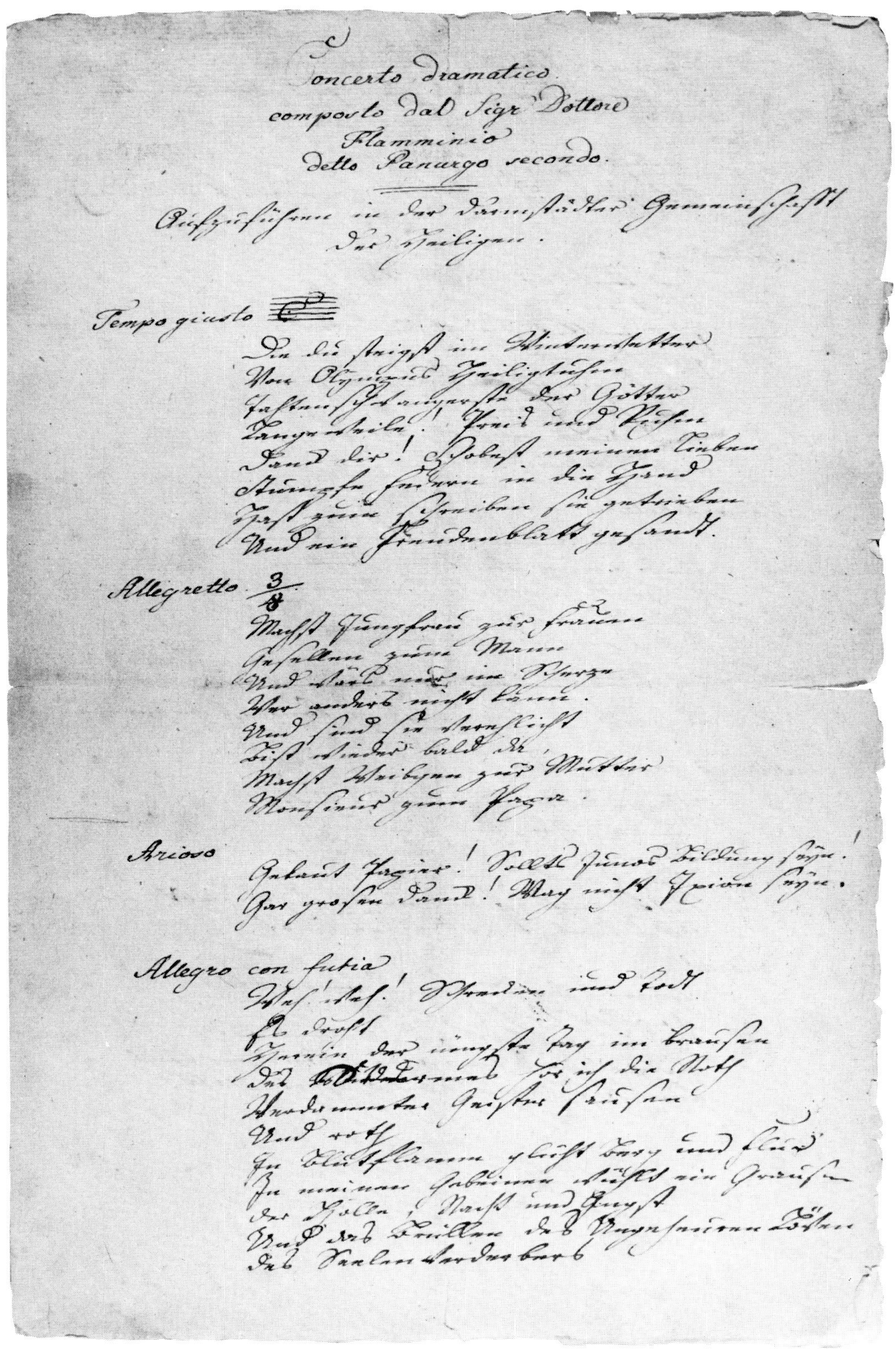
Concerto dramatico
composto dal Sigr Dottore
Flamminio
detto Panurgo secondo.

Tempo giusto

Allegretto 3/8

Arioso

Allegro con furia

117 Goethe: ›Concerto dramatico . . . Aufzuführen in der Darmstädter Gemeinschafft der Heiligen‹ *Reinschrift Goethes aus dem Besitz F. H. Jacobis. Erste Seite. 1772/73*

Zur ›Gemeinschaft der Heiligen‹ gehörten u. a. Goethe, Caroline Flachsland (»Psyche«), Henriette von Roussillon (»Urania«) und Louise Henriette von Ziegler (»Lila«). Das ›Concerto‹ ist eine Antwort auf einen gemeinsam verfaßten Brief der ›Heiligen‹.
Tempo giusto Die du steigst im Winterwetter / Von Olympus Heiligtuhm / Tahtenschwangerste der Götter / Langeweile! Preis und Ruhm / Danck dir! Schobest meinen Lieben / Stumpfe Federn in die Hand / Hast zum schreiben sie getrieben / Und ein Freudenblatt gesandt.
Allegretto 3/8 Machst Jungfrau zur Frauen / Gesellen zum Mann / Und wärs nur im Scherze / Wer anders nicht kann. / Und sind sie verehlicht / Bist wieder bald da, / Machst Weibgen zur Mutter / Monsieur zum Papa.
Arioso: Gekaut Papier! Sollts Junos Bildung seyn! / Gar grosen Danck! Mag nicht Ixion seyn.
Allegro con furia Weh! weh! Schrecken und Todt / Es droht / Herein der iüngste Tag im brausen / Des Sturmes hör ich die Noth / Verdammter Geister sausen / Und roth / In Blutflamm glüht Berg und Flur / In meinen Gebeinen wühlt ein Grausen / Der Hölle, Nacht und Angst / Und das Brüllen des Ungeheuren Löwen / Des Seelenverderbers / [Umgiebt mich.]

118 Goethe: Der Kühhornshof bei Frankfurt *(im Hintergrund das Dorf Eckenheim) Bleistift, Tuschlavierung. Geschenkblatt für Maximiliane Brentano, geb. La Roche (mit Testat Bettina Brentanos: »Dessin de Goethe fait dans la chambre de ma mère quand il avait 26ans.«)*

. . . ich traf kein verfallenes Schloß, kein Gemäuer, das auf die Vorzeit hindeutete, daß ich es nicht für einen würdigen Gegenstand gehalten und so gut als möglich nachgebildet hätte. [. . .] Leider hatte ich . . . nur das schlechteste Konzeptpapier mitgenommen, und mehrere Gegenstände unschicklich auf ein Blatt gehäuft; aber mein väterlicher Lehrer ließ sich dadurch nicht irre machen; er schnitt die Blätter aus einander, ließ das Zusammenpassende durch den Buchbinder aufziehen, faßte die einzelnen Blätter in Linien und nötigte mich dadurch wirklich, die Umrisse verschiedener Berge bis an den Rand zu ziehen und den Vordergrund mit einigen Kräutern und Steinen auszufüllen.
›Dichtung und Wahrheit‹ II 6, zu den Wanderungen im Sommer 1765

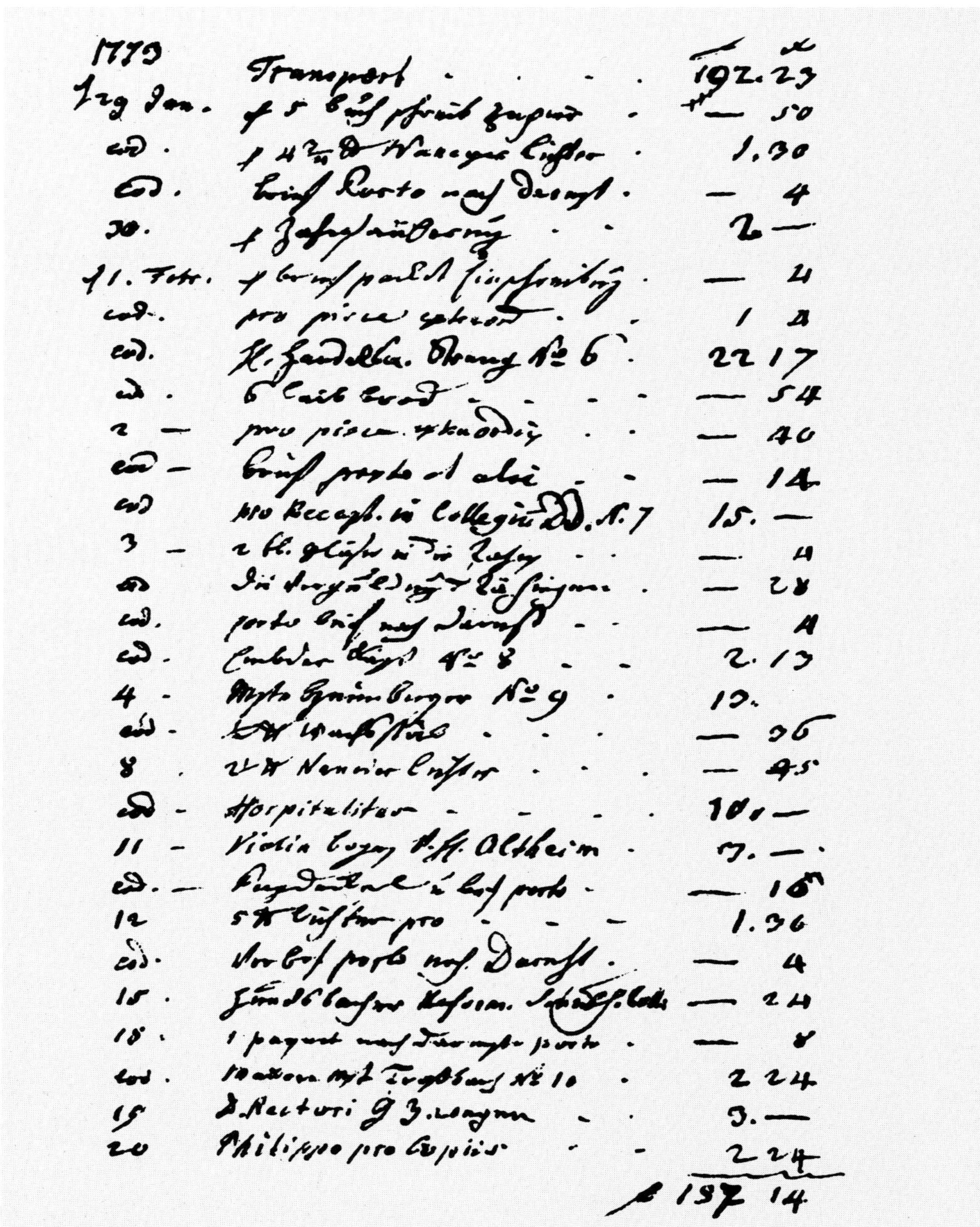

119 J. C. Goethe: Seite aus dem Haushaltsbuch (›Liber domesticus‹)

Der Brief meines Vaters ist da, lieber Gott wenn ich einmal alt werde, soll ich dann auch so werden. Soll meine Seele nicht mehr hängen an dem was liebenswerth und gut ist. Sonderbaar, dass da man glauben sollte ie älter der Mensch wird, desto freyer er werden sollte von dem was irrdisch und klein ist. Er wird immer irrdischer und kleiner.
An J. C. Kestner, Friedberg, 10. November 1772, bei der Inspektion des Gasthofs ›Zum Ritter‹, eines Erbbesitzes der Familie Goethe

120 Charlotte Kestner, geb. Buff (1753-1828) *Pastellgemälde von Johann Heinrich Schröder. 1782*

121 Das ›Deutsche Haus‹ in Wetzlar *Wohnung des Deutsch-Ordens-Amtmanns Henrich Adam Buff (1710 bis 1795) und seiner Familie*

Nach dem Tode ihrer Mutter hatte sie sich als Haupt einer zahlreichen jüngeren Familie höchst thätig erwiesen und den Vater in seinem Witwerstand allein aufrecht erhalten . . . Eine leicht aufgebaute, nett gebildete Gestalt, eine reine gesunde Natur und die daraus entspringende frohe Lebensthätigkeit, eine unbefangene Behandlung des täglich Nothwendigen, das alles war ihr zusammen gegeben. [. . .] Sie mochte ihn gern zu ihrem Begleiter; er konnte bald ihre Nähe nicht missen, denn sie vermittelte ihm die Alltagswelt, und so waren sie, bei einer ausgedehnten Wirthschaft, auf dem Acker und den Wiesen, auf dem Krautland wie im Garten, bald unzertrennliche Gefährten. [. . .] So lebten sie, den herrlichen Sommer hin, eine echt deutsche Idylle . . . Durch reife Kornfelder wandernd erquickten sie sich am thaureichen Morgen; das Lied der Lerche, der Schlag der Wachtel waren ergötzliche Töne; heiße Stunden folgten, ungeheure Gewitter brachen herein . . . Und so nahm ein gemeiner Tag den andern auf, und alle schienen Festtage zu sein; der ganze Kalender hätte müssen roth gedruckt werden. Verstehen wird mich, wer sich erinnert, was von dem glücklich unglücklichen Freunde der neuen Heloise geweissagt worden: Und zu den Füßen seiner Geliebten sitzend, wird er Hanf brechen, und er wird wünschen Hanf zu brechen, heute, morgen und übermorgen, ja sein ganzes Leben.
›Dichtung und Wahrheit‹ III 12

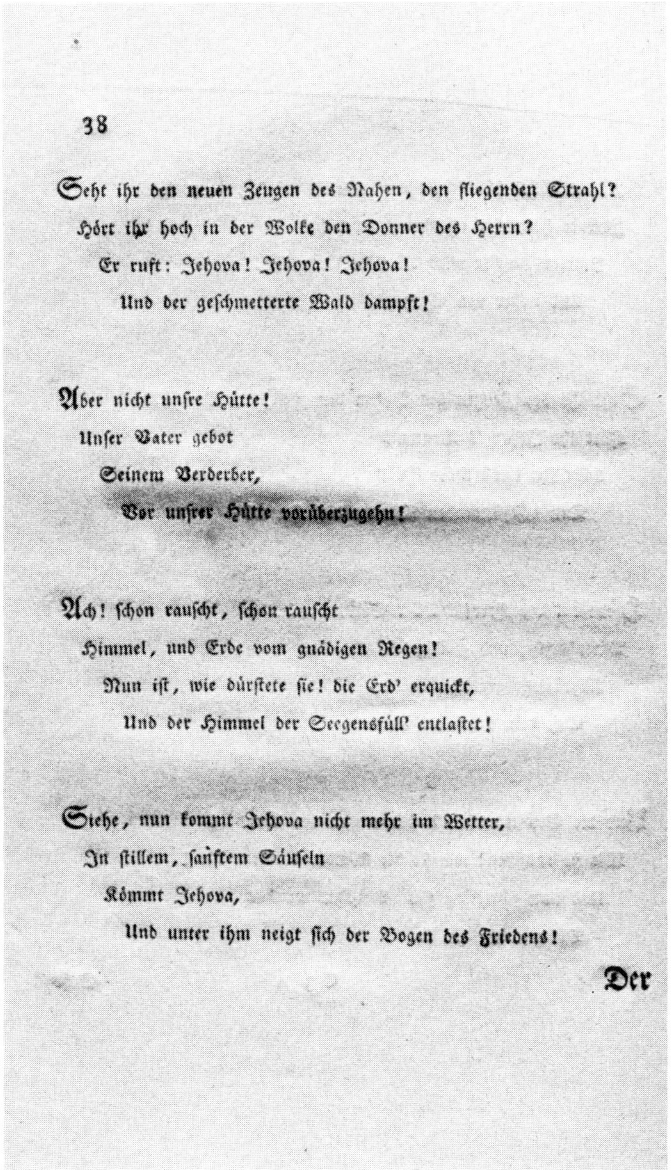

38

Seht ihr den neuen Zeugen des Nahen, den fliegenden Strahl?
Hört ihr hoch in der Wolke den Donner des Herrn?
Er ruft: Jehova! Jehova! Jehova!
Und der geschmetterte Wald dampft!

Aber nicht unsre Hütte!
Unser Vater gebot
Seinem Verderber,
Vor unsrer Hütte vorüberzugehn!

Ach! schon rauscht, schon rauscht
Himmel, und Erde vom gnädigen Regen!
Nun ist, wie dürstete sie! die Erd' erquickt,
Und der Himmel der Seegensfüll' entlastet!

Siehe, nun kommt Jehova nicht mehr im Wetter,
In stillem, sanftem Säuseln
Kömmt Jehova,
Und unter ihm neigt sich der Bogen des Friedens!

Der

122 Strophen aus Klopstocks Ode ›Die Frühlingsfeier‹ *(1759) in der Ausgabe von 1771. Aus Goethes Bibliothek*

Wir traten an's Fenster. Es donnerte abseitwärts, und der herrliche Regen säuselte auf das Land, und der erquickend'ste Wohlgeruch stieg in aller Fülle einer warmen Luft zu uns auf. Sie stand, auf ihren Ellenbogen gestützt, ihr Blick durchdrang die Gegend, sie sah gen Himmel und auf mich, ich sah ihr Auge thränenvoll, sie legte ihre Hand auf die meinige, und sagte – Klopstock! – Ich erinnerte mich sogleich der herrlichen Ode, die ihr in Gedanken lag, und versank in dem Strome von Empfindungen, den sie in dieser Losung über mich ausgoß. Ich ertrug's nicht, neigte mich auf ihre Hand und küßte sie unter den wonnevollsten Thränen.
›Die Leiden des jungen Werther‹ 1. Buch

»Ihr sollt mit Klopstock weinen! Eure Thräne / aus schönem Herzen, soll ihn schöner schmücken / als harter Meeresperlen Kranz! / Ihr sollt mit Klopstock weinen! und in Blumen / des nahen Frühlings hinzerfließen, fühlen / ihn fühlen, Lebens ganzen Werth!«
J. G. Herder, Gedicht zu einer Sammlung Klopstockscher Oden und Elegien 1771

Die Leiden
des
jungen Werthers.

Erster Theil.

Leipzig,
in der Weygandschen Buchhandlung.
1774.

123 Titelseite der Erstausgabe des ›Werther‹ *Leipzig 1774*

Allerhand Neues hab ich gemacht. Eine Geschichte des Titels ›Die Leiden des jungen Werthers‹, darin ich einen jungen Menschen darstelle, der, mit einer tiefen reinen Empfindung und wahrer Penetration begabt, sich in schwärmende Träume verliert, sich durch Speculation untergräbt, bis er zuletzt durch dazutretende unglückliche Leidenschafften, besonders eine endlose Liebe zerrüttet, sich eine Kugel vor den Kopf schießt.
An G. F. Schönborn, 1. Juni 1774

124 Werther in der Gesellschaft des Grafen von C. *Radierung nach einer Vorlage von Chodowiecki. 1779*

Ein einzig weibliches Geschöpf habe ich hier gefunden, eine Fräulein von B. ., sie gleicht Ihnen, liebe Lotte, wenn man Ihnen gleichen kann . . . Da mir das Herz immer ein bißchen aufgeht, wenn ich sie sehe, blieb ich eben, stellte mich hinter ihren Stuhl . . . Unterdessen füllte sich die Gesellschaft. Der Baron F. . mit der ganzen Garderobe von den Krönungszeiten Franz des Ersten her, der Hofrat R. ., hier aber in qualitate Herr von R. . genannt, mit seiner tauben Frau etc., den übel fournierten J. . nicht zu vergessen . . ., das kommt zu Hauf . . . Ich dachte – und gab nur auf meine B. . acht. Ich merkte nicht, daß die Weiber am Ende des Saales sich in die Ohren flüsterten, daß es auf die Männer zirkulierte . . ., bis endlich der Graf auf mich losging und mich in ein Fenster nahm. – "Sie wissen", sagt' er, "unsere wunderbaren Verhältnisse; die Gesellschaft ist unzufrieden, Sie hier zu sehen. Ich wollte nicht um alles" – [. . .] Der Graf drückte meine Hände mit einer Empfindung, die alles sagte. Ich strich mich sacht aus der vornehmen Gesellschaft . . . und fuhr nach M. ., dort vom Hügel die Sonne untergehen zu sehen und dabei in meinem Homer den herrlichen Gesang zu lesen, wie Ulyß von dem trefflichen Schweinehirten bewirtet wird. [. . .] Ach, ich hab' hundertmal ein Messer ergriffen, um diesem gedrängten Herzen Luft zu machen. Man erzählt von einer edlen Art Pferde, die, wenn sie schrecklich erhitzt und aufgejagt sind, sich selber aus Instinkt eine Ader aufbeißen, um sich zum Atem zu helfen. So ist mir's oft, ich möchte mir eine Ader öffnen, die mir die ewige Freiheit schaffte.
›Die Leiden des jungen Werther‹ 2. Buch

125 Daniel Chodowiecki: ›Lotte‹ *Kupferstich zu: ›Die Leiden des jungen Werthers‹. In: ›Goethens Schriften‹. Erster Teil. Berlin (Himburg) 1775*

Ich ging durch den Hof nach dem wohlgebauten Hause, und da ich die vorliegenden Treppen hinauf gestiegen war und in die Thür trat, fiel mir das reizendste Schauspiel in die Augen, das ich je gesehen habe. In dem Vorsaale wimmelten sechs Kinder von eilf zu zwei Jahren um ein Mädchen von schöner Gestalt, mittlerer Größe, die ein simples weißes Kleid, mit blaßrothen Schleifen an Arm und Brust, anhatte. Sie hielt ein schwarzes Brot und schnitt ihren Kleinen rings herum jedem sein Stück nach Proportion ihres Alters und Appetits ab, gab's jedem mit solcher Freundlichkeit, und jedes rief so ungekünstelt sein: Danke! indem es mit den kleinen Händchen lange in die Höhe gereicht hatte, ehe es noch abgeschnitten war, und nun mit seinem Abendbrote vergnügt, entweder wegsprang, oder nach seinem stillern Charakter gelassen davonging nach dem Hofthore zu, um die Fremden und die Kutsche zu sehen, darin ihre Lotte wegfahren sollte. Meine ganze Seele ruhte auf der Gestalt, dem Tone, dem Betragen, und ich hatte eben Zeit, mich von der Überraschung zu erholen, als sie in die Stube lief, ihre Handschuhe und den Fächer zu holen.
›Die Leiden des jungen Werther‹ 1. Buch

126 Carl Wilhelm Jerusalem (1747-1772) *braunschweigischer Gesandtschaftssekretär in Wetzlar. Pastell, anonym. o. D.*

»Jerusalem ist die ganze Zeit seines hiesigen Aufenthalts mißvergnügt gewesen . . . Er entzog sich allezeit der menschlichen Gesellschaft . . ., liebte einsame Spaziergänge im Mondenscheine, ging oft viele Meilen weit und hing da seinem Verdruß und seiner Liebe ohne Hoffnung nach . . .« Aus Kestners Bericht über Jerusalems Selbstmord. An Goethe, November 1772

Der unglückliche. Aber die Teufel, welches sind die schändlichen Menschen die nichts genießen denn Spreu der Eitelkeit, und Götzenlust in ihrem Herzen haben, und Götzendienst predigen, und hemmen gute Natur, und übertreiben und verderben die Kräffte sind schuld an diesem Unglück an unserm Unglück Hohle sie der Teufel ihr Bruder . . . Der arme iunge! wenn ich zurückkam vom Spaziergang und er mir begegnete hinaus im Mondschein, sagt ich er ist verliebt. Lotte muss sich noch erinnern dass ich drüber lächelte. Gott weis die Einsamkeit hat sein Herz untergraben, und – seit sieben Jahren kenn ich die Gestalt . . .
An Kestner, Anfang November 1772

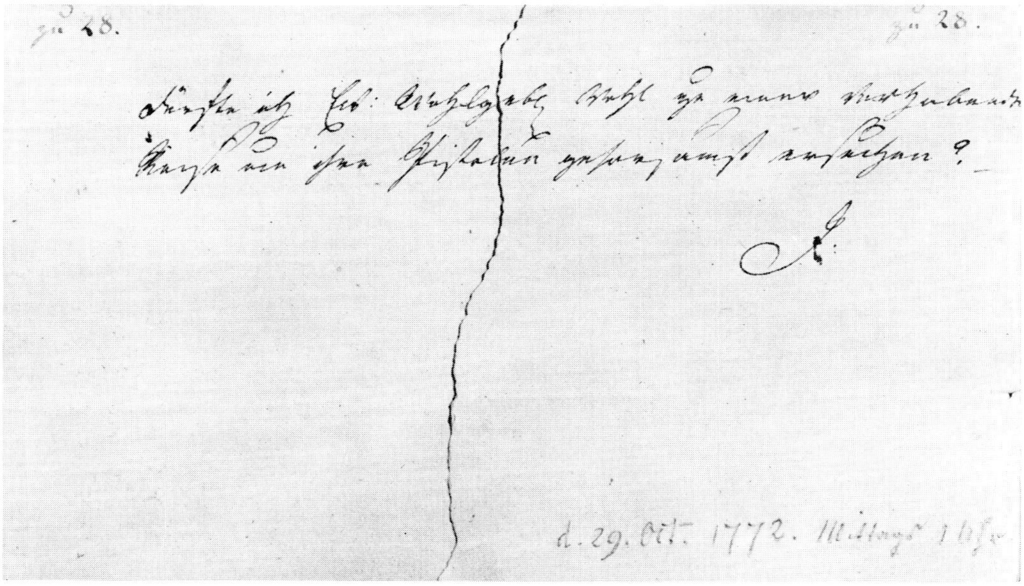
Dürfte ich Ew: Wohlgeb: wohl zu einer vorhabenden Reise um ihre Pistolen gehorsamst ersuchen? –

J.

d. 29. Oct. 1772. Mittags 1 Uhr

127 Billett Jerusalems an Kestner *»Dürfte ich Euer Wohlgeboren wohl zu einer vorhabenden Reise um ihre Pistolen gehorsamst ersuchen? – J.«*

Gegen Eilfe fragte Werther seinen Bedienten, ob wohl Albert zurück gekommen sei? Der Bediente sagte: ja, er habe dessen Pferd dahin führen sehen. Drauf gibt ihm der Herr ein offenes Zettelchen des Inhalts: ›Wollten Sie mir wohl zu einer vorhabenden Reise Ihre Pistolen leihen? Leben Sie recht wohl!‹
›Die Leiden des jungen Werther‹ 2. Buch

128 Lotte übergibt Werthers Diener die Pistolen *Rötelzeichnung von Daniel Chodowiecki. 1779*

»Höchst aufgebracht war er [Lessing] gegen die Leiden des jungen Werthers und behauptete, der Charakter des jungen Jerusalems wäre ganz verfehlet: er sei niemals der empfindsame Narr, sondern ein wahrer, nachdenkender, kalter Philosoph gewesen. Er selbst besäße einige sehr scharfsinnige Abhandlungen von ihm, die er über die Unsterblichkeit der Seele, die Bestimmung des Menschen u.s.w. aufgesetzt und die er [Lessing] nächstens mit einer Vorrede herausgeben wolle ...«
Ch. F. Weiße an Ch. Garve, 4. März 1775
»Er [Goethe] war zu unserer Zeit in Leipzig und ein Geck. Jetzt ist er außerdem Frankfurter Zeitungsschreiber.«
Karl Wilhelm Jerusalem an Eschenburg, Wetzlar, 18. Juli 1772

129 Bruchstück aus Goethes Entwurf zu ›Die Leiden des jungen Werther‹
Von Goethes ›Werther‹-Manuskripten ist außer diesem (zweiseitig beschriebenen) Blatt nur noch ein weiteres mit einem Bruchstück zum Vorwort überliefert.

Sie sind durch ihre Hände gegangen, sie hat den Staub davon geputzt, ich küsse sie tausendmal, sie hat euch berührt. Und du Geist des Himmels begünstigst meinen Entschluß. Und sie reicht dir das Werckzeug, Sie von deren Händen ich den Todt zu empfangen wünschte und ach nun empfange. Sie zitterte sagte mein Bedienter als sie ihm die Pistolen gab. O Herr sagte der gute Junge eure abreise thut euern Freunden so leid. Albert stand am Pultem, ohn sich um zu wenden sagte er zu Madame Gieb ihm die Pistolen, sie stund auf und er sagte: ich laß ihm glückliche Reise wünschen, und sie nahm die Pistolen und putzte den Staub sorgfältig ab und zauderte und zitterte. [...]

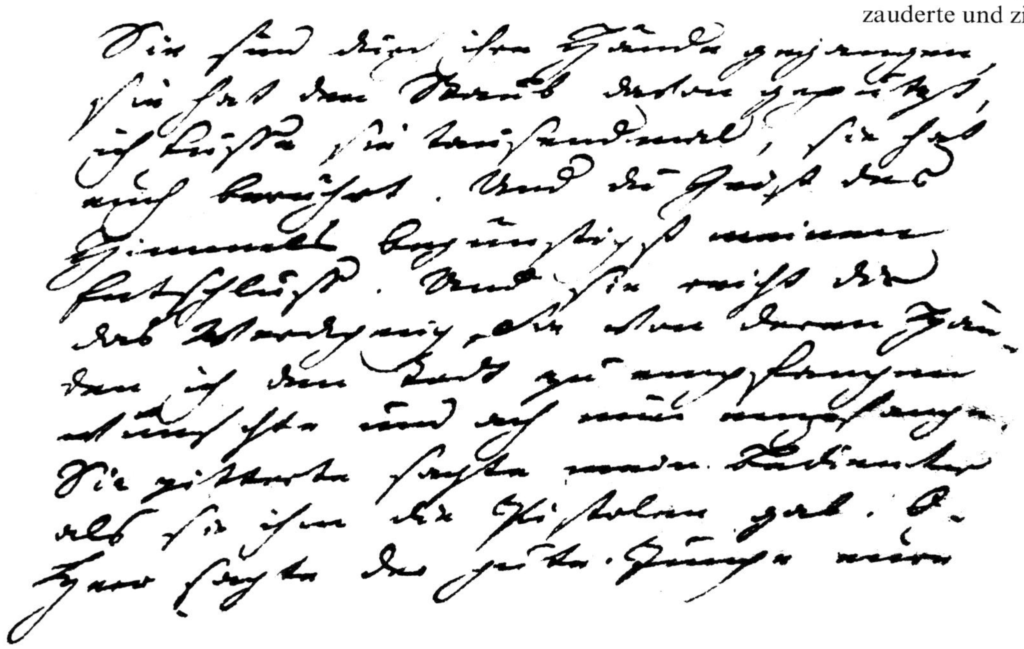

130 Werther erschießt sich *Anonymes Aquarell. o. D. (vor 1780?)*

131 Medaillon mit ›Werther‹-Motiv *Anonym. o. D.*

›Liebes Schattenbild! Ich vermache dir es zurück, Lotte, und bitte dich, es zu ehren. Tausend, tausend Küsse habe ich drauf gedrückt, tausend Grüße ihm zugewinkt, wenn ich ausging oder nach Hause kam. [. . .] In diesen Kleidern, Lotte, will ich begraben sein, du hast sie berührt, geheiligt; ich habe auch deinen Vater *da*rum gebeten. Meine Seele schwebt über dem Sarge. Man soll meine Taschen nicht aussuchen. Diese blaßrosa Schleife, die du am Busen hattest, als ich dich zum erstenmahle unter deinen Kindern fand . . . Diese Schleife soll mit mir begraben werden. An meinem Geburtstage schenktest du mir sie! Wie ich das alles verschlang! – Ach ich dachte nicht, daß mich der Weg hierher führen sollte! – –‹
›Die Leiden des jungen Werther‹ 2. Buch (»Nach Eilfe«)

Von dem Weine hatte er nur ein Glas getrunken. Emilia Galotti lag auf dem Pulte aufgeschlagen.
›Die Leiden des jungen Werther‹ 2. Buch

132 Johann Christian Kestner (1741-1800) und Charlotte *Silhouetten aus der Sammlung Ayrer. o. D.*

Wohl hoff ich wiederzukommen, aber Gott weis wann. Lotte wie war mirs bey deinem reden ums Herz, da ich wusste es ist das letztemal dass ich Sie sehe. Nicht das letztemal, und doch geh ich morgen fort. Fort ist er. Welcher Geist brachte euch auf den Diskurs Kestner: »von dem Zustande nach diesem Leben; vom Weggehen und Wiederkommen«. Da ich alles sagen durfte was ich fühlte, ach mir wars um hienieden zu thun, um Ihre Hand die ich zum letztenmal küsste. Das Zimmer in das ich nicht wiederkehren werde, und der liebe Vater der mich zum letztenmal begleitete. Ich binn nun allein und darf weinen, ich lasse euch glücklich, und gehe nicht aus euern Herzen. Und sehe euch wieder, aber nicht morgen ist nimmer. Sagen Sie meinen Buben er ist fort. Ich mag nicht weiter.
An Charlotte Buff, Wetzlar, 10. September 1772

133 Maximiliane von La Roche (1756-1793) *Anonyme Zeichnung (Kohle, Kreide) o. D. (vor 1774)*

Nach seiner Abreise von Wetzlar durchwandert Goethe das Lahntal; am 14. September 1772 erreicht er Schloß Ehrenbreitstein. In höchst lieblichem Contrast lag an seinem Fuß das wohlgebaute Örtchen Thal genannt, wo ich mich leicht zu der Wohnung des Geheimeraths von Laroche finden konnte. Angekündigt von Merck, ward ich von dieser edlen Familie sehr freundlich empfangen, und geschwind als ein Glied derselben betrachtet. Mit der Mutter *[Sophie von La Roche, geb. Gutermann; 1731-1807]* verband mich ein belletristisches und sentimentales Streben, mit dem Vater ein heiterer Weltsinn, und mit den Töchtern meine Jugend. *[Die älteste, Maximiliane:]* . . . eher klein als groß von Gestalt, niedlich gebaut; eine freie anmuthige Bildung, die schwärzesten Augen und eine Gesichtsfarbe, die nicht reiner und blühender gedacht werden konnte. [. . .] Es ist eine sehr angenehme Empfindung, wenn sich eine neue Leidenschaft in uns zu regen anfängt, ehe die alte noch ganz verklungen ist. So sieht man bei untergehender Sonne gern auf der entgegengesetzten Seite den Mond aufgehn und erfreut sich an dem Doppelglanze der beiden Himmelslichter.
›Dichtung und Wahrheit‹ III 13

Ende 1773 heiratet Maximiliane auf Betreiben ihrer Mutter den Frankfurter Kaufmann Peter Anton Brentano.

134 Goethe: Kopfstudie *(mit eingezeichneten Konstruktionslinien). Rötel. Nach 1770. (Vielleicht nach einer Vorlage: Gerard de Lairesse: ›Neueröffnete Schule der Zeichnungskunst‹, Leipzig 1745, Tafel 2.)*

Ich binn ietzt ganz Zeichner und besonders glücklich im Portrait. Da sagen mir die Mädgen: wenn sie das nur in Wetzlar getrieben hätten und hätten uns Lotten mitbracht. Da sag ich denn ich wollte ehstens hinüber und euch alle Zeichnen.
An J. C. Kestner, 15. Januar 1773

135 Goethe: Auf dem Main *vor der Alten Brücke. Bleistiftzeichnung (aus der Mappe der Juvenilia). Um 1770*

Der Knabe der in angebundnem Nachen rudert. Gemählde. Das Kind das aus dem Rennstein trinckt. Der Knabe der sich aus zwey Weidenästen eine Schauckel macht. Der Virtuoso der unterm Wetter dach auf seiner Geliebten Fenster lauscht. Ein Junge schlägt ein Madgen sie sagt zu ihm du Roznase warst du der Junge darnach
Verstreute Notizen Goethes, teilweise mit Zeichnungen abwechselnd, auf Papieren der frühen siebziger Jahre

Auf der *[Alten Main-]* Brücke hielt ich still. Die düstre Stadt zu beyden Seiten, der Still leuchtende Horizont, der Widerschein im Fluß machte einen köstlichen Eindruck in meine Seele den ich mit beyden Armen umfasste. Ich lief zu den Gerocks lies mir Bleystifft geben und Papier, und zeichnete zu meiner grossen Freude, das ganze Bild so dämmernd warm als es in meiner Seele stand. Sie hatten alle Freude mit mir darüber empfanden alles was ich gemacht hatte und da war ichs erst gewiss, ich bot ihnen an drum zu würfeln, sie schlugens aus und wollen ich solls Mercken schicken. Nun hängts hier an meiner Wand, und freut mich heute wie gestern.
An J. C. Kestner, 25. Dezember 1772

136 Goethe: Kopfstudie. Kopie nach Johann Heinrich Füßli *Bleistift. 1775. (Aus dem Stammbuch J. P. de Reyniers)*

Was für eine Glut und Ingrimm in dem Menschen ist.
An Herder, 25. März 1775

Die Sujets die er wählt sind sämmtlich abenteuerlich und entweder tragisch oder humoristisch . . . Die sinnliche Darstellung braucht er in beyden Fällen nur als Vehikel. [. . .] Naturell. Frühere Bildung. Italiänische Einwirkung. Studien, welchen Weg er genommen. Manier in allem, besonders der Anatomie, dadurch auch der Stellungen. Mahlerisch, poetisches Genie. Charakteristisches. Gewisse Idiosynkrasien des Gefallen, der Liebhaberey. Mädchen in gewissen Formen. Lage. Wollüstige Hingelehntheit. Wirkung Shakespears, des Jahrhunderts, Englands. Miltonische Gallerie.
Vorarbeiten zu einem, nicht ausgeführten, Aufsatz über Füßli. 1797

137 Goethe: Johann Kaspar Lavater (1741-1801) *Bleistiftzeichnung (unter fremder Mithilfe?). Juni 1774*
23. Juni 1774: Ankunft Lavaters in Goethes Elternhaus; 28. Juni: Mit Goethe und Schmoll nach Wiesbaden, Bad Schwalbach, Bad Ems.

»Zu Goethe . . . ›Bist's‹ – bin ich's – unaussprechlich süßer unbeschreiblicher Antritt des Schauens – sehr ähnlich und unähnlich der Erwartung. Von tausend Dingen. Einigemal schreckliche Physiognomie. Porträt.«
Lavaters Tagebuch, 23. Juni 1774

Lavater, der mich recht liebt, kommt in einigen Wochen her, wenn ich ihm nur einige Tropfen Selbständigen Gefühls einflösen kann, soll michs hoch freuen. Die beste Seele wird von dem Menschenschicksaal so innig gepeinigt, weil ein krancker Körper und ein schweiffender Geist ihm die kollecktive Krafft entzogen, und so der besten Freude, des Wohnens in sich selbst beraubt hat. Es ist unglaublich wie schwach er ist, und wie man ihm, der doch den schönsten schlichtesten Menschenverstand hat, den ich ie gefunden habe, wie man ihm gleich Rätsel und Mysterion spricht, wenn man aus dem in sich und durch sich lebenden und würckenden Herzen redet. [. . .]
Lavater war fünf Tage bey mir und ich habe auch da wieder gelernt, dass man über niemand reden soll den man nicht persönlich gesehen hat. Wie ganz anders wird doch alles. Er sagt so offt dass er schwach sey, und ich habe niemand gekannt der schönere Stärcken gehabt hätte als er. In seinem Elemente ist er unermüdet thätig, fertig, entschlossen . . . Ich habe ihn nie für einen Schwärmer gehalten und er hat noch weniger Einbildungskrafft als ich mir vorstellte. Aber weil seine Empfindungen ihm die wahrsten, so sehr verkannten Verhältnisse der Natur in seine Seele prägen, er nun also iede Terminologie wegschmeisst, aus vollem Herzen spricht und handelt und seine Zuhörer in eine fremde Welt zu versetzen scheint, indem er sie in die ihnen unbekannte Winckel ihres eignen Herzens führt; so kann er dem Vorwurf eines Phantasten nicht entgehen.
An G. F. E. Schönborn, 1. Juni/4. Juli 1774

138 Baruch de Spinoza: ›Opera posthuma‹ 1677

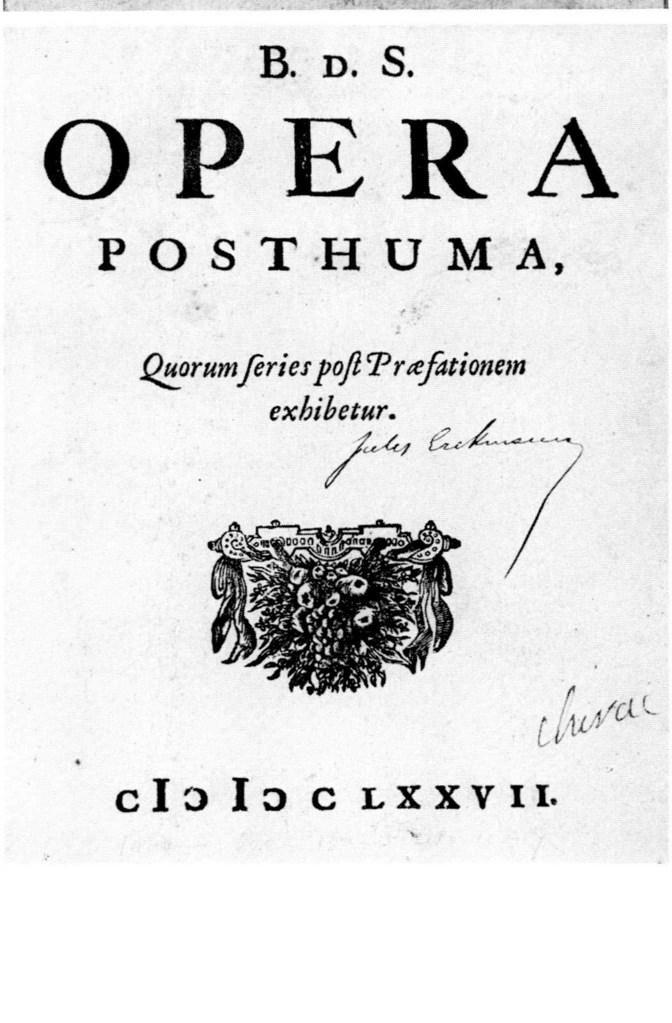
B. D. S.
OPERA
POSTHUMA,
Quorum series post Præfationem exhibetur.
CIↃ IↃ C LXXVII.

»Goethe erzählte mir viel von Spinoza und seinen Schriften. Er behauptet, keiner hätte sich über die Gottheit dem Heiland so ähnlich ausgedrückt wie er. Alle neuern Deisten haben übrigens nur ihn ausspoliert. Er sei ein äußerst gerechter, aufrichtiger, armer Mann gewesen. Homo temperatissimus. Er sei in großem Ansehen gestanden, die größten Männer haben ihn zu den wichtigsten Beratschlagungen und Kalkulationen gebraucht, ihn wegen seiner ausnehmenden Klugheit und Treu herzlich geliebt. Er habe die Prophezeiungen bestritten, und sei selbst ein Prophet gewesen. Er habe die unwahrscheinlichsten Staatsverändrungen vorhergesagt . . . Auf eine große Erbschaft . . . hab er um des Friedens willen Verzicht getan, und sich nur seines Vaters Schlafbett ausgebeten. Er sei sehr arm gewesen, und habe sich mit Glasschleifen kümmerlich erhalten können. Sein Briefwechsel sei das interessanteste Buch, was man in der Welt von Aufrichtigkeit, Menschenliebe lesen könne.«
Lavaters Tagebuch, 28. Juni 1774 (Emser Reise)

139 ›Versammlung der obersten Götter der griechischen Mythologie‹ *Aus: J. B. Basedow: ›Das Elementarwerk‹ 1. Band. 1774 (Tafel 94)*

140 Johann Bernhard Basedow (1723-1790) *Begründer der ›Philanthropinum‹ genannten Erziehungsanstalt in Dessau (1774). Schattenriß aus der Ayrerschen Silhouettensammlung*
Am 15. Juli 1774 reist Goethe, diesmal in Basedows Begleitung, erneut nach Ems, von dort am 18. mit Lavater, Basedow und Schmoll auf dem Schiff lahnabwärts nach Koblenz und weiter nach Neuwied und Köln.

[Mephisto:] Der liebe Sänger / Von Hameln auch mein alter Freund / Der Vielbeliebte Rattenfänger. / Wie gehts *Rattenfänger von Hameln.* recht wohl zu dienen / Ich bin ein wohl genährter Mann / Patron von zwölf Philanthropinen / Daneben / Schreibe eine Kinder Bibliothek
Paralipomenon zu ›Faust I‹

141 Caspar Wolf: Ansicht des Schlosses Bensberg *Bleistift, aquarelliert. 9. Juli 1781*

Am 20. Juli 1774 reist Goethe von Köln nach Düsseldorf und Elberfeld, wo er Jung-Stilling und Fritz Jacobi trifft. In Pempelfort, dem Wohnsitz der Jacobis, Versöhnung mit Johann Georg, der sich durch Zeitschriftenbeiträge Goethes beleidigt gefühlt hatte (die Satire ›Das Unglück der Jacobis‹, 1772, »das böseste . . ., was er in dieser Art gemacht« hatte, wurde von Goethe vernichtet). Mit den Brüdern und Heinse nach Schloß Bensberg und Köln.

»Ich hoffe, Du vergissest . . . nicht des Jabachschen Hauses, des Schlosses zu Bensberg und der Laube, in der Du über Spinoza, mir so unvergeßlich, sprachst; des Saals in dem Gasthofe zum Geist, wo wir über das Siebengebirg den Mond heraufsteigen sahen, wo Du in der Dämmerung auf dem Tische sitzend uns die Romanze: Es war ein Buhle frech genug – und andere hersagtest . . . Welche Stunden! Welche Tage! – Um Mitternacht suchtest Du mich noch im Dunkeln auf. – Mir wurde wie eine neue Seele. Von dem Augenblick an konnte ich Dich nicht mehr lassen.«
F. H. Jacobi an Goethe, 28. Dezember 1812

»Nun kehrten wir in unsern Gasthof [›Zum Geist‹ in Köln] zurück, wo Goethe uns in der Dämmerung altschottische Romanzen, voll wahren Gefühls der Natur, mit Geistererscheinungen vermischt, in einem unübertrefflichen Tone dergestalt hersagte, daß wir bei der letzten, ohne falsche Nebenempfindung der Kunst, so wahrhaftig zusammenfuhren, so im Ernste bang wurden, als ehemals in unsren Kinderjahren, wenn wir den abenteuerlichen Geschichten unserer Wärterinnen von ganzer Seele, mit allem möglichen Glauben daran, zuhörten.«
J. G. Jacobis Tagebuch, 23./24. Juli 1774

142 Friedrich Heinrich Jacobi (1743-1819) *Gemälde in Privatbesitz*

143 Johann Georg Jacobi (1740-1814) *Gemälde in Privatbesitz*

144 Charles Lebrun (1619 bis 1690): Die Familie des Kölner Kaufmanns und Kunstsammlers Everard Jabach *Um 1660*

Man führte mich in Jappachs Wohnung, wo mir das was ich sonst nur innerlich zu bilden pflegte, wirklich und sinnlich entgegentrat. Diese Familie mochte längst ausgestorben sein, aber in dem Untergeschoß, das an einen Garten stieß, fanden wir nichts verändert . . ., in dem ganzen Raume nichts neu, nichts heutig als wir selber. Was nun aber die hierdurch wundersam aufgeregten Empfindungen überschwänglich vermehrte und vollendete, war ein großes Familiengemählde über dem Kamin. Der ehemalige reiche Inhaber dieser Wohnung saß mit seiner Frau, von Kindern umgeben, abgebildet: alle gegenwärtig, frisch und lebendig wie von gestern, ja von heute, und doch waren sie schon alle vorübergegangen. Auch diese frischen rundbäckigen Kinder hatten gealtert, und ohne diese kunstreiche Abbildung wäre kein Gedächtniß von ihnen übrig geblieben. Wie ich, überwältigt von diesen Eindrücken, mich verhielt und benahm, wüßte ich nicht zu sagen. Der tiefste Grund meiner menschlichen Anlagen und dichterischen Fähigkeiten ward durch die unendliche Herzensbewegung aufgedeckt, und alles Gute und Liebevolle was in meinem Gemüthe lag, mochte sich aufschließen und hervorbrechen: denn von dem Augenblick an ward ich, ohne weitere Untersuchung und Verhandlung, der Neigung, des Vertrauens jener vorzüglichen Männer für mein Leben theilhaft.

›Dichtung und Wahrheit‹ III 14

145 Goethe: Zeichnungen und Deutungen von Charakterköpfen *Beilage zu einem Brief an Lavater (1774?)*

1) Freut sich u will sich freuen es stehe nun vor ihm schwarz oder weis, weils ihm freuerlich ist und doch immer leer Kindsgestalt. 2) achtet auf was, das er doch nicht annehmen wird. Er betrachtet um die Gestalten nach seinem Sinn zu modeln, und beharrt so bedächtlich in die Welt hinein. 3) innre Leerheit und Indetermination mit angenehmer Hofnung und Wunsch dass ein Eindruck möge auf sie gemacht werden. Kann auch einen Reisenden vorstellen der sich in der Welt umsieht u sich nach sehenswürdigen Dingen befragt. 4) halb verklungne Trauer Sehnsucht nach neuen Gefühlen u Rezeptivität und Güte. 5) Seys Kammerherr nun seys Lakey pp dieser Mensch poussirt sich *[,]* nichts hindert ihn nichts hält ihn auf vom Sekretair zum Hofmarschall Hatt angenehme Talente, schneidt Papier aus, zur Noth aufm Rücken. pfeift wie eine Nachtigall pp. Fertig, Gewandt. Auch Kartenkünste pp. 6. Bürgerliche Stands Person. Herr Vetter oder Frau Baase. 7. parodirter Friedrich Wilhelm der grose Churfürst von Brandenburg. 8) Seine Hausfrau detto.

146 J. C. Lavater: ›Physiognomische Fragmente zur Beförderung der Menschenkenntniß und Menschenliebe. Erster Versuch‹ 1775. Titelvignette

Lavaters Phisiognomick giebt ein weitläufiges Werck mit viel Kupfern. Es wird große Beiträge zur bildenden Kunst enthalten, und dem Historien und Portraitmahler unentbehrlich seyn.
An G. F. E. Schönborn, 4. Juli 1774

147 Büste Homers *Mitte 1. Jh. v. Chr. Neapel*

Tret ich unbelehrt vor diese Gestalt; so sag ich: Der Mann sieht nicht, hört nicht, fragt nicht, strebt nicht, wirkt nicht. Der Mittelpunkt aller Sinne dieses Haupts ist in der obern, flach gewölbten Höhlung der Stirne, dem Sitze des Gedächtnisses. In ihr ist alles Bild geblieben, und alle ihre Muskeln ziehen sich hinauf, um die lebendigen Gestalten zur sprechenden Wange herabzuleiten. Niemals haben sich diese Augbrauen niedergedrängt, um Verhältnisse zu durchforschen, sie von ihren Gestalten abgesondert zu fassen, hier wohnt alles Leben willig mit und neben einander. Es ist Homer!
Dieß ist der Schädel, in dem die ungeheuren Götter und Helden so viel Raum haben, als im weiten Himmel und der gränzenlosen Erde . . . Dieß ist der Olymp, den diese rein erhabne Nase wie ein andrer Atlas trägt, und über das ganze Gesicht solche Festigkeit, solch eine sichere Ruhe verbreitet. Diese eingesunkne Blindheit, die einwärts gekehrte Sehkraft, strengt das innere Leben immer stärker und stärker an, und vollendet den Vater der Dichter. Vom ewigen Sprechen durchgearbeitet sind diese Wangen, diese Redemuskeln, die betretnen Wege, auf denen Götter und Heroen zu den Sterblichen herabsteigen; der willige Mund, der nur die Pforten solcher Erscheinungen ist, scheint kindisch zu lallen, hat alle Naivetät der ersten Unschuld; und die Hülle der Haare und des Barts, verbirgt und verehrwürdiget den Umfang des Haupts. Zwecklos, leidenschaftlos ruht dieser Mann dahin, er ist um sein selbst willen da, und die Welt, die ihn erfüllt, ist ihm Beschäfftigung und Belohnung.
›Physiognomische Fragmente‹ I 1775

148 Jean Philippe Rameau (1683-1764) *Kupferstich aus den ›Physiognomischen Fragmenten‹ I 1775*

Sieh diesen reinen Verstand! – ich möchte nicht das Wort *Verstand* brauchen – Sieh diesen reinen, richtigen, gefühlvollen Sinn, der's ist, ohne Anstrengung, ohne mühseliges Forschen! Und sieh dabey diese himmlische Güte!
Die vollkommenste, liebevollste Harmonie hat diese Gestalt ausgebildet. Nichts Scharfes, nichts Eckigtes an dem ganzen Umrisse . . .
Diese Gegenwart wirkt auf die Seele, wie ein genialisches Tonstück, unser Herz wird dahingerissen, ausgefüllt durch dessen Liebenswürdigkeit, und wird zugleich festgehalten, in sich selbst gekräftigt, und weiß nicht warum?
– Es ist die Wahrheit, die Richtigkeit, das ewige Gesetz der stimmenden Natur, die unter der Annehmlichkeit verborgen liegt. [. . .]

149 Brutus *Kupferstich von J. H. Lips nach Rubens. ›Physiognomische Fragmente‹ II 1776*

[. . .] Über allen Ausdruck ist die reine Selbstigkeit dieses Mannes. Beym ersten Anblicke scheint was verderbendes dir entgegen zu streben. Aber die treuherzige Verschlossenheit der Lippen, die Wangen, das Auge selbst! – Groß ist der Mensch, in einer Welt von Großen. Er hat nicht die hinlässige Verachtung des Tyrannen, er hat die Anstrengung dessen, der Widerstand findet, dessen, der sich im Widerstande bildet . . . Er kann keinen Herrn haben, kann nicht Herr seyn. Er hat nie seine Lust an Knechten gehabt. Unter Gesellen mußt' er leben, unter Gleichen und Freyen. In einer Welt voll Freyheit edler Geschöpfe würd' er in seiner Fülle seyn. Und daß das nun nicht so ist, schlägt im Herzen, drängt zur Stirne, schließt den Mund, bohrt im Blicke! Schaut hier den gordischen Knoten, den der Herr der Welt nicht lösen konnte.

150 Silhouette Charlotte von Steins (1742-1827) *Um 1773*

Der mit Lavater befreundete Arzt und Schriftsteller Johann Georg Zimmermann (1728 bis 1795), der 1773 in Bad Pyrmont Frau von Stein kennengelernt hatte, legte Goethe auf dessen Rückreise von der Schweiz (Juli 1775) in Straßburg die Silhouetten Charlotte von Steins und Maria Antonia von Branconis (1751 bis 1793) vor.

Hast an die Phisiognomik gedacht und schickst du mir bald was. Hier über die Silhouetten der Fr. v. Stein und Marchesa Brankoni. Such sie gleich auf, und leg sie hierüber.

Stein
Festigkeit
Gefälliges unverändertes Wohnen des Gegenstands
Behagen in sich selbst
Liebevolle Gefälligkeit
Naivetät und Güte, selbstfliesende Rede
Nachgiebige Festigkeit,
Wohlwollen,
Treubleibend
Siegt mit Nezzen
An Lavater, August 1775

151 F. G. Klopstock *Silhouette aus der Ayrerschen Sammlung*

[Lavater:] »Der erhabenste, muthigste, sanfteste und kühnste Dichter des Jahrhunderts. Ein Mann von unverführbarer Geschmacksfestigkeit.«
[. . .] [Goethe:] Diese sanftabgehende Stirne bezeichnet reinen Menschenverstand; ihre Höhe über dem Auge Eigenheit und Feinheit; es ist die Nase eines Bemerkers; in dem Munde liegt Lieblichkeit, Präcision, und in der Verbindung mit dem Kinne, Gewißheit. Über dem Ganzen ruht ein unbeschreiblicher Friede, Reinheit und Mäßigkeit.
›Physiognomische Fragmente‹ I 1775

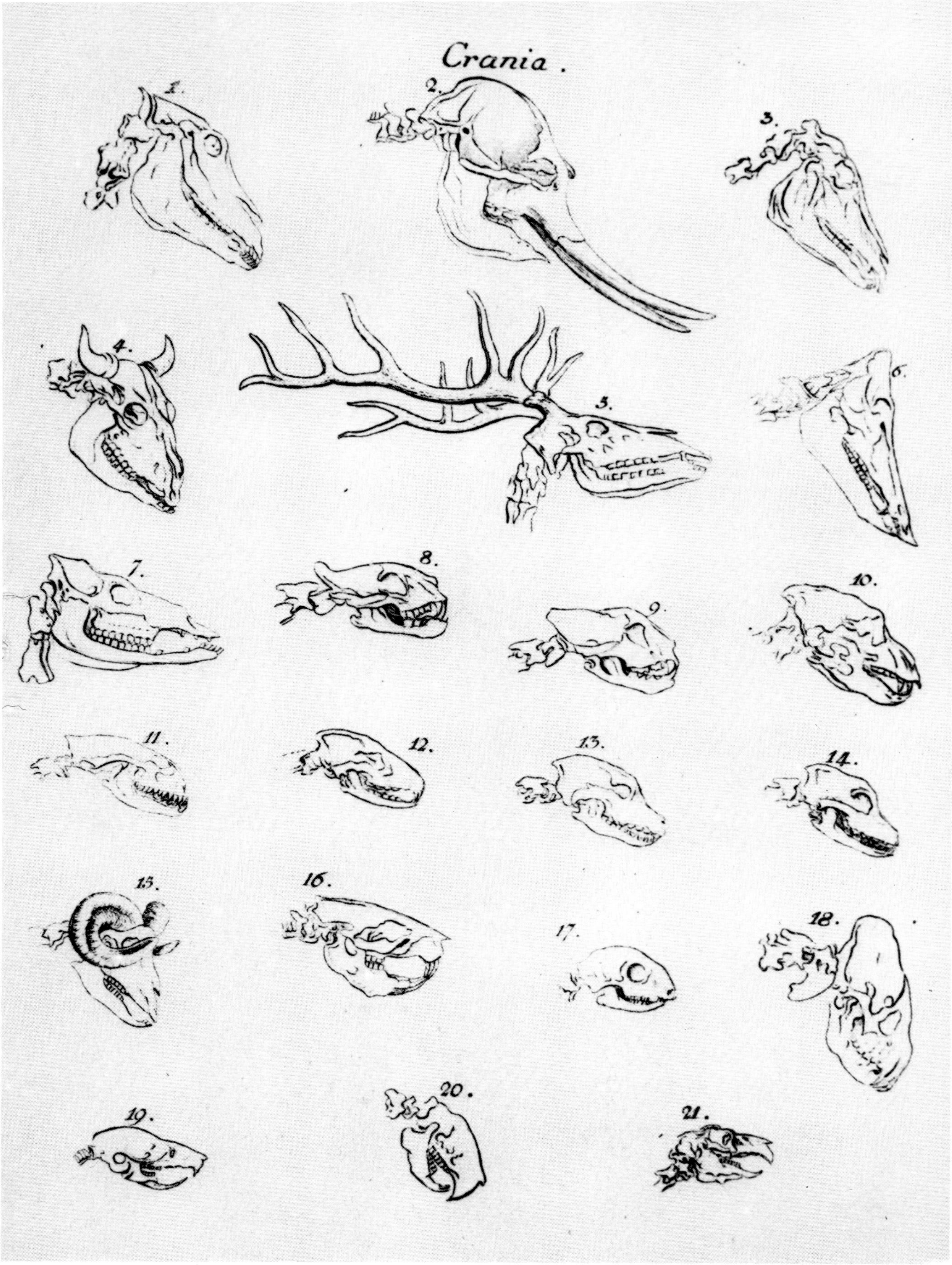
Crania.
1.
2.
3.
4.
5.
6.
7.
8.
9.
10.
11.
12.
13.
14.
15.
16.
17.
18.
19.
20.
21.

152 ›Crania‹ (›Thierschädel‹) nach Buffon

Aus Goethes ›Einleitung‹:
An ihrem Unterschiede, der den bestimmten Charakter der Thiere bezeichnet, kann man am stärksten sehen, wie die Knochen die Grundfesten der Bildung sind und die Eigenschaften eines Geschöpfes umfassen. Die beweglichen Theile formen sich nach ihnen, eigentlicher zu sagen, mit ihnen, und treiben ihr Spiel nur in so weit es die festen vergönnen. Diese Anmerkung, die hier unläugbar ist, wird bey der Anwendung auf die Verschiedenheit der Menschenschädel großen Widerspruch zu leiden haben. [. . .]
Aristoteles von der Physiognomik
Denn es ist nie ein Thier gewesen, das die Gestalt des einen und die Art des andern gehabt hätte; aber immer seinen eignen Leib und seinen eignen Sinn. So nothwendig bestimmt jeder Körper seine Natur. Wie denn auch ein Kenner die Thiere nach ihrer Gestalt beurtheilt, der Reuter die Pferde, der Jäger die Hunde. Wenn das wahr ist, wie's denn ewig wahr bleibt; so giebt's eine Physiognomik.
I. Die Zahmheit der *Last*- und *weidenden* Thiere bezeichnet sich durch die langen ebenen, seicht gegen einander laufenden, einwärts gebogenen Linien. Man sehe 1. das *Pferd*, 3. den *Esel*, 5. den *Hirschen*, 6. das *Schwein*, 7. das *Cameel*. Geruhige Würde, harmloser Genuß ist der ganze Zweck der Gestalt dieser Häupter.
›Physiognomische Fragmente‹ II 1776

153 Die Laokoongruppe *Stahlstich von A. Krausse. o. D.*

154 Gotthold Ephraim Lessing (1729-1781) *Ölgemälde von Anton Graff. 1771*

[. . .] Die Köpfe müssen alle ganz allein in der Lage beurtheilt werden in der sie stehen einzeln thut keiner seinen Effeckt. Der Kopf des iüngern Sohns ist abscheulich wenn man ihn auf ein Postament grad stellt und herlich wenn man ihn abgenommen auf den Tisch vor sich hin legt. Der ältere Just das Gegentheil. Der Alte steht in der Grupe und will auch so stehend angesehn seyn. Furcht und Streben sind herlich mit einander verbunden. Man schaue den übertriebnen Stirn Drang des Knaben. Man schaue die über der Stirn vorstrebende Locke. Es ist Angst in dem Munde. Aber feste Angst. Theilnehmende gegenwürckende Angst. Der Kopf schon iugendlich beschoren. Der Jüngere hat die Haare noch weiblich hinten aufgebunden und über der Stirn in einen Knoten vereinigt. Er will nothwendig zurückgelehnt angesehen seyn.
Fragmentarische Aufzeichnung über die Laokoongruppe. 1775?

Lessings Laock. p. 16.
»Wuth und Verzweiflung schändete keines von ihren *[der Alten]* Wercken. Ich darf behaupten, dass sie nie eine Furie gebildet haben. [«] . . . dieser Kopf *[einer Furie]* giebt mir Gelegenheit, den ersten Theil der angeführten Stelle anzufechten. L. bekennt selbst, es sey *hefftiger Schmerz* und wer es ansieht wird gern mit mir einig seyn dass es würckliche Verzerrung ist.
[. . .] Es ist mir das wieder ein Beweiss dass man die Fürtrefflichkeit der Alten in etwas anders als der Bildung der Schönheit zu suchen hat.
›Ephemerides‹ 1770

155 Goethe: Jüngling mit Adler *Bleistift, Feder mit brauner Tusche (Testat Ottilies »Zeichnung vom Vater.«). Nachitalienisch?*
Und möcht um vieles nicht / Mit dem Donnervogel tauschen / Und meines Herren Blitze stolz / In Sklavenklauen packen.

Die Fabel des Prometheus ward in mir lebendig. Das alte Titanengewand schnitt ich mir nach meinem Wuchse zu, und fing, ohne weiter nachgedacht zu haben, ein Stück zu schreiben an, worin das Mißverhältniß dargestellt ist, in welches Prometheus zu dem Zeus und den neuen Göttern geräth, indem er auf eigne Hand Menschen bildet, sie durch Gunst der Minerva belebt, und eine dritte Dynastie stiftet. [. . .] Zu dieser seltsamen Composition gehört als Monolog jenes Gedicht, das in der deutschen Literatur bedeutend geworden, weil dadurch veranlaßt, Lessing über wichtige Puncte des Denkens und Empfindens sich gegen Jacobi erklärte. Es diente zum Zündkraut einer Explosion, welche die geheimsten Verhältnisse würdiger Männer aufdeckte und zur Sprache brachte: Verhältnisse, die ihnen selbst unbewußt, in einer sonst höchst aufgeklärten Gesellschaft schlummerten. Der Riß war so gewaltsam, daß wir darüber, bei eintretenden Zufälligkeiten, einen unserer würdigsten Männer, Mendelssohn, verloren.
›Dichtung und Wahrheit‹ III 15

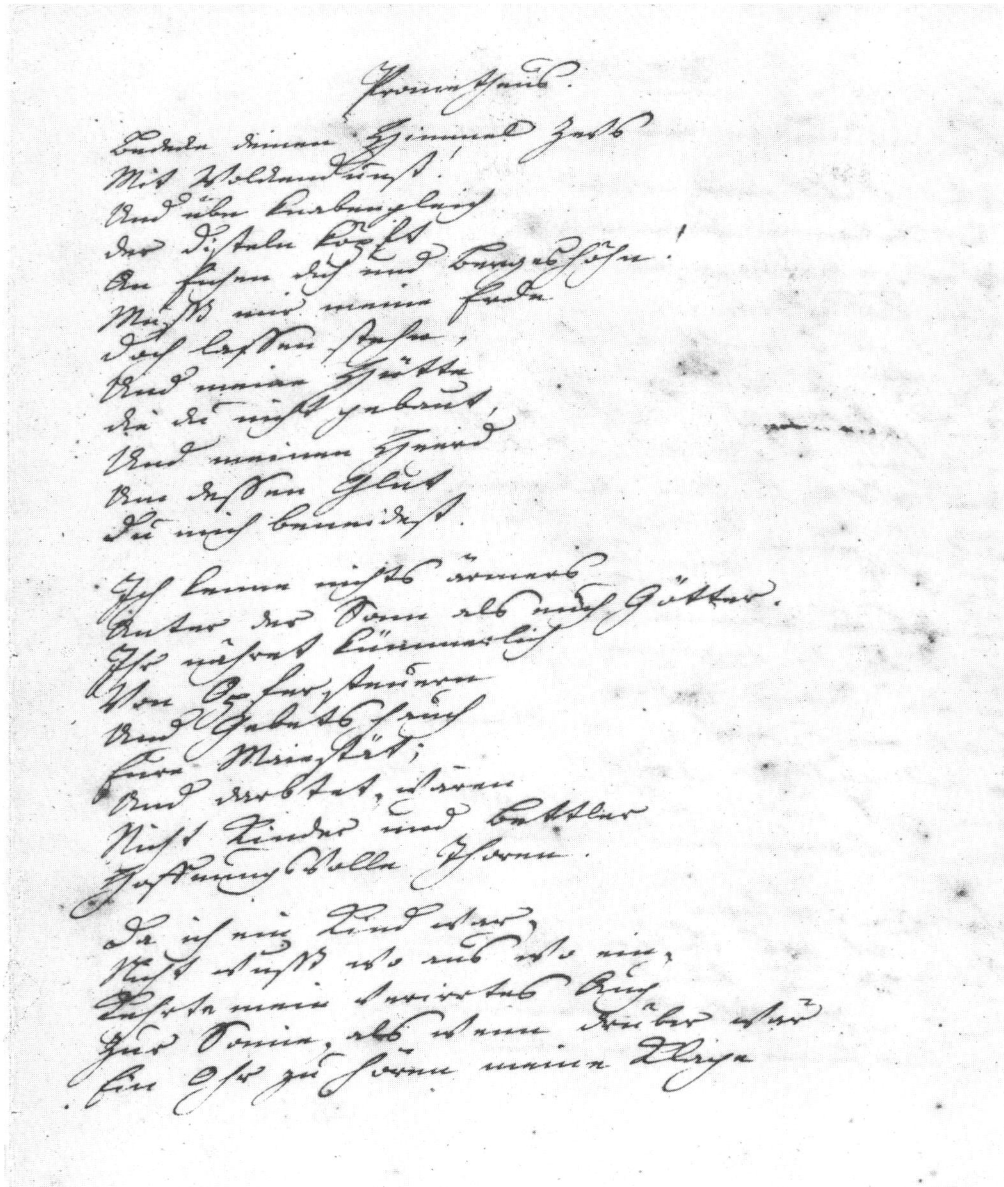

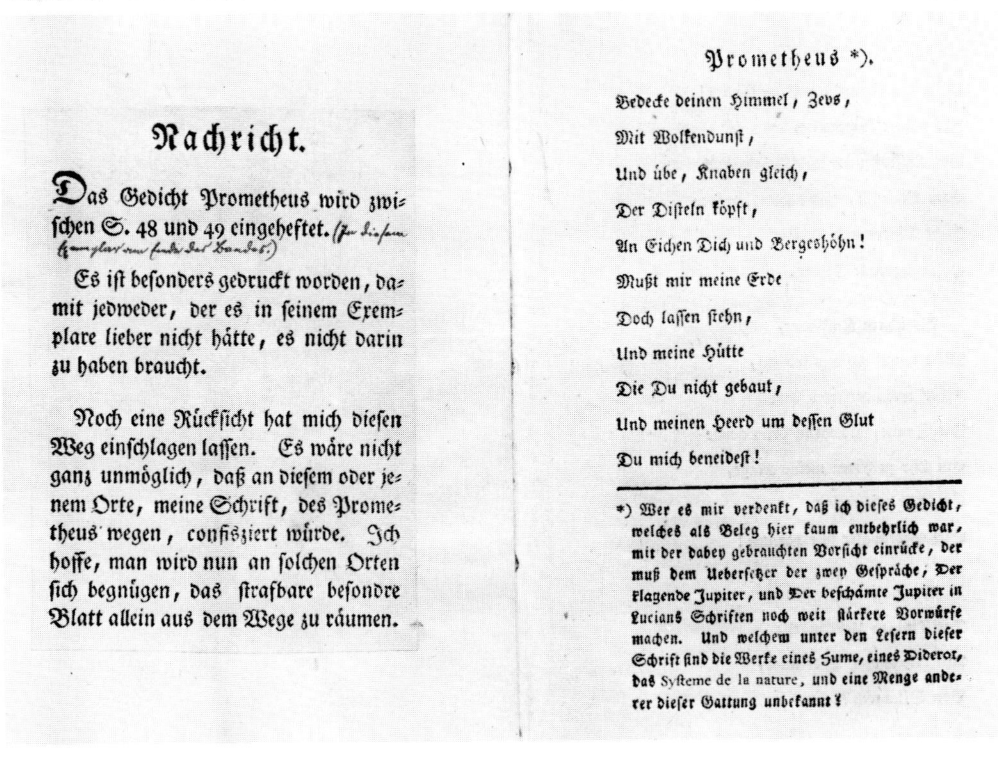

Nachricht.

Das Gedicht Prometheus wird zwischen S. 48 und 49 eingeheftet.

Es ist besonders gedruckt worden, damit jedweder, der es in seinem Exemplare lieber nicht hätte, es nicht darin zu haben braucht.

Noch eine Rücksicht hat mich diesen Weg einschlagen lassen. Es wäre nicht ganz unmöglich, daß an diesem oder jenem Orte, meine Schrift, des Prometheus wegen, confiszirt würde. Ich hoffe, man wird nun an solchen Orten sich begnügen, das strafbare besondre Blatt allein aus dem Wege zu räumen.

Prometheus *).

Bedecke deinen Himmel, Zeus,
Mit Wolkendunst,
Und übe, Knaben gleich,
Der Disteln köpft,
An Eichen dich und Bergeshöhn!
Mußt mir meine Erde
Doch lassen stehn,
Und meine Hütte
Die Du nicht gebaut,
Und meinen Heerd um dessen Glut
Du mich beneidest!

*) Wer es mir verdenkt, daß ich dieses Gedicht, welches als Beleg hier kaum entbehrlich war, mit der dabey gebrauchten Vorsicht einrücke, der muß dem Uebersetzer der zwey Gespräche, Der klagende Jupiter, und Der beschämte Jupiter in Lucians Schriften noch weit stärkere Vorwürfe machen. Und welchem unter den Lesern dieser Schrift sind die Werke eines Hume, eines Diderot, das Systeme de la nature, und eine Menge anderer dieser Gattung unbekannt?

156 Goethe: ›Prometheus‹. S. 1 der Abschrift Goethes aus der ersten Weimarer Gedichtsammlung 1777 *Das Gedicht entstand 1774, wohl gleichzeitig mit dem Entwurf des Dramas, als Monolog*

157 Fr. H. Jacobi: ›Nachricht‹ *Beilage zu Jacobis Schrift ›Über die Lehre des Spinoza‹, Breslau 1785, der, ohne Goethes Wissen, das ›Prometheus‹-Gedicht beigegeben war*

Fr. H. Jacobi an Moses Mendelssohn über sein ›Spinoza-Gespräch‹ mit Lessing am 5. Juli 1780:
[Jacobi:] *». . . hier ist noch ein Gedicht; – Sie haben so manches Aergerniß gegeben, so mögen Sie auch wohl einmal eins nehmen . . .*
Leßing. *(Nachdem er das Gedicht [›Prometheus‹] gelesen, und indem er mir's zurück gab) Ich habe kein Aergerniß genommen; ich habe das schon lange aus der ersten Hand.*
Ich. *Sie kennen das Gedicht?*
Leßing. *Das Gedicht hab' ich nie gelesen; aber ich find' es gut.* Ich. *In seiner Art, ich auch; sonst hätte ich es Ihnen nicht gezeigt.* Leßing. *Ich meyn' es anders . . . Der Gesichtspunkt, aus welchem das Gedicht genommen ist, das ist mein eigener Gesichtspunkt . . . Die orthodoxen Begriffe von der Gottheit sind nicht mehr für mich; ich kann sie nicht genießen.* Ἑν και Παν*! Ich weiß nichts anders. Dahin geht auch dies Gedicht; und ich muß bekennen, es gefällt mir sehr.* Ich. *Da wären Sie ja mit Spinoza ziemlich einverstanden.* Leßing. *Wenn ich mich nach jemanden nennen soll, so weiß ich keinen andern.«*
Pempelfort, den 4. November 1783

158, 159 Goethe: Vignetten am Schluß eines Briefs *(Frankfurt, Ende Februar 1774) an Johanna Fahlmer (erkennbar der Dom und die Mainbrücke nach Sachsenhausen)*

Nun zum Teufel Täntgen was soll das! Nach Lottens Aussage kommen Sie Ende März her, und dem Major domus nicht zu schreiben, keine Ordre für den Tapezier, Speisemeister pp. Verlassen Sie sich etwa drauf dass Sie die Iris im Lohn haben, und dencken das soll nun alles flincker gehn. Nani. Ein schön Kammermädge hat immer so viel eigne Angelegenheiten, dass p. Wenn Sie recht artig wären so sollten Sie eine schöne glattgestrichne Epistel ansenden, worinn Dero sonderbaar aufschwellende Hoffnungen nach dem heiligen Pfarrturn, dem Akazia Baum, und dem Fischerfeld mit Poetischen Lackfarben zur Seelenweide solcher Gemüther aufgemahlt wären, die auch ein bissgen gern sich in andern bespiegeln. [. . .] Nun denn das wärs was mir so eben auf dem Herzen lag, und weiter für diesmal nichts als einen schönen Grus an die liebe Frau, ferner eine solche Art Burzelbäume der Freundschaft an Lotten und dann zulezt die wahre Monogrammatische Unterschrifft Dero Ergebnen Dieners G

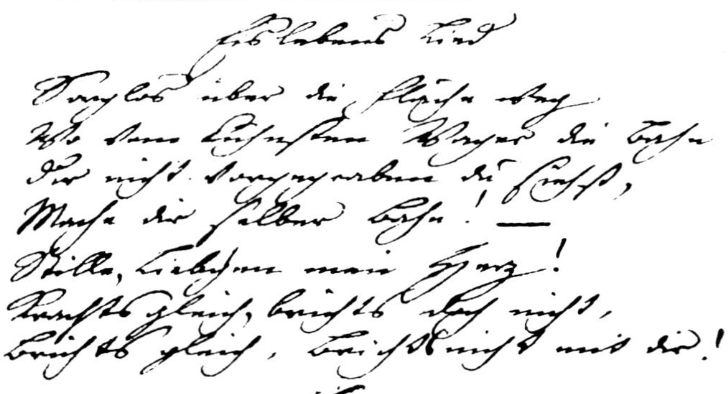

160 Goethe: ›Eislebens Lied‹ 1775/76 *Hs. in der ›Ersten Weimarer Gedichtsammlung‹*

Sorglos über die Fläche weg / Wo vom kühnsten Wager die Bahn / Dir nicht vorgegraben du siehst, / Mache dir selber Bahn! – / Stille, Liebchen mein Herz! / Krachts gleich, brichts doch nicht, / Bricht es gleich, Brichts nicht mit dir!

. . . Schlittschuh Bahn herrlich, wo ich die Sonne gestern herauf und hinab mit Kreistänzen geehret habe. [. . .] Es grüsst euch meine Schwester, es grüsen euch meine Mädgen es grüsen euch meine Götter. Namentlich der schöne Paris hier zur rechten, die goldne Venus dort und der Bote Merkurius, der Freude hat an den schnellen, und mir gestern unter die Füse band seine göttliche Solen die schönen, goldnen, die ihn tragen über das unfruchtbare Meer und die unendliche Erde, mit dem Hauche des Windes.
An J. C. Kestner, 5. Februar 1773

Götter
Helden
und
Wieland.
Eine Farce.
Auf Subscription.
Leipzig, 1774.

161 [Goethe:] ›Götter Helden und Wieland. Eine Farce‹ 1774

Euripides. [. . .] Eure Leute sind alle zusammen aus der großen Familie, der ihr Würde der Menschheit, ein Ding das Gott weiß woher abstrahirt ist, zum Erbe gegeben habt, ihr Dichter auf unsern Trümmern! Sie sehn einander ähnlich wie die Eyer, und ihr habt sie zum unbedeutenden Breie zusammen gerührt. Da ist eine Frau die für ihren Mann sterben will, ein Mann der für seine Frau sterben will, daß nichts übrig bleibt als das langweilige Stück Parthenia, die man gerne wie den Widder aus 'em Busche bei den Hörnern kriegte, um dem Elend ein Ende zu machen. *Wieland.* Ihr seht das anders an als ich. *Alceste.* Das vermuth' ich. [. . .]
Den verfluchten Dreck schrieb ich in der Trunkenheit. [. . .] was mich an Wieland so ärgerte . . . der *Ton.* [. . .] Just, just *so* spricht mein Vater; die nämliche Händel, die ich mit diesem in politischen Sachen habe, hab' ich mit Wieland in diesen Punkten. Der Vater-Ton! der ist's just, der mich aufgebracht hat. [. . .] Seine Musarion – ein Werk, wovon ich jedes Blatt auswendig lernte, das allervortrefflichste Ganze, das je erschienen ist . . . nichts, nichts nimmt er sich so an, als der Alceste, die für mich just das schlechteste von allen seinen Werken ist. [. . .] Nun, Wieland; unsre Fehde ist aus; *dir* kann ich nichts mehr tun . . .
Gespräch mit J. Fahlmer, 1774

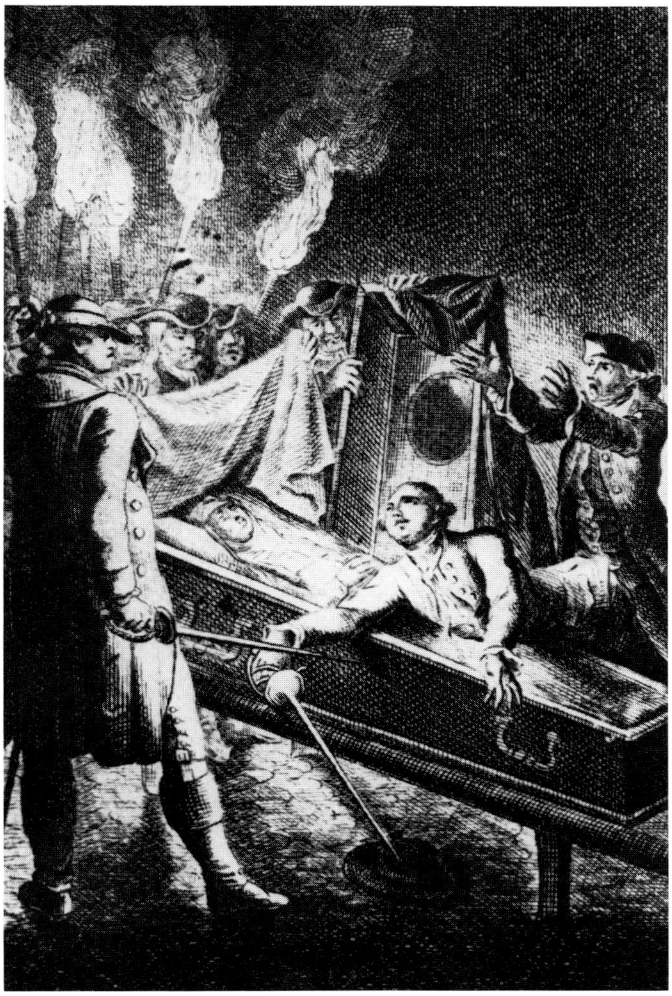

162 Der sterbende Clavigo über dem Sarg Maries *Kupferstich von Chodowiecki zum 5. Akt von Goethes Trauerspiel ›Clavigo‹ 1774*

Dann hab ich ein Trauerspiel gearbeitet *Clavigo,* moderne Aneckdote dramatisirt mit möglichster Simplizität und Herzenswahrheit; mein Held ein unbestimmter, halb gros halb kleiner Mensch, der Pendant zum *Weislingen* im Götz, vielmehr Weislingen selbst in der ganzen Rundheit einer Hauptperson . . .
An G. F. E. Schönborn, 1. Juni 1774

Daß mich nun die Memoires des Beaumarchais de cet avanturier françois freuten, romantische Jugendkraft in mir weckten, sich sein Charackter seine That, mit Charackteren und Thaten in mir amalgamirten, und so mein Clavigo ward, das ist Glück, denn ich hab Freude gehabt drüber, und was mehr ist ich fordre das kritischte Messer auf die blos übersezten Stellen abzutrennen vom Ganzen, ohn es zu zerfleischen, ohne tödliche Wunde (nicht zu sagen der Historie) sondern der Strucktur, Lebensorganisation des Stücks zu versezzen.
An F. H. Jacobi, 21. August 1774

163 Goethe: Selbstportrait in seinem Frankfurter Arbeitszimmer *(Deutung umstritten) Getuschte und aquarellierte Bleistiftzeichnung. o. D. (Als Selbstportrait kaum vor Ende 1774, dem Beginn der Ölmalerei; s. u.)*

Heut schlägt mir das Herz. Ich werde diesen Nachmittag zuerst den Oel Pinsel in die Hand nehmen! – Mit welcher Beugung Andacht und Hoffnung, drück ich nicht aus, das Schicksaal meines Lebens hängt sehr an dem Augenblick, es ist ein trüber Tag! Wir werden uns im Sonnenscheine wiedersehn.
An Sophie La Roche, 20. November 1774

Jünger. [zeichnend in einer Gemäldegalerie vor einem Bild der Venus Urania] Hier leg ich teurer Meister meinen Pinsel nieder / Nimmer nimmer wag ich es wieder / Diese Fülle dieses unendliche Leben, / Mit dürftigen Strichen wiederzugeben. / Ich stehe beschämt Widerwillens voll / Wie vor 'ner Last ein Mann / Die er tragen soll / Und nicht heben kann. *Meister.* Heil deinem Gefühl Jüngling ich weihe dich ein / Vor diesem heiligen Bilde! Du wirst Meister seyn. / Das starcke Gefühl wie grösser dieser ist / Zeigt dass dein Geist seinesgleichen ist. [. . .]
›Des Künstlers Vergötterung‹ Drama (Auf dem Wasser d 18 Jul 1774 Gegen Neuwied Goethe.)

164 Schönemannsches Haus *(links, 1770 erbaut) und deutsch-reformierte Kirche (1789/93 an der Stelle des Hauses Zur Großen Stallburg erbaut) auf dem Großen Kornmarkt in Frankfurt a. M. Photographie von C. F. Mylius. 1867*

Verhältniß zu Lili. Der quasi Fremde, angekündigt als Bär, Hurone, Westindier, als Naturkind bey so viel Talenten, erregt Neugierde. Man negoziirt in verschiedenen Häusern ihn zu sehn. Reformirter Handelszirkel, reichliche, breite, gesellige Existenz: Einladung zum Concert, Lili, Gestalt, Wesen, Clavierspiel. Wechselseitiges Anblicken; Anziehungskraft. Behagen. Wiederkehr, Umgang, Eher heiter als liebend . . . Nothwendigkeit in ihre Zirkel einzugehen. Für mich eine große Qual. Verglichen mit Sessenheim und Wetzlar; beynahe unerträglicher gegenwärtiger Zustand. Unbezwingliches Verlangen sich einander zu nähern. [. . .] Man verspricht sich die Hand *[Verlobung um Ostern 1775]*. Bräutigams Stand. Mein Trugschluß, daß in unserm Hause alles auf eine Schwiegertochter eingerichtet sei. Wodurch Lili sich verblendet, wüßt ich kaum zu sagen. [. . .] Es kommt etwas Unwahres ins Verhältniß, ohne daß die Leidenschaft dadurch gestört würde.
Schemata zu ›Dichtung und Wahrheit‹ IV 16 und 17 (1816)

165 Anna Elisabeth (Lili) Schönemann (1758-1817) *1778 verh. v. Türckheim. Pastellbild von F. B. Frey. 1782*

Warum ziehst du mich unwiderstehlich / Ach in jene Pracht? / War ich guter Junge nicht so selig / In der öden Nacht? / Heimlich in mein Zimmerchen verschlossen, / Lag im Mondenschein / Ganz von seinem Schauerlicht umflossen, / Und ich dämmert' ein; / Träumte da von vollen goldnen Stunden / Ungemischter Lust, / Ahnungsvoll hatt' ich dein liebes Bild empfunden / Tief in meiner Brust. / Bin ich's noch, den du bei so viel Lichtern / An dem Spieltisch hältst? / Oft so unerträglichen Gesichtern / Gegenüber stellst? / Reizender ist mir des Frühlings Blüthe / Nun nicht auf der Flur; / Wo du, Engel, bist, ist Lieb' und Güte, / Wo du bist, Natur.
›An Belinden‹ (Lili). In: ›Iris‹, März 1775

Es war ein Zustand, von welchem geschrieben steht: »Ich schlafe, aber mein Herz wacht«; die hellen wie die dunklen Stunden waren einander gleich, das Licht des Tages konnte das Licht der Liebe nicht überscheinen, und die Nacht wurde durch den Glanz der Neigung zum hellsten Tage.
›Dichtung und Wahrheit‹ IV 17 über das Leben mit Lili in Offenbach, Frühling und Sommer 1775

Schön bist du, meine Freundinn, ia schön, Taubenaugen die deinen zwischen deinen Locken. Dein Haar eine blinckende Ziegenheerde auf dem Berge Gilead. Deine Zähne eine geschorene Heerde, aus der Schwemme steigend, all zwilings trächtig, kein Misfall unter ihnen. Deine Lippen eine rosinfarbe Schnur, lieblich deine Rede!
›Das Hohelied Salomons‹ in Goethes Übersetzung 1775

Vor Gericht.

Von wem ich's habe das sag ich euch nicht
Das Kind in meinem Leib.
Pfuy speyt ihr aus die Huren da!
Bin doch ein ehrlich Weib.

Mit wem ich mich traute das sag ich euch nicht
Mein Schaz ist lieb und gut
Trägt er eine goldne Kett am Hals
Trägt er einen strohernen Hut.
Soll Spott und Hohn getragen seyn
Trag ich allein den Hohn
Ich kenn ihn wohl, er kennt mich wohl
Und Gott weis auch davon.

166 Goethe: Kerker mit Gefangenem *Bleistift. Um 1770?*

167 Goethe: ›Vor Gericht‹. 1775? *Aus der ersten Weimarer Gedichtsammlung (in der späteren Abschrift von Barbara Schultheß ›Verantwortung eines schwangern Mädchens‹ überschrieben)*

Von wem ich's habe das sag ich euch nicht / Das Kind in meinem Leib, / Pfuy speyt ihr aus die Hure da! / Bin doch ein ehrlich Weib. / Mit wem ich mich traute das sag ich euch nicht / Mein Schaz ist Lieb und Gut / Trägt er eine goldne Kett am Hals / Trägt er einen strohernen Hut. / Soll Spott und Hohn getragen seyn / Trag ich allein den Hohn, / Ich kenn ihn wohl, er kennt mich wohl / Und Gott weis auch davon. / Herr Pfarrer und Herr Amtmann ihr / Ich bitt laßt mich in Ruh, / Es ist mein Kind und bleibt mein Kind, / Ihr gebt mir ia nichts dazu.

168 Goethe: Interieur mit Fenster, Tisch und Ofen *Bleistift. Um 1775?*

169 Goethe: Federzeichnung seiner Frankfurter Stube *Beilage zu einem Brief an Auguste Stolberg 1775 (s. u.)*

Das erste Grau des Tags kommt mir über des Nachbaars Haus und die Glocken lauten eine Cristliche Gemeinde zusammen. Wohl ich bin erbaut hier oben auf meiner Stube, die ich lang nicht so lieb hatte als ietzt. Sie ist mit den glücklichsten Bildern ausgeziert die mir freundlichen guten Morgen sagen. Sieben Köpfe nach Raphael, eingegeben vom lebendigen Geiste, einen davon hab ich nachgezeichnet und binn zufrieden mit ob gleich nicht so froh. Aber meine lieben Mädgen. Lotte ist auch da und Lenchen auch.
An J. C. Kestner, 25. Dezember 1773

... wieder in der Stadt auf meiner Bergere, aufm Knie schreib ich Ihnen ... Geseegnet der gute Trieb der mir eingab statt allen weitern Schreibens, Ihnen meine Stube, wie sie da vor mir steht, zu zeichnen.
An Auguste Stolberg, 10. März 1775

170 Karl Ludwig von Knebel (1744-1834) *seit 1774 als Erzieher des Prinzen Konstantin in Weimar. Silhouette o. D. (vor 1775)*

Als ich nun einst in dieser Epoche und so beschäftigt, bei gesperrtem Lichte in meinem Zimmer saß, dem wenigstens der Schein einer Künstlerwerkstatt hierdurch verliehen war, überdieß auch die Wände mit halbfertigen Arbeiten besteckt und behangen das Vorurtheil einer großen Thätigkeit gaben, so trat ein wohlgebildeter schlanker Mann bei mir ein ... Er nannte mir seinen Namen von Knebel ...
›Dichtung und Wahrheit‹ III 15

Ich eilte nunmehr mit demselben *[mit Knebel]* zu den jungen Fürsten *[Constantin und Carl August v. Weimar, auf der Durchreise in Frankfurt]*, die mich sehr frei und freundlich empfingen. Ob es nun gleich an literarischer Unterhaltung nicht fehlte, so machte doch ein Zufall die beste Einleitung, daß sie gar bald bedeutend und fruchtbar werden konnte. Es lagen nämlich Mösers patriotische Phantasien und zwar der erste Theil, frisch geheftet und unaufgeschnitten, auf dem Tische. Da ich sie nun sehr gut, die Gesellschaft sie aber wenig kannte, so hatte ich den Vortheil, davon eine ausführliche Relation liefern zu können; und hier fand sich der schicklichste Anlaß zu einem Gespräch mit einem jungen Fürsten, der den besten Willen und den festen Vorsatz hatte, an seiner Stelle entschieden Gutes zu wirken.
›Dichtung und Wahrheit‹ III 15

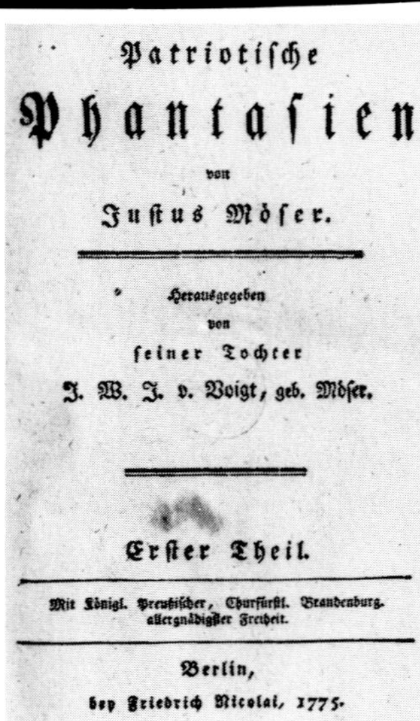
Patriotische
Phantasien
von
Justus Möser.
Herausgegeben
von
seiner Tochter
J. W. J. v. Voigt, geb. Möser.
Erster Theil.
Mit Königl. Preußischer, Churfürstl. Brandenburg. allergnädigster Freyheit.
Berlin,
bey Friedrich Nicolai, 1775.

171 Justus Möser: ›Patriotische Phantasien‹ *hrsg. von seiner Tochter Jenny von Voigts. 1. Teil. 1774*

Madame Man ergötzt sich wohl wenn man auf einem Spaziergang ein Echo antrifft, es unterhält uns, wir rufen, es antwortet, sollte denn das Publikum härter, unteilnehmender als ein Fels seyn? Schändlich ists daß die garstigen Rezensenten aus ihren Hölen im Namen aller derer antworten, denen ein Autor oder Herausgeber Freude gemacht hat. Hier aber Madame nehmen Sie meinen einzelnen Dank für die Patriotische Phantasien Ihres Vaters, die durch Sie erst mir und hiesigen Gegenden erschienen sind. Ich trag sie mit mir herum, wann, wo ich sie aufschlage wird mirs ganz wohl, und hunderterley Wünsche, Hoffnungen, Entwürfe entfalten sich in meiner Seele. [...]
An Jenny von Voigts, geb. Möser, 28. Dezember 1774

172, 173 Das Weimarer Schloß vor und nach dem Brand vom 6. Mai 1774 *Kupferstiche von J. G. Schenck*

Von den dortigen *[den Weimarer]* Verhältnissen hatte ich schon manches Günstige vernommen: denn es kamen viele Fremde von daher zu uns, die Zeugen gewesen waren, wie die Herzogin Amalia zu Erziehung ihrer Prinzen die vorzüglichsten Männer berufen; wie die Akademie Jena durch ihre bedeutenden Lehrer zu diesem schönen Zweck gleichfalls das Ihrige beigetragen; wie die Künste nicht nur von gedachter Fürstin geschützt, sondern selbst von ihr gründlich und eifrig getrieben würden. Auch vernahm man, daß Wieland in vorzüglicher Gunst stehe; wie denn auch der Deutsche Merkur ... nicht wenig zu dem Rufe der Stadt beitrug, wo er herausgegeben wurde. Eins der besten deutschen Theater *[die Seilersche Truppe mit Konrad Ekhof]* war dort eingerichtet *[im alten Schloß]*, und berühmt durch Schauspieler als Autoren, die dafür arbeiteten. Diese schönen Anstalten schienen jedoch durch den schrecklichen Schloßbrand, der im Mai desselben Jahres sich ereignet hatte, gestört und mit einer langen Stockung bedroht; allein das Zutrauen auf den Erbprinzen war so groß, daß jedermann sich überzeugt hielt, dieser Schade werde nicht allein bald ersetzt, sondern auch dessen ungeachtet jede andere Hoffnung reichlich erfüllt werden.
›Dichtung und Wahrheit‹ III 15

177 Goethe: Auf dem St. Gotthard *Bleistift, Tuschlavierung. Auf der Rückseite eigenhändige Bleistiftnotiz:* d. 22. Juni *[1775]* bey den Kapuzinern zu oberst auf dem Gotthart mitten in Schnee und Wolken

178 Caspar Wolf: Die Teufelsbrücke in der Schöllenen *Öl auf Leinwand. 1777*

»Goethe ist auf den Gotthardberg gegangen, er hatte Gedanken, weiter bis Mailand – zu gehen.«
Bodmer an Schinz, 19. Juni 1775

174 ›1. Professor Sulzer, 2. Diacon Waser, 3. Professor Bodmer, 4. J. Heinrich Füeßli‹ *(von rechts nach links) Federzeichnung von J. H. Füßli*

175, 176 Friedrich Leopold (1750-1819) und Christian (1748-1821) Grafen zu Stolberg *Silhouetten aus der Sammlung Ayrer. o. D.*

179 Goethe: Wasserfall der Reuß *Bleistift, Feder, Tuschlavierung. Eigenhändig mit Bleistift datiert und lokalisiert:* d. 21. J*[uni]* 1775 Drachenthal

Um diese Zeit *[im Frühjahr 1775]* meldeten sich die Grafen Stolberg an, die, auf einer Schweizerreise begriffen, bei uns einsprechen wollten. [. . .] Die Gebrüder kamen an, Graf Haugwitz mit ihnen. Von mir wurden sie mit offener Brust empfangen, mit gemüthlicher Schicklichkeit. Sie wohnten im Gasthofe, waren zu Tische jedoch meistens bei uns. Das erste heitere Zusammensein zeigte sich höchst erfreulich; allein gar bald traten excentrische Äußerungen hervor. Zu meiner Mutter machte sich ein eigenes Verhältniß. Sie wußte in ihrer tüchtigen graden Art sich gleich in's Mittelalter zurückzusetzen, um als Aja bei irgend einer lombardischen oder byzantinischen Prinzessin angestellt zu sein. Nicht anders als Frau Aja ward sie genannt, und sie gefiel sich in dem Scherze und ging so eher in die Phantastereien der Jugend mit ein, als sie schon in Götz von Berlichingens Hausfrau ihr Ebenbild zu erblicken glaubte.
›Dichtung und Wahrheit‹ IV 18

Am 14. Mai brechen die vier »Haimonskinder« zur Schweizer Reise auf; Stationen auf dem Weg nach Zürich (Ankunft am 9. Juni): Darmstadt (Merck), Karlsruhe (Begegnung mit Carl August von Weimar und seiner Braut Luise), Straßburg (Salzmann, Lenz, Carl August von Meiningen), Emmendingen (Cornelia), Schaffhausen, Konstanz.

»Daß Wolfgang Goethe ist, daß er irgendwo ist, daß dies Irgendwo Zürich, in Zürich Waldreis, im Waldreis – ein Saal oder eine Kammer ist, – daß dieses Waldreis Sohns und Bruders Lavaters Wohnung ist [Goethes Zürcher Logis: Lavaters Haus ›Zum Waldries 1740‹ in der Spiegelgasse], daß er noch – wie viel Tage bei uns bleiben – und die Bewunderung aller Augen sein wird, habe untertänigst berichten wollen . . .«
Lavater an Goethes Eltern, 20. Juni 1775

»Herr Lavater hat Goethen und die Grafen von Stolberg zu mir gebracht. [. . .] Er [Goethe] hat Brutus und Cassius für niederträchtig erklärt, weil sie den Cäsar ex insidiis, von hinten, um das Leben gebracht haben. Ich sagte, daß Cäsar sein Leben durch nichts anderes getan, als die Republik, seine Mutter, getötet, und die meiste Zeit durch falsche Wege. Cicero ist nach ihm ein blöder Mann, weil er nicht Cato war. Es ist sonderbar, daß ein Deutscher, der die Untertänigkeit mit der äußersten Unempfindlichkeit erduldet, solche Ideale von Unerschrockenheit hat. Ist nicht Werther der blödeste, feigherzig[st]e Mann? Aber es scheint, der Verfasser halte die Feigheit, welche den Schmerzen der Liebe durch den Tod entflieht, für Stärke der Seele. Man sagt, Goethe wolle bei uns an einem Trauerspiel von Dr. Faustus arbeiten. Eine Farce läßt sich von einem Schwindelkopf leicht daraus machen.«
J. J. Bodmer an Schinz, 15. Juni 1775

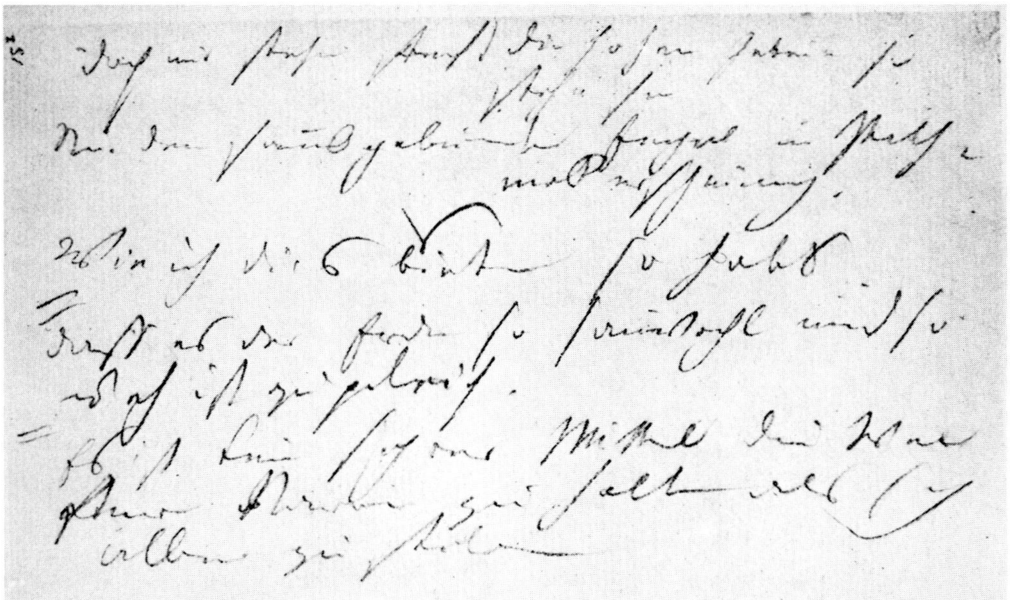

180 Goethe: Tagebuch der Schweizer Reise 1775. Blatt 15[1] *(Transkription s. u.)*

Den 15 Junius 1775. Donnerstags morgen aufm Zürchersee. [. . .]
Wenn ich liebe Lili dich nicht liebte / Welche Wonne gäb mir dieser Blick / Und doch wenn ich Lili dich nicht liebt / Wär! Was wär mein Glück.
[. . .]
doch mir stehn fest die hohen Gebeine so stehn sie / Nur dem saulgebeineten Engel in Pathmos erscheinung.
Wie ich dir s biete so habs.
dass es der Erde so sauwohl und so weh ist zugleich.
Es ist kein sichrer Mittel die Welt für Narrn zu halten als sich albern zu stellen
Ein Tag wie die ewigen sich selbst erwählten zu gehn
Wenn meine Gedancken Federn wären und den Weeg ab Pergamente von Engeln auf und ab gerollt. [. . .]
21. halb 7. aufwärts. allmächtig schröcklich. Geschten. gezeichnet. Noth und Müh und schweis. Teufels brücke u. der teufel. Schwizen u. Mat*[t]*en u. Sincken biss ans Urner Loch hinaus u belebung im Thal. *an der Matte* trefflicher Käss. Sauwohl u Projeckte.
ab 35 Min auf 4. Schnee nackter Fels u Moos u Sturmwind u. Wolcken das Gerausch des Wasser falls der Saumrosse Klingeln. Öde wie im Thale des Todts – mit Gebeinen besäet Nebel See. eine Stunde aus dem Liviner thal ins Urseler. Das mag das Drachen thal genant werden
– *Einer der herlichsten Wasserfälle der gantzen Gegend*
d*[er]* U*[nterzeichnete]* V*[erfasser]* d*[es]* G*[ötz]* v*[on]* B*[erlichingen]* sonst D*[oktor]*
Speranza – dass die Hunde ein Küssen finden die hier verloren sind
Notizbuch der Gotthardreise mit Passavant, 15.-26. Juni 1775

181 Daniel Nikolaus Chodowiecki: Illustration zu ›Erwin und Elmire‹ *Farbige Pinselzeichnung. 1775*

Elmire. Er ist nicht weit! / Wo find' ich ihn wieder? / Er ist nicht weit! / Mir beben die Glieder, / O Hoffnung! o Glück! / Wo geh ich? Wo such ich? / Wo find' ich ihn wieder? / Ihr Götter, erhört mich! / O gebt ihn zurück! / Erwin! Erwin!

»Viele Freude hatte ich vor 12 Tagen über ein gemaltes Mädchen, von dessen Original Ihr Genie Vater gewesen ist. Ich ging zum Zeichner Chodowiecky; ich bat ihn um eine Elmire in kleinem Format, in himmlischen Farben, leichtem Gewande, mit fliegendem Haar und entzückten Augen. Ich kam Tages darauf wieder hin, und fand das Mädchen, wie Du sie gedacht hast, wie sie vom Berg herabgeflogen kommt, ihre Arme ausbreitet und singt, er ist nicht weit! Guter, schöpferischer Goethe, wärest Du hier gewesen, ich hätte Dich bei der nächtlichen Lampe gestört, du hättest mit mir die Freude theilen müssen . . .«

Anna Luise Karsch an Goethe, Berlin, 4. September 1775

Vergebens dass ich drey Monate, in freyer Lufft herumfuhr, tausend neue Gegenstände in alle Sinnen sog. Engel, und ich sizze wieder in Offenbach, so vereinfacht wie ein Kind, so beschränckt als ein Papagey auf der Stange, Gustgen und sie so weit. Ich habe mich so offt nach Norden gewandt. Nachts auf der Terrasse am Mayn, ich seh hinüber, und denck an dich! So weit! So weit! [. . .]

Und nun sizz ich dir gute Nacht zu sagen. Mir wars in all dem wie einer Ratte die Gift gefressen hat, sie läuft in alle Löcher, schlurpft alle Feuchtigkeit, verschlingt alles Essbaare das ihr in Weeg kommt und ihr innerstes glüht von unauslöschlich verderblichem Feuer. Heut vor acht Tagen war Lili hier. [. . .] Lili heut nach Tisch gesehn – in der Comödie gesehn. Hab kein Wort mit ihr zu reden gehabt – auch nichts geredt! – Wär ich das los. O Gustgen – und doch zittr' ich vor dem Augenblick da sie mir gleichgültig, ich hoffnungslos werden könnte. – Aber ich bleib meinem Herzen treu, und lass es gehn – Es wird –

An Auguste Stolberg, 3. August und 17./18. September 1775

Sonntag den 8. *[Oktober 1775]* Bisher eine grose Pause ich in wunderbaaren Kälten und Wärmen. Bald noch eine grössere Pause. Ich erwarte den Herzog v. Weimar der von Karlsruhe mit seiner herrlichen neuen Gemahlinn Louisen von Darmstadt kommt. Ich geh mit ihm nach Weimar.

An Auguste Stolberg

Am 30. Oktober bricht Goethe nach vergeblichem Warten auf seinen Reisebegleiter, den Weimarer Hofmarschall von Kalb, zu einer Italienreise auf. In Heidelberg erreicht Goethe am 3. November eine Nachricht Kalbs, die seine Umkehr und Reise nach Weimar bewirkt.

182 Johann Georg Hamann (1730-1788) *Anonyme Zeichnung o. D.*

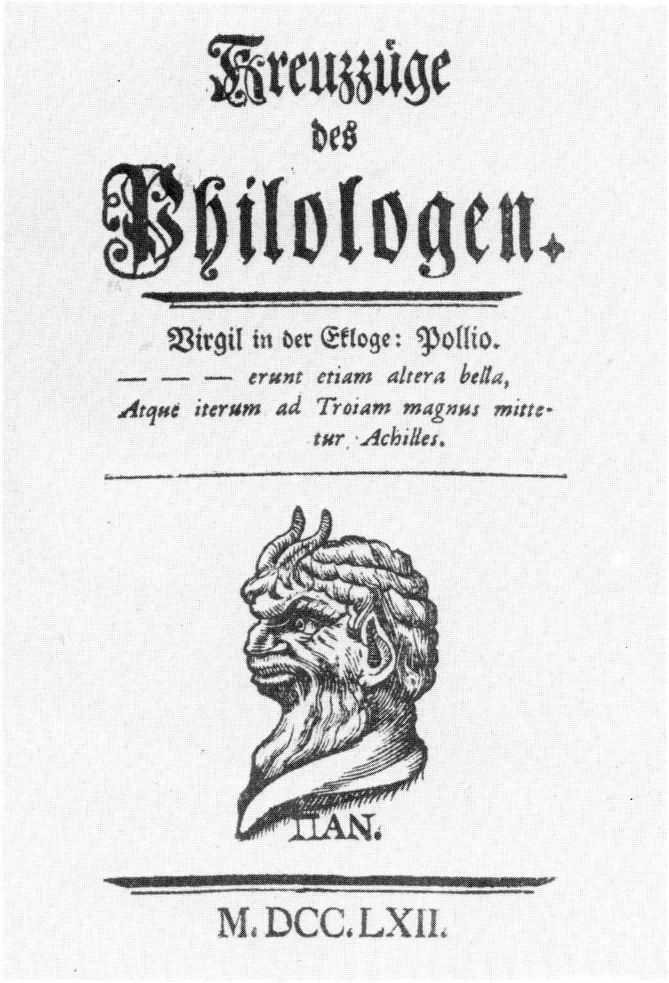

Kreuzzüge
des
Philologen.

Virgil in der Ekloge: Pollio.
— — — *erunt etiam altera bella,*
Atque iterum ad Troiam magnus mittetur, Achilles.

ΠAN.

M. DCC. LXII.

183 Hamann: ›Kreuzzüge des Philologen‹ 1762 *Aus Goethes Bibliothek*

Dürft ich Sie bitten, Sich um nachfolgende Hamanische Schrifften zu bemühen, und solche . . . an meine gewöhnliche Adresse nach Franckfurt . . . zu schicken . . .
1) Wolcken ein Nachspiel sokratischer Denckwürdigkeiten. 2) Hirtenbrief über das Schuldrama 3) Essai a la Mosaique 4) Schrifftsteller und Kunstrichter 5) Schrifftsteller und Leser. 6) Des Ritters v. Rosenkreuz lezte Willensmeinung über den Ursprung der Sprache 7) Zwo Rezensionen nebst einer Beylage. 8) Beylage zun Denckwürdigkeiten des seel. Sokrates. 9) Brief der Hexe von Kadmonbor.
10) Lettre perdue d'un Sauvage du Nord a un Financier de Pe-Kim. 11) Lettre provinciale neologique d'un Humaniste au Torrent de Kerith.
An den Verleger Reich, Heidelberg, 2. November 1775

Ich habe Sie neulich um einige Schriften Hamanns gebeten, wenn sie noch nicht weg sind, so schicken Sie sie mit dem Postwagen hierher und haben die Güte noch die *Apologie des Buchstabens H* hinzuzuthun.
An Reich, Weimar, 8. November 1775

184 Weimar. Das äußere Erfurter Tor *Aquarellierte Zeichnung von Konrad Westermeyer. 1792*

»Dienstags, den 7. d. M., morgens um fünf Uhr, ist Goethe in Weimar angelangt. O bester Bruder, was soll ich Dir sagen? Wie ganz der Mensch beim ersten Anblick nach meinem Herzen war! Wie verliebt ich in ihn wurde, da ich am nämlichen Tage an der Seite des herrlichen Jünglings zu Tische saß! [. . .] Seit dem heutigen Morgen ist meine Seele so voll von Goethe, wie ein Tautropfe von der Morgensonne.«
Wieland an F. H. Jacobi, 10. November 1775

185 Sophie von Seckendorff, geb. von Kalb (1755-1820) *Gemälde von J. E. Heinsius. Vermutlich 1779*

»Die erste Frau, die dem Dichter bei seiner Ankunft . . . in Weimar entgegentrat, war die zwanzigjährige Sophie v. Kalb. Ihr Bruder . . . hatte Goethe im Wagen vom Neckar und Main nach Thüringen in das Haus seines Vaters, das Deutschordenshaus am Töpfenmarkt, gebracht.«
(E. Beutler)

»So kam Goethe im Triumph in Weimar an, und Kalb logierte ihn, bis er selbst eine bequemere Wohnung hatte, bei seinem Vater, dem damaligen alten Kammerpräsidenten, ein, erwies ihm, da er bald merkte, daß dies der allvermögende Liebling des achtzehnjährigen Herzogs werden würde, alle mögliche Gefälligkeit und Gastfreundschaft und hatte selbst gegen die Liebelei, die der schmucke Goethe mit seiner damals noch unverheirateten Schwester, trieb, nichts einzuwenden. Nur der alte Kalb rief seiner Tochter ein: Mädchen mit Rat! zu, und rettete sie.«
Böttiger (nach Bertuch?)

186 Goethe: Porträt Christoph Martin Wielands *Bleistift, Tusche, Aquarellfarben. 1776*

»Goethen hab ich wieder ein paar Tage herrlich genossen; aber seit den letzten drei Tagen nur ein Mal flüchtig gesehen. Er hat mich in voriger Woche en profil (auf seinem Garten) gezeichnet – in Größe eines nicht gar kleinen Miniaturbildes. Alles, was halbweg Menschenaugen hat, sagt, es sehe mir ungemein gleich. Mir kömmt's auch so vor. Noch kein Maler von Profession hat mich nur leidlich getroffen. Der Hauptumstand ist, daß es Goethe *und* con amore *gemacht hat. Er ist aber doch noch nicht zufrieden, will's noch einmal machen. Jenes oder das zweite, das er machen will, soll Chodowiecki radieren, nicht wahr?«*
Wieland an Merck, 5. Juli 1776

187 ›Der Teutsche Merkur‹ 1776 *Heft 1, in dem Wielands Gedicht ›An Psyche‹ (nach dem gemeinsamen Neujahrsbesuch Wielands und Goethes bei der Familie Keller in Stedten niedergeschrieben) mit den Goethes Ankunft in Weimar enthusiastisch schildernden Versen erschien (ihretwegen wurde das Gedicht – »Dies Monument einer Idololatrie« – später von Wieland nicht in die Ausgabe letzter Hand aufgenommen).*

Der
Teutsche Merkur
vom
Jahr 1776.

Ihro Römisch-Kayserlichen Majestät
zugeeignet.

Mit Königl. Preuß. und Churfürstl. Brandenburg.
gnäd. Privilegio.

Erstes Vierteljahr.

Weimar.

188 Georg Melchior Kraus (1733-1806): Selbstporträt *Öl auf Leinwand. Vor 1775 1775 nach Weimar berufen, wurde Kraus 1780 Direktor der Weimarer Zeichenschule, zu deren ersten Kursteilnehmern Frau von Stein, die Herzoginnen Amalia und Luise und C. Schröter gehörten.*

Nach Tisch rammelten sich Crugantino und Basko *[die beiden Vagabunden in Goethes 1775 verfaßtem Singspiel ›Claudine von Villa Bella‹]*, nachdem wir vorher unsre Imagination spazierengeritten hatten wies seyn möchte wenn wir Spizbuben und Vagabunden wären, und um das natürlich vorzustellen, die Kleider gewechselt hatten. Krause war auch gekommen und sah in Bertuchs weißem Tressenrocke und einer alten Perroucke des Wildm*[ei]*sters wie ein verdorbener Landschreiber, Einsiedel in meinem Frack mit blauem Krägelgen wie ein verspielt Bürschgen, und ich in Kalbs blauem Rock mit gelben Knöpfen rothem Kragen und vertrotteltem Kreuz und Schnurrbart wie ein Capital-Spitzbube aus.
An Carl August, Waldeck, 25. Dezember 1775

189 F. G. Klopstock *Kupferstich von C. Müller nach dem Gemälde von J. Juel aus dem Jahre 1780*

». . . der Herzog *wird, wenn er sich ferner bis zum Krankwerden betrinkt, anstatt, wie er sagt, seinen Körper dadurch zu stärken, erliegen, und nicht lange leben. [. . .]* Die Deut*schen haben sich bisher mit Recht über ihre Fürsten beschwert, daß diese mit ihren Gelehrten nichts zu schaffen haben wollten. Sie nehmen jetzo den Herzog von Weimar mit Vergnügen aus. Aber was werden andere Fürsten, wenn Sie in dem alten Ton fortfahren, nicht zu ihrer Rechtfertigung anzuführen haben? [. . .] Die* Herzogin *wird vielleicht ihren Schmerz jetzo noch niederhalten können, denn sie denkt sehr männlich. Aber dieser Schmerz wird Gram werden. [. . .] Ich muß noch ein Wort von meinem* Stolberg *sagen. Er kommt aus Freundschaft zum Herzog [Fritz S. sollte Kammerherr in Weimar werden]. Er soll also doch wohl mit ihm leben? Wie aber das? Auf seine Weise? Nein! er geht, wenn er sich nicht ändert, wieder weg. [. . .]«*
Klopstock an Goethe, 8. Mai 1776

Verschonen Sie uns ins Künftige mit solchen Briefen, lieber Klopstock! Sie helfen nichts, und machen uns immer ein paar böse Stunden. Sie fühlen selbst daß ich nichts darauf zu antworten habe. Entweder müßte ich als Schul Knabe ein pater peccavi anstimmen, oder mich sophistisch ent-

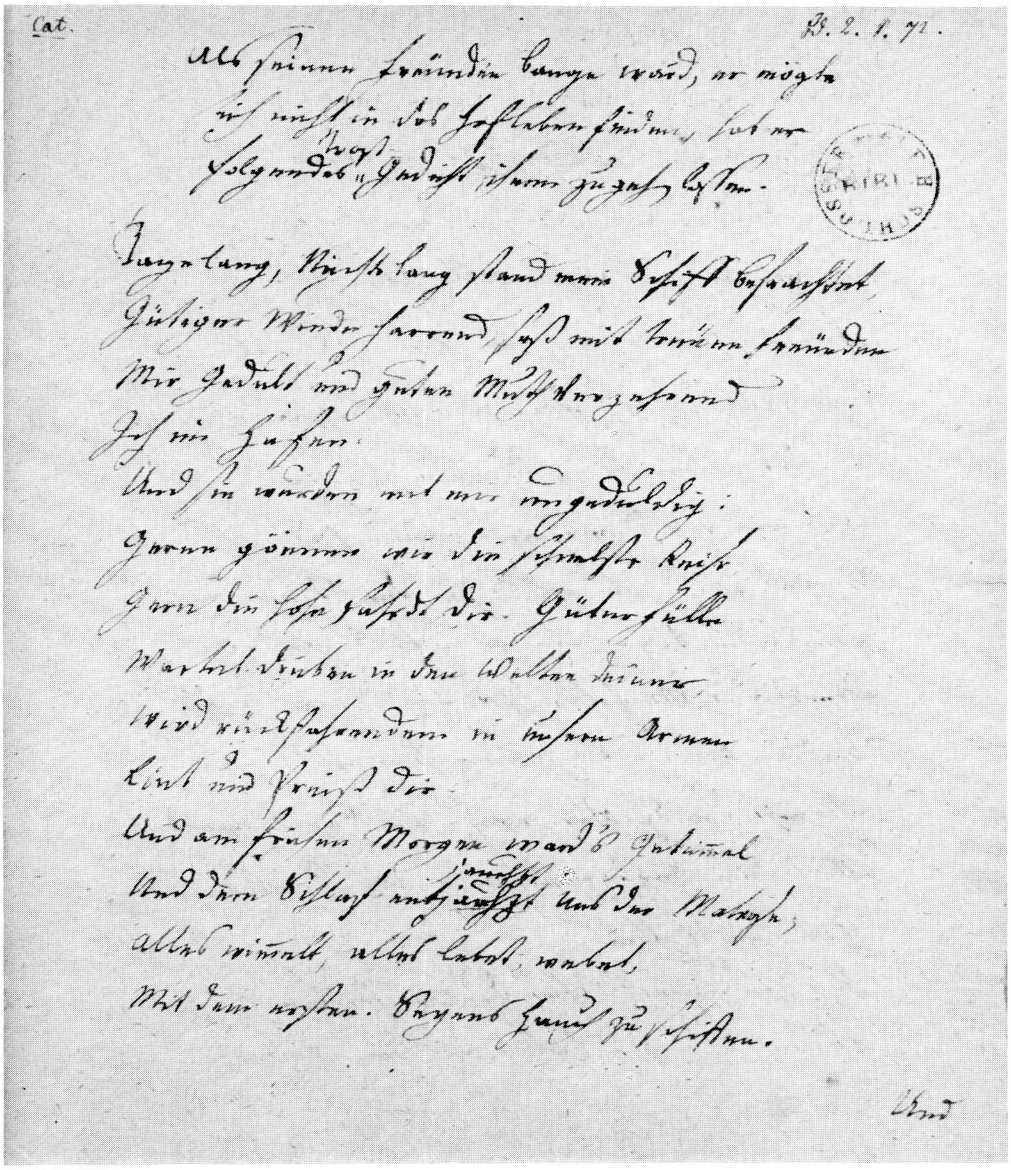

190 Goethe: ›Seefahrt‹ Abschrift des am 11. September 1776 entstandenen Gedichts durch Goethes Vater *S. 1 des Manuskripts mit der Vorbemerkung J. C. Goethes: »Als seinen Freunden bange ward, er mögte sich nicht in das Hofleben finden, hat er folgendes Trost-Gedicht ihnen zugehen laßen.«*

Tage lang, Nächte lang stand mein Schiff befrachtet, / Gütiger *[statt:* Günstiger*]* Winde harrend, saß mit treuen Freunden / Mir Gedult und guten Muth verzehrend *[statt:* erzechend*]* / Ich im Hafen. / Und sie wurden mit mir ungeduldig: / Gerne gönnen wir die schnelste Reise / Gern die hohe Fahrt dir. Güterfülle / Wartet drüben in den Welten deiner, / Wird rückfahrendem in unsern Armen / Lieb und Preiß dir. / Und am frühen Morgen ward's Getümmel / Und dem Schlaf entjauchzt uns der Matrose; / Alles wimmelt, alles lebet, webet, / Mit dem ersten Segens-Hauch zu schiffen. [. . .]

schuldigen, oder als ein ehrlicher Kerl vertheidigen, und dann käm vielleicht in der Wahrheit ein Gemisch von allen Dreien heraus, und wozu? Also kein Wort mehr zwischen uns über diese Sache! Glauben Sie, daß mir kein Augenblick meiner Existenz überbliebe, wenn ich auf all' solche Anmahnungen antworten sollte. – Dem Herzog thats einen Augen Blick weh, daß es von Klopstock wäre. Er liebt und ehrt Sie. Von mir wissen und fühlen Sie eben das. – Graf Stolberg soll immer kommen. Wir sind nicht schlimmer, und wills Gott, besser, als er uns selbst gesehen hat. G.
An Klopstock, 21. Mai 1776

Jetzt bitt ich euch beruhigt euch *ein vor allemal,* der Vater mag kochen was er will, ich kann nicht immer *darauf* antworten nicht immer *die* Grillen zurecht legen. Soviel ists: Ich bleibe hier, habe ein schön Logis gemieth, aber der Vater ist mir *Ausstattung* und *Mitgift schuldig* das mag die Mutter nach ihrer Art einleiten, sie soll nur kein *Kind* sein, da ich *Bruder* und *alles* eines Fürsten bin.
An Johanna Fahlmer, 6. März 1776

191 Goethe: Frauenbildnis, vielleicht das am 15. März 1777 gezeichnete Portrait Charlotte von Steins
Schwarze Kreide

Ich kann mir die Bedeutsamkeit – die Macht, die diese Frau über mich hat, anders nicht erklären als durch die Seelenwanderung. – Ja, wir waren einst Mann und Weib! – Nun wissen wir von uns – verhüllt, in Geisterduft. – Ich habe keine Namen für uns – die Vergangenheit – die Zukunft – das All.
An Wieland (April 1776?)

Warum gabst du uns die tiefen Blicke / Unsre Zukunft ahndungsvoll zu schaun, / Unsrer Liebe, unserm Erdenglücke / Wähnend seelig nimmer hinzutraun? / Warum gabst uns Schicksaal die Gefühle / Uns einander in das Herz zu sehn, / Um durch all die seltenen Gewühle / Unser wahr Verhältniß auszuspähn. /

Ach so viele tausend Menschen kennen / Dumpf sich treibend kaum ihr eigen Herz, / Schweben zwecklos hin und her und rennen / Hoffnungslos in unversehnem Schmerz, / Jauchzen wieder wenn der schnellen Freuden / Unerwarte Morgenröthe tagt. / Nur uns Armen liebevollen beyden / Ist das wechselseitge Glück versagt / Uns zu lieben ohn uns zu verstehen, / In dem Andern sehn was er nie war / Immer frisch auf Traumglück auszugehen / Und zu schwanken auch in Traumgefahr. /

Glücklich den ein leerer Traum beschäfftigt! / Glücklich dem die Ahndung eitel wär! / Jede Gegenwart und ieder Blick bekräfftigt / Traum und Ahndung leider uns noch mehr. / Sag was will das Schicksaal uns bereiten?/ Sag wie band es uns so rein genau? / Ach du warst in abgelebten Zeiten / Meine Schwester oder meine Frau. /

192 Goethe: Schloß Großkochberg *(Besitz der Familie von Stein). Bleistift, Feder, Tuschlavierung. Sommer 1777?*

Kochberg Sonnabend d. 12. Jul. *[1777]* früh 8 Uhr. Mir ists diese Woche in der Stadt wieder sehr wunderlich gangen ich habe mich gestern heraus geflüchtet, bin um halb sechs zu Fuss von Weimar abmarschirt und war halb 10 hier, da alles schon verschlossen war und sich zum Bett gehn bereitete. Da ich rief, ward ich von der alten Dorthee zu erst erkannt und mit grosem Geschrey von ihr und der Köchinn bewillkommt. Kästner *[Hofmeister der Steinschen Kinder]* kam auch mit seinem Pfeifgen herab und Carl der den ganzen Tag behauptet hatte ich würde kommen, Ernst der schon im Hemde stand zog sich wieder an, Friz lag schon im Schlafe. Ich tranck noch viel SelzerWasser wir erzählten einander unsere Wochen Fata, die Zeichnungen wurden produzirt, und iezzo solls weiter dran adieu beste.
An die nach Pyrmont verreiste Frau von Stein

Kanntest ieden Zug in meinem Wesen, / Spähtest wie die reinste Nerve klingt, / Konntest mich mit Einem Blicke lesen / Den so schweer ein sterblich Aug durchdringt. / Tropftest Mässigung dem heissen Blute, / Richtetest den wilden irren Lauf, / Und in deinen Engels Armen ruhte / Die zerstörte Brust sich wieder auf, / Hieltest zauberleicht ihn angebunden / Und vergaukeltest ihm manchen Tag. / Welche Seeligkeit glich ienen Wonnestunden, / Da er danckbaar dir zu Füssen lag. / Fühlt sein Herz an deinem Herzen schwellen, / Fühlte sich in deinem Auge gut, / Alle seine Sinnen sich erhellen / Und beruhigen sein brausend Blut. / Und von allem dem schwebt ein Erinnern / Nur noch um das ungewisse Herz / Fühlt die alte Wahrheit ewig gleich im Innern, / Und der neue Zustand wird ihm Schmerz. / Und wir scheinen uns nur halb beseelet / Dämmernd ist um uns der hellste Tag. / Glücklich dass das Schicksaal das uns quälet / Uns doch nicht verändern mag.
d. 14. Apr. 76. G.

193 Weimar. Stadtkirche und Gymnasium *Zeichnung von Ludwig Bartning*

194 Caroline Herder mit ihren vier Söhnen *Scherenschnitt. 1782*

Weiter braucht der Herzog einen General Superintendenten. Er fragte mich drum ich nannt ihm Herdern.
An Lavater, 22. Dezember 1775

Lieber Bruder heut war ich in der Superintendur, wo Hr. Consistorial Rath Seidler mit einem Schwanz von 10 Kindern nach und nach ausmistet. Ich hab gleich veranstaltet dass wenigstens das obre Stock reparirt werde, und so eingerichtet dass ihr einziehen, und deine Frau Wochen halten könne. auf die Woche wird angefangen. Ihr müsst euch indess gefallen lassen wie ich euch die Zimmer anlege.

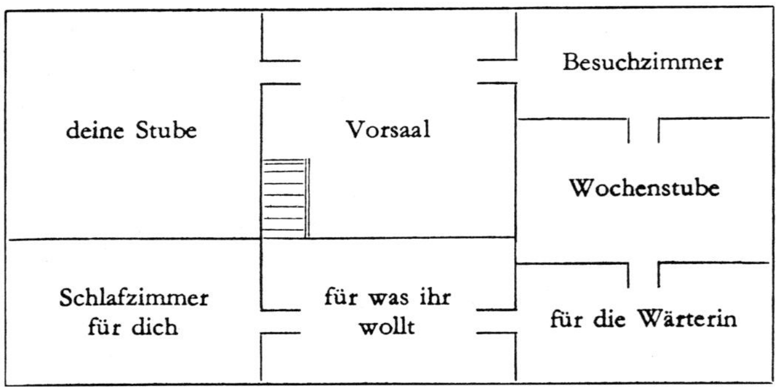

Behelfen müsst ihr euch freylich im Anfange, sollts aber gar nicht fertig werden können so habt ihr immer meine Wohnung und Plaz genug drinn. und ich möcht wohl ein Faunchen in meinem Schlafzimmer gebohren haben.

Lieber Bruder der Augenblick des Zeugens ist herrlich, das Tragen und Gebähren beschweerlich, so aber geboren ist, Freude. So wird's auch seyn wenn du als General Superintendent gebohren bist. Leb wohl. Du findst viel liebes Volk hier das dein offen erwartet. Du brauchst nur zu seyn wie du bist, das ist iezt hier Politik. [. . .] NB das gemeine *Volck* fürchtet sich vor dir es werde dich nicht verstehen; drum sey einfach in deiner ersten Predigt.
An Herder, 5. Juli 1776. Die »Superintendur« blieb Herders Wohnung vom 1. Oktober 1776 bis zu seinem Tod im Jahr 1803.

195 Goethe: Dorfbrand
Schwarze und weiße Kreide. o. D. (1776?)

Habe viel ausgestanden die Zeit. Mittw. Nachmittag brach ein Feuer aus im Hazfeldischen 5 Stunden von hier der Herzog ritt hinaus biss wir hin kamen lag das ganze Dorf nieder, es war nur noch um Trümmern zu retten und die Schul und die Kirche. Es war ein grosser Anblick ich stand auf einem Hause wo das Dach herunter war und wo unsre Schlauchsprizze nur das untre noch erhalten sollte, und sieh Gustgen und hinter und vor und neben mir feine Glut, nicht Flamme, tiefe hohlaugige *Glut* des niedergesuncknen Orts, und der Wind drein und dann wieder da eine auffahrende Flamme, und die herrlichen alten Bäume um's ort inwendig in ihren hohlen Stämmen glühend und der rothe dampf in der Nacht und die Sterne roth und der neue Mond sich verbergend in Wolcken. Wir kamen erst Nachts zwey wieder nach Hause.
An Auguste Stolberg, 24. Mai 1776

196 Goethe: Brandstätte *Radierung. o. D. (1776/78)*
d. 25 *[Juli 1779]* [. . .] in der Nacht ward ein gewaltsam Feuer zu Apolda, ich früh da ich's erst erfuhr hin, und ward den ganzen Tag gebraten und gesotten . . . Verbrannten mir auch meine Plane, Gedancken, Eintheilung der Zeit zum theil mit. So geht das Leben durch bis ans Ende, so werdens andre nach uns leben. [. . .] Meine Ideen über Feuerordnung wieder bestätigt. Über hiesige besonders wo man doch nur das Spiel, wie in allem, mit denen Karten spielt, die man in diesem Moment auf hebt. Der Herzog wird endlich glauben. Die Augen brennen mich von der Glut und dem Rauch und die Fussolen schmerzen mich. Das Elend wird mir nach und nach so prosaisch wie ein Kaminfeuer. Aber ich lasse doch nicht ab von meinen gedancken und ringe mit dem unerkannten Engel sollt ich mir die Hüfte ausrencken. Es weis kein Mensch was ich thue und mit wieviel Feinden ich kämpfe um das wenige hervorzubringen.
Goethes Tagebuch

197 Goethe: Täler bei Ilmenau *von der Südseite des großen Hermannsteins, am Hang des Kickelhahn. Bleistift, Tusche. 22./23. Juli 1776*
Am Rand Bleistiftnotiz Goethes: Ewiges Denkmal. An jedem Gegenstand suche erst die Art ihn auszudrücken. Keine allgemeine Art gilt.
Auf der Rückseite: Ach so drückt mein Schicksaal mich / Dass ich nach dem unmöglichen strebe. / Lieber Engel, für den ich nicht lebe, / zwischen den Gebürgen leb ich für dich.

[. . .] Es bleibt ewig wahr: Sich zu beschräncken, Einen Gegenstand, wenige Gegenstände, recht bedürfen, so auch recht lieben, an ihnen hängen, sie auf alle Seiten wenden, mit ihnen vereinigt werden, das macht den Dichter den Künstler – den Menschen – [. . .] Hoch auf einem weit rings sehenden Berge. Im Regen sizz ich hinter einem Schirm von Tannenreisen. Warte auf den Herzog der auch für mich eine Büchse mit bringen wird. Die Thäler dampfen alle an den Fichtenwänden herauf. (NB. das hab ich dir gezeichnet)
In der Höhle unter dem Herrmannstein 22. Juli 1776.

den 24. *[Weimar]* Ich muss das schicken. vorgestern schrieb ich das Addio. Dachtest du an mich wie ich an dich dencke! Nein ich wills nicht! – Will mich in der Melankolie meines alten Schicksaals weiden, nicht geliebt zu werden wenn ich liebe.
An Frau von Stein

IL
DECAMERON
DI MESSER
GIOVANNI BOCCACCIO.

NIL CANDIDIVS

Del MDXXVII.

198 Giovanni Boccaccio: ›Il Decameron‹ *Titelblatt und Titelbild des Nachdrucks der ›Giunta‹-Ausgabe von 1527. Aus der Bibliothek J. C. Goethes*

»Federigo degli Alberighi liebt, ohne geliebt zu werden, und verschwendet in ritterlichem Aufwande sein ganzes Vermögen, so daß ihm nur noch ein Falke bleibt; den setzt er, da er sonst nichts hat, seiner Dame, die zu ihm gekommen ist, als Speise vor: als sie das erfährt, ändert sie ihren Sinn, nimmt ihn zum Gatten und macht ihn zum Herrn ihres Reichtums.«
Inhalt der 9. Geschichte des 5. Tages des ›Decamerone‹
Am 8. Juli 1776 hatte Goethe die Nachricht von Lilis Verlobung erhalten: Gestern Nachts lieg ich im Bette schlafe schon halb, Philip bringt mir einen Brief, dumpfsinnig les ich – dass Lili eine Braut ist!! kehre

mich um und schlafe fort. – Wie ich das Schicksaal anbete, dass es so mit mir verfährt! – So alles zur rechten Zeit – –

An Frau von Stein, 9. Juli 1776

Die dadurch wiederaufgeregte Erinnerung an seine verklungenen Leiden *führt zu dem Versuch, die berühmte ›Falken-Novelle‹ zu dramatisieren; in der Gestalt der Giovanna sollten Züge Lilis, tingiert von Charlottes Wesen, erscheinen.*

199 Goethe: Stützerbacher Grund *Bleistift, Tuschlavierung. August 1776*

Hier ein paar Zeilen reinen Gefühls auf dem Thüringer Walde geschrieben d. 3. Aug. Morgends unter dem Zeichnen. *Dem Schicksaal.*
Was weis ich was mir hier gefällt / In dieser engen kleinen Welt / Mit leisem Zauberband mich hält! / Mein Carl und ich vergessen hier / Wie seltsam uns ein tiefes Schicksaal leitet / Und, ach ich fühls, im Stillen werden wir / Zu neuen Scenen vorbereitet. / Du hast uns lieb du gabst uns das Gefühl: / Dass ohne dich wir nur vergebens sinnen, / Durch Ungeduld und glaubenleer Gewühl / Voreilig dir niemals was abgewinnen. / Du hast für uns das rechte Maas getroffen / In reine Dumpfheit uns gehüllt, / Dass wir, von Lebenskrafft erfüllt, / In holder Gegenwart der lieben Zukunft hoffen.
An Lavater, 30. August 1776

200 Goethe: Höhle am Hermannstein bei Ilmenau
Schwarze Kreide, Tuschlavierung. 8. August 1776

Am 6. August 1776 hatte Goethe mit Frau von Stein die Höhle besucht. Zwei Tage später schrieb er der Freundin:
Heut will ich auf den Hermanstein, und womöglich die Höhle zeichnen hab auch Meisel und Hammer die Inschrifft zu machen die sehr mystisch werden wird . . . Ich schwöre dir ich weis nicht wie mir ist. Wenn ich so dencke, dass Sie mit in meiner Höhle war, daß ich ihre Hand hielt indeß sie sich bückte und ein Zeichen in den Staub schrieb!!! Es ist wie in der Geisterwelt, ist mir auch wie in der Geisterwelt. Ein Gefühl ohne Gefühl. Lieber Engel! Ich hab an meinem Falcken geschrieben, meine Giovanna wird viel von Lili haben, du erlaubst mir aber doch dass ich einige Tropfen deines Wesen's drein giesse, nur so viel es braucht um zu tingiren. Dein Verhältniß zu mir ist so heilig sonderbaar, daß ich erst recht bey dieser Gelegenheit fühlte: es kann nicht mit Worten ausgedrückt werden, Menschen könnens nicht sehen. Vielleicht macht mir's einige Augenblicke wohl, meine verklungenen Leiden wieder als Drama zu verkehren.

Am gleichen Ort, vier Jahre später:
Meine beste ich bin in die Hermannsteiner Höhle gestiegen, an den Plaz wo Sie mit mir waren und habe das S, das so frisch noch wie von gestern angezeichnet steht geküsst und wieder geküsst dass der Porphyr seinen ganzen Erdgeruch ausathmete um mir auf seine Art wenigstens zu antworten. Ich bat den hundertköpfigen Gott, der mich so viel vorgerückt und verändert und mir doch Ihre Liebe, und diese Felsen erhalten hat; noch weiter fortzufahren und mich werther zu machen seiner Liebe und der Ihrigen.
An Frau von Stein, 6. September 1780

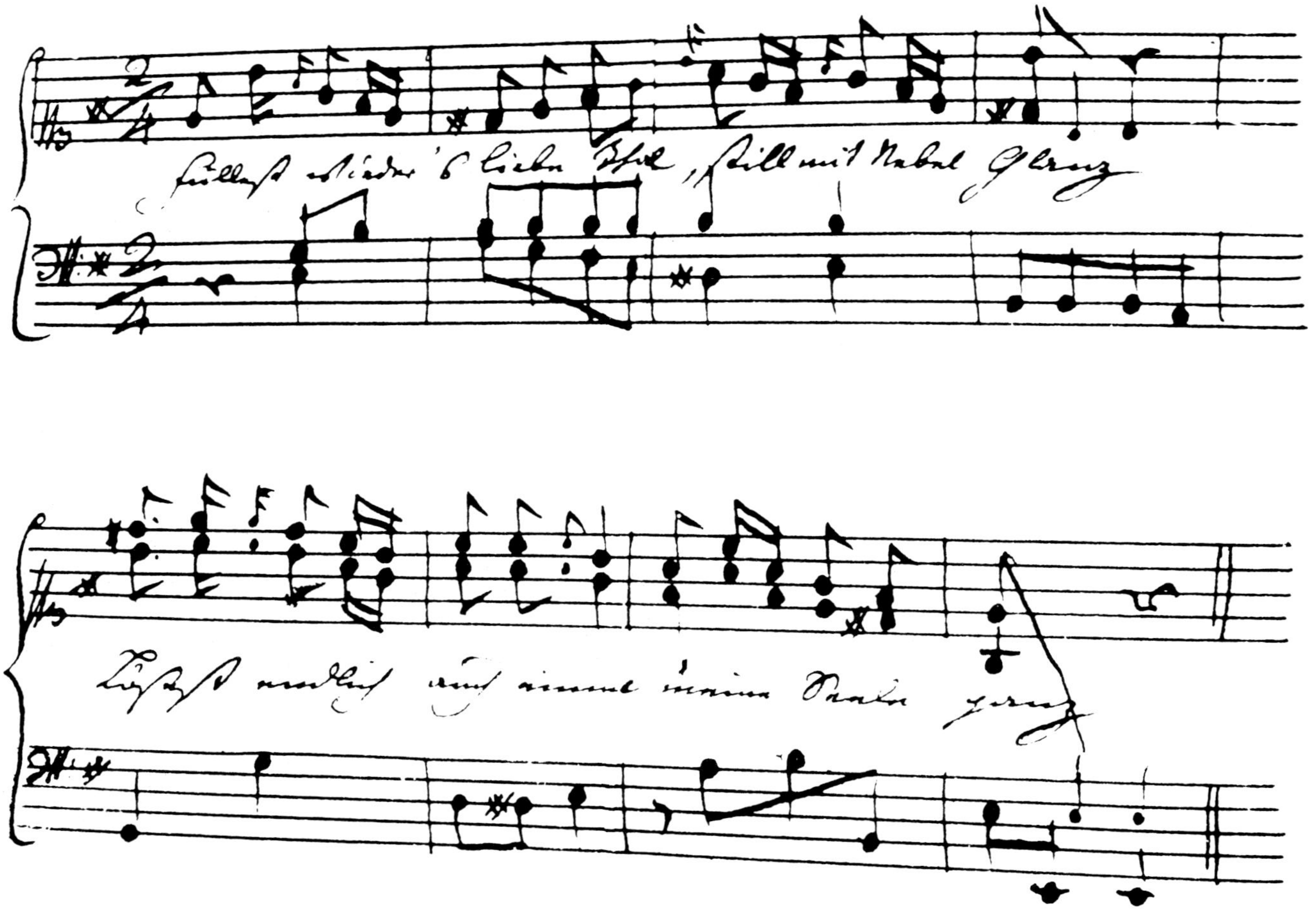

201 ›An den Mond‹ *Goethes Handschrift der ersten Strophe mit einer Melodie Ph. Ch. Kaysers*

Das Blatt ist zusammen mit der Handschrift des vollständigen Gedichts (1. Fassung) als undatierte Beilage unter den Briefen an Frau von Stein aufgefunden worden. Entstehung zwischen 1776 und 1778. Die wesentlich veränderte 2. Fassung erschien in den ›Schriften‹ 1789.

Füllest wieder 's liebe Thal, / still mit Nebel Glanz / Lösest endlich auch einmal / meine Seele ganz /

Breitest über mein Gefild / Lindernd deinen Blick / Wie der Liebsten Auge, mild / Über mein Geschick /

Das du so beweglich kennst / Dieses Herz im Brand / Haltet ihr wie ein Gespenst / An den Fluß gebannt /

Wenn in öder Winternacht / Er vom Tode schwillt / Und bey Frühlingslebens Pracht / An den Knospen quillt. /

Seelig wer sich vor der Welt / Ohne Haß verschließt / Einen Mann am Busen hält / und mit dem geniest, /

Was den Menschen unbewust / Oder wohl veracht / Durch das Labyrinth der Brust / Wandelt in der Nacht.
(Strophen 2-6 nach Goethes Abschrift für Frau von Stein)

202 Goethe: Winterliche Mondnacht am Schwansee bei Weimar *Kohle, weiße Kreide. Um 1777/78*

17. *[Januar 1778]* Ward Cristel v Lasberg in der Ilm vor der Flosbrücke unter dem Wehr von meinen Leuten gefunden. sie war Abends vorher ertruncken. Ich war mit ♃ *[dem Herzog]* auf dem Eis. Nachmittags beschäfftigt mit der Todten die sie herauf zu ☉ *[Frau v. Stein]* gebracht hatten.
Abends zu den Eltern.

[. . .] 18. *[Januar 1778]* Knebel blieb bey mir die Nacht. Viel über der Cristel Todt. Dies ganze Wesen dabey ihre lezten Pfade pp. In stiller Trauer einige Tage beschäfftigt um die Scene des Todts, nachher wieder gezwungen zu theatralischem Leichtsinn. Verschiedene Proben (Den 30 zur H*[erzogin Luise]* Geburtstag das neue Stück *[›Der Triumph der Empfindsamkeit‹]*.
Goethes Tagebuch (Christiane von Laßberg hatte aus Liebeskummer in der Ilm den Tod gesucht.)

203 Goethe: Aufgehender Mond am Fluß *Braune und weiße Kreide. Um 1777? (»Von Goethe im Alter unter die meteorologischen Zeichnungen eingereiht.« G. Femmel)*

Statt meiner kommt ein Blätgen. Da ich von Ihnen wegging, konnt ich nicht zeichnen. Es waren Arbeiter unten, und ich erfand ein seltsam Pläzgen wo das Andencken der armen Cristel verborgen stehn wird. Das war was mir heut noch an meiner Idee misfiel, dass es so am Weeg wäre, wo man weder hintreten und beten, noch lieben soll. Ich hab mit Jentschen *[J. E. Gentzsch, Hofgärtner]* ein gut Stück Felsen ausgehölt, man übersieht von da, in höchster Abgeschiedenheit, ihre lezte Pfade und den Ort ihres Tods. Wir haben bis in die Nacht gearbeitet, zulezt noch ich allein bis in ihre Todtes Stunde, es war eben so ein Abend. Orion stand so schön am Himmel als wie wir von Tiefurth *[am Abend des 16.]* fröhlich heraufritten. Ich habe an Erinnerungen und Gedancken iust genug, und kan nicht wieder aus meinem Hause. Gute Nacht, Engel, schonen Sie sich und gehn nicht herunter. Diese einladende Trauer hat was gefährlich anziehendes wie das Wasser selbst, und der Abglanz der Sterne des Himmels der aus beyden leuchtet lockt uns. Gute Nacht, ich kans meinen Jungen nicht verdencken die nun Nachts nur zu dreyen *[Philipp Seidel, Christoph Sutor – Goethes Diener – und Peter im Baumgarten, Goethes Mündel]* einen Gang herüber wagen, eben die Saiten der Menschheit werden an ihnen gerührt, nur geben sie einen rohern Klang
An Frau von Stein, 19. Januar 1778

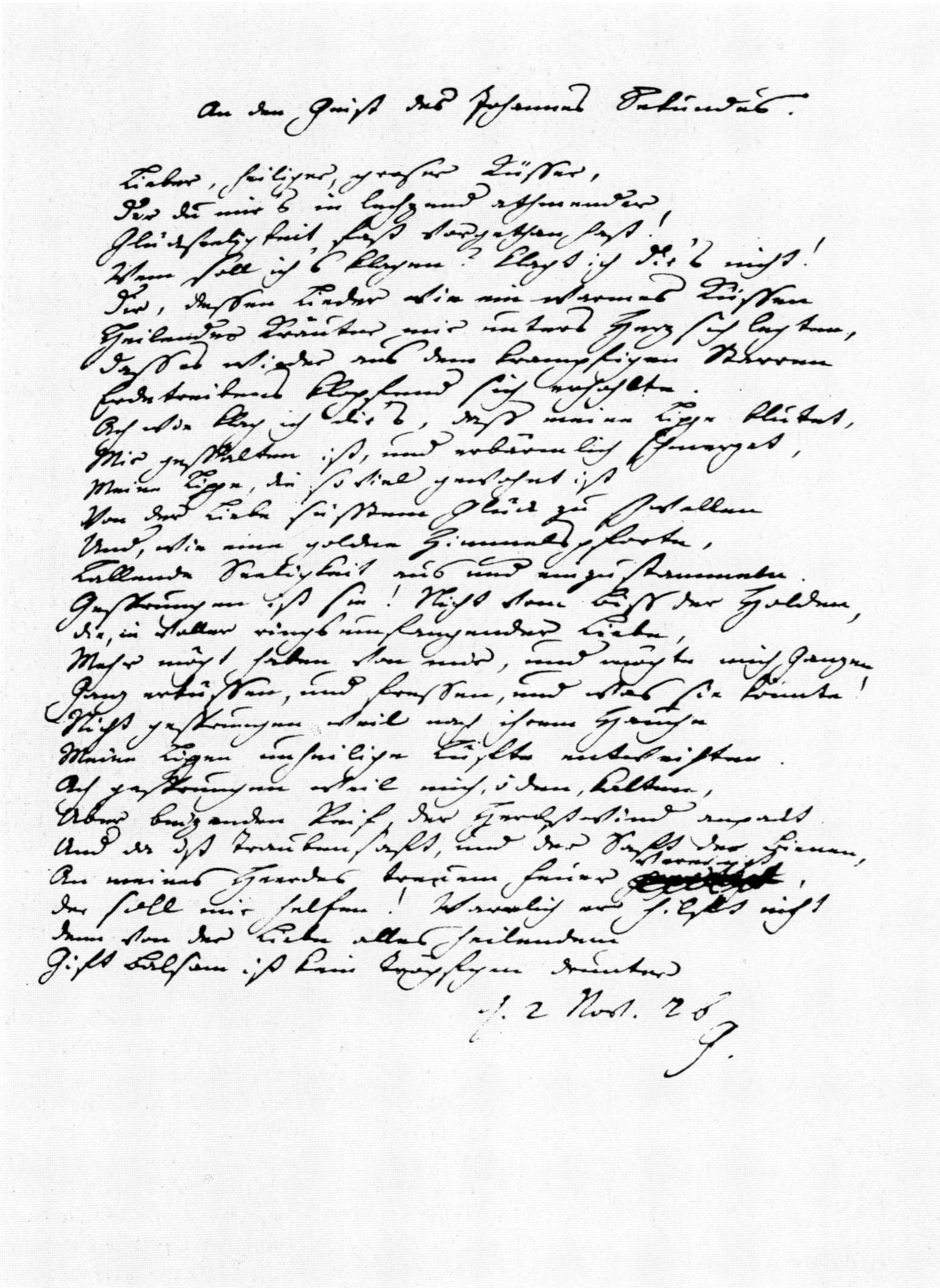

205 Goethe: ›An den Geist des Johannes Sekundus‹ *1776*

Lieber, heiliger, groser Küsser, / Der du mir's in lechzend athmender / Glückseeligkeit fast vorgethan hast! / Wem soll ich's klagen? klagt ich dir's nicht! / Dir, dessen Lieder wie ein warmes Küssen / Heilender Kräuter mir unters Herz sich legten, / Dass es wieder aus dem krampfigen Starren / Erdetreibens klopfend sich erhohlte. / Ach wie klag ich dir's, dass meine Lippe blutet, / Mir gespalten ist, und erbärmlich schmerzet, / Meine Lippe, die so viel gewohnt ist / Von der Liebe süsstem Glück zu schwellen / Und, wie eine goldne Himmelspforte, / Lallende Seeligkeit aus und einzustammeln. / Gesprungen ist sie! Nicht vom Biss der Holden, / Die, in voller ringsumfangender Liebe, / Mehr mögt' haben von mir, und mögte mich Ganzen / Ganz erküssen, und fressen, und was sie könnte! / Nicht gesprungen weil nach ihrem Hauche / Meine Lippen unheilige Lüfte entweihten. / Ach gesprungen weil mich, öden, kalten, / Über beizenden Reif, der Herbstwind anpackt. / Und da ist Traubensaft, und der Saft der Bienen, / An meines Heerdes treuem Feuer vereinigt, / Der soll mir helfen! Warrlich er hilft nicht / Denn von der Liebe alles heilendem / Gift Balsam ist kein Tröpfgen drunter

204 ›Iulia‹ Ausschnitt aus dem Titelkupfer zu ›Ioannis Secundi Opera‹, Paris 1748
Aus Goethes Bibliothek

Der niederländische Neulateiner Jan Everard (1511 bis 1536), der sich Joannes Secundus nannte, erlangte durch seinen Gedichtzyklus ›Liber Basiorum‹ (›Buch der Küsse‹) europäischen Ruhm. Goethe notiert im Tagebuch am 1. November 1776: ... nach Tiefurt. Johannes Sekundus. *Und am 2. November:* Ad manes J. S., *den Titel des obenstehenden Gedichts.*

206 Adam Friedrich Oeser: Gellert-Denkmal (1774) *Replik in Meissner Porzellan (Modell von V. Acier). 1777*

Goethe schenkte diese Nachbildung Herzogin Anna Amalia zum Geburtstag am 24. Oktober 1777 zusammen mit dem folgenden auf Seidenband gedruckten Gedicht:
Als Gellert, der geliebte, schied, / Und manches Herz im Stillen weinte, / Auch manches matte schiefe Lied / Sich mit dem reinen Schmerz vereinte; / Und jeder Stümper bey dem Grab / Ein Blümchen an die Ehrenkrone, / Ein Scherflein zu des Edlen Lohne, / Mit vielzufriedner Miene gab: / Stand Oeser seitwärts von den Leuten / Und fühlte den Geschiednen, sann / Ein bleibend Bild, ein lieblich Deuten / Auf den verschwundnen werthen Mann; / Und sammelte mit Geistesflug / Im Marmor alles Lobes Stammeln, / Wie wir in einem engen Krug / Die Reste des Geliebten sammeln.

207 Goethe: Wartburg von Nordosten *Bleistift, Tuschlavierung. Datierung: September/Oktober 1777*

Ich wohne auf Luthers Pathmos, und finde mich da so wohl als er.
An J. C. Kestner, 28. September 1777

Da hab ich einen Einfall: mir ists als wenn das Zeichnen mir ein Saugläppgen wäre, dem Kind in Mund gegeben, dass es schweige, und in eingebildeter Nahrung ruhe. Diese Wohnung ist das herrlichste was ich erlebt habe, so hoch und froh, dass man hier nur Gast seyn muss, man würde sonst für Höhe und Frölichkeit zu nicht werden. Den ganzen Morgen hab ich für Sie gekrabelt auf dem Papiere. O der Armuth! – Wenn ich mir einen der Meister dencke, die vor so alten Trümmern sassen, und zeichneten und mahlten, als wenn sie die Zeit selbst wären . . .
An Frau von Stein, Wartburg, 14. September 1777

208 Goethe: Brocken im Mondlicht, vom Torfhaus gesehen *Kohle. 10. Dezember 1777*

Letzten Winter hat mir eine *Reise auf den Harz* das reinste Vergnügen geben. Du weißt, daß so sehr ich hasse, wenn man das Natürliche abenteuerlich machen will, so wohl ist mir's, wenn das Abenteuerlichste natürlich zugeht. Ich machte mich allein auf, etwa den letzten November, zu Pferde, mit einem Mantelsack und ritt durch Schloßen, Frost und Koth auf *Nordhausen* den Harz hinein in die *Baumannshöhle*, über *Wernigerode, Goslar* auf den hohen Harz, das Detail erzähl' ich Dir einmal, und überwand alle Schwierigkeiten und stand den 8. Dez. *[den 10.]*, glaub ich, Mittags um eins auf dem *Brocken* oben in der heitersten, brennendsten Sonne, über dem anderthalb Ellen hohen Schnee, und sah die Gegend von Teutschland unter mir alles von Wolken bedeckt, daß der Förster, den ich mit Mühe persuadirt hatte, mich zu führen, selbst vor Verwunderung außer sich kam, sich da zu sehen, da er viel Jahre am Fuße wohnend das immer unmöglich geglaubt hatte. Da war ich vierzehn Tage allein, daß kein Mensch wußte, wo ich war. Von den tausend Gedanken in der Einsamkeit findest Du auf beiliegendem Blatt *[einer Abschrift des Gedichts ›Harzreise im Winter‹]* fliegende Streifen.

An Merck, 5. August 1778

[. . .] Altar des lieblichsten Danks / Wird ihm des gefürchteten Gipfels / Schneebehangner Scheitel / Den mit Geisterreihen / Kränzten ahnende Völker. / Du stehst unerforscht die Geweide / Geheimnißvoll offenbar / Über der erstaunten Welt, / Und schaust aus Wolken / Auf ihre Reiche und Herrlichkeit, / Die du aus den Adern deiner Brüder / Neben dir wässerst.
›Auf dem Harz im Dezember 1777‹ (›Harzreise im Winter‹)

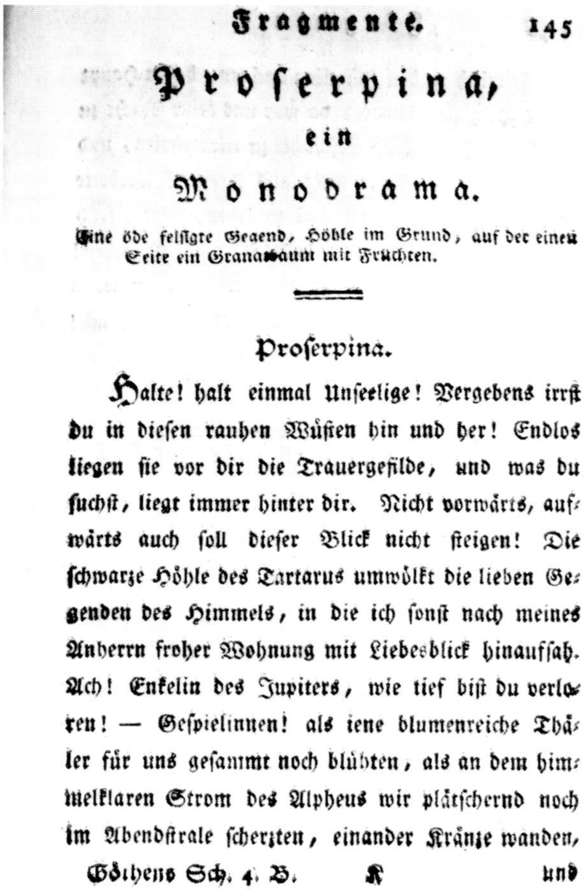

Fragmente. 145

Proserpina,

ein

Monodrama.

Eine öde felsigte Gegend, Höhle im Grund, auf der einen Seite ein Granatbaum mit Früchten.

Proserpina.

Halte! halt einmal Unseelige! Vergebens irrst du in diesen rauhen Wüsten hin und her! Endlos liegen sie vor dir die Trauergefilde, und was du suchst, liegt immer hinter dir. Nicht vorwärts, aufwärts auch soll dieser Blick nicht steigen! Die schwarze Höhle des Tartarus umwölkt die lieben Gegenden des Himmels, in die ich sonst nach meines Anherrn froher Wohnung mit Liebesblick hinaufsah. Ach! Enkelin des Jupiters, wie tief bist du verloren! — Gespielinnen! als iene blumenreiche Thäler für uns gesammt noch blühten, als an dem himmelklaren Strom des Alpheus wir plätschernd noch im Abendstrale scherzten, einander Kränze wanden,

Göthens Sch. 4. B. K und

209 Goethe: ›Proserpina. Ein Monodrama‹ *1778 als »Entracte« zum ›Triumph der Empfindsamkeit‹ aufgeführt, zugleich aber auch separat im ›Teutschen Merkur‹, in der Berliner ›Literatur- und Theaterzeitung‹ und als Einzeldruck veröffentlicht (Musik von S. von Seckendorf). Abgebildet S. 1 der ersten Fassung, in rhythmischer Prosa (in Bd. 4 der ›Schriften‹, Berlin bei Himburg 1779)*

210 Christoph Willibald Gluck (1714-1787) *Büste von J. A. Houdon*

1776 hatte Gluck sich an Wieland mit der Bitte gewandt, ihm eine Dichtung auf seine eben verstorbene Nichte zu schreiben. Wieland, der sich außerstande fühlte, »etwas hervorzubringen, das des entflohenen Engels und Ihres Schmerzes und Ihres Genius würdig wäre«, bat Goethe um seine Hilfe; »und schon den folgenden Tag fand ich ihn von einer großen Idee erfüllt, die in seiner Seele arbeitete«. Ich wohne in tiefer trauer über einem Gedicht, das ich für Gluck auf den Todt seiner Nichte machen will. *(Goethe an Frau von Stein, 25. Mai 1776) Vielleicht handelt es sich bei dem damals nicht ausgeführten Plan um ein frühes Konzept der ›Proserpina‹, deren Form (Melodram, in der Tradition des Rousseauschen ›Pygmalion‹) sich als hommage für den Komponisten verstehen ließe. Über die Plazierung des Stücks in die »komische Oper« ›Der Triumph der Empfindsamkeit‹ von 1778 und die Ironisierung nicht nur des Lokals (Hades), sondern auch des Typus' »Monodrama« äußerte sich Goethe in den Annalen rückblickend negativ, ungeachtet der Tatsache, daß das Stück schon 1779 auch separat aufgeführt worden war:* Bei Gelegenheit eines Liebhaber-Theaters und festlicher Tage wurden gedichtet und aufgeführt: *Lila, die Geschwister, Iphigenia, Proserpina,* letztere freventlich in den *Triumph der Empfindsamkeit* eingeschaltet und ihre Wirkung vernichtet; wie denn überhaupt eine schale Sentimentalität überhandnehmend manche harte realistische Gegenwirkung veranlaßte. *1815 ließ Goethe das Werk, in der Vertonung Eberweins, mit Amalie Wolf als Proserpina, wieder aufführen und gab zugleich in einem Aufsatz eine großangelegte, ein ›Gesamtkunstwerk‹ als Sinnbild entwerfende, Deutung des Gedichts.*

211 Corona Elisabeth Wilhelmine Schröter (1751-1802): Selbstbildnis *Kreide. Um 1780 Die von Goethe schon in Leipzig bewunderte Schauspielerin wurde 1776 auf sein Betreiben als Kammersängerin nach Weimar berufen. Sie gestaltete die Rolle der Proserpina in den Aufführungen des Liebhaber-Theaters.*

Proserpina tritt auf als Königin der Unterwelt, als Pluto's geraubte Gattin, noch ganz im ersten Schrecken über das Begegniß; ermattet vom Umherirren in der wüsten Öde des Orcus, hält sie ihren Fuß an, den Zustand zu übersehen, in dem sie sich befindet. [. . .] Sie ist wieder das reizende, liebliche, mit Blumen spielende Götterkind, wie sie es unter ihren Gespielinnen war; der ganze idyllische Zustand tritt mit ihrer Nymphengestalt uns vor Augen, in welcher sie die Liebe des Gottes reizte und ihn zum Raube begeisterte. Unglücklich . . . wendet sie ihr bedrängtes Herz zu ihrer göttlichen Mutter, zu Vater Zeus . . . Hoffnung scheint sich ihr herabzuneigen und ihr den Ausgang zum Licht zu eröffnen. Ihr erheiterter Blick entdeckt zuerst die Spuren einer höhern Vegetation. Die Erscheinung ihrer Lieblingsfrucht, ein Granatbaum, versetzt ihren Geist wieder in jene glücklichen Regionen der Oberwelt, die sie verlassen. Die freundliche Frucht ist ihr ein Vorbote himmlischer Gärten. Sie kann sich nicht enthalten, von dieser Lieblingsfrucht zu genießen, die sie an alle verlass'ne Freuden erinnert. Weh der Getäuschten! Was ihr als Unterpfand der Befreiung erschien, urplötzlich wirkt es als magische Verschreibung, die sie unauflöslich dem Orkus verhaftet. . . . sie ist die Königin der Schatten, unwiderruflich ist sie es; sie ist die Gattin des Verhaßten, nicht in Liebe, in ewigem Haß mit ihm verbunden. Und in dieser Gesinnung nimmt sie von seinem Throne den unwilligen Besitz.
Inhalt des Melodrams ›Proserpina‹, in Goethes Aufsatz für das ›Morgenblatt‹ vom 8. Juni 1815

212 Goethe: Tagebuch der Reise nach Berlin *(über Leipzig, Dessau, Wörlitz, Potsdam) vom 10. Mai bis 1. Juni 1778 im ›Verbesserten Calender Vor Seiner Churfürstlichen Durchlauchtigkeit zu Sachsen Churfürstenthum . . . Auf das Jahr Christi 1778‹*

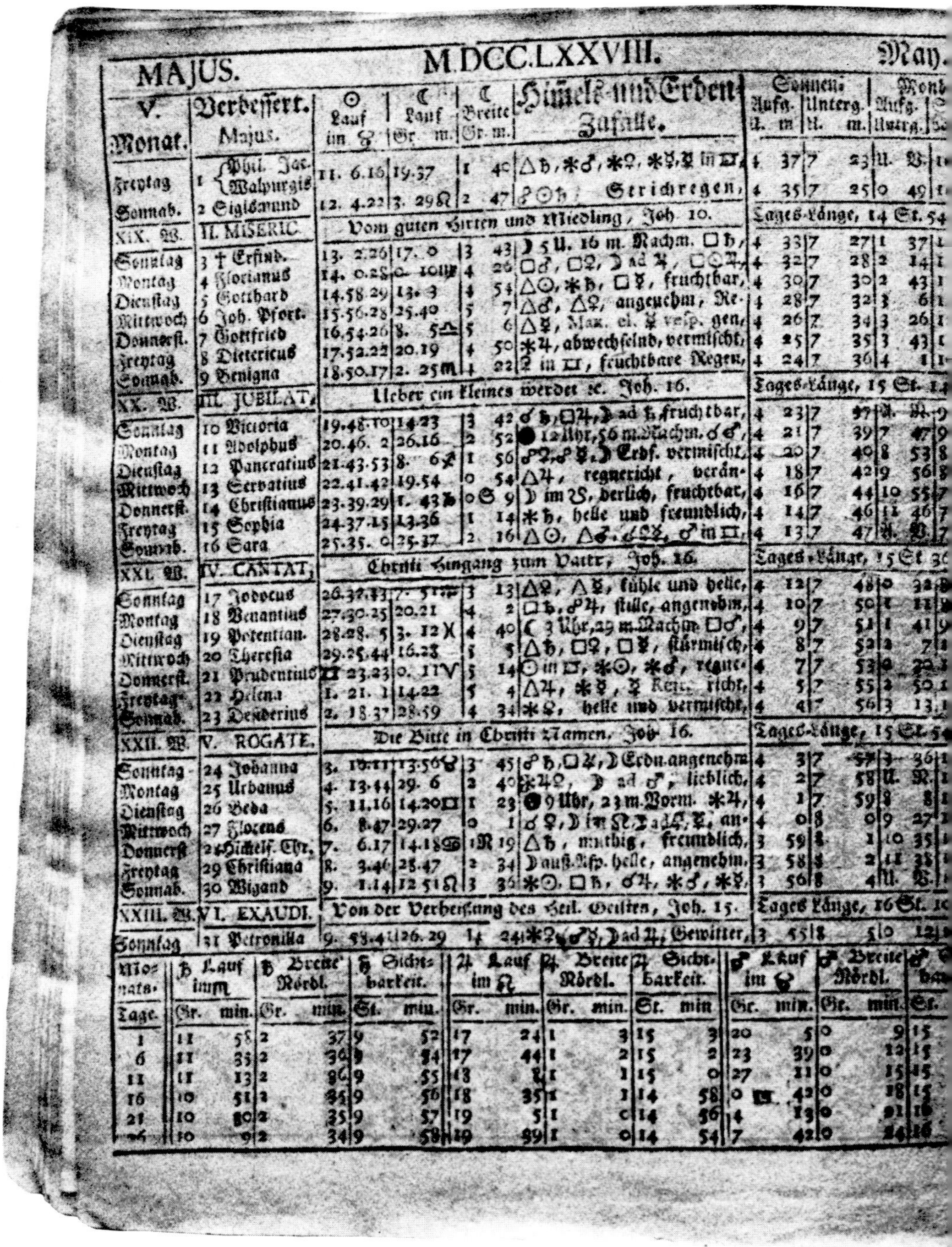

MAJUS. M.DCC.LXXVIII. May.

V. Monat.	Verbessert. Majus.	Himmels- und Erden-Zufälle.
Freytag	1 Phil. Jac. Walpurgis	
Sonnab.	2 Sigismund	Strichregen,
XIX. W.	II. MISERIC.	Vom guten Hirten und Miedling, Joh. 10.
Sonntag	3 † Erfind.	
Montag	4 Florianus	
Dienstag	5 Gotthard	fruchtbar,
Mittwoch	6 Joh. Pfort.	angenehm,
Donnerst.	7 Gottfried	abwechselnd, vermischt,
Freytag	8 Dietericus	fruchtbare Regen,
Sonnab.	9 Benigna	
XX. W.	III. JUBILAT.	Ueber ein kleines werdet ꝛc. Joh. 16.
Sonntag	10 Victoria	fruchtbar,
Montag	11 Adolphus	
Dienstag	12 Pancratius	vermischt, regnericht, verän-
Mittwoch	13 Servatius	derlich, fruchtbar,
Donnerst.	14 Christianus	helle und freundlich,
Freytag	15 Sophia	
Sonnab.	16 Sara	
XXI. W.	IV. CANTAT.	Christi Hingang zum Vater, Joh. 16.
Sonntag	17 Jodocus	kühle und helle,
Montag	18 Venantius	stille, angenehm,
Dienstag	19 Potentian.	stürmisch,
Mittwoch	20 Theresia	regne-
Donnerst.	21 Prudentius	richt,
Freytag	22 Helena	
Sonnab.	23 Desiderius	helle und vermischt,
XXII. W.	V. ROGATE.	Die Bitte in Christi Namen, Joh. 16.
Sonntag	24 Johanna	Erdn. angenehm
Montag	25 Urbanus	lieblich,
Dienstag	26 Beda	
Mittwoch	27 Florens	
Donnerst.	28 Himmelf. Chr.	muthig, freundlich,
Freytag	29 Christiana	helle, angenehm,
Sonnab.	30 Wigand	
XXIII. W.	VI. EXAUDI.	Von der Verheißung des Heil. Geistes, Joh. 15.
Sonntag	31 Petronilla	Gewitter,

Auch in *Berlin* war ich im Frühjahr; ein ganz ander Schauspiel *[als die Harzreise]*! Wir waren wenige Tage da, und ich guckte nur drein wie das Kind in Schön-Raritäten Kasten. Aber Du weißt, wie ich im Anschaun lebe; es sind mir tausend Lichter aufgangen. Und dem *alten Fritz* bin ich recht nah worden, da ich hab sein Wesen gesehn, sein Gold, Silber, Marmor, Affen, Papageien und zerrissene Vorhänge, und hab über den großen Menschen seine eignen Lumpenhunde räsoniren hören. Einen großen Theil von Prinz *Heinrichs* Armee, den wir passirt sind, Manoeuvres und die Gestalten der Generale, die ich hab halb dutzendweis bei Tisch gegenüber gehabt, machen mich auch bei dem jetzigen Kriege gegenwärtiger. Mit Menschen hab ich sonst gar Nichts zu verkehren gehabt und hab in preußischen Staaten kein laut Wort hervorgebracht, das sie nicht könnten drucken lassen. Dafür ich gelegentlich als stolz etc. ausgeschrieen bin.
An Merck, 5. August 1778

10. *[Mai 1778]* Sonnt. früh 6. von Weimar ab. Abends halb neun bey Müllern angek. in Leipzig. 11. Bey Oesern. [. . .] 12. Auerbachs Hof. Werthers Bemerckung. Clodius, Lange. Schömberg. Hohenthal und Damen. Im Gasthof Pompeluser. Abends Henriette oder sie ist schon dabey gewesen. 13 Abgereist. früh 6. In Wörliz angek Nachm 3. Nach Tische im Regen die Tour vom Parck im Regen. Wie das Vorüberschweben eines leisen Traumbilds. [. . .]
Tagebuch der Reise nach Berlin

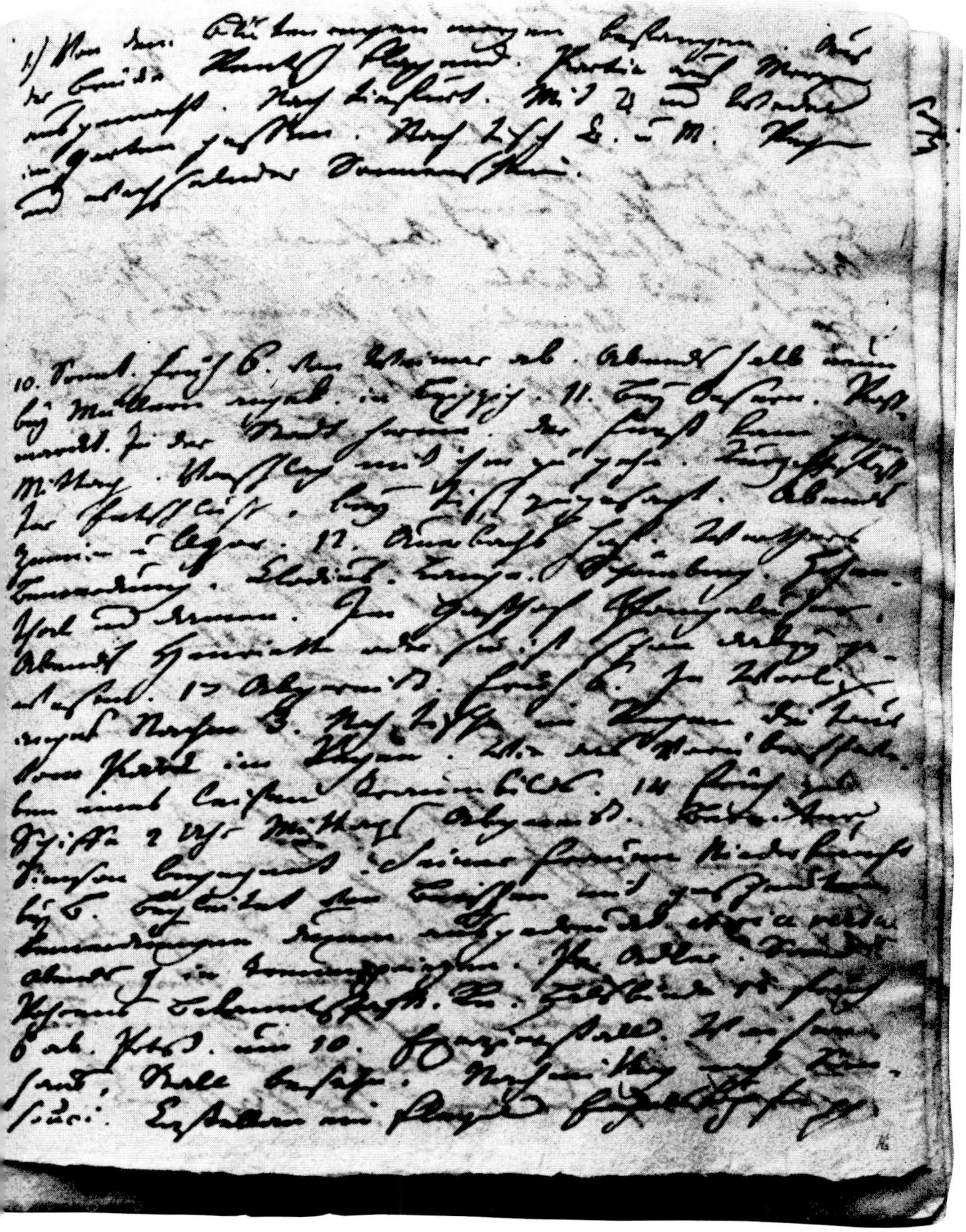

213 Goethe: Schloß Wörlitz, Vorderansicht *Bleistift, Tuschlavierung. Datiert: 26. Mai 1778*

Mich hats gestern Abend wie wir durch die Seen Canäle und Wäldgen schlichen sehr gerührt wie die Götter dem Fürsten erlaubt haben einen Traum um sich zu schaffen. Es ist wenn man so durchzieht wie ein Mährgen das einem vorgetragen wird und hat ganz den Charackter der Elisischen Felder in der sachtesten Manigfaltigkeit fliest eins in das andre, keine Höhe zieht das Aug und das Verlangen auf einen einzigen Punckt, man streicht herum ohne zu fragen wo man ausgegangen ist und hinkommt. Das Buschwerck ist in seiner schönsten Jugend, und das ganze hat die reinste Lieblichkeit. – Und nun bald in der Pracht der königlichen Städte im Lärm der Welt und der Kriegsrüstungen . . . Und ich scheine dem Ziele dramatischen Wesens immer näher zu kommen, da michs nun immer näher angeht, wie die Grosen mit den Menschen, und die Götter mit den Grosen spielen.
An Frau von Stein, Wörlitz, 14. Mai 1778

214 Prinz Heinrich von Preußen (1726-1802) *Bruder Friedrichs des Großen. Ölgemälde von A. Graff. Um 1785*

Es ist ein schön Gefühl an der Quelle des Kriegs zu sizzen in dem Augenblick da sie überzusprudeln droht. Und die Pracht der Königstadt, und Leben und Ordnung und Überfluss, das nichts wäre ohne die tausend und tausend Menschen bereit für sie geopfert zu werden. [. . .] Wenn ich nur gut erzählen kan von dem grosen Uhrwerck das sich vor einem treibt, von der Bewegung der Puppen kan man auf die verborgnen Räder besonders auf die grose alte Walze FR *[Friedrich II.]* gezeichnet mit tausend Stiften schliesen die diese Melodieen eine nach der andern hervorbringt. [. . .] So viel kann ich sagen ie gröser die Welt desto garstiger die Farce und ich schwöre, keine Zote und Eseley der Hanswurstiaden ist so eckelhafft als das Wesen der Grosen Mittlern und Kleinen durch einander. Ich habe die Götter gebeten dass sie mir meinen Muth und grad seyn erhalten wollen biss ans Ende, und lieber mögen das Ende vorrücken als mich den lezten theil des Ziels lausig hinkriechen lassen.
An Frau von Stein, Berlin, 17. und 19. Mai 1778
Endlich war der Prinz angekommen, die Generalität, die Stabsofficiere und das übrige Gefolge . . . machte das Schloß einem Bienenstocke ähnlich, der eben schwärmen will. Jedermann drängte sich, den vortrefflichen Fürsten zu sehen, . . . jedermann erstaunte, in dem Helden und Heerführer zugleich den gefälligsten und geselligsten Hofmann zu erblicken.
›Wilhelm Meisters theatralische Sendung‹ V 7 (1784)

215 Anna Louisa Karschin, geb. Dürbach (1722-1791) *Dichterin. Radierung von G. F. Schmidt. 1763*

»An Goethe. zu Berlin vormittags den 18. Mey 1778. Schön gutten Morgen Herr Doctor Göth! / Euch hab ich gestern grüßen wollen. / 'S ist wieder Weiber Etiket. / ich hätt's Vonn Euch erwarten sollen, / daß Ihr, wie sich's gebührt und ziemt / mich aufgesucht und mich gegrüßet. / Ihr aber seid gar weltberühmt. / 's war möglich, daß Ihr's bleiben ließet. / Ihr seid des Herzogs Spiesgesell, / Habt mehr zu Thun und mehr zu schaffen / Als mitt Euren auge groß und hell / nach Einen alten Weib zu gaffen. / Drum sprang ich über's Ceremoniel / hinweg mitt leichtmuth und mitt lachen . . . Mein Geist, Ein fixes Ding, / soll gutten Morgen sagen / Dir Musendämmerling / Dir Secretair des Fürsten / Der auff dem Parnaß Sizt, / und wenn die Dichter dürsten, / mit Wasser Sie besprüzt / auß Einem Born, der mächtig / und Wunderthättig ist – / Er macht's, daß Du so prächtig, / so stark imm ausdruck bist, / Daß Dir's Vomm Munde fließet, / Wie Honig, den imm Wald / Ein Wandersman genießet, / Den Seine Kräfte bald / erschöpft sind wie die meinen. / Jüngst solt ich im Revier / Des Pluto schon erscheinen. / Ein Schiffer winckte mir. / ich ward ihm noch entrißen / Durch des Apollon Gunnst / wies nach zu zeichen wißen / Des Codowiecky Kunnst. / ich soltte dich noch sehen. / geschieht es nicht bey mir, / kanns beim Andrä geschehen. / Der ist ein Freund von Dir, / Wies wenige nur giebet. / Vonn Herzen schätzt er Dich – / und bey dem allen liebet / Er Dich nicht mehr als ich.«

216 Daniel Nikolaus Chodowiecki (1726-1801) *Direktor der Kunstakademie in Berlin. Kupferstich von Fr. Arnold nach A. Graff*

Chodowiecky ist ein sehr respektabler und wir sagen *idealer* Künstler. Seine *guten* Werke zeugen durchaus von *Geist* und *Geschmack*. Mehr Ideales war in dem Kreise, in dem er arbeitete, nicht zu fordern.
›Maximen und Reflexionen‹ (Nachlaß)

217 Anton Graff (1736 bis 1813): Die Familie des Künstlers *Öl auf Leinwand. 1785 (im Hintergrund das Porträt von Graffs Schwiegervater Johann Georg Sulzer [1720 bis 1779], des Verfassers der ›Allgemeinen Theorie der schönen Künste‹; der schon vom jungen Goethe in den ›Frankfurter gelehrten Anzeigen‹ befehdete Ästhetiker Sulzer war zuletzt Direktor der Ritterakademie in Berlin)*

J. W. Goethens

Schriften

Vierter Band.

Berlin, 1779.
Bei Christian Friedrich Himburg.

218 ›Werke der Finsternis‹ Karikatur auf den Raubdruck *Kupferstich von Chodowiecki. 1781*

219 ›J. W. Goethens Schriften‹. Vierter Band. Berlin, 1779. Bei Christian Friedrich Himburg

Der Supplementband zur wiederum unrechtmäßigen 3. Auflage der Goetheschen Schriften enthielt u. a. den ›Brief des Pastors‹, ›Von deutscher Baukunst‹, ›Proserpina‹, ›Götter, Helden und Wieland‹ und ›Vermischte Gedichte‹. Goethe schrieb zum Erscheinen des Raubdrucks die Verse: Langverdorrte, halbverweste Blätter vor'ger Jahre, / Ausgekämmte, auch geweiht' und abgeschnittne Haare, / Alte Wämser, ausgetretne Schuh' und schwarzes Linnen, / Was sie nicht um's leid'ge Geld beginnen! / Haben sie für baar und gut / Neuerdings dem Publikum gegeben. / Was man andern nach dem Tode thut, / That man mir bei meinem Leben. / Doch ich schreibe nicht um Porcellan noch Brot, / Für die Himburgs bin ich todt.

Mit großer Frechheit wußte sich dieser unberufene Verleger *[Himburg]* eines solchen dem Publicum erzeigten Dienstes gegen mich zu rühmen und erbot sich, mir dagegen, wenn ich es verlangte, etwas Berliner Porcellan zu senden. Bei dieser Gelegenheit mußte mir einfallen, daß die Berliner Juden, wenn sie sich verheiratheten, eine gewisse Partie Porcellan zu nehmen verpflichtet waren, damit die königliche Fabrik einen sicheren Absatz hätte. Die Verachtung welche daraus gegen den unverschämten Nachdrucker entstand, ließ mich den Verdruß übertragen, den ich bei diesem Raub empfinden mußte.
›Dichtung und Wahrheit‹ IV 16

220 Goethe *Pastellgemälde von Georg Oswald May. 1779*

221 Ch. M. Wieland: ›Oberon. Ein romantisches Heldengedicht in zwölf Gesängen‹ *Erstdruck (›Der Teutsche Merkur‹ 1780)*
d. 26. *[Juli 1779]* lies mich versprochner Massen von Mayen mahlen. Und bat Wielanden mir dabey seinen Oberon zu lesen er thats zur Hälfte. Es ist ein schäzbaar Werck für Kinder und Kenner, so was macht ihm niemand nach. [. . .] Es sezt eine unsägliche Ubung voraus, und es ist mit einem grosen Dichter Verstand, Wahrheit der Characktere, der Empfindungen, der Beschreibungen, der Folge der Dinge, und Lüge der Formen, Begebenheiten, Mährgen Frazzen, und Plattheiten zusammen gewoben . . . Nur wehe dem Stück wenns einer ausser Laune und Lage, oder einer der für dies Wesen taub ist hört, so einer der fragt *a quoi bon.*
Goethes Tagebuch

Noch einmal sattelt mir den Hippogryfen, ihr Musen,
Zum ritt ins alte romantische land!
Wie lieblich um meinen entfesselten busen
Der holde wahnsinn spielt? Wer schlang das magische band
Um meine stirne? Wer treibt von meinen augen den nebel
Der auf der Vorwelt wundern liegt?
Ich seh, in buntem gewühl, bald siegend, bald besiegt,
Des Ritters gutes schwert, der Heyden blinkende säbel.

2.

222 Goethes Gartenhaus und Garten »auf dem Horn«

223 Goethe: Das Gartenhaus von der Rückseite mit dem von Goethe 1777 errichteten, um 1795 wieder abgetragenen hölzernen Altan *Bleistift, Feder, Bister- und Tuschlavierung, blaue Wasserfarbe. o. D. (1779/80?)*

21. *[April 1776]* den Garten in Besitz genommen.
Goethes Tagebuch

»Sein Gartenhaus mit dem Schindeldach und dem großen Balkon, den er sich daran gebauet hatte, der so breit war, wie das ganze Haus, und auf den zwei Türen führten, gefiel mir ausnehmend, und in das Bild der Cenci, welches in dem einen Zimmer hing, verliebte ich mich so, daß ich es oft mit Tränen ansah.«
Carl von Stein, Erinnerungen

»Ich war gestern nachmittag bei Goethen auf seinem Altan. Kein lieberes, sich wärmer an einen anlegendes, oder, wie die Schwaben sagen, einen mehr anheimelndes Plätzchen auf Gottes Boden müssen Sie nie gesehen haben. Es ist recht, als ob Goethes Genius das alles von Jahrhunderten her so angelegt, gepflanzt und gepflegt hätte, damit er's einst in Weimar völlig und fertig fände und sich nur hineinzulegen brauchte.«
Wieland an Merck, 8. November 1777

Hab ein liebes Gärtgen vorm Thore an der Ilm schönen Wiesen in einem Thale. ist ein altes Hausgen drinne, das ich mir repariren lasse. Alles blüht, alle Vögel singen. [. . .] 12 Uhr in meinem Garten. Da lass ich mir von den Vögeln was vorsingen, und zeichne Rasenbäncke die ich will anlegen lassen, damit Ruhe über meine Seele komme, und ich wieder von vorne mög anfangen zu tragen und zu leiden. [. . .] Sonnabends Nachts um 10 in meinem Garten. Ich habe meinen Philipp nach Hause geschickt und will allein hier zum erstenmal schlafen. Und so meinen Schlaf einweihen dass ich dir schreibe. Die Maurer haben gearbeit biss Nacht ich wollt sie aus dem Haus haben, wollte – o ich kann dir nicht ins Detail gehn. [. . .] Es geht gegen eilf ich hab noch gesessen und einen englischen Garten gezeichnet. Es ist eine herrliche Empfindung dahausen im Feld allein zu sizzen. Morgen frühe wie schön. Alles ist so still. Ich höre nur meine Uhr tackcken, und den Wind und das Wehr von ferne. [. . .] Sonntag früh . . . Ich habe lang geschlafen, wachte aber gegen vier auf, wie schön war das grün dem Auge das sich halbtruncken aufthat. Da schlief ich wieder ein.
An Auguste Gräfin zu Stolberg, 17.-19. Mai 1776

224 Goethe: Treppe im Gartenhaus *Bleistift o. D. (1777?)*

225 Bildnis der 1599 enthaupteten Vatermörderin Beatrice Cenci *Aus Lavaters ›Physiognomischen Fragmenten‹:*

»Ein auffallend allanziehendes Gesichtchen! von Guido vermutlich unlange vor ihrem Tode gezeichnet, von einem guten Maler kopiert, von Sturzens Meisterhand nachkrayoniert und von Lipsen radiert – und nicht erreicht – und dennoch wie sprechend für alle Menschenaugen! Wo ist der Barbar, der ihm Liebe nicht anseh und ihm Liebe versage? [. . .] Und doch – erzitterst du nicht, Menschenherz? errötest du nicht, Physiognomik? Und doch ist's das Gesicht einer Vatermörderin, die zu Rom enthauptet wurde. [. . .] Wer die Cenci sah, war durch ihre Schönheit bezaubert! Ihr eigener Vater war's, und sie stieß dem Verfolger den Dolch ins Herz. Wer will da von Laster sprechen, als der politische Richter? Der muß sie töten – indem er sie vielleicht anbetet, muß doch fühlen, daß sie . . . nicht innerlich lasterhaft war . . .«

»Von diesem Bilde hat ein junger deutscher Maler, namens Naumann, ein Schüler und Vertrauter von Mengs, vier Copeien gemacht. Eine besaß der Baron von Haugwitz und schenkte sie Goethe, bei dem ich sie gesehen habe . . . Goethe sagte mir, dieses Gesicht der Cenci enthalte mehr als alle Menschengesichter, die er je gesehen habe. Er glaubte, daß es die höchste Zierde für Lavaters Physiognomik sein würde, und war der Meinung, daß mit diesem Stücke Lavaters Werk geschlossen werden müsse.«
Zimmermann an Lavater, 7. Oktober 1777

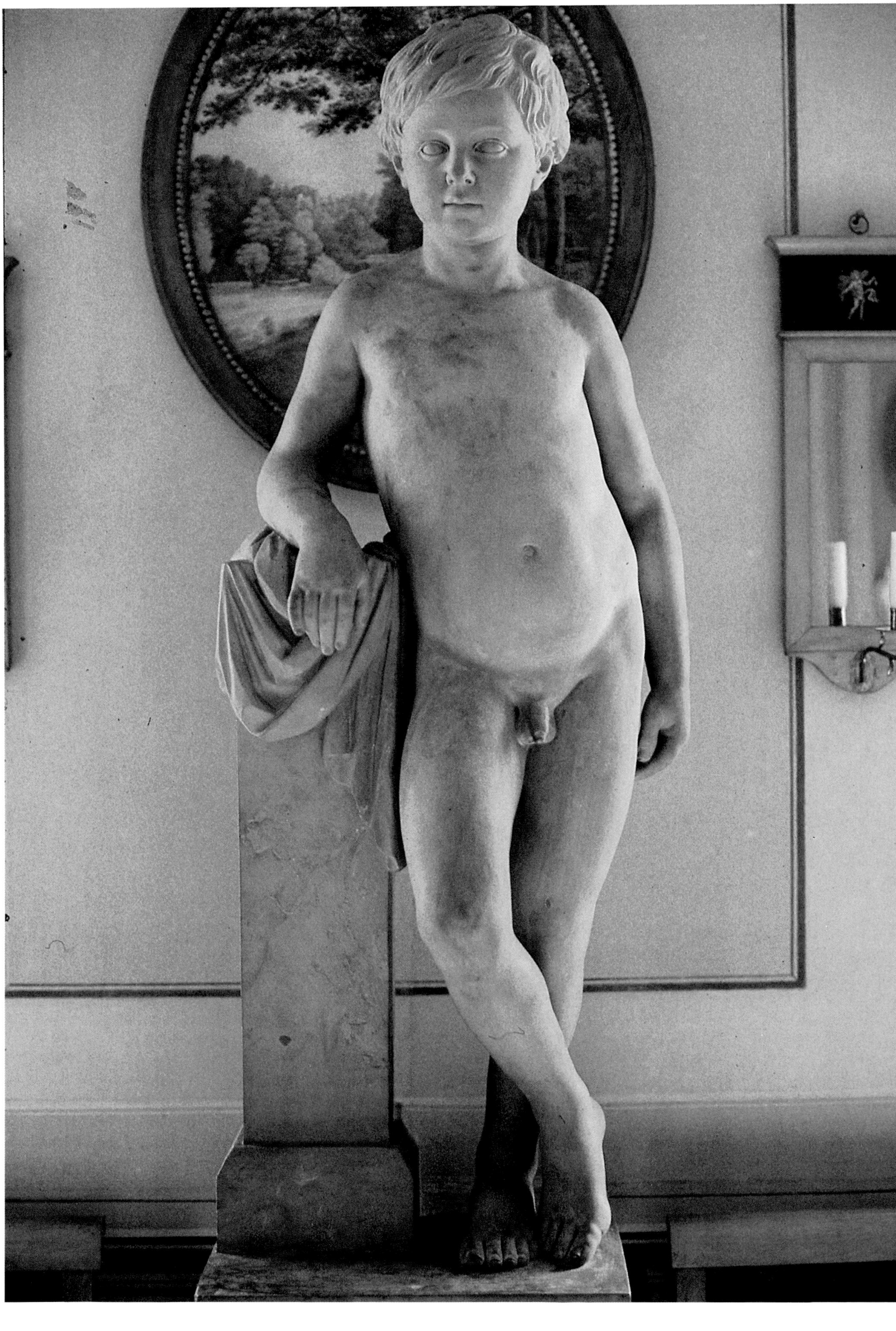

226 ›Peter im Baumgarten‹, Hirtenjunge aus Meiringen *Kupferstich in Lavaters ›Physiognomischen Fragmenten‹*

227 Fritz von Stein (1772 bis 1844) *Skulptur von Martin Gottlieb Klauer. 1779*

Clauer an Frizens Modell gearbeitet. Er findet doch endlich gott sey Danck an dem schönen Körper ein übergros Studium. Und da er erst die Figur aus dem Kopf machen wollte weil der Körper zu mager sey, kan er iezt nicht genug dessen Schönheit bewundern. Die Geschichte, wie es damit von Anfang gegangen ist muss ich nicht vergessen.
Tagebuch, 30. Januar 1779
»[Fritz Stein] ist ein sehr guter Mensch, allein zur Arbeit doch nur sehr bedingter Weise tauglich. Was noch wunderbarer ist, so trägt er auch in diesen Unvollkommenheiten Spuren der Goetheschen Erziehung, die man nicht verkennen kann. Ich glaube, daß es ihm geschadet hat, daß Goethe zu sehr mit ihm . . . auf das Reale und Praktische gegangen ist und zu wenig auf das eigentliche Lernen gehalten hat.«
Wilhelm von Humboldt, 1809

228 Goethe: Fritz von Stein. *Kreide (1777?)*

229 Goethe und Fritz von Stein *Schattenriß. 1781/82*

»Er [Goethe] hatte sich zwei Erziehungen vorgenommen, nämlich die meines Bruders und die von Peter Lindau . . . Was den . . . betrifft, so hatte er früher in der Schweiz eine Freundschaft geknüpft mit einem Herrn v. Lindau. Dieser . . . hatte . . . in den Schweizergebürgen einen kerngesunden Buben, den eine Ziege gesäugt hatte, angenommen, und diesen Goethe gegeben mit der Bitte, für ihn, bis er groß geworden, zu sorgen, wozu er auch ihm die nötige Gelder angewiesen . . . den Buben . . . brachte Goethe nach Kochberg in unser Haus und übergab ihn mit an meinen Hofmeister . . . Goethe, bei dem Prinzip, daß ein Mensch sich lediglich selbst bilden müsse, bekümmerte sich nicht viel um ihn . . . Als er aber älter wurde und ein Mädchen verführte, schien sich Goethe ganz von ihm losgesagt zu haben.«
Carl von Stein: Erinnerungen

230 Jakob Friedrich von Fritsch (1731-1814) *Mitglied des Geheimen Consiliums (»Wirklicher Geheimer Rat«). Geschnittene Silhouette. o.D.*

»Goethe rühmte, daß er stets redlich gegen ihn gewesen, obgleich sein, Goethes, Treiben und Wesen ihm nicht habe zusagen können. Aber er habe doch Goethes reinen Willen, uneigennütziges Streben und tüchtige Leistungen anerkannt. Seine Gegenwart, seine Äußerlichkeit sei nie erfreulich gewesen, vielmehr starr, ja hart, bouffu; er habe nichts Behagliches oder Feines in seinen Formen gehabt, aber viel Energie des Willens, viel Verstand, wie schon aus seinen zwei Söhnen sich schließen lasse, die denn doch selbständig genug auf eignen Füßen ständen. [. . .] In die Kriegs-Kommision trat ich bloß, um den Finanzen durch die Kriegs-Kasse aufzuhelfen, weil da am ersten Ersparnisse zu machen waren. [. . .] Den Ilmenauer Steuer-Kassier Gruner brachte ich ins Zuchthaus, weil ich im Conseil seinen Propre-Rest von 4000 Talern, den er durch falsche Restspezifikation maskiert hatte, schonungslos aufdeckte, trotzdem daß der Minister Fritsch und Hetzer, Eckardt p. ihn protegierten.«
Zu Kanzler von Müller, 31. März 1824

Ew. Excellenz nehme ich mir die Freiheit mit einer Bitte zu behelligen. Schon lange hatte ich einige Veranlassung zu wünschen, daß ich mit zur Gesellschaft der Freimaurer gehören möchte; dieses Verlangen ist auf unserer letzten Reise *[1779 in die Schweiz]* viel lebhafter geworden. Es hat mir nur an diesem Titel gefehlt, um mit Personen, die ich schätzen lernte, in nähere Verbindung zu treten – und dieses gesellige Gefühl ist es allein, was mich um die Aufnahme nachsuchen läßt. [. . .]
An J. F. von Fritsch, 13. Februar 1780

231 ›Des Königs [Friedrichs II.] von Preußen Abhandlung von der preußischen Kriegsverfassung . . .‹ *1771. Aus Goethes Bibliothek (auf dem Titelblatt: »Kriegs Comissär Fritsch«)*

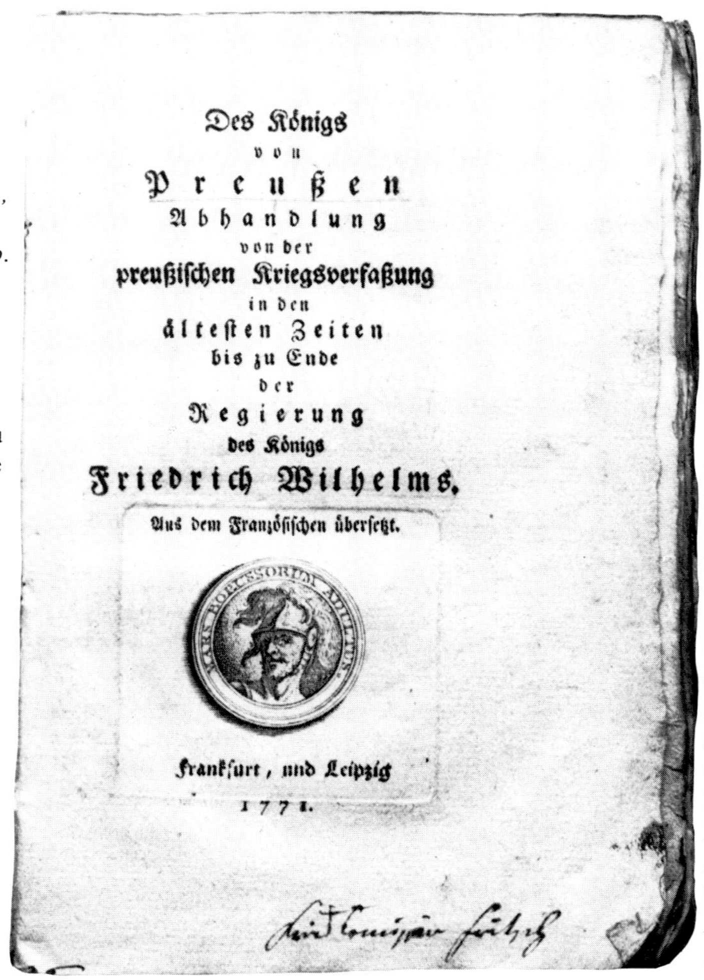
Des Königs
von
Preußen
Abhandlung
von der
preußischen Kriegsverfaßung
in den
ältesten Zeiten
bis zu Ende
der
Regierung
des Königs
Friedrich Wilhelms.
Aus dem Französischen übersezt.

Frankfurt, und Leipzig
1771.
Kriegs Comissär Fritsch

Ende Januar 1779 nimmt Goethe in einem Brief an den Herzog ausführlich zu dem Ansinnen Friedrichs d. Gr. Stellung, preußischen Werbern eine Aushebung in Sachsen-Weimar zu gestatten. Er wird im Februar und März selber in die Aktion hineingezogen, doppelt widerwillig, weil dadurch seine Arbeit an ›Iphigenie‹ leidet.

Gesezt also man fügt sich dem Begehren des Königs, so kan es entweder geschehen wenn man ihm die Werbung erlaubt, oder mit dem General Möllendorf auf eine gewisse Anzahl abzugebender Mannschafft überein-kommt, und auch diese entweder durch die Preusen ausnehmen lässt oder sie selbst ausnimmt und sie ihnen überliefert. [. . .] Will man endlich sich entschliessen eine Auswahl selbst zu machen und ihnen die Leute auszuliefern; so ist darinn wohl fürs ganze das geringste übel aber doch bleibt auch dieses, ein unangenehmes verhasstes und schaamvolles Geschäfft. Und wahrscheinlich ist man mit allem diesem doch nicht am Ende des Verdrusses. Diese mit Gewalt in fremde Hände gegebne Leute, werden in kurzem desertiren, und in ihr Vaterland zurückkehren, die Preusen werden sie wieder fordern, im Fall sie fehlen, austreten oder sich verbergen, an ihrer Stelle andre wegnehmen. Diese Plage wird mit iedem Herbst wiederkommen. Wie sie sich gewiss auch nicht begnügen werden, wenn man ihnen einmal Mannschafft stellt, mit iedem Frühjahr werden sie diese Anforderungen erneuen.
[. . .]
An Carl August, Ende Januar 1779

232 Goethe: Rekrutenaushebung *Bleistift und Tusche. März 1779*

Revision 1780
V[olgstedt, K. A. v., Kriegsrat] Wenn du bis 91 dienst kommst du in deinen besten Jahren nach haus *Sold[at]* Das ist gar zu lang. *V.* Einem Unterthan muss die Zeit nicht lang werden. – *Sold.* Ich hab zu Hause einen alten Vater der sich nicht helfen kan. *V.* Das thut ihm nichts. – *Sold.* Ich mögte gern weg *V.* Das glaub ich – *Sold.* Mein Vater muss viel Steuern geben *V.* Desto besser, so seyd ihr reich. – *Volg.* habt ihr was anzubringen? *S.* O ja, ich – *V.* So geht nur hin. – *S.* Ich bin ein Becker und verlerne meine Profession. *V.* Wenn ihr 88 los kommt könnt ihr noch viel in eurem Leben backen. – *S.* Ich hab einen Bruder der ganz krumme Füse hat. *V.* So habt ihr sie doch nicht.
Aus Goethes Notizblättern

So ganz ohne Sammlung, nur den einen Fus im Steigriemen des Dichter Hippogryphs, wills sehr schweer seyn etwas zu bringen das nicht ganz mit Glanzleinwand Lumpen gekleidet sey . . . Musick hab ich mir kommen lassen die Seele zu lindern und die Geister zu entbinden. d. 14. Febr. *(1779, an Frau von Stein)* Mit meiner Menschenglauberey bin ich hier fertig und habe mit den alten Soldaten gegessen, und von vorigen Zeiten reden hören. Mein Stück rückt. *(Jena, 1. März, an Frau von Stein)* Indess die Pursche gemessen und besichtigt werden will ich Ihnen ein Paar Worte schreiben. Es kommt mir närrisch vor da ich sonst in der Welt alles einzeln zu nehmen und zu besehen pflege, ich nun nach der Phisiognomick des Rheinischen Strichmaases alle Junge Pursche des Lands klassifizire . . . Übrigens lass ich mir von allerley erzählen, und alsdenn steig ich in meine alte Burg der Poesie und koche an meinem Töchtergen. Bey dieser Gelegenheit seh ich doch auch dass ich diese gute Gabe der himmlischen ein wenig zu kavalier behandle und ich habe würcklich Zeit wieder häuslicher mit meinem Talent zu werden wenn ich ie noch was hervorbringen will. *(Buttstädt, 8. März, an den Herzog)*

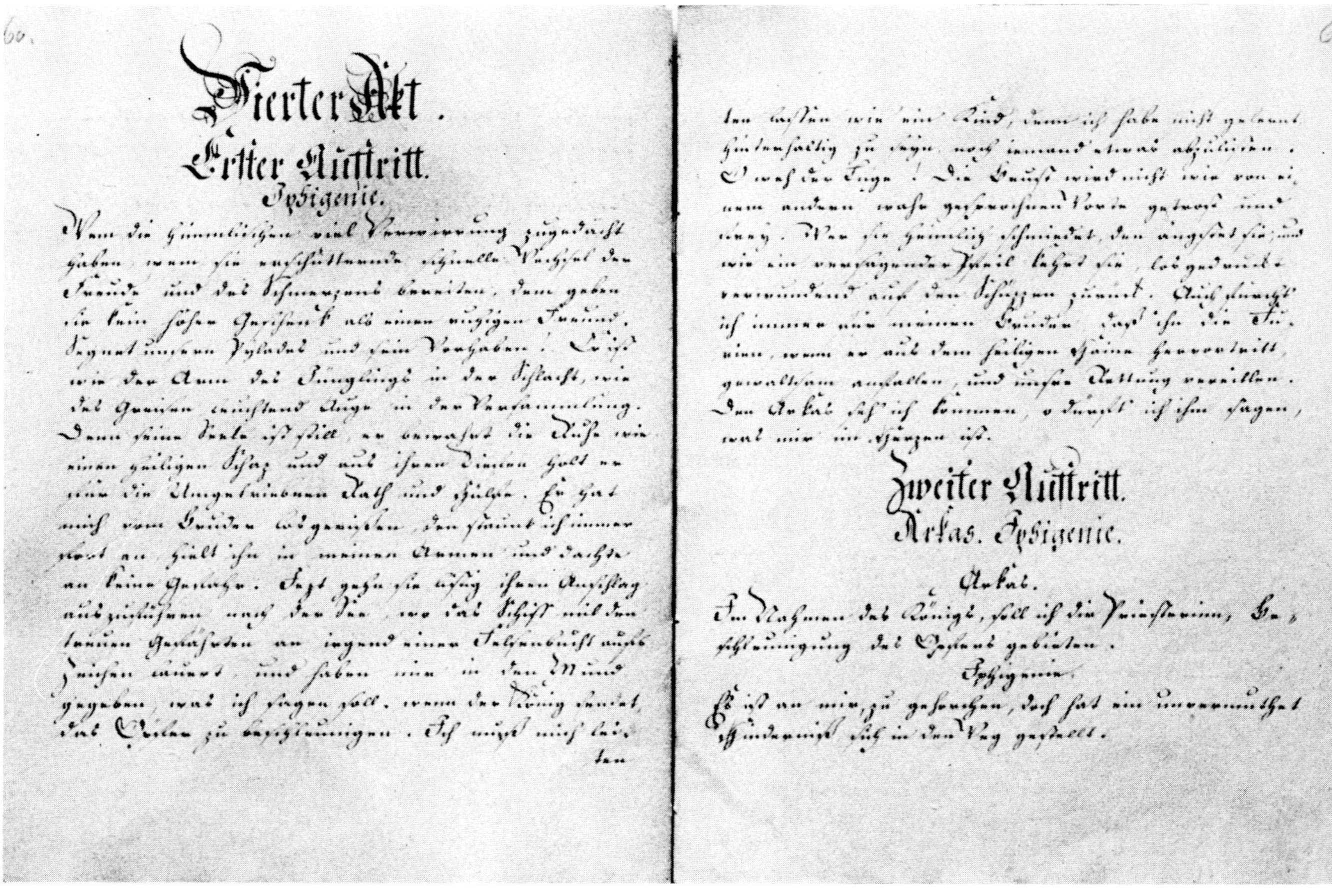

60.

Vierter Akt.

Erster Auftritt.

Iphigenie.

61

Zweiter Auftritt.

Arkas. Iphigenie.

235 Goethe: Corona Schröter, schlafend *Kohle. 19. Juli 1777 (Tagebuch)*

Die am 28. März 1779 geendigte Prosafassung der ›Iphigenie‹ wurde bereits am 6. April in einem Zimmer im Haus des Posthalters Hauptmann an der Esplanade in Weimar durch die »Liebhaberbühne« uraufgeführt, am 12. April wiederholt. Außer Corona Schröter in der Titelrolle spielten nur Amateure; Goethe den Orest, Knebel den Thoas, Prinz Constantin den Pylades (diese Rolle übernahm bei der Aufführung am 12. Juli in Ettersburg Carl August).

233 Goethe: ›Iphigenie auf Tauris‹ (1779), Vierter Akt, 1. und 2. Auftritt *Kopistenhandschrift der ersten (Prosa-)Fassung. 1785*

234 Goethe: Dornburger Schlösser *Bleistift, Tuschlavierung. Datiert auf der Rs. mit eigenhändigen Verszeilen für Frau von Stein:*

Ich bin eben nirgend geborgen / Fern an die holde Saale hier / Verfolgen mich manche Sorgen / Und meine Liebe zu dir. / Dornburg 16 Oktbr. 76 G.

Morgen hab ich die Auslesung, dann will ich mich in das neue Schloss sperren und einige Tage an meinen Figuren posseln.
Dornburg, 2. März 1779, an Frau von Stein

6. [April] Iph. gespielt. gar gute Würckung davon besonders auf reine Menschen. *[Juli:]* ♃ *[dem Herzog]* machte es ein Vergnügen die Rolle des Pylades zu lernen. Er nimmt sich auserordentlich zusammen, und an innrer Krafft, Fassung, Ausdauern, Begriff, Resolution fast täglich zu. [. . .] Auch dünckt mich sey mein Stand mit Cronen *[Corona]* fester und besser.
Goethes Tagebuch

236 Goethe. Büste von Martin Gottlieb Klauer *Gips mit Ölfarbenanstrich. Um 1780*

... der Herzog hat Schnausen, Lynckern und mir den Geheimdenraths Titel gegeben, es kommt mir wunderbaar vor dass ich so wie im Traum, mit dem 30ten Jahre die höchste Ehrenstufe die ein bürger in Teutschland erreichen kan, betrete. On ne va jamais plus loin que quand on ne scait ou l'on va. Sagte ein groser Kletterer dieser Erde. *An Frau von Stein, 7. September 1779*

237 Herzog Carl August von Weimar. Büste von Martin Gottlieb Klauer *Terrakotta mit schwarzer Lasur. Um 1780*

238 Goethe und seine Eltern, von J. P. Melchior *Biskuitreliefs der Eltern von 1779, Relief Goethes von 1775 in der Überarbeitung von 1785*

Am 9. August 1779 kündigt Goethe der Mutter seinen und des Herzogs Besuch, auf der Reise an den Rhein – das fernere Ziel, die Schweiz, wurde noch verschwiegen –, an:
Wenn Sie dieses prosaisch oder poetisch nimmt so ist dieses eigentlich das Tüpfgen aufs i, eures vergangnen Lebens . . . Weil ich aber auch mögte dass, da an den Bergen Samariä der Wein so schön gediehen ist auch dazu gepfiffen würde, so wollt ich nichts als dass Sie und der Vater offne und feine Herzen hätten uns zu empfangen, und Gott zu dancken der Euch euren Sohn im dreisigsten Jahr auf solche Weise wiedersehen lässt . . . Das unmögliche erwart ich nicht. Gott hat nicht gewollt dass der Vater die so sehnlich gewünschten Früchte die nun reif sind geniessen solle, er hat ihm den Apetit verdorben und so seys.

ich will gerne von der Seite nichts fordern als was ihm der Humor des Augenblicks für ein Betragen eingiebt. Aber Sie mögt ich recht fröhlich sehen, und Ihr einen guten Tag bieten wie noch keinen. ich habe alles was ein Mensch verlangen kan, ein Leben in dem ich mich täglich übe und täglich wachse, und komme diesmal gesund, ohne Leidenschafft, ohne Verworrenheit, ohne dumpfes Treiben, sondern wie ein von Gott geliebter, der die Hälfte seines Lebens hingebracht hat, und aus Vergangnem Leide manches Gute für die Zukunft hofft, und auch für künftiges Leiden die Brust bewährt hat, wenn ich euch vergnügt finde, werd ich mit Lust zurück kehren an die Arbeit und die Mühe des Tags die mich erwartet.

239 Goethe: Tagebucheintrag vom 3. bis 7. August 1779 *in dem ›Verbesserten Calender Vor Seiner Churfürstlichen Durchlauchtigkeit zu Sachsen Churfürstenthum . . .‹*

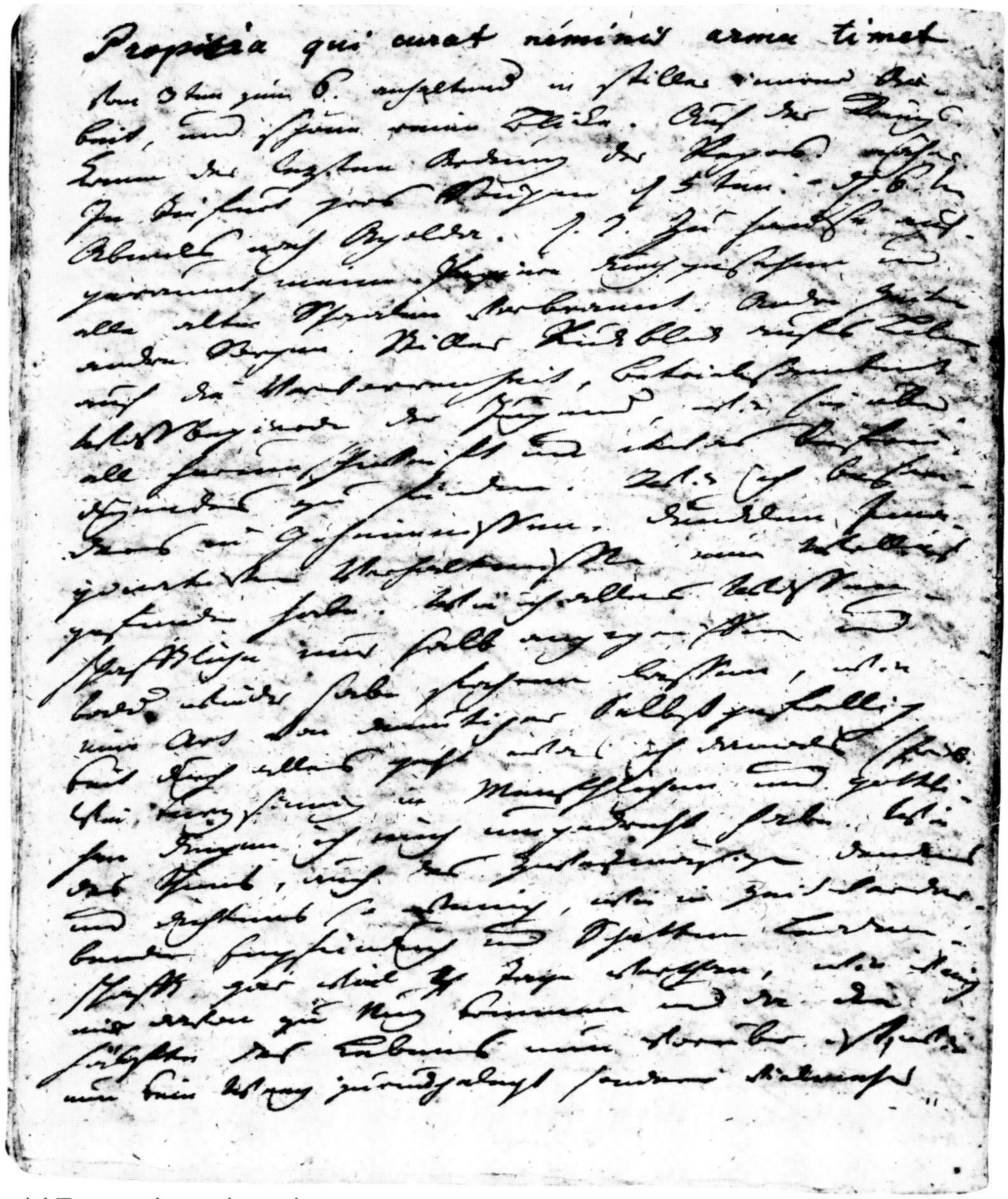
Propria qui curat néminis arma timet

Propria qui curat néminis arma timet [. . .] Zu Hause aufgeräumt, meine Papiere durchgesehen und alle alten Schaalen verbrannt. Andre Zeiten andre Sorgen. Stiller Rückblick aufs Leben, auf die Verworrenheit, Betriebsamkeit Wissbegierde der Jugend, wie sie überall herumschweift um etwas befriedigendes zu finden. Wie ich besonders in Geheimnissen, duncklen Imaginativen Verhältnissen eine Wollust gefunden habe. Wie ich alles Wissenschaftliche nur halb angegriffen und bald wieder habe fahren lassen, wie eine Art von demütiger Selbstgefälligkeit durch alles geht was ich damals schrieb. Wie kurzsinnig in Menschlichen und göttlichen Dingen ich mich umgedreht habe. Wie des Thuns, auch des Zweckmäsigen Denckens und Dichtens so wenig, wie in zeitverderbender Empfindung und Schatten Leidenschafft gar viel Tage verthan, wie wenig mir davon zu Nuz kommen und da die Hälfte des Lebens nun vorüber ist, wie nun kein Weeg zurückgelegt sondern vielmehr ich nur dastehe wie einer der sich aus dem Wasser rettet und den die Sonne anfängt wohlthätig abzutrocknen. Die Zeit dass ich im Treiben der Welt bin seit 75 Oktbr. getrau ich noch nicht zu übersehen. Gott helfe weiter. und gebe Lichter, dass wir uns nicht selbst so viel im Weege stehn. Lasse uns von Morgen zum Abend das gehörige thun und gebe uns klare Begriffe von den Folgen der Dinge.

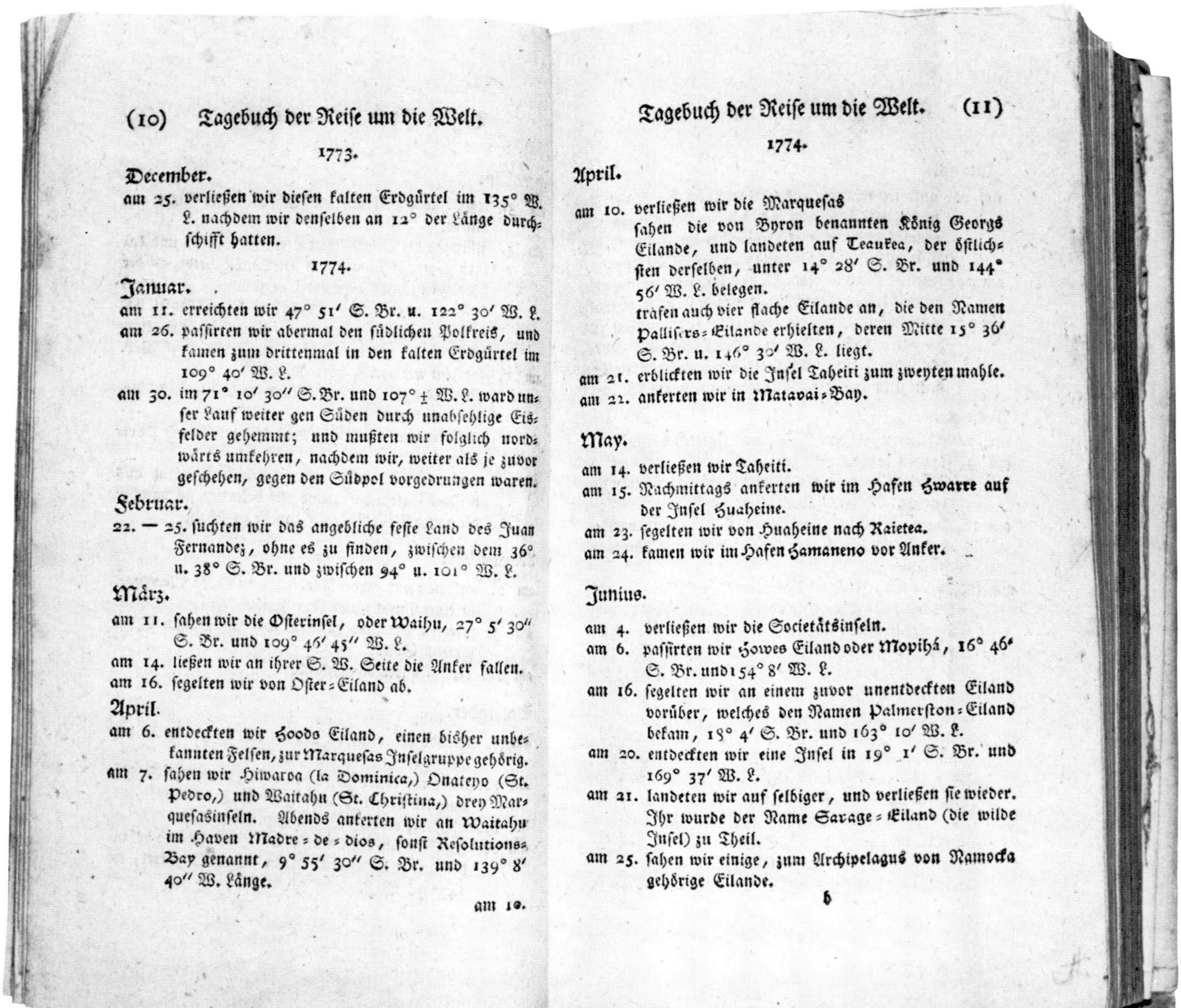

1773.

December.

am 25. verließen wir diesen kalten Erdgürtel im 135° W. L. nachdem wir denselben an 12° der Länge durchschifft hatten.

1774.

Januar.

am 11. erreichten wir 47° 51′ S. Br. u. 122° 30′ W. L.

am 26. passirten wir abermal den südlichen Polkreis, und kamen zum drittenmal in den kalten Erdgürtel im 109° 40′ W. L.

am 30. im 71° 10′ 30″ S. Br. und 107° ± W. L. ward unser Lauf weiter gen Süden durch unabsehlige Eisfelder gehemmt; und mußten wir folglich nordwärts umkehren, nachdem wir, weiter als je zuvor geschehen, gegen den Südpol vorgedrungen waren.

Februar.

22. — 25. suchten wir das angebliche feste Land des Juan Fernandez, ohne es zu finden, zwischen dem 36° u. 38° S. Br. und zwischen 94° u. 101° W. L.

März.

am 11. sahen wir die Osterinsel, oder Waihu, 27° 5′ 30″ S. Br. und 109° 46′ 45″ W. L.

am 14. ließen wir an ihrer S. W. Seite die Anker fallen.

am 16. segelten wir von Oster-Eiland ab.

April.

am 6. entdeckten wir Hoods Eiland, einen bisher unbekannten Felsen, zur Marquesas Inselgruppe gehörig.

am 7. sahen wir Hiwaroa (la Dominica,) Onateyo (St. Pedro,) und Waitahu (St. Christina,) drey Marquesasinseln. Abends ankerten wir an Waitahu im Haven Madre-de-dios, sonst Resolutions-Bay genannt, 9° 55′ 30″ S. Br. und 139° 8′ 40″ W. Länge.

am 10.

1774.

April.

am 10. verließen wir die Marquesas
sahen die von Byron benannten König Georgs Eilande, und landeten auf Teaukea, der östlichsten derselben, unter 14° 28′ S. Br. und 144° 56′ W. L. belegen.
trafen auch vier flache Eilande an, die den Namen Pallisers-Eilande erhielten, deren Mitte 15° 36′ S. Br. u. 146° 30′ W. L. liegt.

am 21. erblickten wir die Insel Taheiti zum zweyten mahle.

am 22. ankerten wir in Matavai-Bay.

May.

am 14. verließen wir Taheiti.

am 15. Nachmittags ankerten wir im Hafen Hwarre auf der Insel Huaheine.

am 23. segelten wir von Huaheine nach Raietea.

am 24. kamen wir im Hafen Hamaneno vor Anker.

Junius.

am 4. verließen wir die Societätsinseln.

am 6. passirten wir Howes Eiland oder Mopihá, 16° 46′ S. Br. und 154° 8′ W. L.

am 16. segelten wir an einem zuvor unentdeckten Eiland vorüber, welches den Namen Palmerston-Eiland bekam, 18° 4′ S. Br. und 163° 10′ W. L.

am 20. entdeckten wir eine Insel in 19° 1′ S. Br. und 169° 37′ W. L.

am 21. landeten wir auf selbiger, und verließen sie wieder. Ihr wurde der Name Savage-Eiland (die wilde Insel) zu Theil.

am 25. sahen wir einige, zum Archipelagus von Namocka gehörige Eilande.

b

240 Johann Reinhold Forster: ›Bemerkungen ... auf seiner Reise um die Welt‹ *1783 (ins Deutsche übersetzt von J. G. Forster)*

241 Johann Reinhold Forster (1729-1798) und sein Sohn Johann Georg Adam Forster (1754-1794) *Kupferstich von D. Begel nach J. F. Rigaud. 1780*

Zu Beginn ihrer Reise besuchten der Herzog, Goethe und Oberforstmeister v. Wedel den am Collegium Carolinum in Kassel Naturkunde lehrenden Georg Forster, der durch seine Teilnahme an Cooks zweiter Weltumsegelung früh zu Ruhm gelangt war.
»Goethe ist ein gescheuter, vernünftiger, schnellblickender Mann, der wenig Worte macht; gutherzig, einfach in seinem Wesen. Pah! Männer, die sich aus dem großen Haufen auszeichnen, sind nicht zu beschreiben. Der Charakter eines Mannes von hohem Genius ist selten wetterleuchtend und übertrieben, er besteht in einigen wenigen Schattierungen, die man sehen und hören muß, aber nicht beschreiben kann. Der Herzog ist ein artiger kleiner Mann, der ziemlich viel weiß, sehr einfach ist und gescheute Fragen tut. Für einen zweiundzwanzigjährigen Herzog, der seit vier Jahren sein eigner Herr ist, fand ich viel mehr in ihm, als ich erwartete.«
J. G. Forster an seinen Vater, 24. Oktober 1779

»Sein [Goethes] Freund Behrisch in Dessau hat mir seine ausgelassene Laune nicht verhehlt, ich aber habe ihn nicht darin gefunden. Hier war er ernsthaft, machte wenig Worte, frug mich wegen der Südländer, über deren Einfalt er sich freute, und hörte die meiste Zeit zu, da mich der Herzog befragte, in dessen Gegenwart wir uns fast immer nur gesehen haben.«
J. G. Forster an F. H. Jacobi, 2. November 1779

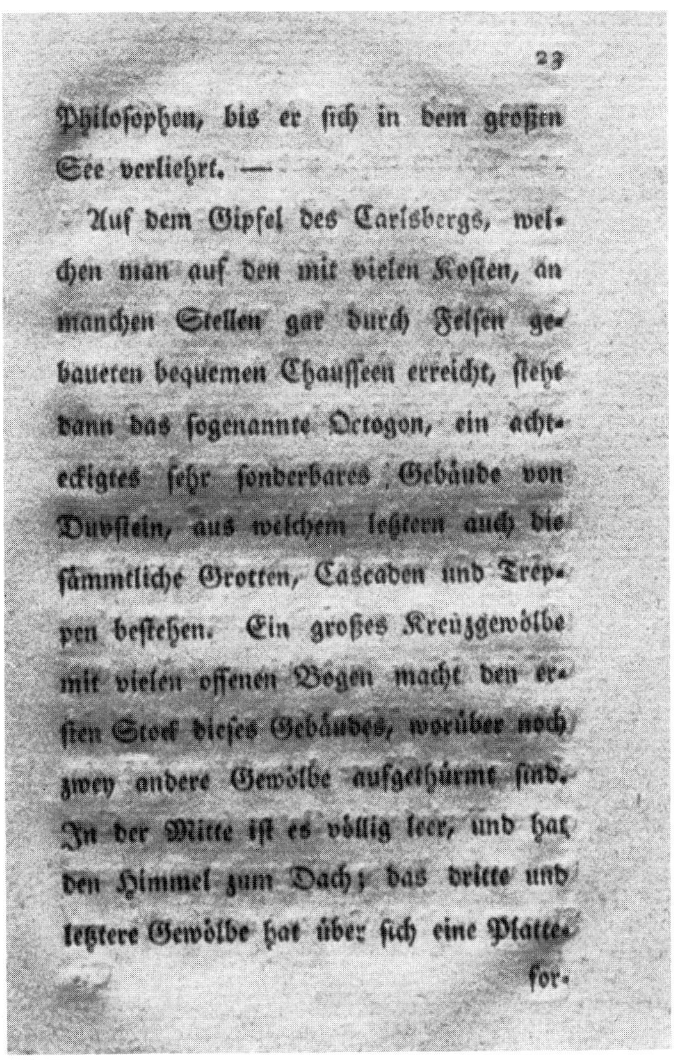

23

Philosophen, bis er sich in dem großen See verliehrt. —

Auf dem Gipfel des Carlsbergs, welchen man auf den mit vielen Kosten, an manchen Stellen gar durch Felsen gebaueten bequemen Chausseen erreicht, steht dann das sogenannte Octogon, ein achteckigtes sehr sonderbares Gebäude von Duvstein, aus welchem letztern auch die sämmtliche Grotten, Cascaden und Treppen bestehen. Ein großes Kreuzgewölbe mit vielen offenen Bogen macht den ersten Stock dieses Gebäudes, worüber noch zwey andere Gewölbe aufgethürmt sind. In der Mitte ist es völlig leer, und hat den Himmel zum Dach; das dritte und letztere Gewölbe hat über sich eine Platte-

for-

242 Kassel. Park von Schloß Wilhelmshöhe (früher ›Weissenstein‹) mit dem Riesenschloß ›Oktogon‹

243 G. Döring: ›Kurze Beschreibung von Wilhelmshöhe bei Cassel‹ *1799. Aus Goethes Bibliothek*

15. *[September 1779]* Auf Weissenstein, den Winterkasten erstiegen, die übrigen Anlagen besehen. Abends zurück.
Goethes Tagebuch

So verhaßt waren mir immer die Willkührlichkeiten. Der Winterkasten auf Weissenstein, ein Nichts um ein Nichts, ein ungeheurer Confeckt Aufsatz und so mit Tausend andern Dingen.
›Tagebuch der italienischen Reise‹ 1786, Terni (27. Oktober); die Reminiszenz im Anblick des Aquädukts von Spoleto, dem Werck der Alten ... so schön natürlich, zweckmäßig und wahr.

244 Friederike Brion
Silberstiftzeichnung von J. F. A. Tischbein. o. D.

d. 25. *[September 1779]* Abends ritt ich etwas seitwärts nach Sessenheim, indem die andern ihre Reise grad fortsezten, und fand daselbst eine Familie wie ich sie vor acht Jahren verlassen hatte beysammen, und wurde gar freundlich und gut aufgenommen. Da ich iezt so rein und still bin wie die Luft so ist mir der Athem guter und stiller Menschen sehr willkommen. Die Zweite Tochter vom Hause hatte mich ehmals geliebt schöner als ichs verdiente, und mehr als andre an die ich viel Leidenschafft und Treue verwendet habe, ich musste sie in einem Augenblick verlassen, wo es ihr fast das Leben kostete, sie ging leise drüber weg mir zu sagen was ihr von einer Kranckheit iener Zeit noch überbliebe . . . Nachsagen muss ich ihr dass sie auch nicht durch die leiseste Berührung irgend ein altes Gefühl in meiner Seele zu wecken unternahm.
An Frau von Stein

245 Das Pfarrhaus in Sesenheim *Öl auf Karton. Anonym. Anfang 19. Jahrhundert*

246 Johann August Nahl d. J. (1752-1825): Grabmal der Maria Magdalena Langhans
(Frau des Pfarrers von Hindelbank)

»Diese Frau, eine der schönsten in der Schweiz, starb acht und zwanzig Jahre alt, als Kindbetterin, mit ihrem ersten Säugling. [. . .] Die Kindbetterin starb am Osterabend [1751]; Nahl nutzte den großen Auferstehungsgedanken, und bildete ein geborstenes Grab, wie es einst am großen Gerichtstage zerspringen soll. – Die Verstorbene drängt sich mit ihrem Säugling empor . . . Der eine Arm stößt unwillig den Stein zurück, der noch den Ausgang versperrt, und sie drückt mit dem andern ihren Säugling an die Brust . . .«
J. H. C. M. Frhr. v. Minutoli 1795

Vom Grabmal der Pfarren zu Hindelbanck zu hören werden Sie Geduld haben müssen, denn ich habe mancherley davon, darüber und dabey vorzubringen. Es ist ein Text worüber sich ein lang Capitel lesen lässt. Ich wünschte gleich iezt alles aufschreiben zu können. Ich hab soviel davon gehört und alles verbertucht pour ainsi dire. Man spricht mit einem allzeit fertigen Enthusiasmus von solchen Dingen, und niemand sieht drauf was hat der Künstler gemacht, was hat er machen wollen.
An Frau von Stein, Payerne, 20. Oktober 1779

Kurze Anleitung
für diejenigen, welche eine Reise durch einen Theil der merkwürdigsten Alpgegenden des Lauterbrunnenthals, Grindelwald, und über Meyringen auf Bern zurück, machen wollen.

Bern,
Bey Wagner, Hoch-Obrigkeitlichen Buchdrucker, 1777.

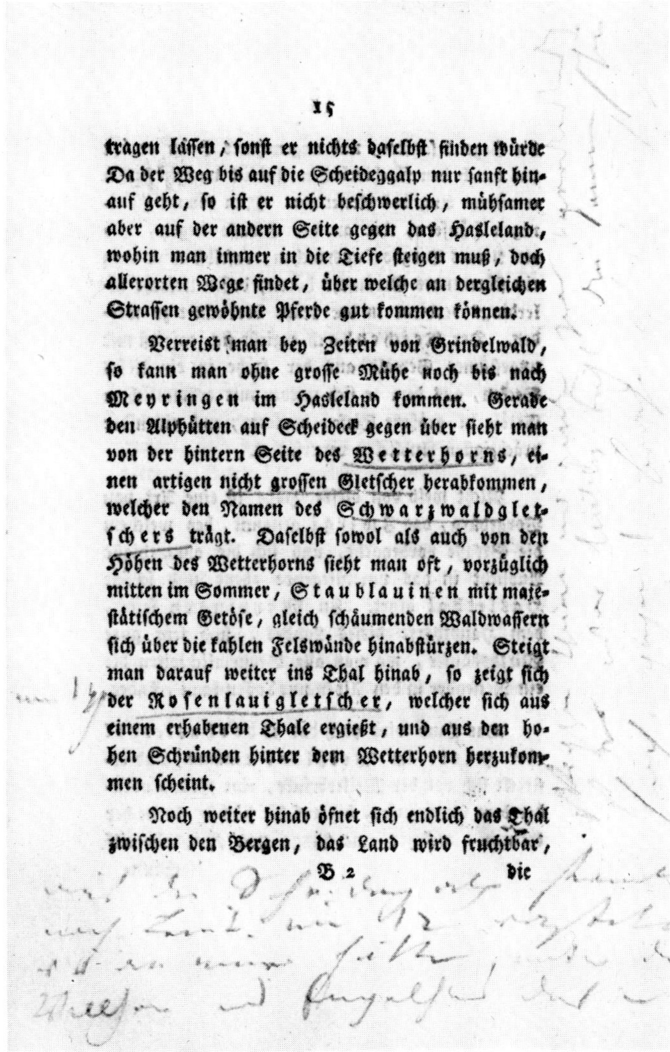

15

tragen lassen, sonst er nichts daselbst finden würde
Da der Weg bis auf die Scheideggalp nur sanft hinauf geht, so ist er nicht beschwerlich, mühsamer aber auf der andern Seite gegen das Hasleland, wohin man immer in die Tiefe steigen muß, doch allerorten Wege findet, über welche an dergleichen Strassen gewöhnte Pferde gut kommen können.

Verreist man bey Zeiten von Grindelwald, so kann man ohne grosse Mühe noch bis nach Meyringen im Hasleland kommen. Gerade den Alphütten auf Scheideck gegen über sieht man von der hintern Seite des Wetterhorns, einen artigen nicht grossen Gletscher herabkommen, welcher den Namen des Schwarzwaldgletschers trägt. Daselbst sowol als auch von den Höhen des Wetterhorns sieht man oft, vorzüglich mitten im Sommer, Staublauinen mit majestätischem Getöse, gleich schäumenden Waldwassern sich über die kahlen Felswände hinabstürzen. Steigt man darauf weiter ins Thal hinab, so zeigt sich der Rosenlauigletscher, welcher sich aus einem erhabenen Thale ergießt, und aus den hohen Schründen hinter dem Wetterhorn herzukommen scheint.

Noch weiter hinab öffnet sich endlich das Thal zwischen den Bergen, das Land wird fruchtbar,

B 2 die

247 J. S. Wyttenbach: ›Kurze Anleitung für diejenigen, welche eine Reise durch einen Theil der merkwürdigsten Alpgegenden des Lauterbrunnenthals, Grindelwald, und über Meyringen auf Bern zurück, machen wollen‹, 1777
Goethes Exemplar mit seinen an den Rand und auf die Vorsatzblätter geschriebenen Reisenotizen

248 Goethe: Notizen zur Wanderung von Grindelwald auf die Scheidegg *(7. Oktober 1779; Transkription s. zu Abb. 252)*

d. 8ten *[Oktober 1779]* bis Thun. d. 9. nach sieben von Thun abgefahren. Gegen 12 kamen wir hier *[in Lauterbrunnen]* an. Das Jungfrauhorn war mit Wolcken angezogen. Das Eis thal in Sonnenblicken auserordentl. schön. Der Steinberg im Rücken an ihn schliest sich der Tschingel Gletscher und so ist man im Ende des Thals wie gestern.
Tagebuchnotizen in Wyttenbachs ›Kurzer Anleitung‹

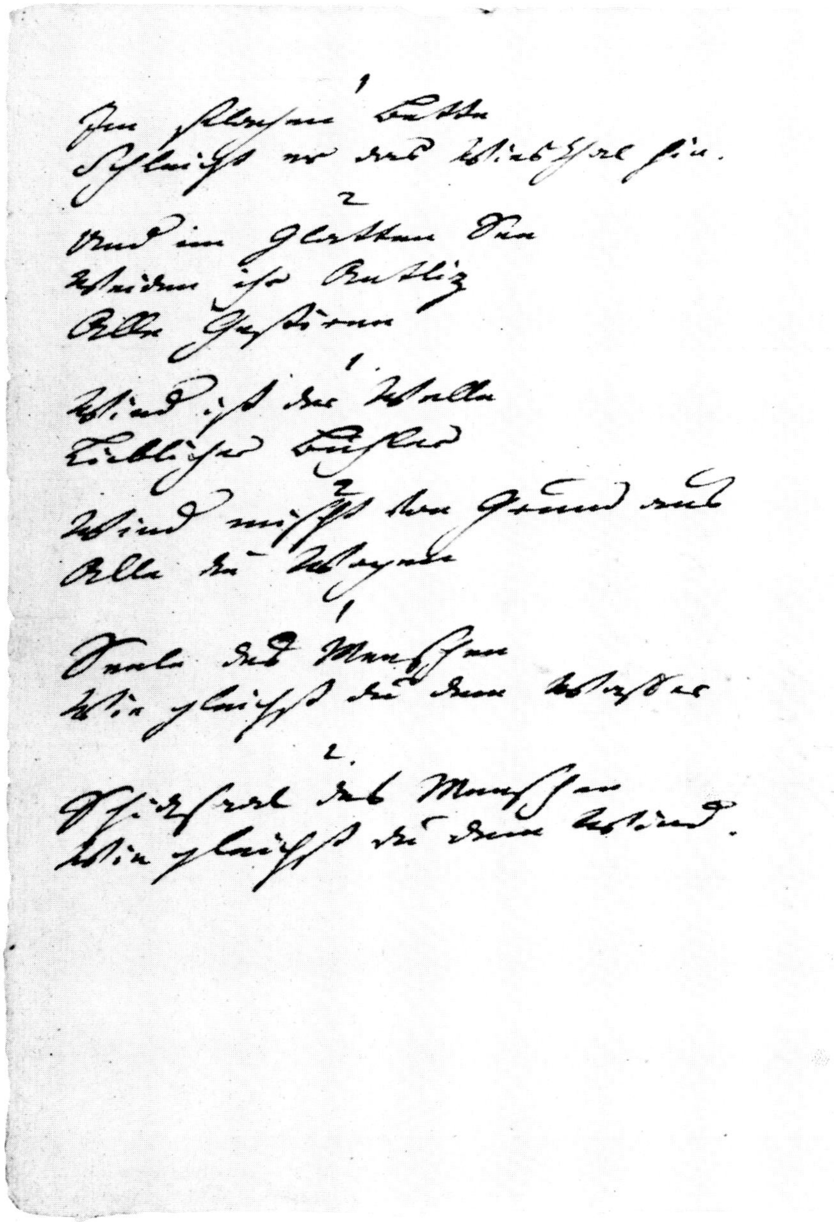

249 Goethe: ›Des Menschen Seele . . .‹ *(in verschiedenen Fassungen unter den Titeln ›Am Staubbach‹, ›Gesang der lieblichen Geister in der Wüste‹, ›Gesang der Geister über den Wassern‹ überliefert). Thun, 14. Oktober 1779. Hier in Goethes Abschrift für Bäbe Schultheß*

250 Caspar Wolf: Der Staubbachfall im Lauterbrunnental. 1774

. . . wir haben den Staubbach bei gutem Wetter zum erstenmal gesehen die Wolken der Obern Luft waren gebrochen und der blaue Himmel schien durch. An den Felswänden hielten Wolken, selbst das Haupt wo der Staubbach herunter kommt, war leicht bedekt. Es ist ein sehr erhabener Gegenstand. [. . .] Es lässt sich von ihm kein Bild machen, die Sie von ihm gesehen haben sehen sich mehr oder weniger ähnlich; aber wenn man drunter ist, wo man weder mehr Bilden noch beschreiben kann, dann ist man erst auf dem rechten Flek. [. . .]

Sonntags den 10ten früh sahen wir eben den Staubbach wieder und wieder aus dem Pfarrhause an, er bleibt immer eben derselbe und macht einen unendlich angenehmen und tiefen Eindruck.

An Frau von Stein, Lauterbrunnen, 9. und 15. Oktober 1779

1.
Des Menschen Seele
Gleicht dem Wasser
Vom Himmel kommt es
Zum Himmel steigt es
2.
Und wieder nieder
Zur Erde muß es
Ewig wechselnd
1.
Strömt von der hohen
Steilen Felswand
Der reine Strahl
Stäubt er lieblich
In Wolken-Wellen
Zum glatten Fels
Und leicht empfangen
Wallt er schleyrend
Leis rauschend
Zur Tiefe nieder
2.
Ragen Klippen
Dem Sturz entgegen
Schäumt er unmuthig
Stufenweise
Zum Abgrund.
1
Im flachen Bette
Schleicht er das Wiesthal hin.
2
Und im glatten See
Weiden ihr Antliz
Alle Gestirne
1.
Wind ist der Welle
Lieblicher Buhler
2
Wind mischt von Grund aus
Alle die Wogen
1
Seele des Menschen
Wie gleichst du dem Wasser
2.
Schicksaal des Menschen
Wie gleichst du dem Wind.

251 Caspar Wolf: Der untere Grindelwaldgletscher mit Lütschine und dem Mettenberg. 1774

252 Caspar Wolf: Der Geltenschuß im Lauenental mit Schneebrücke. 1778

d. 10. Uber Radschocken, sahen im Thal grad ab die Bleyhütten und Sichellauinen oben den Breitlauinen Gletscher der bis ins Thal fällt und sein Wasser unter dem grau beschaffnen Eis hervor jagt. hinter uns links der Mönch. . . . eine Weile stieg der Weeg über Matten, dann wand er sich rauher an Berg hinauf. Man geht einen Fussteig über eine hängende Matte die Steeg genannt. wir kamen über verschiedene Bächli und Wasserfälle. gegen halb 11 ward das Breithorn sichtbar. wir gingen an hoher Alp und dem Tschingel Gletscher vorbey. Um ½ 12 stiegen wir immer an dem Gletscher gegenüber auf, sahen den Schwatri Bach in starckem Fall aus dem Gletscher kommen. Wir assen auf Steinbergs Alp. Der Schaaf bach kommt ganz hinten aus dem Tschingel Gletscher und macht mit dem Schwatri bach die Lütschine. Amerten war unter uns wir sahens nicht. Es ward kühl die Wolcken wechselten. wir assen und trancken und feyerten sehr lustig saturnalien mit den Knechten und Führern. Philip *[Seidel]* wurde vexirt daß er heut früh sehr viel Käs suppe gessen habe. Es war ein närrsches Original von Thun mit *[,]* den wir herauf geschl. hatten. Wir waren um ½ 2 auf dem Tschingel-Gl. und machten Thorheiten Steine abzuwälzen es war schön und höher als sich denckt. Der Herzog wolte es auch noch immer toller, ich sagt ihm das wäre das und mehr fänden wir nicht. wir gingen am Tschingel her. Das Tschingel horn mit Wolcken stand vor der sonne, es war von da herab der Gletscherstock bis unten wo er in Hölen schmilzt. ¾ Auf 3 kamen wir auf dem Ober horn an zwischen Felsen und Gletschern. die Sonne schien. D ♃ *[Herzog]* hatte den Spas gespürt. zwischen den Gesteinen macht das Eis Wasser ein Seelein. Die hohen Felslagen sind mit Eis bedeckt. Das Seelein liegt mehr vorm Tschingelhorn, es war oberhalb leicht bewölckt. Grau die Decke der absinckenden Eise, blau die Klüfte die Felsen, d. Stein alles Granit. Um 3 Uhr gingen wir ab. NB den Wasserfall aus den holen Gletschern durch die Uberbogen und Schrunden. Es ward wolckig regnete brav wir hörten offt Gletscher Prall sahen auch einen. d. 11ten von Lauterbr ab den untern Weeg gegen 2 Uhr in Grindelw angekommen, sahn den ausfluss des untern Glätschers. [. . .] d. 12ten früh vom Wirtsh. im Grindelwald . . . Verirrte mich kamen am ob*[eren]* Gl*[etscher]* zusammen gingen im Schatten des Wetterhorns den Scheideg hinauf.
Goethes Tagebuch in Wyttenbachs ›Kurzer Anleitung‹

253 Caspar Wolf: Blick aus der Beatushöhle auf den Thunersee. 1776

»Der Herr Geh.Rath las aus dem Homer von den Sirenen. Eine Stunde nach Untersewen erscheint die Beatushöle wir stiegen aus und kletterten den Berg hinan wo man expres einen Weeg in den Berg eingehauen hat. Aus der Höhle die vorn über 3 Mannshöhe hat hinten aber steigend niedriger wird und *sehr tief hinein geht komt ein schönes Wasser, daneben ist noch eine d[it]o zwischen beiden ist ein heiliger Epheustamm hoch den Fels hinan gelaufen dessen Zweige feierlich drüber herabhängen, eine Kanaillehand hat ihn und wohl erst vor einigen Tagen unten durchgehauen. [...]*
An Frau von Stein, mit Seidels Tagebuch, 14. Oktober 1779

254 Marie Antonia von Branconi (1746-1793) *Ölgemälde von Anna Rosina de Gask, 1770*

Lausanne d. 23ten *[Oktober 1779]* [...] Abends *[am 22.]* ging ich zu Mad. Branconi. Sie kommt mir so schön und angenehm vor dass ich mich etlichemal in ihrer Gegenwart stille fragte, obs auch wahr seyn möchte dass sie so schön sey. Einen Geist! ein Leben! einen Offenmuth! dass man eben nicht weis woran man ist. [...] Am Ende ist von ihr zu sagen was Ulyss von den Felsen der Scylla erzählt. »Unverlezt die Flügel streicht kein Vogel vorbey, auch die schnelle Taube nicht die dem Jovi Ambrosia bringt, er muss sich für iedesmal andrer bedienen.« Pour la colombe *du jour* elle a echappé belle doch mag er sich für das nächstemal andrer bedienen.
An Frau von Stein

»Darauf unterhielt man sich darüber, warum Schwermut so sehr gefalle, warum Traurigkeit so sehr einnehmend sei. Doch nur für diejenigen, bemerkte Goethe bedeutsam, die selbst dieses Labsal mit sich in ihrem Busen herumtrügen. Branconis Charakter neigte zur Schwermut, und von Goethe wissen wir, daß auch ihm, dem Lebensfrohen, vermöge der wunderbaren Mischung seiner Natur die trübsinnige Melancholie nicht fremd war.«
K. Mattei, Aufzeichnungen über das Gespräch Goethes mit M. A. von Branconi am 23. Oktober 1779

255 Jacques Balmat und Horace-Bénédict de Saussure *Erst- und Zweitbezwinger des Montblanc. Denkmal in Chamonix*

256 H. B. de Saussure: ›Relation abrégée d'un voyage à la cime du Mont-Blanc en Août 1787‹ *Aus Goethes Bibliothek De Saussure (1740-1799) hatte 1779 das Manuskript des 1. Bandes seines ›Pionierwerks‹ ›Voyages dans les Alpes‹ abgeschlossen; der »Discours préliminaire« datiert vom 28. November 1779.*

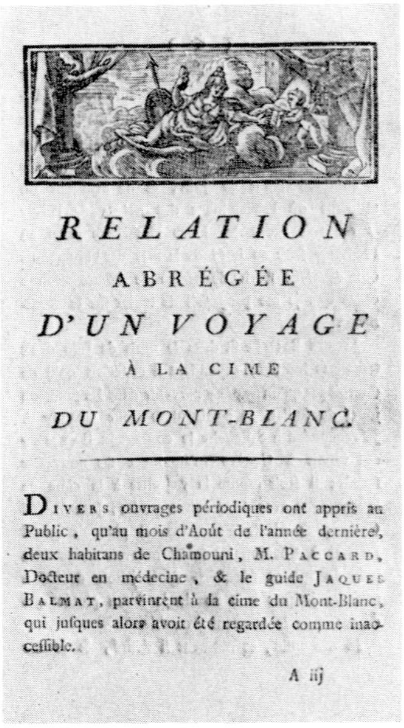

RELATION ABRÉGÉE D'UN VOYAGE À LA CIME DU MONT-BLANC.

DIVERS ouvrages périodiques ont appris au Public, qu'au mois d'Août de l'année dernière, deux habitans de Chamouni, M. PACCARD, Docteur en médecine, & le guide JAQUES BALMAT, parvinrent à la cime du Mont-Blanc, qui jusques alors avoit été regardée comme inaccessible.

A iij

Vom Plan des Herzogs, die Savoier Eisgebirge *zu besuchen,* von Genf aus über Cluse und Salenche in's Thal Chamouni zu gehen, dann über Valorsine und Trient nach Martinach in's Wallis zu fallen. Dieser Weeg, den die meisten Reisenden nehmen, schien, wegen der Jahrszeit etwas bedenklich. . . . wir glaubten am besten zu thun, wenn wir uns erst des Raths eines erfahrenen Mannes versicherten. Wir kompromittirten daher auf den Professor de Saussure und nahmen uns vor nichts zu thun oder zu lassen als was dieser zu oder abrathen würde. . . . auf ein simples exposé entschied er zu unserm grossen Vergnügen, dass wir ohne die geringste Fahr noch Sorge den Weeg . . . machen könnten. [. . .] Er spricht nicht anders von diesem Gange als wie wir einem Fremden vom Buffarthischen Schloss oder vom Etterischen Steinbruche erzählen werden. Und das sind dünckt mich die Leute die man fragen muss, wenn man in der Welt fort kommen will. *An Frau von Stein, Luzern, Mitte November / Genf, 2. November 1779*

257 Caspar Wolf: Die Furka von Realp aus gesehen *Bleistift, aquarelliert. 1777*

Es wurde dunkler, wir kamen dem Thale Chamouni näher... wir bemerkten über den Gipfeln der Berge, rechts vor uns, ein Licht, das wir nicht erklären konnten, hell, ohne Glanz wie die Milchstrasse, doch dichter, fast wie die Pleiaden, nur grösser, unterhielte es lang unsere Aufmerksamkeit, biss es endlich, da wir unsern Standpunkt änderten, wie eine Piramiede, von einem innern, geheimnissvollen Lichte duchzogen, das dem Schein eines Johanniswurms am besten verglichen werden kann, über den Gipfeln aller Berge hervorragte und uns gewiss machte, dass es der Gipfel des mont blanc's war.
An Frau von Stein, Chamonix, 4. November 1779

d. 9. *[November 1779]* Bey Zeiten aus Siders mit ♃ *[dem Herzog]* allein. nach dem Leucker Bad. schöne Aussicht ins Wallis, beschweerlicher Weeg. schrieb eine Scene am Egm*[ont]* . . . 11 Von Brieg mit Pferden. enger das Thal, aufwärts. Ängstl Stimmung Verfl. Gefühl des Entenfangs. [. . .] nach und nach in die Region des Schnees. Nachm. Ostwind starcke Kälte und Hoffnung geblieben der Furcka. in Münster. Fatale Ahndungen Erinnerung Enge böses Gefühl dass man im Sack stickt Hoffnung und Vertraun. d. 12. [. . .] In Oberwald fragten wir ob man über die Furcka kommen und ob sich die Leute verbinden wollten uns hinüber zu bringen. Es melden sich 2 Bursche wie Rosse, um 10 ab. Sonnenschein. Wilder stieg das erste Thal hinauf grosser Anblick des Rhone Glätschers. [. . .] am Kreuz Wechselnde Wolcken, Sonne wie Mond, Stöber Wetter Lappländische Ansichten, Grauen der unfruchtbaren Thäler. [. . .] abends 5 in Realp.
Aus Goethes Tagebuch

258 Caspar Wolf: ›Locenderen See‹ *(Lago di Lucendro auf dem Gotthard) Bleistift und Öl auf Karton. 1779*

d. 13. Nov. 79. Auf dem Gotthart bey den Capuzinern. [. . .] Hier ist der Herzog mit mir allein, und dem Jäger. Auf dem Gipfel unsrer Reise. [. . .] Zum zweitenmal bin ich nun in dieser Stube, auf dieser Höhe, ich sage nicht mit was für Gedancken. Auch iezt reizt mich Italien nicht. Dass dem Herzog diese Reise nichts nüzzen würde iezzo, dass es nicht gut wäre länger von Hause zu bleiben, dass ich Euch wiedersehen werde, alles wendet mein Auge zum zweitenmal vom gelobten Land ab, ohne das zu sehen ich hoffentlich nicht sterben werde . . . Morgen steht uns nun der herrliche Weeg den Gotthart hinab noch vor. Doch sind wir schon durch so vieles grose durchgegangen dass wir wie Leviathane sind die den Strom trincken und sein nicht achten. Mehr oder weniger versteht sich.
An Frau von Stein

259 J. C. Lavater *Scherenschnitt. 1782*

»Als wir standen, stellte Lavater Goethe vor mich und sagte, ich solle die Augbrauen, die Stirne, den Mund (alles in seinen Kunstwörtern) begucken, ob ich darin nicht einen bösen Menschen erblicke. Ich gab die Antwort: ich sehe da nichts Fürchterliches, ich hielt ihn doch für tapfer, und ich freute mich, den tapfern Mann zum Freunde zu haben. Zuweilen geschähen mir Unfugen, die mir einen Beschützer notwendig machten. Goethe solle mein Ritter sein. [. . .] Ich sagte zu Lavater, er würde sie doch auch zu Herrn Chorherr Geßner führen. Goethe fuhr auf: Zu Geßner! Lavater: nicht zu dem Poeten, zu dem Physikus.«
Bodmer an Schinz, 23. November 1779

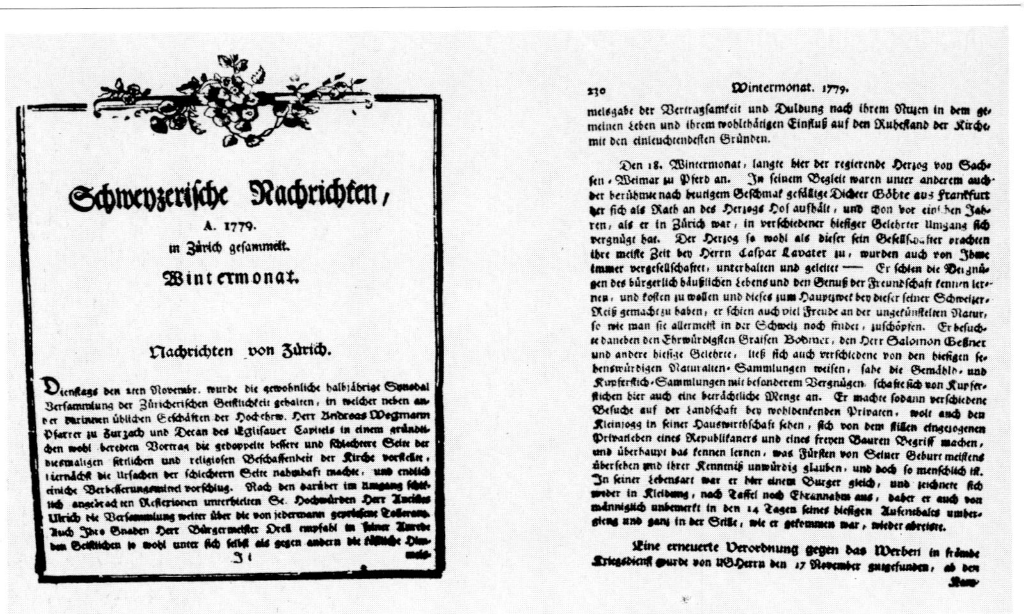

Schweyzerische Nachrichten,

A. 1779.

in Zürich gesammelt.

Wintermonat.

Nachrichten von Zürich.

Dienstags den 2ten Novembr. wurde die gewohnliche halbjährige Synodal Versammlung der Züricherischen Geistlichkeit gehalten, in welcher neben andern darinnen üblichen Geschäften der Hochehrw. Herr Andreas Wegmann Pfarrer zu Zurzach und Decan des Eglisauer Capitels in einem gründlichen wohl beredten Vortrag die gedoppelte bessere und schlechtere Seite der diesmaligen sittlichen und religiosen Beschaffenheit der Kirche vorstellte, hiernächst die Ursachen der schlechtern Seite nahmhaft machte, und endlich einiche Verbesserungsmittel vorschlug. Nach den darüber im Umgang schicklich angebrachten Reflexionen unterhielten Se. Hochwürden Herr Antistes Ulrich die Versammlung weiter über die von jedermann gepriesene Tolleranz. Auch Ihro Gnaden Herr Bürgermeister Orell empfahl in seiner Anrede den Geistlichen so wohl unter sich selbst als gegen andern die christliche Himmels-

31

230 Wintermonat. 1779.

melsgabe der Vertragsamkeit und Duldung nach ihrem Nuzen in dem gemeinen Leben und ihrem wohlthätigen Einfluß auf den Ruhestand der Kirche, mit den einleuchtendesten Gründen.

Den 18. Wintermonat, langte hier der regierende Herzog von Sachsen-Weimar zu Pferd an. In seinem Begleit waren unter anderem auch der berühmte nach heutigem Geschmak gefällige Dichter Göhte aus Frankfurt der sich als Rath an des Herzogs Hof aufhält, und schon vor ein[igen] Jahren, als er in Zürich war, in verschiedener hiesiger Gelehrter Umgang sich vergnügt hat. Der Herzog so wohl als dieser sein Gesellschafter brachten ihre meiste Zeit bey Herrn Caspar Lavater zu, wurden auch von Ihme immer vergesellschaftet, unterhalten und geleitet — Er schien die Vergnügen des bürgerlich häuslichen Lebens und den Genuß der Freundschaft kennen lernen, und kosten zu wollen und dieses zum Hauptzwek bey dieser seiner Schweizer-Reiß gemacht zu haben, er schien auch viel Freude an der ungekünstelten Natur, so wie man sie allermeist in der Schweiz noch findet, zuschöpfen. Er besuchte daneben den Ehrwürdigsten Graisen Bodmer, den Herr Salomon Geßner und andere hiesige Gelehrte, ließ sich auch verschiedene von den hiesigen sehenswürdigen Naturalien-Sammlungen weisen, sahe die Gemählde- und Kupferstich-Sammlungen mit besonderem Vergnügen, schafte sich von Kupferstichen hier auch eine beträchtliche Menge an. Er machte sodann verschiedene Besuche auf der Landschaft bey wohldenkenden Privaten, wolt auch den Kleinjogg in seiner Hauswirthschaft sehen, sich von dem stillen eingezogenen Privatleben eines Republikaners und eines freyen Bauren Begriff machen, und überhaupt das kennen lernen, was Fürsten von Seiner Geburt meistens übersehen und ihrer Kenntniß unwürdig glauben, und doch so menschlich ist. In seiner Lebensart war er hier einem Burger gleich, und zeichnete sich weder in Kleidung, nach Taffel noch Ehrannahm aus, daher er auch von männiglich unbemerkt in den 14 Tagen seines hiesigen Aufenthalts umhergieng und ganz in der Stille, wie er gekommen war, wieder abreisete.

Eine erneuerte Verordnung gegen das Werben in frömde Kriegsdienst wurde von UGHerrn den 17 November gutgefunden, ab den Kan-

260 ›Schweyzerische Nachrichten, A[nno] 1779 [. . .] Wintermonat [November] Nachrichten von Zürich‹ *mit Bericht über den Aufenthalt Carl Augusts und Goethes*

261 J. J. Bodmer *Kopie nach dem Ölgemälde von A. Graff (1781)*

Homers
Werke.
Aus dem Griechischen übersetzt
von dem Dichter
der
Noachide.
Erster Band.
Zürich, bey Orell, Geßner, Füßlin und Compagnie. 1778.

262 ›Homers Werke‹, Übersetzt von J. J. Bodmer *Bd. I, 1778*

»Der Herzog sagte gleich, daß er käme, den Vertrauten Homers zu begrüßen. Goethe küßte mich, fragend, ob ich Goethen noch kennte. Beide sagten mir viel Fleurettes über meinen Homer. Goethe: er sei ihr Reisegefährte; er habe die Odyssee ex professo auf dem Lemanischen See gelesen, sich mit Ulysses auf die Beschwerden in den Alpen und der glaciers zu stärken. Auf den Alpen habe er den Homer den Alpinern vorgelesen. [. . .] Leute von allen Ständen und jedem Alter können ihn verstehn. [. . .] Der Herzog fragte, wie lange ich daran gearbeitet habe. Ich sagte: nicht achtzig Jahre, wie jemand gesagt hätte, aber wohl sechzig Jahre hab ich mit ihm Bekanntschaft gehabt.«
Bodmer an Schinz, 23. November 1779

263 Goethe. Bleistift- und Tuschzeichnung von J. H. Lips. 1779

Die Zeichnung ist mit einem gegenüberstehenden, von einem Ornamentrahmen eingefaßten handschriftlichen Text Lavaters auf ein Papiermäppchen montiert. Lavaters Zeilen: »Immer, immer nur Er, in jedem Bilde – / der Mann stets, / Dem nicht Einen schuff die Natur/ Zum Gefährten – / die / Weisheit / ward dem Hohen zu Theil – und Menschenkenntnis dem Kühnen. 22. VIII. 79. L«

264 Friedrich Schiller (1759-1805) *Ölgemälde, J. F. Weckherlin zugeschrieben. Um 1780*

265 Preisverleihung an der Karlsschule *Kupferstich von A. Heideloff (»Elève de Université Caroline à Stoutgard«). 1782*

In Stuttgard haben wir den Feyerlichkeiten des Jahrstags der Militär Akademie beygewohnt, der Herzog *[Carl Eugen]* war äußerst galant gegen den unsrigen, und ohne das incognito zu brechen hat er ihm die möglichste Aufmercksamkeit bezeigt.
An Frau von Stein, 20. 12. 1779

»Ich war täglich um sie [die Weimarer Gäste], ihr Gast und Begleiter in die Akademie, ins Schauspielhaus, auf die in der Gegend der Solitude ihnen angewiesene Jagd, nach Ludwigsburg, nach Hohenasperg zu Schubart, nach Kornwestheim zu Pfarrer Hahn etc. [...]«
G. Hartmann: Meine Dienstjahre, 1806

»Hätte Goethe geahnt, daß unter den Zöglingen, die ihn mit Bewunderung ansahen, sich auch der befand, welcher in der Folge als dramatischer Dichter sein würdiger Rival und als Mensch einer seiner vertrautesten Freunde werden würde, gewiß würde er, um ihn auszufinden, jeden von uns mit eben dem Interesse betrachtet haben, wie früher Lavater zum Behuf seiner Physiognomik.«

F. W. von Hoven: Autobiographie, 1840. Über Goethes Teilnahme an der öffentlichen Preisverteilung in der Militärakademie

Hier findet man den Herzog wohl aussehend, doch hat sich bisher noch keine Herzlichkeit zwischen den hohen Herzen spüren lassen. [. . .] Hier sind die Kinder schön und allerliebst. Der Marckgraf gefällig und unterhaltend. Die Markgräfin gefällig und gesprächig, der Erbprinz in seine Augbrauen retranchirt aber gutwillig, die Erbprinzess sehr passiv am Gängelbande der Frau Schwiegermama. Der zweite Prinz artig und möchte gern, der iüngste ganz ins Fleisch gebacken. So viel von der unterthänigsten Sensation des ersten Tags.
An Frau von Stein, Karlsruhe, 20. Dezember 1779

Den sogenannten Weltleuten such ich nun abzupassen worinn es ihnen denn eigentlich sizt? Was sie guten Ton heisen? Worum sich ihre Ideen drehen, und was sie wollen? und wo ihr Creisgen sich zuschliest? Wenn ich sie einmal in der Tasche habe werd ich auch dieses als Drama verkehren. Interessante Personae dramatis wären Ein Erbprinz / Ein abgedanckter Minister / Eine Hofdame / Ein apanagirter Prinz / Eine zu verheurathende Prinzess / Eine reiche und schöne Dame / Eine dito hässlich und arm. / Ein Hofkavalier der nie etwas anders als seine Besoldung gehabt hat. / Ein Cavalier auf seinen Gütern der als Freund vom Haus bey Hofe tracktirt wird. Ein Avanturier in französchen Diensten eigentlicher: in französcher Uniform. / Ein Chargé d'affaires bürgerlich. / Ein Musickus, Virtuoso Komponist beyher Poete. / Ein alter Bedienter der mehr zu sagen hat als die meisten. / Ein Leibmedikus / Einige Jäger, Lumpen, Cammerdiener und pp.
An Frau von Stein, Homburg, 3. Januar 1780

266 Das Mannheimer Nationaltheater um 1780 *Anonymer Kupferstich*

267 August Wilhelm Iffland (1759-1814) *Porträt auf dem Titelblatt von: ›Ifflands mimische Darstellungen für Schauspieler und Zeichner. Während der Vorstellung gezeichnet zu Berlin in den Jahren 1808-1811‹. Verf. u. hrsg. v. den Gebrüdern Henschel. 1811. Aus Goethes Bibliothek*
»Den 21. [Dezember 1779] kamen Goethe und der Herzog von Weimar hier [in Mannheim] an. Sie sahen den Ehescheuen. Den 22. war Goethe zu Ehren freier Eingang für jedermann, und Clavigo. Er ließ um 4 Uhr vor der Komödie mich zu sich bitten; liegt Ihnen etwas daran, sagte er, so versichere ich Ihnen meine ganze Bewunderung. Mit so viel Wahrheit und Delikatesse sah ich seit Ekhof nicht spielen. Folgen Sie meinem Rat, spielen sie entweder, oder. Immer das Äußerste. Das niedrigst Komische, und höchste Tragische. Es ist ein odieuser Kerl, der einmal Zeug zu was Außerordentlichen hat, und bleibt im Mittel. Uff! und dabei spannte er jede Nerve, hinauf! hinauf! oder ganz im Drecke. Bei Gott, ich wundere mich, daß Sie so jung sind und Resignation genug haben, Alte zu spielen.«
Iffland an seinen Bruder, 24. Dezember 1779

268 Goethe: Gedenkstein unter einem Baum *Kreide, Feder. Datiert: 25. Dezember 1779 (aus dem Stammbuch Reynier)*

Ich kann nicht weiter gehn ohne dir über eine Idee zu schreiben die mir sehr am Herzen liegt. Du weisst wie wichtig in vielem Betracht diese Reise dem Herzog gewesen ist und wie gewiss eine neue Epoche seines und unsers Lebens sich davon anfängt. Wenn wir nach Hause kommen lebt er wieder in seinen Gärten und Gebüschen fort, dorthin an einen schönen Plaz mögt ich ihm ein Monument dieser glücklich vollbrachten Reise sezen, das ihm in guten Augenbliken eine fröhliche Erinnerung wäre. [. . .] Ich wollte dem Monument eine vierekigte Form geben, etwas höher als breit, ganz einfach wie man in den alten Überbleibseln dergleichen Steine oben mit einem eingekerbten Dach findet. Von drei Seiten sollte iede eine einzelne bedeutende Figur und die vierte eine Inschrifft haben. Zuförderst sollte das gute heilsame Glük stehen durch das die Schlachten gewonnen und die Schiffe regiret werden, günstigen Wind im Naken, die launische Freundinn und Belohnerinn keker Unternehmungen mit Steuerruder und Kranz, im Felde zur Rechten hatte ich mir den Genius, den Antreiber, Wegmacher, Wegweiser, Fakelträger mutigen Schrittes gedacht. In dem Felde zur lincken sollte Terminus der ruhige Gränzbeschreiber, der bedächtige mäsige Rathgeber stillstehend mit dem Schlangenstabe einen Gränzstein bezeichnen. Jener lebend rührig vordringend, dieser ruhend sanft, in sich gekehrt, zwey Söhne einer mutter der ältere iener der iünger dieser. Das hinterste Feld hatte die Innschrifft: Fortunae / Duci reduci / natisque / Genio / et / Termino / ex Voto. / Du siehst was ich vor Ideen dadurch zusammenbinden wollte. Es sind keine Geheimnisse noch tiefe Räzel, aber sowohl auf dieser Reise als im ganzen Leben, sind wir diesen Gottheiten sehr zu Schuldnern geworden. [. . .] Im Beywesen und Verzierungen dacht ich manches anzubringen das eine Schweizerreise deren bester Theil zu Fus gemacht worden bezeichnete. Wanderstock mit Eisen beschlagen und mit Gemshorn zum Knopf. Gott weis was weiter. [. . .] Seitdem ich . . . bei dir Fuesslis lezte Sachen gesehen habe, kann ich dich nicht loslassen, du musst versuchen ob du ihn bewegen kannst eine Zeichnung dazu zu machen. [. . .]
An Lavater, Ende November 1779

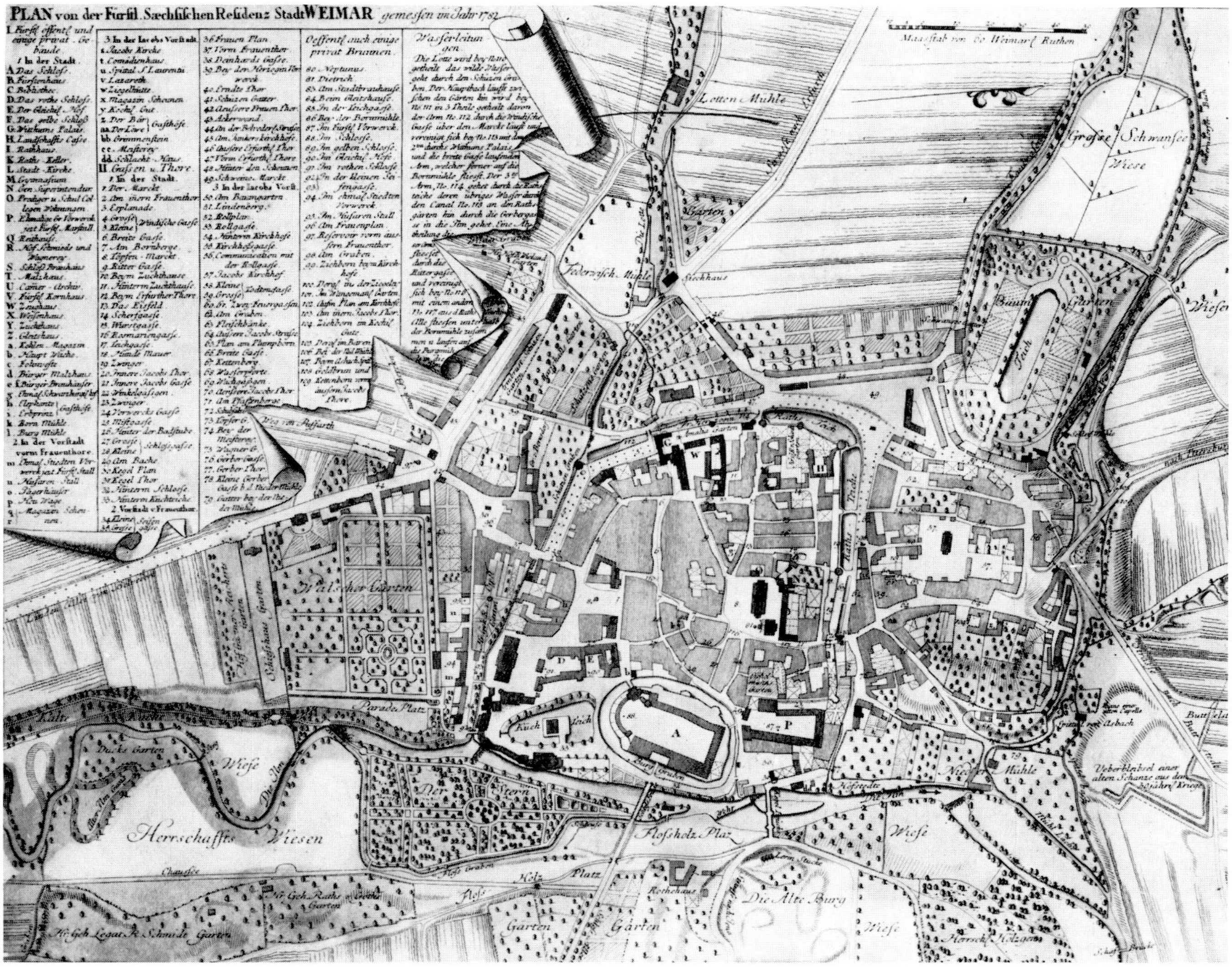

269 Plan der Stadt Weimar und ihres Parks *Kupferstich von F. L. Güssefeld. 1782*

Herrn und Frauen allzugleich, / Merkt wohl, das hier ist Pluto's Reich, / Und ich, wie ich mich vor euch stelle, / Das ich zuerst bedeuten muß, / Ich nenne mich Askalaphus, / Und bin Hofgärtner in der Hölle. / Die Charge ist hier unten neu: / Denn ehmals war Elysium dadrüben, / Die rauhen Wohnungen dahüben, / Man ließ es eben so dabei. / Nun aber kam ein Lord herunter, / Der fand die Hölle gar nicht munter, / Und eine Lady fand Elysium zu schön. / Man sprach so lang, bis daß der seltne Gusto siegte, / Und Pluto selbst den hohen Einfall kriegte, / Sein altes Reich als einen Park zu sehn. / Da schleppten nun Titanen ohne Zahl, / Den alten Sisyphus mit eingeschlossen, / Rastlos geschunden und verdrossen, / Gar manches schöne Berg und Thal / Zusammen. / Aus den fluthenden Flammen / Des Acherons herauf / Müssen die ewigen Felsen jetzt! / Und gält's tausend Hände, / Sie werden an irgend einem Ende / Als Point de vue zurecht gesetzt. [. . .] Denn, Notabene! in einem Park / Muß alles Ideal sein, / Und, Salva Venia, jeden Quark / Wickeln wir in eine schöne Schal' ein. / So verstecken wir zum Exempel / Einen Schweinstall hinter einem Tempel; / Und wieder ein Stall, versteht mich schon, / Wird geradeswegs ein Pantheon. [. . .] Was ich sagen wollte! Zum vollkommnen Park / Wird uns wenig mehr abgehn. / Wir haben Tiefen und Höhn, / Eine Musterkarte von allem Gesträuche, / Krumme Gänge, Wasserfälle, Teiche, / Pagoden, Höhlen, Wieschen, Felsen und Klüfte, / Eine Menge Reseda und andres Gedüfte, / Weimuthsfichten, babylonische Weiden, Ruinen, / Einsiedler in Löchern, / Schäfer im Grünen, / Moscheen und Thürme mit Kabinetten, / Von Moos sehr unbequeme Betten, / Obelisken, Labyrinthe, Triumphbogen, Arkaden, / Fischerhütten, Pavillons zum Baden, / Chinesisch-gothische Grotten, Kiosken, Tings, / Maurische Tempel und Monumente, / Gräber, ob wir gleich niemand begraben, / Man muß es alles im Ganzen haben. / Ein einziges ist noch zurücke, / Und drauf ist jeder Lord so stolz: / Das ist eine ungeheure Brücke / Von Holz / Und Einem Bogen von Hängewerk, / Das ist unser ganzes Augenmerk. / Denn erstlich kann kein Park bestehn / Ohne sie, wie wir auf jedem Kupfer sehn. / Auch in unsern toleranten Tagen / Wird immer mehr drauf angetragen, / Auf Communication, wie bekannt, / Dem man sich auch gleich stellen muß; / Elysium und Erebus / Werden vice versa tolerant.
›Der Triumph der Empfindsamkeit‹, Vierter Akt. Prolog des Askalaphus 1777/78

270 Goethe: ›Luisenkloster‹ oder ›Einsiedelei‹ im Weimarer Park; im Vordergrund die Floßbrücke *Schwarze Kreide, Feder, Tuschlavierung. 1780*

271 Blick in den Weimarer Park *aus Goethes Garten*

Mit der Beteiligung am Niederreißen der Mauern um den ›reglementierten‹ ›Welschen Garten‹ 1776 leitete Goethe die Umgestaltung des Weimarer Parks zum ›britischen‹ Landschaftsgarten ein. »Das Louisenfest gefeiert Weimar am 9. Juli 1778« (dem Namenstag der Herzogin) ist der Beginn für die Anlage ›romantischer‹ Ruheplätze, für die eigenwillige, aber dem beschränkten Ilmtal angemessene Umsetzung des ›rousseauschen‹ Konzepts von Wörlitz, der ›Theorie der Gartenkunst‹ des Kieler Professors C. C. L. Hirschfeld.

Das genannte ... *[Louisen-]* Fest ... bleibt ... auch für uns noch merkwürdig, als von dieser Epoche sich die sämmtlichen Anlagen auf dem linken Ufer der Ilm ... datiren und herschreiben. Die Neigung der damaligen Zeit zum Leben, Verweilen und Genießen in freier Luft ist bekannt und wie die sich daraus entwickelnde Leidenschaft eine Gegend zu verschönern und als eine Folge von ästhetischen Bildern darzustellen, durch den Park des Herzogs von Dessau angeregt, sich nach und nach zu verbreiten angefangen habe. In der Nähe von Weimar war damals nur der mit Bäumen und Büschen wohl ausgestattete Raum, der *Stern* genannt, das Einzige was man jenen Forderungen analog nennen ... konnte. Es fanden sich daselbst uralte gradlinige Gänge und Anlagen, hoch in die Luft sich erhebende stämmige Bäume, daher entspringende mannichfaltige Alleen, breite Plätze zu Versammlung und Unterhaltung. Begünstigt nun durch heitere trockne Witterung beschloß man hier zum Namenstag der regierenden Frau Herzogin ein heiter geschmücktes Fest, welches an die ältern italiänischen Wald- und Buschfabeln (Favole boschereccie) geistreich erinnern sollte.

Das Ganze war künstlerisch abgeschlossen, alles Gemeine durchaus beseitigt; man fühlte sich so nah und fern vom Hause, daß es fast einem Mährchen glich. Genug der Zustand that eine durchaus glückliche Wirkung, welche folgereich ward. Man liebte an den Ort wiederzukehren, der junge Fürst mochte sogar daselbst übernachten, für dessen Bequemlichkeit man die scheinbare Ruine und das simulirte Glockenthürmchen einrichtete. Ferner und schließlich aber verdient dieser Lebenspunct unsre fortdauernde Aufmerksamkeit, indem die sämmtlichen Wege, an dem Abhange nach Ober-Weimar zu, von hier aus ihren Fortgang gewannen; wobei man die Epoche der übrigen Parkanlagen, auf der obern Fläche bis zur Belvederischen Chaussee, von diesem glücklich bestandenen Feste an zu rechnen billig befugt ist.

›Biographische Einzelnheiten‹: ›Das Louisenfest‹

272 Georg Melchior Kraus: Lesegesellschaft bei Carl August *Einfarbige Pinselzeichnung. Vor 1780(?). Im Vordergrund links der Herzog, neben ihm Dalberg, dann Einsiedel und Goethe; rechts vorne Kalb, dann Wedel (Zuweisung von E. Freiherr Schenk zu Schweinsberg; die übrigen Personen nicht identifiziert)*

Mit Knebeln über die Schiefheit der Sozietät. Er kam drauf mir zu erzählen wie meine Situation sich von aussen aus nähme. Es war wohl gesagt von aussen. – Wenn man mit einem lebt soll man mit allen leben, einen hört, soll man alle hören. Vor sich allein ist man wohl reine, ein andrer verrückt uns die Vorstellung durch seine, hört man den dritten so kommt man durch die Parallaxe wieder aufs erste wahre zurück.

273 C. L. von Knebel *Gipsbüste von Klauer. 1781*

Ich sehe fast niemand . . ., ich habe mein politisches und gesellschaftliches Leben ganz von meinem moralischen und poetischen getrennt (äusserlich versteht sich) und so befinde ich mich am besten. [. . .] Der Wahn, die schönen Körner die in meinem und meiner Freunde daseyn reifen, müssten auf diesen Boden gesät, und iene himmlische Juwelen könnten in die irdischen Kronen dieser Fürsten gefaßt werden, hat mich ganz verlassen und ich finde mein iugendliches Glück wiederhergestellt. Wie ich mir in meinem Väterlichen Hause nicht einfallen lies die Erscheinungen der Geister und die iuristische Praxin zu verbinden eben so getrennt laß ich iezt den Geheimderath und mein andres selbst, ohne das ein Geh.R. sehr gut bestehen kann. Nur im innersten meiner Plane und Vorsäze, und Unternehmungen bleib ich mir geheimnißvoll selbst getreu und knüpfe so wieder mein gesellschafftliches, politisches, moralisches und poetisches Leben in einen verborgenen Knoten zusammen. Sapienti sat. Ich sage dir viel von mir, weil du mich liebst, und es magst und um dich zum gleichen einzuladen. Die Cosmogonie und die neusten Entdeckungen darüber, die Mineralogie, und neustens der Beruf mich der Oekonomie zu nähern, die ganze Naturgeschichte, umgiebt mich wie Bakons groses Salomonisches Haus, worüber sich Herder und Nicolai streiten.

An Knebel, 21. November 1782

[. . .] Ich bin nicht zu dieser Welt gemacht, wie man aus seinem Haus tritt geht man auf lauter Koth. und weil ich mich nicht um Lumperey kümmre nicht klatsche und solche Rapporteurs nicht halte, handle ich oft dum. – Viel Arbeit in mir selbst zu viel Sinnens, dass Abends mein ganzes Wesen zwischen den Augenknochen sich zusammen zu drängen scheint. Hoffnung auf Leichtigkeit durch Gewohnheit. Bevorstehende neue EckelVerhältn*[isse]* durch die Kriegs Comiss*[ion]*. Durch Ruhe und Geradheit geht doch alles durch. Knebel ist gut aber schwanckend, und zu gespannt bey Faullenzerey und Wollen ohne was anzugreifen. Der Prinz in seiner Verliebschafft höchst arm. Der Herzog immer sich entwickelnd und wenn sichs bey ihm mercklich aufschliesst, krachts, und das nehmen die Leute immer übel auf. Im ganzen wird spät, vielleicht nie die Schwingung zu mindern seyn die der Ennui unter den Menschen hier erhält.

Tagebuch, Ende Dezember 1778

274 Szene aus Goethes Singspiel ›Die Fischerinn‹ *Aquarell von G. M. Kraus (1782): Corona Schröter in der Hauptrolle (Dortchen) auf dem illuminierten* natürlichen Schauplatz in Tiefurt *an der Ilm; das* Wald- und Wasserdrama *mit mehreren, von Corona Schröter vertonten, Liedern aus Herders Volksliedsammlung (darunter der aus dem Dänischen übertragene, von Goethe neu gestaltete ›Erlkönig‹) wurde am 22. Juli 1782 uraufgeführt.*

Dies kleine Stück gehört, so klein es ist, / Zur Helfte dein, wie du bey'm ersten Blik / Erkennen wirst, gehört Euch beyden zu / Die Ihr schon lang für eines geltet. Drum / Verzeih' wenn ich so kühn und ohngefragt, / Und noch dazu vielleicht nicht ganz geschikt, / Was er dem Volke nahm dem Volk zurük / Gegeben habe. [. . .]

275 Corona Schröter: Selbstbildnis *Öl auf Leinwand. Um 1780*

Und wenn du nun, wie man durch einen Blik / Zum Händedruk, durch den zu einem Kuß / Gelokt wird, es durch diese Blätter wirst, / Zu sehn was man gedrukt nicht lesen kann, / Weil es gespielt und nicht gesprochen wird, / Auch wohl gesprochen wird doch schlecht, geschrieben / Sich ausnimmt, o so komm, ich lade dich / In deren Nahmen ein, die unserm Spiele / Den Raum giebt, und die Nacht um uns erhellt. / Doch darfst du Müttergen dem feuchten Reich / Des Erlenkönigs dich bey kühler Nacht / Nicht anvertrauen, so entschäd'ge dich / Ein Zauberschatten, zeige dir im Bild / Den schönen Blik, wie Wald und Fluß im Thal / Auf einmal rege wird, und wie die Nacht / Von Feuern leuchtet um ein loses Kind.
An Caroline Herder, 17. Juli 1782

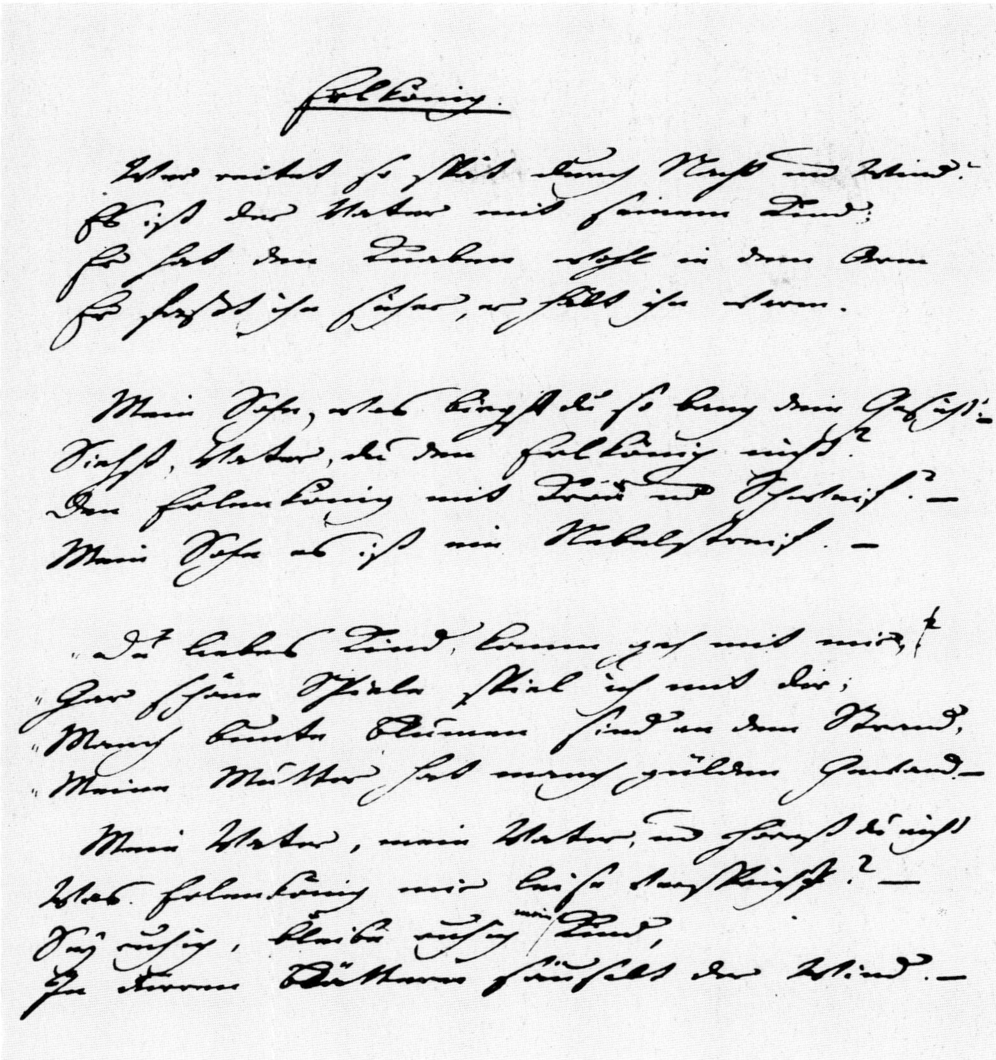

Erlkönig.

Wer reitet so spät durch Nacht und Wind?
Es ist der Vater mit seinem Kind;
Er hat den Knaben wohl in dem Arm,
Er faßt ihn sicher, er hält ihn warm.

Mein Sohn, was birgst du so bang dein Gesicht?
Siehst, Vater, du den Erlkönig nicht?
Den Erlenkönig mit Kron und Schweif? —
Mein Sohn es ist ein Nebelstreif. —

„Du liebes Kind, komm geh mit mir!
„Gar schöne Spiele spiel ich mit dir;
„Manch bunte Blumen sind an dem Strand,
„Meine Mutter hat manch gülden Gewand. —

Mein Vater, mein Vater, und hörest du nicht
Was Erlenkönig mir leise verspricht? —
Sey ruhig, bleibe ruhig mein Kind,
In dürren Blättern säuselt der Wind. —

276 Goethe: ›Erlkönig‹ (Strophen 1-4) *Abschrift (H^3) des ursprünglich ›Die Fischerinn‹ eröffnenden, dort (von Corona Schröter) gesungenen Gedichts*

277 Herzog Bernhard der Große von Weimar (1604 bis 1639) *Büste (anonym) in Goethes Sammlungen*

Zur Geschichte Herzog Bernhard's habe ich viel Documente und Collectaneen zusammengebracht. Kann sie schon ziemlich erzählen, und will, wenn ich erstlich, den Scheiterhaufen gedruckter und ungedruckter Nachrichten, Urkunden und Anekdoten recht zierlich zusammengelegt, ausgeschmückt und eine Menge schönes Rauchwerks und Wohlgeruchs drauf herumgestreut habe, ihn einmal bei schöner, trockner Nachtzeit anzünden und auch dieses Kunst- und Lustfeuer zum Vergnügen des Publici brennen lassen.
An Merck, 7. April 1780

Sein und seiner Brüder Familien-Gemälde interessirt mich noch am meisten da ich ihren Urenkeln, in denen so manche Züge leibhaftig wieder kommen, so nahe bin. Übrigens versuche ich allerlei Beschwörungen und Hocus pocus um die Gestalten gleichzeitiger Helden und Lumpen in Nachahmung der Hexe zu Endor wenigstens bis an den Gürtel aus dem Grabe zu nöthigen, und allenfalls irgend einen König der an Zeichen und Wunder glaubt in's Bokshorn zu iagen.
An Lavater, 5. Juni 1780

. . . wurde manche Zeit und Mühe auf den Vorsatz, das Leben *Herzog Bernhards* zu schreiben, vergebens aufgewendet. Nach vielfachem Sammeln und mehrmaligem Schematisiren ward zuletzt nur allzuklar, daß die Ereignisse des Helden kein Bild machen. In der jammervollen Iliade des dreißigjährigen Krieges spielt er eine würdige Rolle, läßt sich aber von jener Gesellschaft nicht absondern.
›Tag- und Jahreshefte‹

278 Maria Antonia von Branconi *Stahlstich von A. Weger. o. D.*

279 Goethe: Brief an Frau von Branconi »Weimar d. 28 August 80« *(Seite 2)*

Vom 26. bis 28. August 1780 hatte Frau von Branconi sich in Weimar aufgehalten. Auf ihrer Weiterreise besuchte sie Frankfurt und Goethes Elternhaus. Dorthin sandte ihr Goethe den abgebildeten Brief.

In meiner Eltern Haus komm ich Ihnen mit einem Grus entgegen, auf denen Schwellen wo ich in meinem Leben mit so tausendfach veränderten Empfindungen hin und wieder gegangen bin. [. . .] Erst iezt spür ich dass Sie da waren, wie man erst den Wein spürt wenn er eine Weile hinunter ist. In Ihrer Gegenwart wünscht man sich reicher an Augen, Ohren und Geist, um nur sehen, und glaubwürdig und begreiflich finden zu können, daß es dem Himmel, nach so viel verunglückten Versuchen, auch einmal gefallen und geglückt hat etwas Ihresgleichen zu machen. [. . .] Reisen Sie glücklich, empfehlen Sie mich Ihrer sanft augenbrauigen Reisegefährtinn, und dem Herrn Dechant. Meine Mutter schreibt mir gewiss gleich, sagen Sie ihr etwas für mich. Sie wissen ia so schönes, und das schöne so schön zu sagen, dass es einem immer wie in der Sonne wohl wird, wenn man sich's gleich nicht träumen lässt dass sie um unsertwillen scheint. Das Versprochne ist bestellt, und zum Theil in der Arbeit. di Vossignoria + + + + issima il servo + + + issimo Goethe Ich überlasse Ihrer grösseren Kenntniss der italienischen Sprache, statt der Kreuze die schicklichsten Epithets einzusezzen, es passt eine ganze Litaney hinein.

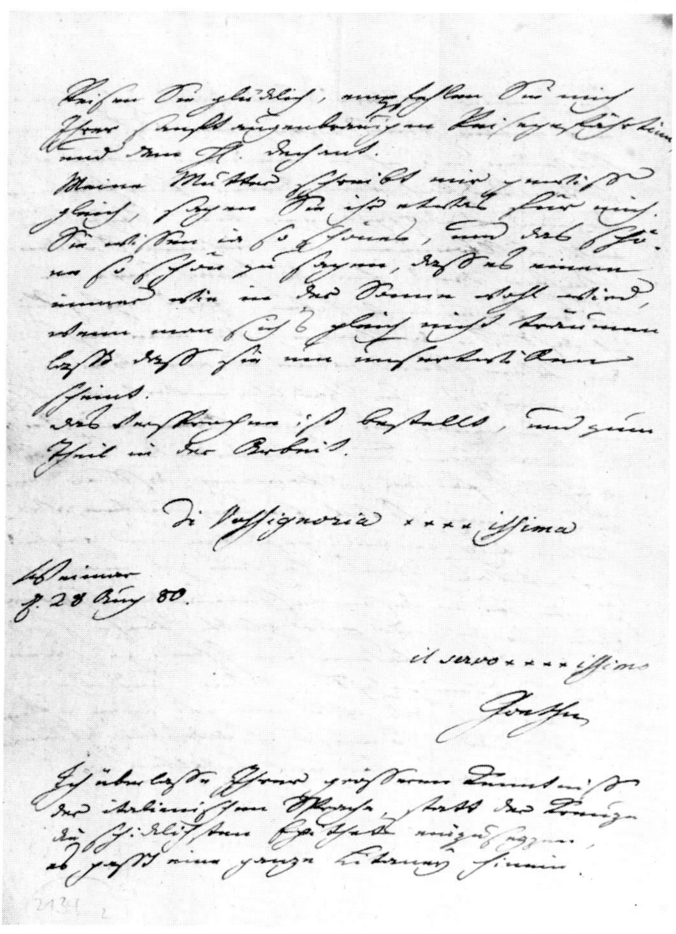

280 Das Jagdhüttchen auf dem Kickelhahn bei Ilmenau

d. 6. Sept. 80. Auf dem Gickelhahn dem höchsten Berg des Reviers [. . .] ein Brief von der schönen Frau ist gekommen mich hier oben aus dem Schlaf zu wecken. Sie ist lieblich wie man seyn kan. Ich wolte Sie wären eifersüchtig drauf, und schrieben mir desto fleisiger.
An Frau von Stein

Ihr Brief hätte nicht schöner und feyerlicher bey mir eintreffen können. Er suchte mich auf dem höchsten Berg im ganzen Lande, wo ich in einem Jagdhäusgen, einsam über alle Wälder erhaben, und von ihnen umgeben eine Nacht zubringen wollte. Es war schon dunckel, der volle Mond herauf, als ein Korb mit Proviant aus der Stadt kam, und Ihr Brief, wie ein Packetgen Gewürz oben auf. Meine Mutter ist recht glücklich gewesen Sie bey sich zu haben. Die gute Frau schreibt auch eine Epoche von dem Tage Ihrer Bekanntschafft. So gehts dem Astronomen, wenn an dem gewohnten und meist unbedeutenden Sternhimmel, sich Gott sey Danck, endlich einmal ein Komet sehen lässt.
An Frau von Branconi, Weimar, 16. Oktober 1780

Am Abend des 6. September schrieb Goethe auf die Bretterwand des Jagdhüttchens die Verse:
Über allen Gipfeln / Ist Ruh. / In allen Wipfeln / Spürest du / Kaum einen Hauch. / Die Vögel schweigen im Walde, / Warte nur, balde / Ruhest du auch.

281 Die Herzoginnen von Weimar, Anna Amalia (ganz rechts) und Luise (zweite von links), und die Hofdame Luise von Göchhausen (ganz links) *Getuschte Silhouette aus Goethes Besitz*

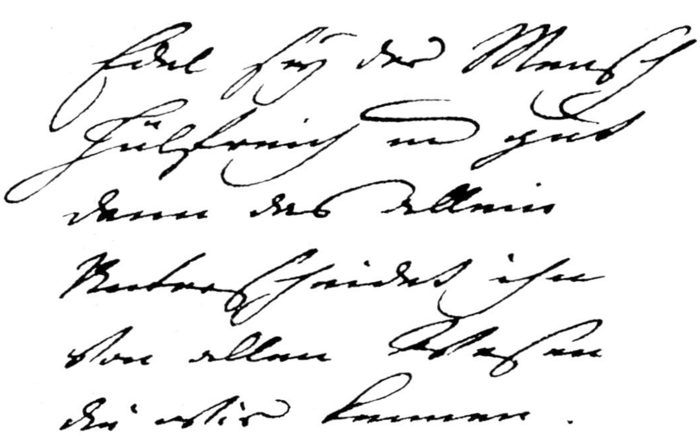

Edel sey der Mensch
Hülfreich und gut
Denn das allein
Unterscheidet ihn
Von allen Wesen
Die wir kennen.

282 Goethe: ›Edel sey der Mensch . . .‹ *Erste Strophe des zuerst im »Vierzigsten Stück« des ›Journals von Tiefurth‹ (Ende 1783) erschienenen Gedichts (ab 1789 unter dem Titel ›Das Göttliche‹). Goethes Handschrift (H[4])*

Gar wohl erinnere ich mich des Trauergedichts ›Auf Miedings Tod‹, auf schwarz geränderten Papier für das Tiefurter Journal reinlichst abgeschrieben.
›Tag und Jahreshefte‹ (1802)

[. . .] Ja, Mieding todt! O scharret sein Gebein / Nicht undankbar wie manchen andern ein! / Laßt seinen Sarg eröffnet, tretet her, / Klagt jedem Bürger, der gelebt wie er, / Und laßt am Rand des Grabes, wo wir stehn, / Die Schmerzen in Betrachtung übergehn./
O Weimar! dir fiel ein besonder Loos! / Wie Bethlehem in Juda, klein und groß. / Bald wegen Geist und Witz beruft dich weit / Europens Mund, bald wegen Albernheit. / Der stille Weise schaut und sieht geschwind, / Wie zwei Extreme nah verschwistert sind. / Eröffne du, die du besondre Lust / Am Guten hast, der Rührung deine Brust!
[. . .]
Ihr Schwestern, die ihr, bald auf Thespis Karrn, / Geschleppt von Eseln und umschrien von Narrn, / Vor Hunger kaum, vor Schande nie bewahrt, / Von Dorf zu Dorf, euch feil zu bieten fahrt; / Bald wieder durch der Menschen Gunst beglückt, / In Herrlichkeit der Welt die Welt entzückt; / Die Mädchen eurer Art sind selten karg, / Kommt, gebt die schönsten Kränze diesem Sarg! / Vereinet hier theilnehmend euer Leid, / Zahlt, was ihr ihm, was ihr uns schuldig seid! / Als euern Tempel grause Gluth verheert, / Wart ihr von uns drum weniger geehrt? / Wie viel Altäre stiegen vor euch auf! / Wie manches Rauchwerk brachte man euch drauf! / An wie viel Plätzen lag, vor euch gebückt, / Ein schwer befriedigt Publicum entzückt! / In engen Hütten und im reichen Saal, / Auf Höhen Ettersburgs, in Tiefurts Thal, / Im leichten Zelt, auf Teppichen der Pracht, / Und unter dem Gewölb' der hohen Nacht, / Erscheint ihr, die ihr vielgestaltet seid, / Im Reitrock bald und bald im Gallakleid. [. . .]
›Auf Miedings Tod‹, 1782

283 ›Avertissement‹ [Ankündigung] des ›Journals von Tiefurth‹ (1781-1784) *Mitarbeiter an der, nur in wenigen, handgeschriebenen Exemplaren verbreiteten Wochenschrift u. a. Carl August, Herder, Goethe, Wieland*

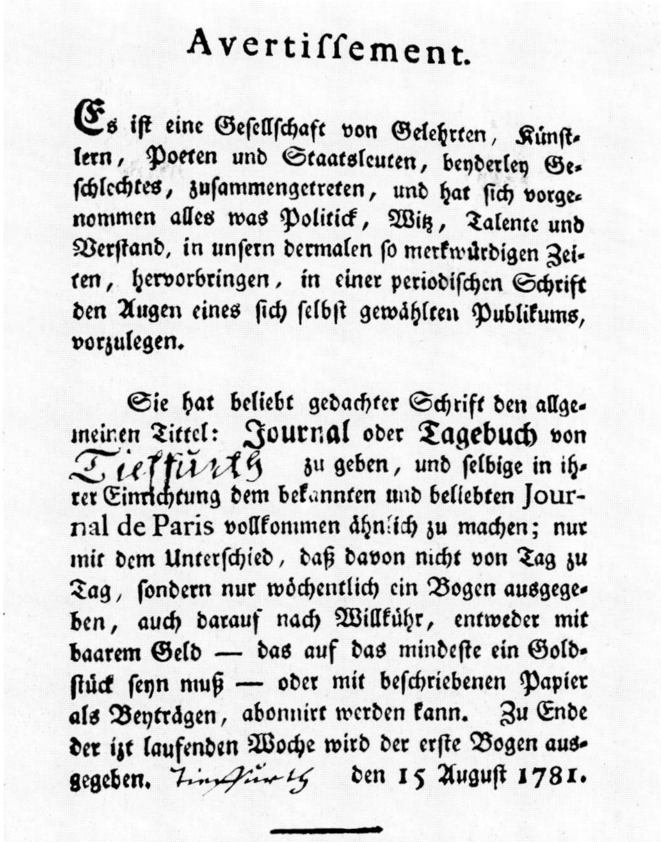

Avertissement.

Es ist eine Gesellschaft von Gelehrten, Künstlern, Poeten und Staatsleuten, beyderley Geschlechtes, zusammengetreten, und hat sich vorgenommen alles was Politick, Witz, Talente und Verstand, in unsern dermalen so merkwürdigen Zeiten, hervorbringen, in einer periodischen Schrift den Augen eines sich selbst gewählten Publikums, vorzulegen.

Sie hat beliebt gedachter Schrift den allgemeinen Tittel: Journal oder Tagebuch von Tieffurth zu geben, und selbige in ihrer Einrichtung dem bekannten und beliebten Journal de Paris vollkommen ähnlich zu machen; nur mit dem Unterschied, daß davon nicht von Tag zu Tag, sondern nur wöchentlich ein Bogen ausgegeben, auch darauf nach Willkühr, entweder mit baarem Geld — das auf das mindeste ein Goldstück seyn muß — oder mit beschriebenen Papier als Beyträgen, abonnirt werden kann. Zu Ende der izt laufenden Woche wird der erste Bogen ausgegeben. Tieffurth den 15 August 1781.

284 Luise von Sachsen-Weimar, geb. Prinzessin von Hessen-Darmstadt (1757 bis 1830) *Ölgemälde von G. M. Kraus (um 1785)*

»Die Zeit des Karnevals hat indessen für jetzt zu allerlei Selbstbetrug Anlaß gegeben, und man ist wenigstens darauf bedacht gewesen, die maladie contagieuse des Hof-ennui recht brillant zu machen. Komödien, Bälle, Aufzüge, Redouten etc., das alles hat sich gejagt. Auch Freund Goethe hat sein Goldstück zu anderer Scherflein gelegt und auf der Herzogin Luise Geburtstag, der den 30. war, eine artige Comédie-Ballet [›Der Geist der Jugend‹] geliefert, die folgenden Inhalts war: Eine Fee und ein Zauberer hatten einen mächtigen Geist beleidigt, und ihnen wurde dadurch das Vorrecht, ewig jung zu bleiben, geraubt. Sie wurden alt mit allen Feen und Zauberern, die ihnen ergeben waren. Diese Strafe sollten sie dulden, bis in gewissen Bergklüften der große Karfunkel gefunden würde, dem das verzaubert war, was ihnen allen fehlte. Diesen Stein zu erhalten, vereinigte nun die Fee und der Zauberer ihre Macht. Die Berggeister wurden beschworen, Feen, Gnomen und Nymphen taten durch wunderbare Zaubereien ihr Bestes, und das Abenteuer wurde bestanden, der große Karfunkel herbeigeschafft, geöffnet, und – Amor sprang heraus. In diesem Augenblick gingen die großen Verwandlungen vor sich, und aus einem ganzen Theater voll alter Mütterchen und Gnomen wurden lauter schöne Mädchen und Jünglinge. [. . .] Das Ganze war mit Gesang und Tänzen gemischt und endigte mit einem großen Ballett, wo Amor der Herzogin beiliegende Verse gab . . .«
Luise von Göchhausen an Merck, 11. Februar 1782

285 Goethe: Eingestürzte Schachtanlage *»wie sie G. bei seinem Besuch der Sturmhaide bei Ilmenau vor Wiederaufnahme des alten Kupferschiefer-Bergbaues sah. ›Zur Linken . . . Schichten des Zechsteins . . . Zur Rechten . . . die dunklen Schieferplatten und darüber zwei Sturzbrücken, auf denen einst die in Eimern emporgehaspelten Schiefer abgefahren wurden. Zwei Leitern deuten auf den Beginn neuer bergmännischer Tätigkeit‹« (Walther). Bleistift, Tuschlavierung. 1784?*

. . . endlich erscheint der Augenblick, auf den diese Stadt schon beinahe ein halbes Jahrhundert mit Verlangen wartet, dem ich selbst seit acht Jahren, als so lange ich diesen Landen angehöre, mit Sehnsucht entgegensehe . . . Wer die Übel kennt, welche den ehemaligen Bergbau zu Grunde gerichtet; wer von den Hindernissen nur einigen Begriff hat, die sich dessen Wiederaufnahme entgegensetzten, sich gleichsam als ein neuer Berg auf unser edles Flöz häuften und, wenn ich so sagen darf, es in eine noch größere Tiefe druckten: der wird sich nicht wundern, daß wir nach so vielen eifrigen Bemühungen, nach so manchem Aufwande erst heute zu einer Handlung schreiten, die zum Wohle dieser Stadt und dieser Gegend nicht früh genug hätte geschehen können. [. . .] Doch Glück auf! Wir eilen einem Platze zu, den unsere Vorfahren sich schon ausersehen hatten, um daselbst einen Schacht niederzubringen. Nicht weit von dem Orte, den sie erwählten, an einem Puncte, der durch die Sorgfalt unsers Herrn Geschwornen bestimmt ist, denken wir heute einzuschlagen und unsern neuen Johannisschacht zu eröffnen. [. . .] Dieser Schacht . . . soll die Thüre werden, durch die man zu den verborgenen Schätzen der Erde hinabsteigt, durch die jene tiefliegende Gaben der Natur an das Tageslicht gefördert werden sollen. Wir selbst können noch, wenn es uns Gott bestimmt hat, da auf- und niederfahren und das, was wir uns jetzt nur im Geiste vorstellen, mit der größten Freude vor uns sehen und betrachten. Glück auf also, daß wir so weit gekommen sind! [. . .]

›Rede bey Eröffnung des neuen Bergbaues zu Ilmenau. Den 24ten Februar 1784‹. Die Rede wurde, während Goethe im Amtsgebäude von Ilmenau sprach, gedruckt unter die außen stehenden Bergleute verteilt. Mit Ilmenau und insbesondere mit seinem Bergbau verknüpften sich Goethes Hoffnungen, ein beschädigtes Gemeinwesen wirtschaftlich neu begründen und mit steigender Prosperität zu einem Modell entwickeln zu können.

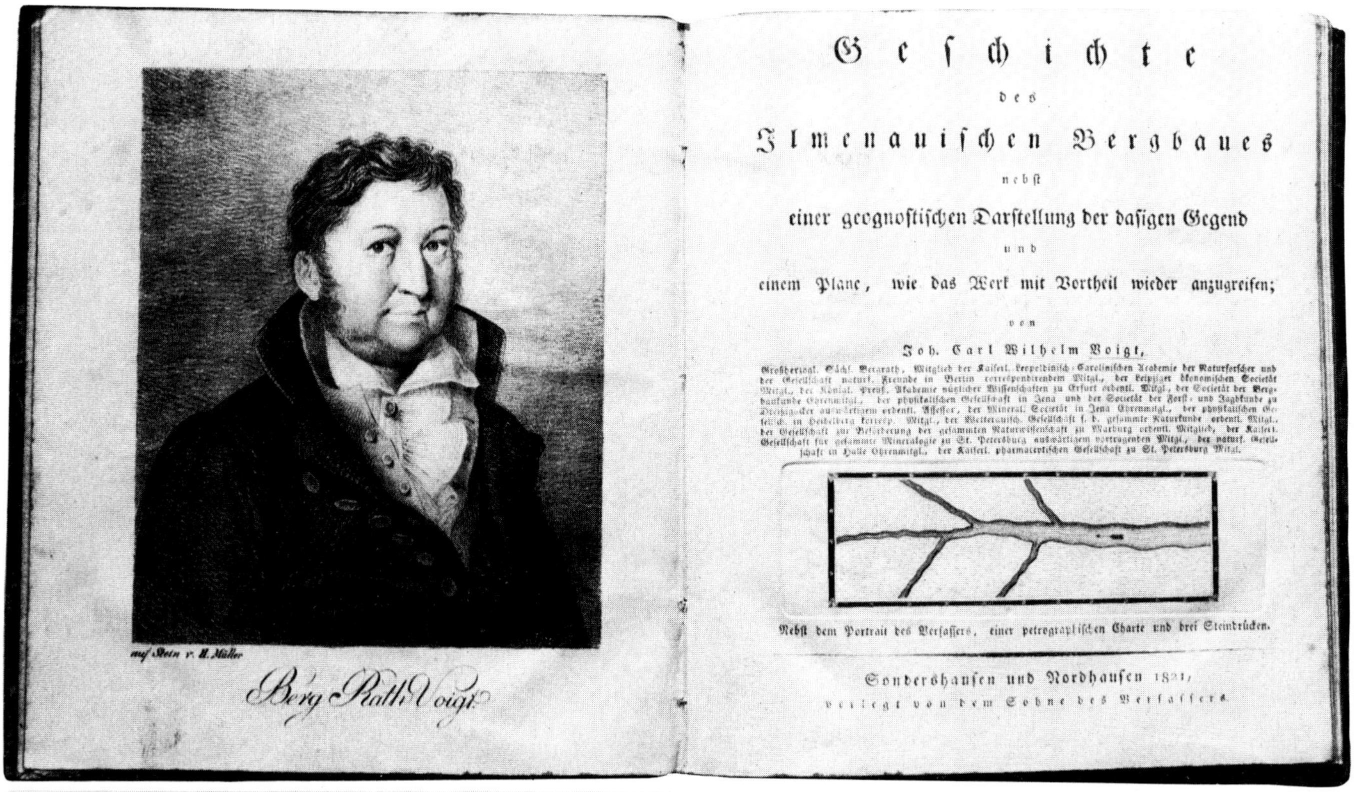

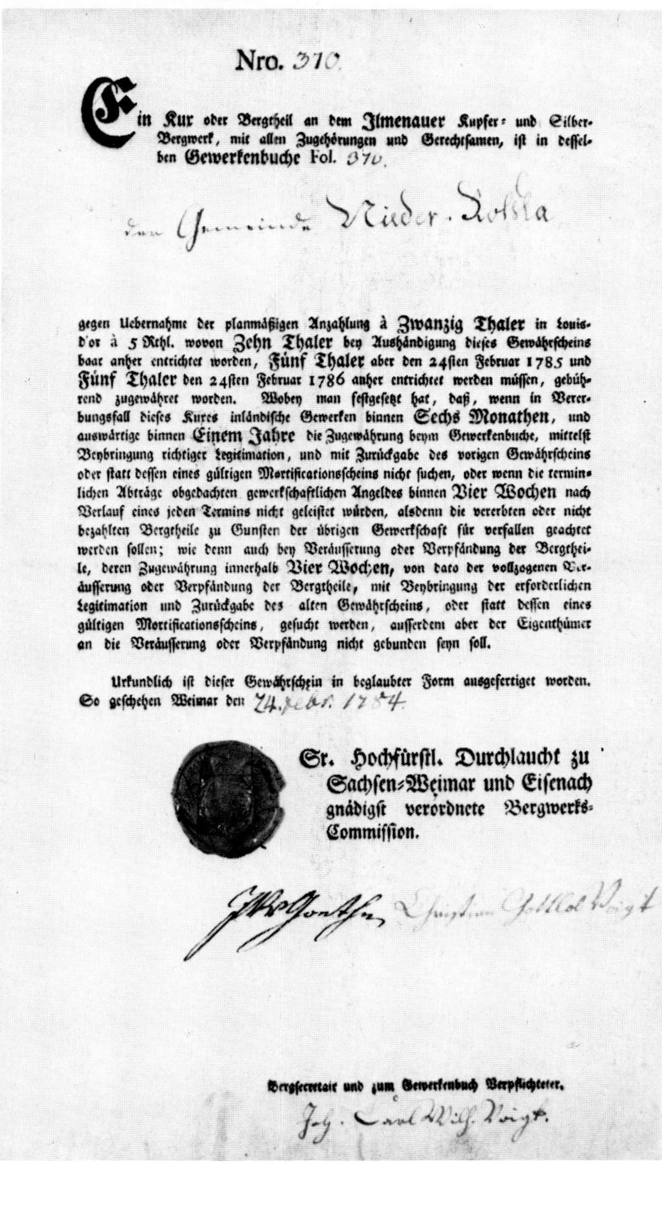

Nro. 370.

Ein Kur oder Bergtheil an dem Ilmenauer Kupfer- und Silber-Bergwerk, mit allen Zugehörungen und Gerechtsamen, ist in desselben Gewerkenbuche Fol. 370.

der Gemeinde Nieder-Rossla

gegen Uebernahme der planmäßigen Anzahlung à Zwanzig Thaler in Louisd'or à 5 Rthl. wovon Zehn Thaler bey Aushändigung dieses Gewährscheins baar anher entrichtet worden, Fünf Thaler aber den 24sten Februar 1785 und Fünf Thaler den 24sten Februar 1786 anher entrichtet werden müssen, gebührend zugewähret worden. Wobey man festgesetzt hat, daß, wenn in Vererbungsfall dieses Kures inländische Gewerken binnen Sechs Monathen, und auswärtige binnen Einem Jahre die Zugewährung beym Gewerkenbuche, mittelst Beybringung richtiger Legitimation, und mit Zurückgabe des vorigen Gewährscheins oder statt dessen eines gültigen Mortificationsscheins nicht suchen, oder wenn die terminlichen Abträge obgedachten gewerkschaftlichen Angeldes binnen Vier Wochen nach Verlauf eines jeden Termins nicht geleistet würden, alsdenn die vererbten oder nicht bezahlten Bergtheile zu Gunsten der übrigen Gewerkschaft für verfallen geachtet werden sollen; wie denn auch bey Veräusserung oder Verpfändung der Bergtheile, deren Zugewährung innerhalb Vier Wochen, von dato der vollzogenen Veräusserung oder Verpfändung der Bergtheile, mit Beybringung der erforderlichen Legitimation und Zurückgabe des alten Gewährscheins, oder statt dessen eines gültigen Mortificationsscheins, gesucht werden, ausserdem aber der Eigenthümer an die Veräusserung oder Verpfändung nicht gebunden seyn soll.

Urkundlich ist dieser Gewährschein in beglaubter Form ausgefertiget worden. So geschehen Weimar den 24. Febr. 1784.

Sr. Hochfürstl. Durchlaucht zu Sachsen-Weimar und Eisenach gnädigst verordnete Bergwerks-Commission.

JWvGoethe Christian Gottlob Voigt

Bergsecretair und zum Gewerkenbuch Verpflichteter.
Joh. Carl Wilh. Voigt.

286 J. C. W. Voigt: ›Geschichte des Ilmenauischen Bergbaues . . .‹, 1821
Aus Goethes Bibliothek

287 Bescheinigung eines Anteils am Ilmenauer Bergwerk
(Nr. 370 vom 24. Februar 1784)

Nach so vielen Jahren war denn zu übersehen: das Dauernde, das Verschwundene. Das Gelungene trat vor und erheiterte, das Mißlungene war vergessen und verschmerzt. Die Menschen lebten alle vor wie nach ihrer Art gemäß, vom Köhler bis zum Porcellanfabrikanten. Eisen ward geschmolzen, Braunstein aus den Klüften gefördert, wenn auch in dem Augenblicke nicht so lebhaft gesucht wie sonst. Pech ward gesotten, der Ruß aufgefangen, die Rußbüttchen künstlichst und kümmerlichst verfertigt. Steinkohlen mit unglaublicher Mühseligkeit zu Tage gebracht, colossale Urstämme, in der Grube unter dem Arbeiten entdeckt . . . und so ging's denn weiter, vom alten Granit durch die angränzenden Epochen, wobey immer neue Probleme sich entwickeln, welche die neusten Weltschöpfer mit der größten Bequemlichkeit aus der Erde aufsteigen lassen. Im Ganzen herrscht ein wundernswürdiges Benutzen der mannichfaltigsten Erd- und Bergoberflächen und -Tiefen.

Goethe über seinen letzten Besuch in Ilmenau: an Zelter, 4. September 1831

288 ›Mineraliencabinett gesammlet und beschrieben von dem Verfasser der Erfahrungen vom Innern der Gebirge‹ *[= F. W. H. von Trebra], Clausthal 1795. Ausgeklapptes Titelkupfer. Aus Goethes Bibliothek*

289 »Granit von der Höhe des Gottharts, der sich noch zum blättlichen neigt No. 1« *Aus Goethes Sammlungen*

Der Granit war in den ältsten Zeiten schon eine merkwürdige Steinart und ist es zu den unsrigen noch mehr geworden. Die Alten kannten ihn nicht unter diesem Namen. Sie nannten ihn Syenit, von Syene, einem Orte an den Gränzen von Äthiopien. Die ungeheuren Massen dieses Steines flößten Gedanken zu ungeheuren Werken den Ägyptiern ein. Ihre Könige errichteten der Sonne zu Ehren Spitzsäulen aus ihm, und von seiner rothgesprengten Farbe erhielt er in der Folge den Namen des Feurigbunten. Noch sind die Sphynxe, die Memnonsbilder, die ungeheuren Säulen die Bewunderung der Reisenden und noch am heutigen Tage hebt der ohnmächtige Herr von Rom die Trümmer eines alten Obelisken in die Höhe, die seine allgewaltige Vorfahren aus einem fremden Welttheile ganz herüber brachten. [. . .] Jeder Weg in unbekannte Gebirge bestätigte die alte Erfahrung, daß das Höchste und das Tiefste Granit sei, daß diese Steinart . . . die Grundveste unserer Erde sei, worauf sich alle übrigen mannichfaltigen Gebirge hinauf gebildet. In den innersten Eingeweiden der Erde ruht sie unerschüttert, ihre hohe Rücken steigen empor, deren Gipfel nie das alles umgebende Wasser erreichte. So viel wissen wir von diesem Gesteine und wenig mehr. Aus bekannten Bestandtheilen, auf eine geheimnißreiche Weise zusammengesetzt, erlaubt es eben so wenig seinen Ursprung aus Feuer wie aus Wasser herzuleiten. [. . .] Und so wird jeder, der den Reiz kennt, den natürliche Geheimnisse für den Menschen haben, sich nicht wundern, daß ich den Kreis der Beobachtungen, den ich sonst betreten, verlassen und mich mit einer recht leidenschaftlichen Neigung in diesen ge-

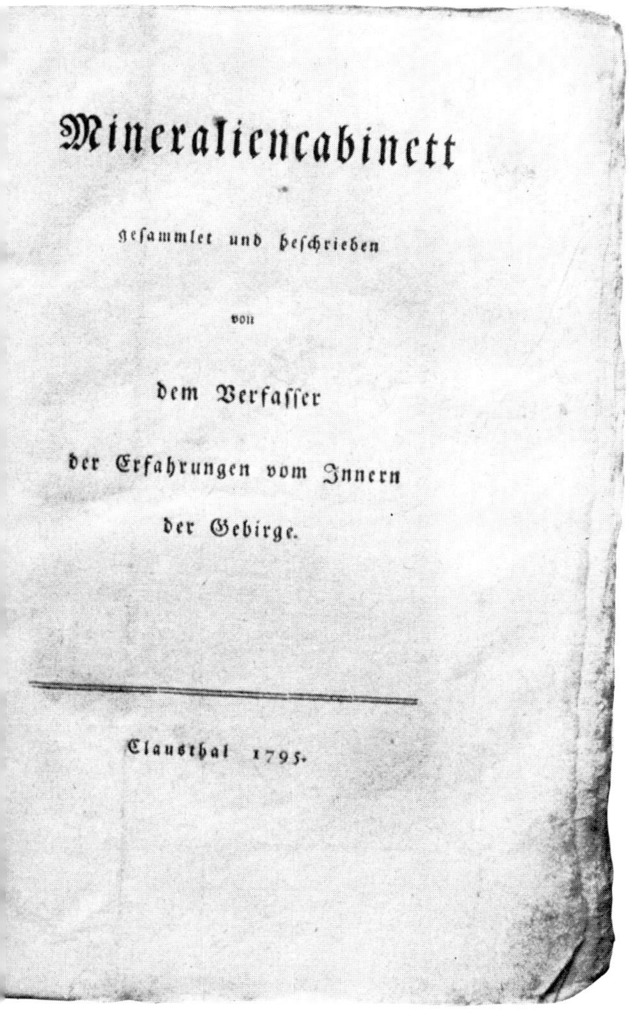

Mineraliencabinett

gesammlet und beschrieben

von

dem Verfasser

der Erfahrungen vom Innern

der Gebirge.

Clausthal 1795.

wandt habe. . . . man gönne mir, der ich durch die Abwechselungen der menschlichen Gesinnungen, durch die schnellen Bewegungen derselben in mir selbst und in andern manches gelitten habe und leide, die erhabene Ruhe, die jene einsame stumme Nähe der großen, leise sprechenden Natur gewährt, und wer davon eine Ahndung hat, folge mir.

Mit diesen Gesinnungen nähere ich mich euch, ihr ältesten würdigsten Denkmäler der Zeit. Auf einem hohen nakten Gipfel sitzend und eine weite Gegend überschauend kann ich mir sagen: Hier ruhst du unmittelbar auf einem Grunde, der bis zu den tiefsten Orten der Erde hinreicht . . . In diesem Augenblicke, da die innern anziehenden und bewegenden Kräfte der Erde gleichsam unmittelbar auf mich wirken, da die Einflüsse des Himmels mich näher umschweben, werde ich zu höheren Betrachtungen der Natur hinauf gestimmt . . . So einsam sage ich zu mir selber, indem ich diesen ganz nackten Gipfel hinab sehe, und kaum in der Ferne am Fuße ein geringwachsendes Moos erblicke, so einsam sage ich, wird es dem Menschen zu Muthe, der nur den ältsten, ersten, tiefsten Gefühlen der Wahrheit seine Seele eröffnen will. [. . .] Vorbereitet durch diese Gedanken, dringt die Seele in die vergangene Jahrhunderte hinauf, sie vergegenwärtigt sich alle Erfahrungen sorgfältiger Beobachter, alle Vermuthungen feuriger Geister. Diese Klippe, sage ich zu mir selber, stand schroffer, zackiger, höher in die Wolken, da dieser Gipfel noch als eine meerumflossne Insel in den alten Wassern dastand; um sie sauste der Geist, der über den Wogen brütete, und in ihrem weiten Schooße die höheren Berge aus den Trümmern des Urgebirges und aus ihren Trümmern und den Resten der eigenen Bewohner die späteren und ferneren Berge sich bildeten. Schon fängt das Moos zuerst sich zu erzeugen an, schon bewegen sich seltner die schaaligen Bewohner des Meeres, es senkt sich das Wasser, die höhern Berge werden grün, es fängt alles an, von Leben zu wimmeln. Aber bald setzen sich diesem Leben neue Scenen der Zerstörungen entgegen. In der Ferne heben sich tobende Vulkane in die Höhe; sie scheinen der Welt den Untergang zu drohen, jedoch unerschüttert bleibt die Grundveste . . . Ich kehre von jeder schweifenden Betrachtung zurück und sehe die Felsen selbst an, deren Gegenwart meine Seele erhebt und sicher macht. Ich sehe ihre Masse von verworrenen Rissen durchschnitten, hier gerade, dort gelehnt in die Höhe stehen, bald scharf über einander gebaut, bald in unförmlichen Klumpen wie über einander geworfen, und fast möchte ich bei dem ersten Anblicke rufen: hier ist nichts in seiner ersten alten Lage, hier ist alles Trümmer, Unordnung und Zerstörung.
›Abhandlung über den Granit‹, 1784

290 Goethe: Granitfelsen des Ziegenrücken im Okertal *Bleistift, schwarze Kreide, Tuschlavierung. Von Goethe mit Ortsangabe und Datum* d 2 Sept 84 *versehen. Die Zeichnung entstand auf der dritten Harzreise (1.-16. September 1784), die Goethe im Anschluß an Fürstenbundverhandlungen in Braunschweig in Begleitung des Malers G. M. Kraus unternahm.*

Les idees que j'avois concues sur la formation de notre globe ont eté bien confirmees, et rectifiees, et je puis dire que j'ai vu des objets qui en confirmant mon systeme me surprenoit par leur nouveauté et par leur grandeur.
An Frau von Stein, Braunschweig, 27. August 1784

291 Friedrich Wilhelm Heinrich von Trebra (1740-1819), Montanist *Ölgemälde von A. Graff. 1808*

Auf einem Teil seiner zweiten Harzreise (6. September - 6. Oktober 1783) war Goethe von dem damals als Vize-Berghauptmann in Zellerfeld wohnenden von Trebra begleitet worden.

*»... unser romantischer Weg führte ... nah an der Rehbergerklippe vorbei. Diese hohe, nahe am Graben, ganz senkrecht dastehende Felswand war mit einem großen Haufen herunter gestürzter Bruchstücke von Tisch- und Stuhl- und Ofen-Größen verschanzt, von welchen sogleich viele zerschlagen wurden. Unter ihnen fanden sich mehrere von jenen Doppelgesteinarten Granit ... Die können nirgends anders herkommen, als von jener Klippe da vor uns. Dahin müssen wir, antwortete mein Freund. Behutsam! vorsichtig! schrie ich ihm nach, die moosbedeckten schlüpfrigen Felsstücke liegen gefahrvoll durcheinander, wir können die Beine dazwischen brechen. Nur fort! nur fort! antwortete er voran eilend, wir müssen noch zu großen Ehren kommen, ehe wir die Hälse brechen! Und wir kamen zusammen heran an den Fuß der Felswand, wo wir nun gar deutlich den Abschnitt des schwarzen Gesteins, auf den blaß fleischroten Granit in gar langer Linie sich hinziehend, erkennen konnten. [...] Wenn du dich fest hinstellen wolltest, sagte mein Freund zu mir, so wollte ich jene in den Felsen eingewachsene Strauchwurzel ergreifen, mich im Anhalten an sie hebend auf deine Schultern schwingen, und dann würde ich den so kenntlichen Abschnittsstrich wenigstens mit der Hand erreichen können. So geschah's, und wir hatten das seltne Vergnügen, den merkwürdigen Abschnittsstrich von hier eingewurzelten Urgebirge roten Granit und drauf stehenden dunkel-, fast schwarzblauen Tongesteins nahe zu sehen, sogar mit Händen zu greifen.«
Von Trebra: Erinnerungen (1813)*

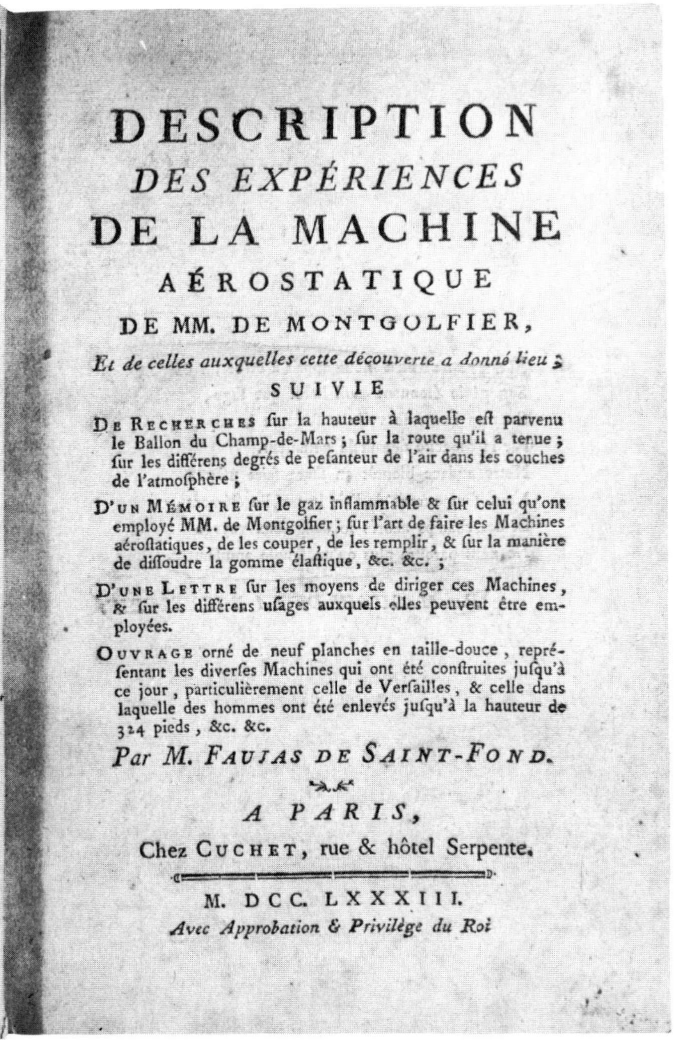

DESCRIPTION
DES EXPÉRIENCES
DE LA MACHINE
AÉROSTATIQUE
DE MM. DE MONTGOLFIER,
Et de celles auxquelles cette découverte a donné lieu;
SUIVIE

DE RECHERCHES fur la hauteur à laquelle eft parvenu le Ballon du Champ-de-Mars; fur la route qu'il a tenue; fur les différens degrés de pefanteur de l'air dans les couches de l'atmofphère;

D'UN MÉMOIRE fur le gaz inflammable & fur celui qu'ont employé MM. de Montgolfier; fur l'art de faire les Machines aéroftatiques, de les couper, de les remplir, & fur la manière de diffoudre la gomme élaftique, &c. &c.;

D'UNE LETTRE fur les moyens de diriger ces Machines, & fur les différens ufages auxquels elles peuvent être employées.

OUVRAGE orné de neuf planches en taille-douce, repréfentant les diverfes Machines qui ont été conftruites jufqu'à ce jour, particulièrement celle de Verfailles, & celle dans laquelle des hommes ont été enlevés jufqu'à la hauteur de 324 pieds, &c. &c.

Par M. FAUJAS DE SAINT-FOND.

A PARIS,
Chez CUCHET, rue & hôtel Serpente.
M. DCC. LXXXIII.
Avec Approbation & Privilège du Roi

292 B. Faujas de Saint-Fond: ›Description des expériences de la machine aérostatique de MM. de Montgolfier . . .‹, Paris 1783 *Aus Goethes Bibliothek*

Buchholz *[Apotheker in Weimar]* peinigt vergebens die Lüffte, die Kugeln wollen nicht steigen. Eine hat sich einmal gleichsam aus Bosheit bis an die Decke gehoben und nun nicht wieder. Ich habe nun selbst in meinem Herzen beschlossen, stille anzugehen, und hoffe auf die Montgolfiers Art eine ungeheure Kugel gewiß in die Lufft zu jagen. Freylich sind viel Accidents zu befürchten. Selbst von den 3 Versuchen Montgolf's ist keiner *vollkommen* reuissirt.
An Knebel, 27. Dezember 1783

In Weimar haben wir einen Ballon auf Montgolfierische Art steigen lassen, 42 Fuß hoch und 20 m im größten Durchschnitt. Es ist ein schöner Anblick, nur hält sich der Körper nicht lange in der Luft, weil wir nicht wagen wollen, ihm Feuer mitzugeben. Das erstemal legte er eine Viertelstunde Wegs in ungefähr 4 Minuten zurück, das zweitemal blieb er nicht so lange. Er wird ehstens hier steigen.
An von Sömmering, Eisenach, 9. Juni 1784

293 Weimar. Haus der Frau von Stein (Nordseite) *mit Blick in die (zum Frauenplan führende) Seifengasse. Zeichnung von O. Rasch. Angrenzend Goethes Stadtwohnung vom August 1779 bis zum Juni 1781; rechts der Helldorfsche Garten und das Haus des Märchendichters Musäus (nach W. Bode).*

Das Messen eines Dings ist eine grobe Handlung, die auf lebendige Körper nicht anders als höchst unvollkommen angewendet werden kann. Ein lebendig existierendes Ding kann durch nichts gemessen werden, was außer ihm ist, sondern wenn es ja geschehen sollte, müßte es den Maßstab selbst dazu hergeben; dieser aber ist höchst geistig und kann durch die Sinne nicht gefunden werden; schon beim Zirkel läßt sich das Maß des Diameters nicht auf die Peripherie anwenden. So hat man den Menschen mechanisch messen wollen, die Maler haben den Kopf als den vornehmsten Teil zu der Einheit des Maßes genommen, es läßt sich aber doch dasselbe nicht ohne sehr kleine und unaussprechliche Brüche auf die übrigen Glieder anwenden. [. . .]
›Studie nach Spinoza‹ (Niederschrift Frau von Steins nach Goethes Diktat, vermutlich aus dem Winter 1784/85)

»Eigentlich will die Herzogin Luise dem Goethe ein recht extra gutes Mikroskop schenken, weil sie einmal von ihm gehört hat, daß er sich's wünschte. Ein Sonnen-Mikroskop hat er schon; demohngeachtet strebt er nach einem, wovon ihm Loder erzählt hat. Und so wünschte ich, wenn es Loder noch weiß, mir die Adresse davon zu verschaffen.
Frau von Stein an Knebel, 15. Februar 1785

Das Mikroskop ist ganz fürtrefflich, und so bequem als möglich, du kannst alles auf alle Weise drunter bringen . . . Die dunckeln Objeckte besonders freun mich mit ihren natürlichen lebhafften Farben. Es wird uns große Freude machen.
An Frau von Stein, 1. September 1785

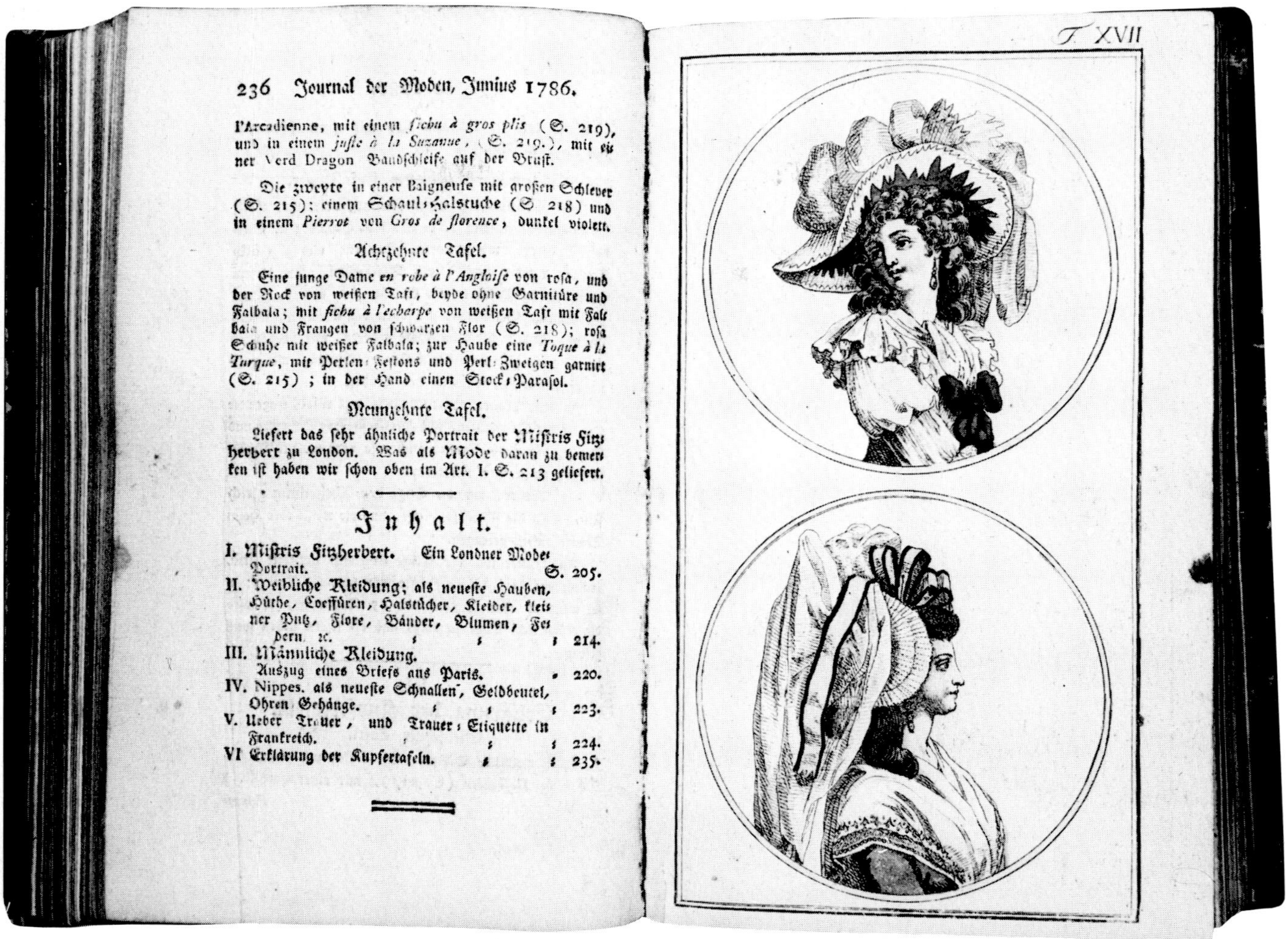

236 Journal der Moden, Junius 1786.

l'Arcadienne, mit einem *fichu à gros plis* (S. 219), und in einem *juste à la Suzanne*, (S. 219.), mit einer Verd Dragon Bandschleife auf der Brust.

Die zweyte in einer Baigneuse mit großen Schleyer (S. 215); einem Schaul-Halstuche (S 218) und in einem *Pierrot* von *Gros de florence*, dunkel violett.

Achtzehnte Tafel.

Eine junge Dame *en robe à l'Angloise* von rosa, und der Rock von weißen Taft, beyde ohne Garnitüre und Falbala; mit *fichu à l'echarpe* von weißen Taft mit Falbala und Frangen von schwarzen Flor (S. 218); rosa Schuhe mit weißer Falbala; zur Haube eine *Toque à la Turque*, mit Perlen-Festons und Perl-Zweigen garnirt (S. 215); in der Hand einen Stock-Parasol.

Neunzehnte Tafel.

Liefert das sehr ähnliche Portrait der Mistris Fitzherbert zu London. Was als Mode daran zu bemerken ist haben wir schon oben im Art. I. S. 213 geliefert.

Inhalt.

294 Friedrich Johann Justin Bertuch (1747-1822) *Von 1775-1802 Schatullverwalter Carl Augusts; Unternehmer, Begründer des »Industrie-Comptoirs«; bereitete 1786 mit Göschen den Druck von Goethes ›Schriften‹ vor. Ölgemälde von A. Jacobs nach G. A. Hennig. 1819*

295 Kupfertafel aus: ›Journal der Moden‹, hrsg. von F. J. Bertuch und G. M. Kraus *Erster Band. Jahrgang 1786*

Journal der Moden.
Der Redacteur spricht:
Wir sollten denn doch auch einmal / Was Consequentes sprechen, / Und nicht, wie immer, Haub' und Shawl / Und Hut vom Zaune brechen; / Erwähnen, was des Menschen Geist / So, aus sich selbst, entwickelt, / Und nicht, wie Fall und Zufall weis't, / Confus zusammenstückelt; / Ein Wissen, das in's Ganze strebt, / Und Kunst auf Fundamenten, / Nicht, wie man Tag' um Tage lebt, / Von fremden Elementen. / Allein wie richten wir es ein? / Wir sinnen uns zu Tode.
Mitarbeiter spricht:
Beim Zeus! was kann bequemer sein? / So macht es doch zur Mode!
Aus dem Nachlaß (Invektiven)

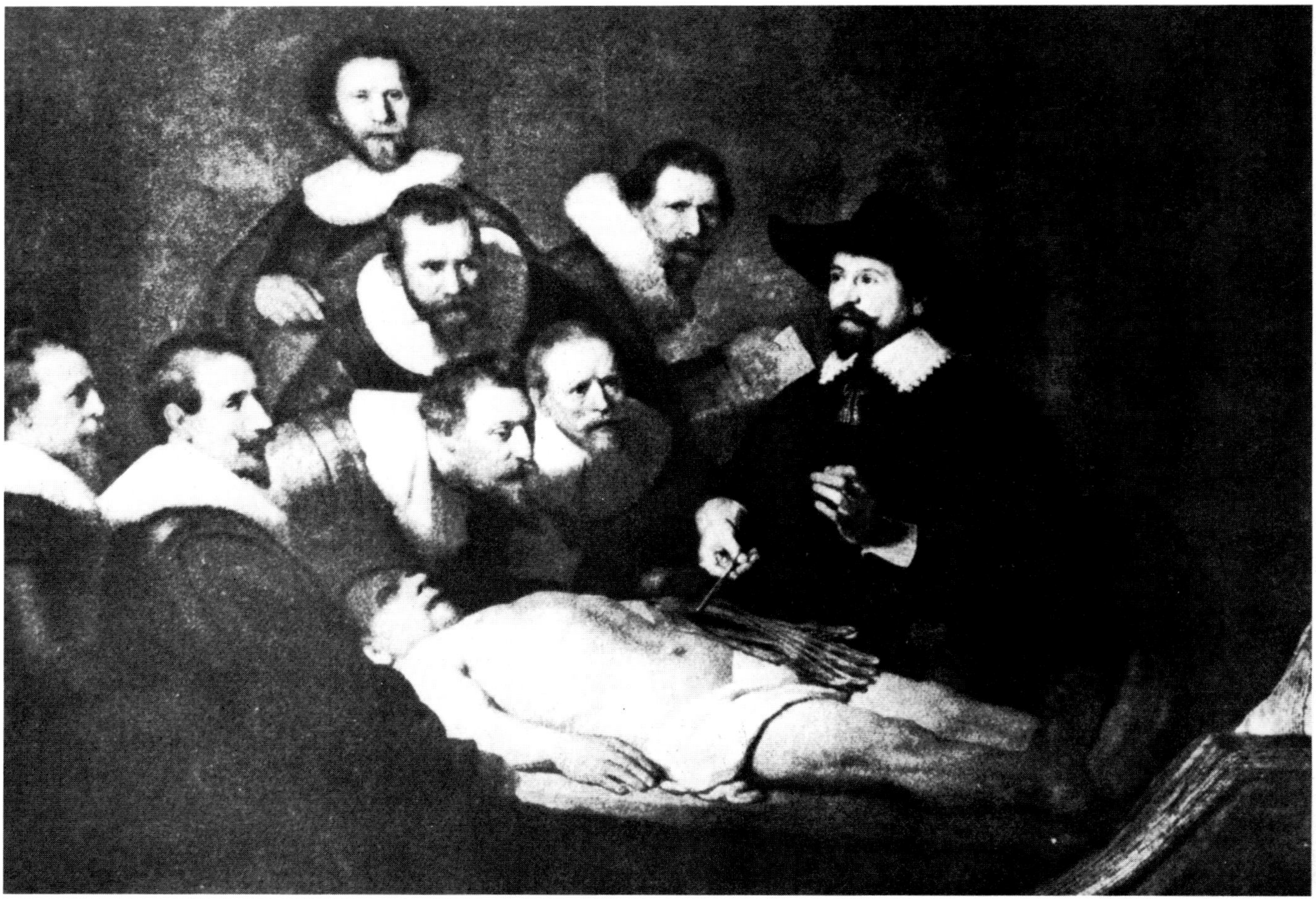

296 Rembrandt: Die Anatomie des Professors Tulp *vor dem Lehrbuch des Vesal (1632)*

Nach Anleitung des Evangelii muß ich dich auf das eiligste mit einem Glücke bekannt machen, das mir zugestoßen ist. Ich habe gefunden – weder Gold noch Silber, aber was mir eine unsägliche Freude macht – das os intermaxillare am Menschen! Ich verglich mit Lodern Menschen- und Thierschädel, kam auf die Spur und siehe da ist es. Nur bitt' ich dich, laß dich nichts merken, denn es muß geheim behandelt werden. Es soll dich auch recht freuen, denn es ist wie der Schlußstein zum Menschen, fehlt nicht, ist auch da! Aber wie! Ich habe mirs auch in Verbindung mit deinem Ganzen gedacht, wie schön es da wird.
An Herder, Jena, 27. März 1784 Nachts

297 Johann Gottfried Herder *Büste von Martin Klauer. 1783*

298 J. G. Herder: ›Ideen zur Philosophie der Geschichte der Menschheit‹ *Erster Teil. 1784*

O daß ein zweiter Galen *in unsern Tagen das Buch des Alten von den Theilen des menschlichen Körpers insonderheit zu dem Zweck erneute, damit die Vollkommenheit unsrer Gestalt im aufrechten Gange nach allen Proportionen und Wirkungen offenbar würde! daß er in fortgehender Vergleichung mit denen uns nächsten Thieren den Menschen vom ersten Anfange seiner Sichtbarkeit in seinen thierischen und geistigen Verrichtungen, in der feinern Proportion aller Theile zu einander, zuletzt den ganzen sprossenden Baum bis zu seiner Krone, dem Gehirn verfolgte und durch Vergleichungen zeigte, wie eine solche nur hier sprossen konnte.«*
Herder: ›Ideen zur Philosophie der Geschichte der Menschheit‹, I. Teil, 4. Buch, 2. Kapitel

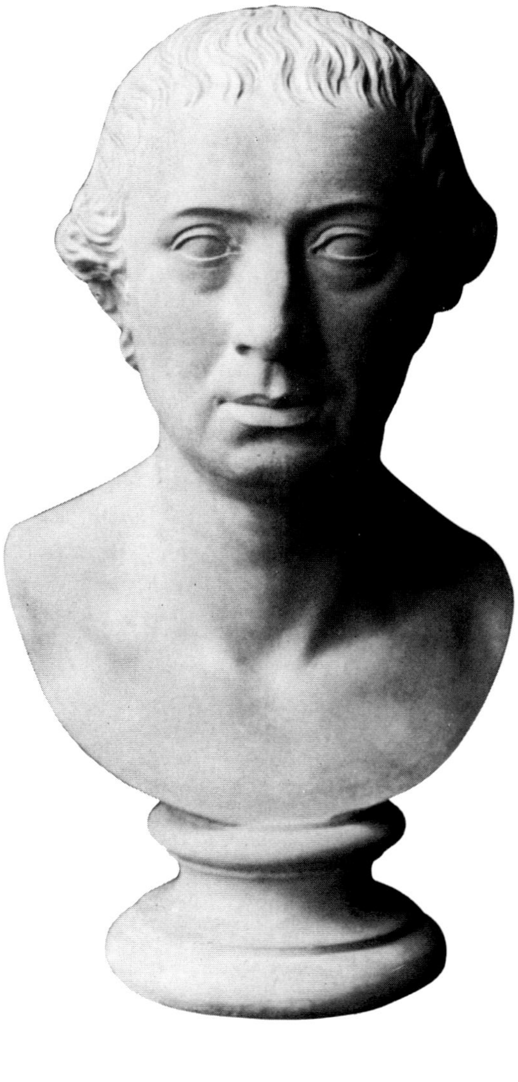

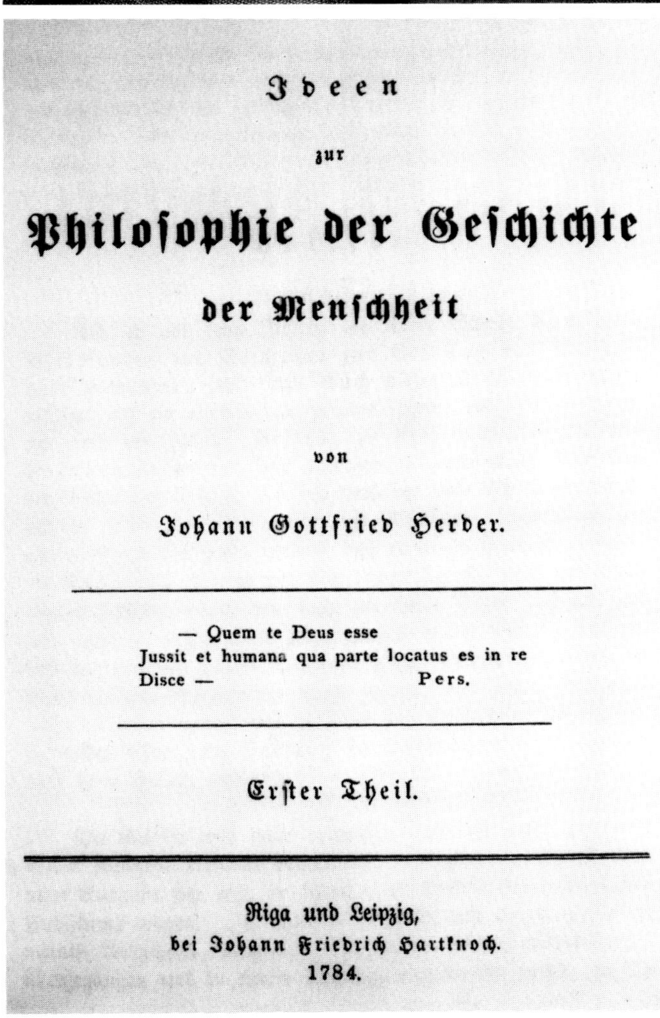

Ideen

zur

Philosophie der Geschichte

der Menschheit

von

Johann Gottfried Herder.

— Quem te Deus esse
Jussit et humana qua parte locatus es in re
Disce — Pers.

Erster Theil.

Riga und Leipzig,
bei Johann Friedrich Hartknoch.
1784.

299 Justus Christian Loder (1753-1832), Anatom *Kupferstich von J. G. Müller nach J. F. A. Tischbein. 1801*

»Ich habe . . . Ihre Präzision in der anatomischen Beschreibung sowohl, als Ihren Blick in die Physiologie des Teils so sehr bewundert, daß ich in der anatomischen Begeisterung es in vollem Ernst bedauerte, daß Sie Minister und nicht Professor anatomiae sind. [. . .] Ein paar sehr merkwürdige Stellen aus dem Vesal [Andreas Vesalius: ›De humani corporis fabrica libri septem‹. Zuerst Basel 1543] lege ich in copia bei. [. . .] Da ich meine Köpfe revidiere, finde ich, daß die Sutur des ossis intermaxillaris . . . bei einigen craniis . . . völlig verwachsen sind. Dies läßt die Ursache erraten, warum diese Sutur von so vielen Anatomen (die aber freilich Vesals Zeichnung übersehen haben müssen) nicht bemerkt worden ist. An einem Kopfe eines Jungen von 12 Jahren, den ich mitschicke, . . . läuft aus der Sutur eine andre kleine Spalte zwischen dem ersten und zweiten Schneidezahn, wodurch gleichsam eine Art von kleiner Insel im Knochen gebildet wird. Weil dieses eine artige Varietät ist, so schicke ich den Schädel mit.« Loder an Goethe, 31. Oktober 1784

Einige Versuche osteologischer Zeichnungen sind hier in der Absicht zusammen geheftet worden, um Kennern und Freunden vergleichender Zergliederungskunde eine kleine Entdeckung vorzulegen, die ich glaube gemacht zu haben. Bei Thierschädeln fällt es gar leicht in die Augen, daß die obere Kinnlade aus mehr als einem Paar Knochen bestehet. Ihr vorderer Theil wird durch sehr sichtbare Nähte und Harmonien mit dem hinteren Theile verbunden und macht ein Paar besondere Knochen aus. Dieser vorderen Abtheilung der oberen Kinnlade ist der Name *Os intermaxillare* gegeben worden. Die Alten kannten schon diesen Knochen *[Galenus: ›Liber de ossibus‹, Cap. III]* und neuerdings ist er besonders merkwürdig geworden, da man ihn als ein Unterscheidungszeichen zwischen dem Affen und Menschen angegeben. Man hat ihn jenem Geschlechte zugeschrieben, diesem abgeläugnet *[Camper: ›Sämtliche kleinern Schriften‹ I, 2; Blumenbach: ›De varietate generis humani nativa‹]*, und wenn in natürlichen Dingen nicht der Augenschein überwiese, so würde ich schüchtern sein aufzutreten und zu sagen, daß sich diese Knochenabtheilung gleichfalls bei dem Menschen finde. [. . .] *›Versuch aus der vergleichenden Knochenlehre daß der Zwischenknochen der obern Kinnlade dem Menschen mit den übrigen Thieren gemein sei‹, 1784*

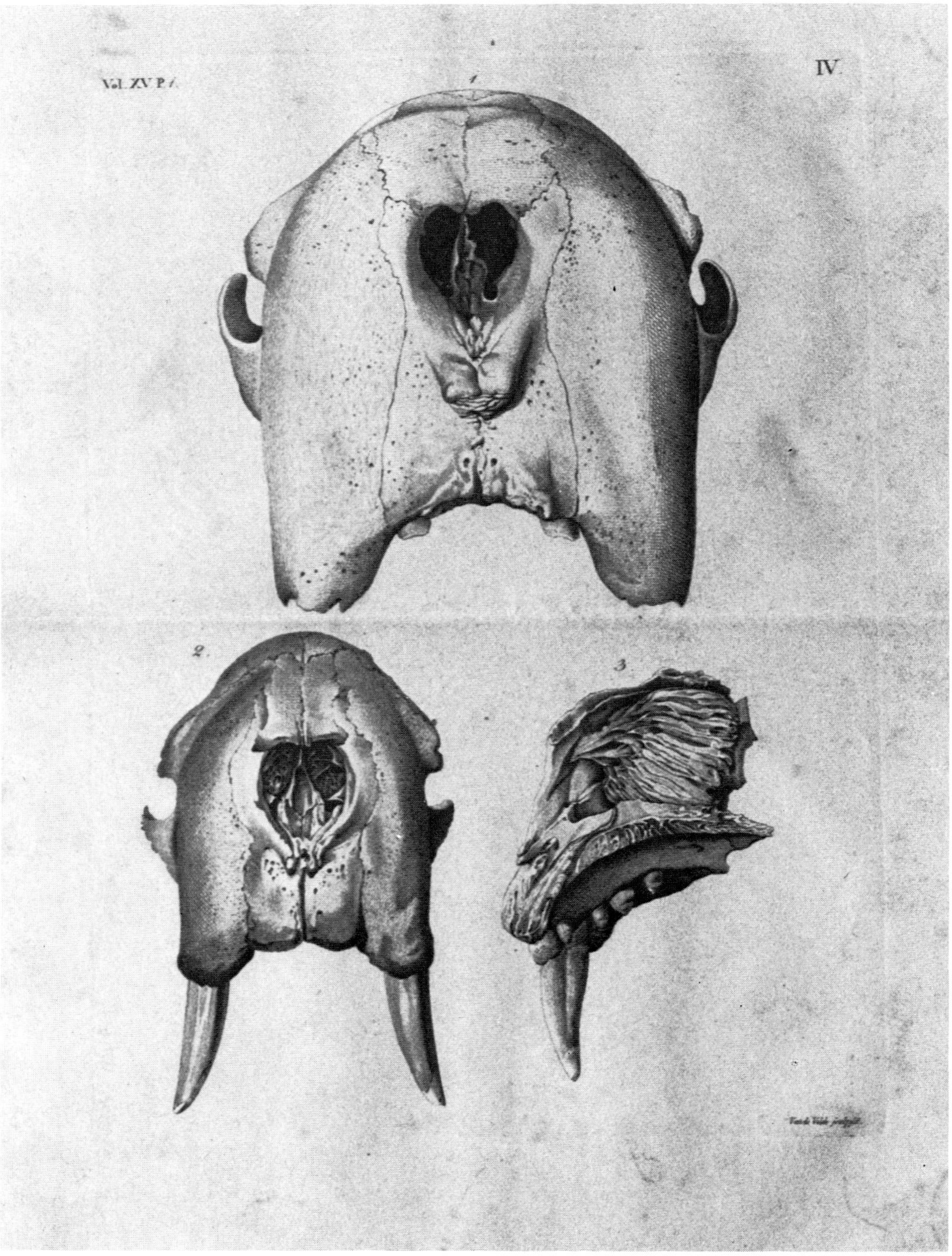

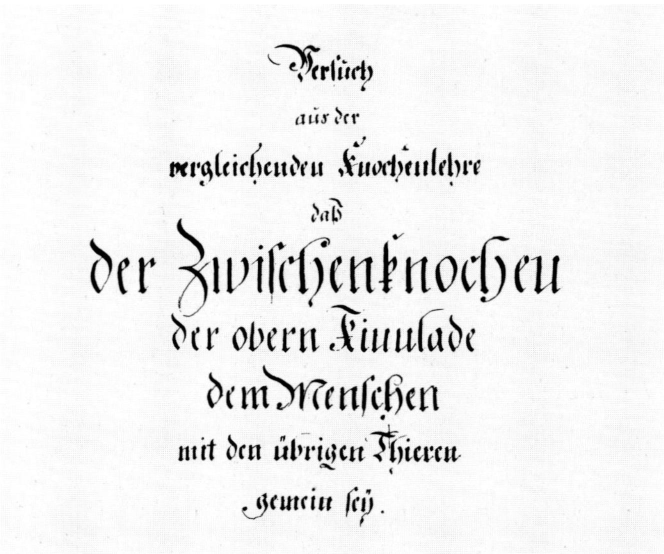

Versuch
aus der
vergleichenden Knochenlehre
daß
der Zwischenknochen
der obern Kinnlade
dem Menschen
mit den übrigen Thieren
gemein sey.

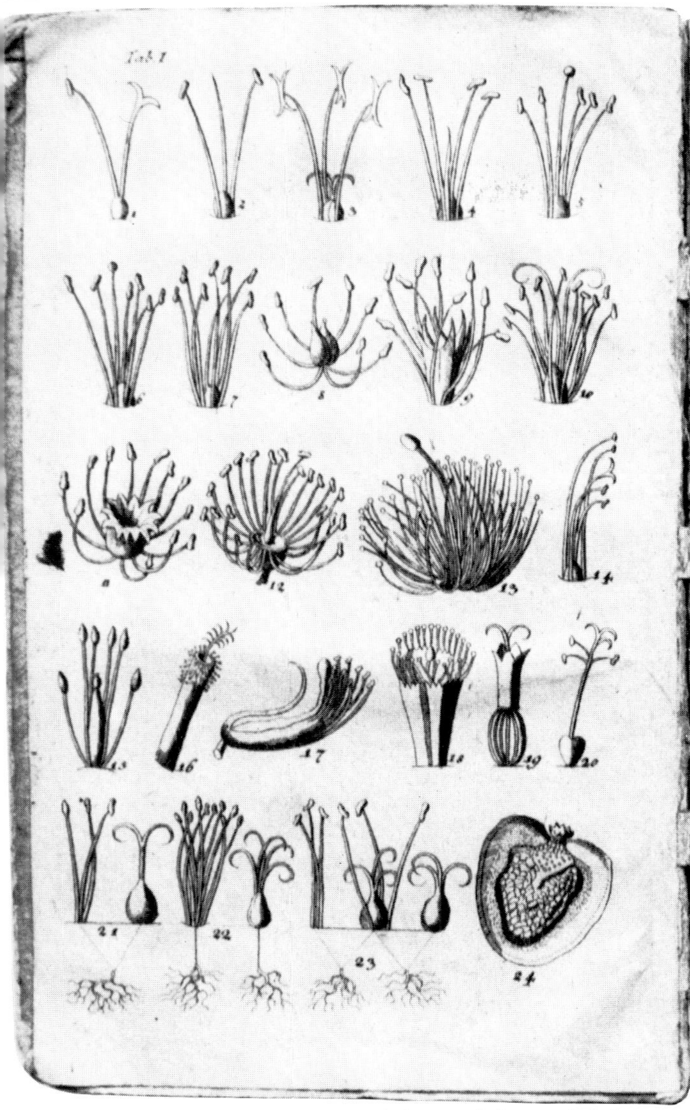

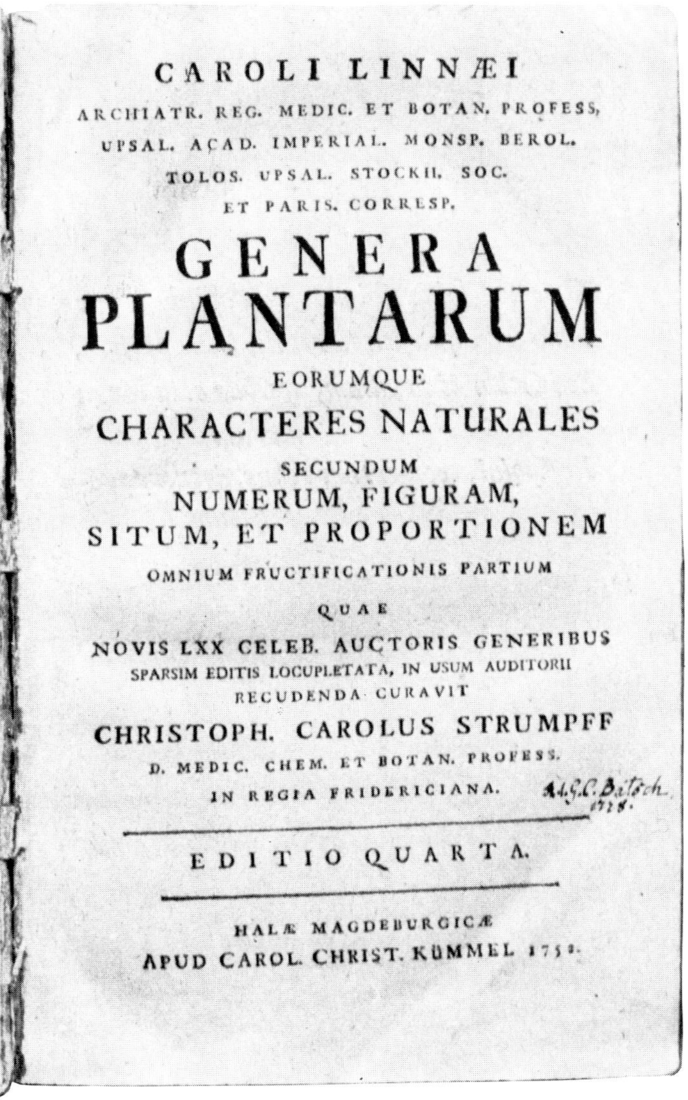

CAROLI LINNÆI
ARCHIATR. REG. MEDIC. ET BOTAN. PROFESS.
UPSAL. ACAD. IMPERIAL. MONSP. BEROL.
TOLOS. UPSAL. STOCKH. SOC.
ET PARIS. CORRESP.

GENERA
PLANTARUM
EORUMQUE
CHARACTERES NATURALES
SECUNDUM
NUMERUM, FIGURAM,
SITUM, ET PROPORTIONEM
OMNIUM FRUCTIFICATIONIS PARTIUM
QUAE
NOVIS LXX CELEB. AUCTORIS GENERIBUS
SPARSIM EDITIS LOCUPLETATA, IN USUM AUDITORII
RECUDENDA CURAVIT
CHRISTOPH. CAROLUS STRUMPFF
D. MEDIC. CHEM. ET BOTAN. PROFESS.
IN REGIA FRIDERICIANA.

A.J.G.C. Batsch 1778.

EDITIO QUARTA.

HALÆ MAGDEBURGICÆ
APUD CAROL. CHRIST. KÜMMEL 1752.

300 Goethe: Kupfertafel zu der Druckschrift ›Über den Zwischenkiefer des Menschen und der Thiere‹ *Jena 1786 (1830)*

301 Goethe: ›Versuch über den Zwischenkieferknochen‹ Prachthandschrift für Peter Camper 1784

Wie ich aus dem Kupfer bei dem Briefe schließe, sind die Nähte der zusammengefügten Knochen nicht sonderlich sichtbar. Auch wünschte ich, du ließest mir den vordern Gaumentheil des Kopfes, wie er von unten anzusehen ist, zeichnen. – Da ich einige junge Leute gegenwärtig auch nach Knochen zeichnen lasse, so bitte ich dich sehr, mir sobald als möglich nur einen deutlichen Begriff von der Camperischen Zeichenmethode zu machen.
An Merck, 23. April 1784

Ich kann nicht ausdrücken, welche schmerzliche Empfindung es mir war, mit demjenigen *[Camper]* in entschiedenem Gegensatz zu stehen, dem ich so viel schuldig geworden, . . . von dem ich alles zu lernen hoffte. [. . .] Nicht allein die ganz frische Jugend, sondern auch der schon herangebildete Mann wird, sobald ihm ein prägnanter, folgerechter Gedanke aufgegangen, sich mittheilen, bei andern eine gleiche Denkweise aufregen wollen. Ich merkte daher den Mißgriff nicht, da ich die Abhandlung . . ., ins Lateinische übersetzt, mit theils umrissenen, theils ausgeführten Zeichnungen ausgestattet, an Peter Camper zu übersenden die unbesonnene Gutmüthigkeit hatte.
›Principes de Philosophie Zoologique‹, 1831/32

302 Carl von Linné (1707 bis 1778): ›Genera plantarum eorumque characteres naturales . . .‹ *4. Aufl. 1752 Aus Goethes Bibliothek (Auf dem Titelblatt der Namenszug des Gründers der Jenaer naturforschenden Gesellschaft, Batsch)*

Ich bin von tausend Vorstellungen getrieben, beglückt und gepeinigt. Das Pflanzenreich raßt einmal wieder in meinem Gemüthe, ich kann es nicht einen Augenblick loswerden, mache aber auch schöne Fortschritte. [. . .] Es zwingt sich mir alles auf, ich sinne nicht mehr drüber, es kommt mir alles entgegen und das ungeheure Reich simplificirt sich mir in der Seele, daß ich bald die schwerste Aufgabe gleich weglesen kann. Wenn ich nur jemanden den Blick und die Freude mittheilen könnte, es ist aber nicht möglich. Und es ist kein Traum, keine Phantasie; es ist ein Gewahrwerden der wesentlichen Form, mit der die Natur gleichsam nur immer spielt und spielend das manigfaltige Leben hervorbringt. Hätt ich Zeit in dem kurzen Lebensraum; so getraut ich mich es auf alle Reiche der Natur – auf ihr ganzes Reich – auszudehnen.
An Frau von Stein, 10. Juli 1786

303 Die Versuchung Christi *Kupfertafel aus ›Jesus Messias oder Die Evangelien und die Apostelgeschichte in Gesängen‹ 1783/86. Satan mit Goethes Physiognomie nach Bagers Porträt*

304 Johann Daniel Bager: Goethe *Ölgemälde 1773 (aus Lavaters Porträtsammlung)*

»›Haben Sie auch Lavater gesehn in Gotha?‹ – ›Ich habe ihn gesprochen.‹ – ›Er ist kein großer Freund von mir. Es ist lächerlich, wie er über mich denkt. Er hat dem Versucher Christi in der Wüste, wie man sagt, im Kupferstiche meine Physiognomie geben lassen. Das gehört zu seinen Phantasien, die ihn oft zu übertriebenen Vorstellungen verleiten. Unser Musäus hat ihn ziemlich gut beleuchtet.‹«
S. G. Dittmar, Unterredung mit Goethe am 24. Juli 1786 (1832)

»Ich fand Goethe älter, kälter, weiser, fester, verschlossener, praktischer.«
Lavater an Spalding, August 1786

Endlich meine liebe ist das Kindlein angekommen *[Prinzessin Caroline]*, ein Mägdlein und der Prophet *[Lavater]* gleich hinter drein. Die Götter wissen besser was uns gut ist, als wir es wissen, drum haben sie mich gezwungen ihn zu sehen. Davon sollst du viel hören. Er hat bey mir gewohnt. Kein herzlich, vertraulich Wort ist unter uns gewechselt worden und ich bin Haß und Liebe auf ewig los. Er hat sich in den wenigen Stunden mit seinen Vollkommenheiten und Eigenheiten so vor mir gezeigt, und meine Seele war wie ein Glas rein Wasser. Ich habe auch unter seine Existenz einen grosen Strich gemacht und weis nun was mir per Saldo von ihm übrig bleibt.
An Frau von Stein, 21. Juli 1786

305 Goethe: ›Iphigenie auf Tauris‹ *I 1. In Verse abgeteilt, nach Lavaters Abschrift. In: ›Schwäbisches Museum‹, Kempten 1785*

Ich bin in grose Noth gerathen, die ich dir sogleich anzeigen und klagen muß. Nach deinem Abschied laß ich noch in der Elecktra des Sophokles. Die langen Jamben ohne Abschnitt und das sonderbare Wälzen und Rollen des Periods, haben sich mir so eingeprägt daß mir nun die kurzen Zeilen der Iphigenie ganz höckerig, übelklingend und unlesbar werden. Ich habe gleich angefangen die erste Scene umzuändern. Damit ich aber nicht zu weit gehe und Maas und Ziel festgesetzt werde, bitt ich dich etwa um 5 Uhr um eine Lecktion. Ich will zu dir kommen!
An Herder, Karlsbad, Ende August 1786

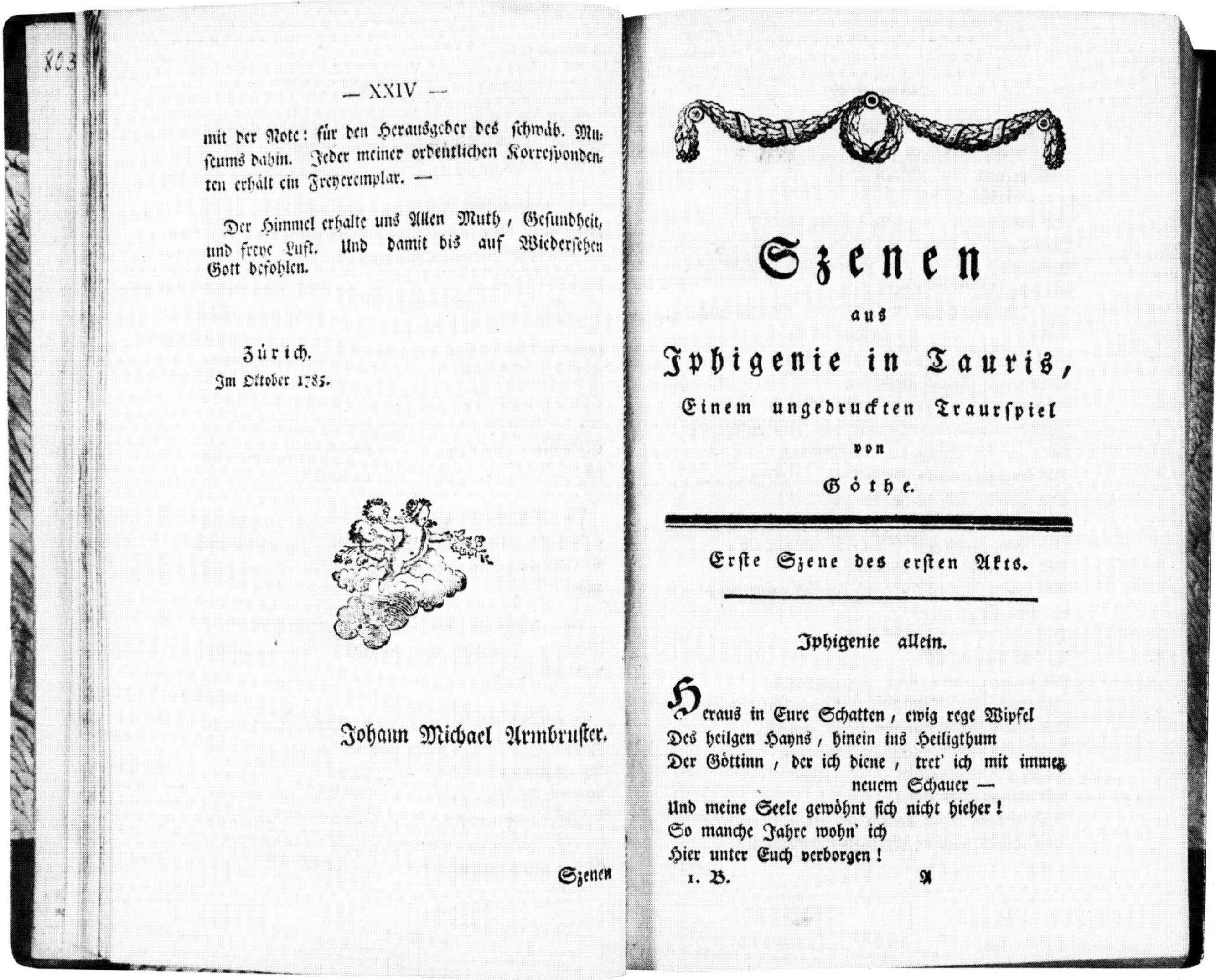

— XXIV —

mit der Note: für den Herausgeber des schwäb. Musæums dahin. Jeder meiner ordentlichen Korrespondenten erhält ein Freyexemplar. —

Der Himmel erhalte uns Allen Muth, Gesundheit, und freye Luft. Und damit bis auf Wiedersehen Gott befohlen.

Zürich.
Im Oktober 1785.

Johann Michael Armbruster.

Szenen

Szenen
aus
Iphigenie in Tauris,
Einem ungedruckten Trauerspiel
von
Göthe.

Erste Szene des ersten Akts.

Iphigenie allein.

Heraus in Eure Schatten, ewig rege Wipfel
Des heilgen Hayns, hinein ins Heiligthum
Der Göttinn, der ich diene, tret' ich mit immer
neuem Schauer —
Und meine Seele gewöhnt sich nicht hieher!
So manche Jahre wohn' ich
Hier unter Euch verborgen!

1. B. A

306 J. G. Hamann *Silhouette von unbekannter Hand*

»... den 25ten August [1787] las Hamann Göthes Vögel. Er kam ganz entzückt davon in mein Zimmer. – Das ist ein Blitzkerl – ein tausend Künstler. – Es sticht mir wie Funken über den ganzen Leib. – Der Doctor hat sich in Herders Gott verliebt, aber ich hab es bey den Vögeln besser gehabt – Herders Gott muß sich verkriechen, das ist ein Schuhu. – Das ist ein vortrefflicher Mensch! Ich hoffe, ich werde ihn doch noch einmahl sehen! Ich habe auf seine Werke nicht pränumerieren können, sie waren zu theuer; Aber ich nehme sie ihm weg; er muß sie mir geben. – Das ist ein Kerl! – Ich muß heute aufhören, es greift mich zu sehr an; es macht mir zu viel Vergnügen.« Gesprächsaufzeichnung von fremder Hand in der »Mappe von Münster«

307 Goethe: ›Roveredo‹ *[Rovereto an der Etsch]. Bleistift, Feder, Tuschlavierung. 11. September 1786*

Auf dem Brenner angelangt, gleichsam hierher gezwungen ... Hier oben ... seh ich nun noch einmal nach dir zurück. Von hier fliesen die Wasser nach Deutschland und nach Welschland diesen hoff ich morgen zu folgen. Wie sonderbar daß ich schon zweymal auf so einem Punckte stand, ausruhte und nicht hinüber kam! Auch glaub ich es nicht eher als bis ich drunten bin.
Auf dem Brenner, 8./9. September 1786

Und nun wenn es Abend wird und bey der milden Luft wenige Wolcken an den Bergen ruhn, am Himmel mehr stehn als ziehn, und gleich nach Sonnen Untergang das Geschrille der Heuschrecken laut zu werden anfängt! Es ist mir als wenn ich hier gebohren und erzogen wäre und nun von einer Grönlandsfahrt Von einem Wallfischfang zurückkäme. Alles ist mir willkommen, auch der Vaterländische Staub der manchmal starck auf den Strasen wird und von dem ich nun solang nichts gesehen habe. [...] Ach was ich da schreibe hab ich lang gewußt, seitdem ich mit dir unter einem bösen Himmel leide, und jetzt mag ich gern diese Freude als Ausnahme fühlen, die wir als eine ewige Naturwohlthat immer genießen sollten.
Trento, 10. September 1786

308 Goethe: Kastell von Malcesine am Gardasee *Skizzenfragment (Kohle) auf durchgerissenem Papier. 13. September 1786*

Ich bin in Malsesine dem ersten Orte des Venetianischen Staats an der Morgenseite des Sees. [...] Wir fuhren bei *Limona* vorbey, dem die Berggärten, die terrassenweis angelegt sind und worinn die Citronenbäume stehen ein reinliches und reiches Ansehen geben. [...] Hier in Malsesine ist auch so ein Garten, ich will ein Stück zeichnen. Wie auch das Schloß das am Wasser liegt und ein schöner Gegenstand ist. Heute im Vorbeyfahren nahm ich eine Idee davon mit. [...] Die Lust dir das Schloß zu zeichnen, das ein ächter Pendant zu dem böhmischen ist, hätte mir übel bekommen können. Die Einwohner fanden es verdächtig, weil hier die Gränze ist und sich alles vorm Kayser fürchtet. Sie thaten einen Anfall auf mich, ich habe aber den Treufreund *[Hauptperson in den ›Vögeln‹]* köstlich gespielt, sie haranguirt und sie bezaubert.
Malcesine, 13. September 1786

309 Medaille auf den Marchese Scipione Maffei (1675 bis 1755) *Begründer des ›Museum Maffeianum‹ in Verona. Aus Goethes Sammlungen*

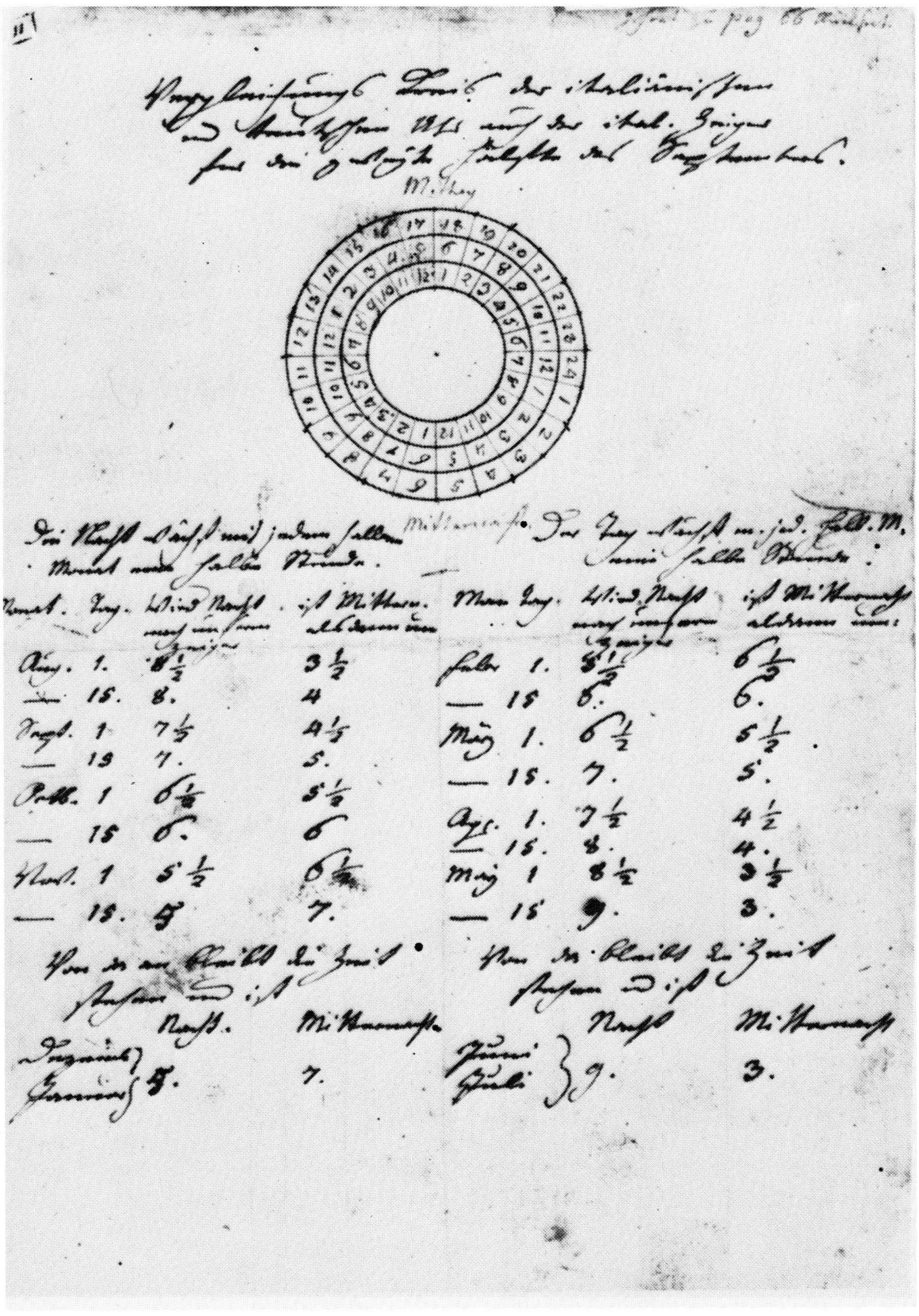

Vergleichungs Kreis der italiänischen und teutschen Uhr auf der ital. Zeiger für die zweyte Hälfte des Septembers.

Mittag

Mitternacht

Die Nacht wächst mit jedem halben Monat eine halbe Stunde.

Der Tag wächst mit jed. halb. M. um eine halbe Stunde.

Monat.	Tag.	Wird Nacht nach unserm Zeiger	ist Mitternacht alsdenn um	Monat	Tag.	Wird Nacht nach unserm Zeiger	ist Mitternacht alsdenn um.
Aug.	1.	8 1/2	3 1/2	Febr	1.	5 1/2	6 1/2
—	15.	8.	4	—	15	6.	6.
Sept.	1	7 1/2	4 1/2	Mertz	1.	6 1/2	5 1/2
—	15	7.	5.	—	15.	7.	5.
Octb.	1	6 1/2	5 1/2	Apr.	1.	7 1/2	4 1/2
—	15	6.	6	—	15.	8.	4.
Novb.	1	5 1/2	6 1/2	May	1	8 1/2	3 1/2
—	15.	5.	7.	—	15	9.	3.

Von da an bleibt die Zeit stehen und ist

	Nacht.	Mitternacht
December / Januar	5.	7.

Von da an bleibt die Zeit stehen und ist

	Nacht	Mitternacht
Juni / Juli	9.	3.

310 Goethe: »Vergleichungs-Kreis der italiänischen und teutschen Uhr« *Beilage zum Reisetagebuch für Frau von Stein. Verona, 17. September 1786*

. . . die Grabmähler sind herzlich und rührend. Da ist ein Mann der neben seiner Frauen aus einer Nische wie zu einem Fenster heraus sieht, da steht Vater und Mutter den Sohn in der Mitte und sehn einander mit unaussprechlicher Natürlichkeit an, da reichen ein Paar einander die Hände. Da scheint ein Vater von seiner Familie auf dem Sterbebette liegend ruhigen Abschied zu nehmen. [. . .] Mir war die Gegenwart der Steine höchstrührend daß ich mich der Trähnen nicht enthalten konnte. Hier ist kein geharnischter Mann auf den Knien, der einer fröhligen Auferstehung wartet, hier hat der Künstler mit mehr oder weniger Geschick immer nur die einfache Gegenwart der Menschen hingestellt, ihre Existenz dadurch fortgesetzt und bleibend gemacht.
Verona, 16. September 1786

[. . .] Wie also die Nacht eintritt ist der Tag aus, der aus Abend und Morgen bestand, 24 Stunden sind vorbey, der Rosenkranz wird gebetet und eine neue Rechnung geht an. Das verändert sich mit ieder Jahreszeit und die eintretende Nacht macht immer merckliche Epoche, daß ein Mensch, der hier *lebt* nicht wohl irre werden kann. Man würde dem Volck sehr viel nehmen wenn man ihm den deutschen Zeiger aufzwänge, oder vielmehr man kann und soll dem Volck nichts nehmen was so intrinsec mit seiner Natur verwebt ist.
Verona, 17. September 1786

311 Goethe: Säulenordnungen nach Palladio *(›I quattro libri dell'Architettura‹, 1570). Bleistift, Feder. Oktober 1786*

Vor einigen Stunden bin ich hier angekommen und habe schon die Stadt durchlaufen, das Olympische Theater und die Gebäude des Palladio gesehen. [. . .] Wenn man diese Wercke nicht gegenwärtig sieht, hat man doch keinen Begriff davon. Palladio ist ein recht innerlich und von innen heraus groser Mensch gewesen. Die größte Schwürigkeit ist immer die Säulenordnungen in der bürgerlichen Baukunst zu brauchen. Säulen und Mauern zu verbinden, ist ohne Unschicklichkeit beynahe unmöglich, davon mündlich mehr. Aber wie er das durcheinander gearbeitet hat, wie er durch die Gegenwart seiner Wercke imponirt und vergessen macht daß es Ungeheuer sind. Es ist würcklich etwas göttliches in seinen Anlagen, völlig die Force des großen Dichters der aus Wahrheit und Lüge ein drittes bildet das uns bezaubert. [. . .] Wenn man nun darneben das enge schmutzige Bedürfniß der Menschen sieht, und wie meist die Anlagen über die Kräffte der Unternehmer waren und wie wenig diese köstlichen Monumente eines Menschengeistes zu dem Leben der übrigen passen; so fällt einem doch ein daß es im moralischen eben so ist. Dann verdient man wenig Danck von den Menschen, wenn man ihr innres Bedürfniß erheben, ihnen von sich selbst eine grose Idee geben, ihnen das herrliche eines grosen wahren Daseyns fühlen machen will (und das thun sinnlicherweise die Wercke des Palladio in hohen Grade); aber wenn man die Vögel belügt, ihnen Mährgen erzählt, ihnen vom Tag zum andern forthilft pp, dann ist man ihr Mann . . .
Vicenza, 19. September 1786

312 Goethe: »Avocato Reccaini« *Bleistift, Feder. Aus dem Reisetagebuch für Frau von Stein. 3. Oktober 1786*

Heut hab ich . . . eine andre Commödie gesehen, die mich mehr gefreut hat. Im herzoglichen Pallast *[Dogenpalast]*, pläidiren zu hören. Es war eine wichtige Sache und wurde, auch zu meinen Gunsten, in den Ferien verhandelt. Der eine Advokate der sprach, war alles was ein *Buffo caricato* nur seyn sollte. Figur: dick kurz doch beweglich. Ein ungeheuer vorspringendes Profil. Eine Stimme wie Erz und eine Hefftigkeit, als wenn es ihm im tiefsten Grund des Herzens Ernst wäre was er sagte.
Venedig, 3. Oktober 1786

313 Goethe: Ansicht Roms. In der Bildmitte Porta del Popolo *Zugang der von Norden kommenden Reisenden. Feder, Sepialavierung. 1787(?)*

Bey meiner ersten kursorischen Lesung Italiens muß und kann ich nicht alles mitnehmen. Rom! Rom! – Ich ziehe mich gar nicht mehr aus um früh gleich bey der Hand zu seyn. Noch zwey Nächte! und wenn uns der Engel des Herrn nicht auf dem Wege schlägt; sind wir da.
Terni, 27. Oktober 1786

Endlich kann ich den Mund aufthun und Sie mit Freuden begrüßen, verzeihen Sie das Geheimniß und die gleichsam unterirdische Reise hierher. Kaum wagte ich mir selbst zu sagen wohin ich ging, selbst unterwegs fürchtete ich noch und nur unter der Porta del Popolo war ich mir gewiß Rom zu haben.
An Carl August, Rom, 3. November 1786

314 Goethe bei seinen römischen Wirtsleuten *Federzeichnung von W. Tischbein. 1786/87*

Für mich ist es ein Glück daß Tischbein ein schönes Quartier hat, wo er mit noch einigen Mahlern lebt. Ich wohne bey ihm und bin in ihre eingerichtete Haushaltung mit eingetreten, wodurch ich Ruh und Häuslichen Frieden in einem fremden Lande genieße. Die Hausleute sind ein redliches altes Paar, die alles selbst machen und für uns wie für Kinder sorgen. Sie waren gestern untröstlich, als ich von der Zwiebel Suppe nicht aß, wollten gleich eine andre machen u.s.w. Wie wohl mir dies aufs Italiänische Wirthshausleben thut, fühlt nur der der es versucht hat. Das Haus liegt im Corso, keine 300 Schritte von der Porta del Popolo.
An den Freundeskreis in Weimar, Rom, 1. November 1786

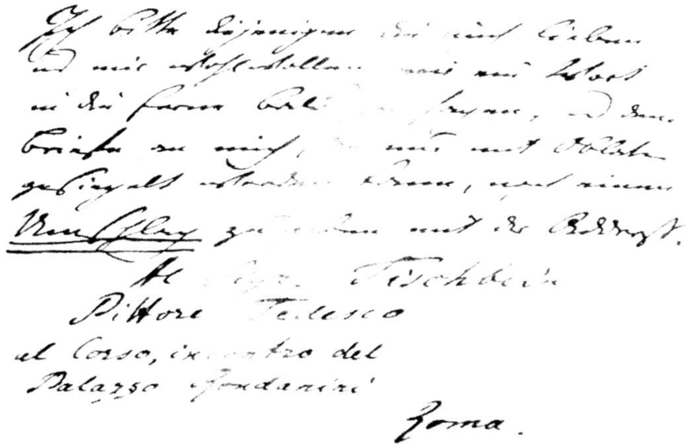

315 Goethe: Handschriftliches Billett mit seiner römischen ›Inkognito‹-Adresse

316 Johann Heinrich Wilhelm Tischbein (1751-1829): Selbstbildnis *Bleistift und Kreide. Um 1787. Aus Goethes Sammlungen*

317 Goethe: Ruinen auf dem Palatin *Bleistift, Pinsel mit Sepia. 1787*

Heute war ich bey der Pyramide des Cestius und Abends auf dem Palatin, oben auf den Ruinen der Kayser Palläste, die wie Felsenwände dastehn.
An J. G. und Caroline Herder, Rom, 10. November 1786

318 Goethe: Villa Medici, von Trinita dei Monti gesehen *Bleistift, Feder mit Sepia, Tuschlavierung. 1787*

Von dem Privat Leben der Alten sind wie bekannt wenig Spuren mehr übrig, desto größer sind die Reste die uns ihre Sorge fürs Volck, fürs allgemeine und ihre wahre weltherrliche Größe zeigen. Schon hab ich das merckwürdigste gesehn und wiedergesehn. Wasserleitungen, Bäder, Theater, Amphitheater, Rennbahn, Tempel! Und dann die Palläste der Kayser, die Gräber der Großen – Mit diesen Bildern hab ich meinen Geist genährt und gestärckt. Ich leße den Vitruv, daß der Geist der Zeit mich anwehe wo das alles erst aus der Erde stieg, ich habe den Palladio, der zu seiner Zeit noch vieles ganzer sah, maß und mit seinem großen Verstand in Zeichnungen herstellte, und so steigt der alte Phönix Rom wie ein Geist aus seinem Grabe, doch ists Anstrengung statt Genußes und Trauer statt Freude. Gewiß man muß sich einen eignen Sinn machen Rom zu sehn, alles ist nur Trümmer, und doch, wer diese Trümmer nicht gesehn hat, kann sich von Größe keinen Begriff machen. [. . .]
An Knebel, Rom, 17. November 1786

319 Angelika Kauffmann (1741-1807): Selbstbildnis *Öl auf Leinwand. Vor 1784*

320 A. Kauffmann: Szene aus Goethes ›Iphigenie in Tauris‹ *mit Orest, Iphigenie und Pylades (»Seyd ihr auch schon herab gekommen?« III 3). Kreide. 1787. Aus Goethes Sammlungen*

Sie hat ein unglaubliches und als Weib wirklich ungeheures Talent. Man muß sehen und schätzen was sie *macht*, nicht das was sie *zurückläßt*.
›Italienische Reise‹ (›Zweiter Römischer Aufenthalt‹), Rom, 18. August 1787

Angelica hat aus meiner Iphigenie ein Bild zu mahlen unternommen; der Gedanke ist sehr glücklich und sie wird ihn trefflich ausführen. Den Moment, da sich Orest in der Nähe der Schwester und des Freundes wiederfindet. Das was die drei Personen hinter einander sprechen, hat sie in eine gleichzeitige Gruppe gebracht und jene Worte in Gebärden verwandelt. Man sieht auch hieran, wie zart sie fühlt und wie sie sich zuzueignen weiß, was in ihr Fach gehört. Und es ist wirklich die Achse des Stücks.
›Italienische Reise‹, Neapel, 13. März 1787

321 Angelika Kauffmann: Goethe *Öl auf Leinwand. 1787*

Mein Porträt *[Tischbein: Goethe in der Campagna]* wird glücklich, es gleicht sehr, und der Gedanke gefällt jedermann; Angelica mahlt mich auch, daraus wird aber nichts. Es verdrießt sie sehr, daß es nicht gleichen und werden will. Es ist immer ein hübscher Bursche, aber keine Spur von mir.
›Italienische Reise‹ (›Zweiter Römischer Aufenthalt‹), Rom, 27. Juni 1787

322 Goethe: Bei Velletri (?) *Bleistift, Feder, Tuschlavierung. 22./23. Februar 1787 (?)*

323 Angelika Kauffmann: Johann Joachim Winckelmann *Radierung nach dem Ölgemälde von 1764*

Ich kann noch nichts sagen, denn es wird nur. Hätte ich Zeit ich wollte euch große Schätze zurückbringen. Denn ach Winckelmann! wie viel hat er gethan und wie viel hat er uns zu wünschen übrig gelaßen. Du kennst mich Hypothesen-Auflößer und Hypothesen-Macher. Er hat mit denen Materialien die er hatte geschwinde gebaut um unter Dach zu kommen. Lebte er noch; (und er könnte noch frisch und gesund seyn) so wäre er der erste der uns eine neue Ausarbeitung seines Wercks gäbe. Was hätte er nicht noch beobachtet, was berichtigt, was benutzt das nach seinen Grundsätzen gethan und beobachtet, was neuerdings ausgegraben worden. [...] Ich Wandrer raffe auf was ich kann. Wie anders sehe ich gegen die erste Zeit, was würde es in Jahren seyn.
An Herder, 13. Januar 1787

324 Christoph Heinrich Kniep (1755-1825): Palermo *Feder, Aquarellfarben. 1787*

325 Totenmaske Torquato Tassos *Aus Goethes Sammlungen*

... die Seekrankheit überfiel mich bald. Ich begab mich in meine Kammer ... Abgeschlossen von der äußern Welt, ließ ich die innere walten, und da eine langsame Fahrt vorauszusehen war, gab ich mir gleich zu bedeutender Unterhaltung ein starkes Pensum auf. Die zwei ersten Acte des Tasso, in poetischer Prosa geschrieben, hatte ich von allen Papieren allein mit über See genommen. [...] Montag den 2. April, früh 8 Uhr fanden wir uns Palermo gegenüber. Dieser Morgen erschien für mich höchst erfreulich. Der Plan meines Dramas war diese Tage daher, im Wallfischbauch, ziemlich gediehen. [...] Kniep zeichnete emsig fort ... Endlich gelangten wir mit Noth und Anstrengung Nachmittags um drei Uhr in den Hafen ... Die Stadt gegen Norden gekehrt, am Fuß hoher Berge liegend; über ihr, der Tageszeit gemäß, die Sonne herüber scheinend. Die klaren Schattenseiten aller Gebäude sahen uns an, vom Widerschein erleuchtet. Monte Pellegrino rechts, seine zierlichen Formen im vollkommensten Lichte, links das weit hingestreckte Ufer mit Buchten, Landzungen und Vorgebirgen. Was ferner eine allerliebste Wirkung hervorbrachte, war das junge Grün zierlicher Bäume, deren Gipfel, von hinten erleuchtet, wie große Massen vegetabilischer Johanniswürmer vor den dunkeln Gebäuden hin und wider wogten. Ein klarer Duft blaute alle Schatten.
›Italienische Reise‹, 30. März-2. April 1787

326 Goethe: Segesta. Profile der Säulenbasen am Tempel *Federzeichnung auf einem Notizblatt. 20. April 1787*

Tempel zu Segeste.
Ist nie fertig geworden und man hat den Platz um denselben nie verglichen, vielmehr hat man nur den Raum geebnet auf dem man den Tempel bauen wollte, ringsumher den Grund zu den Säulen gelegt. [. . .] Die Säulen sollten eigentlich keine Basen haben wie man an der Nordseite sieht die fertig ist. Dieses Profil von der Seite *a* angesehn sieht aus als wenn die Säulen auf der vierten Stufe aufstünden. Auch sieht die Ansicht von Norden würcklich so aus obgleich die Lienie *b.* der Fusboden des Tempels ist. Auf der Mitternacht seite aber sieht es aus als wenn die Säulen Basen hätten, aber es ist die Ursache weil die Steine welche in die Zwischenräume *cc.* kommen sollten noch nicht eingesetzt sind ausser in einer Säulenweite. [. . .] Die Lage ist sonderbar. am höchsten Ende eines weiten langen Thales auf einem isolirten Hügel, sieht der Tempel über viel Land in eine weite Ferne, aber nur in ein Eckgen Meer. Die Gegend ruht in trauriger Fruchtbarkeit. Alles bebaut und fast nicht bewohnt. Auf blühenden Disteln schwärmten unzähliche Schmetterlinge, und Wilder Fenchel stand 8-9 Fuß hoch, es sah aus wie eine Baumschule. Wo eine Stadt gelegen ist keine Spur in der Nähe. Der Wind sauste in den Säulen wie in einem Walde und Raubvögel schwebten schreyend über dem Gebälcke. Sie hatten wohl Jungen in den Löchern.
Notizblatt mit Abb. 326

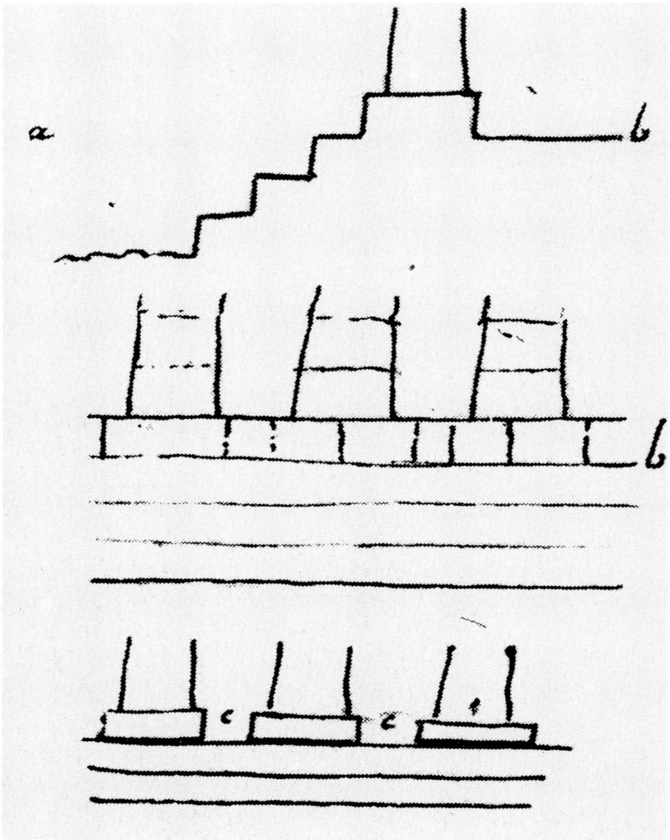

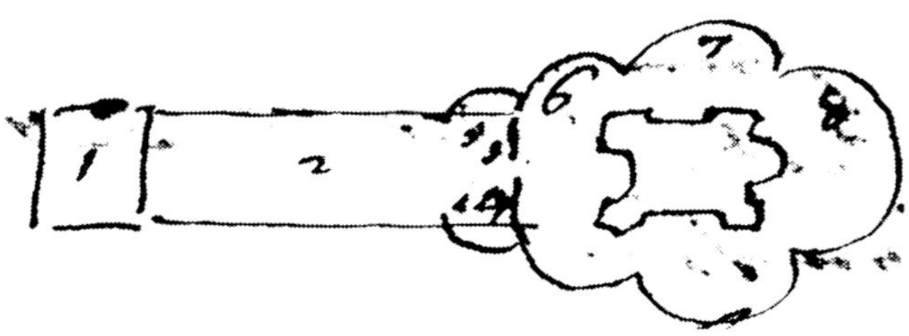

327 Goethe: Villa Palagonia bei Bagheria. Situationsplan *Feder mit Tinte. 9. April 1787*

Links Tor und Anfahrt, inneres Tor; rechts inmitten der Mauer Grundriß des Palazzo. Die Zeichnung wird von den folgenden Notizen begleitet und erläutert (Ziffern):
Elemente der Tollheit des Prinzen Pallagonia.
[Grundriß:] 1 Dreyeinigkeit. Riesen mit Camaschen
2 Avenue Balustrade. Piedestale Vasen Gruppen.
3 Mauer als Festung 4 Egyptische Figur in der Mauer am Thor 5 Springbrunn ohne Wasser, Monument zerstreute Vasen. Statuen auf die Nase gelegt. 6 Drachen dazwischen Götter NB Atlas der ein Weinfaß statt der Weltkugel trägt. Alte Laube vollgestellt NB Bäncke und Laube vom Onckel her. 7 Spielleute Monster Zwerge. 8 Monster Affen Vor dem Pallast Kayser in Karikatur mit dem Lorbeerkranz auf einem Zwergen Leib auf einem Delfin sitzend. Hydern und das Gesims. mit kleinen Büsten. Schiefe der Gebäude des Hofs. [. . .]

328 Chr. H. Kniep: Kloster der Heiligen Rosalia bei Palermo *Bleistift. Datiert: 1787*

Am 6. April 1787 besuchte Goethe den Andachtsort, die Höhle der sizilianischen Schutzheiligen auf dem Monte S. Pellegrino.

Pietra della Santa [. . .] Höhle der heiligen. Halle wie andre Kirchen. – Schiff. Vorhof. Beichtstühle. Altäre unten verdeckt. Bäume. Felsen rechts. Löcher. Grotte. Bley Ableitungen. [. . .] Heilige. Marmorbild. Gesicht und Hände. Liegend in Entzückung. Rechte Hand unter dem Kopf. Ring am kleinen Finger, Armband an der Hand. Lincke Hand an der Brust, voll Ringe die finger, Locken best vergoldet. Natürliche schöne Haare. Kleid, Metall verguldet. Engel der ihr Blumen reicht. Goldne Blumen Krone auf dem Haupt. Gegitter Messing Blumen Drat darüber. Lampen. Maltheser Kreuz.
Notizblatt vom 6. April 1787

Der Gesang der Geistlichen verklang nun in der Höhle, das Wasser rieselte in das Behältniß gleich neben dem Altare zusammen, die überhangenden Felsen des Vorhofs, des eigentlichen Schiffs der Kirche, schlossen die Scene noch mehr ein. Es war eine große Stille in dieser gleichsam wieder ausgestorbenen Wüste, eine große Reinlichkeit in einer wilden Höhle; der Flitterputz des katholischen, besonders sicilianischen Gottesdienstes, hier noch zunächst seiner natürlichen Einfalt; die Illusion, welche die Gestalt der schönen Schläferin hervorbrachte, auch einem geübten Auge noch reizend, – genug, ich konnte mich nur mit Schwierigkeit von diesem Orte losreißen und kam erst in später Nacht wieder in Palermo an.

329 Chr. H. Kniep: Der Tempel von Segesta *Bleistift. Datiert: 1787*

330 Wilhelm Tischbein: Badende (›Der Fehltritt der Kallisto‹) *Blei. o. D. Aus Goethes Sammlungen*

331 Goethe: Delphinreiter (Taras?), nach dem Revers einer Tarentiner Münze *Bleistift, Feder. 1787/89*

Die Zeichnung steht zwischen Notizen über die Metamorphose der Pflanzen, auf der Rückseite sind Verse zu einer römischen Elegie [Entwurf zu I 4, 65 f.] notiert. J. Walther und L. Münz meinten (wohl zu Unrecht), daß Goethe sich hier als Arion dargestellt habe, der den Menschen die Urpflanze bringe. Goethe wurde erst 1818 Mitglied der Akademie ›Leopoldina‹ und bekam den Namen ›Arion‹.

Sage Herdern daß ich dem Geheimniß der Pflanzenzeugung und Organisation ganz nah bin und daß es das einfachste ist was nur gedacht werden kann. Unter diesem Himmel kann man die schönsten Beobachtungen machen. Sage ihm daß ich den Hauptpunckt wo der Keim stickt ganz klar und zweifellos entdeckt habe ... Die Urpflanze wird das wunderlichste Geschöpf von der Welt über welches mich die Natur selbst beneiden soll.
An Frau von Stein, Rom, 8. Juni 1787

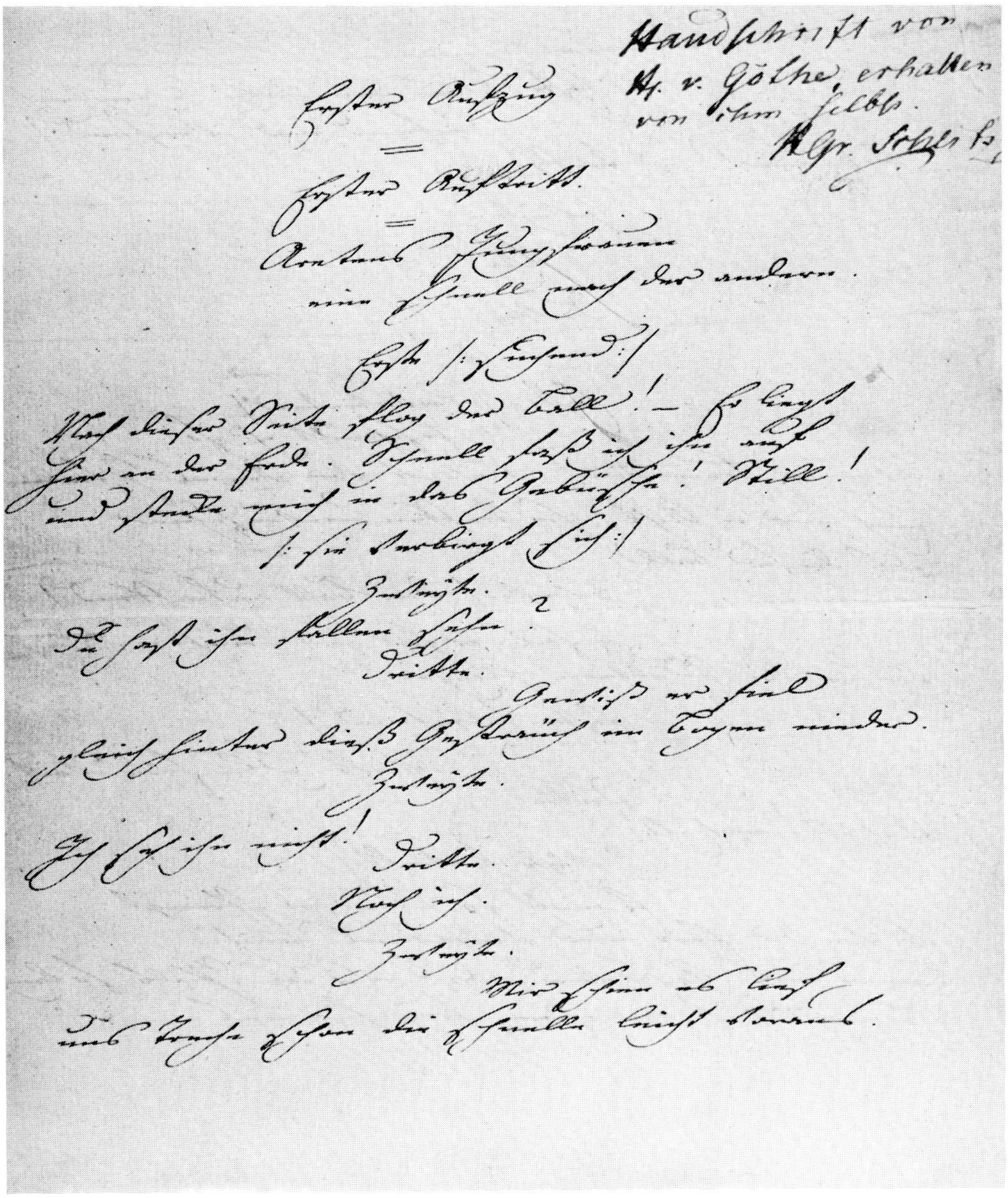

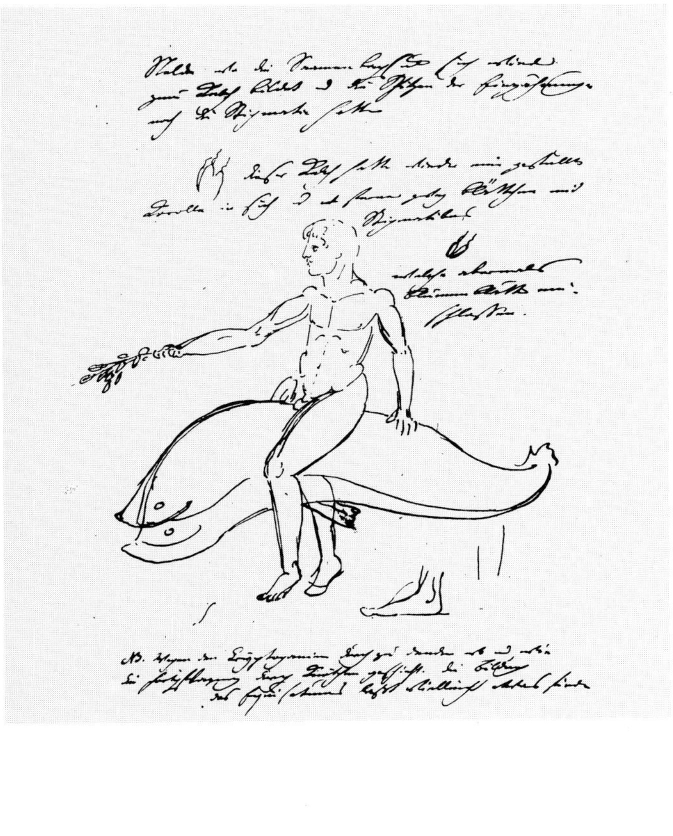

332 Goethe: ›Nausikaa‹
Blatt 1 der Reinschrift (Neapel 1787) der ersten und zweiten Szene des auf Sizilien begonnenen, duch die Homerlektüre (›Odyssee‹, 6. Buch) inspirierten, Fragment gebliebenen Stücks. Testat des Grafen Joh. Eust. von Schlitz, gen. von Goertz (1737-1821): »Handschrift von Hr. v. Göthe erhalten von ihm selbst.«

Erster Aufzug / Erster Auftritt. / Aretens Jungfrauen eine schnell nach der andern. *Erste* (suchend) Nach dieser Seite flog der Ball! – Er liegt / hier an der Erde. Schnell faß ich ihn auf / und stecke mich in das Gebüsche! Still! / (sie verbirgt sich) *Zweyte.* Du hast ihn fallen sehn? *Dritte.* Gewiß er fiel / gleich hinter dieß Gesträuch im Bogen nieder. / *Zweyte.* Ich sah ihn nicht! *Dritte.* Noch ich. *Zweyte.* Mir schien es lief / uns Trache schon die schnelle leicht voraus. [. . .] Zweyter Auftritt. / *Ulyss* aus der Höle tretend. [. . .]
O Noth! Bedürfniß o! Ihr strengen Schwestern, / ihr haltet, eng begleitend, mich gefangen! / So kehr ich von der zehenjähr'gen Mühe / des wohlvollbrachten Krieges wieder heim; / der Städtebändiger, der Sinnbezwinger! / Der Bettgenoß unsterblich schöner Frauen! / In's Meer versanken die erworbnen Schätze / und ach die besten Schätze die Gefährten, / erprobte Männer, in Gefahr und Mühe / an meiner Seite Lebenslang gebildet, / verschlungen hat der tausendfache Rachen / des Meeres die Geliebten und allein, / nackt und bedürftig jeder kleinen Hülfe, / erheb ich mich auf unbekanntem Boden / von ungemeßnem Schlaf. [. . .]

Ich ergriff . . . den Gedanken, den Gegenstand der Nausikaa als Tragödie zu behandeln. [. . .] Der Hauptsinn war der: in der Nausikaa eine treffliche, von vielen umworbene Jungfrau darzustellen, die, sich keiner Neigung bewußt, alle Freier bisher ablehnend behandelt, durch einen seltsamen Fremdling aber gerührt, aus ihrem Zustand heraustritt und durch eine voreilige Äußerung ihrer Neigung sich kompromittiert, was die Situation vollkommen tragisch macht. [. . .] Es war in dieser Komposition nichts, was ich nicht aus eignen Erfahrungen nach der Natur hätte ausmalen können.
›Italienische Reise‹, »Unter Taormina, am Meer«, 7. Mai 1787

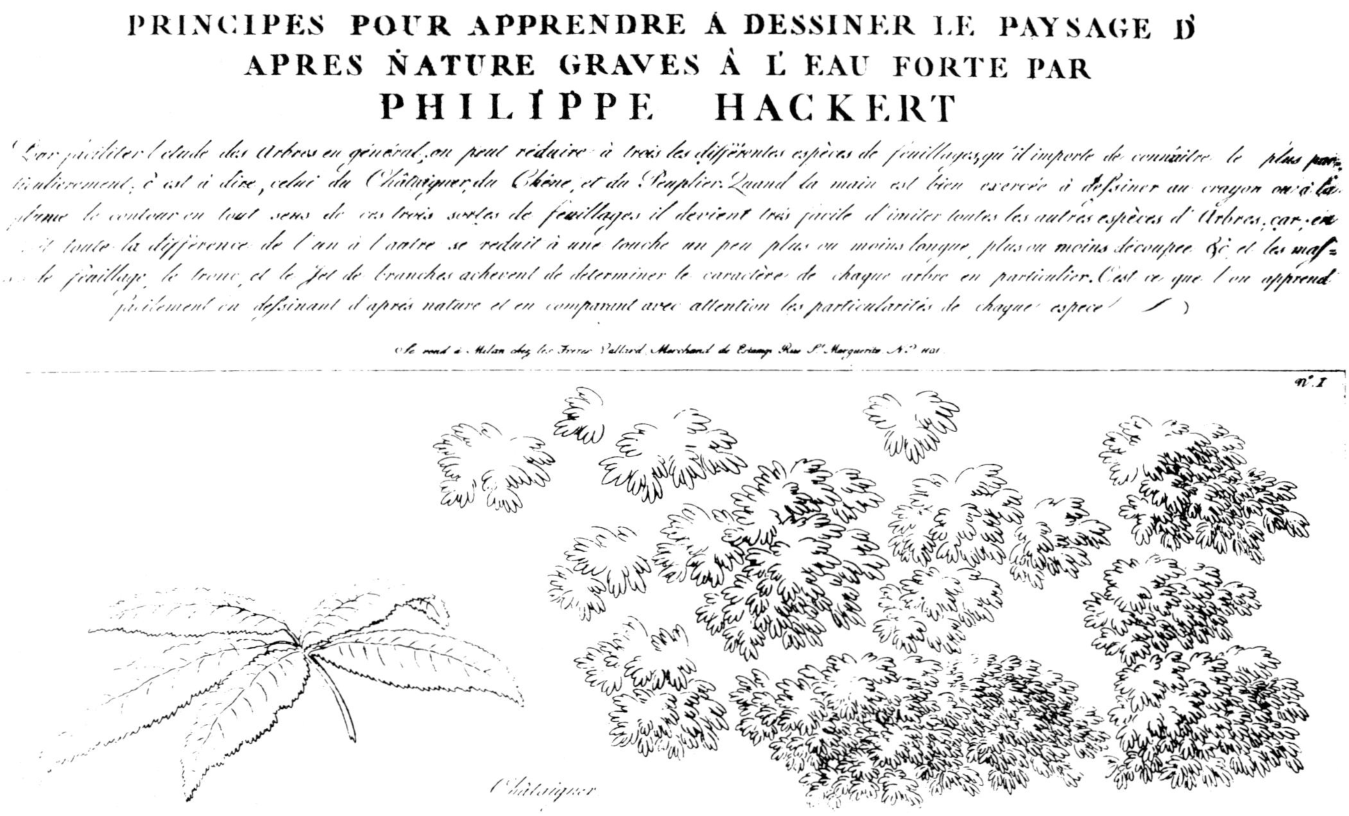

333 J. Philipp Hackert (1736–1807): ›Principes pour apprendre à dessiner le paysage d'apres nature . . .‹ 1803 *Titelblatt der ›Zeichenschule‹*

334 Philipp Hackert: Selbstbildnis *Öl auf Leinwand. o. D.*

Hackert wohnt im alten Schlosse *[am Hof Ferdinands II. in Caserta bei Neapel]* gar behaglich, es ist räumlich genug für ihn und Gäste. Immerfort beschäftigt mit Zeichnen oder Mahlen, bleibt er doch gesellig und weiß die Menschen an sich zu ziehen, indem er einen jeden zu seinem Schüler macht. Auch mich hat er ganz gewonnen, indem er mit meiner Schwäche Geduld hat, vor allen Dingen auf Bestimmtheit der Zeichnung, sodann auf Sicherheit und Klarheit der Haltung dringt. Drei Tinten stehen, wenn er tuscht, immer bereit, und indem er von hinten hervorarbeitet und eine nach der andern braucht, so entsteht ein Bild, man weiß nicht woher es kommt. [. . .] Er sagte zu mir mit seiner gewöhnlichen bestimmten Aufrichtigkeit: »Sie haben Anlage, aber sie können nichts machen. Bleiben Sie achtzehn Monat bei mir, so sollen Sie etwas hervorbringen, was Ihnen und andern Freude macht.« – Ist das nicht ein Text, über den man allen Dilettanten eine ewige Predigt halten sollte?

›Italienische Reise‹, Caserta, 15. März 1787

335 Raphael Morghen nach Gavinus Hamilton: Lady Hamilton, geb. Lyons, gen. Miß Harte (1761-1815) als Thalia *Kupferstich. Rom, o. D. Aus Goethes Sammlungen*

336 Wilhelm Tischbein: Miss Harte als Sibylle *Öl auf Leinwand. o. D. (die Kopfstudie aufgenommen in Tischbeins Bild: Iphigenie erkennt den Orest)*

Der Ritter Hamilton, der noch immer als englischer Gesandter hier lebt, hat nun, nach so langer Kunstliebhaberei, nach so langem Naturstudium, den Gipfel aller Natur- und Kunstfreude in einem schönen Mädchen gefunden. Er hat sie bei sich, eine Engländerin von etwa zwanzig Jahren. Sie ist sehr schön und wohl gebaut. Er hat ihr ein griechisch Gewand machen lassen, das sie trefflich kleidet, dazu lös't sie ihre Haare auf, nimmt ein paar Shawls und macht eine Abwechslung von Stellungen, Gebärden, Mienen etc., daß man zuletzt wirklich meint, man träume. Man schaut, was so viele tausend Künstler gerne geleistet hätten, hier ganz fertig, in Bewegung und überraschender Abwechslung. Stehend, knieend, sitzend, liegend, ernst, traurig, neckisch, ausschweifend, bußfertig, lockend, drohend, ängstlich etc., eins folgt auf's andere und aus dem andern. Sie weiß zu jedem Ausdruck die Falten des Schleiers zu wählen, zu wechseln, und macht sich hundert Arten von Kopfputz mit denselben Tüchern. Der alte Ritter hält das Licht dazu und hat mit ganzer Seele sich diesem Gegenstand ergeben.
›Italienische Reise‹ Caserta, 16. März 1787

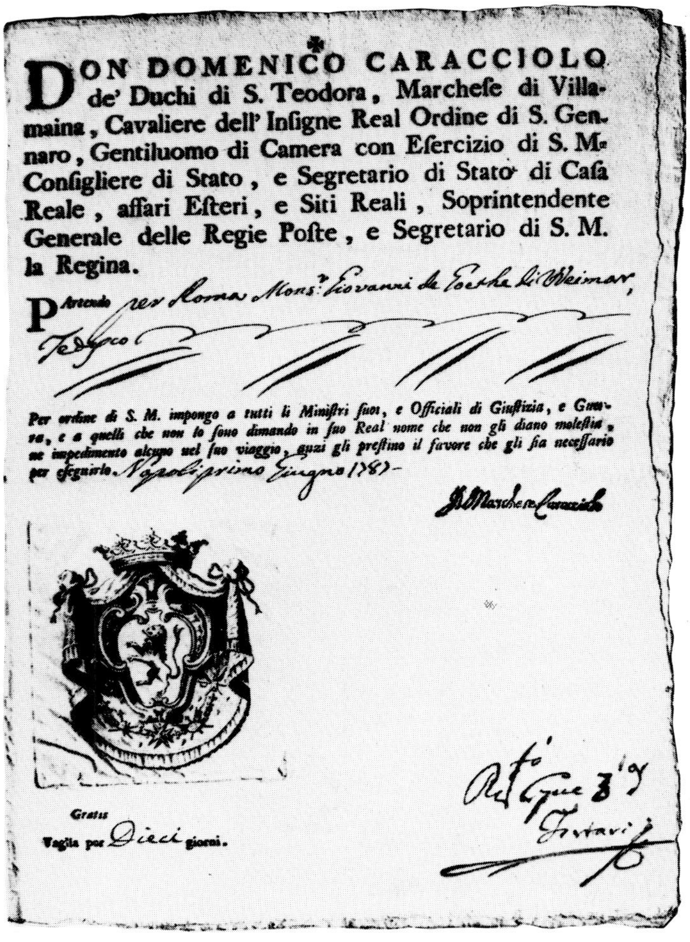

DON DOMENICO CARACCIOLO
de' Duchi di S. Teodora, Marchese di Villamaina, Cavaliere dell' Insigne Real Ordine di S. Gennaro, Gentiluomo di Camera con Esercizio di S. M.e Consigliere di Stato, e Segretario di Stato di Casa Reale, affari Esteri, e Siti Reali, Soprintendente Generale delle Regie Poste, e Segretario di S. M. la Regina.

Partendo per Roma Mons.r Giovanni de Goethe di Weimar, Tedesco

Per ordine di S. M. impongo a tutti li Ministri suoi, e Officiali di Giustizia, e Guerra, e a quelli che non lo sono dimando in suo Real nome che non gli diano molestia, ne impedimento alcuno nel suo viaggio, anzi gli prestino il favore che gli sia necessario per eseguirlo. Napoli primo Giugno 1787

Il Marchese Caracciolo

Gratis
Vaglia per Dieci giorni.

337 Goethes Paß zur Rückkehr von Neapel nach Rom *Ausgestellt am 1. Juni 1787*

338 Wilhelm Tischbein: Goethe in seiner Wohnung am Corso *1787. Federzeichnung. Aus Goethes Sammlungen*

»Der hier dargestellte Vorfall, Goethes Greifen nach dem ›verfluchten zweiten Küssen‹, ist uns nicht bekannt . . . Der Kolossalkopf auf dem Brett, das auf Bänden von Werken Winckelmanns und des Titus Livius ruht, ist die Maske der Juno Ludovisi, die Goethe am 5. Januar 1787 gekauft hatte, also nicht der später [1823] in Weimar vom Staatsrat Schultz geschenkte Kopf. Die Katze, die nach der Wirtin Meinung den Jupiter anbetete, fehlt nicht [s. ›Italienische Reise‹ Rom, den 25. Dezember 1786]. Der andere Kopf ist die am 13. Januar in einem Brief an Herder erwähnte ›kleinere und geringere‹ Juno.«
Nach W. von Oettingen, ›Goethe und Tischbein‹

339 Wilhelm Tischbein: Römische Ruinen *Feder mit Tusche. o. D. Aus Goethes Sammlungen*

Würdige Prachtgebäude stürzen, / Mauer fällt, Gewölbe bleiben, / Daß, nach tausendjähr'gem Treiben, / Thor und Pfeiler sich verkürzen. / Dann beginnt das Leben wieder, / Boden mischt sich neuen Saaten, / Rank' auf Ranke senkt sich nieder; / Der Natur ist's wohl gerathen.
›Wilhelm Tischbeins Idyllen‹, 1821 (I)

340 Wilhelm Tischbein: Baumgruppe in der Villa Aldobrandini *Radierung. o. D. Aus Goethes Sammlungen*

341 Angelika Kauffmann: Maddalena Riggi (1765-1825)
Öl auf Leinwand. 1795

Seine Bekanntschaft mit der schönen Mailänderin *erzählt Goethe episodisch im ›Zweiten Römischen Aufenthalt‹ als einen wirkungsvoll in das letzte Halbjahr eingefügten kleinen Liebesroman, vom Kennenlernen auf einer Villeggiatur in Castel Gandolfo (Oktober 1787), über die schmerzhafte Entdeckung ihres Brautstandes, die Anteilnahme an ihrer Erkrankung und Wiederherstellung nach dem Treuebruch ihres Bräutigams bis zum letzten,* anmutigsten Gespräch . . . das, von allen Fesseln frei, das Innere zweier sich nur halbbewußt Liebenden offenbarte . . ., Schlußbekenntnis der unschuldigsten und zartesten wechselseitigen Gewogenheit, *kurz vor Goethes Aufbruch von Rom im April 1788.*

342 Im Vatikanischen Museum: Der Apoll vom Belvedere
Kolorierte Radierung von A. L. R. Ducros und G. Volpato. Um 1775

Apollo von Belvedere, warum zeigst du dich uns in deiner Nacktheit, daß wir uns der unsrigen schämen müssen.
An Herder, Sommer 1771

Indem ich dieses niederschreibe, werden meine Gedanken in die frühesten Zeiten hingeführt und die Gelegenheiten hervorgerufen, die mich anfänglich mit solchen Gegenständen *[antiken Plastiken]* bekannt machten, meinen Anteil erregten, bei einem völlig ungenügenden Denken einen überschwänglichen Enthusiasmus hervorriefen und die grenzenlose Sehnsucht nach Italien zur Folge hatten. In meiner frühsten Jugend ward ich nichts Plastisches in meiner Vaterstadt gewahr, in Leipzig machte zuerst der gleichsam tanzend auftretende, die Cimbeln schlagende Faun einen tiefen Eindruck . . . Nach einer langen Pause ward ich auf einmal in das volle Meer gestürzt, als ich mich von der Mannheimer Sammlung in dem von oben wohlbeleuchteten Saale plötzlich umgeben sah. [. . .] Diese edlen Gestalten waren eine Art von heimlichem Gegengift, wenn das Schwache, Falsche, Manierierte über mich zu gewinnen drohte. Eigentlich aber empfand ich immer innerliche Schmerzen eines unbefriedigten, sich aufs Unbekannte beziehenden, oft gedämpften und immer wieder auflebenden Verlangens.
›Zweiter Römischer Aufenthalt‹, April 1788 (Bericht)

343 Goethe: Landschaft mit Pyramide im Mondlicht *Bleistift, Pinsel mit Tusche. 1788 (?) Beiliegend Testat: »Die Pyramide des Cestius in Rom. Handzeichnung des Großvaters. Schenkte mir persönlich der Großvater. Wolfgang von Goethe.«*

344 Goethe: Cestius-Pyramide im Mondlicht, nach der Imagination. Rechts ein Grabmal *Bleistift, Feder, Tuschlavierung (überarbeitet). Das Konzept ist datiert durch Goethes Brief an Frau von Stein, Rom, 16. Februar 1788:* Du schriebst neulich von einem Grab der Miß Gore bei Rom. Vor einigen Abenden, da ich traurige Gedanken hatte, zeichnete ich meines bei der Pyramide des Cestius, ich will es gelegentlich fertig tuschen, und dann sollst du es haben.

Bei meinem Abschied aus Rom empfand ich Schmerzen einer eignen Art. [. . .] Ich wiederholte mir in diesem Augenblicke immer und immer Ovids Elegie, die er dichtete, als die Erinnerung eines ähnlichen Schicksals ihn bis ans Ende der bewohnten Welt verfolgte. Jene Distichen wälzten sich zwischen meinen Empfindungen immer auf und ab.

Cum subit illius tristissima noctis imago / Quae mihi supremum tempus in Urbe fuit; / Cum repeto noctem, qua tot mihi cara reliqui; / Labitur ex oculis nunc quoque gutta meis. / Jamque quiescebant voces hominumque canumque: / Lunaque nocturnos alta regebat equos. / Hanc ego suspiciens, et ab hac Capitolia cernens, / Quae nostro frustra iuncta fuere Lari; / Numina vicinis habitantia sedibus, inquam, / Iamque oculis numquam templa videnda meis.

[. . .] Angebildet wurden jene Leiden den meinigen und auf der Reise beschäftigte mich dieses innere Thun manchen Tag und Nacht. Doch scheute ich mich auch nur eine Zeile zu schreiben, aus Furcht, der zarte Duft inniger Schmerzen möchte verschwinden. Ich mochte beinah nichts ansehen um mich in dieser süßen Qual nicht stören zu lassen. Doch gar bald drang sich mir auf wie herrlich die Ansicht der Welt sey, wenn wir sie mit gerührtem Sinne betrachten. Ich ermannte mich zu einer freieren poetischen Thätigkeit; der Gedanke an Tasso ward angeknüpft . . . Den größten Theil meines Aufenthalts in Florenz verbrachte ich in den dortigen Lust- und Prachtgärten. Dort schrieb ich die Stellen die mir noch jetzt jene Zeit, jene Gefühle unmittelbar zurückrufen. Dem Zustande dieser Lage ist allerdings jene Ausführlichkeit zuzuschreiben, womit das Stück theilweis behandelt ist und wodurch seine Erscheinung auf dem Theater beinah unmöglich ward. Wie mit Ovid dem Local nach, so konnte ich mich mit Tasso dem Schicksale nach vergleichen. Der schmerzliche Zug einer leidenschaftlichen Seele, die unwiderstehlich zu einer unwiderruflichen Verbannung hingezogen wird, geht durch das ganze Stück. [. . .]
Älteste Fassung des Schlusses der ›Italienischen Reise‹

345 Wilhelm Tischbein: Goethe am Fenster *Tusche, Aquarellfarben und Kreide. Rom 1787*

346 Wilhelm Tischbein: Goethe in der Campagna *Öl auf Leinwand. 1786-1788*

Er mahlt mich Lebensgröße *[nach einem drapierten Tonmodell]*, in einen weisen Mantel gehüllt, in freyer Luft auf Ruinen sitzend und im Hintergrunde die Campagna di Roma.
An Frau von Stein, Rom, 29./30. Dezember 1786

347 Goethe: Brücke über den Anio (?). Im Hintergrund Monte Gennaro und Monte Morra *Bleistift (gelöscht), Feder, Aquarellfarben. Datiert:* R*[om]* 86 *(vielleicht nach einer Vorlage; früher als Tiber bei Ponte Salaro bezeichnet)*

Du fragst in deinem letzten Brief wegen der Farbe der Landschaft dieser Gegenden. Darauf kann ich dir sagen, daß sie bei heitern Tagen, besonders des Herbstes, so *far-*

big ist, daß sie in jeder Nachbildung *bunt* scheinen muß. Ich hoffe, dir in einiger Zeit einige Zeichnungen zu schicken, die ein Deutscher macht, der jetzt in Neapel ist *[Christoph Heinrich Kniep]*; die Wasserfarben bleiben so weit unter dem Glanz der Natur, und doch werdet ihr glauben, es sei unmöglich. Das Schönste dabei ist, daß die lebhaften Farben in geringer Entfernung schon durch den Luftton gemildert werden, und daß die Gegensätze von kalten und warmen Tönen (wie man sie nennt) so sichtbar dastehn. Die blauen klaren Schatten stechen so reizend von allem erleuchteten Grünen, Gelblichen, Rötlichen, Bräunlichen ab und verbinden sich mit der bläulich duftigen Ferne. Es ist ein Glanz und zugleich eine Harmonie, eine Abstufung im ganzen, wovon man nordwärts gar keinen Begriff hat.
›Zweiter Römischer Aufenthalt‹ »3. November 1787« »Korrespondenz«

348 Goethe: Sogenannter ›Aeskulap‹-Tempel in Villa Borghese, 1787 von Asprucci aus z. T. antikem Material erbaut *Bleistift, Feder mit Sepia, Tuschlavierung. o. D. (Sommer 1787 oder später)*

Alles in der Malerei durch die Farben zu erzielende Wohlgefallen beruht zuletzt auf dem Transparenten. Was gibt Aquarellmalereien ihr Heiteres, Leichtes, den Tag als der weiße, durch die überzogenen Farben durchscheinende Papiergrund? Wie oft hört man von wohlgemalten Lüften der Ölbilder sagen, sie seien transparent, und von Tizians bewundernswertem Kolorit an nackten Figuren, zumal weiblichen, man glaube das Blut unter der Haut fließen zu sehen. Die anziehende Farbenpracht gemalter Fenster beruht bloß auf durchscheinendem Licht, und die Gemälde der alten niederländischen Meister werden von vielen hochgeachtet, weil ihre reichen, gesättigten, durchscheinenden Farben eine ohngefähr gleiche Wirkung tun. Das Zauberische in den Werken der großen Niederländer aus späterer Zeit entspringt, abgerechnet, was wohlverstandene Austeilung von Licht und Schatten beitragen mag, aus durchscheinender Klarheit der Tinten und jener über das Ganze verbreiteten, mildernden, ausgleichenden Farbe, welche der Ton genannt wird und allemal eine durchscheinende ist. [. . .] Damit man aber nicht glauben möge, das Vorgesetzte dürfe nur als ein willkürlich aus zufälligen Erfahrungen gezogenes Resultat betrachtet werden, so beteuern wir, daß es auf die Natur der Farbe selbst gegründet sei. Wer sich davon überzeugen mag, studiere Goethes Farbenlehre sowohl den didaktischen als historischen Teil, und er wird das Gesagte durchaus bestätigt und mit allen übrigen Farbenerscheinungen im Zusammenhang finden. Ohne Durchscheinen gibt's keine Farbe. Die durchscheinende Trübe ist und bleibt das Element aller Chroagenesie.
Weimar, 12. April 1820 (Nachwort zu einem von J. H. Meyer verfaßten Aufsatz in: ›Über Kunst und Alterthum‹ II 3)

349 Goethe: Italienische Hügellandschaft *Bleistift, Feder, Aquarellfarben. o. D. Auf der Rückseite eine anatomische Zeichnung als Datierungsanhalt: Frascati, Oktober 1787*

350 Goethe: »Häusergruppe aus Frascati« *Kohle, Weißhöhung mit Kreide. o. D. Wahrscheinlich während der ersten Villeggiatur im November 1786 entstanden*

Die Gesellschaft ist zu Bette und ich schreibe dir noch aus der Tusch Muschel aus welcher gezeichnet worden ist. Wir haben ein Paar schöne regenfreye Tage hier gehabt, warm und freundlichen Sonnenschein daß man den Sommer nicht vermißt. Die Gegend ist sehr angenehm, der Ort liegt auf einem Hügel, vielmehr an einem Berge und jeder Schritt bietet dem Zeichner die herrlichsten Gegenstände. Die Aussicht ist weit, man sieht Rom liegen und weiter die See, an der rechten Seite die Gebirge von Tivoli und so weiter. vielleicht bring ich dir etwas gezeichnetes mit. In dieser lustigen Gegend sind Landhäuser recht zur Lust angelegt und wie die alten Römer schon hier ihre Villen hatten, so haben vor hundert Jahren und mehr, reiche und übermüthige Römer ihre Landhäuser auch auf die schönsten Flecke gepflanzt.

An Frau von Stein, Frascati, 15. November 1786

351 Goethe: »Villa Borghese Februar 87« *Bleistift, Feder, Aquarellfarben*

Ich beschäfftige mich indeß leidenschafftlich dir durch Kranzen einige Zeichnungen zu schicken, ich habe über ein Dutzend angefangen und sie müßten diese Woche fertig werden. Sie sind klein und ist nicht viel dran, allein sie werden dir eine Idee des Landes geben, behalte sie beysammen, einzeln bedeuten sie gar nichts. Nun macht mirs Lust mit Farben zu spielen. Die Künstler freuts mich etwas zu lehren, denn es geht geschwinde mit mir. Es ist jetzt das einzige woran ich dencke, wodurch ich mich zur Neapolitanischen Reise vorbereite, und es ist mir ein lustiger Gedancke daß du diese bunten Dinge bald vor dir haben sollst. [. . .] Nur zehen Bildchen sind in Rähmchen gebracht . . . Noch mehrere sind umrißen und recht interessante, abstechende, die ich aber nicht mitschicken mag. Sie sollen dir auch erst lebhaft bunt entgegen kommen. [. . .] Über der Erde schwebt ein Duft des Tags über, den ich nur aus den Gemählden und Zeichnung des Claude kannte, das Phenomen in der Natur aber nie gesehn hatte. Nun kommen mir Blumen aus der Erde die ich noch nicht kannte und neue Blüten von den Bäumen. Wie wird es erst in Neapel seyn. Wir finden das meiste schon grün und das übrige wird sich vor unsern Augen entwickeln.
An Frau von Stein, Rom, 13. und 19. Februar 1787

352 Goethe: Komponierte Landschaft *Bleistift, Aquarellfarben. o. D. (Spätsommer 1787?)*

Jetzt werden Architecktur und Perspecktiv, Komposition und Farbengebung der Landschaft getrieben, Sept. und Oktbr. möchte ich im Freyen dem Zeichnen nach der Natur wiedmen, Nov. und Dec. der Ausführung zu Hause, dem Fertigmachen und Vollenden. Die ersten Monate des künftigen Jahres, der menschlichen Figur, dem Gesichte pp. Ich wünsche und hoffe es nur wenigstens so weit zu bringen, wie ein Musickliebhaber, der wenn er sich vor ein Notenblatt setzt, doch Töne hervorbringt die ihm und andern Vergnügen machen, so möchte ich fähig werden eine Harmonie aufs Blat zu bringen um andre mit mir zu unterhalten und zu erfreuen.
An den Herzog, Rom, 11. August 1787

... gerade die Hauptsache bleibt ihm verborgen, daß das eine Licht den weißen Grund, worauf es fällt und den Schatten projicirt, einigermaßen färben müsse. So entgeht ihm, daß die sinkende Sonne das Papier gelb und sodann roth färbt, wodurch im ersten Falle der blaue, sodann der grüne Schatten entsteht. Ihm entgeht, daß bei einem von Mauern zurückstrahlenden Lichte leicht ein gelblicher Schein auf einen weißen Grund geworfen und daselbst ein violetter Schatten erzeugt wird ... Daß sich ..., in einem gewissen Sinne, die mehr oder mindere Intensität des Lichts an die Erscheinung der farbigen Schatten anschließe, wollen wir nicht in Abrede sein; nur wirkt sie nicht als eine solche, sondern als eine gefärbte und färbende. Wie man denn überhaupt das Schattenhafte und Schattenverwandte der Farbe, unter welchen Bedingungen sie auch erscheinen mag, hier recht zu beherzigen abermals aufgefordert wird.
Kritik der Schrift: ›Observations sur les ombres colorées‹ des Anonymus H. F. T., Paris 1782, Goethe 1793 von Lichtenberg mitgeteilt;
›Zur Farbenlehre. Historischer Teil‹ »Achtzehntes Jahrhundert. Zweite Epoche« »H. F. T.« 1810

353 Goethe: Park und Terrassentreppe mit Sphinx *(dazu ist eine Hilfszeichnung mit Farbnotizen und Farbenproben überliefert) Bleistift, Aquarellfarben. o. D. (August 1787?)*

354 Goethe: Blick von den ›Monti Rossi‹ des Ätna *Bleistift, Feder, Aquarellfarben. o. D. (Anfang Mai 1787)*

[. . .] Wir rückten dem rothen Berge näher, ich stieg hinauf: er ist ganz aus rothem vulkanischem Grus, Asche und Steinen zusammengehäuft. Um die Mündung hätte sich bequem herumgehen lassen, hätte nicht ein gewaltsam stürmender Morgenwind jeden Schritt unsicher gemacht; wollte ich nur einigermaßen fortkommen, so mußte ich den Mantel ablegen, nun aber war der Hut jeden Augenblick in Gefahr in den Krater getrieben zu werden und ich hinterdrein. Deßhalb setzte ich mich nieder, um mich zu fassen und die Gegend zu überschauen; aber auch diese Lage half mir nichts: der Sturm kam gerade von Osten her, über das herrliche Land, das nah und fern bis an's Meer unter mir lag. Den ausgedehnten Strand von Messina bis Syrakus, mit seinen

Krümmungen und Buchten, sah ich vor Augen, entweder ganz frei oder durch Felsen des Ufers nur wenig bedeckt. Als ich ganz betäubt wieder herunter kam, hatte Kniep im Schauer *[Unterstand]* seine Zeit gut angewendet und mit zarten Linien auf dem Papier gesichert, was der wilde Sturm mich kaum sehen, viel weniger festhalten ließ.
›Italienische Reise‹, Catania, 4. und 5. Mai 1787

355 Goethe: Italienische Küstenlandschaft bei Vollmond *Bleistift, Pinsel mit Tusche. o. D. (Juni 1787; auf der Rückseite Laubwerk-Studien nach Hackert)*

Der Vesuv der seit meiner Rückkehr von Sicilien starck gebrannt hatte floß endlich d. 1. Juni von einer starcken Lava über. [. . .] Es ist ein großer Anblick. Einige Abende als ich aus dem Opernhause ging das nah am Molo liegt, ging ich noch auf den Molo spazieren. Dort sah ich mit Einem Blick, den Mond, den Schein des Monds auf den Wolckensäumen, den Schein des Monds im Meere, und auf dem Saum der nächsten Wellen, die Lampen des Leuchtturms das Feuer des Vesuvs, den Wiederschein davon im Wasser und die Lichter auf den Schiffen. Diese Manigfaltigkeit von Licht machte ein Einziges Schauspiel.
An Frau von Stein, Rom, 8. Juni 1787

356 Goethe: Kastell am Meer *Bleistift, Aquarellfarben. o. D. (Spätsommer/Winter 1787?). Als Geschenkblatt auf blaues Papier aufgezogen und mit Tusche umrahmt*

[. . .] Oben mahlt' er eine schöne Sonne, / Die mir in die Augen mächtig glänzte, / Und den Saum der Wolken macht' er golden, / Ließ die Strahlen durch die Wolken dringen; / Mahlte dann die zarten leichten Wipfel / Frisch erquickter Bäume, zog die Hügel, / Einen nach dem andern, frei dahinter; / Unten ließ er's nicht an Wasser fehlen, / Zeichnete den Fluß so ganz natürlich, / Daß er schien im Sonnenstrahl zu glitzern, / Daß er schien am hohen Rand zu rauschen. /

Ach, da standen Blumen an dem Flusse, / Und da waren Farben auf der Wiese, / Gold und Schmelz und Purpur und ein Grünes, / Alles wie Smaragd und wie Karfunkel! / Hell und rein lasirt' er drauf den Himmel / Und die blauen Berge fern und ferner, / Daß ich ganz entzückt und neu geboren / Bald den Mahler, bald das Bild beschaute. [. . .]
›Amor als Landschaftsmaler‹ Rom, 1787

357 Goethe: Landschaft, wie sie der Akyanobleps [Blaublinde] sieht (II) *Kolorierter Kupferstich*
Goethe aus der Erinnerung an seinen Aufenthalt in Rom:

Ich hatte die Ohnmacht des Blauen sehr deutlich empfunden, und seine unmittelbare Verwandtschaft mit dem Schwarzen bemerkt; nun gefiel es mir zu behaupten: das Blaue sei keine Farbe! und ich freute mich eines allgemeinen Widerspruchs. Nur Angelika *[Kauffmann]* [. . .] gab mir Beifall und versprach eine kleine Landschaft ohne Blau zu mahlen. Sie hielt Wort und es entsprang ein sehr hübsches harmonisches Bild, etwa in der Art wie ein Akyanobleps die Welt sehen würde; wobei ich jedoch nicht läugnen will, daß sie ein Schwarz anwendete, welches nach dem Blauen hinzog.
›Zur Farbenlehre‹ »Historischer Teil«: »Confession des Verfassers«

358 Goethe: ›Optisches Kartenspiel‹ *(Beilage zum ersten Stück der ›Beiträge zur Optik‹ 1791): Bogen mit 18, meist farbigen, Karten (von 27), zum Zerschneiden fertig; Rückseite: blaues Kartenmuster, lackiert. Fabrikant: Sutor (s. auch Abb. 376)*

359 Goethe: Achtteiliger Farbenkreis *Aquarell, kaum mehr lesbare Bleistiftbeschriftung. Re. unten Testat des Mineralogen G. Schueler. Das Blatt vielleicht erst 1829 (für Adele Schopenhauer) entstanden (R. Matthaei)*

360 Goethe: Musterkolorierung *Kupfer, koloriert*

Ist der Farbenerscheinung gewidmet, wie sie sich bei Gelegenheit der Refraction zeigt. [. . .] Oberes Feld. A ein helles Rund auf schwarzem Grunde, mit bloßen Augen angesehen durchaus farblos. B dasselbe durch ein Vergrößerungsglas betrachtet. Indem es sich ausdehnt, bewegt sich das Weiße scheinbar nach dem Schwarzen zu, und es entsteht der blaue und blaurothe Rand. C die Scheibe A durch ein Verkleinerungsglas angesehen. Indem sie sich zusammenzieht, bewegt sich scheinbar der dunkle Grund gegen das Helle zu, wodurch der gelbe und gelbrothe Rand entsteht. Dieß sind die reinen Elemente aller prismatischen Erscheinungen, und wer sie faßt, wird sich durch alles das Übrige durchhelfen.
›Zur Farbenlehre‹ »Erklärung der Tafeln« (II.)

361 Goethe: Symbolische Annäherung zum Magneten
Aquarell. »Gezeichnet nach einem mit Schiller am 14. November 1798 gewonnenen Entwurf [s. Abb. 443]« [s. Abb. 443]
(Matthaei)

362 ›Goethe's Schriften‹ Erster Band. Leipzig, bei G. J. Göschen. 1787 *Titelvignette: Weinender Genius und Amor. Titelkupfer: Lotte am Klavier (Meil/Ramberg)*

Ich habe zeither fleisig an meinen Operibus fort geboßelt und getüftelt. Erwin, Claudine, Lila, Jeri ist alles in bester Ordnung. Auch meine kleinen Gedichte so ziemlich. Nun steht mir fast nichts als der Hügel Tasso und der Berg Faustus vor der Nase. [. . .] Dieses Summa Summarum meines Lebens giebt mir Muth und Freude, wieder ein neues Blat zu eröffnen.
An den Herzog, Rom, 16. Februar 1788

363 Goethe: Via Mala *Bleistift, Feder mit Sepia. 1. Juni 1788*

Nun habe ich eine schöne Reise vor mir. Auf Como über den See nach Cleven *[Chiavenna]* Chur und so weiter. Da wird auch manch Stück Granit betreten und wieder einmal geklopft werden. Ich kaufe hier einen Hammer und werde an den Felsen pochen um des Todes Bitterkeit zu vertreiben. In Rom wurde kein Stein mehr angesehen wenn er nicht gestaltet war. Die Form hatte allen Anteil an der Materie verdrängt. Jetzt wird eine Crystallisation schon wieder wichtig und ein unförmlicher Stein zu etwas. So hilft sich die menschliche Natur, wenn nicht zu helfen ist.
An Knebel, Mailand, 24. Mai 1788

364 ›Goethe's Schriften‹ Siebter Band. Leipzig, bei G. J. Göschen. 1790 *Titelvignette: Bätely verbindet Jery die Hand. Titelkupfer: Faust im Studierzimmer, ein im Fenster erscheinendes magisches Zeichen erblickend (H. Lips nach Rembrandt)*

365 Barbara Schultheß, geb. Wolf (1745-1818) *Silhouette aus Goethes Besitz*

Ich sah die Hügel um den Comer See, die hohen Bündtner und Schweitzer Gebirge vor mir wie ein Ufer liegen, an dem ich nach einer wunderlichen Fahrt wieder landen werde. Wir . . . gedencken, . . . den Splügen zu versuchen, den Adula zu grüßen und dann ein wenig seitwärts nach Constanz zu rücken. Dort wollen wir den 4. Juni eintreffen und im *Adler* die Spur jener famosen Wandrung *[mit dem Herzog, 1779]* aufsuchen und die gute Schultheß von Zürch treffen, welche ich sprechen und begrüßen muß, ohne den Kreis des Propheten *[Lavaters]* zu berühren.
An den Herzog, Mailand, 23. Mai 1788

366 ›Schlangenstein‹ im Weimarer Park *Im Auftrag des Herzogs 1787 von Martin Gottlieb Klauer geschaffen, mit der den erneuernden Kräften der Natur geltenden Inschrift »Genio huius loci«*

Täglich werf ich eine neue Schaale ab und hoffe als ein Mensch wiederzukehren. Hilf mir aber nun auch, und komme mir mit deiner Liebe entgegen, schreibe mir wieder von deinem Schreibtische und gedencke göttlich des vergangnen nicht, wenn du dich auch dessen erinnerst. Ich habe in der Welt nichts zu suchen als das Gefundne, nur daß ichs genießen lerne, das ist alles warum ich mich hier noch mehr hämmern und bearbeiten laße.
An Frau von Stein, Rom, 6. Januar 1787

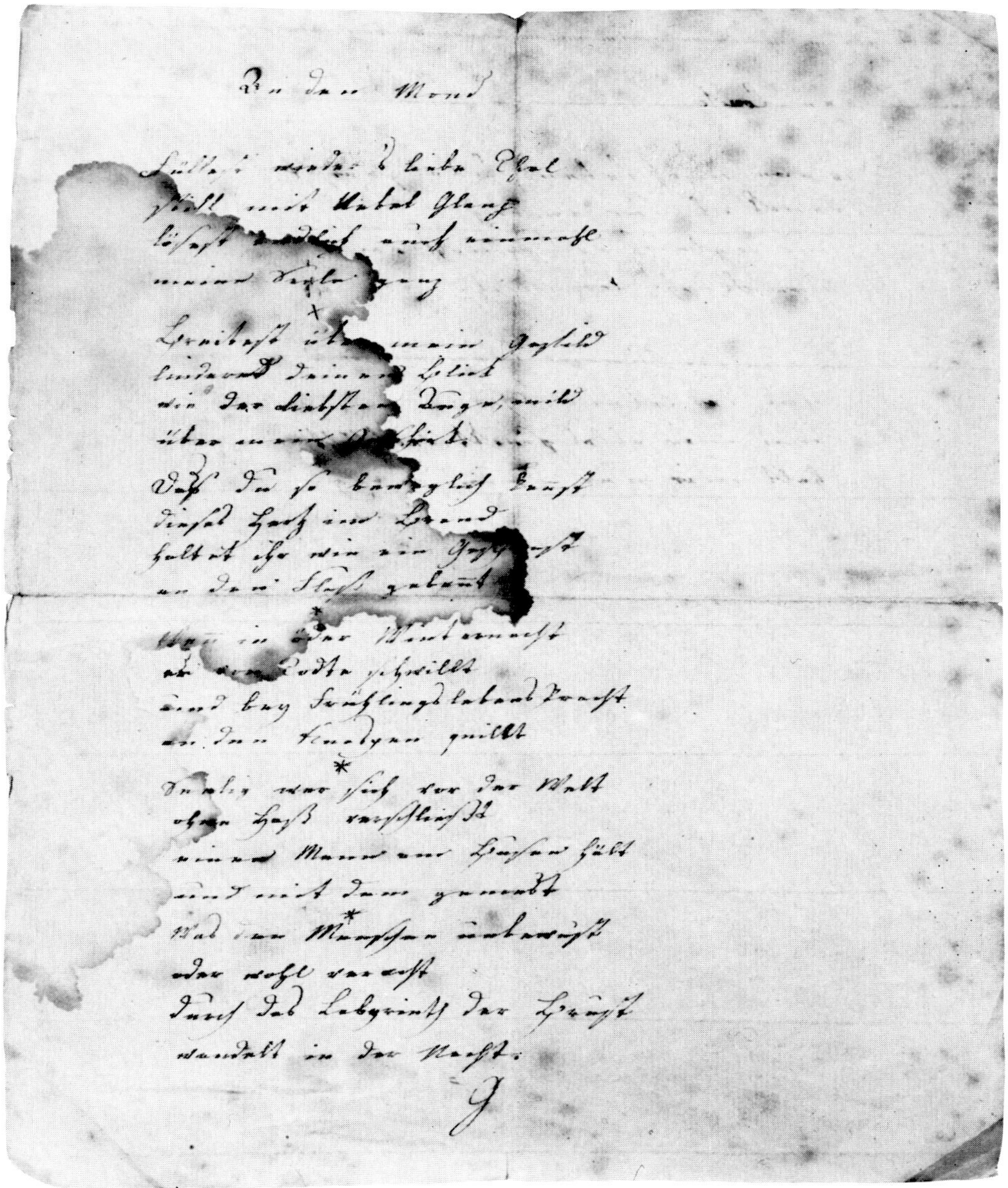

367 Goethe: ›An den Mond‹
Abschrift der 1. Fassung durch Frau von Stein

*»An den Mond. Nach meiner Manier.
Füllest wieder Busch und Tal / Still mit Nebelglanz, / Lösest endlich auch einmal / Meine Seele ganz. / Breitest über mein Gefild / Lindernd deinen Blick, / Da des Freundes Auge mild / Nie mehr kehrt zurück. / Lösch das Bild aus meinem Herz / Vom geschied'nen Freund, / Dem unausgesprochner Schmerz / Stille Träne weint. / Mischet euch in diesen Fluß! / Nimmer werd ich froh, / So verrauschte Scherz und Kuß / Und die Treue so. / Jeden Nachklang in der Brust / Froh- und trüber Zeit / Wandle ich nun unbewußt / In der Einsamkeit. / Selig, wer sich vor der Welt / Ohne Haß verschließt, / Seine Seele rein erhält, / Ahndungsvoll genießt, / Was den Menschen unbekannt / Oder wohl veracht / In dem himmlischen Gewand / Glänzet bei der Nacht.«
Spätere (vermutlich nach der Rückkehr Goethes aus Italien entstandene) ›Fassung‹ des Gedichts durch Frau von Stein*

368 Charlotte von Stein
Stahlstich von G. Wolf nach einem Selbstbildnis um 1780

369 Goethe: Christiane Vulpius *Nach antiken (numismatischen?) Mustern stilisiertes Porträt. Bleistift, schwarze Kreide. Um 1788/89*

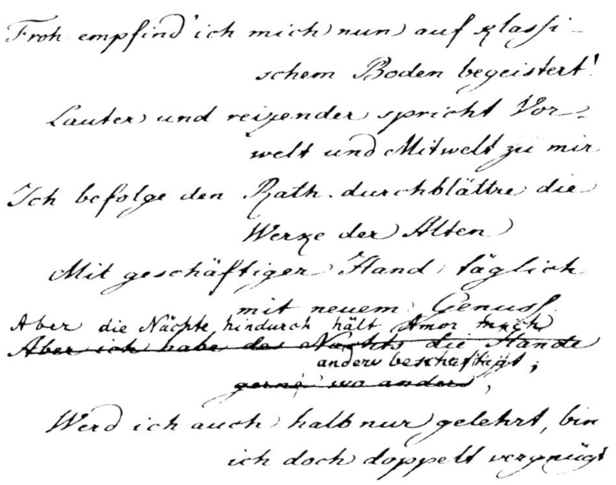

Froh empfind' ich mich nun auf klassi-
schem Boden begeistert!
Lauter und reizender spricht Vor-
welt und Mitwelt zu mir.
Ich befolge den Rath. durchblättre die
Werke der Alten
Mit geschäftiger Hand täglich
mit neuem Genuss.
Aber die Nächte hindurch hält Amor mich
~~Aber ich habe des Nachts die Hände~~
anders beschäftigt;
~~gerne wo anders~~
Werd ich auch halb nur gelehrt, bin
ich doch doppelt vergnügt

370 Goethe: ›Römische Elegien‹ (›Erotica Romana‹) VI. *S. 1 der Handschrift H[50] (1790 und früher)*

371 Goethe: Porträtbüste Christianes, idealisiert *Bleistift, Feder. 1788/89 oder später*

372 Goethe: Christiane mit Schultertuch *(Aus der Mappe »Zur menschlichen Gestalt«). Bleistift, Feder. Um 1788/89*

Froh empfind' ich mich nun auf klassischem Boden begeistert! / Lauter und reizender spricht Vorwelt und Mitwelt zu mir. / Ich befolge den Rath durchblättre die Werke der Alten / Mit geschäftiger Hand täglich mit neuem Genuss. / Aber die Nächte hindurch hält Amor mich anders beschäftigt; / Werd ich auch halb nur gelehrt, bin ich doch doppelt vergnügt. / Und belehr ich mich nicht? wenn ich des lieblichen Busens / Formen spähe, die Hand leite die Hüften hinab. / Dann versteh ich erst recht den Marmor, ich denck und vergleiche, / Sehe mit fühlendem Aug, fühle mit sehender Hand. / Raubet die Liebste denn gleich mir einige Stunden des Tages, / Giebt sie Stunden der Nacht mir zur Entschädigung hin. / Wird doch nicht immer geküsst es wird vernünftig gesprochen; / Überfällt sie der Schlaf, lieg ich und dencke mir viel. / Oftmals hab ich auch schon in ihren Armen gedichtet / Und des Hexameters Maas, leise, mit fingernder Hand, / Ihr auf den Rücken gezählt, sie athmet in lieblichem Schlummer / Und es durchglühet ihr Hauch mir biss ins tiefste die Brust. / Armor schüret indess die Lampe und denket der Zeiten / Da er den nähmlichen Dienst seinen Triumvirn gethan.

373 Christiane Vulpius (1764-1816) im Jägerhaus *Goethes Wohnung von Ende 1789 bis 1792. An der Wand römische Veduten und eine Nachzeichnung von W. Tischbeins Gemälde ›Goethe in der Campagna‹. Zeichnung von J. H. Lips. 1791*

Und welch ein Verhältniß ist es? Wer wird dadurch verkürzt? wer macht Anspruch an die Empfindungen die ich dem armen Geschöpf gönne? Wer an die Stunden die ich mit ihr zubringe? Frage Fritzen, die Herdern, jeden der mir näher ist, ob ich untheilnehmender, weniger mittheilend, unthätiger für meine Freunde bin als vorher? Ob ich nicht vielmehr ihnen und der Gesellschaft erst recht angehöre. Und es müßte durch ein Wunder geschehen, wenn ich allein zu dir, das beste, innigste Verhältniß verlohren haben sollte. [. . .] Zu meiner Entschuldigung will ich nichts sagen. Nur mag ich dich gern bitten: Hilf mir selbst, daß das Verhältniß das dir zuwider ist, nicht ausarte, sondern stehen bleibe wie es steht.
An Frau von Stein, 1. und 8. Juni 1789

Am 6. November schreibt Goethe seinem Verleger Göschen, der den 8. Band der ›Schriften‹ (darin die ›Gesammelten Gedichte‹) vorbereitet:

Ich habe Ursachen, warum ich die zwei letzten Gedichte der ersten Sammlung – *Genuß* und *der Besuch* – nicht abdrucken lassen will; haben Sie also die Güte, solche aus dem Manuscripte zu schneiden und sie mir zurückzuschicken.
[. . .] Und ist dein Herz von Liebe voll, / So laß die Zärtlichkeit dich binden / Wenn dich die Pflicht nicht binden soll. / Empfinde, Jüngling, dann erwähle / Das Mädchen dir, sie wähle dich. / Von Körper schön und schön von Seele / Und dann bist du beglückt wie ich. / Ich der ich diese Kunst verstehe, / Ich habe mir ein Kind gewählt, / Daß uns zum Glück der schönsten Ehe / Allein des Priesters Segen fehlt. [. . .]
›Genuß‹. Für Bd. 8 der ›Schriften‹ (1789) bestimmte Bearbeitung (Handschrift Goethes, Interpunktion von Herder revidiert) des 1767 entstandenen, zuerst in den ›Neuen Liedern‹ (1770) gedruckten Gedichts, auf Goethes Wunsch entfernt und erst aus dem Nachlaß veröffentlicht.

PRIAPEIA,
SIVE
DIVERSORUM POETARUM
IN PRIAPUM LUSUS;
Illustrati Commentariis
GASPERIS SCHOPPI, FRANCI.
L. Apuleii Madaurensis
ΑΝΕΧΟΜΕΝΟΣ,
Ab eodem illustratus.
Ut &
Heraclii Imperatoris, Sophoclis, Sophistæ, C. Antonii, Q. Sorani, & Cleopatræ Reginæ,
EPISTOLÆ,
De propudiosa Cleopatræ Reginæ libidine.
Huic Editioni accedunt JOSEPHI SCALIGERI in PRIAPEIA Commentarii, ac FRIDERICI LINDEN-BRUCH in eadem Notæ.
PATAVII,
Apud GERHARDUM NICOLAUM V.
sub signo Angeli Aurati, cIɔ Iɔc LXIV.

374 ›Priapeia sive diversorum poetarum in Priapum lusus . . .‹ 1664 *Aus Goethes Bibliothek (angebunden Petrons ›Satyricon‹)*

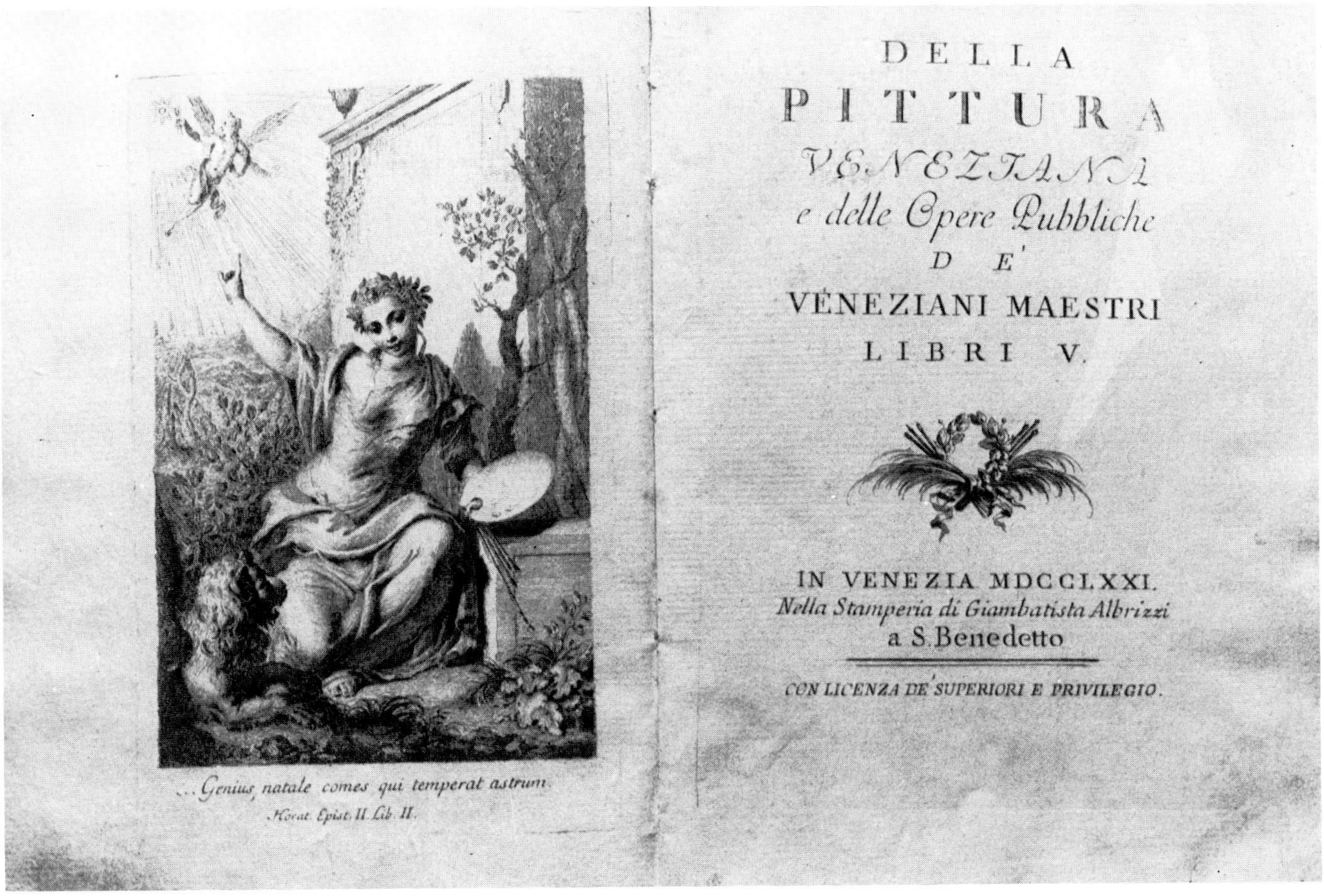

... Genius natale comes qui temperat astrum.
Horat. Epist. II Lib. II.
DELLA
PITTURA
VENEZIANA
e delle Opere Pubbliche
DE'
VENEZIANI MAESTRI
LIBRI V.
IN VENEZIA MDCCLXXI.
Nella Stamperia di Giambatista Albrizzi
a S. Benedetto
CON LICENZA DE' SUPERIORI E PRIVILEGIO.

375 ›Della Pittura Veneziana e delle opere pubbliche de'Veneziani maestri libri V‹ 1771
Aus Goethes Bibliothek

Am 10. März 1790 reist Goethe, begleitet von seinem Diener Götze, nach Venedig, um die aus Rom zurückkehrende Herzoginmutter zu erwarten.
Übrigens muß ich im Vertrauen gestehen, daß meiner Liebe für Italien durch diese Reise ein tödtlicher Stos versetzt wird. Nicht daß mirs in irgend einem Sinne übel gegangen wäre, wie wollt es auch? aber die erste Blüte der Neigung und Neugierde ist abgefallen und ich bin doch auf oder ab ein wenig Schmelfungischer geworden. Dazu kommt meine Neigung zu dem zurückgelaßnen Erotio und zu dem kleinen Geschöpf in den Windeln, die ich Ihnen beyde, wie alles das meinige, bestens empfehle. Ich fürchte meine *Elegien* haben ihre höchste Summe erreicht und das Büchlein möchte geschloßen seyn. Dagegen bring ich einen Libellum *Epigrammatum* mit zurück, der sich Ihres Beyfalls, hoff ich, erfreuen soll.
An den Herzog, Venedig, 3. April 1790

[Venedig:] 6ten *[April]*
Ging ich des Morgens nochmals nach der Griechischen Kirche, um die alten Gemählde da zu besehen. Es sind welche darunter, welche ungeachtet ihrer Trockenheit mit einem sehr leichten und fertigen Pinsel gemahlt sind; man erinnert sich dabei der indianischen Gemählde. An der Madonna, welche sich da befindet, bemerkt ich wieder den Begriff des neugriechischen *[byzantinischen]* Ideals, die Stirnknochen über den Augen sehr stark, die Augen übermäsig groß und lang geschlizt, das Nasenbein schmal aber erhöht, die Nasenspitze fein, den Mund äußerst klein und nur die Lippen in der Mitte breit.
Aus Goethes Tagebuch

Tizian und seine Nachfahren mahlten wohl auch mitunter auf gemodelten Damast, leinen und ungebleicht, wie er vom Weber kommt, ohne Farb-Grund; dadurch erhielt das Ganze ein gewisses Zwielicht, das dem Damast eigen ist, und die einzelnen Theile gewannen ein unbeschreibliches Leben, da die Farbe dem Beschauer nie dieselbe blieb, sondern in einer gewissen Bewegung von Hell und Dunkel abwechselte und dadurch alles Stoffartige verlor. Ich erinnere mich noch deutlich eines Christus von *Tizian*, dessen Füße ganz nah vor den Augen standen, an denen man durch die Fleischfarbe ein ziemlich derbes Quadratmuster des Damastes erkennen konnte. Trat man hinweg, so schien eine lebendige Epiderm mit allerlei beweglichen Einschnitten in's Auge zu spielen.
›Ältere Gemählde. Neuere Restaurationen in Venedig, betrachtet 1790‹ (1825)

376 Goethe: Augenvignette auf dem Umschlag für das als Beilage zum ersten Stück der ›Beiträge zur Optik‹ 1791 entworfene ›Optische Kartenspiel‹ *Farbiger Holzschnitt nach Goethes Handzeichnung*

Das Auge ist das letzte, höchste Resultat des Lichtes auf den organischen Körper. Das Auge als ein Geschöpf des Lichtes leistet alles was das Licht selbst leisten kann. Das Licht überliefert das Sichtbare dem Auge; das Auge überliefert's dem ganzen Menschen. Das Ohr ist stumm, der Mund ist taub; aber das Auge vernimmt und spricht. In ihm spiegelt sich von außen die Welt, von innen der Mensch. Die Totalität des Innern und Äußern wird durchs Auge vollendet.
Paralipomena zur Farbenlehre. Vor 1800

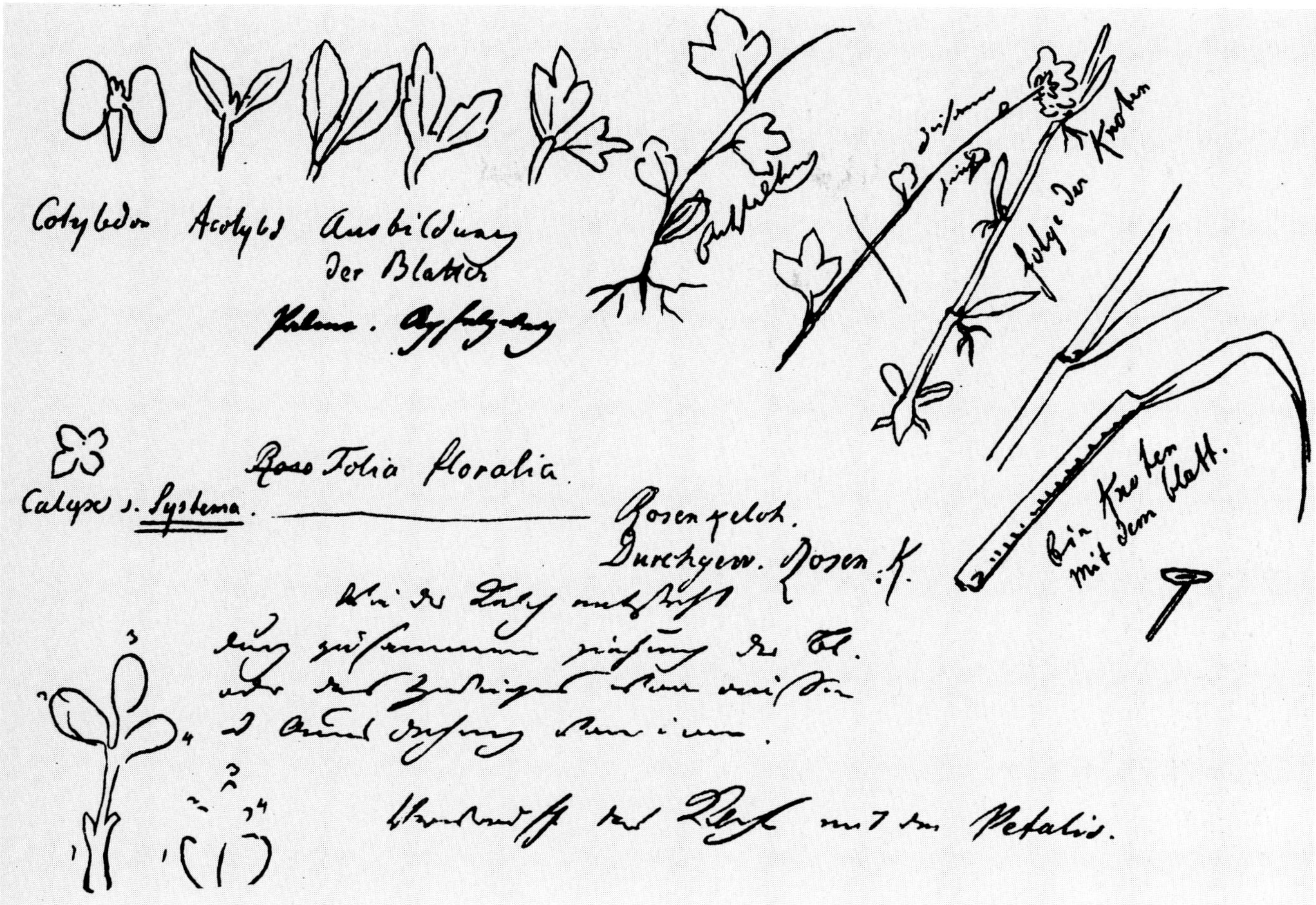

377 Goethe: Zwischenkiefer-demonstration am Prosimier-, Feliden- und Caniden-Schädel *Feder. Um oder nach 1790*

Durch einen sonderbar glücklichen Zufall, daß *Götze [Goethes Diener]* auf dem Judenkirchhof *[auf dem Lido]* ein Stück Thierschädel aufhebt und ein Späßchen macht, als wenn er mir einen Judenkopf präsentirte, bin ich einen großen Schritt in der Erklärung der Thierbildung vorwärts gekommen. Nun steh' ich wieder vor einer andern Pforte, bis mir auch dazu das Glück den Schlüssel reicht. Die Meerungeheuer habe ich auch nicht versäumt zu betrachten, und habe auch an ihnen einige schöne Bemerkungen gemacht. Sobald ich nach Hause komme, fange ich an zu schreiben . . .
An Caroline Herder, Venedig, 4. Mai 1790

378 Goethe: Bildung des Blattes, Verhältnis von Blatt zu Knoten, Verhältnis von Kelchblatt zu Stipel *Feder. Um 1790*

Ostern betret ich auch die Bahn der Naturgeschichte als Schriftsteller; ich bin neugierig was das gelehrte und ungelehrte Publikum mit einem Schriftchen machen wird, das über *die Metamorphose der Pflanzen* einen Versuch enthält. Im Studio bin ich viel weiter vorwärts und hoffe übers Jahr eine Schrift über die *Gestalt der Thiere* herauszugeben. Ich brauche aber wahrscheinlich Zeit und Mühe eh ich mit meiner Vorstellungs Art werde durchdringen können. [. . .] Daß die Französische Revolution auch für mich eine Revolution war kannst du dencken.
An Friedrich H. Jacobi, Weimar, 3. März 1790

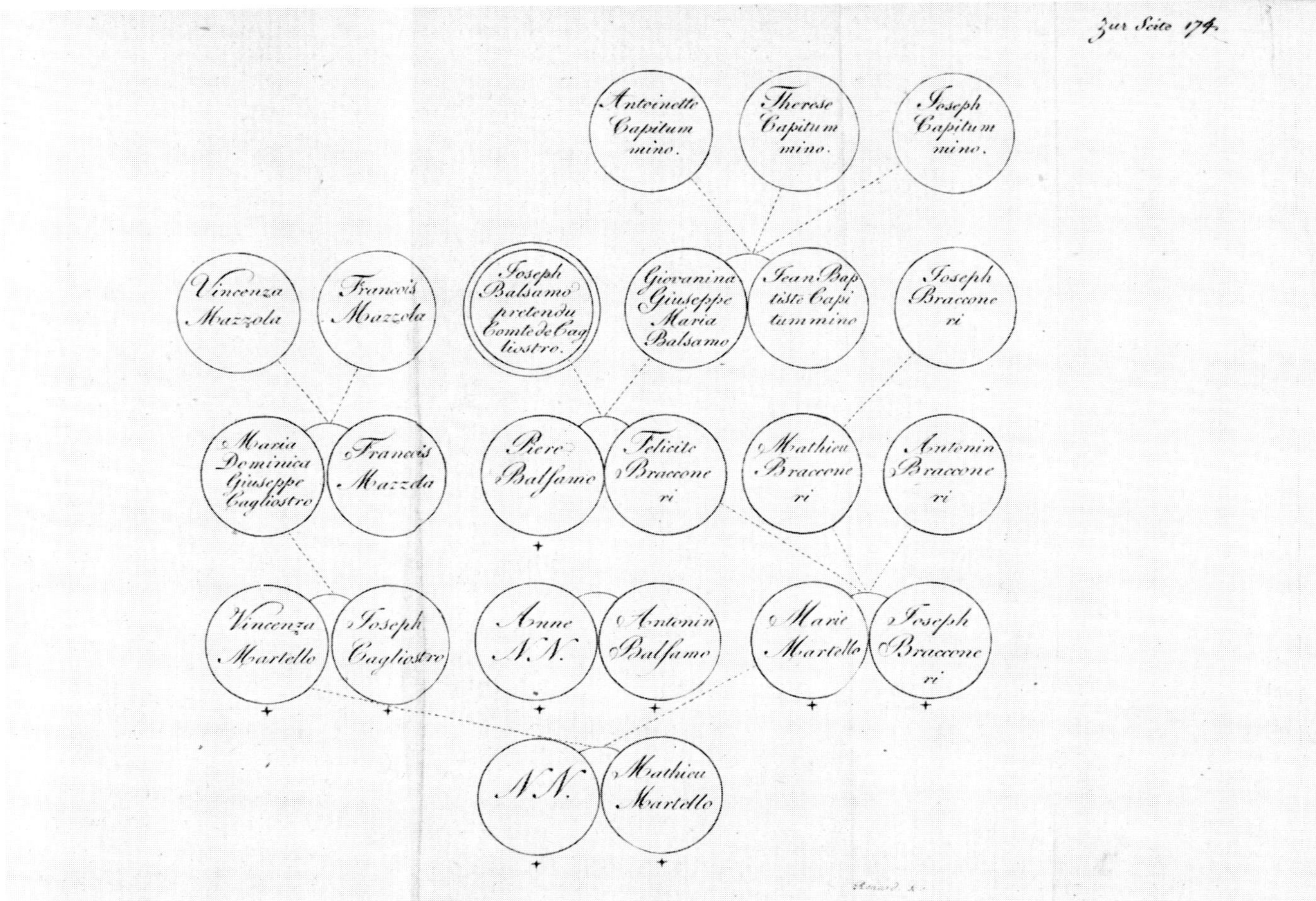

379 »Des Joseph Balsamo, genannt Cagliostro, Stammbaum‹. *Kupfertafel aus: ›Goethe's neue Schriften‹ Erster Band. Berlin (Unger) 1792 (enthält: ›Der Groß-Cophta‹. ›Des Joseph Balsamo . . . Stammbaum‹. ›Das römische Carneval‹)*

380 Titelkupfer zu ›Goethe's neue Schriften‹. Neue Auflage. Erster Band. Mannheim 1801 *(Inhalt wie oben) Vor einer verschleierten Gestalt auf erhöhtem Sessel knien der Domherr, die Marquise, der Ritter, die Nichte und der Marquis*

Schon im Jahr 1785 hatte die Halsbandgeschichte einen unaussprechlichen Eindruck auf mich gemacht. In dem unsittlichen Stadt-, Hof- und Staatsabgrunde, der sich hier eröffnete, erschienen mir die greulichsten Folgen gespensterhaft, deren Erscheinung ich geraume Zeit nicht los werden konnte; wobei ich mich so seltsam benahm, daß Freunde, unter denen ich mich eben auf dem Lande aufhielt, als die erste Nachricht hievon zu uns gelangte, mir nur spät, als die Revolution längst ausgebrochen war, gestanden, daß ich ihnen damals wie wahnsinnig vorgekommen sei. Ich verfolgte den Proceß mit großer Aufmerksamkeit, bemühte mich in Sicilien um Nachrichten von Cagliostro und seiner Familie, und verwandelte zuletzt, nach gewohnter Weise, um alle Betrachtungen los zu werden, das ganze Ereigniß unter dem Titel: *der Groß-Cophta*, in eine Oper, . . .
›Tag- und Jahreshefte‹, 1789

382 Studentendemonstration in Jena *Nach einem Stich von J. W. C. Roux. 1792*

Die Jenaischen Studenten hatten 1790 Anerkennung ihrer Verbindungen und das Recht auf Selbstverwaltung gefordert. Das war mit Relegationen bestraft worden. Am 10. Juli 1792 stürmten die Studenten die Wohnung des Prorektors. Der Herzog, der »die Überpflanzung neufranzösischer Grundsätze auf teutschen Boden« befürchtete, entsandte Militär. Aus Protest gegen die Unterdrückung verließen etwa fünfhundert Studenten in geschlossenem Zug Jena und suchten Aufnahme an der kurmainzischen Universität Erfurt.

Goethe beobachtete den Durchzug in Weimar. Aus seinem Bericht:

Sie suchten nunmehr ihrem Marsch einiges Ansehen zu geben. Drei oder vier gingen Arm in Arm neben einander, einige, die nebenher gingen, bemühten sich vergebens, die Glieder in Ordnung zu bringen und eine langsame anständige Bewegung einzuleiten. Sie waren meistentheils sauber gekleidet, theils in sehr kurzen Jäckchen, theils in sehr langen Überröcken. Meist hatten sie Hirschfänger und Säbel überhängen, und ein Theil trug Stöcke. Wenige hatten Pistolen im Gürtel. Sie gingen alle still und man dürfte wohl sagen verdrüßlich, keinen Ausdruck von Frechheit oder Wildheit bemerkte ich. Man schätzt den Zug gegen 300, ob ich gleich niemand gesprochen habe, der sie gezählt hatte.

381 Karl Philipp Moritz (1757-1793) *Anonymer Kupferstich. o. D.*

Anfang Dezember 1789 traf Goethes römischer Weggefährte auf der Reise nach Berlin in Weimar ein.

Ankunft von Moritz. Wiederaufnahme unserer italiänischen Unterhaltungen. Dessen Schrift über die bildende Nachahmung des Schönen, das eigentlichste Resultat unseres Umgangs, kommt zu Braunschweig heraus. Antheil desselben an meinem Tasso, der eben fertig wurde. Wir erklären uns über manches und werden wechselseitig über vieles klar. Er bleibt bis ins Frühjahr.

Paralipomenon zur Fortsetzung von ›Dichtung und Wahrheit‹

383 Goethe: Festung Verdun *(vor dem Bombardement vom 30. August 1792?) Bleistift, Aquarellfarben*

Jetzt wird das Eisen geschmiedet und wenn es keinen Krieg giebt, so wird eine neue Gestalt von Europa in kurzer Zeit auf eine Weile sich consolidiren.
An den Herzog, Mitte Februar 1790

Gegen mein mütterlich Hauß, Bette, Küche und Keller wird Zelt und Marquetenderey übel abstechen, besonders da mir weder am Todte der Aristocratischen noch Democratischen Sünder im mindesten etwas gelegen ist.
An F. H. Jacobi, Frankfurt, 18. August 1792

Sodann verbracht' ich mit Sömmerings, Huber, Forsters und andern Freunden zwei muntere Abende *[in Mainz]*: hier fühlt' ich mich schon wieder in vaterländischer Luft. Meist schon früher Bekannte, Studien-Genossen . . ., sämmtlich mit meiner Mutter vertraut, ihre genialen Eigenheiten schätzend, manches ihrer glücklichen Worte wiederholend, meine große Ähnlichkeit mit ihr in heiterem Betragen und lebhaften Reden mehr als einmal betheuernd, was gab es da nicht für Anlässe, Anklänge, in einem natürlichen, angebornen und angewöhnten Vertrauen! [. . .] Von politischen Dingen war die Rede nicht, man fühlte, daß man sich wechselseitig zu schonen habe: denn wenn sie republicanische Gesinnungen nicht ganz verläugneten, so eilte ich offenbar mit einer Armee zu ziehen, die eben diesen Gesinnungen und ihrer Wirkung ein entschiedenes Ende machen sollte.
›Campagne in Frankreich‹ 23. August 1792

384 Samuel Thomas Sömmering (1755-1830) *Anonymer Kupferstich. o. D.*

385 Caroline Böhmer, geb. Michaelis (1763-1809; 1796 verh. mit A. W. Schlegel, 1803 Ehe mit F. W. Schelling) *Stahlstich von A. Weger nach F. A. Tischbein (1798)*

387 Kleine Kopie des römischen Monuments bei Igel *in Bronze von H. Zumpft und C. Osterwald. Aus Goethes Sammlungen*

Auf dem Wege von Trier nach Luxemburg erfreute mich bald das Monument in der Nähe von Ygel. [. . .] Soll man den allgemeinsten Eindruck aussprechen, so ist hier Leben dem Tod, Gegenwart der Zukunft entgegengestellt und beide unter einander im ästhetischen Sinne aufgehoben. [. . .] In dem Hauptfelde Mann und Frau von colossaler Bildung sich die Hände reichend, durch eine dritte verloschene Figur als einer segnenden verbunden. Sie stehen zwischen zwei sehr verzierten, mit über einander gestellten tanzenden Kindern geschmückten Pilastern. Alle Flächen sodann deuten auf die glücklichsten Familienverhältnisse . . .
›Campagne in Frankreich‹ 23. August und 24. Oktober 1792

386 Goethe: Schloß Grandpré an der Aire *Bleistiftskizze. Datiert: 18. September 1792*

. . . so campirten wir unfern Landres, gerade Grandpré gegenüber . . . Es regnete unaufhörlich, nicht ohne Windstoß, die Zeltdecke gewährte wenig Schutz. Glückselig aber der, dem eine höhere Leidenschaft den Busen füllte; die Farbenerscheinung der Quelle hatte mich dieser Tage her nicht einen Augenblick verlassen, ich überdachte sie hin und her, um sie zu bequemeren Versuchen zu erheben. Da dictirte ich an Vogel, der sich auch hier als treuen Canzleigefährten erwies, in's gebrochene Concept und zeichnete nachher die Figuren darneben. Diese Papiere besitz' ich noch mit allen Merkmalen des Regenwetters, und als Zeugniß eines treuen Forschens auf eingeschlagenem bedenklichem Pfad.
›Campagne in Frankreich‹ 12. September 1792

388 ›Hausgarten‹. Nach einer Zeichnung Goethes aus dem Jahr 1793 radiert von C. Lieber *Aus dem Zyklus ›Radirte Blätter, nach Handzeichnungen (Skizzen) von Goethe‹, hrsg. von Schwerdgeburth. 1821*

Nach dem Scheitern der »Campagne« rücken die Alliierten im Frühjahr 1793 gegen den Rhein vor. 14. April: das besetzte Mainz ist umzingelt.
Diese Nachricht vernahm ich zugleich mit der Aufforderung, mich an Ort und Stelle zu zeigen, um, wie früher an einem beweglichen Übel, so nun an einem stationären Theil zu nehmen . . . wie ungern ich mich dem Kriegstheater abermals näherte, überzeuge sich, wer etwa die zweite nach meinen Skizzen radirte Tafel in die Hand nimmt. Sie ist einem sehr genauen Federumriß nachgebildet, den ich wenige Tage vor meiner Abreise sorgfältig auf Papier gebracht hatte. Mit welchem Gefühl, sagen die wenigen dazu gedichteten Reimzeilen: Hier sind wir denn vorerst ganz still zu Haus, / Von Thür' zu Thüre sieht es lieblich aus; / Der Künstler froh die stillen Blicke hegt, / Wo Leben sich zum Leben freundlich regt. / Und wie wir auch durch ferne Lande ziehn, / Da kommt es her, da kehrt es wieder hin; / Wir wenden uns, wie auch die Welt entzücke, / Der Enge zu, die uns allein beglücke.
›Campagne in Frankreich‹ 1792

389 Goethe: Freiheitsbaum mit Jakobinermütze *Federzeichnung auf der Rückseite eines Briefs an Herders, »Luxenburg d. 16. October 1792.«:*
Aus der mehr historischen und topographischen als allegorischen Rückseite werden Ew. Liebden zu erkennen geruhen, was für Aspecten am Himmel und für Conjuncturen auf der Erde gegenwärtig merkwürdig sind. Ich wünsche, daß diese Effigiation zu heilsamen Betrachtungen Anlaß geben möge. Ich für meine Person singe den lustigsten Psalm Davids dem Herrn, daß er mich aus dem Schlamme erlöst hat, der mir

390 J. G. Herder, ›Briefe zu Beförderung der Humanität‹. Erste Sammlung *Titelblatt der Erstausgabe 1793*

Herder sandte die erste und wenig später die zweite Sammlung der ›Briefe‹ an Goethe und den Herzog im Juni 1793 in das Hauptquartier der preußischen Armee in Marienborn bei Mainz.

Dein Packet hab' ich noch nicht übergeben, ich weiß nicht, warum. Ein Dämon hält mich ab. Die Zerstreuung, Verwirrung, Inhumanität um uns ist zu groß.
An Herder, 2. Juni 1793

Mein Unglaube ist durch die Art, wie der Herzog und einige andre, die in der leidigen Kriegsarbeit begriffen sind, dein Buch aufgenommen haben, glücklich beschämt worden. Ich schicke hier seinen Brief. Fahre ja fort, deine Sammlungen zu bearbeiten und laß sie immer so wohltätig sein.
An Herder, 15. Juni 1793

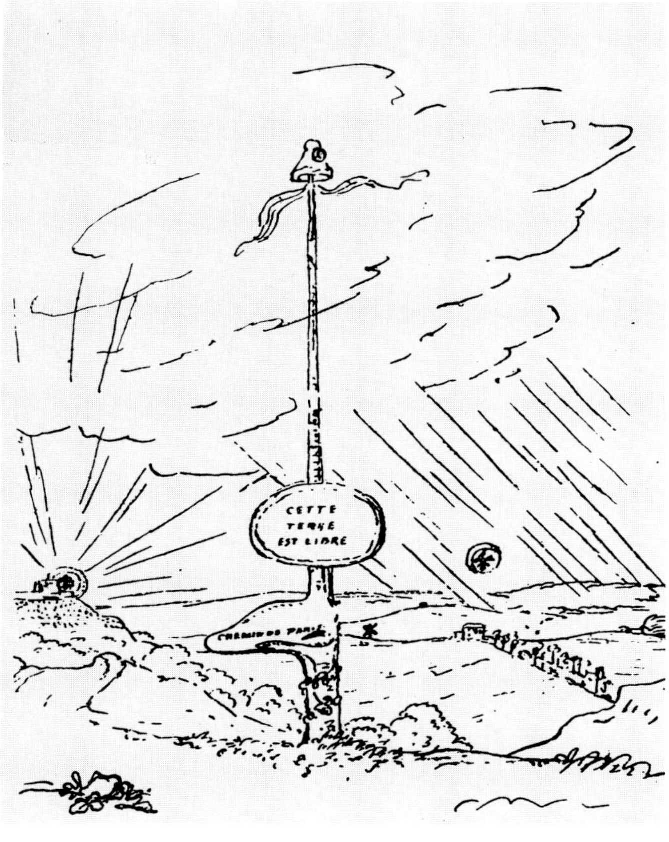

bis an die Seele ging. Wenn Ew. Liebden Gott für allerlei unerkannte Wohlthaten im Stillen danken, so vergessen Sie nicht, ihn zu preisen, daß er Sie und Ihre besten Freunde ausser Stand gesetzt hat, Thorheiten ins Große zu begehen. [. . .] Ich eile nach meinen mütterlichen Fleischtöpfen, um dort wie von einem bösen Traum zu erwachen, der mich zwischen Koth und Noth, Mangel und Sorge, Gefahr und Qual, zwischen Trümmern, Leichen, Äsern und Scheishaufen gefangen hielt.

391 Georg Melchior Kraus: Liebfrauenkirche in Mainz nach der Kanonade 1793

... ich hatte nun zwei Jahre unmittelbar und persönlich das fürchterliche Zuammenbrechen aller Verhältnisse erlebt. Ein Tag im Hauptquartiere zu Hans und ein Tag in dem wieder eroberten Mainz waren Symbole der gleichzeitigen Weltgeschichte, wie sie es noch jetzt demjenigen bleiben, der sich synchronistisch jener Tage wieder zu erinnern sucht.
›Tag- und Jahres-Hefte‹, 1793
Aus alter Vorliebe eilte ich zur Dechanei, die mir noch immer als ein kleines architektonisches Paradies vorschwebte; zwar stand die Säulenvorhalle mit ihrem Giebel noch aufrecht, aber ich trat nur zu bald über den Schutt der eingestürzten schöngewölbten Decken; die Drahtgitter lagen mir im Wege, die sonst netzweise von oben erleuchtende Fenster schützten; hie und da war noch ein Rest alter Pracht und Zierlichkeit zu sehen, und so lag denn auch diese Musterwohnung für immer zerstört. Alle Gebäude des Platzes umher hatten dasselbige Schicksal; es war die Nacht vom 27sten Juni, wo der Untergang dieser Herrlichkeiten die Gegend erleuchtete.
›Belagerung von Mainz‹, 26. und 27. Juli 1793

394 Georg Melchior Kraus: Charles Gore (1726-1807) beim Frühstück im Feldlager vor Mainz (»Dejeuné de Kleinwintersheim« 17. Juni 1793) *Feder, Aquarellfarben*

Am 15. Juli besuchten wir Herrn Gore in Klein-Wintersheim und fanden Rath Krause beschäftigt ein Bildniß des werthen Freundes zu mahlen, welches ihm gar wohl gelang. Herr Gore hatte sich stattlich angezogen, um bei fürstlicher Tafel zu erscheinen . . . Nun saß er, umgeben von allerlei Haus- und Feldgeräth, in der Bauernkammer eines deutschen Dörfchens, auf einer Kiste, den angeschlagenen Zuckerhut auf einem Papiere neben sich; er hielt die Kaffee-Tasse in der einen, die silberne Reißfeder, statt des Löffelchens, in der andern Hand; und so war der Engländer ganz anständig und behaglich auch in einem schlechten Cantonirungsquartier vorgestellt, wie er uns noch täglich zu angenehmer Erinnerung vor Augen steht.
›Belagerung von Mainz‹, 15. Juli 1793

392, 393 Emily (um 1760 bis 1826) und Eliza (1754-1802) Gore, Töchter von Charles Gore *Ölgemälde von F. A. Tischbein. 1795*

Der in Horkstow (Yorkshire) geborene Schiffsbautechniker, Maler und Kunstliebhaber Charles Gore war nach langem Reiseleben (er begleitete Ph. Hackert und Payne Knight auf ihrer Sizilienreise, lebte in Lissabon, Florenz, Rom, in der Schweiz, Dresden und Berlin) und dem Tod seiner Frau (1785) mit seinen Töchtern 1791 in Weimar ansässig geworden, wo er privatisierte.

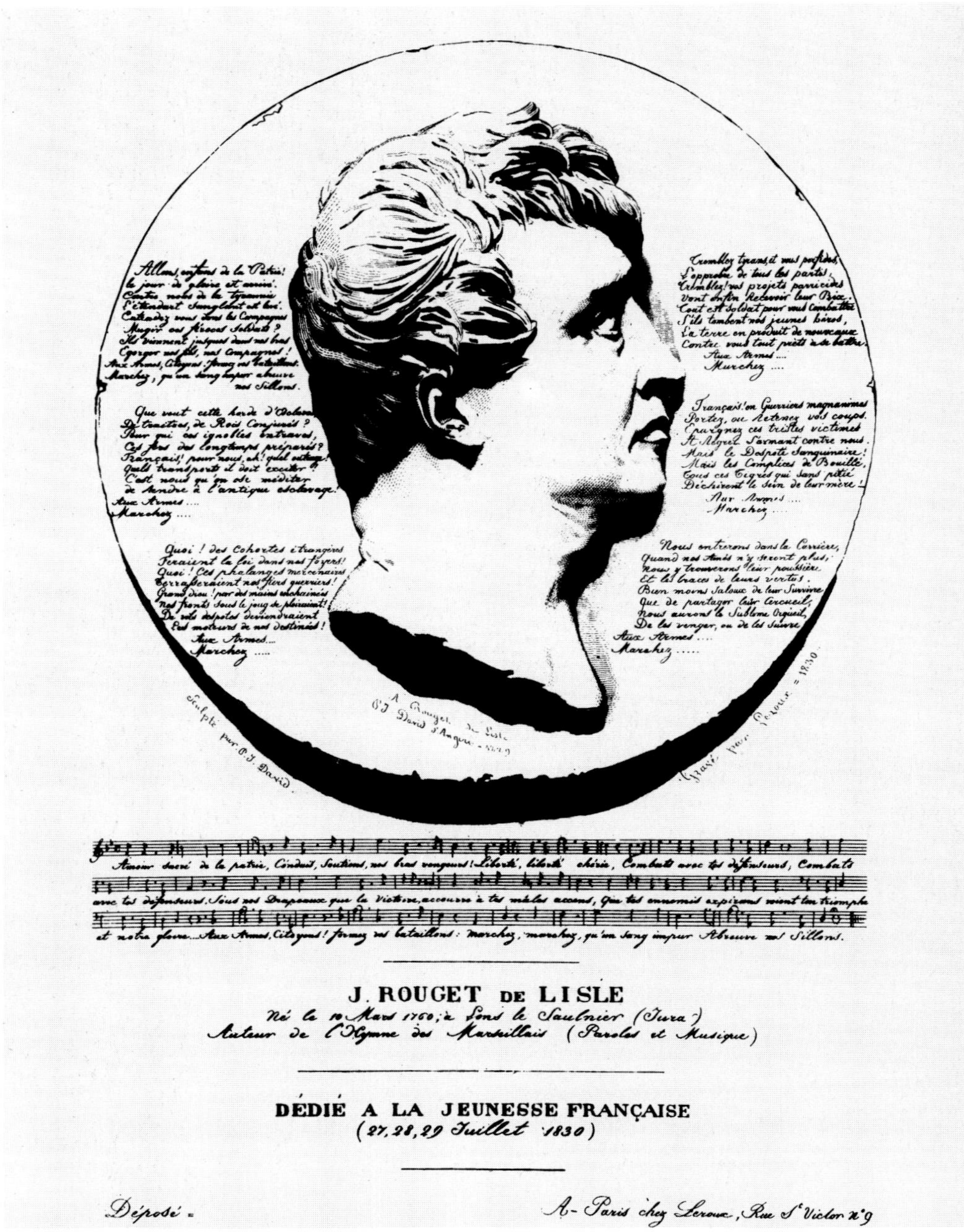

395 Jean-Marie Leroux: Profilbüste Claude Joseph Rouget de Lisles (1760-1836), des Autors von Text und Melodie der ›Marseillaise‹ *Kupferstich nach der von David d'Angers 1829 geschaffenen Medaille. 1830. Aus Goethes Sammlungen*

Abzug der Franzosen aus Mainz, 24. Juli 1793: Als die merkwürdigste Erscheinung . . . mußte jedermann auffallen, wenn die Jäger zu Pferd heraufritten; sie waren ganz still bis gegen uns herangezogen, als ihre Musik den Marseiller Marsch anstimmte. Dieses revolutionäre Te Deum hat ohnehin etwas Trauriges, Ahnungsvolles, wenn es auch noch so muthig vorgetragen wird; dießmal aber nahmen sie das Tempo ganz langsam, dem schleichenden Schritt gemäß den sie ritten. Es war ergreifend und furchtbar, und ein ernster Anblick, als die Reitenden, lange hagere Männer, von gewissen Jahren, die Miene gleichfalls jenen Tönen gemäß, heranrückten; einzeln hätte man sie dem Don Quixote vergleichen können, in Masse erschienen sie höchst ehrwürdig.
›Belagerung von Mainz‹ 1793

396 Adelheid Amalia Fürstin Gallitzin, geb. Gräfin von Schmettau (1748-1806) *Ölgemälde von Heinrich Friedrich Füger. 1792*

Auf dem Rückweg von der Campagne besucht Goethe nach einem Aufenthalt bei den Jacobis vom 6. bis 10. Dezember 1792 die ihm seit einem Besuch 1785 in Weimar bekannte Fürstin Gallitzin in Münster.

Den Zustand der Fürstin, nahe gesehen, konnte man nicht anders als liebevoll betrachten: sie kam früh zum Gefühl, daß die Welt uns nichts gebe, daß man sich in sich selbst zurückziehen, daß man in einem innern beschränkten Kreise um Zeit und Ewigkeit besorgt sein müsse. Beides hatte sie erfaßt; das höchste Zeitliche fand sie im Natürlichen, und hier erinnere man sich Rousseau'scher Maximen über bürgerliches Leben und Kinderzucht. [. . .] Ihre Kinder lernten schwimmen und rennen, vielleicht auch balgen und ringen. [. . .] So war es mit dem zeitlich Gegenwärtigen; das ewige Künftige hatten sie in einer Religion gefunden, die das, was andere lehrend hoffen lassen, heilig betheuernd zusagt und verspricht.
›Campagne in Frankreich‹ November 1792

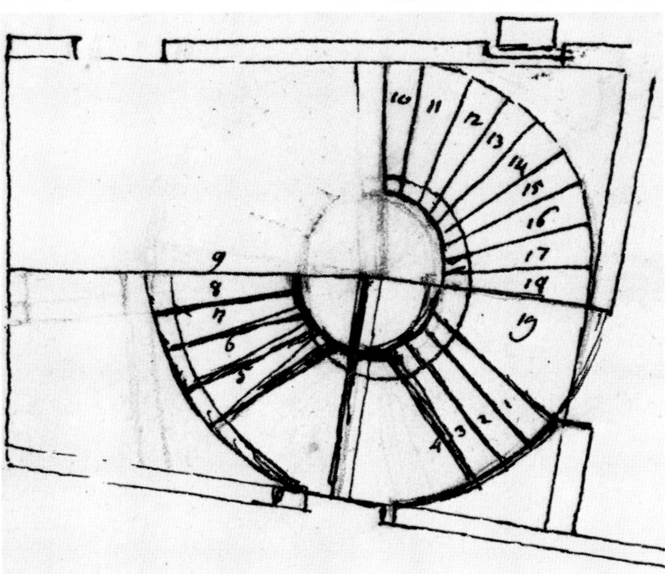

397 Goethe: Grundriß zur Wendeltreppe in Goethes Wohnhaus *Bleistift, Feder. In Anlehnung an Rechnungen vor den 7. Juni 1792 zu datieren. Nach Femmels Ermittlungen »stimmt die Lage von An- und Austritt des Vorplatzes und der Kommunikation vom Urbino- zum Vorzimmer der Arbeitsräume im Hinterhaus mit dem erhaltenen Status annähernd überein«*

Ich war wieder in der Carita . . . zu den großen Gedancken des Palladio wallfahrtend. [. . .] Von einer Treppe (einer Wendeltreppe ohne Säule in der Mitte) die er selbst in seinen Wercken lobt – *la quale riesce mirabilmente* – hab ich glaub ich noch nichts gesagt. Du kannst dencken, wenn Palladio sagt *che riesce mirabilmente*, daß es etwas seyn muß. Ja es ist nichts als eine Wendeltreppe die man aber nicht müd wird auf und abzusteigen.
Tagebuch der italienischen Reise, Venedig, 11. Oktober 1786

398 Treppenhaus in Goethes Wohnhaus am Frauenplan in Weimar mit der Tür zum »Gelben Saal« *(nicht auf dem Bild die von Heinrich Meyer mit einem Gemälde der Iris ausgestattete Deckenzone)*

». . . man muß sich hüten, nicht mit Gedanken zurückzukommen, die später für unsere Zustände nicht passen. So brachte ich aus Italien den Begriff der schönen Treppen zurück, und ich habe dadurch offenbar mein Haus verdorben, indem dadurch die Zimmer alle kleiner ausgefallen sind, als sie hätten sollen.«
Zu Eckermann, 21. März 1830

399 Goethes Wohnhaus am Frauenplan in Weimar

1782 bis 1789 wohnte Goethe als Mieter im Haus des Konsistorialrats Helmershausen am Frauenplan, von 1789 an im Jägerhaus vor dem Frauentor. 1792 benötigte der Herzog das Jägerhaus als Wohnung für den nach Weimar gezogenen Charles Gore und seine Töchter.

»Migratio gentium. Lächerliche Szene. Der Herzog will seine Geliebte, Emily Gore, nahe haben. Dieser Familie wird das Jägerhaus eingeräumt. Nun wohnt Göthe im Jägerhaus. Dieser muß also der fürstlichen Liebschaft weichen. Drei Häuser davon wohnt Wieland zur Miete [im Heidenreichischen Haus] ... Göthe sagt: ich will da wohnen, und Wieland wird die Miete aufgekündigt. Dieser bewegt superos et Acheronta. Göthe wird bange. Wieland kauft sich ein eigenes Haus am Markt, viel zu teuer ... Unterdes mag Göthe selbst dort nicht einziehen. Der Herzog ist zwischen zwei Feuern. Die Kammer blutet.«
Aus dem Nachlaß K. A. Böttigers

... wenn Sie die Zwischensätze nicht erfahren haben, so wird es Sie vielleicht wundern wenn ich mich erkläre: daß ich nunmehr das Heidenreichische Haus zu beziehen in jedem Fall ablehnen muß. Nur soviel sag ich: daß von Prinz August und Herdern an biß zur letzten Höckin auf dem Markte alles in Bewegung gesetzt worden, daß ein Halbdutzend bey diesen Veränderungen interessirte Menschen die Elasticität des armen Wielands so mißbraucht haben, um eine dem Zeitalter angemessene Schwingung hervor zu bringen. Wie sehr wünschte ich Ihnen umständlich die Geschichte wie ich sie weiß erzählen zu können und Sie würden mir beyfallen daß ich lieber in das alte Haus zurückziehen, als abermals einen allgemeinen Tadel über mich ergehen lasse wo ich nur leide. [...] Ich ersuche Sie also in Gefolg alles dessen recht dringend den Kauf des Helmershaußischen Hauses den Voigt provisorisch geschlossen zu ratihabiren, um so mehr als ich sonst für künftigen Winter kaum ein Unterkommen sehe. Dadurch wird aber die Sache auf einmal geendigt und vielleicht sehen alsdann die Menschen ein daß die Zumuthung weder so ungerecht noch so unbillig war als man sie ausschrie.
An den Herzog, Ende April/Anfang Mai 1792

400 Michelangelo Buonarroti: Tür im Lesesaal der Biblioteca Laurenziana in Florenz

»Sein Haus frappiert, es ist das einzige in Weimar in italienischem Geschmack, mit solchen Treppen, ein Pantheon voll Bilder und Statuen, eine Kühle der Angst presset die Brust . . .«
Jean Paul Richter an Ch. Otto, 18. Juni 1796

Warum stehen sie davor? / Ist nicht Thüre da und Thor? / Kämen sie getrost herein, / Würden wohl empfangen sein.
Anfang Januar 1828 von Goethe unter einen Stich seines Hauses am Frauenplan (L. Schütze nach O. Wagner) geschriebene Verse

401, 402 Johann Heinrich Lips (1758-1817): Porträts Goethes (Januar 1791) und seines Sohnes August (vor 1794) *Kreidezeichnungen*

»Das Gesicht Goethens ist voll Feuer und doch Weichheit, nicht wie bei Herder – Marmor. Sein Auge ist rund und frei, braun, ein dunkler Spiegel, der desto reiner und heller auffaßt. Sein Blick ist oft unmerklich auf Sachen gewandt, die er gar nicht zu bemerken scheint. Er ist noch voll Manneskraft, schnell in seinem Wort und Tun, überlegend prüfend im Urteil . . . Lips hat ihn, wie noch niemand vor ihm, gezeichnet und sticht jetzt sein Bild.«
Der Maler C. G. Grass in seinem Tagebuch, 6. Februar 1791

»Ein göttliches Kind hat Goethe. Kohlschwarze Augen, sprechende Physiognomie und wahres Goldhaar, das gar keine Lust zum Dunkelwerden hat.«
David Veit an Rahel Levin, 20./21. Oktober 1794

403 ›Der listige Reineke Fuchs . . .‹. Mit Vignetten und Holzschnitten von Jost Amman (um 1720) *Aus Goethes Bibliothek*

404 Allaert van Everdingen: Der Bär verklagt Reineke am Hof des Löwen *Eigenhändige Radierung aus der Bilderfolge für Heinrich von Alkmars ›Reynke de vos‹, 1498 (in Gottscheds Übersetzung [1752] von Goethe 1791-1798 aus der Weimarer Bibliothek entliehen). Aus Goethes Sammlungen*

. . . dieser widerwärtigen Art, alles Sentimentale zu verschmähen, sich an die unvermeidliche Wirklichkeit halb verzweifelnd hinzugeben, begegnete gerade *Reineke Fuchs* als wünschenswerthester Gegenstand für eine, zwischen Übersetzung und Umarbeitung schwebende Behandlung. Meine, dieser *unheiligen Weltbibel* gewidmete Arbeit gereichte mir zu Hause und auswärts zu Trost und Freude. Ich nahm sie mit zur Blocade von Mainz, der ich bis zum Ende der Belagerung beiwohnte; auch darf ich zu bemerken nicht vergessen, daß ich sie zugleich als Übung im Hexameter vornahm, den wir freilich damals nur dem Gehör nachbildeten.
›Tag- und Jahres-Hefte‹, 1793

Der listige
Reineke Fuchs.
Das ist:
Ein sehr Nutzliches
Lust- und Sinn-reiches
Büchlein,
Darinnen auf verblümte, jedoch löbliche
Schreib-Art, unter den Namen des
Löwen, Bären, Fuchses, Wolffes, rc.
Das Hof- wie auch aller Stände der
Welt Leben und Wesen,
sowohl
Nach ihren Tugenden, als auch insonderheit
nach denen darinn vorfallenden Lastern, merklich
beschrieben, und gleichsam mit lebendigen
Farben bezeichnet wird.
Zuvor niemals also gedruckt. (22.)

Jost Ammon, in der zweiten Hälfte des sechzehnten Jahrhunderts, gab zu einer lateinischen metrischen Übersetzung des ›Reineke Fuchs‹ kleine allerliebste Holzschnitte. In dem grossen Kunstsinne der damaligen Zeit behandelt er die Gestalt der Thiere symbolisch, flügelmännisch, nach heraldischer Art und Weise, wodurch er sich den grössten Vortheil verschafft, von der naivsten Thierbewegung bis zu einer übertriebenen fratzenhaften Menschenwürde gelangen zu können. Jeder Kunstfreund besitzt und schätzt dieses kleine Büchelchen. *Aldert van Everdingen* zog als vortrefflicher Landschaftsmaler die Thierfabel in den Naturkreis herüber, und wusste, ohne eigentlich Thiermaler zu sein, vierfüssige Thiere und Vögel dergestalt an's gemeine Leben heran zu bringen, dass sie, wie es denn auch in der Wirklichkeit geschieht, zu Reisenden und Fuhrleuten, Bauern und Pfaffen gar wohl passend, einer und eben derselben Welt unbezweifelt angehören. [. . .]
›Skizzen zu Casti's Fabelgedicht: Die redenden Thiere‹. 1817

405 Goethe: Bühnenbild zur ›Zauberflöte‹ (Königin der Nacht) *Bleistift, Feder, Aquarellfarben. Entworfen anläßlich der Weimarer Erstaufführung am 16. Januar 1794*

Nicht Blitz wenn die Königin der Nacht kommt Umschlag des Vorhangs Priesterröcke verlängern Weiße Strümpfe *Den Geharnischten keine Krausen* Mützen von Papageno Kästchen Klocken Spiel Löwen biß an den Tisch Donner 1 A*[ufzug]* Drache hinten Großer Bogen Große Pfeile Vögel . . . Nicht wegnehmen die Decoration der Nacht Knaben halten der Palmen Statuen in der Waldscene noch sichtbar Gatto an Christiane Beckers Stelle Pfoten der Affen Stellung der Löwen und des Wagens und der Mohren [. . .]
Regienotizen Goethes zur Aufführung der ›Zauberflöte‹

406 Wolfgang Amadeus Mozart (1756-1791) *Vorderseite einer Medaille (Zinnlegierung) von Baerend (die Rückseite zeigt Orpheus mit der Lyra, dem sich ein Löwe genähert hat, und die Umschrift: »Auditus saxis intellectusque ferarum sensibus«). Aus Goethes Sammlungen*

Chor (unsichtbar). Wir richten und bestrafen: / Der Wächter soll nicht schlafen; / Der Himmel glüht so roth. / Der Löwe soll nicht rasten, / Und öffnet sich der Kasten, / So sei der Knabe todt. (Die Löwen richten sich auf und gehen an der Kette hin und her.) *Erster Wächter* (ohne sich zu bewegen). Bruder, wachst du? *Zweiter* (ohne sich zu bewegen). Ich höre. *Erster*. Sind wir allein? *Zweiter*. Wer weiß? *Erster*. Wird es Tag? *Zweiter*. Vielleicht ja. *Erster*. Kommt die Nacht? *Zweiter*. Sie ist da. *Erster*. Die Zeit vergeht. *Zweiter*. Aber wie? *Erster*. Schlägt die Stunde wohl? *Zweiter*. Uns nie. *Zu Zweien*. Vergebens bemühet / Ihr euch da droben so viel. / Es rennt der Mensch, es fliehet / Vor ihm das bewegliche Ziel. / Er zieht und zerrt vergebens / Am Vorhang, der schwer auf des Lebens / Geheimniß, auf Tagen und Nächten ruht. / Vergebens strebt er in die Luft, / Vergebens dringt er in die tiefe Gruft. / Die Luft bleibt ihm finster, / Die Gruft wird ihm helle. / Doch wechselt das Helle / Mit Dunkel so schnelle. / Er steige herunter / Er dringe hinan; / Er irret und irret / Von Wahne zu Wahn. [. . .]
›Der Zauberflöte Zweyter Theil. Fragment‹, 1798 (der hier wiedergegebene Ausschnitt schon in einem Notizbuch aus der Mitte der neunziger Jahre)

407 Friedrich August Wolf (1759-1824), Philologe *Brustbild (Handzeichnung mit Pastellfarben) von Ferdinand Jagemann. o. D. Aus Goethes Sammlungen*

1795 erschienen in Halle Wolfs ›Prolegomena ad Homerum‹, in denen er zu beweisen suchte, daß das homerische Epos nicht das Werk eines Einzelnen, sondern eine Redaktion mehrerer epischer Gedichte sei.

... immer schreckte mich der hohe Begriff von Einheit und Untheilbarkeit der Homerischen Schrifften ›von eigenen epischen Versuchen‹ ab, nunmehr da Sie diese herrlichen Werke einer Familie zueignen, so ist die Kühnheit geringer, sich in grössere Gesellschafft zu wagen und den Weg zu verfolgen den uns Voß in seiner Luise so schön gezeigt hat.
An Wolf, 26. Dezember 1796

408 Johann Gottlieb Fichte (1762-1814) *Kupferstich (anonym) nach einem Porträt von H. A. Dähling. o. D. (1808)*

Fichte war zum Januar 1794 auf eine Professur für Philosophie nach Jena berufen worden.

»So lange hat die Philosophie ihr Ziel noch nicht erreicht, als die Resultate der reflektierenden Abstraktion sich noch nicht an die reinste Geistigkeit des Gefühls anschmiegen lassen. Ich betrachte Sie, und habe Sie immer betrachtet als den Repräsentanten der letztern auf der gegenwärtig errungnen Stufe der Humanität. An Sie wendet mit Recht sich die Philosophie: Ihr *Gefühl ist derselben Probierstein.«*

Fichte an Goethe, 21. Juni 1794, bei Übersendung des 1. Bogens der ›Wissenschaftslehre‹

Das Übersendete enthält nichts, das ich nicht verstände oder wenigstens zu verstehen glaubte, nichts, das sich nicht an meine gewohnte Denkweise willig anschlösse. Nach meiner Überzeugung werden Sie durch die wissenschaftliche Begründung dessen, worüber die Natur mit sich selbst in der Stille schon lange einig zu sein scheint, dem menschlichen Geschlechte eine unschätzbare Wohlthat erweisen ...
An Fichte, 24. Juni 1794

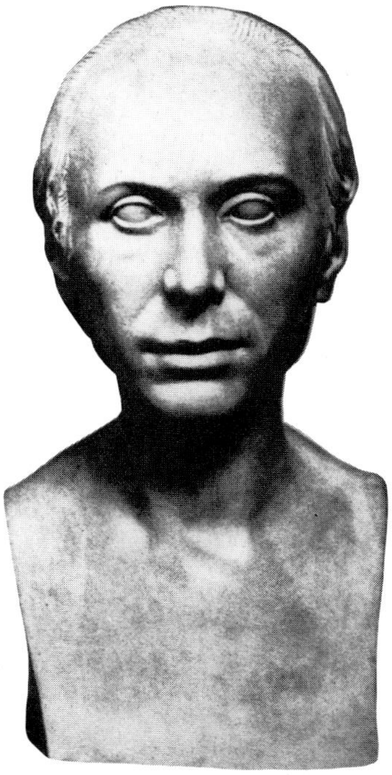

409 Johann Heinrich Voß (1751-1826) *Büste von Gottfried Schadow. 1799*

Anfang Juni 1794 liest Voß im Weimarer Kreis aus seiner ›Odyssee‹-Übersetzung vor. Er berät Goethe bei der metrischen Überarbeitung des ›Reineke Fuchs‹ und teilt ihm im Juli seine ›Ilias‹-Übersetzung mit.

410 Charlotte Schiller, geb. von Lengefeld (1766-1826) *Ölgemälde von L. Simanowiz (Erstfassung). 1794*

411 Friedrich Schiller *Unvollendetes Porträt von F. A. Tischbein. 1805*

»Eine ganz sonderbare Mischung von Haß und Liebe ist es, die er [Goethe] in mir erweckt hat, eine Empfindung, die derjenigen nicht ganz unähnlich ist, die Brutus und Cassius gegen Caesar gehabt haben müssen; ich könnte seinen Geist umbringen und ihn wieder von Herzen lieben.« Schiller an Körner, 2. Februar 1789

Die Erscheinung des *Don Carlos* war nicht geeignet mich ihm näher zu bringen, alle Versuche von Personen, die ihm und mir gleich nahe standen, lehnte ich ab, und so lebten wir eine Zeitlang nebeneinander fort. Sein Aufsatz über *Anmuth und Würde* war eben so wenig ein Mittel mich zu versöhnen. Die Kantische Philosophie, welche das Subject so hoch erhebt, indem sie es einzuengen scheint, hatte er mit Freuden in sich aufgenommen . . . die ungeheure Kluft zwischen unsern Denkweisen klaffte nur desto entschiedener. An keine Vereinigung war zu denken. [. . .]
Schiller zog nach Jena, wo ich ihn ebenfalls nicht sah. Zu gleicher Zeit hatte Batsch durch unglaubliche Regsamkeit eine naturforschende Gesellschaft in Thätigkeit gesetzt, auf schöne Sammlungen, auf bedeutenden Apparat gegründet. Ihren periodischen Sitzungen wohnte ich gewöhnlich bei; einstmals fand ich Schillern daselbst, wir gingen zufällig beide zugleich heraus, ein Gespräch knüpfte sich an, er schien an dem Vorgetragenen Theil zu nehmen, bemerkte aber sehr verständig und einsichtig und mir sehr willkommen, wie eine so zerstückelte Art die Natur zu behandeln, den Laien, der sich gerne darauf einließe, keineswegs anmuthen könne. Ich erwiderte darauf: daß sie den Eingeweihten selbst vielleicht unheimlich bleibe, und daß es doch wohl noch eine andere Weise geben könne die Natur nicht gesondert und vereinzelt vorzunehmen, sondern sie wirkend und lebendig, aus dem Ganzen in die Theile strebend, darzustellen. [. . .]
Wir gelangten zu seinem Hause, das Gespräch lockte mich hinein; da trug ich die Metamorphose der Pflanzen lebhaft vor, und ließ, mit manchen charakteristischen Federstrichen, eine symbolische Pflanze vor seinen Augen entstehen. Er vernahm und schaute das alles mit großer Theilnahme, mit entschiedener Fassungskraft; als ich aber geendet, schüttelte er den Kopf und sagte: das ist keine Erfahrung, das ist eine Idee. Ich stutzte, verdrießlich einigermaßen: denn der Punct der uns trennte, war dadurch auf's strengste bezeichnet.
Die Behauptung aus Anmuth und Würde fiel mir wieder ein, der alte Groll wollte sich regen, ich nahm mich aber zusammen und versetzte: das kann mir sehr lieb sein, daß ich Ideen habe ohne es zu wissen und sie sogar mit Augen sehe. [. . .] Wenn er das für eine Idee hielt, was ich als Erfahrung aussprach, so mußte doch zwischen beiden irgend etwas Vermittelndes, Bezügliches obwalten! Der erste Schritt war jedoch gethan . . ., und so besiegelten wir, durch den größten, vielleicht nie ganz zu schlichtenden Wettkampf zwischen Subject und Object, einen Bund, der ununterbrochen gedauert, und für uns und andere manches Gute gewirkt hat.
›Erste Bekanntschaft mit Schiller‹ (›Glückliches Ereigniß‹) 1817

412 Goethe: Entwurf zu einem Siegel für die »Naturforschende Gesellschaft« in Jena *Bleistift, Feder. Datiert: 1806*

413 »Saget Steine mir an . . .« Erste ›Römische Elegie‹, in: ›Die Horen / eine Monatsschrift / herausgegeben von Schiller‹. Erster Jahrgang. Sechstes Stück. 1795

»Er las mir seine Elegien, die zwar schlüpfrig und nicht sehr dezent sind, aber zu den besten Sachen gehören, die er gemacht hat. [. . .] Was seinen Anteil an den Horen betrifft, so hat er großen Eifer, aber wenig vorrätige Arbeit. Seine Elegien gibt er uns zwar gleich für die ersten Stücke.« Schiller an seine Frau, 20. September 1794

Die Hören.

Erster Jahrgang. Sechstes Stück.

I

E l e g i e n.

Nos venerem tutam concessaque furta canemus,
Inque meo nullum carmine crimen erit.

E r ſt e E l e g i e.

Saget Steine mir an, o! ſprecht, ihr hohen Palläſte.
Straßen redet ein Wort! Genius regſt du dich nicht?
Ja es iſt alles beſeelt in deinen heiligen Mauern
Ewige Roma, nur mir ſchweiget noch alles ſo ſtill.
O! wer flüſtert mir zu, an welchem Fenſter erblick ich
Einſt das holde Geſchöpf, das mich verſengt und erquickt?
Ahnd' ich die Wege noch nicht, durch die ich immer und immer,
Zu ihr und von ihr zu gehn, opfre die köſtliche Zeit.

Die Horen. 1795. 6tes St. I

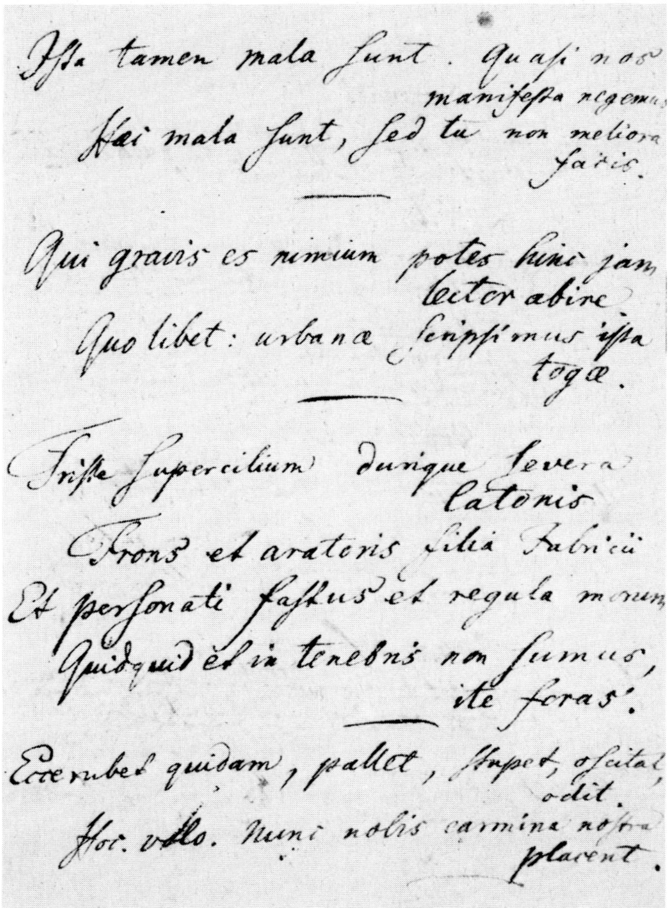

Ista tamen mala sunt. Quasi nos manifesta negemus
Haec mala sunt, sed tu non meliora facis.

Qui gravis es nimium potes hinc jam lector abire
Quo libet: urbanae scripsimus ista togae.

Triste supercilium durique severa Catonis
Frons et aratoris filia Fabricii
Et personati fastus et regula morum
Quidquid et in tenebris non sumus, ite foras.

Ecce rubet quidam, pallet, stupet, oscitat, odit.
Hoc volo. Nunc nobis carmina nostra placent.

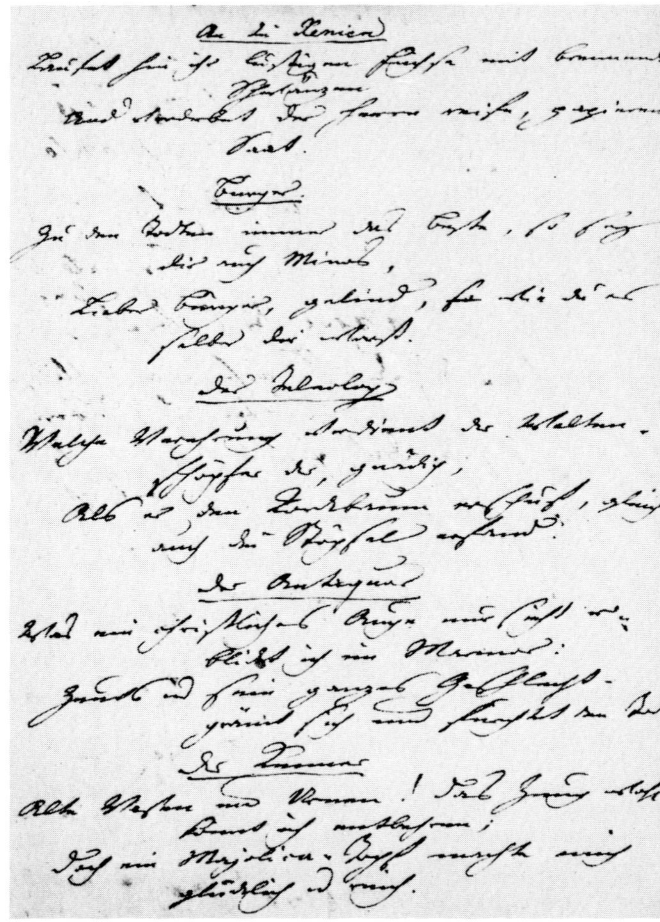

414, 415 Goethe und Schiller: ›Xenien‹. Zwei Seiten aus dem wechselseitig benutzten »Ur-Xenien«-Heft *1795/96*

Den Einfall auf alle Zeitschriften Epigramme, iedes in einem einzigen Disticho, zu machen, wie die Xenia des Martials sind, der mir dieser Tage gekommen ist, müssen wir cultiviren und eine solche Sammlung in Ihren Musenalmanach des nächsten Jahres bringen. Wir müssen nur viele machen und die besten aussuchen. Hier ein Paar zur Probe.
An Schiller, 23. Dezember 1795

»Der Gedanke mit den Xenien ist prächtig und muß ausgeführt werden. Die Sie mir heute schickten, haben mich sehr ergötzt. Ich denke aber, wenn wir das Hundert voll machen wollen, werden wir auch über Einzelne Werke herfallen müssen, und welcher reichliche Stoff findet sich da! Sobald wir uns nur selbst nicht ganz schonen, können wir Heiliges und Profanes angreifen. Welchen Stoff bietet uns nicht die Stolbergische Sippschaft, Racknitz, Ramdohr, die metaphysische Welt, mit ihren Ichs und Nicht-Ichs [Fichte], Freund Nicolai, unser geschworener Feind, die Leipziger Geschmacksherberge [die ›Neue Bibliothek der schönen Wissenschaften und freien Künste‹], Thümmel, Göschen als sein Stallmeister, u.d.gl. dar!«
Schiller an Goethe, 29. Dezember 1795

Die Xenien, die aus unschuldigen, ja gleichgültigen Anfängen sich nach und nach zum Herbsten und Schärfsten hinaufsteigerten . . ., machten die größte Bewegung und Erschütterung in der deutschen Literatur. Sie wurden, als höchster Mißbrauch der Preßfreiheit, von dem Publicum verdammt.
›Tag- und Jahreshefte‹ 1796

416 Satirisches Kupfer auf die ›Xenien‹ *Titelblatt zu [Christian Fürchtegott Fulda]: ›Trogalien zur Verdauung der Xenien. / »— — vescere sodes. Hor[az]« / Kochstädt, zu finden in der Speisekammer‹ 1797. Schiller mit Dreispitz und Branntweinflasche, Goethe als Satyr mit dem Zodiak (Anspielung auf die so überschriebene Xenien-Gruppe), das klassizistische Panier mit drei Devisen, eine Abwandlung der Revolutions-Parolen; die Unterschrift ist das Zitat des 1. Xenions ›Der ästhetische Thorschreiber‹. Nr. 91 der ›Trogalien‹ (»Nachspeise«) ist eine Parodie auf die metrischen Verstöße in den ›Xenien‹: »In Weimar und in Jena macht man Hexameter wie der; / Aber die Pentameter sind doch noch exzellenter.«*

417 Johann Caspar Lavater *Öl auf Pappe. Von J. H. Lips (?). o. D.*

Der Prophet. Schade daß die Natur nur Einen Menschen aus Dir schuf, / Denn zum würdigen Mann war und zum Schelmen der Stoff.
›Xenien‹ (Nr. 20)

418 Matthias Claudius *Anonymes Gemälde (Ausschnitt). Datiert: 1804*

»Humboldt hofft in 8 Tagen hier sein zu können. Ich freue mich darauf, wieder eine Weile mit ihm zu leben. Stolbergen, schreibt er, habe er in Eutin nicht gefunden, weil er gerade in Kopenhagen gewesen sei, und von Claudius wisse er durchaus nichts zu sagen, er sei eine völlige Null.«
Schiller an Goethe, 23. Oktober 1796
Erreurs et Vérité
Irrthum wolltest du bringen und Wahrheit, o Bote von Wandsbeck; / Wahrheit sie war dir zu schwer; Irrthum, den brachtest du fort!
›Xenien‹ (Nr. 18). Das Epigramm spielt an auf Claudius' Übersetzung von St. Martins ›Erreurs et Vérité‹.

419 Johann Friedrich Reichardt (1752-1814), Komponist und Schriftsteller *1776 Kapellmeister Friedrichs d. Gr., 1794 wegen seines Interesses an der Französischen Revolution entlassen, seit 1796 Salineninspektor in Schönbeck b. Halle. Lithographie nach einer Zeichnung von H. C. v. Winther (?).*

Zeichen des Scorpions. Aber nun kommt ein böses Insect aus G-b-n *[Reichardts Landgut Giebichenstein b. Halle]* her, / Schmeichelnd naht es, ihr habt, flieht ihr nicht eilig, den Stich.
›Xenien‹ (Nr. 80 ›Der Tierkreis‹)

Er in Paris. Hätte deine Musik doch den Parisern gefallen, / Ein unschädlicher Geck wärst du dann wiedergekehrt.
Xenion aus dem Nachlaß

420 Carl August Böttiger (1760-1835), Direktor des Gymnasiums in Weimar 1791-1804 *Ölgemälde von J. F. A. Tischbein. 1795*

An+ + +. Nein! Du erbittest mich nicht. Du hörtest dich gerne verspottet, / Hörtest du dich nur genannt; darum verschon' ich dich, Freund.
›Xenien‹ (Nr. 155)

B.T.R. Kriechender Epheu, du rankest empor an Felsen und Bäumen, / Faulen Stämmen; du rankst, kriechender Epheu, empor.
Xenion aus dem Nachlaß

421 ›Vita di Benvenuto Cellini orefice e scultore Fiorentino da lui medesimo scritta ...‹ *Aus Goethes Bibliothek (Vorbesitzer Charles Gore)*

Im Sommer 1795 beginnt Goethe, im Verein mit Meyer, eine dritte Italienreise vorzubereiten. Aus der Sammlung und Durchdringung eines großen Materials für eine ›Italienische Volkskunde‹ (kulturgeographische, botanische, geologische, sprachgeschichtliche, historische und kunstgeschichtliche Notizen) entsteht zuerst der Aufsatz ›Baukunst‹. Heinrich Meyer reist im Oktober 1795 voraus und berichtet aus Florenz über seine Studien. Goethe liest das Leben Michelangelos im Vasari und erwirbt die Darstellung Condivis. Seine Studien führen ihn zur Lebensbeschreibung des Cellini, mit deren Übersetzung er Anfang 1796 beginnt. Die Arbeit erscheint sukzessiv in Schillers ›Horen‹ bis zu deren Einstellung 1797. Die erste, mit einem ›monographischen‹ Anhang versehene, Buchausgabe erscheint 1803.

In einer so regsamen Stadt *[Florenz]* zu einer so bedeutsamen Zeit erscheint ein Mann, der als Repräsentant seines Jahrhunderts und vielleicht als Repräsentant sämmtlicher Menschheit gelten dürfte. Solche Naturen können als geistige Flügelmänner angesehen werden, die uns mit heftigen Äußerungen dasjenige andeuten, was durchaus, obgleich oft nur mit schwachen unkenntlichen Zügen, in jeden menschlichen Busen eingeschrieben ist.

›Benvenuto Cellini‹, ›Anhang‹ XII. ›Schilderung Cellinis‹

422, 423 Medaille auf Michelangelo Buonarroti *Bleiguß. Die Rückseite zeigt einen von einem Hund geleiteten Blinden und die Umschrift: »Docebo iniquos vias tuas et impii ad te convertentur« (Psalm 50, 15)*

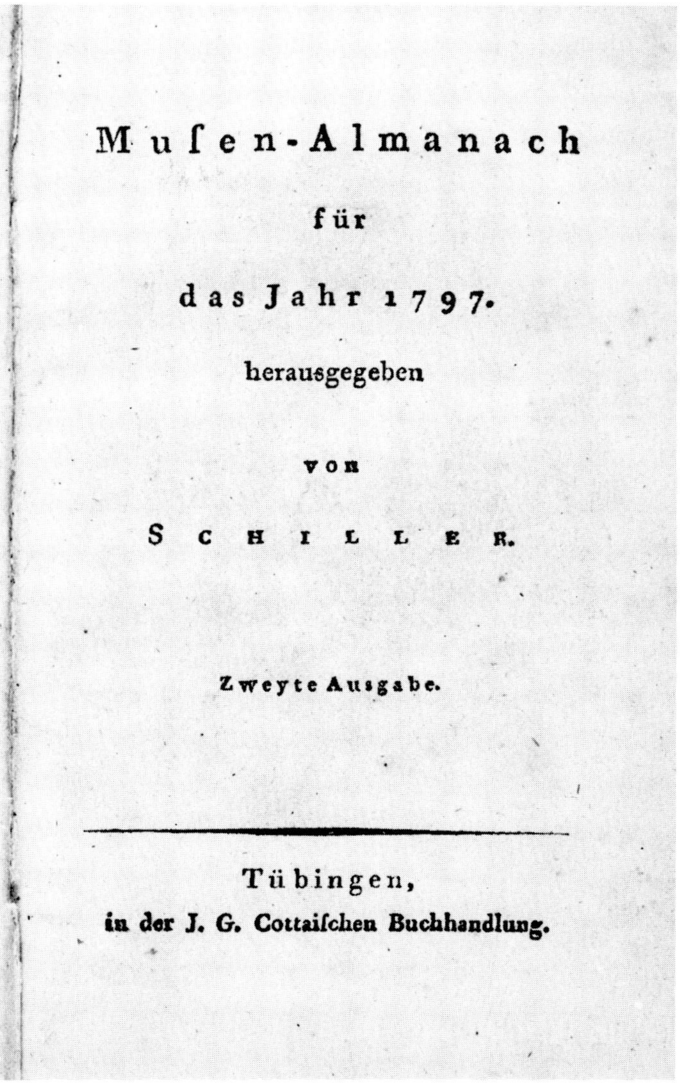

Muſen-Almanach

für

das Jahr 1797.

herausgegeben

von

Schiller.

Zweyte Ausgabe.

Tübingen,

in der J. G. Cottaiſchen Buchhandlung.

424 ›Musen-Almanach für das Jahr 1797 herausgegeben von Schiller‹ *Zweyte Ausgabe (erschienen im November 1796). Der Almanach enthielt nicht nur die gesamten ›Xenien‹, sondern auch, als Einleitungsstück, Goethes »Idylle« ›Alexis und Dora‹*

[. . .] Alles rührte sich schon; da kam ein Knabe gelaufen / An mein väterlich Haus, rief mich zum Strande hinab: / »Schon erhebt sich das Segel«, so sprach er, »es flattert im Winde, / Und gelichtet, mit Kraft, trennt sich der Anker vom Sand; / Komm, Alexis, o komm!« Da drückte der wackere Vater / Segnend die würdige Hand mir auf das lockige Haupt; / Sorglich reichte die Mutter ein nachbereitetes Bündel: / »Glücklich kehre zurück!« riefen sie, »glücklich und reich!« / Und so sprang ich hinweg, das Bündelchen unter dem Arme, / An der Mauer hinab . . .
(V. 55-64)

»Trotz aller Entzückung . . . skandalisierte sich doch die Familie Kalb an dem Päckchen, das dem Helden nachgetragen würde, welches sie für einen großen Fleck an dem schönen Werke hält. Das Produkt sei so reich, *und der Held führe sich doch wie ein armer Mann auf. Sie können denken, daß ich bei dieser Kritik aus den Wolken fiel. Es war mir so neu, daß ich glaubte, sie sprächen von einem andern Produkte.*
Schiller an Goethe, 6. Juli 1796

. . . einige Bemerkungen . . . überzeugen mich wieder aufs neue, daß es unsern Hörern und Lesern eigentlich an der *Aufmerksamkeit* fehlt, die ein so obligates Werk verlangt. [. . .] Ist doch deutlich genug ausgedruckt: *Sorglich* reichte die Mutter ein *nach*bereitetes Bündel. Es ist also keineswegs die ganze Equipage, die schon lange auf dem Schiff ist, die Alte erscheint nur, in ihrer Mutter- und Frauenart, thätig im einzelnen, der Vater umfaßt die ganze Idee der Reise in seinem Segen. Der Sohn nimmt das Päckchen selbst, da der Knabe schon wieder weg ist, und um der Pietät gegen die Mutter willen und um das einfache goldene Alter anzuzeigen, wo man sich auch wohl selbst einen Dienst leistet. [. . .]
An Schiller, 7. Juli 1796

425 Friedrich Hölderlin (1770-1843) *Getuschter Schattenriß. Um 1795*

»In die Meersfluth werfen wir uns, in den freieren Ebnen / Uns zu sättigen, und es umspielt die unendliche Wooge / Unsern Kiel und es freut sich das Herz an den Kräften des Meergotts. / Dennoch genügt uns nie, denn der tiefere Ocean reizt uns / Wo die leichtere Wooge sich regt – o wer an die goldnen / Küsten dort oben das wandernde Schiff zu treiben vermöchte! / Aber indeß ich hinauf in die dämmernde Ferne mich sehne, / Wo du die fremden Ufer umfängst mit der bläulichen Wooge / Kömmst du säuselnd herab von des Fruchtbaums blühenden Wipfeln, / Vater Äther! und sänftigest selbst das strebende Herz mir, / Und ich lebe nun gerne, wie sonst, mit den Blumen der Erde.«
»Einsam stand ich und sah in die Afrikanischen dürren / Ebnen hinaus; vom Olymp reegnete Feuer herab. / Fernhin schlich das haagre Gebirg, wie ein wandernd Gerippe / Hohl und einsam und kahl blikt' aus der Höhe sein Haupt.«
Hölderlin: Aus der Reinschrift der Gedichte ›An den Aether‹ und ›Der Wanderer‹.

Denen beyden mir überschickten Gedichten . . . bin ich nicht ganz ungünstig . . . Freylich ist die Afrikanische Wüste und der Nordpol weder durch sinnliches noch durch inneres Anschauen gemahlt, vielmehr sind sie beyde durch Negationen dargestellt, da sie denn nicht, wie die Absicht doch ist, mit dem hinteren deutsch-lieblichen Bilde genugsam constrastiren. So sieht auch das andere Gedicht mehr naturhistorisch als poetisch aus und erinnert einen an die Gemählde, wo sich die Thiere alle um Adam im Paradiese versammeln. Beyde Gedichte drücken ein sanftes, in Genügsamkeit sich auflösendes Streben aus. [. . .] Ich möchte sagen in beyden Gedichten sind gute Ingredienzien zu einem Dichter, die aber allein keinen Dichter machen. Vielleicht thäte er am besten, wenn er einmal ein ganz einfaches Idyllisches Factum wählte und es darstellte, so könnte man eher sehen wie es ihm mit der Menschenmahlerey gelänge, worauf doch am Ende alles ankommt.
An Schiller, 28. Juni 1797

Gestern ist auch Hölterlein bei mir gewesen, er sieht etwas gedrückt und kränklich aus, aber er ist wirklich liebenswürdig und mit Bescheidenheit, ja mit Ängstlichkeit offen. [. . .] Ich habe ihm besonders geraten, kleine Gedichte zu machen . . .
An Schiller, Frankfurt, 23. August 1797

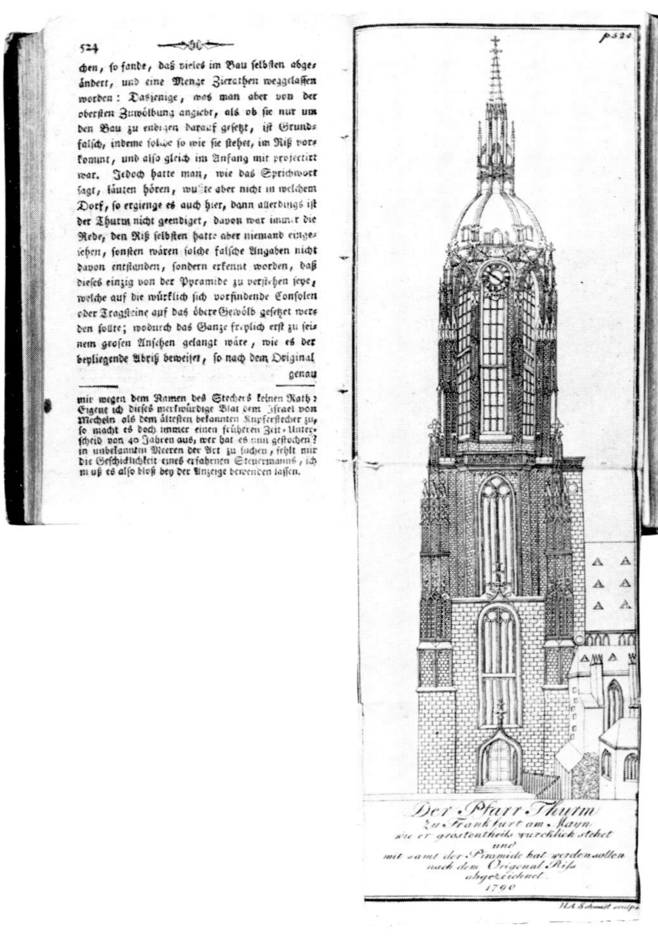

524

chen, so fande, daß vieles im Bau selbsten abgeändert, und eine Menge Zierathen weggelassen worden: Dasjenige, was man aber von der obersten Zuwölbung angiebt, als ob sie nur um den Bau zu endigen darauf gesetzt, ist Grundfalsch, indeme solche so wie sie stehet, im Riß vorkommt, und also gleich im Anfang mit projectirt war. Jedoch hatte man, wie das Sprichwort sagt, läuten hören, wußte aber nicht in welchem Dorf, so ergienge es auch hier, dann allerdings ist der Thurm nicht geendiget, davon war immer die Rede, den Riß selbsten hatte aber niemand eingesehen, sonsten wären solche falsche Angaben nicht davon entstanden, sondern erkennt worden, daß dieses einzig von der Pyramide zu verstehen seye, welche auf die würklich sich vorfindende Consolen oder Tragsteine auf das obere Gewölb gesetzet werden sollte; wodurch das Ganze freylich erst zu seinem grosen Ansehen gelangt wäre, wie es der beyliegende Abriß beweiset, so nach dem Original genau

mir wegen dem Namen des Stechers keinen Rath: Eigene ich dieses merkwürdige Blat dem Israel von Mecheln als dem ältesten bekannten Kupferstecher zu, so macht es doch immer einen früheren Zeit-Unterscheid von 40 Jahren aus, wer hat es nun gestochen? in unbekannten Meeren der Art zu suchen, fehlt nur die Geschicklichkeit eines erfahrnen Steuermanns, ich muß es also bloß bey der Anzeige bewenden lassen.

426 Der Pfarrturm (= Turm des Frankfurter Doms) *Abbildung aus H. S. Hüsgen's ›Getreuer Wegweiser von Frankfurt am Main . . .‹ 1802. Aus Goethes Bibliothek*

Vom 4.-17. August wird die Stadt und die nähere Umgebung ›aufgearbeitet‹ (5. Früh um die Thore gefahren, in den Weinberg, in die Stadt zurück, auf den Pfarrthurm gestiegen, in den Wendelischen Laden), *am 18. in einem Aufsatz das Resümee gezogen.* Der Frankfurter, bei dem alles Waare ist, sollte sein Haus niemals anders als Waare betrachten. [. . .] Italiänisches Sprichwort: *Geld ist das zweite Blut des Menschen.*
Reiseaufzeichnungen 1797

427 Frankfurt. Hauptwache und östlichster Teil des Roßmarkts vor der Katharinenpforte *(später Heumarkt, dann Schillerplatz genannt) Photographie von C. F. Mylius. 1869*

428 Catharina Elisabeth Goethe *Geschnittene Silhouette. o. D.*

Ich bin auf einen Gedanken gekommen, den ich Ihnen, weil er für meine übrige Reise bedeutend werden kann, sogleich mittheilen will . . . Ich habe, indem ich meinen ruhigen und kalten Weg des Beobachtens, ja des bloßen Sehens ging, sehr bald bemerkt daß die Rechenschaft, die ich mir von gewißen Gegenständen gab, eine Art von Sentimentalität hatte, die mir dergestalt auffiel daß ich dem Grunde nachzudenken sogleich gereizt wurde . . . Ich habe daher die Gegenstände, die einen solchen Effect hervorbringen, genau betrachtet und zu meiner Verwunderung bemerkt, daß sie eigentlich symbolisch sind, das heißt, wie ich kaum zu sagen brauche, es sind eminente Fälle, die, in einer charakteristischen Mannigfaltigkeit, als Repräsentanten von vielen andern dastehen, eine gewisse Totalität in sich schließen, eine gewisse Reihe fordern, ähnliches und fremdes in meinem Geiste aufregen . . . Bis jetzt habe ich nur zwei solcher Gegenstände gefunden: den Platz auf dem ich wohne *[in der von der Mutter im Juni 1795 bezogenen Wohnung »Auf dem Roßmarkt im Goldenen Brunnen« mit Blick auf Hauptwache, Zeil und Bockenheimer Straße]*, der in Absicht seiner Lage und alles dessen was darauf vorgeht in einem jeden Moment symbolisch ist, und den Raum meines großväterlichen Hauses, Hofes und Gartens, der aus dem beschränktesten, patriarchalischen Zustande, in welchem ein alter Schultheiß von Frankfurt lebte, durch klug unternehmende Menschen zum nützlichsten Waaren- und Marktplatz verändert wurde. Die Anstalt ging durch sonderbare Zufälle bey dem Bombardement *[der französischen Truppen unter Kléber, am 12. Juli 1796]* zu Grunde . . . In so fern sich nun denken läßt daß das Ganze wieder von einem neuen Unternehmer gekauft und hergestellt werde, so sehn Sie leicht daß es, in mehr als Einem Sinne, als Symbol vieler tausend andern Fälle, in dieser gewerbreichen Stadt, besonders vor meinem Anschauen, dastehen muß. [. . .] Ich will es erst noch hier versuchen was ich Symbolisches bemerken kann, besonders aber an fremden Orten, die ich zum erstenmal sehe, mich üben.
[. . .]
An Schiller, Frankfurt, 17. August 1797. Über diesen Brief und Schillers Antwort vom 7. September äußerte Goethe später: . . . fürwahr hier ist die Axe, um die sich der Correspondenten uneinige Einigkeit bewegt. Ruf ich mir jenen Gegenstand zurück, so war er wahrlich ein Object, an dem man fast ein halbes Jahrhundert abspinnen konnte . . .
An C. L. F. Schultz, 29. Juni 1829

Mäſsig langsam.
1
Stern der däm-mern-den Nacht, schön fun-kelst du in
We-sten. Hebst dein stra-lend Haupt aus dei-ner Wol-ke. Wan-delst stattlich dei-nen Hü-gel hin.
Wor-nach blickst du auf die Hai-de? die stür-men-den Win-de ha-ben sich ge-
Colma.

429 Johann Rudolf Zumsteeg (1760-1802): ›Colma. Ein Gesang Ossians von Goethe‹

Abends bey Herrn Capellmeister Zumsteeg, wo ich verschiedne gute Musik hörte. Er hat die Colma, nach meiner Übersetzung, als Cantate, doch nur mit Begleitung des Claviers gesetzt, sie thut sehr gute Wirkung und wird vielleicht auf das Theater zu arrangiren seyn, worüber ich nach meiner Rückkunft denken muß. Wenn man Fingaln und seine Helden sich in der Halle versammeln ließe, Minona, die sänge, und Ossian, der sie auf der Harfe accompagnirte, vorstellte, und das Pianoforte auf dem Theater versteckte, so müßte die Aufführung nicht ohne Effect seyn.

Tagebuch, Stuttgart, 2. September 1797

430 Gottlieb Schick: Bildnis Johann Heinrich Danneckers (1758-1841) 1798

»Sie kennen seine ungeheure Kunst-Kenntnis, seine Liebe zum Großen, Vollendeten, Charakteristischen, Schönen! O ich bin äußerst glücklich, einige schöne Meinungen, die mir nun Gesetze *bleiben, von ihm gelernt zu haben . . . Das ist gewiß, daß ich in meinem Leben nichts mehr ausführen werde, das nicht sozusagen in sich eine Welt ausmacht. Täglich waren wir beisammen, und er machte mir ein Kompliment, das ich vor groß halte, indem er mir sagte, nun habe ich Tage hier erlebt, wie ich sie in Rom lebte. [. . .] Schillers Porträt [die bekannte Büste] und meine Sappho gefällt ihm besonders . . .«*

Dannecker an W. von Wolzogen, 26. Oktober 1797

431 Goethe im Haus des Stuttgarter Kaufmanns Gottlob Heinrich Rapp *Scherenschnitt von Luise Duttenhofer. 1797*
Goethe dankte dem Handelsmann, *in dessen Haus er am 5. September ›Hermann und Dorothea‹ vorgelesen hatte, durch die Übersendung dieser Dichtung* in ihrer reinsten typographischen Form *(8. November 1797).*

432 Wilhelmine Cotta, geb. Haas (1771-1821) *Ölgemälde von Gottlieb Schick. 1802*

433 Johann Friedrich Cotta (1764-1832) *Lithographie nach einem Gemälde von K. J. Th. Leybold*

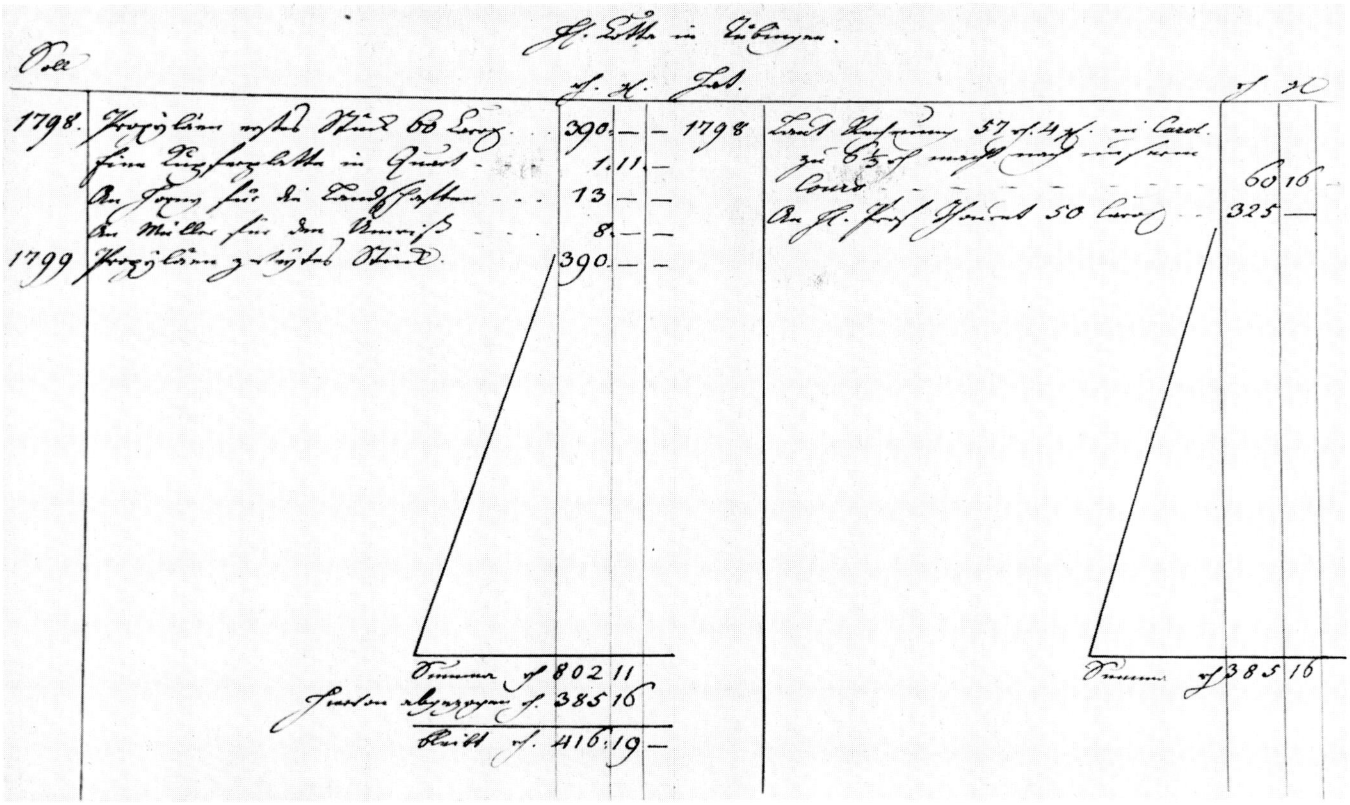

434 Goethe: Eigenhändige Bilanz für Cotta. Weimar, 26. Januar 1799

Je näher ich Cotta kennen lerne, desto besser gefällt er mir. Für einen Mann von strebender Denkart und unternehmender Handelsweise hat er so viel Mäßiges, Sanftes und Gefaßtes, so viel Klarheit und Beharrlichkeit, daß er mir eine seltene Erscheinung ist.
An Schiller, Tübingen, 12. September 1797

»Ich werde die Stunden nie vergessen, die ich mit ihm [Goethe] zubrachte ... Was Sie von den Vorteilen schreiben, wozu dieses nähere Verhältnis mit Goethe mich führen könnte, erkenne ich vollkommen, allein ich war zu schüchtern, in dieser Hinsicht etwas zu erwähnen, weil ich um alles in der Welt nicht wollte, daß mein Betragen gegen Goethe dadurch den Schein von Eigennutz bekäme ... Nur einmal äußerte ich den Wunsch, auch in literarische Verbindung mit ihm treten zu können, und er schien nicht ganz abgeneigt zu sein.«
Cotta an Schiller, 3. Oktober 1797

Ich habe mehrere von den hiesigen Professoren kennen lernen. In ihren Fächern, Denkungsart und Lebensweise sehr schätzbare Männer, die sich alle in ihrer Lage gut zu befinden scheinen, ohne daß sie gerade einer bewegten akademischen Circulation nöthig hätten. Die großen Stiftungen scheinen den großen Gebäuden gleich, in die sie eingeschlossen sind, sie stehen wie ruhige Colossen auf sich selbst gegründet und bringen keine lebhafte Thätigkeit hervor, die sie zu ihrer Unterhaltung nicht bedürfen. Sonderbar hat mich hier eine kleine Schrift von Kant überrascht, die Sie gewiß auch kennen werden: *Verkündigung des nahen Abschlusses eines Tractats zum ewigen Frieden in der Philosophie.* Ein sehr schätzbares Product seiner bekannten Denkart, das so wie alles was von ihm kommt die herrlichsten Stellen enthält; aber auch in Composition und Styl Kantischer als Kantisch.
An Schiller, Tübingen, 12. September 1797

435 Johannes Eschers Landgut ›Zur Schipf‹ in Herrliberg

Am 20. September 1797 trifft Goethe in Zürich mit dem aus Italien zurükgekehrten Heinrich Meyer zusammen. Den 21. fuhren wir zu Schiffe, bey heiterm Wetter, den See hinaufwärts, wurden von Herrn Escher zu Mittag, auf seinem Gut bey Herrliberg, am See, sehr freundlich, bewirthet, und gelangten Abends nach Stäfe *[Meyers Geburtsort Stäfa]. (Beilage an Schiller, 25. September)*

Im Jahre 1797 hatte ich, mit dem aus Italien zurückkehrenden Freunde Meyer, eine Wanderung nach den kleinen Cantonen, wohin mich nun schon zum drittenmale eine unglaubliche Sehnsucht anregte, heiter vollbracht. Der Vierwaldstädter See, die Schwyzer Hocken *[die Mythen]*, Flüelen und Altdorf ... nöthigten meine Einbildungskraft, diese Localitäten als eine ungeheure Landschaft mit Personen zu bevölkern, und welche stellten sich schneller dar als Tell und seine wackern Zeitgenossen? Ich ersann hier an Ort und Stelle ein episches Gedicht ... Von meinen Absichten melde nur mit wenigem, daß ich in dem Tell eine Art von Demos darzustellen vorhatte und ihn deßhalb als einen colossal kräftigen Lastträger bildete, die rohen Thierfelle und sonstige Waaren durch's Gebirg herüber und hinüber zu tragen sein Lebenlang beschäftigt, und, ohne sich weiter um Herrschaft noch Knechtschaft zu bekümmern, sein Gewerbe treibend und die unmittelbarsten persönlichen Übel abzuwehren fähig und entschlossen. In diesem Sinne war er den reichern und höhern Landsleuten bekannt, und harmlos übrigens auch unter den fremden Bedrängern. [...] Mein Landvoigt war einer von den behaglichen Tyrannen, welche herz- und rücksichtlos auf ihre Zwecke hindringen, übrigens aber sich gern bequem finden, deßhalb auch leben und leben lassen, dabei auch humoristisch gelegentlich dieß oder jenes verüben, was entweder gleichgültig wirken oder auch wohl Nutzen und Schaden zur Folge haben kann. [...] Die älteren Schweizer und deren treue Repräsentanten, an Besitzung, Ehre, Leib und Ansehn verletzt, sollten das sittlich Leidenschaftliche zur inneren Gährung, Bewegung und endlichem Ausbruch treiben, indeß jene beiden Figuren persönlich gegeneinander zu stehen und unmittelbar auf einander zu wirken hatten. Diese Gedanken und Einbildungen, so sehr sie mich auch beschäftigt und sich zu einem reifen Ganzen gebildet hatten, gefielen mir ohne daß ich zur Ausführung mich hätte bewegt gefunden. [...] Ich hatte mit Schiller diese Angelegenheit oft besprochen und ihn mit meiner lebhaften Schilderung jener Felswände und gedrängten Zustände oft genug unterhalten, dergestalt daß sich bei ihm dieses Thema nach seiner Weise zurechtstellen und formen mußte.

›Tag- und Jahreshefte‹ 1804 (s. Eckermann, ›Gespräche‹ 6. Mai 1827)

436 Christiane Becker, geb. Neumann (1778-1797), Schauspielerin *Silberstiftzeichnung von J. H. Lips. Um 1793*

437 Bergkristall vom Gotthard *Aus Goethes Sammlungen*

Eine solche Ableitung und Zerstreuung *[durch den ›Tell‹-Stoff]* war nöthig, da mich die traurigste Nachricht mitten in den Gebirgen erreichte. Christiane Neumann, verehlichte Becker, war von uns geschieden [*am 22. September*]; ich widmete ihr die Elegie Euphrosyne. Liebreiches ehrenvolles Andenken ist alles was wir den Toten zu geben vermögen. Auf dem St. Gotthard hatte ich schöne Mineralien gewonnen; der Hauptgewinn aber war die Unterhaltung mit meinem Freunde Meyer; er brachte mir das lebendigste Italien zurück, das uns die Kriegsläufte leider nunmehr verschlossen. Wir bereiteten uns zum Trost auf die *Propyläen* vor. Die Lehre von den Gegenständen und was denn eigentlich dargestellt werden soll, beschäftigte uns vor allen Dingen.
›Tag- und Jahreshefte‹ 1797

Wenn sich manchmal in mir die abgestorbene Lust, für's Theater zu arbeiten, wieder regte, so hatte ich sie gewiß vor Augen, und meine Mädchen und Frauen bildeten sich nach ihr und ihren Eigenschaften.
An Böttiger, Zürich, 25. Oktober 1797

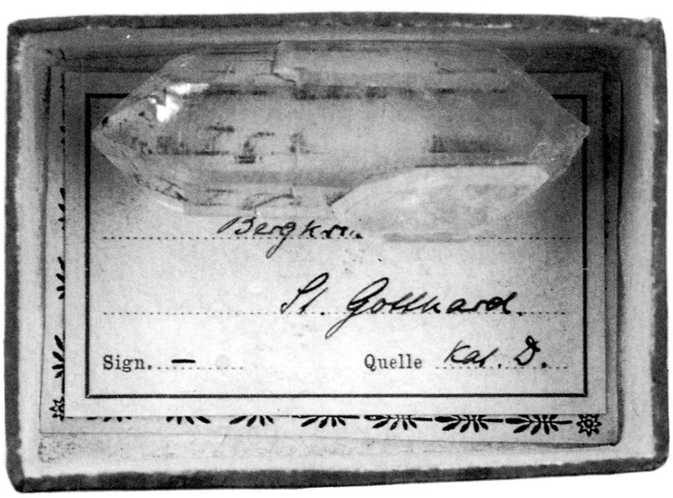

[»...] Vieles sagt' ich noch gern; doch ach! die Scheidende weilt nicht, / Wie sie wollte; mich führt streng ein gebietender Gott! / Lebe wohl! schon zieht mich's dahin in schwankendem Eilen. / Einen Wunsch nur vernimm / freundlich gewähre mir ihn: / Laß nicht ungerühmt mich zu den Schatten hinabgehn! / Nur die Muse gewährt einiges Leben dem Tod. / Denn gestaltlos schweben umher in Persephoneia's / Reiche, massenweis', Schatten vom Namen getrennt; / Wen der Dichter aber gerühmt, der wandelt, gestaltet, / Einzeln, gesellet dem Chor aller Heroen sich zu. / [...«] Also sprach sie, und noch bewegte der liebliche Mund sich / Weiter zu reden; allein schwirrend versagte der Ton. / Denn aus dem Purpurgewölk, dem schwebenden, immer bewegten, / Trat der herrliche Gott Hermes gelassen hervor, / Mild erhob er den Stab und deutete; wallend verschlangen / Wachsende Wolken, im Zug, beide Gestalten vor mir. / Tiefer liegt die Nacht um mich her; die stürzenden Wasser / Brausen gewaltiger nun neben dem schlüpfrigen Pfad. / Unbezwingliche Trauer befällt mich, entkräftender Jammer, / Und ein moosiger Fels stützet den Sinkenden nur. / Wehmuth reißt durch die Saiten der Brust; die nächtlichen Thränen / Fließen, und über dem Wald kündet der Morgen sich an.
›Euphrosyne‹ V. 117-126 und 141-152

folgt auch das Geld ich habe 10 Stück
heut sehr warm gewesen will der
[illegible] der [illegible] hundert
grad nächstens und nachher haben wir
die [illegible] und dazu [illegible] 14 bis 15
Thaler haben will ich habe es noch ge-
spart und sie kann und das nicht verdau-
en wie dir voriges Jahr.
ich wünsche dir daß der Herr von [illegible]
[illegible] bey dieser eine schönen meister
und dir die aller beste und freundschaftlichste
Launen zu gedeiht mit [illegible]
leb wohl und [illegible]
dein [illegible]

438 Christiane Vulpius: Eigenhändiger Brief an Goethe, Weimar, 21. und 22. Februar 1797. Letzte Seite

439 Puppen aus Karton auf Holz für Augusts Puppentheater *(Bühne, Prospekt, Kulissen, Versatzstücke und Figuren sind im Fundus des Goethe-Nationalmuseums Weimar erhalten)*
»Stel dir vor wie lieb dich deine beyden Haßen haben wie du in käuschau [Kötschau] von uns wech wahrst gin wir raus und sahen auf dem Berg deine Kuße [Kutsche] fahren da fingen mir alebey[de] eins an zu heulen und sachten beyde es währ uns so wunderlich. Der kleine läst dich grüßen er ist heude bey Gakala geweßen Mide woche den 22 / Hier sicke ich dir was du ver langst die Ur daß Buch und 6 Pudelgen [Bouteillen] Wein Es folgt auch das Gelt ich habe 10 Stück Laub Thlr raus genom[men] weill der Dabezier vor PfehrdeHare leinwant garnt nägell und macher lohn vor die Stühel und daß kanabee 14 bis 15 Dahler haben will ich habe es nach gerechent und sie kamen uns doch nicht so deuer wie die vorich gem [vorigen]. ich wünsche dir daß der Her von Schenfuhs [Schönfuß?] bey dir ein kähren möchte und dir die aller beste und förderselichste Laune zum Gedicht [›Herrmann und Dorothea‹] mit bringe leb wohl und behalt lieb dein gleinnes nadur weßen«
(Christiane und August hatten Goethe auf der Fahrt zu einem längeren Aufenthalt in Jena am 20. Februar 1797 bis zu dem Dorf Kötschau begleitet.)

440 Goethe: Sturzbach *Am unteren Rand die Notiz (von fremder Hand): »1812 für ein Puppentheater gemalt zu Jery und Bätely«. Bleistift, Feder, Aquarellfarben*

441 August von Goethe *Kreidezeichnung von Conrad Westermayr. o. D.*

»August war ein wunderschöner Knabe und sah in der schwarzen idealen Bergmannstracht, die ihm sein Vater hatte anfertigen lassen, besonders reizend aus. Goethe hing mit unendlicher Liebe an ihm; oft fütterten beide miteinander die Tauben; noch öfter versüßte der Dichter des Götz und Werther unsere Kinderspiele dadurch, daß er Stückchen Torte, an einem Bindfaden gebunden, aus dem Fenster seines Arbeitszimmers [im Jenaer Schloß] in den Schloßhof, wo wir uns tummelten, herniederließ, damit wir danach haschten.«
Louise Seidler: Erinnerungen

»Lieber Vater! Ich spiele jetzt in meinen freien Stunden mit Kastanien, die ich mit dem kleinen Kästner bei Ober-Weimar aufsuche. Wir tragen sie in großer Menge nach Hause, durchbohren sie, reihen sie an einen Bindfaden und behängen unsern ganzen Körper mit Kastanienketten. – Am ersten October feierte Hertels Wilhelm seinen Geburtstag, er bat mich auch dazu und tractirte mich mit Milch, Zucker und Kuchen. Auf den Abend spielten wir ein Schattenspiel, das uns viel Vergnügen machte; da kamen ein Hanswurst mit seiner Columbine, ein Nachtwächter, ein Teufel, der Doctor Faust, ein Höllendrache, Bäume, Häuser, Blitze, ein Zauberer, eine Einsiedlergrotte und zuletzt eine lebendige Katze vor, welche das Licht auslöschte. Ehe uns aber die Katze diesen Streich machte, nahm der Teufel den Hanswurst, die Columbine und den Doctor Faust mit sich fort in die Luft. Leben Sie wohl und behalten Sie mich lieb. August Göthe.«
Beilage zu einem Brief Christianes an Goethe in die Schweiz, 2. Oktober 1797

442, 443 Goethe/Schiller: Diskussionsblatt zur Farbenlehre (Harmonie der Farben) *Feder und Bleistift. 1798 (s. auch den Text zu Abb. 361). Von Schillers Hand stammt das dreimal mit Bleistift [auf dem rechten Blatt] geschriebene Wort ›Intension‹*

An meiner Arbeit *[der ›Farbenlehre‹]* ist noch wenig ausgeführt, desto mehr aber schematisirt worden, worauf denn doch am Ende alles ankommt, weil man geschwinder übersieht wo Lücken sind und ob man die rechte Methode ergriffen hat. Schiller hilft mir durch seine Theilnahme außerordentlich, indem die Sache, weil ich doch gar zu bekannt damit bin, mir nicht immer ganz interessant bleiben will. Über die verschiednen Bestimmungen der Harmonie der Farben durch den ganzen Kreis hat er sehr schöne Ideen, die eine große Fruchtbarkeit versprechen ... *An J. H. Meyer, Jena, 15. November 1798*

»Ich bin es diese Tage her so gewohnt worden, daß Sie in der Abendstunde kamen und die Uhr meiner Gedanken aufzogen und stellten, daß es mir ganz ungewohnt ist, nach getaner Arbeit [am ›Wallenstein‹], mich an mich selbst verwiesen zu sehen. Besonders wünschte ich, daß es uns nicht erst am letzten Tag eingefallen wäre, den chromatischen Kursus anzufangen, denn gerade eine solche reine Sachbeschäftigung gewährte mir eine heilsame Abwechslung und Erholung von meiner jetzigen poetischen Arbeit ... Soviel

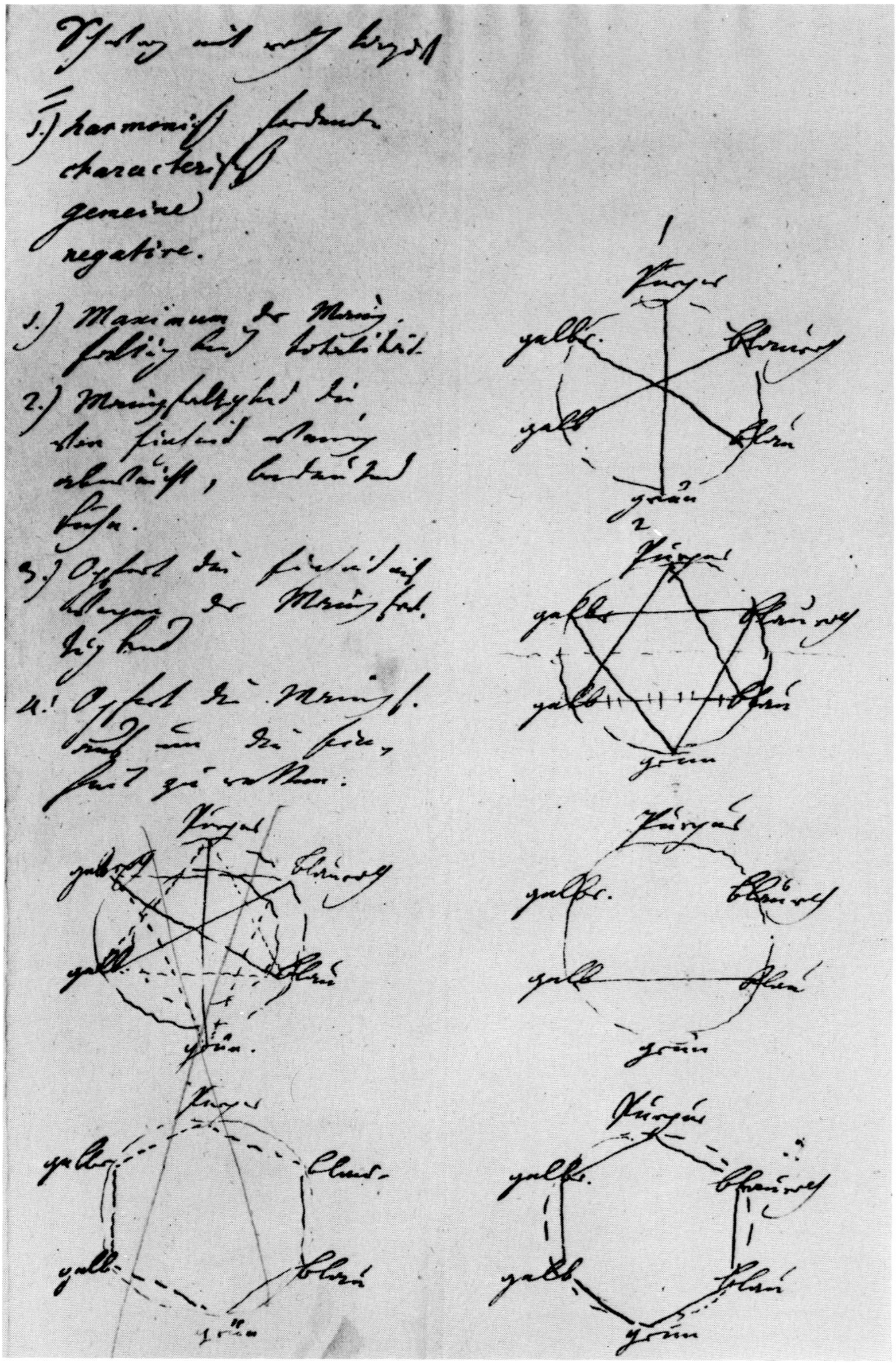

444 Wilhelm von Humboldt (1767-1835) *Federzeichnung von Gottfried Schadow. 1802*

Sie erinnern sich wohl noch eines epischen Gedichts, das ich gleich nach Beendigung von ›Hermann und Dorothea‹ im Sinn hatte: Bei einer modernen Jagd kamen Tiger und Löwe mit in's Spiel; damals riethen Sie mir die Bearbeitung ab und ich un-

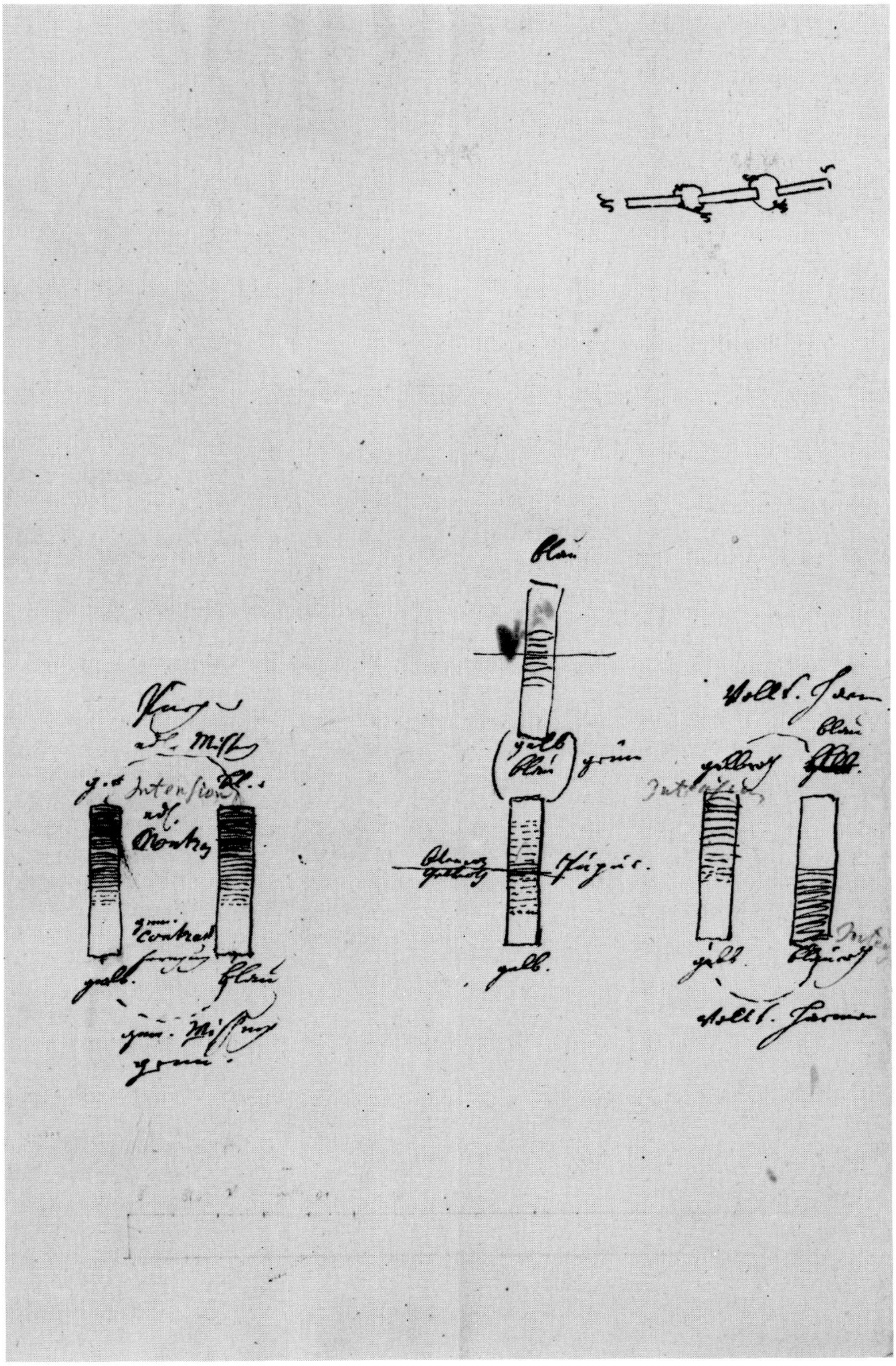

bemerke ich indessen, daß ein Hauptmoment in der Methode sein wird, den rein faktischen so wie den polemischen Teil aufs strengste von dem hypothetischen unterschieden zu halten . . .«
Schiller an Goethe, 30. November 1798

Zur Erklärung der (gemeinsamen) rechten Seite des Arbeitsblattes: »Dort sind die beiden Kantenspektren zweimal schematisch gezeichnet und mit Stichworten versehen: Rechts stehen die Spektren in der Ordnung, wie man sie beim Blick durchs Prisma an der Grenze zwischen einer weißen und einer schwarzen Fläche erhält: schwarz/ gelbrot/ gelb/ weiß/ – weiß/ blau/ blaurot/ schwarz. Die Enden der hochstehenden Rechtecke hat Goethe durch einen Kreisbogen miteinander verbunden und jedesmal hinzugefügt ›Vollkommene Harmonie‹. Links sind dieselben Rechtecke dargestellt mit dem Unterschiede, daß das rechte auf den Kopf gestellt wurde, wodurch die Ordnung des Farbenkreises entsteht. Nun stehen einander gegenüber: gelbrot und blaurot / gelb und blau und dazwischen steht von Goethes Hand: ›edler Contrast‹ (oben) und ›gemeiner Contrast‹ (unten). In der sechsten Abteilung [der ›Farbenlehre‹] nennt Goethe die Zusammenstellung zweier Farben, die an den Enden eines Durchmessers des Farbenkreises stehen (z. B. Gelbrot/Blau) ›harmonisch‹, dagegen solche von den Enden einer Sehne (z. B. Gelb/Blau) ›charakteristisch‹.« (R. Matthaei)

terliess sie; jetzt, beim Untersuchen alter Papiere, finde ich den Plan wieder und enthalte mich nicht, ihn prosaisch auszuführen, da es dann für eine Novelle gelten mag, eine Rubrik, unter welcher gar vieles wunderliche Zeug cursirt.
An W. von Humboldt, 22. Oktober 1826 (der zweite, der von dem Epos ›Die Jagd‹, der späteren ›Novelle‹, abriet, war Schiller)

445 F. G. Klopstock *Zeichnung von unbekannter Hand*

»Haben Sie gelesen, was Goethe über die Farben gegen Newton geschrieben? und haben Sie, was vor ziemlicher Zeit Marat, da er noch nicht rasend war, über eben diese Sache (mich deucht im ›Merkur‹) und auch gegen Newton! Wenn Sie haben, so können Sie mir vermutlich sagen, was Goethe von Marat genommen hat. Denn er ist (vielleicht nur zu Zeiten) ein gewaltiger Nehmer. So hielt er es mit dem Leben, das Götze z. B. von sich selbst geschrieben hat. ›Götze‹ war seit ziemlich langer Zeit das erste deutsche Schauspiel, das ich ganz durchlas. Hätte ich damals jene Lebensbeschreibung gekannt, so hätte ich es zwar auch ganz gelesen, aber vornehmlich um zu vergleichen.«
Klopstock an Herder, 27. November 1799

Ich lege ein Gedicht bey das ich zarten Herzen empfehle *[nicht identifiziert]*. Auch eine Zusammenstellung der Neutonischen Lehre, der Maratischen und der Resultate meiner Erfahrungen. Ich habe mit Mühe und Anstrengung diese Tage die zwar ästimable, aber doch nach einer hypothetischen, captiosen Methode geschriebene Abhandlung Marats gelesen und mir die Hauptpunckte ausgezogen. Gieb das Blat nicht weg es enthält Lästerungen.
An F. H. Jacobi, 19. Juli 1793
Aus diesem Brief, der überlieferten Beilage und Goethes Randnotizen in seinem Marat-Exemplar, der 1783 erschienenen deutschen Übersetzung der berühmten ›Découvertes sur la Lumière‹ (1780), geht hervor, daß Goethe seine ›Beiträge zur Optik‹ (1791 und 1792) ohne Kenntnis der Maratschen Schrift verfaßt hatte.

Titan

von

Jean Paul.

Erster Band.

Berlin, 1800.

In der Buchhandlung des Commerzien-Raths Matzdorff.

446 Jean Paul Friedrich Richter (1763-1825) *Kupferstich von F. W. Nettling nach einer Zeichnung von J. H. Schröder. 1804*

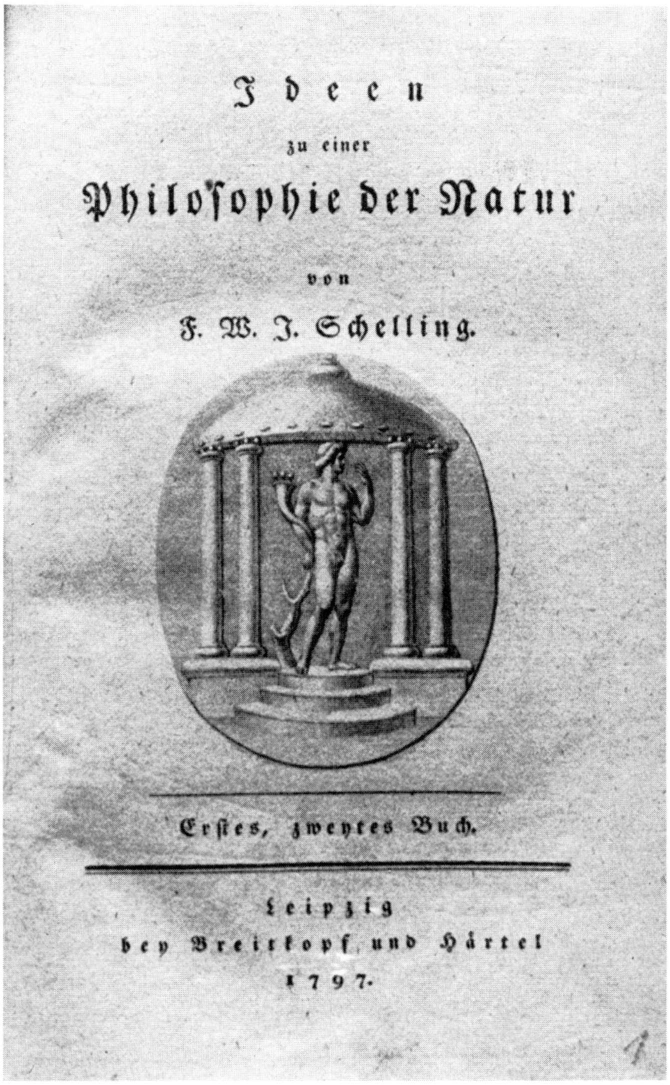

Ideen
zu einer
Philosophie der Natur
von
F. W. J. Schelling.

Erstes, zweytes Buch.

Leipzig
bey Breitkopf und Härtel
1797.

447 Jean Paul Richter: ›Titan‹ Erster Band. 1800

»Über seine [Albanos] Seele war der Riesenschatten des väterlichen Bildes geworfen, der durch Gaspards Kälte nichts verlor; Dian verglich sie mit der Ruhe auf dem erhabenen Angesichte der Juno Ludovisi; und der warme Sohn verglich sie mit einer andern schnellen Kälte, die im Herzen oft neben zu großer fremder Wärme einfällt, wie Brennspiegel gerade in den heißern Tagen matter brennen. Ja er hoffte sogar, er vermöge vielleicht dieses so quälend ans Eisfeld des Lebens angefrorne Vaterherz durch seine Liebe abzulösen . . .«
›Titan‹, 1. Jobelperiode, 1. Zykel

448 F. W. J. Schelling: ›Ideen zu einer Philosophie der Natur‹ 1797

449 Friedrich Wilhelm Joseph Schelling (1775-1854) *Ölgemälde von Christian Friedrich Tieck. 1801*

Schelling war im Juli 1798 auf Goethes Wunsch als Professor für Philosophie nach Jena berufen worden.

In der Naturwissenschaft fand ich manches zu denken, zu beschauen und zu thun. *Schellings* Weltseele *[›Von der Weltseele, eine Hypothese der höhern Physik zur Erklärung des allgemeinen Organismus‹ 1798]* beschäftigte unser höchstes Geistesvermögen. Wir sahen sie nun in der ewigen Metamorphose der Außenwelt abermals verkörpert.
›Tag- und Jahreshefte‹ 1798

Verteilet euch nach allen Regionen / Von diesem heil'gen Schmaus! / Begeistert reißt euch durch die nächsten Zonen / Ins All und füllt es aus! / Schon schwebet ihr in ungemeßnen Fernen / Den sel'gen Göttertraum, / Und leuchtet neu, gesellig, unter Sternen / Im lichtbesäten Raum. [. . .]
›Weltseele‹ (zuerst ›Weltschöpfung‹) 1800 (Str. 1-2)

Seitdem ich mich von der hergebrachten Art der Naturforschung losreißen und, wie eine Monade, auf mich selbst zurückgewiesen, in den geistigen Regionen der Wissenschaft umherschweben mußte, habe ich selten hier- oder dorthin einen Zug verspürt; zu Ihrer Lehre ist er entschieden. Ich wünsche eine völlige Vereinigung, die ich durch das Studium Ihrer Schriften, noch lieber durch Ihren persönlichen Umgang, so wie durch Ausbildung meiner Eigenheiten ins allgemeine, früher oder später, zu bewirken hoffe . . . Die Einsicht in das System des transcendentalen Idealismus hat Herr Doctor Niethammer die Gefälligkeit mir zu erleichtern, und so werde ich mir die Deduction des dynamischen Processes immer mehr aneignen können.
An Schelling, 27. September 1800

450 Gottfried Schadow (1764-1850): Selbstbildnis *Ton. Um 1795*

451 Schadow: Friedrich Schiller *Kreidezeichnung, 1804 (anläßlich eines mit dem Plan einer Übersiedlung Schillers zusammenhängenden Besuchs des Dichters in Berlin entstanden)*

452 Schadow: Karikatur auf Goethe *(nach der Kreidezeichnung Friedrich Burys 1800) Feder. 1801/02*

In Berlin scheint, ausser dem individuellen Verdienst bekannter Meister, der Naturalismus, mit der Wirklichkeits- und Nützlichkeitsforderung, zu Hause zu seyn und der prosaische Zeitgeist sich am meisten zu offenbaren. Poesie wird durch Geschichte, Character und Ideal durch Portrait, symbolische Behandlung durch Allegorie, Landschaft durch Aussicht, das allgemein Menschliche durchs Vaterländische verdrängt. Vielleicht überzeugt man sich bald: daß es keine patriotische Kunst und patriotische Wissenschaft gebe.
Goethe/Meyer: ›Flüchtige Übersicht über die Kunst in Deutschland‹. In: ›Propyläen. Eine periodische Schrift / herausgegeben von Goethe‹ III. Bandes 2. Stück. 1800

Auf die Zurechtweisung der Berliner Künstler in den ›Propyläen‹ antwortete Schadow mit einem Aufsatz in Bd. 1 der ›Eunomia. Eine Zeitschrift des neunzehnten Jahrhunderts‹ 1801. »Was die Propyläen bezwecken, erscheint dem beginnenden Künstler in Wolken gehüllt, und der ausgebildetere, welcher merkt, wo es hin soll, wird mit mir sagen, daß weder Worte noch irgendeine Sprache dazu hinreichen, die Poetik in der Kunst zu lehren . . . Charakter und Ideal werden durch Porträt verdrängt, fahren die Propyläen fort. Hier zeigt sich am klarsten das Trübe der neuern Grundsätze über Kunst . . . Portrait gestattet man zu machen, jedoch keine gemeine Ähnlichkeit. Das ganze Wesen, Benehmen, die individuelle Gemütsbeschaffenheit, der intellektuelle Charakter soll aus dieser Oberfläche hervorstrahlen, und obwohl solches in der Natur nicht der Fall ist, so verlangt man es doch von diesen Charakter-Idealportraits; ja sie sollen gleichsam dem abgebildeten Menschen noch ähnlicher sehen, als Er sich selbst ist. Wenn irgend etwas fähig ist, einen jungen Künstler irrezuleiten und toll zu machen, so sind es dergleichen erträumte und vermeintliche Vollkommenheit.«

453 Ph. O. Runge: ›Achill und Skamandros‹ *Pinselzeichnung. 1801 (Beitrag Runges zum Preisausschreiben der »Weimarer Kunstfreunde« in den ›Propyläen‹ III 2, 1800. Preisaufgabe: Achills Kampf mit den Flüssen)*

»Die Zeichnung ist nicht gut zu heißen, sie ist unrichtig und manieriert. Wir raten dem Verfasser ein ernstes Studium des Alterthums und der Natur im Sinne der Alten. Am nötigsten aber ist ihm die Betrachtung der Werke großer Meister aller Zeiten in Hinsicht auf den Gang ihrer Gedanken.«
Aus J. H. Meyers Gutachten nach der Ablehnung des Bildes, Januar 1802

454 Philipp Otto Runge (1777-1810): Selbstbildnis für Goethe *Schwarze Kreide. 1806*

»Am Sonntage [1. März 1807] hatte Goethe mich mit meinen beiden Freunden Meyer und Fernow zum Frühstück eingeladen, um mir Arbeiten von Runge zu zeigen. Beschreiben kann ich sie Dir nicht, sie sind zu wunderbar ... Erst sah ich viel von seinen ausgeschnittenen Sachen ... Dann ist sein Gesicht in Kreide gezeichnet. Goethe sagt, er hat nie ein Profil wie seines gesehen. Dieser Kopf ist leider en face, er hat aber einen raffaelschen Blick, ohne Raffael zu gleichen. Dann sind vier große Blätter, bloße Umrisse in Kupfer gestochen ... Die sind eben das unbeschreiblich Wunderbare; es sind Blumen und Genien wie Arabesken, aber der tiefe Sinn, der darin liegt, die hohe Poesie, das mystische Leben! [...]
Johanna Schopenhauer
10. März 1807

455 Goethe: Idealisierte antike Stadt mit Tempel und Burgberg *Feder, Sepialavierung. o. D.*

Der Jüngling, wenn Natur und Kunst ihn anziehen, glaubt, mit einem lebhaften Streben, bald in das innerste Heiligthum zu dringen; der Mann bemerkt, nach langem Umherwandeln, daß er sich noch immer in den Vorhöfen befinde. Eine solche Betrachtung hat unsern Titel veranlaßt. Stufe, Thor, Eingang, Vorhalle, der Raum zwischen dem Innern und Äußern, zwischen dem Heiligen und Gemeinen kann nur die Stelle seyn, auf der wir uns mit unsern Freunden gewöhnlich aufhalten werden. Will jemand noch besonders, bey dem Worte Propyläen sich jener Gebäude erinnern, durch die man zur Atheniensischen Burg, zum Tempel der Minerva gelangte, so ist auch dies nicht gegen unsere Absicht, nur daß man uns nicht die Anmaßung zutraue, als gedächten wir ein solches Werk der Kunst und Pracht hier selbst aufzuführen. Unter dem Nahmen des Orts verstehe man das, was daselbst allenfalls hätte geschehen können, man erwarte Gespräche, Unterhaltungen, die vielleicht nicht unwürdig jenes Platzes gewesen wären.
›Einleitung‹ in die ›Propyläen‹ I 1 (1798)

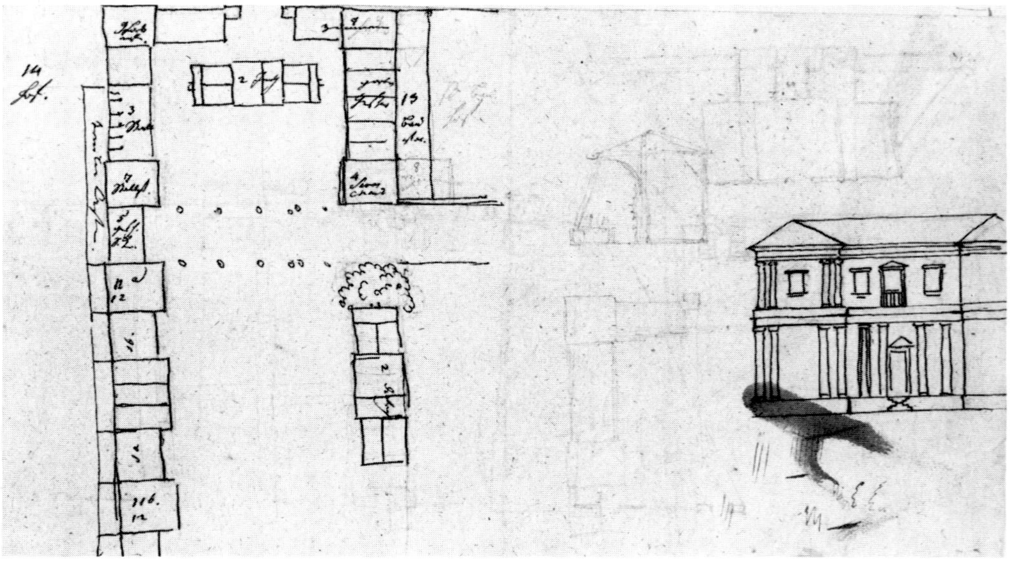

456 Goethe: Grundrisse und Aufrisse *mit eigenhändigen Beischriften, vielleicht im Zusammenhang mit Vorschlägen Goethes zur Schließung einer Baulücke in Weimar zu sehen: 12. September 1800 an Chr. G. Voigt (der Herzog plante, eine Reihe von Häusern abzureißen, und verhandelte mit den Eigentümern über den Kaufpreis):*

Doch muß ich aufrichtig sagen, daß ich an der ganzen Operation keine sonderliche Freude habe. Denn wenn wir uns mit dem *Niederreißungs*system auch gegen die Stadt zu wenden, so müßten wir, bis zum Töpfenmarkt und zum Bornberge, alles der Erde gleich machen, wenn nur irgend eine Anlage möglich seyn sollte. Ich würde vielmehr nach jener Seite hin das *Zudeckungs*system anrathen, den Schloßhof auf irgend eine Weise, vom kleinen Flügel bis zum Thurme, schließen, das Regierungsgebäude in seinem Charakter ausputzen, daß es noch eine Weile stehen könnte, und alle Kräfte auf eine schöne Facade, von der Hauptwachtecke bis zur Bibliothek, wenden. So viel von meinen architektonischen Wünschen und Grillen.

Mich verlangt sehr Ihr Werk über die Construction, als Grundlage dessen, was in der Baukunst zuletzt blos Zierath geworden ist, vollendet zu sehen. Wie sich die organische Natur zur bildenden Kunst verhält, so verhält sich der Begriff der Construction zur Architektur, und es ist nothwendig und löblich beyde Fundamente recht fest zu gründen, wenn das darauf gebaute nicht schwanken soll. Ich wünsche daß Sie immer ein günstiger Leser unserer Propyläen bleiben mögen, in welchen wir nicht aufhören werden auf solide Kunst zu dringen. [. . .]
An Hirt, 4. November 1799 (Konzept)

457 Kupfertafel (Nr. 31) aus A. L. Hirt: ›Die Baukunst nach den Grundsätzen der Alten‹ 1809 *Aus Goethes Bibliothek*

458 Alois Ludwig Hirt (1759-1839) *Kunsthistoriker, Professor der Archäologie in Berlin. Ölgemälde von J. E. Hummel. Um 1805*

459 Das Weimarer Schloß nach dem Wiederaufbau (1803) *Sepiazeichnung von unbekannter Hand. Anfang 19. Jh.*

Am 1. August 1803, neunundzwanzig Jahre nach dem Brand, bezog die herzogliche Familie das wiederaufgebaute Schloß. Goethe, seit 1789 Mitglied der Baukommission, hatte an der Auswahl der Architekten entscheidenden Anteil gehabt.

460 Anne-Louise-Germaine de Staël-Holstein, geb. Necker (1766-1817) *Bleistiftzeichnung von Jean-Baptiste Isabey*

Die 1803 von Napoleon aus Frankreich verbannte berühmte Schriftstellerin (1802 war ihr aufsehenerregender Roman ›Delphine‹ erschienen) hielt sich auf ihrer Deutschlandreise in Begleitung des Diplomaten und Schriftstellers Benjamin Constant (1767-1830) vom Dezember 1803 bis zum März 1804 in Weimar auf.

Ihre Gegenwart hatte wie in geistigem so in körperlichem Sinne etwas Reizendes, und sie schien es nicht übel zu nehmen wenn man auch von dieser Seite nicht unempfindlich war. Wie oft mochte sie Geselligkeit, Wohlwollen, Neigung und Leidenschaft zusammengeschmolzen haben. Auch sagte sie einst: »Ich habe niemals einem Manne vertraut, der nicht einmal in mich verliebt gewesen wäre.«
›Biographische Einzelnheiten‹ 1804

Jenes Werk über Deutschland *[›De l'Allemagne‹ 1810/13]*, welches seinen Ursprung dergleichen geselligen Unterhaltungen *[wie in Weimar]* verdankte, ist als ein mächtiges Rüstzeug anzusehen, das in die chinesische Mauer antiquirter Vorurtheile, die uns von Frankreich trennte, sogleich eine breite Lücke durchbrach . . .
›Tag- und Jahreshefte‹ 1804

461 Ernst Florens Friedrich Chladni (1756-1827): ›Entdeckungen über die Theorie des Klanges‹ 1787. Tafel 5: Klangfiguren *Aus Goethes Bibliothek*

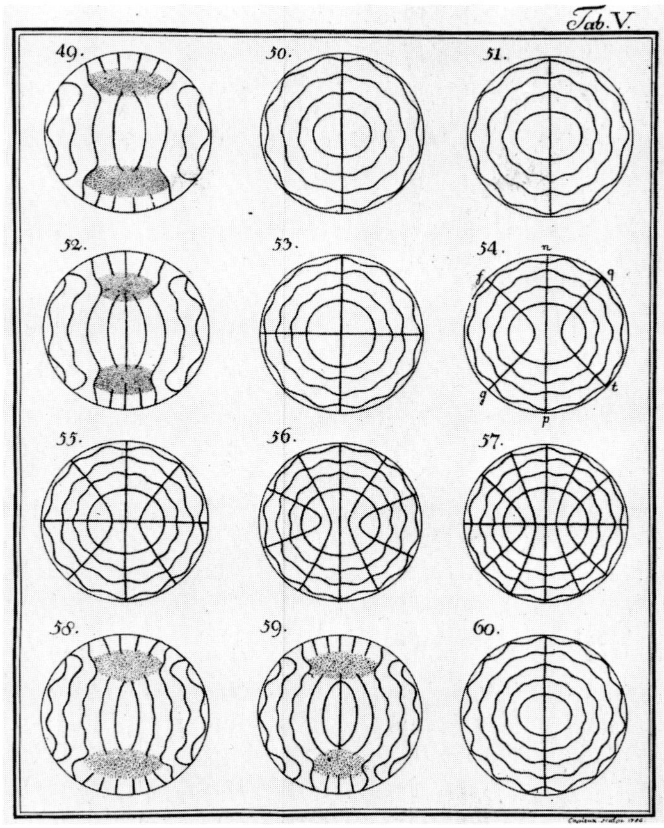

Im Januar 1803 besuchte der Akustiker Chladni Goethe, der sich schon 1788 aufgrund der ›Theorie des Klanges‹ mit der Erzeugung von Klangfiguren versucht hatte. Eigene Zeichnungen von Tonfiguren hat Goethe in Chladnis Werk eingeklebt (vielleicht bei Chladnis späterem Besuch, 1816), als ihm die Analogie zu Seebecks entoptischen Figuren deutlich geworden war und damit aufs neue der sich immer mehr an den Tag gebende, und doch immer geheimnißvollere Bezug aller physikalischen Phänomene auf einander *(›Tag- und Jahreshefte‹ 1820).*

Wenn man sich nach einem höheren Standpunkte umsieht, wo das *Hören*, mit seinen Bedingungen, als ein Zweig einer lebendigen Organisation erschiene; so ist es jetzt eher möglich dahin zu gelangen, weil eine solche Vorarbeit *[Chladnis ›Akustik‹]* gemacht ist, die dann freylich, von den Nachfolgern, noch tüchtig durchgeknetet werden muß. Die von ihm entdeckten Figuren, welche auf einer, mit dem Fiedelbogen, gestrichnen Glastafel entstehen, hab ich die Zeit auch wieder versucht. Es läßt sich daran sehr hübsch anschaulich machen, was das einfachst Gegebene, unter wenig veränderten Bedingungen, für manichfaltige Erscheinungen hervorbringe. Nach meiner Einsicht liegt kein ander Geheimniß hinter diesen wirklich sehr auffallenden Phänomenen.
An W. von Humboldt, 14. März 1803 (Konzept)

462 J. G. Herder, kurz vor seinem Tod *Kreidezeichnung von Anton Graff(?). 1803*

Ein großer jedoch leider schon vorausgesehener Verlust betraf uns am Ende des Jahres: *Herder* verließ uns nachdem er lange gesiecht hatte. Schon drei Jahre hatte ich mich von ihm zurückgezogen, denn mit seiner Krankheit vermehrte sich sein mißwollender Widerspruchsgeist und überdüsterte seine unschätzbare einzige Liebensfähigkeit und Liebenswürdigkeit. [. . .] Sonderbar genug sollte ich kurz vor seinem Ende ein Resumé unserer vieljährigen Freuden und Leiden, unserer Übereinstimmung so wie des störenden Mißverhältnisses erleben. [. . .] Eines Abends fand er sich bei mir ein und begann mit Ruhe und Reinheit das Beste von gedachtem Stück *[›Die Natürliche Tochter‹]* zu sagen . . . Diese innerlichste schöne Freude jedoch sollte mir nicht lange gegönnt sein, denn er endigte mit einem zwar heiter ausgesprochenen aber höchst widerwärtigen Trumpf, wodurch das Ganze, wenigstens für den Augenblick, vor dem Verstand vernichtet ward. Der Einsichtige wird die Möglichkeit begreifen, aber auch das schreckliche Gefühl nachempfinden das mich ergriff; ich sah ihn an, erwiderte nichts und die vielen Jahre unseres Zusammenseins erschreckten mich in diesem Symbol auf das fürchterlichste. So schieden wir und ich habe ihn nicht wieder gesehen.
›Biographische Einzelnheiten‹: ›Verhältniß zu Herder‹

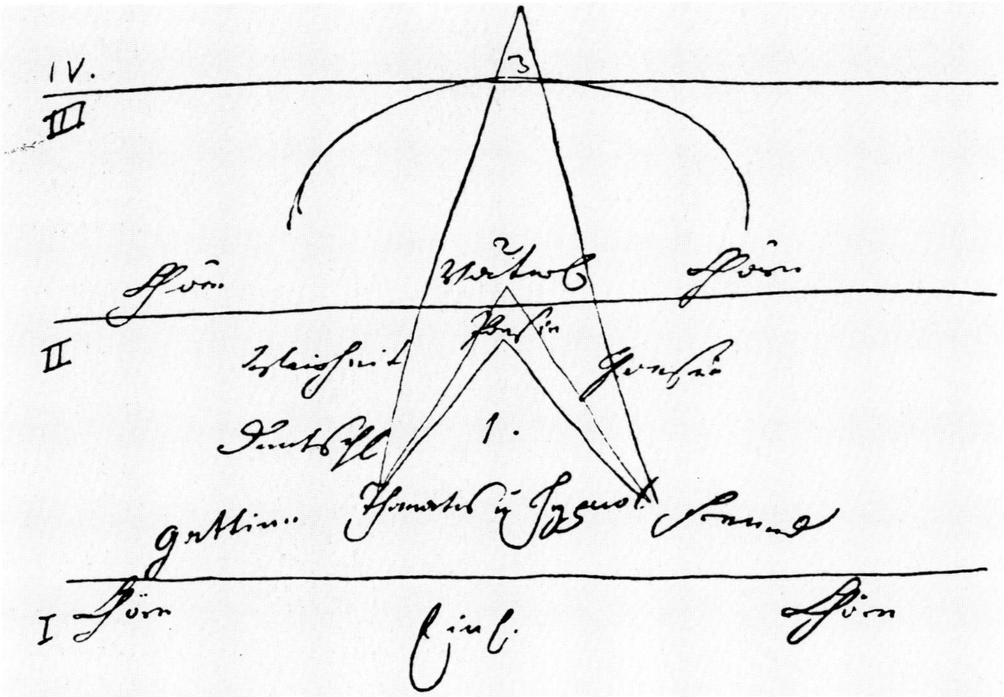

463 Goethe: Skizze für die Szenenfolge bei ›Schillers Todtenfeyer‹ 1805

I Chöre *[von verschiedenem Charakter zur]* Einf*[ührung; Symphonie, Chorgesang,* Mimische Entreen*; als Komponist war Zelter gedacht]* II *[Mit einem Donnerschlag sollten]* Thanatos u Hypnus *[erscheinen; dann* Das Stück *mit einzelnen Auftritten von]* Gattinn Freund Deutschl*[and]* Weisheit *[und]* Poesie *[und]* Poesie *[allein;* Nänie, *Trauergesang; dann:]* Vaterl*[and;* Dünckt sich höher als die einzelnen *Zuletzt:]* IV. *[*Epilog / Verwandlung ins Heitre Gloria in excelsis *auch:* Magnificat*]*

Goethe führte den Plan nicht aus. Über den Verlauf der Feier in Lauchstädt am 10. August 1805 berichtete das »Journal des Luxus und der Moden« im Septemberheft: »Man stellte die drei letzten Akte seines [Schillers] Trauerspiels Maria Stuart vor, worauf sein bekanntes Lied von der Glocke dramatisirt folgte. Die Bühne stellte die Werkstätte des Glockengießers vor, mit allen Apparaten und Maschinen . . . Nach dem Glockenguß trat Madame Becker . . . unter die Glocke, von da aufs Proscenium und sprach den von Goethe verfaßten Epilog . . .«

Die ernste Werkstatt, der glühende Ofen, die Rinne, worin der feurige Bach herabrollt, das Verschwinden desselben in die Form, das Aufdecken von dieser, das Hervorziehen der Glocke, welche sogleich mit Kränzen, die durch alle Hände laufen, geschmückt erscheint, das alles zusammen gibt dem Auge eine angenehme Unterhaltung.
Goethe zur 3. Aufführung am 10. Mai 1815

464 Goethe: »Schillers Garten, angesehen von der Höhe über dem rechten Ufer der Leutra . . .« Das Häuschen daran *[bei der Brücke]* eine Gartenlaube, welche Schiller zur Küche verwandeln lies; das gerade entgegenstehende Eckgebäude errichtete Schiller als ein einsames Arbeitszimmer und hat darin die köstlichsten Werke *[u. a. den ›Wallenstein‹]* zu Stande gebracht. [. . .] An dem höher stehenden Wohnhaus sind die zwey oberen Fenster des Giebels merkwürdig. Hier hatte man die schönste Aussicht das Thal hinabwärts und Schiller bewohnte diese Dachzimmer.
Goethes Text zu seiner Handzeichnung aus dem Jahre 1810 (1821)

Am 24. März 1817 macht Goethe in einem Brief an C. G. von Voigt Vorschläge, den so classischen Platz, *das verfallende Gartenhaus zu einer Schiller-Gedenkstätte herzurichten, vor allem für Fremde.* Diese wallfahrten häufig hierher, und meine Absicht ist . . . des trefflichen Freundes Büste daselbst aufzustellen, an den Wänden in Glas und Rahmen ein bedeutendes Blatt seiner eigenen Handschrift, nicht weniger eine kalligraphische Tafel, meinen Epilog zur Glocke enthaltend. Hiezu wünsch ich nur einen Stuhl, einen kleinen Tisch dessen er sich bedient. Vielleicht Tintenfaß, Feder oder irgend eine Reliquie.

Da schmückt er sich die schöne Gartenzinne, / Von wannen er der Sterne Wort vernahm. / Das dem gleich ewgen, gleich lebendgen Sinne / Geheimnißvoll und klar entgegen kam. / Dort, sich und uns zu köstlichem Gewinne, / Verwechselt er die Zeiten wundersam. / Nun sanck der Mond und, zu erneuter Wonne, / Vom klaren Berg herüber schien die Sonne.
›Epilog zu Schillers Glocke‹ 5. Stanze

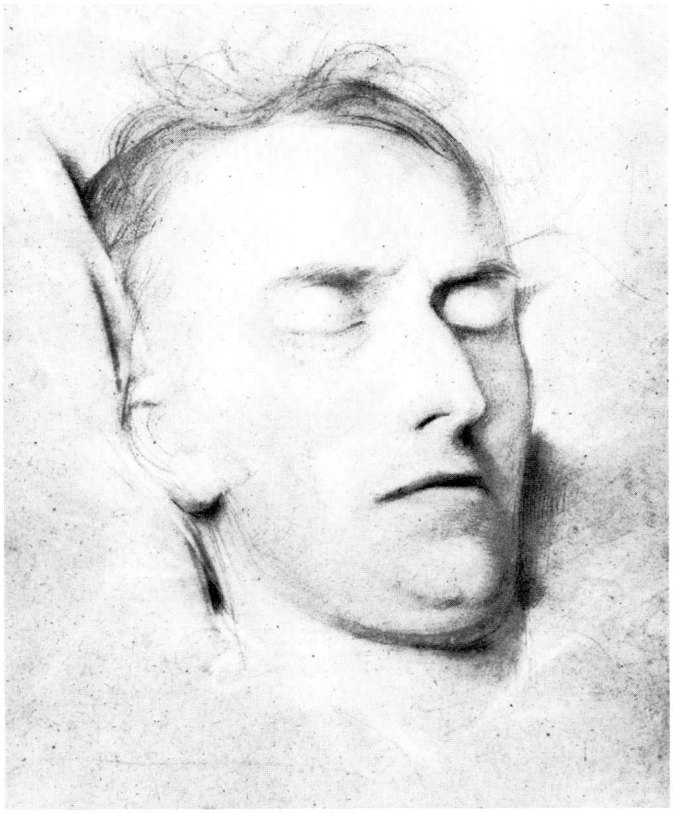

465 Schiller im Tode *Kreidezeichnung von Ferdinand Jagemann. Mai 1805*

466 Das ›Kassengewölbe‹ auf dem Jakobsfriedhof in Weimar. Schillers Begräbnisstätte bis zu seiner Überführung in die ›Fürstengruft‹ 1827

Im ernsten Beinhaus war's wo ich beschaute / Wie Schädel Schädeln angeordnet paßten; / Die alte Zeit gedacht' ich, die ergraute. / Sie stehn in Reih' geklemmt die sonst sich haßten, / Und derbe Knochen die sich tödtlich schlugen / Sie liegen kreuzweis zahm allhier zu rasten. / Entrenkte Schulterblätter! was sie trugen / Fragt niemand mehr, und zierlich thät'ge Glieder, / Die Hand, der Fuß zerstreut aus Lebensfugen. / Ihr Müden also lagt vergebens nieder, / Nicht Ruh im Grabe ließ man euch, vertrieben / Seid ihr herauf zum lichten Tage wieder, / Und niemand kann die dürre Schale lieben, / Welch herrlich edlen Kern sie auch bewahrte. / Doch mir Adepten war die Schrift geschrieben / Die heil'gen Sinn nicht jedem offenbarte, / Als ich in Mitten solcher starren Menge / Unschätzbar herrlich ein Gebild gewahrte, / Daß in des Raumes Moderkält' und Enge / Ich frei und wärmefühlend mich erquickte, / Als ob ein Lebensquell dem Tod entspränge. / Wie mich geheimnißvoll die Form entzückte! / Die gottgedachte Spur die sich erhalten! / Ein Blick der mich an jenes Meer entrückte / Das fluthend strömt gesteigerte Gestalten. / Geheim Gefäß! Orakelsprüche spendend, / Wie bin ich werth dich in der Hand zu halten, / Dich höchsten Schatz aus Moder fromm entwendend / Und in die freie Luft, zu freiem Sinnen, / Zum Sonnenlicht andächtig hin mich wendend. / Was kann der Mensch im Leben mehr gewinnen, / Als daß sich Gott-Natur ihm offenbare? / Wie sie das Feste läßt zu Geist verrinnen, / Wie sie das Geisterzeugte fest bewahre.
25. September 1826 Die Reliquien Schillers

467 Prinz Friedrich Ludwig Christian von Preußen, gen. Louis Ferdinand (1772-1806)
Gemälde von Steuben

»Ich habe nun Goethen wirklich kennen gelernt; er ging gestern noch spät mit mir nach Hause und saß dann vor meinem Bette, wir tranken Champagner und Punsch, und er sprach ganz vortrefflich! Endlich deboutonnierte sich seine Seele; er ließ seinem Geist freien Lauf; er sagte viel, ich lernte viel, und fand ihn ganz natürlich und liebenswürdig.«
Louis Ferdinand an Pauline Wiesel, Jena, 16. Dezember 1805

Goethe hatte die Kühnheit des Prinzen schon bei der »Campagne« 1792 kennengelernt und ihn auf einem gefährlichen Vorstoß bei Grandpré zum Einhalten überredet. Am 3. Oktober 1806 trifft Goethe Louis Ferdinand in Jena zum letztenmal: Noch trefflichen Männern wartete ich auf; es war am Freitag den dritten October. Den Prinzen *Louis Ferdinand* traf ich nach seiner Art tüchtig und freundlich; Generallieutenant von *Grawert*, Obrist von *Massow*, Hauptmann *Blumenstein*, letzterer jung, Halbfranzos, freundlich und zutraulich. Zu Mittag mit allen bei Fürst Hohenlohe zur Tafel. [. . .] Den Sechsten fand ich in Weimar alles in voller Unruhe und Bestürzung. Die großen Charaktere waren gefaßt und entschieden, man fuhr fort zu überlegen, zu beschließen: wer bleiben, wer sich entfernen sollte? das war die Frage.
›Tag- und Jahreshefte‹ 1806

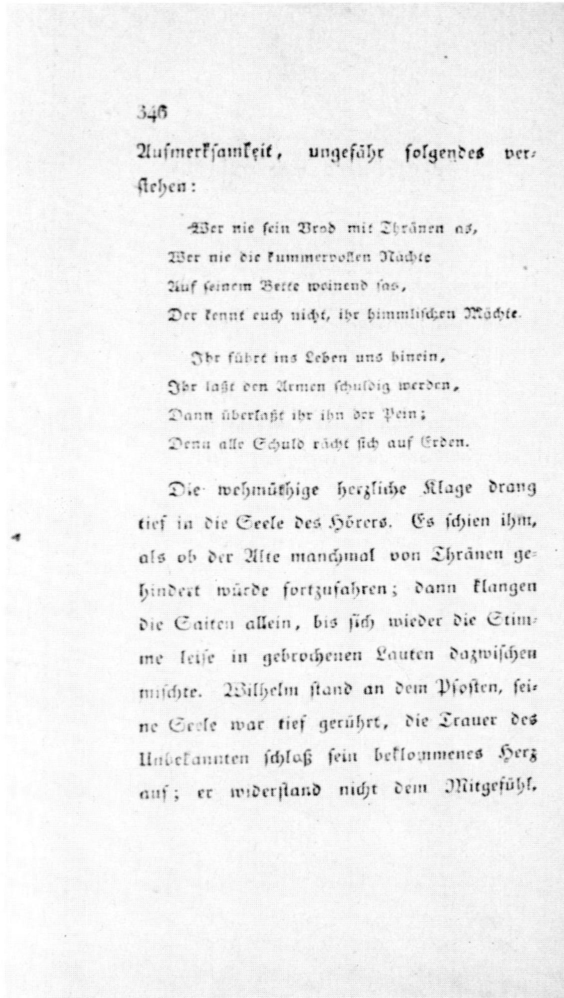

346

Aufmerksamkeit, ungefähr folgendes verstehen:

Wer nie sein Brod mit Thränen aß,
Wer nie die kummervollen Nächte
Auf seinem Bette weinend saß,
Der kennt euch nicht, ihr himmlischen Mächte.

Ihr führt ins Leben uns hinein,
Ihr laßt den Armen schuldig werden,
Dann überlaßt ihr ihn der Pein;
Denn alle Schuld rächt sich auf Erden.

Die wehmüthige herzliche Klage drang tief in die Seele des Hörers. Es schien ihm, als ob der Alte manchmal von Thränen gehindert würde fortzufahren; dann klangen die Saiten allein, bis sich wieder die Stimme leise in gebrochenen Lauten dazwischen mischte. Wilhelm stand an dem Pfosten, seine Seele war tief gerührt, die Trauer des Unbekannten schloß sein beklommenes Herz auf; er widerstand nicht dem Mitgefühl.

(No. 2.)
In sich verloren klagend.
Wer nie sein Brodt mit Thrä - nen aß, wer nie die kum - mer - vol - len Näch - te auf
sei - nem Bet - te wei - nend saß, der kennt euch nicht, ihr himm - li - schen Mächte.

hinderte ihn daran; denn er hatte zu Mittage bemerkt, daß der Mann ungern sprach; er setzte sich vielmehr zu ihm auf den Strohsack nieder.

468 Königin Luise von Preußen (1776-1810) *Aquatinta-Ätzung von J. F. Frick nach einem Gemälde von J. H. Schröder. o. D.*

469 Pavillon im Garten des von Oppelschen Hauses in Weimar *(Frauenplan/Seifengasse) Aufenthalt des preußischen Königspaars in den Tagen vor der Schlacht bei Jena und Auerstedt (14. Oktober 1806).*

470 »Wer nie sein Brot mit Tränen aß . . .« *Musikbeilage (Komponist: J. F. Reichardt) zu ›Wilhelm Meisters Lehrjahre‹ 1. Band, 2. Buch, in: ›Goethe's neue Schriften‹ (Unger) Bd. 3. 1795*

Die Königin verließ Weimar, ohne Goethe gesehen zu haben. Rückblickend berichtet Kanzler von Müller (22. Januar 1821): »Die Goethe nicht sonderlich wohlwollende Königin von Preußen habe in ihrem Unglück zu Memel den Meister [›Wilhelm Meisters Lehrjahre‹] erst lieb gewonnen und immer wieder gelesen. Sie mochte wohl finden, setzte Goethe hinzu, daß er tief genug in der Brust und da anklopfe, wo der wahre menschliche Schmerz und die wahre Lust, wo eigentliches Leid und Freude wohne. [Späterer Zusatz:] Noch ohnlängst hat mir die Herzogin von Cumberland versichert, daß die Königin durch die Tränen, die sie über jene Stelle in Mignons Lied: ›Wer nie sein Brot mit Tränen aß / Wer nie die kummervollen Nächte / Auf seinem Bette weinend saß, / Der kennt euch nicht, ihr himmlischen Mächte‹ vergoß, sich ungemein erleichtert gefunden habe. [Goethe:] Der Meister *belege, in welcher entsetzlichen* Einsamkeit *er verfaßt worden, durch das stets aufs Allgemeinste gerichtete Streben.« Ein poetisches Denkmal wollte Goethe der Königin in dem 1814 geschriebenen Festspiel ›Des Epimenides Erwachen‹ setzen; im Entwurf wird die Gestalt der Hoffnung mit Zügen Luises ausgestattet:* Sie erinnert an Minerva. Ich wage nicht zu beurtheilen, ob die Schauspielerin an Gestalt und Betragen der Höchstseligen Königin ähnlich sein darf, ob man ihr einen blauen Schild geben und in einem Sternenrande die Chiffre der Königin, gleichfalls durch Sterne bezeichnet, anbringen kann . . . Indessen kann ich, indem sie ihren Schwestern zuspricht, einstweilen versuchen, im Namen der Verklärten zu reden.

471 Achim von Arnim (1781-1831) *Ölgemälde von Peter Eduard Ströhling. 1804*

472 ›Des Knaben Wunderhorn. Alte deutsche Lieder gesammelt von L. A. v. Arnim und Clemens Brentano‹ 1806

Des Knaben Wunderhorn

Alte deutsche Lieder

L. Achim v. Arnim. Clemens Brentano.

Heidelberg, bey Mohr u. Zimmer.
Frankfurt bey J. C. B. Mohr.
1806.

473 Clemens Brentano (1778-1842) *Gipsbüste von Christian Friedrich Tieck. 1803*

Achim von Arnim hatte Goethe im Dezember 1805 besucht und ihm ein Exemplar des im September erschienenen ›Wunderhorn‹ überreicht. In der ›Jenaischen Allgemeinen Literaturzeitung‹ vom 21. und 22. Januar 1806 veröffentlichte Goethe eine Besprechung der Sammlung, die eine stichwortartige Charakteristik jedes einzelnen Liedes enthielt und viel zur Verbreitung des Buchs beitrug.

Von Rechts wegen sollte dieses Büchlein in jedem Hause, wo frische Menschen wohnen, am Fenster, unter'm Spiegel, oder wo sonst Gesang- und Kochbücher zu liegen pflegen, zu finden sein, um aufgeschlagen zu werden in jedem Augenblick der Stimmung oder Unstimmung, wo man denn immer etwas Gleichtönendes oder Anregendes fände, wenn man auch allenfalls das Blatt ein paarmal umschlagen müßte. Am besten aber läge doch dieser Band auf dem Clavier des Liebhabers oder Meisters der Tonkunst . . . Würden dann diese Lieder nach und nach in ihrem eigenen Ton- und Klangelemente von Ohr zu Ohr, von Mund zu Mund getragen, kehrten sie allmählich belebt und verherrlicht zum Volke zurück, von dem sie zum Theil gewissermaßen ausgegangen, so könnte man sagen, das Büchlein habe seine Bestimmung erfüllt und könne nun wieder als geschrieben oder gedruckt verloren gehen, weil es in Leben und Bildung der Nation übergegangen.

474 Goethe: »Grotta di Matrimonio« auf Capri *Blatt 41 aus dem ›Reise-, Zerstreuungs- und Trostbüchlein‹ (1806/1807) nach einem Kupferstich F. Rehbergs in F. Stolbergs ›Reise in . . . Italien und Sicilien‹. Bleistift, Feder, Tusch- und Sepialavierung*

Das über den Kriegswinter 1806/07 bis zum Karlsbader Sommer 1807 geführte Zeichenbuch ist nicht nur ein Musterbuch für die geliebte Zeichenschülerin, nicht nur ein »Trostbüchlein« für die während der kurzfristigen Exilierung höchst tapfere Tochter Carl Augusts, sondern ein ›wortloses‹ Dokument für Goethes Versuch, den gewaltsamen ›Zeitenriß‹ zu überbrücken: durch topographisches Erinnern (Schweiz, Italien), durch Protokollieren des Gegenwärtigen (Saale, Jena, Schlachtfeld bei Jena, Karlsbad und Umgebung), durch Anspielung auf prodigiöse Ereignisse (Bergsturz von Goldau 1806) und die der Empfängerin besonders nahestehende Anna Amalia. Ein Teil der ›synthetischen‹ Landschaften entstand wohl im Haus Johanna Schopenhauers, deren Gast Goethe während des Winters wiederholt gewesen ist.

475 Prinzessin Caroline von Sachsen-Weimar-Eisenach (1786-1816), 1810 Erbgroßherzogin von Mecklenburg-Schwerin *Ölgemälde von J. W. Chr. Roux (um 1810)*

»Der Zirkel, der sich sonntags und donnerstags um mich versammelt, hat wohl in Deutschland und nirgends seinesgleichen . . . Goethe fühlt sich wohl bei mir und kommt recht oft. Ich habe einen eigenen Tisch mit Zeichenmaterialien für ihn in eine Ecke gestellt. Diese Idee hat mir sein Freund Meyer angegeben. Wenn er dann Lust hat, so setzt er sich hin und tuscht aus dem Kopfe kleine Landschaften, leicht hingeworfen, nur skizziert, aber lebend und wahr, wie er selbst und alles, was er macht.« Johanna Schopenhauer an ihren Sohn Arthur, 28. November 1806. Hier entsteht am 12. März 1807 auch eine Skizze Goethes für ein Monument zu Ehren des Generals Schmettau, der sich beim Einmarsch der Franzosen das Leben genommen hatte.

476 Die Jakobskirche (zeitweise Garnison- und Hofkirche) in Weimar *Ort der Trauung Goethes mit Christiane (19. Oktober 1806)*

477 Christiane von Goethe *Büste von Carl Gottlieb Weißer. 1810*

478 Goethe: Eigenhändiger Brief an den Hofprediger Wilhelm Christian Günther. 17. Oktober 1806

Dieser Tage und Nächte ist ein alter Vorsatz bey mir zur Reife gekommen; ich will meine kleine Freundinn, die so viel an mir gethan und auch diese Stunden der Prüfung mit mir durchlebte völlig und bürgerlich anerkennen, als die Meine. Sagen Sie mir würdiger geistlicher Herr und Vater wie es anzufangen ist, daß wir, sobald möglich, Sonntag, oder vorher getraut werden. Was sind deßhalb für Schritte zu thun? Könnten Sie die Handlung nicht selbst verrichten, ich wünschte daß sie in der Sakristey der Stadt-Kirche geschähe. Geben Sie dem Boten, wenn er Sie trifft gleich Antwort. Bitte! Goethe.

»Die Trauung hat mir etwas Grausenhaftes, gesteh' ich; in einer Kirche, wo Tote, Verwundete tags vorher lagen . . ., eine Zeremonie vorzunehmen, die jeder Mensch nur in den glücklichsten Tagen seines Lebens oder nie feiern sollte, dieses ist mir ein Gefühl, das ich nicht ganz verdrängen kann. [. . .] Es war etwas Unberechnetes in diesem Schritt, und ich fürchte, es liegt ein panischer Schrecken zum Grund . . .« Charlotte von Schiller an Friedrich von Stein, 24. November 1806

»Du kanst Gott dancken! So ein Liebes – herrliches unverdorbenes Gottes Geschöpf findet mann sehr selten – wie beruhigt bin ich jetzt (da ich Sie genau kenne) über alles *was dich angeht – und was mir unaussprechlich wohl that, war, daß alle Menschen – alle meine Bekandten Sie liebten . . .« Catharina Elisabeth Goethe an ihren Sohn nach dem ersten Besuch ihrer Schwiegertochter, 17. April 1807*

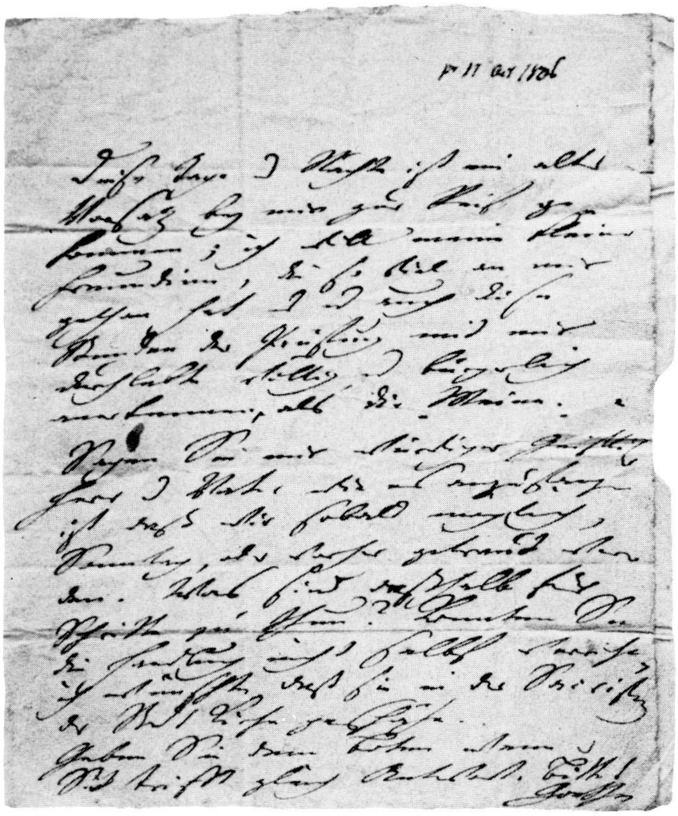

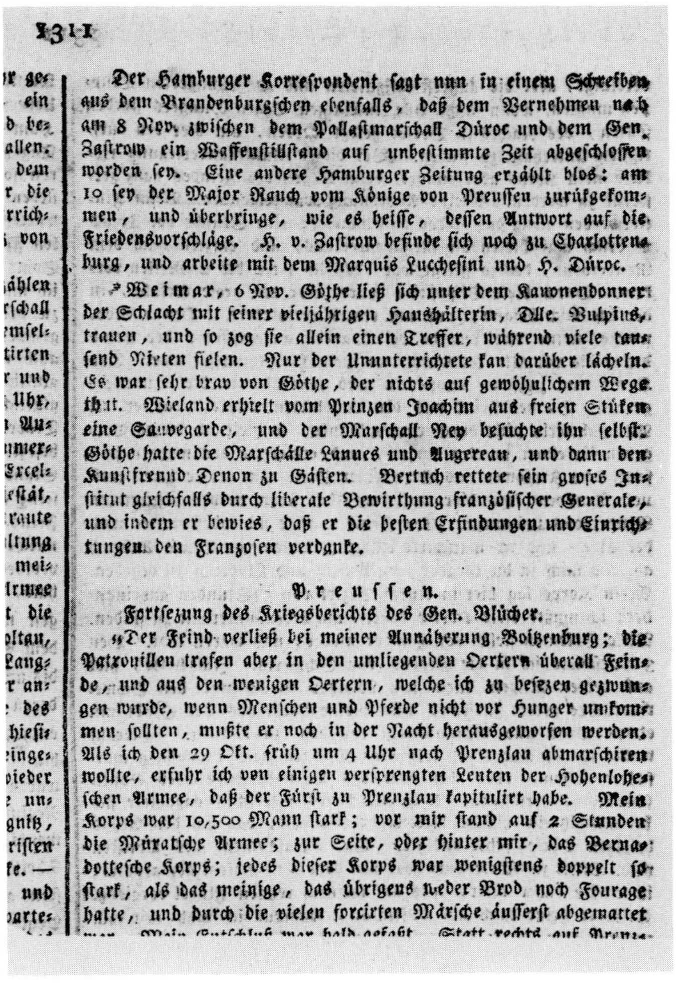

1311

Der Hamburger Korrespondent sagt nun in einem Schreiben aus dem Brandenburgschen ebenfalls, daß dem Vernehmen nach am 8 Nov. zwischen dem Pallastmarschall Dûroc und dem Gen. Zastrow ein Waffenstillstand auf unbestimmte Zeit abgeschlossen worden sey. Eine andere Hamburger Zeitung erzählt blos: am 10 sey der Major Rauch vom Könige von Preussen zurükgekommen, und überbringe, wie es heisse, dessen Antwort auf die Friedensvorschläge. H. v. Zastrow befinde sich noch zu Charlottenburg, und arbeite mit dem Marquis Lucchesini und H. Dûroc.

Weimar, 6 Nov. Göthe ließ sich unter dem Kanonendonner der Schlacht mit seiner vieljährigen Haushälterin, Dlle. Vulpius, trauen, und so zog sie allein einen Treffer, während viele tausend Nieten fielen. Nur der Ununterrichtete kan darüber lächeln. Es war sehr brav von Göthe, der nichts auf gewöhnlichem Wege thut. Wieland erhielt vom Prinzen Joachim aus freien Stüken eine Sauvegarde, und der Marschall Ney besuchte ihn selbst. Göthe hatte die Marschälle Lannes und Augereau, und dann den Kunstfreund Denon zu Gästen. Bertuch rettete sein groses Institut gleichfalls durch liberale Bewirthung französischer Generale, und indem er bewies, daß er die besten Erfindungen und Einrichtungen den Franzosen verdanke.

Preussen.

Fortsezung des Kriegsberichts des Gen. Blücher.

„Der Feind verließ bei meiner Annäherung Boitzenburg; die Patrouillen trafen aber in den umliegenden Oertern überall Feinde, und aus den wenigen Oertern, welche ich zu besezen gezwungen wurde, wenn Menschen und Pferde nicht vor Hunger umkommen sollten, mußte er noch in der Nacht herausgeworfen werden. Als ich den 29 Okt. früh um 4 Uhr nach Prenzlau abmarschiren wollte, erfuhr ich von einigen versprengten Leuten der Hohenloheschen Armee, daß der Fürst zu Prenzlau kapitulirt habe. Mein Korps war 10,500 Mann stark; vor mir stand auf 2 Stunden die Müratsche Armee; zur Seite, oder hinter mir, das Bernadottesche Korps; jedes dieser Korps war wenigstens doppelt so stark, als das meinige, das übrigens weder Brod noch Fourage hatte, und durch die vielen forcirten Märsche äusserst abgemattet

479 Nachricht über Goethes Eheschließung in der von Cotta herausgegebenen ›Allgemeinen Zeitung‹ vom 24. November 1806 (Nr. 352)

W*[eimar]* d. 25. Dec. 1806. Gestern dicktirte ich einen langen Brief an Sie, werthester Herr Cotta, den ich aber zurückhalte weil es nicht gut ist über unangenehme Dinge weitläufig zu seyn. Nur mit Wenigem will ich Sie aufmercksam machen, wie seit einiger Zeit, in Ihrer allgemeinen Zeitung, *Weimar*, seine Verhältniße, seine fürstl. Personen, seine Privatleute sehr unschicklich und unanständig behandelt werden. Davon mag 352 ein Zeugniß ablegen. Halten Sie das Gute was wir zusammen noch vorhaben für bedeutend, fühlen Sie die Schönheit unsres Verhältnisses in seinem ganzen Umfang, so machen Sie diesen unwürdigen Redereyen ein Ende, die sehr bald ein wechselseitiges Vertrauen zerstören müßten. Nicht weiter! G.

Wenn auch für Sie, mein werthester Herr Cotta, in meinem Briefe etwas unerfreuliches gewesen; so schreiben Sie es unsrer Lage, nicht meinen Gesinnungen zu. Von Preußen zertreten, von Franzosen geplündert, von Süddeutschen verhöhnt zu werden und das alles zusammen in etwa 14 Tagen, das war denn doch eine ziemlich rauhe Probe. Wir wollen hoffen, bey glücklichem Wiedersehen von alle dem Bösen, als einem Vergangenen, reden zu können.
An Cotta, 23. Januar 1807

480, 481 Goethe: Kriegsschauplatz der Schlacht bei Jena vom 14. Oktober 1806
Zwei Zeichnungen (Bl. 64 Rs., 66) aus dem ›Reise-, Zerstreuungs- und Trostbüchlein‹. Bleistift, Tuschlavierung. 23. Mai 1807

Auf Abb. 480 die Beischrift: vor Cospoda, *auf Abb. 481:* Ettersberg XIV Heiligen *(die Ortschaft Vierzehnheiligen bei Jena). Am 23. Mai 1807 verzeichnet Goethe im Tagebuch:* Bei Major von Hendrich zu Tische. Nachher mit ihm und Knebel auf das Schlachtfeld gefahren.

»Den mächtigen Kaiser haben wir mitten in den Flammen gesehen. Goethe schickte mir in meiner Not ein paar Flaschen Kapwein, die gerade recht kamen zu einem Mann, den die Franzosen ganz aufs Trockne gesetzt. Er selbst war die ganze Zeit mit seiner Optik beschäftigt. – Wir studieren hier unter seiner Anleitung Osteologie, wozu es passende Zeit ist, da alle Felder mit Präparaten besät sind.« Knebel an Jean Paul, 8. Januar 1807

»Goethe ist gestern in der Frühe von hier [Jena] abgereist. [. . .] Er scheint sich fast ganz in sich und den weiten Umfang seiner Beschäftigungen und Kenntnisse zu konzentrieren . . . Zu wünschen wäre es, daß er an dem Platze, woran er sich befunden, auch gewisse politische Fähigkeiten oder Eigenschaften sich hätte aneignen können: aber diese sind, wie schon Bacon bemerkt hat, Gemütern von eigenem reichen Vorrat selten eigen, indem sie anfänglich solche zum Teil auch zu sehr verachten. So hat unser Weimar durch die ganz vorzüglichen Geister, die es besessen, im Politischen auch nicht um ein Haar gewonnen.« Knebel an seine Schwester Henriette, 26. Mai 1807

482 Georg Melchior Kraus kurz vor seinem Tod 1806
Nach einem Gemälde von F. Jagemann gestochen von C. Müller. 1807

Am 5. November 1806 starb Kraus, 74jährig, an den Folgen des durch die Verwüstung seiner »Freien Zeichenschule« erlittenen Schreckens. Noch in seinen letzten Tagen war die Sorgfalt für die Zeichenschule bei ihm lebhaft, und man ließ auf seinen Antrag, sobald die Ruhe einigermaßen hergestellt war, die Stunden sogleich wieder fortgehen. *(Goethes Aktenbericht) Nachfolger in der von ihm mehr als dreißig Jahre verwalteten Direktion wurde Heinrich Meyer.*

483 Anna Amalia von Sachsen-Weimar *Ölgemälde von J. F. A. Tischbein. 1798*

Am 10. April 1807 starb die Herzoginmutter Anna Amalia. Goethe entwarf eine Grabinschrift: Anna Amalia zu Sachsen Gebohrne zu Braunschweig erhabenes verehrend Schönes geniesend Gutes wirkend Förderte sie alles was Menschheit ehrt ziert und bestätigt Sterblich 1739-1807 unsterblich nun fortwirkend fürs Ewige.

Goethes Nachruf ›Zum Andenken Anna Amalias‹, aufgrund von Vorarbeiten C. G. von Voigts verfaßt, wurde von allen Kanzeln des Herzogtums verlesen.
[. . .] Aber in diesen letzten Zeiten, da der unbarmherzige Krieg, nachdem er unser so lange geschont, uns endlich und sie ergriff, da sie, um eine herzlich geliebte Jugend *[Prinzessin Caroline]* aus dem wilden Drange zu retten, ihre Wohnung verließ, eingedenk jener Stunden, als die Flamme sie aus ihren Zimmern und Sälen verdrängte, nun bei diesen Gefahren und Beschwerden der Reise, bei dem Unglück, das sich über ein hohes verwandtes, über ihr eigenes Haus verbreitete, bei dem Tode des letzten einzig geliebten und verehrten Bruders *[des Herzogs von Braunschweig]*, in dem Augenblick, da sie alle ihre auf den festesten Besitz, auf wohl erworbenen Familienruhm gebauten jugendliche Hoffnungen, Erwartungen von jener Seite verschwinden sah: da scheint ihr Herz nicht länger gehalten und ihr muthiger Geist gegen den Andrang irdischer Kräfte das Übergewicht verloren zu haben.

484 Goethe: ›Höhen der Alten und Neuen Welt‹ *Kupferstich von 1813 nach einer Zeichnung von 1807*

Hochgeehrt fand ich mich . . . in der ersten Hälfte des Jahrs *[1807]* durch ein, von Herrn Alexander von Humboldt, in bildlicher Darstellung mir, auf so bedeutende Weise, gewidmetes gehaltvolles Werk: *Ideen zu einer Geographie der Pflanzen*, nebst einem Naturgemählde der Tropenländer. . . . durch diesen neusten, mir so schmeichelhaften Anklang aufgerufen, eilte ich das Werk zu studiren; allein die Profilcarte dazu sollte, wie gemeldet ward, erst nachkommen. Ungeduldig . . . unternahm ich gleich, nach seinen Angaben, einen gewissen Raum, mit Höhenmaßen an der Seite, in ein landschaftliches Bild zu verwandeln. Nachdem ich, der Vorschrift gemäß, die tropische rechte Seite mir ausgebildet, und sie als Licht- und Sonnenseite dargestellt hatte, so setzt' ich zur linken an die Stelle der Schattenseite die europäischen Höhen, und so entstand eine symbolische Landschaft, nicht unangenehm dem Anblick. [. . .] Das Industrie-Comptoir gab eine Abbildung mit einigem Text heraus, welche auch auswärts so viel Gunst erwarb, daß ein Nachstich davon in Paris erschien.
›Tag- und Jahreshefte‹ 1807

. . . so will ich wenigstens etwas von mir hinüberschicken *[nach Paris]*, und zwar einen kleinen Roman *[›Die Wahlverwandtschaften‹]*, der soeben fertig geworden. Sie werden gewiß freundlich aufnehmen, daß darin Ihr Name von schönen Lippen ausgesprochen wird. Das was Sie uns geleistet haben, geht soweit über die Prosa hinaus, daß die Poesie sich wohl anmaßen darf, Sie bey Leibesleben unter ihre Heroen aufzunehmen.
An A. von Humboldt, 5. Oktober 1809 (Konzept)

485 Alexander von Humboldt (1769-1859) *Ölgemälde von Friedrich Georg Weitsch. 1806 (Ausschnitt)*

Nur *der* Naturforscher ist verehrungswerth, der uns das Fremdeste, Seltsamste, mit seiner Localität, mit aller Nachbarschaft, jedesmal in dem eigensten Elemente zu schildern und darzustellen weiß. Wie gern möchte ich nur einmal Humboldten erzählen hören.
›Die Wahlverwandtschaften‹ II 7 »Aus Ottiliens Tagebuche«

486 Goethe: Baumzeile »Wilhelmine« vor dem Hintergrund der Jenaer Berge *Bleistift, Feder, Aquarellfarben. Datiert: 4. Januar 1808. Widmungsblatt für Wilhelmine Herzlieb im ›Roten Reisebüchlein‹*

487 Christiane Friederike Wilhelmine Herzlieb (1789-1865) *Ölgemälde von Luise Seidler. 1812*

Bei einem Aufenthalt in Jena vom 11. November bis zum 18. Dezember 1807 (mit intensiver Arbeit an dem Festspiel ›Pandorens Wiederkunft‹) ist Goethe fast täglich im Haus des Buchhändlers Frommann zu Gast, zu dessen ihm schon als Kind bekannter Pflegetochter Wilhelmine (Minchen) er eine leidenschaftliche Neigung faßt. Zeugnisse dieser neuen Liebe sind die im Winter 1807/08 entstehenden Sonette (eine bisher von Goethe kaum erprobte Form, zu der ihn Lesungen des im Dezember zum Frommannschen Kreis tretenden Dichters Zacharias Werner [1768-1823] anregten) und die Gestalt der Ottilie in den im Frühjahr 1808 begonnenen ›Wahlverwandtschaften‹.

Wachsthum
Als kleines, art'ges Kind nach Feld und Auen / Sprangst du mit mir, so manchen Frühlingsmorgen. / »Für solch ein Töchterchen, mit holden Sorgen, / Möcht' ich als Vater segnend Häuser bauen!« /

Und als du anfingst in die Welt zu schauen, / War deine Freude häusliches Besorgen. / »Solch eine Schwester! und ich wär' geborgen: / Wie könnt' ich ihr, ach! wie sie mir vertrauen!« /

Nun kann den schönen Wachsthum nichts beschränken; / Ich fühl' im Herzen heißes Liebestoben. / Umfass' ich sie, die Schmerzen zu beschwicht'gen? /

Doch ach! nun muß ich dich als Fürstin denken: / Du stehst so schroff vor mir emporgehoben; / Ich knie nur vor deinem Blick, dem flücht'gen.
Jena, 13. December 1807

488 Goethe *Gesichtsmaske, im Oktober 1807 für den Phrenologen Gall abgenommen von C. G. Weißer*

Nacht. *Epimetheus* (aus der Mitte der Landschaft hervortretend).
Kindheit und Jugend, allzuglücklich preis' ich sie! / Daß nach durchstürmter durchgenoss'ner Tageslust / Behender Schlummer allgewaltig sie ergreift, / Und, jede Spur vertilgend kräft'ger Gegenwart, / Vergangnes, Träume bildend, mischt Zukünftigem. / Ein solch Behagen, ferne bleibt's dem Alten, mir. / Nicht sondert mir entschieden Tag und Nacht sich ab, / Und meines Namens altes Unheil trag' ich fort: / Denn Epimetheus nannten mich die Zeugenden, / Vergangnem nachzusinnen, Raschgeschehenes / Zurückzuführen, mühsamen Gedankenspiels, / Zum trüben Reich gestalten-mischender Möglichkeit. / So bittre Mühe war dem Jüngling auferlegt, / Daß ungeduldig in das Leben hingewandt / Ich unbedachtsam Gegenwärtiges ergriff, / Und neuer Sorge neubelastende Qual erwarb. / So flohst du, kräft'ge Zeit der Jugend, mir dahin, / Abwechselnd immer, immer wechselnd mir zum Trost, / Von Fülle zum Entbehren, von Entzücken zu Verdruß. / Verzweiflung floh vor wonniglichem Gaukelwahn, / Ein tiefer Schlaf erquickte mich von Glück und Noth; / Nun aber, nächtig immer schleichend wach umher, / Bedaur' ich meiner Schlafenden zu kurzes Glück, / Des Hahnes Krähen fürchtend, wie des Morgensterns / Voreilig Blinken. Besser blieb' es immer Nacht! / Gewaltsam schüttle Helios die Lockengluth; / Doch Menschenpfade zu erhellen sind sie nicht. [. . .]
›Pandora. Ein Festspiel‹ (Fragment) Erster Aufzug. 1807/08

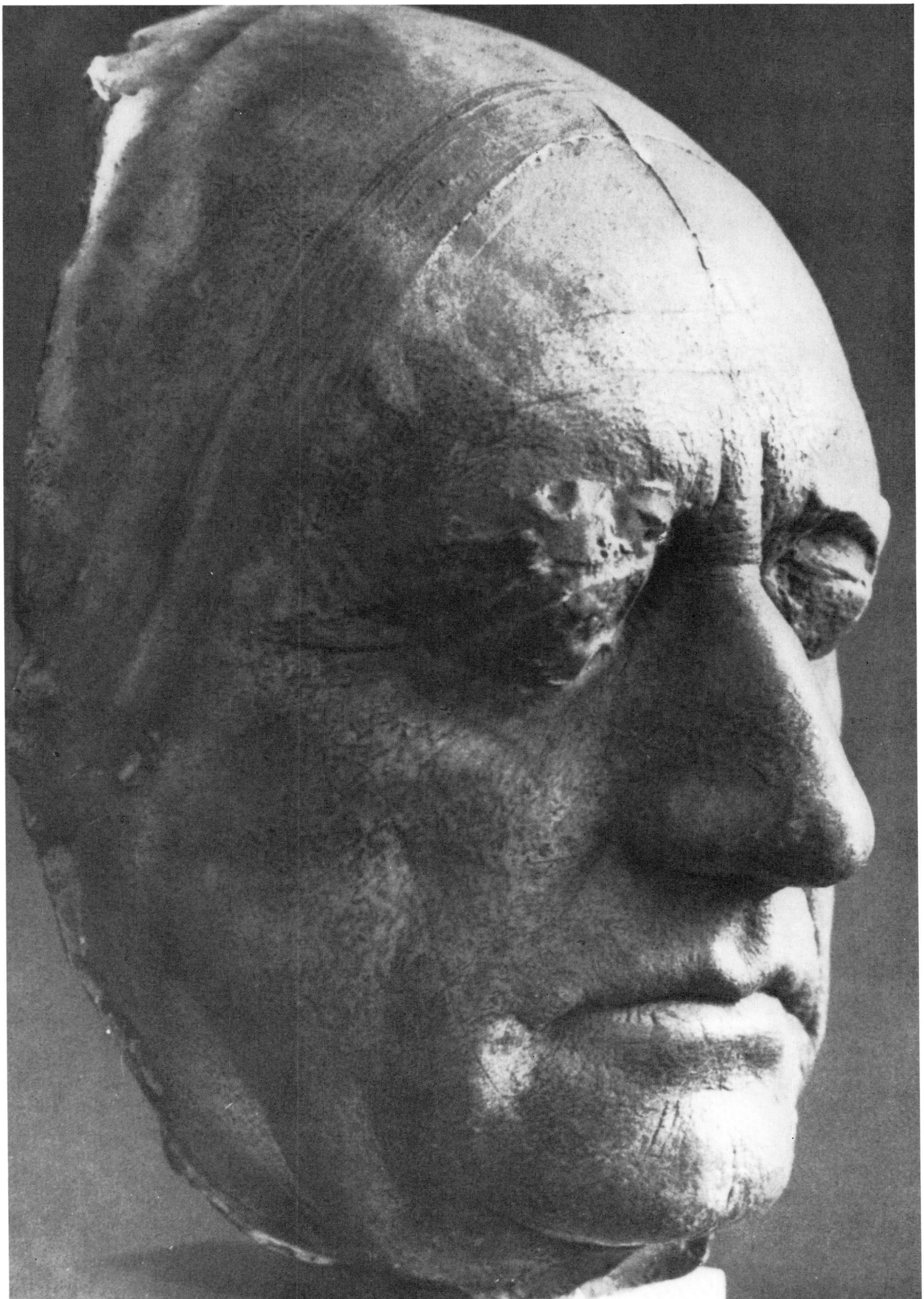

489 Goethe: Saalelandschaft bei Jena mit Goethes Sohn *Datiert: »Jena, April 1810 G.« Bleistift, Feder mit Tinte und Sepia (= Bl. 7 des Albums der 22 Handzeichnungen von 1810)*

Das Zeichnen wird wohl besser gehen, wenn wir wieder beysammen sind, und du mir entweder von deinen Reisen erzählst, damit ich alte Schlösser, oder einschläfst, damit ich Staffage in die Landschaft kriege.
An August, 30. Juli 1810

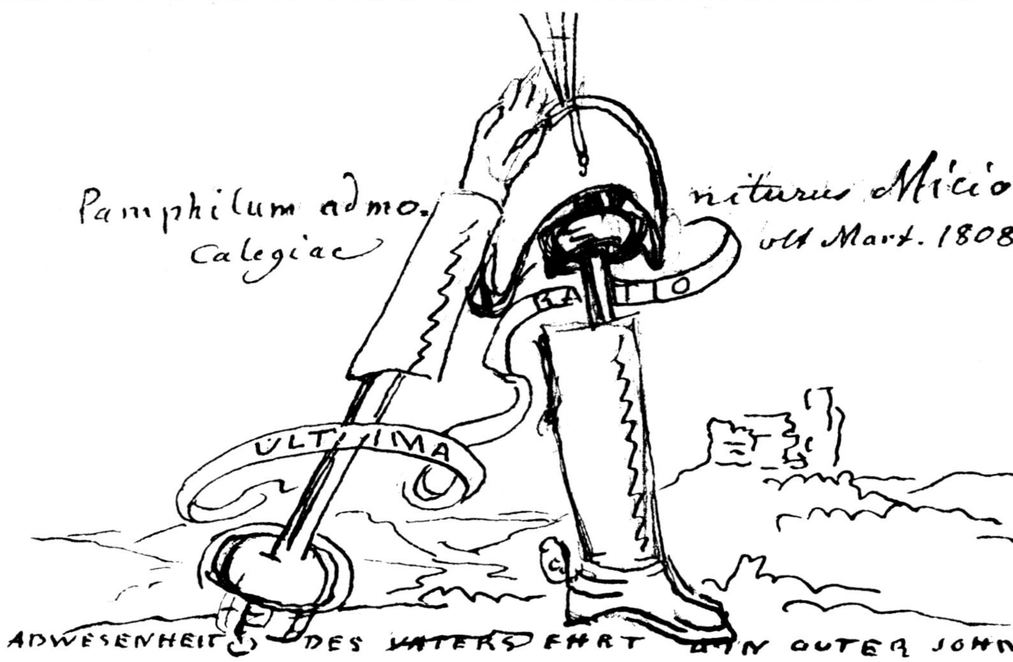

490 Goethe: Entwurf zu einem Widmungblatt für ein Studentenstammbuch August von Goethes *31. März 1808. Stiefel mit Mütze, Hieber mit Stulpenhandschuh, durch die Devise »Ultima ratio« (›Nur im äußersten Notfall‹) zu einem »A« verbunden. Darüber, in Anlehnung an Terenz' ›Adelphi‹: »Pamphilum admoniturus Micio« – mit dem Goethe sich identifiziert –: »Micio seinem Allgeliebten zur Ermahnung«. Die darunterstehende Verszeile ist Goethes ›Pandora‹ (dem Gespräch zwischen Prometheus und Phileros, Vater und Sohn) entnommen: »Prometheus: Unbänd'ger, dießmal halt' ich dich. (Er faßt ihn an.) Phileros: Laß, Vater, los! ich ehre deine Gegenwart. Prometheus: Abwesenheit des Vaters ehrt ein guter Sohn. / Ich halte dich! – An diesem Griff der starken Faust / Empfinde, wie erst Übelthat den Menschen faßt, / Und Übelthäter weise Macht sogleich ergreift.« (V. 428-33)*
Am 3. Juni 1808 nimmt Goethe in einem Brief an seinen Sohn ausführlich zu dessen Heidelberger Studien Stellung:

Frage doch nach ob etwa künftigen Winter über Spittlers Entwurf der Geschichte der europäischen Staaten gelesen wird. [. . .] Ein solches Collegium würde dich in die neuere Weltgeschichte einführen, dir einen Begriff der verschiedenen Regierungsformen geben und die frühern wunderlichen und jetzt höchst seltsamen Verhältnisse der europäischen Staaten zu einander deutlich machen . . . Auch ohne mein Ermahnen wirst du fortfahren in der Gegend Entdeckungswanderungen zu machen. Die guten academischen Jahre auch in einer herrlichen Gegend . . . zuzubringen, ist ein Glück das ich nicht genossen habe, da ich drey Jahre in dem steinernen, auf der Fläche wo nicht im Sumpf doch am Sumpfe liegenden Leipzig zubrachte.

491 Sylvie von Ziegesar (1785-1855) *Pastellgemälde von Luise Seidler. 1812*

492 Goethe: »Erinnerung an Drakendorf bei flüchtigster Durchfahrt« »Jena, April 1810« *Bleistift, Feder, Tusch- und Sepialavierung. Blatt 3 des Albums der 22 Handzeichnungen von 1810*

Drakendorf, Landsitz des Freiherrn von Ziegesar, war Goethe seit 1776 bekannt. 1801 lernte Goethe in Jena Sylvie näher kennen; damals entstand sein Gedicht auf die Ruinen der Lobedaburg (auf der Abb. links): ›Bergschloß‹ (»Da droben auf jenem Berge . . .«). Das Wiedersehen im Juni und Juli 1808, in Karlsbad und Franzensbad, wird zum Höhepunkt der Freundschaft.

Wie ich herüber gekommen weiß ich selbst nicht. Die Nacht war herrlich, der Weg so gut er seyn kann, die Pferde rüstig, der Kutscher brav. Ich war in Gedancken bey Ihnen geblieben und merckte nicht daß es fortging; endlich schlief ich abwechselnd und das liebe längliche Gesichtchen war mit aller seiner Freundlichkeit und Anmuth gegenwärtig, von dem rundlichen war gar nichts zu spüren. Nun besorg ich in Eile einiges für Sie. Die Federn schneidet Riemer und ein armseliges Büschelchen lege ich bey gegen die schöne reiche geringelte Gabe. Sie sollen mir's aber gewiß nicht in allem so zuvorthun. [. . .] Tausendmal Adieu! Liebe, liebe Silvie. G.
Carlsbad, 22. Juli 1808 »früh sechse«

493 Gesteins-Suite aus Karlsbad und Umgebung *Aus Goethes Sammlungen. 1807*

494 Der Kammerbühl bei Eger *Alte Photographie aus dem Nachlaß J. Urzidils. Im Juli 1808, während eines Aufenthaltes mit der Familie von Ziegesar in Franzensbad, untersucht Goethe den Kammerberg bei Eger; die Resultate schließt er bei einem Aufenthalt in Franzensbad im September zu einem Aufsatz zusammen. Die hier ausgesprochene These, daß dieser Hügel ein ›reiner Vulkan‹ gewesen sei,* der sich unter dem Meere, unmittelbar auf und aus Glimmerschiefer gebildet habe, *hat Goethe später revidiert und, als dezidierter Anhänger des Neptunismus, mit der Ansicht überholt, der Hügel sei pseudovulkanisch:* Hier war ein mit Kohlen geschichteter Glimmerschiefer . . . durchglüht, geschmolzen und dadurch mehr oder weniger verändert.
›Tag- und Jahreshefte‹ 1820

495 Goethe: Bühnenbild (?) zu ›Faust‹: ›Prolog im Himmel‹ *»Gott-Vater, Jupiter-ähnlich, antikisch nackt den Oberkörper ... Mephistopheles ... deutet auf die zur Rechten aus dem Gewölk heranschwebende Erdkugel hin« (Wahl). Feder mit Tusche und Sepia. Um 1800 (?)*

Der erst jetzt ›vollständige‹ ›Faust I‹ erschien 1808 bei Cotta (das Manuskript war bereits 1806 abgegeben, wegen der Kriegswirren aber zurückgehalten worden) als Bd. 8 der neuen Werkausgabe, zugleich als Einzelband im Taschenformat (einige Szenen als Vorabdruck im ›Morgenblatt für gebildete Stände‹). Erstmals waren jetzt auch der (wohl schon vor 1800 abgeschlossene) ›Prolog im Himmel‹ und die ›Walpurgisnacht‹ zu lesen.

496 Goethe: Brockenszene zu ›Faust I‹ *»Ausschnitt aus dem Aufstieg Fausts und Mephistos auf den Brocken, vielleicht sogar mit der Gretchenerscheinung rechts« (Femmel). Feder, Tuschlavierung. Zur geplanten Erstaufführung 1810/12 (?)*

Walpurgisnacht. Harzgebirg. Gegend von Schierke und Elend.
[. . .] *Faust.* Wie ras't die Windsbraut durch die Luft! / Mit welchen Schlägen trifft sie meinen Nacken! / *Mephistopheles.* Du mußt des Felsens alte Rippen packen, / Sonst stürzt sie dich hinab in dieser Schlünde Gruft. / Ein Nebel verdichtet die Nacht. / Höre wie's durch die Wälder kracht! / Aufgescheucht fliegen die Eulen. / Hör', es splittern die Säulen / Ewig grüner Paläste. / Girren und Brechen der Äste! / Der Stämme mächtiges Dröhnen! / Der Wurzeln Knarren und Gähnen! / Im fürchterlich verworrenen Falle / Über einander krachen sie alle, / Und durch die übertrümmerten Klüfte / Zischen und heulen die Lüfte. / Hörst du Stimmen in der Höhe? / In der Ferne, in der Nähe? / Ja, den ganzen Berg entlang / Strömt ein wüthender Zaubergesang! / *Hexen im Chor.* Die Hexen zu dem Brocken ziehn, / Die Stoppel ist gelb, die Saat ist grün. / Dort sammelt sich der große Hauf, / Herr Urian sitzt oben auf. / So geht es über Stein und Stock, / Es farzt die Hexe, es stinkt der Bock.
›Walpurgisnacht‹, V. 3936-3961

497 Napoleon I. Bonaparte (1769-1821; Kaiser 1804-1814)
Kleine vergoldete Bronzefigur von Bosch. Aus Goethes Sammlungen

Aus Goethes Aufzeichnungen über seine Begegnung mit Napoleon am 2. Oktober 1808 im Statthalterpalais zu Erfurt:
Der Kaiser sitzt an einem großen runden Tische frühstückend; zu seiner Rechten steht etwas entfernt vom Tische Talleyrand, zu seiner Linken ziemlich nah Daru, mit dem er sich über die Kontributionsangelegenheiten unterhält. Der Kaiser winkt mir heranzukommen. Ich bleibe in schicklicher Entfernung vor ihm stehen. Nachdem er mich aufmerksam angeblickt, sagte er: »Vous êtes un homme.« Ich verbeuge mich. Er fragt: »Wie alt seid Ihr?« »Sechzig Jahr.« »Ihr habt Euch gut erhalten – Ihr habt Trauerspiele geschrieben.« Ich antwortete das Notwendigste . . . Der Kaiser . . . kehrte zum Drama zurück und machte sehr bedeutende Bemerkungen, wie einer der die tragische Bühne mit der größten Aufmerksamkeit gleich einem Kriminalrichter betrachtet, und dabei das Abweichen des französischen Theaters von Natur und Wahrheit sehr tief empfunden hatte. So kam er auch auf die Schicksalsstücke, die er mißbilligte. Sie hätten einer dunklern Zeit angehört: »Was«, sagte er, »will man jetzt mit dem Schicksal, die Politik ist das Schicksal.«

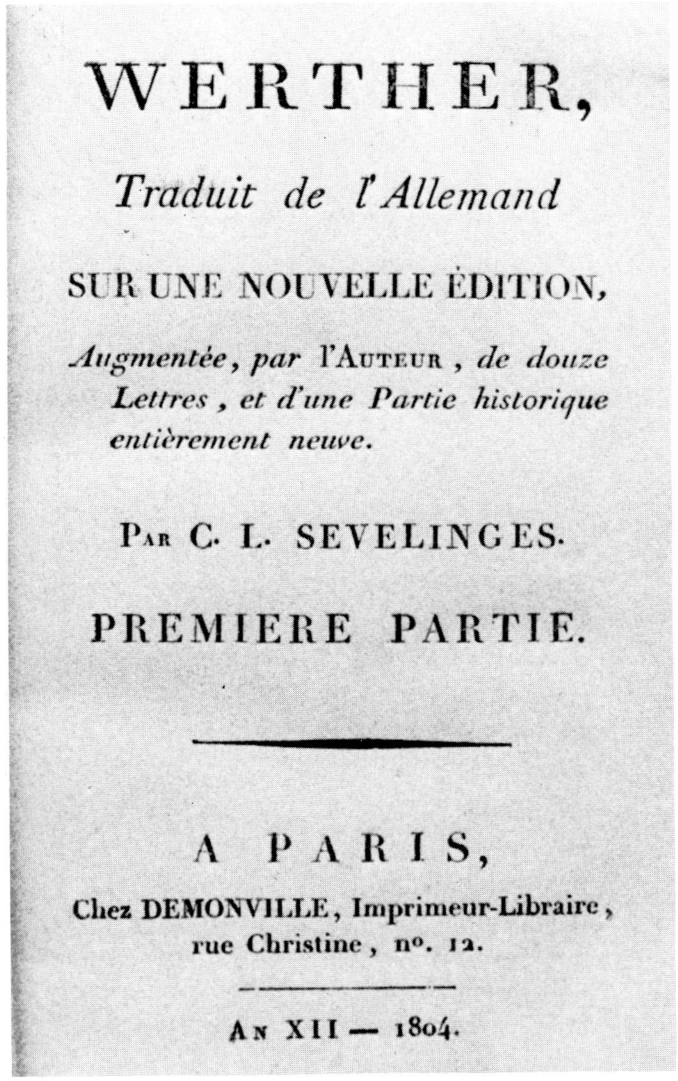

WERTHER,

Traduit de l'Allemand

SUR UNE NOUVELLE ÉDITION,

Augmentée, par l'AUTEUR, *de douze Lettres, et d'une Partie historique entièrement neuve.*

PAR C. L. SEVELINGES.

PREMIERE PARTIE.

A PARIS,

Chez DEMONVILLE, Imprimeur-Libraire, rue Christine, n°. 12.

AN XII — 1804.

498 Das Statthalterpalais zu Erfurt, Napoleons Residenz während des Fürstenkongresses 1808 *Zeitgenössischer Kupferstich*

499 Goethe: ›Werther‹ Französische Übersetzung von Charles-Louis de Sevelinges. 1804 (im 12. Revolutionsjahr)
Aus Goethes Bibliothek

Er wandte sodann das Gespräch auf den »Werther«, den er durch und durch mochte studiert haben. Nach verschiedenen ganz richtigen Beobachtungen bezeichnete er eine gewisse Stelle und sagte: »Warum habt Ihr das getan? es ist nicht naturgemäß«; welches er weitläufig und vollkommen richtig auseinander setzte. Ich hörte ihm mit heiterem Gesichte zu und antwortete mit einem vergnügten Lächeln, daß ich zwar nicht wisse, ob mir jemand denselben Vorwurf gemacht habe; aber ich finde ihn ganz richtig und gestehe, daß an dieser Stelle etwas Unwahres nachzuweisen sei.
›Unterredung mit Napoleon‹

500 Charles Maurice Talleyrand-Perigord (1754-1838)
Stich nach dem Gemälde von François Gerard

501 Ansicht des ›Napoleon-Berges‹ bei Jena gegen Westen am 7. Oktober 1808 *Kupferstich von Herold*

Verwundern werden Sie sich schon beim Lesen der Zeitungen, wie diese Flut von Mächtigen und Großen der Erde sich bis nach Weimar, bis auf das Schlachtfeld von Jena gewälzt. Ich enthalte mich nicht, Ihnen einen merkwürdigen Kupferstich beizulegen. Der Punkt, wo der Tempel steht, ist der fernste, wohin diesmal Napoleon gegen Nordost gekommen ist. Wenn Sie uns besuchen, welches der Himmel gebe! so will ich Sie auch auf den Fleck stellen, wo hier das Männchen mit dem Stocke in die Welt deutet.

An Zelter, 30. Oktober 1808

502 Anton van Dyck: ›Belisar‹ *Kupferstich von Scotin/Goupy. Aus Goethes Sammlungen. Unter dem Bild die Beischrift: »Date obolum Belisario«*

Der oströmische Feldherr Belisar war nach der Legende bei Justinian I., der ihm mehrere große Siege verdankte, in Ungnade gefallen, geblendet und an den Bettelstab gebracht worden.

Man suchte nun Kupferstiche nach berühmten Gemählden; man wählte zuerst den Belisar nach van Dyck. Ein großer und wohlgebauter Mann von gewissen Jahren sollte den sitzenden blinden General, der Architekt den vor ihm theilnehmend traurig stehenden Krieger nachbilden, dem er wirklich etwas ähnlich sah. Luciane hatte sich, halb bescheiden, das junge Weibchen im Hintergrunde gewählt, das reichliche Almosen aus einem Beutel in die flache Hand zählt, indeß eine Alte sie abzumahnen und ihr vorzustellen scheint, daß sie zu viel thue. Eine andre ihm wirklich Almosen reichende Frauensperson war nicht vergessen.
›Die Wahlverwandtschaften‹ II 5 (»Lebende Bilder«) 1808/09

Nach den Siegen Napoleons 1806 wird Carl August von den Franzosen unter Beobachtung gestellt. J. D. Falk berichtet Goethe die umfängliche Liste der von den Franzosen ermittelten, Napoleon mitgeteilten ›Verfehlungen‹ des Herzogs. ». . . mit einem Stecken in der Hand wollen wir unsern Herrn, wie jener Lucas Cranach den seinigen, ins Elend begleiten und treu an seiner Seite aushalten. Die Kinder und Frauen, wenn sie uns in den Dörfern begegnen, werden weinend die Augen aufschlagen und zueinander sprechen: das ist der alte Goethe und der ehemalige Herzog von Weimar, den der französische Kaiser seines Thrones entsetzt hat, weil er seinen Freunden so treu im Unglück war . . .«

503 Anna Elisabeth (Bettina) Brentano (1785-1859) *Bleistiftzeichnung von Ludwig Emil Grimm. 18. August 1809*

»Bettinens Bild von Louis habe ich bei ihm gesehen, er lobte es und sagte, daß ihm die ganze Komposition – sie hält den Wintergarten [Novellen von Arnims, 1809] in den Händen, der eine dicke Bibel geworden – recht wohl gefalle, und die Ausführung kräftig und brav sei. Ich meinte, daß es nicht ganz ähnlich; er sagte aber: ›Man erkennt's doch gleich, wer kann sie wohl malen, wenn noch Lukas Cranach lebte, der war auf dergleichen eingerichtet.‹ So darf man wohl sprechen, wenn man in Weimar ist, wo das wunderherrliche Bild [Prinzessin Sibylle von Cleve] von Cranach hängt, ich kann nicht sagen, wie mir das gefallen . . .« Wilhelm Grimm an A. von Arnim, Januar 1810

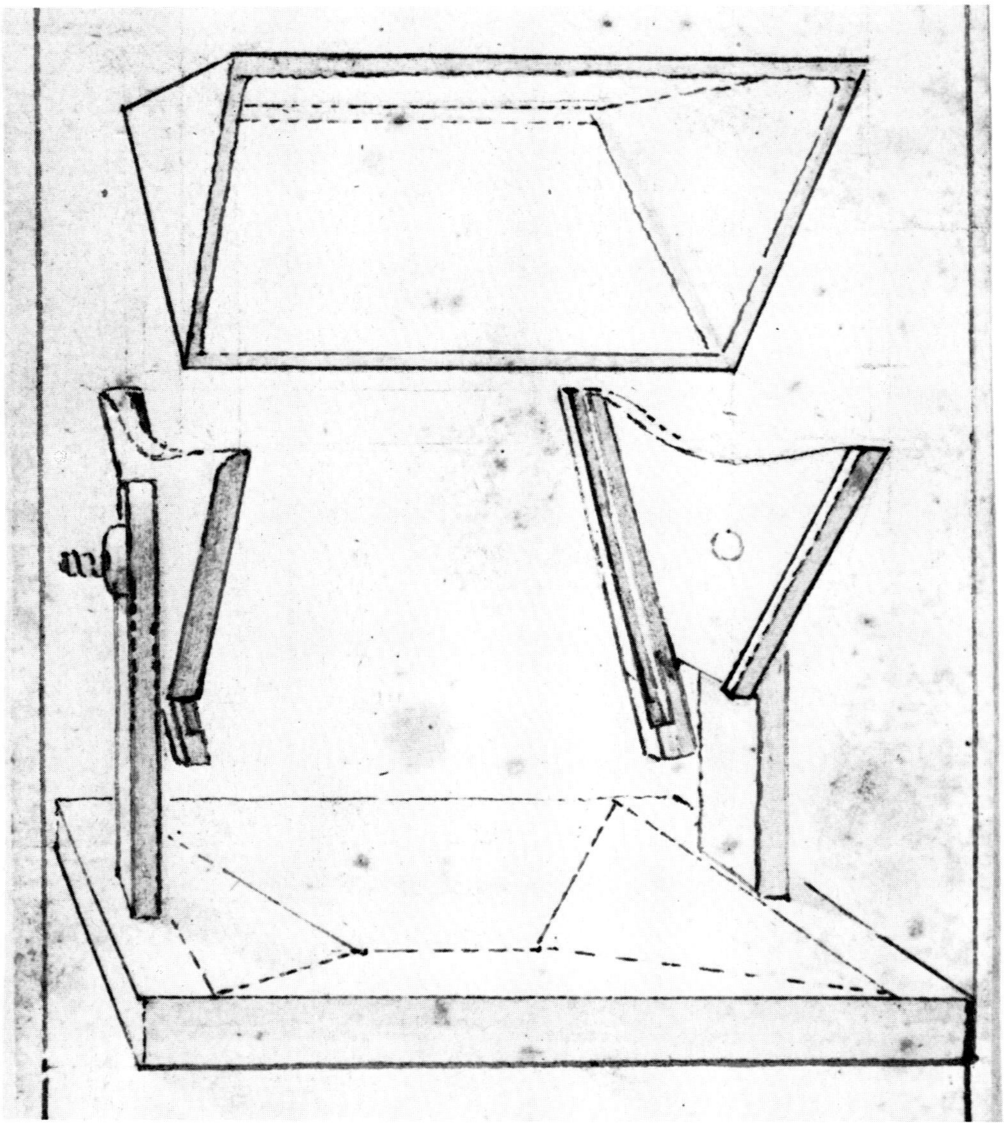

504 Goethe: Großes Wasserprisma. Konstruktionszeichnung *Als Kupfertafel (Nr. XVI) dem didaktischen Teil der ›Farbenlehre‹ beigegeben und erläutert. Ein danach gebautes Prisma in Goethes Sammlungen*

... man war mit dem Abdruck der Farbenlehre so weit vorgerückt, daß man den Abschluß vor Jubilate *[15. Mai 1810]* zu bewirken nicht für unmöglich hielt; ich schloß den polemischen Theil, sowie die Geschichte des achtzehnten Jahrhunderts: die nach meinen sorgfältigen Zeichnungen gestochenen Tafeln wurden illuminirt, die Recapitulation des Ganzen vollbracht ... Dieß geschah achtzehn Jahre nach dem Gewahrwerden eines uralten Irrthums, in Gefolg von unablässigen Bemühungen und dem endlich gefundenen Puncte worum sich alles versammeln mußte. Die bisher getragene Last war so groß, daß ich den 16. Mai als glücklichen Befreiungstag ansah, an welchem ich mich in den Wagen setzte, um nach Böhmen zu fahren. Um die Wirkung war ich wenig bekümmert, und that wohl. Einer so vollkommenen Untheilnahme und abweisenden Unfreundlichkeit war ich aber doch nicht gewärtig ...
›Tag- und Jahreshefte‹ 1810

505 Goethe: Zerstörungen durch den großen Sprudelausbruch in Karlsbad vom 2. September 1809 *Bleistift, Feder mit Tusche, Sepia. 1810*

Der Sprudel quillt in einem hölzernen Kasten, der unmittelbar auf den Riß der Decke aufgesetzt ist, gewaltsam herauf und läuft in einer Rinne ab, so daß die Becher untergehalten werden. Es ist ein großer Anblick, diese ungeheure siedende Gewalt zu sehen, die man sonst sehr philisterhaft gezwungen hatte, Männerchen zu machen; woher, genau betrachtet, alles frühere und spätere Unglück gekommen ist. Glücklicherweise sehen dieses diejenigen ein, welche hier in der Sache zu reden und zu wirken haben.
An den Herzog, ›Nachrichten von Carlsbad vom 24. May 1810‹

506 Maria Ludovica, Kaiserin von Österreich (1787-1816) *Miniatur von Jean-Baptiste Isabey. Deckfarben auf Elfenbein. 1812*

507 Christine von Ligne (1788-1867), seit 1811 verh. Gräfin O'Donell, Gesellschafterin der Kaiserin Maria Ludovica *Bleistiftzeichnung von Jean-Baptiste Isabey. Um 1812*

508 Sulpiz Boisserée (1783-1854)
Kreidezeichnung von J. Schmeller. 1826. Aus Goethes Sammlungen

Eine »Epoche« in Goethes Leben bewirken die Brüder Sulpiz und Melchior Boisserée, als sie dem Dichter 1810 ihre Zeichnungen und Pläne vom Kölner Dom vorlegen und, im Vertrauen auf seine frühe Begeisterung für gotische Baukunst, sein Interesse für ihren großen Plan der Restauration und Vollendung dieses Bauwerks wecken. Nach Sulpiz' Besuch Anfang Mai 1811 scheint Goethe sich sogar der von ihm und Meyer so lang bekämpften Tendenz der jungen Generation zur altdeutschen Kunst, zum ›Vaterländischen‹ zu öffnen. Davon spricht er in dem 1812 veröffentlichten II. Teil von ›Dichtung und Wahrheit‹ (9. Buch). ›Zweiter Römischer Aufenthalt‹, Dezember 1787

509 San Filippo Neri (1515-1595) *Bronzemedaille (Italien). Aus Goethes Sammlungen. Über den Heiligen schreibt Goethe 1829:*
... auf sein Inneres hat das Priestertum einen merkwürdig steigernden Einfluß. Die Verpflichtung zum Meßopfer versetzt ihn in einen Enthusiasmus, in eine Ekstase, wo man den bisher so natürlichen Mann gänzlich verliert. Er weiß kaum, wohin er schreitet, er taumelt auf dem Wege und vor dem Altare. Hebt er die Hostie in die Höhe, so kann er die Arme nicht wieder herunterbringen; es scheint, als zöge ihn eine unsichtbare Kraft empor. Beim Eingießen des Weins zittert und schaudert er. Und wenn er nach vollendeter Wandlung dieser geheimnisvollen Gaben genießen soll, erzeigt er sich auf eine wunderliche, nicht auszusprechende schwelgerische Weise. Vor Leidenschaft beißt er in den Kelch, indes er ahnungsvoll das Blut zu schlürfen glaubt des kurz vorher gleichsam gierig verschlungenen Leibes. Ist aber dieser Taumel vorüber, so finden wir zwar immer einen leidenschaftlich wundersamen, aber immer höchst verständig praktischen Mann.

510 Ludwig van Beethoven: Ouvertüre zu ›Egmont‹ *Eigenhändiges Titelblatt zu einer Abschrift der Komposition von Schreiberhand. 1810*

»Sie werden nächstens die Musik zu Egmont von Leipzig durch Breitkopf und Härtel erhalten, diesen herrlichen Egmont, den ich, indem ich ihn ebenso warm als ich ihn gelesen, wieder durch Sie gedacht, gefühlt und in Musik gegeben habe – ich wünsche sehr Ihr Urteil darüber zu wissen, auch der Tadel wird für mich und meine Kunst ersprießlich sein, und so gern wie das größte Lob aufgenommen werden Euer Exzellenz Großer Verehrer Ludwig van Beethoven« »Wien am 12ten April 1811«

»Goethe behagt die Hofluft sehr Mehr als einem Dichter ziemt. Es ist nicht viel mehr über die Lächerlichkeiten der Virtuosen hier reden, wenn Dichter, die als die ersten Lehrer der Nation angesehen sein sollten, über diesem Schimmer alles andere vergessen können.« Beethoven an Breitkopf und Härtel, 9. August 1812

511 Ansicht von Teplitz vom Schloßberg aus *Kupferstich, anonym. o. D. (um 1820)*

512 Ludwig van Beethoven (1770-1827) *Büste von Anton Dietrich*

Beethoven habe ich in Töplitz kennen gelernt. Sein Talent hat mich in Erstaunen gesetzt; allein er ist leider eine ganz ungebändigte Persönlichkeit, die zwar gar nicht Unrecht hat, wenn sie die Welt detestabel findet, aber sie freylich dadurch weder für sich noch für andere genußreicher macht. Sehr zu entschuldigen ist er hingegen und sehr zu bedauern, da ihn sein Gehör verläßt, das vielleicht dem musicalischen Theil seines Wesens weniger als dem geselligen schadet. Er, der ohnehin laconischer Natur ist, wird es nun doppelt durch diesen Mangel.
An Zelter, Karlsbad, 2. September 1812

513 Michelangelo Buonarroti: Moses *Bronzestatuette Aus Goethes Sammlungen*

... ich habe eine Nachbildung des *Moses* von Michelangelo in Bronze gekauft, die sehr schön und wahrscheinlich aus dem 16. Jahrhundert ist. Wie er sitzt, ist die Figur 13 Weimarische Zoll hoch. Also eine schöne Größe. Das Nackte ist wohl verstanden. Bart und Gewänder von der größten Ausführung.
An Christiane (für Meyer), Teplitz, 27. Juli 1812
»Il y avait, sur la fenêtre, un petit Moise en bronze fait d'après la fameuse statue de Michel-Ange. Les bras me paraissent disproportionnés, trop longs et trop forts pour le reste de la personne. J'ai eu le malheur d'en exprimer l'opinion tout haut. ›Et les deux tables des dix commandements!‹ s'est écrié Goethe. ›Croyez-vous que c'était une bagatelle de les porter? qu'un Moise pouvait se contenter de bras ordinaires pour commander à son peuple et l'étreindre? Vous autres, gens de cour, vous ne valez rien pour juger des produits de l'art.«
F. Soret, 12. Mai 1830

Nicht die Talente, nicht das Geschick zu diesem oder jenem machen eigentlich den *Mann der That*, die Persönlichkeit ist's, von der in solchen Fällen alles abhängt. Der Charakter ruht auf der Persönlichkeit, nicht auf den Talenten. Talente können sich zum Charakter gesellen, er gesellt sich nicht zu ihnen: denn ihm ist alles entbehrlich außer er selbst. Und so gestehen wir gern, daß uns die Persönlichkeit Mosis, von dem ersten Meuchelmord an, durch alle Grausamkeiten durch, bis zum Verschwinden, ein höchst bedeutendes und würdiges Bild gibt von einem Manne, der durch seine Natur zum Größten getrieben ist.
›Noten und Abhandlungen zum Divan‹ »Israel in der Wüste« 1819

514 Christoph Martin Wieland *Medaillon zu seinem achtundsiebzigsten Geburtstag (1810), Vorderseite. Bronze. Nach einem Medaillon G. von Kügelgens gestochen von F. W. Facius*

Am 20. Januar 1813 starb der achtzigjährige Wieland. Goethe, der nicht an seinem Begräbnis (am 25. Januar in Oßmannstedt) teilnahm, arbeitete in den folgenden Wochen eine Totenrede aus, die er in der Logenfeier am 18. Februar vortrug. J. D. Falk überliefert für den Begräbnistag ein Gespräch, in dem Goethe, von Wielands Tod bewegt, seine Monadologie, seine Vorstellungen vom All und von der Seelenwanderung vorträgt.

Einen gleichern Lebensfaden hat die Parze kaum gesponnen.
An C. L. von Woltmann, 5. Februar 1813 (Konzept)

... stände mir der Zauberstab wirklich zu Gebote, den die Muse unserm abgeschiedenen Freunde geistig anvertraut, ich würde diese ganze düstere Umgebung augenblicklich in eine heitere verwandeln: dieses Finstere müßte sich gleich vor Ihren Augen erhellen, und ein festlich geschmückter Saal mit bunten Teppichen und munteren Kränzen, so froh und klar als das Leben unseres Freundes, sollte vor Ihnen erscheinen. Da möchten die Schöpfungen seiner blühenden Phantasie Ihre Augen, Ihren Geist anziehn, der Olymp mit seinen Göttern, eingeführt durch die Musen, geschmückt durch die Grazien, sollte zum lebendigen Zeugniß dienen, daß derjenige, der in so heiterer Umgebung gelebt, und dieser Heiterkeit gemäß auch von uns geschieden, unter die glücklichsten Menschen zu zählen, und keineswegs mit Klage, sondern mit Ausdruck der Freude und des Jubels zu bestatten sei.
›Zu brüderlichem Andenken Wielands‹ Logenrede 1813

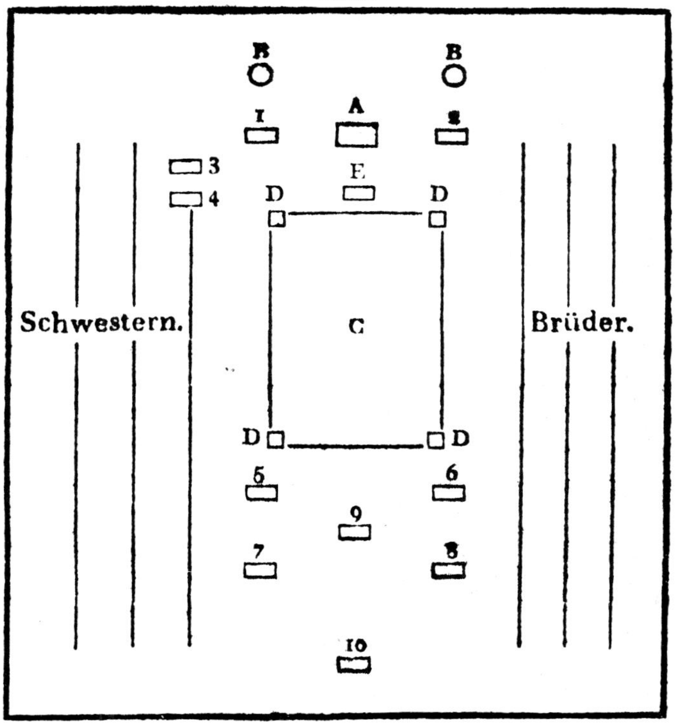

515 Logen-Local *aus: ›Freymaurer-Analecten‹ Heft 2: ›Wieland's Todtenfeier in der Loge Amalia zu Weimar am 18. Februar 1813‹. Aus Goethes Bibliothek*

516 Goethe: »Ich ging im Walde . . .« *Gedichthandschrift Goethes (Bleistift) auf zwei mit Oblate gesiegelten Briefblättern (Kleinoktav) mit Datum »26. August 1813« aus Stadt-Ilm an »Frau von Goethe«*

Ich ging im Walde / so vor mich hin, / Und nichts zu suchen / Das war mein Sinn./

Im Schatten sah ich / Ein Blümchen stehn, / Wie Sterne blinckend / Wie Äuglein schön./

Ich wollt' es brechen, / Da sagt es fein: / Soll ich zum Welken / Gebrochen sein?/

Mit allen Wurzeln / Hob ich es aus / Und trugs zum Garten / Am hübschen Haus./

Und pflanzt' es wieder / Am kühlen Ort; / Nun zweigt und blüht es / Mir immerfort.

517 Christiane von Goethe
Aquarellierte Bleistiftzeichnung von J. F. A. Tischbein. Um 1812

518 Christianes Geburtshaus in der Jacobsgasse

Fragmentarischer Gedichtentwurf, undatiert:

Ein rascher Sinn, der keinen Zweifel hegt, / Stets denkt und thut und niemals überlegt, / Ein treues Herz, das wie empfängt so gibt, / Genießt und mittheilt, lebt indem es liebt. / Froh glänzend Auge, Wange frisch und roth, / Nie schön gepriesen, hübsch bis in den Tod./

Da blickt' ich ihn noch manchmal freundlich an / Und habe leidend viel für ihn gethan. / Indeß mein armes Herz im Stillen brach, / Da sagt' ich mir: bald folgst du ihnen nach! / Ich trug des Hauses nun zu schwere Last, / Um seinetwillen nur ein Erdengast.

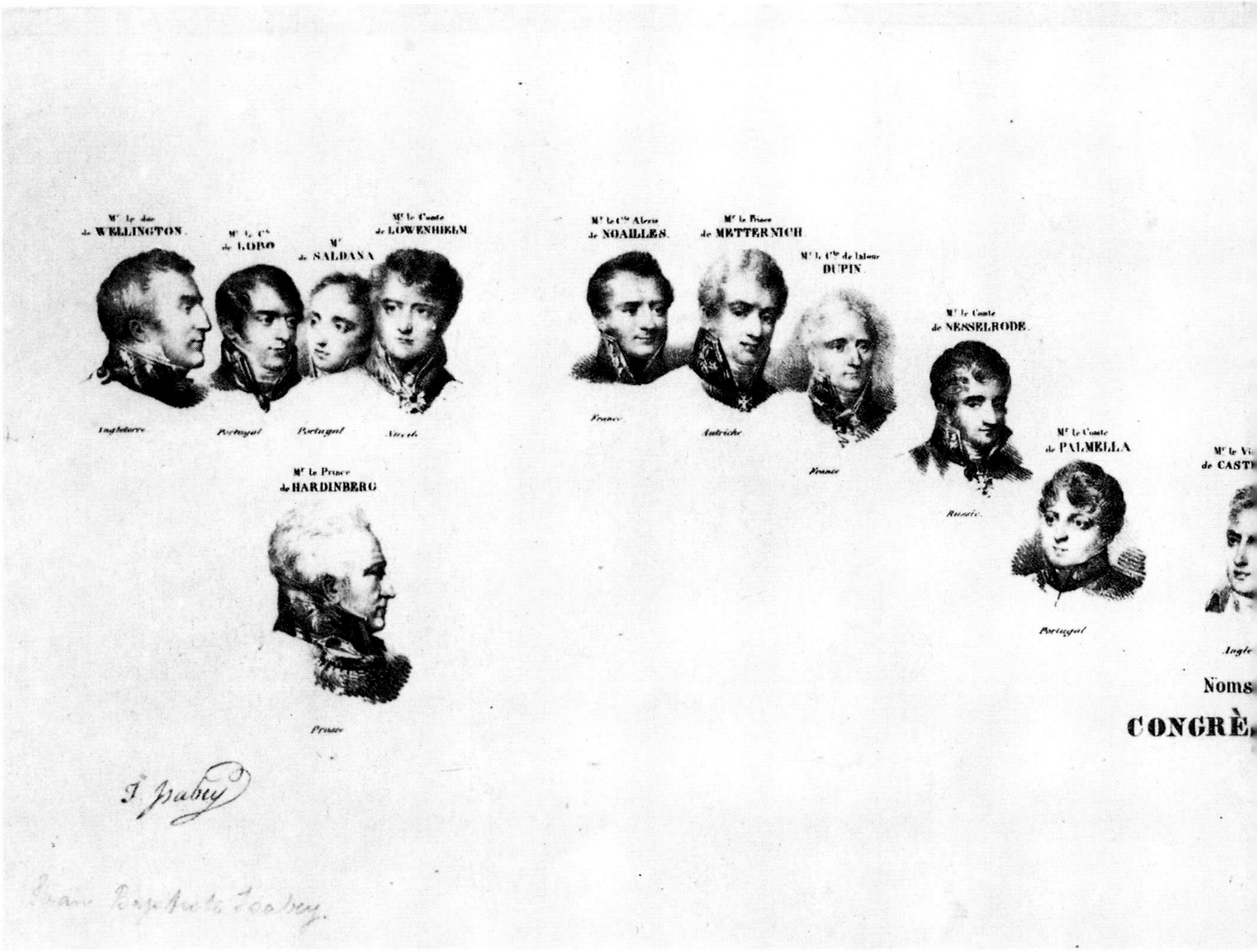

519 »Noms des Ministres du Congrès de Vienne, an 1815« *Lithographie von Isabey. Aus Goethes Sammlungen*

520 Jean-Baptiste Isabey: »Congrès de Vienne« *Kupferstich nach der 1817 im ›Salon‹ ausgestellten Zeichnung. Aus Goethes Sammlungen*

Über den Verlauf des Wiener Kongresses wurde Goethe durch den Minister von Voigt, einen Aufsatz von Sartorius und Einsicht in Wiener Akten, die ihm Kanzler von Müller vorlegte, unterrichtet.
Wenn Ew. Wohlgeboren lange nichts von mir vernommen, so liegt die Schuld an dem provisorischen Zustande in welchem wir uns alle mehr oder weniger befinden. Den Blick auf jenen Ort gerichtet, woher uns das allgemeine Heil kommen soll, wagt man in seinen eigenen Angelegenheiten keinen Entschluß zu irgend einem bedeutenden Unternehmen. *(An Cotta, 21. Dezember 1814 vor den Verhandlungen über die neue, zwanzigbändige Ausgabe der ›Werke‹) Auch die späteren Äußerungen sind skeptisch:*
Ich will gern an meinem Schnuppen laboriren wenn ich nur keinem diplomatischen Diner in Wien beywohnen darf, wo sich jedes über die neusten Greuel expektorirt.
(An C. G. von Voigt, Ende März 1815)

Uneingeschränkte Bewunderung zollte Goethe nur Talleyrand, dem ersten Diplomaten des Jahrhunderts, *der ihn an* die epikurischen Gottheiten *erinnert,* welche da wohnen, »wo es nicht regnet noch schneiet noch irgendein Sturm weht« *(›Collection des portraits historiques de M. le Baron Gérard‹, 1826; dort auch ein Hinweis auf Isabeys großes Kongreßbild). In einem Faszikel mit der Aufschrift* ›Politica‹ *verwahrte Goethe eigene Notizen über den »Wiener Congreß«, die in drei »Epochen« (von den ersten Vorbereitungen bis zur Eröffnung am 1. November 1814) eingeteilt, aber nicht zu Ende geführt sind.*

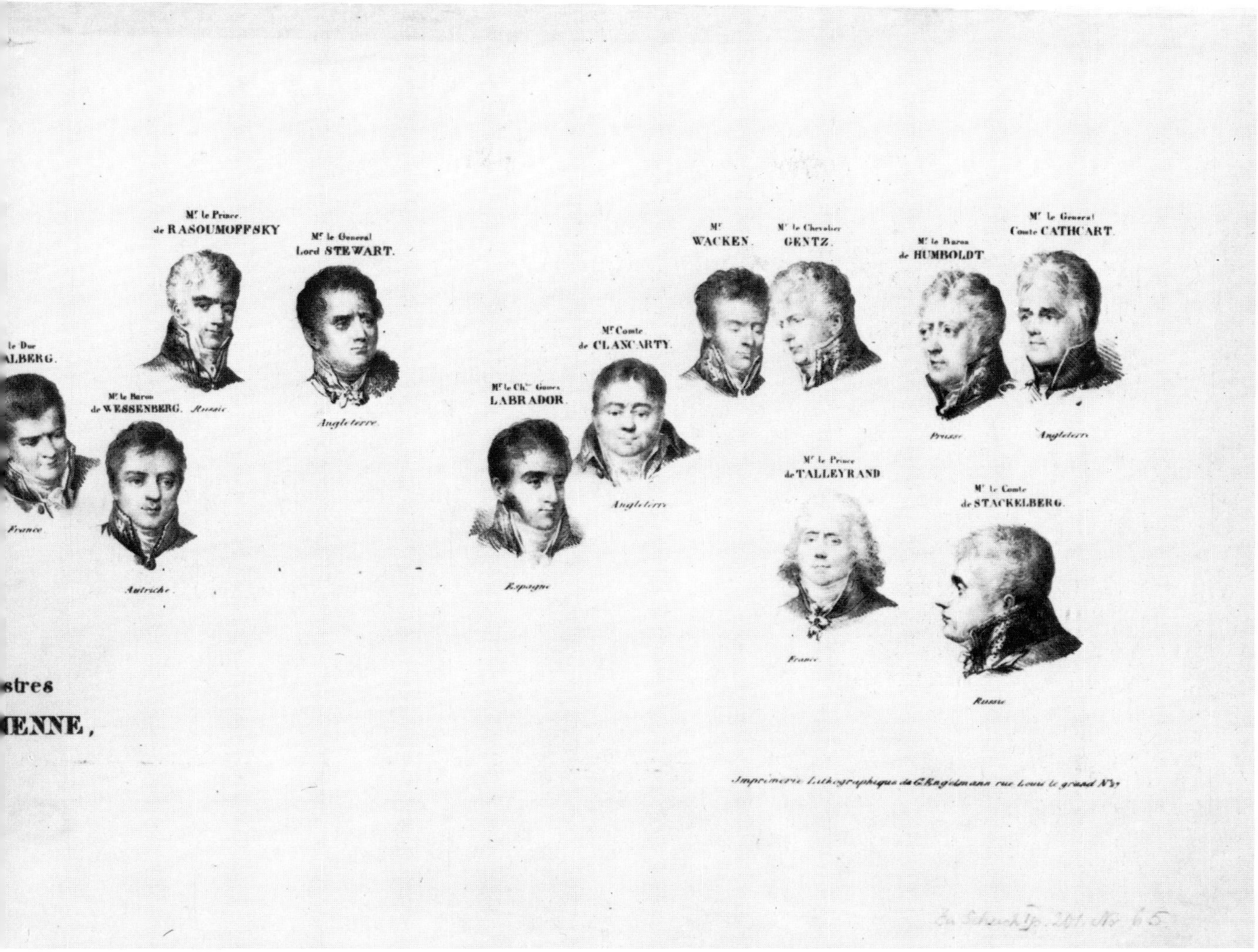
Mr le Prince de RASOUMOFFSKY
Mr le General Lord STEWART
Mr le Baron de WESSENBERG
Mr Comte de CLANCARTY
LABRADOR
Mr WACKEN
Mr le Chevalier GENTZ
Mr le Baron de HUMBOLDT
Mr le General Comte CATHCART
Mr le Prince de TALLEYRAND
Mr le Comte de STACKELBERG
Angleterre
Autriche
Espagne
France
Russie
Prusse
stres
ENNE,

521 Die Gerbermühle bei Frankfurt am Main *Sommerwohnsitz der Familie Willemer. Anonymer Kupferstich. o. D. (Anfang 19. Jh.?)*

522 Maria-Anna (Marianne) von Willemer, geb. Jung (1784-1860) *Pastellbild von Johann Jakob de Lose. 1809*

Auf seiner Reise nach den Rhein-, Main- und Neckargegenden *(25. Juli bis 27. Oktober 1814) wird Goethe in Wiesbaden von dem Frankfurter Bankier J. J. Willemer (1760-1838) begrüßt, der ihm seine ›Pflegetochter‹ Marianne Jung (Willemer hatte das zuvor als Tänzerin am Frankfurter Schauspielhaus gefeierte Mädchen 1800, sechzehnjährig, in sein Haus genommen) vorstellt. Im September besucht Goethe Willemer in der Gerbermühle. Als er, von einem längeren Aufenthalt bei den Boisserées in Heidelberg zurückgekehrt, im Oktober wieder die Gerbermühle aufsucht, ist Marianne Willemers Frau (Heirat am 27. September). Im Dezember 1814 erhält Goethe in Jena sein in Frankfurt zurückgelassenes Stammbuch mit Versen Mariannes und einem Begleitbrief Willemers, in dem es heißt: »Meine Frau . . . will, seitdem sie von Ihnen die Kleine genannt worden, durchaus nicht mehr wachßen, es wäre dann in Ihrem Herzen.«*

»Zu den Kleinen zähl ich mich, / Liebe Kleine nennst Du mich. / Willst Du immer so mich heißen, / Werd ich stets mich glücklich preisen, / Bleibe gern mein Leben lang / Lang wie breit und breit wie lang. [. . .]«

523 Goethe: Das Heidelberger Schloß *Aquarellierte Federzeichnung. o. D. (nach 1820, aufgrund einer Bleistiftskizze aus dem ›Divan‹-Jahr 1815 oder ganz aus der Erinnerung?)*

Goethes Tagebuch verzeichnet in der Zeit seines Heidelberger Aufenthaltes vom 20. September bis 3. Oktober 1815 an sechs Tagen, vom 22. bis 25. täglich »Auf dem Schloß«. In dieser Zeit entstehen u. a. die ›Divan‹-Gedichte ›An vollen Büschelzweigen . . .‹, ›An des lustgen Brunnens Rand . . .‹, ›Wiederfinden‹, ›Lieb um Liebe . . .‹, vielleicht auch die Konzeption des auf den 27. September datierten ›Gingko biloba‹-Gedichts. Der 25. September ist, nach kurzem Wiedersehen, der Tag des Abschieds von Marianne. Vielleicht schon auf ihrer Rückreise dichtet sie die in den ›Divan‹ aufgenommenen ›Westwind‹-Verse.

»Ach um deine feuchten Schwingen / West wie sehr ich dich beneide, / Denn du kannst ihm Kunde bringen / Was ich durch die Trennung leide./

Die Bewegung deiner Flügel / Weckt im Busen stilles Sehnen, / Blumen, Augen, Wald und Hügel / Stehn bei deinem Hauch in Thränen./

Doch dein mildes sanftes Wehen / Kühlt die wunden Augenlider; / Ach für Leid müßt' ich vergehen, / Hofft' ich nicht zu sehn ihn wieder./

Geh denn hin zu meinem Lieben, / Spreche sanft zu seinem Herzen, / Doch vermeid' ihn zu betrüben / Und verschweig ihm meine Schmerzen./

Sag' ihm nur, doch sag's bescheiden, / Seine Liebe sei mein Leben, / Freudiges Gefühl von beiden / Wird mir seine Nähe geben.«
(Originalfassung des Gedichts, 1857 von Marianne Hermann Grimm mitgeteilt)

Am 24. Mai 1815 bricht Goethe wieder zu einer Reise nach Wiesbaden auf. Bei seiner »Hegire« (Flucht, epochemachender Ortswechsel; s. den Titel des am 24. Dezember 1814 entstandenen ›Divan‹-Gedichts) begleitet ihn die von den ›Gedichten an Hafis‹ (Sommer 1814) zur ›Versammlung deutscher Gedichte mit stetem Bezug auf den Divan des . . . Hafis‹ angewachsene Sammlung, die allein auf dem Weg nach Wiesbaden um dreizehn neue Gedichte vermehrt wird. An eine Reise nach Köln in Begleitung des Reichsfreiherrn vom Stein (Begegnungen mit E. M. Arndt, Joseph Görres und Diez) und einen nochmaligen Aufenthalt in Wiesbaden schließt sich ein fünfwöchiges Zusammensein mit Willemers in Frankfurt und auf der Gerbermühle an: Belebung und Steigerung eines glücklichen Zustandes, der sich einem jeden Reinfühlenden aus dem Divan darbieten muß *(›Tag- und Jahreshefte‹ 1815). Es entstehen, hier und nach dem ersten Abschied, in Heidelberg große Teile des lyrischen Zwiegesprächs zwischen Hatem und Suleika.*

524 Wilhelm Grimm 1786-1859) *Lithographie von Ludwig Emil Grimm. 1815*

525 Jacob Grimm (1785-1863) *Bleistiftzeichnung von Ludwig Emil Grimm. 1815*

»Goethe war auch dahin [nach Heidelberg] gekommen, wohnt bei Boisserée und schreibt über die Gemälde, außerdem gibt er sich mit persischen Sachen ab, hat ein Päckchen Gedichte in Hafis' Geschmack gemacht, liest und erklärt den Haoh Kiöh Tschwen [einen chinesischen Roman] und lernt bei [dem Orientalisten H. E. G.] Paulus Arabisch.«
W. Grimm an seinen Bruder Jacob, 14. Oktober 1815

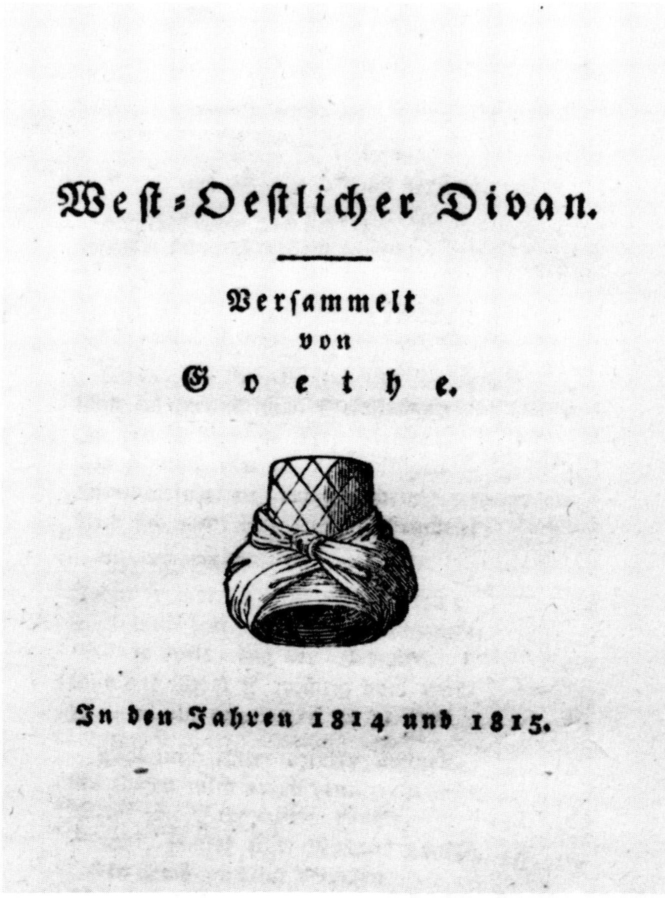

West-Oestlicher Divan.

Versammelt
von
Goethe.

In den Jahren 1814 und 1815.

526 ›West-Oestlicher Divan Versammelt von Goethe in den Jahren 1814 und 1815‹ *In: ›Taschenbuch für Damen auf das Jahr 1817‹ (Cotta). Holzschnitt (Turban) von L. Heß*

»Die Frauen hatten einen Turban von dem feinsten indischen Musselin, mit einer Lorbeerkrone umkränzt, auf zwei Körbe voll der schönsten Früchte, Ananas, Melone, Pfirsich, Feigen und Trauben – dann einer voll der schönsten Blumen gelegt, dazu hatte die [Rosette] Städel die Aussicht aus Goethes Fenster auf die Stadt Frankfurt artig gezeichnet, und die Willemer ein schönes Kränzchen von feinen Feld-Blümchen aufgeklebt, zu beidem waren passende Verse aus dem Hafis geschrieben.«
S. Boisserée über Goethes Geburtstagsfeier auf der Gerbermühle, 28. August 1815

Komm, Liebchen, komm! umwinde mir die Mütze! / Aus deiner Hand nur ist der Tulbend schön. / Hat Abbas doch, auf Irans höchstem Sitze, / Sein Haupt nicht zierlicher umwinden sehn!/

Ein Tulbend war das Band, das Alexandern / In Schleifen schön vom Haupte fiel, / Und allen Folgeherrschern, jenen Andern, / Als Königszierde wohlgefiel./

Ein Tulbend ist's, der unsern Kaiser schmücket, / Sie nennen's Krone. Name geht wohl hin! / Juwel und Perle! sei das Aug' entzücket! / Der schönste Schmuck ist stets der Musselin./

Und diesen hier, ganz rein und silberstreifig, / Umwinde, Liebchen, um die Stirn umher. / Was ist denn Hoheit? / Mir ist sie geläufig! / Du schaust mich an, ich bin so groß als er.
›West-östlicher Divan‹ »Buch Suleika« 17. Februar 1815

527 Der ›Willemer-Turm‹ auf dem Mühlberg bei Frankfurt *Photographie auf einer Postkarte um 1930*

Der Tag war höchst schön, der Wirth munter, Mariane wohl (das letztemal hatten wir sie nicht gesehen). Diesmal sahen wir die Sonne, auf einem Thürnchen, das Willemer auf dem Mühlberg gebaut hat, untergehn. Die Aussicht ist ganz köstlich.
An Christiane, Frankfurt, 21. September 1814

... beschaute Nachts, den 18. September 1814 *[dem Jahrestag der Völkerschlacht bei Leipzig]*, nach vollbrachtem, wohlgeordnetem Feste, vom Mühlberge, die durch tausend und aber tausend Feuer erleuchtete Gebirgsreihe und sonstige ferne und nahe Gegend.
An F. A. Wolf, Beilage zum Brief vom 8. November 1814

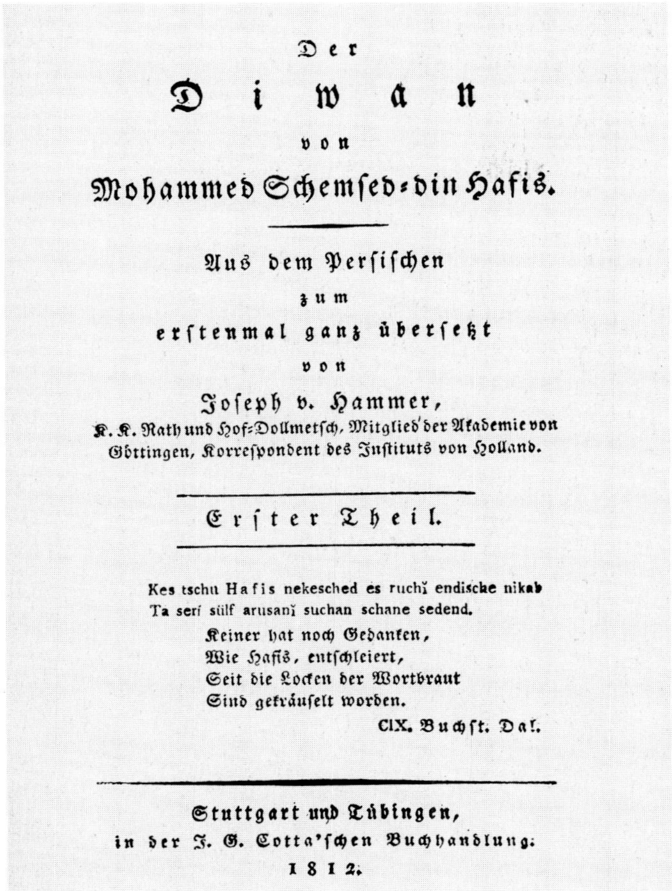

Der
Diwan
von
Mohammed Schemsed-din Hafis.

Aus dem Persischen
zum
erstenmal ganz übersetzt
von
Joseph v. Hammer,
K. K. Rath und Hof-Dollmetsch, Mitglied der Akademie von Göttingen, Korrespondent des Instituts von Holland.

Erster Theil.

Kes tschu Hafis nekesched es ruchi endische nikab
Ta seri süلf arusani suchan schane sedend.
Keiner hat noch Gedanken,
Wie Hafis, entschleiert,
Seit die Locken der Wortbraut
Sind gekräuselt worden.
CIX. Buchst. Dal.

Stuttgart und Tübingen,
in der J. G. Cotta'schen Buchhandlung.
1812.

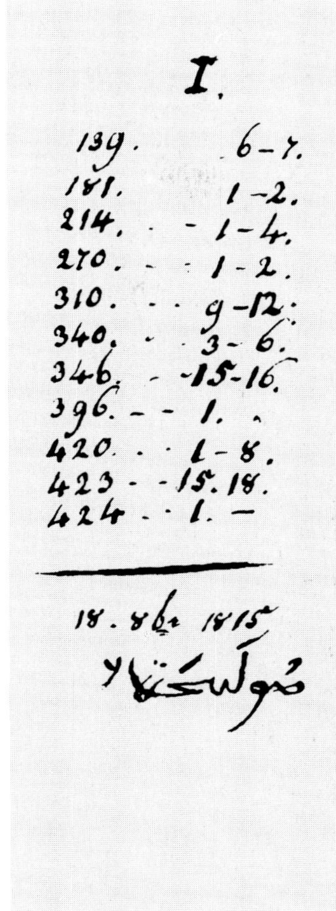

528 Chiffernbrief Marianne von Willemers *vom 18. Oktober 1815, eingeklebt in Goethes Exemplar des ›Diwan von Mohammed Schemseddin-Hafis. Aus dem Persischen zum erstenmal ganz übersetzt von Joseph v. Hammer-Purgstall …‹ Teil 1 und 2 (Cotta) 1812/13. Aus Goethes Bibliothek*

Auflösung nach Hafis/Hammer: »Dir mein Herz zu eröfnen verlangt mich, / Und von deinem zu hören verlangt mich. / Traurig ist mein Herz über die Welt und was darinn ist, / Denn in meinem Sinn wohnet mein Freund und sonsten Keiner. / Wie der Glanz der Morgenkerze ist mir / Der Vorsatz klar geworden: / All mein Leben will ich nur zum Geschäft / Von seiner Liebe machen. / Immer dachte ich dein, und immer / Blutete tief das Herz. / Ich habe keine Kraft als die, / Im Stillen ihn zu lieben, / Wenn ich ihn nicht umarmen kann, / Was wird wohl aus mir werden? / Durch die Gespräche des Freunds / Ward ihm mein Herz so zugethan, / Dass ich die Anderen nun / Nicht hören und nicht sprechen mag. / Ich weiss, dass Niemand meinem Freund / An Treu und Anmuth gleich kommt, / Wer? wer bleibt mir treu, von eigener Milde beweget? / Alles was in meiner Brust / Ausser deinen Leiden liegt, / Alles, alles geht hinaus, / Dieses eine will nicht gehen. / Deine Liebe hat sich fest / In mein Innres eingenistet, / Und verlier ich auch den Kopf, / Wird die Liebe nicht ausgehen. / O Trennungsgluth / So viel hab ich von dir schon vernommen, / Dass Kerzen gleich / Mir nichts, als selbst zu vergehen, erübrigt. / Immer sehnt sich mein Herz nach deinen Lippen.« Darunter in arabischen Buchstaben: »Suleika«.

Um aber zu unserm eigentlichen Zweck zu gelangen, erinnern wir an eine, zwar wohlbekannte, aber doch immer geheimnißvolle Weise, sich in Chiffern mitzutheilen; wenn nämlich zwei Personen, die ein Buch verabreden und, indem sie Seiten- und Zeilenzahl zu einem Briefe verbinden, gewiß sind, daß der Empfänger mit geringem Bemühen den Sinn zusammenfinden werde. Das Lied, welches wir mit der Rubrik *Chiffer* bezeichnet, will auf eine solche Verabredung hindeuten. Liebende werden einig Hafisens Gedichte zum Werkzeug ihres Gefühlswechsels zu legen; sie bezeichnen Seite und Zeile die ihren gegenwärtigen Zustand ausdrückt, und so entstehen zusammengeschriebene Lieder vom schönsten Ausdruck; herrliche zerstreute Stellen des unschätzbaren Dichters werden durch Leidenschaft und Gefühl verbunden, Neigung und Wahl verleiht dem Ganzen ein inneres Leben, und die Entfernten finden ein tröstliches Ergeben, indem sie ihre Trauer mit Perlen seiner Worte schmücken.

Dir zu eröffnen / Mein Herz verlangt mich; / Hört' ich von deinem, / Darnach verlangt mich; / Wie blickt so traurig / Die Welt mich an. / In meinem Sinne / Wohnet mein Freund nur, / Und sonsten keiner / Und keine Feindspur. / Wie Sonnenaufgang / Ward mir ein Vorsatz! / Mein Leben will ich / Nur zum Geschäfte / Von seiner Liebe / Von heut an machen. / Ich denke seiner, / Mir blutet's Herz. / Kraft hab' ich keine / Als ihn zu lieben, / So recht im Stillen. / Was soll das werden! / Will ihn umarmen / Und kann es nicht.

›Noten und Abhandlungen zu besserem Verständniß des West-östlichen Divans‹ »Chiffer« 1819

ERLKÖNIG
Ballade von Göthe,
für eine Singstimme mit Begleitung des Pianoforte,
In Musik gesetzt, und
Seiner Exzellenz dem Hochgebornen Herrn Herrn
Moriz Grafen von Dietrichstein
in tiefer Ehrfurcht gewidmet
von
Franz Schubert.
Erstes Werk.
No. 766.
Eigenthum der Verleger.
Pr. f 1 C.M.
WIEN,
bei Ant. Diabelli & Comp. Graben No. 1133.

529 Franz Schubert: ›Erlkönig‹ Ballade von Göthe, in Musik gesetzt . . . *1tes Werk (1814/15). 1821*

530 Franz Schubert (1797-1828) *Zeichnung von Leopold Kupelwieser. 1813*

»Die im gegenwärtigen Hefte enthaltenen Dichtungen [u. a. ›Rastlose Liebe‹, ›Heideröslein‹, ›Erlkönig‹] sind von einem 19jährigen Tonkünstler namens Franz Schubert, dem die Natur die entschiedensten Anlagen zur Tonkunst von zartester Kindheit an verlieh, welche Salieri, der Nestor unter den Tonsetzern mit der uneigennützigsten Liebe zur Kunst zur schönen Reife brachte, in Musik gesetzt. Der allgemeine Beifall . . . und der allgemeine Wunsch seiner Freunde bewogen endlich den bescheidenen Jüngling seine musikalische Laufbahn durch Herausgabe eines Teils seiner Kompositionen zu eröffnen . . . Eine auserwählte Sammlung von deutschen Liedern soll nun den Anfang machen, welchem größere Instrumental-Kompositionen folgen sollen. [. . .] Diese Sammlung nun wünscht der Künstler Eurer Exzellenz in Untertänigkeit weihen zu dürfen, dessen so herrlichen Dichtungen er nicht nur allein die Entstehung eines großen Teils derselben, sondern wesentlich auch seine Ausbildung zum deutschen Sänger verdankt. [. . .]«
Joseph Edler v. Spaun an Goethe, Wien, 17. April 1816. Das Manuskript wurde von Goethe kommentarlos zurückgeschickt. Eine spätere Sendung Schuberts (1825) blieb unbeantwortet. Den ›Erlkönig‹ ließ Goethe sich am 24. April 1830 von der Sängerin Schröder-Devrient vortragen.

531 Luthers Bildnis *nach einer Handzeichnung von L. Cranach. Kupfertafel in Bd. 1 von ›Dr. Martin Luthers Deutsche Schriften . . .‹ hrsg. v. S. W. Lomler. 1817. Aus Goethes Bibliothek, und: Goethes Entwurf zu einem Luther-Monument für die Jubiläumsfeiern 1817. Bleistift, Feder. November 1816*

Beischriften am Grundriß: Luther Augustin. Paulus Athanas[ius].

Die Anregung ging von Berlin aus, wo Schadow bildnerische, Zelter musikalische Vorarbeiten begannen. Auf Zelters Gedanken, ein Libretto »aus lauter Lutherischen dictis« zusammenzusetzen, entgegnet Goethe mit einem umfänglichen Entwurf: . . . ein Wort zu jenem Vorsatz, dem Reformationsjubiläum eine Kantate zu widmen; im Sinne des Händel'schen ›Messias‹, in welchen Du so wohl eingedrungen bist, würde sich es wohl am besten schicken. Da der Hauptbegriff des Luthertums sehr würdig begründet ist, so gibt er schönen Anlaß sowohl zu dichterischer als musikalischer Behandlung. Dieser Grund nun beruht auf dem entschiedenen Gegensatz von *Gesetz* und *Evangelium,* sodann der Vermittlung solcher Extreme. . . . so erblickt denn Luther in dem Alten und Neuen Testament das Symbol des großen, sich immer wiederholenden Weltwesens. Dort das Gesetz, das nach Liebe strebt, hier die Liebe, die gegen das Gesetz zurückstrebt und es erfüllt, nicht aber aus eigner Macht und Gewalt, sondern durch den Glauben, und nun hier durch den ausschließlichen Glauben an den allverkündigten und alles bewirkenden Messias. [. . .] Diese Konzeptionen in einem singbaren Gedichte auszusprechen, würde ich mit dem Donner auf Sinai, mit dem: *Du sollst!* beginnen, mit Christi Auferstehung aber und dem: *Du wirst!* schließen. *Es folgt ein Schema der Szenen, ein Verweis auf Quellen für die Texte; dann ein Wort über den Katholizismus und Luthers reinigendes Eingreifen.* Luthers Verfahren ist kein Geheimnis, und jetzt, da wir ihn feiern sollen, tun wir es nur alsdann im rechten Sinne, wenn wir sein Verdienst anerkennen, darstellen, was er seiner Zeit und der Nachwelt geleistet hat. Dieses Fest wäre so zu begehen, daß es jeder wohldenkende Katholik mitfeierte. [. . .] In eben dem Sinne ist auch das Monument schon erfunden . . .
(An Zelter, 14. November 1816) Goethes Absicht, die Reformationsfeier zu einem ›ökumenischen‹ Fest werden zu lassen, ein Fest der reinsten Humanität, *an dem* nicht etwa nur Christen, sondern auch Juden, Mohametaner und Heiden *Anteil haben sollten, kommt in dem (erst postum gedruckten) Vorschlag zum Ausdruck, das Fest statt am 31. Oktober am 18. zu feiern, d. h. es mit dem Nationalfeiertag der Schlacht bei Leipzig zusammenzulegen und dadurch einen gemeinsamen Kirchgang von Protestanten und Katholiken, ein Fest* »aller Deutschen« *herbeizuführen.*

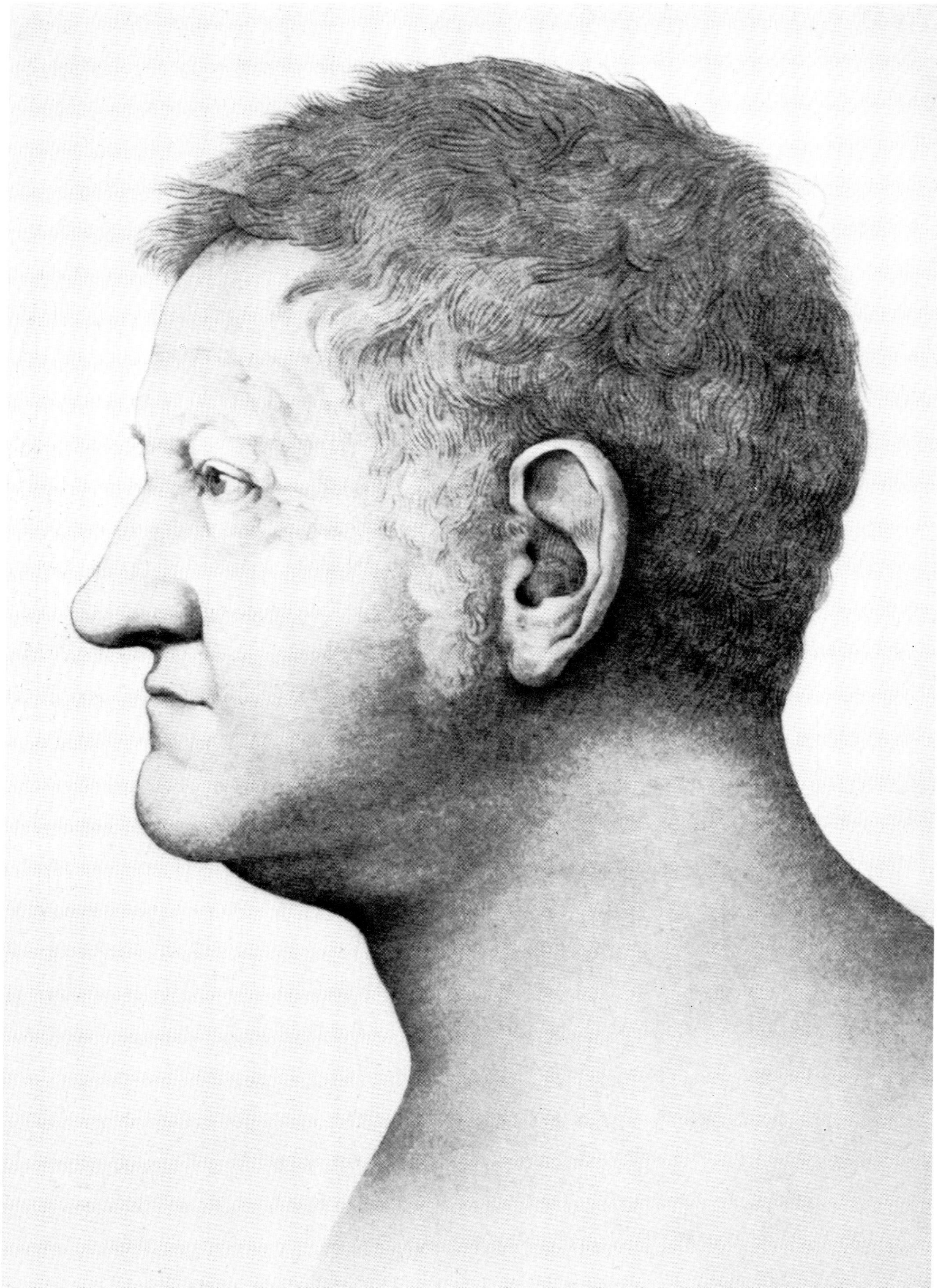

532 Großherzog Carl August *Kupferstich von C. Müller (?) nach F. Jagemann (?). 1817 (Vielleicht in Anlehnung an ein Relief von L. Posch 1814 ausgeführt)*

Im Juni 1815 kehrte Carl August vom Wiener Kongreß, nun als Großherzog, zurück. Goethe, zu dieser Zeit schon in Wiesbaden, hatte für den Empfang das Finale der Oper ›Johann von Paris‹ von Boieldieu umgearbeitet. Doch obwohl Goethe, im Bewußtsein, daß Carl August nichts Aufgeblasenes liebt, *schon* nur ein leicht Vorübergehendes versucht *hatte, mußten bei der Vorstellung noch »die Trompeten und Pauken, die gewöhnlichen Lichte im Parterre und auch der sangbare Epilog wegfallen.«*

533 Goethe: Südliche Meeresbucht *umrahmt von Bäumen und Festons. Bleistift, Feder. o. D. (um 1814?). Vielleicht als Vignette für das Titelblatt der von Goethe geplanten illustrierten Ausgabe der ›Italienischen Reise‹ gedacht*

Goethes Autobiographie war bei dem Versuch, sein Verhältnis zu Lili darzustellen, in eine Krise und ins Stocken geraten. Ein ›Ausweg‹ schien ihm die Bearbeitung der Papiere aus Italien; ›Divan‹ und ›Italienische Reise‹ werden über längere Zeit gemeinsam gefördert. 1815 hatte eine Rezension Woltmanns Goethe zu einem Bekenntnis seiner Schwierigkeiten mit ›Dichtung und Wahrheit‹ veranlaßt.

Es ist wohl der Mühe werth etwas länger zu leben, und die Unbilden der Zeit mit Geduld zu ertragen, wenn uns beschert ist, zu erfahren, daß eine so seltsame Persönlichkeit, als die des Verfassers jenes biographischen Versuchs, die mit sich selbst nicht einig werden konnte, sich doch noch zuletzt, in Geist und Gemüth der vorzüglichsten Männer der Nation, dergestalt rein abspiegelt, daß nicht mehr von Lob und Tadel, sondern nur von physiologischen und pathologischen Bemerkungen die Rede bleibt. [. . .] Bey Bearbeitung des vierten Bandes *[von ›Dichtung und Wahrheit‹]* entspringen neue Schwierigkeiten, und die Gefahr wird schon größer, es möchten die Euphemismen deren sich Ironie in einer gewissen Region mit Glück bedient, in einer höheren zu Phrasen auslaufen . . . Schon seit einem halben Jahr habe ich den vierten Band . . . plötzlich liegen lassen und, um nicht völlig zu stocken, zehen Jahre übersprungen, wo das bisher beengte und beängstigte Natur-Kind in seiner ganzen Losheit wieder nach Luft schnappt, im September 1786 auf der Reise nach Italien.
An Eichstädt, 29. Januar 1815

534 St. Rochus zu Bingen *von Luise Seidler nach einem Entwurf von Goethe und J. H. Meyer (verkleinerte Wiedergabe als Titelkupfer zum 2. Heft der Zeitschrift ›Über Kunst und Alterthum‹ 1817)*

1815 hatte Goethe, einer Anregung des Freiherrn vom Stein folgend, seine Aufzeichnungen über die von ihm besuchten Sammlungen in einem Aufsatz (der zugleich eine Denkschrift mit Vorschlägen zur öffentlichen Kunstpflege ist) niederzulegen begonnen; sein Titel ›Kunst und Alterthum am Rhein, Mayn und Neckar‹ weist schon auf die im März des folgenden Jahres angekündigte Zeitschrift, für die sich Goethe J. H. Meyer, S. Boisserée (und in späteren Jahren Eckermann) zu Mitarbeitern gewann, voraus.

535 Goethe: Titelblattentwurf für das erste Heft der Zeitschrift ›Kunst und Alterthum in den Rhein u. Mayn Gegenden‹ *Tübingen 1816. Feder mit Tinte (Vom 4. Heft des 1. Bandes an trug die Zeitschrift den Titel ›Über Kunst und Alterthum‹)*

536 Georg Friedrich Wilhelm Hegel (1770-1831) *Bleistiftzeichnung von Wilhelm Hensel. 1829 (Mit der Beischrift Hegels: »Unsere Kenntniß soll Erkenntniß werden. Wer mich kennt, wird mich hier erkennen«)*

537 Karlsbader Glas mit Schlange zum Hervorrufen des »Urphänomens« *Aus Goethes Sammlungen*

In der neuern Zeit, wo die Glasmahlerei wieder sehr löblich geübt wird, habe ich auf Wiener und Karlsbader Trinkgläsern dieses herrliche Phänomen in seiner größten Vollkommenheit gesehen. Am letztern Orte hat der Glasarbeiter *Mattoni* den guten Gedanken gehabt auf einem Glasbecher eine geringelte Schlange mit einer solchen Lasur zu überziehen, welche, bei durchscheinendem Licht, oder auf einen weißen Grund gehalten, hochgelb; bei aufscheinendem Licht und dunklem Grunde aber das schönste Blau sehen läßt. [. . .] Hier erscheint ein Urphänomen, setzt natürliche Menschen in Erstaunen und bringt die Erklärsucht zur Verzweiflung.

›Nachträge zur Farbenlehre‹ 9.: »Trüber Schmelz auf Glas« 1822. Am 24. Februar 1821 dankte Hegel Goethe für das neue Heft ›Zur Naturwissenschat‹ (I 3) und speziell für den darin enthaltenen Aufsatz ›Entoptische Farben‹. Von ihm aus kommt er auf das »Einfache und Abstrakte, was Sie sehr treffend das Urphänomen nennen«, zu sprechen. »Das Urphänomen auszuspüren, es von den andern, ihm selbst zufälligen Umgebungen zu befreien, – es abstrakt, wie wir dies heißen, aufzufassen, dies halte ich für eine Sache des großen geistigen Natursinns . . . Darf ich E. E. aber nun auch von dem besondern Interesse sprechen, welches ein so herausgehobenes Urphänomen für uns Philosophen hat, daß wir nämlich ein solches Präparat . . . geradezu in den philosophischen Nutzen verwenden können! – Haben wir nämlich endlich unser zunächst austernhaftes, graues oder ganz schwarzes – wie Sie wollen – Absolutes doch gegen Luft und Licht hingearbeitet, daß es desselben begehrlich geworden, so brauchen wir Fensterstellen, um es vollends an das Licht des Tages herauszuführen. Unsere Schemen würden zu Dunst verschweben, wenn wir sie so geradezu in die bunte verworrene Gesellschaft der widerhältigen Welt versetzen wollten. Hier kommen uns nun E. E. Urphänomene vortrefflich zustatten. In diesem Zwielichte, geistig und begreiflich durch seine Einfachheit, sichtlich oder greiflich durch seine Sinnlichkeit, begrüßen sich die beiden Welten – unser Abstruses und das erscheinende Dasein – einander. So präparieren uns E. E. auch die Gesteine und selbst etwas vom Metallischen zum Granit hin, den wir an seiner Dreieinigkeit leicht packen und zu uns hereinholen können . . . Längst haben wir es dankbar zu erkennen gehabt, daß Sie das Pflanzenwesen seiner und unserer Einfachheit vindizirt haben. Knochen, Wolken, kurz alles führen Sie uns höher herbei.« Als Dank für seinen Brief (der, redigiert, im nächsten Heft ›Zur Naturwissenschaft‹ erschien) und seine Anteilnahme an den Urphänomenen sandte Goethe Hegel ein zierliches, gelbgefärbtes Trinkglas, worin ein Stück schwarzen Seidenzeugs steckt, welches das Gelb des Glases als Blau durchscheinen läßt.

538 Karl Philipp Fohr (1795-1818): Dritter Entwurf für das (nicht ausgeführte) Gruppenbildnis der deutschen Künstler im Café Greco in Rom *Bleistift, 1818. Auf der linken Seite die Gruppe um den Maler J. A. Koch, auf der rechten der Freundeskreis um J. F. Overbeck*

»Für Goethens ›Leben‹ [Bd. 4 mit dem 1. Teil der ›Italienischen Reise‹] sind wir Ihnen sehr dankbar. Es ist freilich nicht mehr das goldne und silberne Zeitalter der ersten Bände, es ist ein sehr eisernes. [. . .] Ich möchte glauben, daß Goethe für bildlich darstellende Künste gerade gar keinen Sinn hat. Das heißt: kein Licht, was aus ihm [= sich] selber leuchtend, ihm, unabhängig vom Geschmack der Zeit, noch weniger gegen *diesen, das wahrhaft Schöne zeige. Oder, wenn er diese Gabe als Jüngling zu Straßburg hatte, so ist sie ihm in der unseligen Zeit verloren gegangen, deren Erzählung er übersprungen ist: während des Weimarer Hoflebens bis zur Italienischen Reise. Und wiederhergestellt hat sie sich nicht; davon zeugte ›Winckelmann und sein Jahrhundert‹, ›Hackerts Leben‹, die ›Propyläen‹, die Kunstaufgaben und Kunstartikel in der ›Litt. Ztg.‹, ohne vom ›Rhein und Main‹ zu reden. [. . .] Ein Anderes ist die ganze Stimmung, worin er nach Italien kommt . . . möchte man nicht darüber weinen? Wenn man so eine ganze Nation und ein ganzes Land bloß als eine Ergötzung für sich betrachtet, in der ganzen Welt und Natur nichts siehet, als was zu einer unendlichen Dekoration des erbärmlichen Lebens gehört . . . Der jugendliche Goethe gehörte auch mehr in das Rom des fünften Jahrhunderts der Stadt als in Das der Cäsaren, mehr in das Deutschland Luthers und Dürers als in Das des achtzehnten Jahrhunderts, mehr in Dantes und Boccaccios Florenz als in Das Ferdinands des Dritten. Oder vielmehr: er gehörte dort ganz hin, als er ›Faust‹ und ›Götz‹ und seine Lieder sang. Welcher Dämon verführte ihn, auch dem achtzehnten Jahrhundert gerecht sein zu mögen? Aus* dieser *italienischen Reise ging der ›Groß-Kophta‹ hervor und was alles sonst die große und heilige Natur in ihm verhüllt zeigt . . . Cornelius ist ein inniger Enthusiast für Goethe, vielleicht Keiner mehr; wenigstens hat Goethe Keinen inspiriert wie ihn. [. . .] Aber als wir geschlossen hatten für dies Mal . . . nahm er das Wort und sagte: wie tief es ihn bekümmere, daß Goethe Italien* so *gesehen habe. Entweder habe ihm das Herz damals nie geschlagen, das reiche, warme Herz, es sei erstarrt gewesen; oder er habe es gleich festgekniffen. So ganz und gar nicht das Erhabene an sich kommen zu lassen, das Ehrwürdige zu ehren! Aber so viel Mittelmäßiges zu protegieren! . . . und Alle jammerten gen Himmel über das unselige Weimarer Hofleben, in dem Simson seine Locken verloren habe.«*
B. Niebuhr an F. C. von Savigny, 16. Februar 1817. Niebuhr war von 1816-23 preußischer Gesandter in Rom. Zu dem Kreis deutscher Künstler, den er um sich versammelte, gehörten u. a. Cornelius, Overbeck, Koch und W. Schadow.

539 Karl Philipp Fohr: Der Kupferstecher Karl Barth (1787-1853), der Architekt Johann Buck (um 1795-?) und der Dichter und Orientalist Friedrich Rückert (1788-1866) *Bleistift. Studie für das Gruppenbild der deutschen Künstler im Café Greco. 1818*

Und so kann ich denn Rückerts . . . Lieder *[›Östliche Rosen. 3 Lesen‹ 1822]* allen Musikern empfehlen; aus diesem Büchlein, zu rechter Stunde aufgeschlagen, wird ihnen gewiß manche Rose, Narzisse und was sonst sich hinzugesellt, entgegenduften; von blendenden Augen, fesselnden Locken, gefährlichen Grübchen findet sich manches Wünschenswerte . . .
›Östliche Rosen von Friedrich Rückert‹ (›Über Kunst und Alterthum‹ III 3) 1822

540 Ludwig Börne (1786-1837) *Ölgemälde von M. D. Oppenheim. 1831*

Am 10. Mai 1818 hatte Börne Goethe in einem Billett um Mitarbeit an der von ihm soeben gegründeten Zeitschrift ›Die Waage. Eine Zeitschrift für Bürgerleben, Wissenschaft und Kunst‹ gebeten: »Darf der reiche Mann den armen zurückweisen, der ihn um eine milde Gabe bittet, und wird der Verfasser dieser Blätter, eine Mitteilung für die angekündigte Zeitschrift, die ihn und seine Leser aufmuntere, vergebens erwarten? Gewiß nicht. Dr. Börne.« Die Anfrage blieb unbeantwortet.

»Mit der seeleninnigsten Behaglichkeit preist Goethe in seinem Diwan die Despotie. Kein Liebchen im Leben und im Gedichte war ihm je so wert als diese stolze Schöne . . . Wer noch sonst als der einzige deutsche Goethe war je so schamlos, das Knechtische in der Natur des Menschen zu verherrlichen und nackt zu zeigen, was ein edler Mensch mit Trauer bedeckt.«
Börne: ›Über Goethes Kommentar zum Diwan‹. 1830

541 Karl Philipp Fohr: Götz von Berlichingen reitet ins Zigeunerlager *(s. V. Akt, 6. Aufzug). Lavierte Federzeichnung (über Bleistift). Um 1817?*

[. . .]
Doch dieses Bild führt uns heran die Zeit / Wo Deutschland, in- und mit sich selbst entzweit, / Verworren wogte, Scepter, Krummstab, Schwert, / Feindselig eins dem andern zugekehrt; / Der Bürger still sich hinter Mauern hielt, / Des Landmanns Kräfte kriegrisch aufgewühlt; / Wo auf der schönen Erde nur Gewalt, / Verschmitzte Habsucht, kühne Wagniß galt. /

Ein deutsches Ritterherz empfand mit Pein / In diesem Wust den Trieb gerecht zu sein. / Bei manchen Zügen die er unternahm, / Er half und schadete, so wie es kam, / Bald gab er selbst, bald brach er das Geleit, / That Recht und Unrecht in Verworrenheit, / So daß zuletzt die Woge die ihn trug / Auf seinem Haupt verschlingend überschlug; / Er, würdigkräft'ger Mann, als Macht gering, / Im Zeitensturm unwillig unterging. /

Ihm steht entgegen, selbstgewiß, in Pracht, / Des Pfaffenhofes listgesinnte Macht, / Gewandter Männer weltlicher Gewinn / Und leidenschaftlich wirkend Frauensinn. / Das wankt und wogt, ein streitend Gleichgewicht, / Die Ränke siegen, die Gewalt zerbricht. / Zur Seite seht des Landmanns Heiterkeit, / Der jeden Tag des Leidlichen sich freut. / Und fernerhin Zigeuner zeigen an / Es sei um Ordnung in dem Reich gethan. / Denn wie die Schwalbe Sommer deutend schwebt, / So melden sie daß man im Düstern lebt, / Sind räuberisch, entführen oft zum Scherz, / Wahrsagerinnen, Menschen Geist und Herz.

Zigeuner-Tochter tritt vor.
Schwestern, wir wollen es nicht ertragen, / Wir wollen auch ein Wörtchen sagen. *(Zur Gesellschaft.)* Eure Gnade sei zu uns gekehrt! / Ihr verdammt uns nicht ungehört! / Werde wahrzusagen wissen, / Nicht weil wir die Zukunft kennen: / Aber unsre Augen brennen / Lichterloh in Finsternissen / Und erhellen uns die Nächte. /

So kann unserem Geschlechte / Nur das Höchste heilig deuchten, / Gold und Perlen und Juwelen / Können solcher edlen Seelen / Himmelglanz nicht überleuchten. / Der allein ist's der uns blendet. [. . .]
›Maskenzug 1818‹

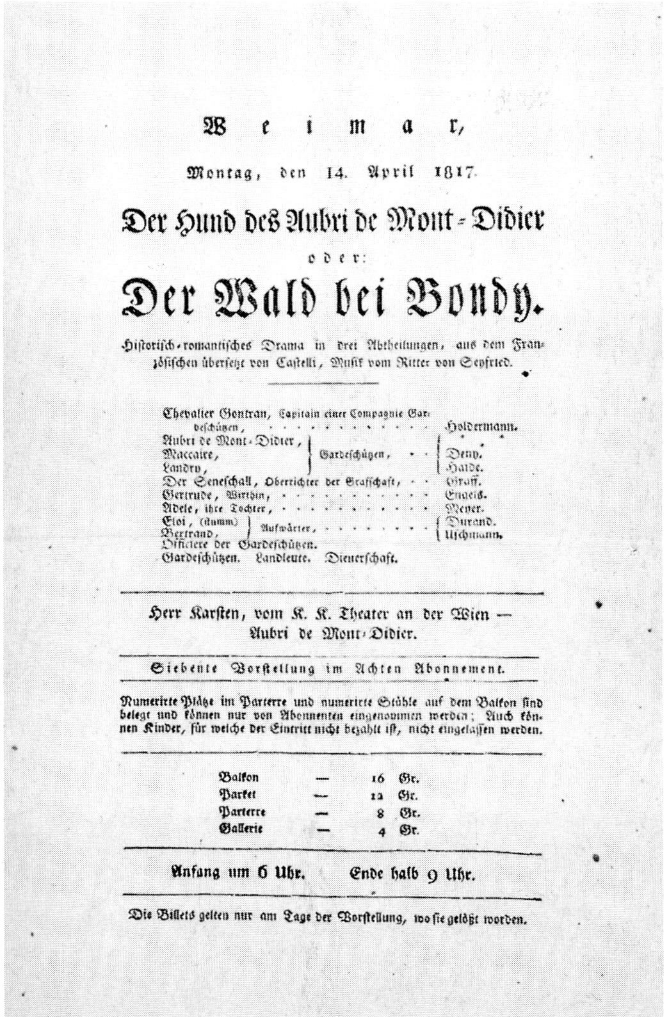

Weimar,

Montag, den 14. April 1817.

Der Hund des Aubri de Mont-Didier

oder:

Der Wald bei Bondy.

Historisch-romantisches Drama in drei Abtheilungen, aus dem Französischen übersetzt von Castelli, Musik vom Ritter von Seyfried.

Chevalier Gontran, Capitain einer Compagnie Gardeschützen,		Holdermann.
Aubri de Mont-Didier,	Gardeschützen,	* * *
Maccaire,	Gardeschützen,	Deny.
Landry,	Gardeschützen,	Haide.
Der Seneschall, Oberrichter der Grafschaft,		Graff.
Gertrude, Wirthin,		Engels.
Adele, ihre Tochter,		Meyer.
Eloi, (stumm)	Aufwärter,	Durand.
Bertrand,	Aufwärter,	Uschmann.

Officiere der Gardeschützen.
Gardeschützen. Landleute. Dienerschaft.

Herr Karsten, vom K. K. Theater an der Wien — Aubri de Mont-Didier.

Siebente Vorstellung im Achten Abonnement.

Numerirte Plätze im Parterre und numerirte Stühle auf dem Balkon sind belegt und können nur von Abonnenten eingenommen werden; Auch können Kinder, für welche der Eintritt nicht bezahlt ist, nicht eingelassen werden.

Balkon	—	16	Gr.
Parket	—	12	Gr.
Parterre	—	8	Gr.
Gallerie	—	4	Gr.

Anfang um 6 Uhr. Ende halb 9 Uhr.

Die Billets gelten nur am Tage der Vorstellung, wo sie gelößt worden.

542 Weimarischer Theaterzettel vom 14. April 1817: ›Der Hund des Aubri de Mont-Didier oder Der Wald bei Bondy‹

543 Caroline Jagemann (1777-1848; seit 1809 Frau von Heygendorff), Schauspielerin
Pastellgemälde von L. Seidler. Um 1810

Sie war auf den Brettern wie geboren und gleich in allem sicher und entschieden, gewandt und fertig wie die Ente auf dem Wasser. Sie bedurfte meiner Lehre nicht, sie tat instinktmäßig des Rechte, vielleicht ohne es selber zu wissen.
*Goethe über Caroline Jagemann bei Eckermann: ›Gespräche‹ 2. Mai 1824. Die bei Iffland ausgebildete Schauspielerin gehörte seit 1797 zum Ensemble des Weimarer Theaters. Ihrer Machtstellung – sie war die Geliebte Carl Augusts – schrieb man es immer wieder zu, daß Goethe am 13. April 1817 (nach 26 Jahren Amtszeit) die Intendanz niederlegte: äußerer Anlaß war ein gegen seinen Willen in einem Gastspiel auftretender dressierter Hund, für dessen Erscheinen Caroline Jagemann sich angeblich beim Großherzog eingesetzt hatte. »Ich habe nichts anderes getan, als was ich in solchen Fällen zu tun gewohnt war, und den Großherzog benachrichtigt. Es ist mir nicht in den Sinn gekommen, den Pudel für einen denkenden Schauspieler zu erklären, noch sein Auftreten für eine Entweihung des weimarischen Theaters zu halten, das genug Stücke zur bloßen Unterhaltung gab . . . seine letzten Inszenierungen – nach jahrelanger Untätigkeit – erbrachten in ihrer formalen Erstarrung den Beweis, daß er den Zusammenhang mit der Schauspielkunst verloren hatte. ›Mahomet‹ war schon vor siebzehn Jahren eine problematische Vorstellung, heute aber, ohne Leben und Geist, ein Aufmarsch von Marionetten, und der ›Schutzgeist‹ im Vergleich mit dem ›Hund des Aubry‹ eine veraltete Antiquität. [. . .] Der Abgang Goethes vom Theater war in einem Alter, das den aufreibenden Anstrengungen nicht mehr gewachsen war, eine sehr natürliche Sache, das Auftreten Dragons [des Pudels] das Satyrspiel nach pathetischem Hauptstück; sobald der Vorhang gefallen war, hatte der Hund seine Rolle ausgespielt, das unvergängliche Verdienst des Dichters um das Theater bleibt bestehen, so lange ein solches existiert.«
Caroline Jagemann: ›Erinnerungen‹*

544 G. Schadow: ›Blüchers Sturz‹ *Relieftafel vom Sockel des Blücher-Denkmals*

545 Denkmal des Fürsten Blücher von Wahlstatt *(Revers: »Errichtet in seiner Vaterstadt Rostock von Mecklenburgs Fürsten und Volk – d. 26. August 1819«) von Schadow auf einer Goldmedaille. Aus Goethes Sammlungen*

Der Plan zu einem Blücher-Denkmal wurde von den Mecklenburgischen Ständen schon im Dezember 1814 gefaßt, Goethe bei den Vorarbeiten maßgeblich beteiligt. Sein Aufsatz ›Blüchers Denkmal‹ berichtet über die Entstehung und das fertige Denkmal, zu dem er die Inschrift beisteuerte.

... die aus Erz gegossene ..., neun Fuß hohe Statue des Helden ... Er ist abgebildet mit dem linken Fuß vorschreitend, die Hand am Säbel, die Rechte führt den Commandostab. [...] Der Rücken durch eine Löwenhaut bekleidet, wovon der Rachen auf der Brust das Heft bildet. *Über die Relieftafeln auf dem granitenen Sockel:* Die erste stellt vor den Helden, sich vom Sturze mit dem Pferde aufraffend und zu gleicher Zeit den Feind bedrohend; der Genius des Vaterlandes schützt ihn mit der Ägide; die zweite zeigt den Helden zu Pferde, widerwärtige dämonische Gestalten in den Abgrund jagend. Auch hier mangelt es nicht am Beistand der guten Geister. [...] Und so steht dieses Bild, wie auf dem Scheidepunct älterer und neuerer Zeit, auf der Gränze einer gewissen conventionellen Idealität, welche an Erinnerung und Einbildungskraft ihre Forderungen richtet, und einer unbedingten Natürlichkeit, welche die Kunst, selbst wider Willen, an eine oft beschwerliche Wahrhaftigkeit bindet.

(›Tag- und Jahreshefte‹ 1816)

546 ›Über Kunst und Alterthum in den Rhein- u. Mayn Gegenden‹ *Originalbroschur von J. H. Meyer, nach Goethes Entwurf (s. Abb. 535)*

547 Johann Heinrich Meyer (1759-1832): Selbstbildnis *o. D.*

Ich mischte mich nun freimütiger unter die Künstlerschar und fragte nach den Meistern verschiedener Bilder, deren Kunstweise mir noch nicht bekannt geworden. Endlich zog mich ein Bild besonders an, den heiligen Georg, den Drachenüberwinder und Jungfrauenbefreier, vorstellend. Niemand konnte mir den Meister nennen. Da trat ein kleiner, bescheidener, bisher lautloser Mann hervor und belehrte mich, es sei von Pordenone [. . .] Der belehrende Künstler ist Heinrich Meyer, ein Schweizer, der [. . .] seit einigen Jahren hier studiert, die antiken Büsten in Sepia vortrefflich nachbildet und in der Kunstgeschichte wohl erfahren ist.
›Italienische Reise‹, Rom, 3. November 1786

548 Felix Mendelssohn-Bartholdy (1809-1847) *Bleistiftzeichnung von Wilhelm Hensel. 1821*

»›Und du hast doch den Mozart in seinem siebenten Jahre in Frankfurt mit angehört!‹ sagte Zelter. ›Ja‹, erwiderte Goethe, ›damals zählte ich selbst erst zwölf [!] Jahre und war allerdings, wie alle Welt, höchlich erstaunt über die außerordentliche Fertigkeit desselben. Was aber dein Schüler jetzt schon leistet, mag sich zum damaligen Mozart verhalten, wie die ausgebildete Sprache eines Erwachsenen zu dem Lallen eines Kindes. [. . .] Wer aber kann sagen, wie ein Geist sich in der Folge entwickeln mag? [. . .]‹«
J. Ch. Lobe: ›Ein Quartett bei Goethe‹ 1867

»Alle Nachmittage macht Goethe das Streichersche Instrument [einen im Juli 1821 von Goethe erworbenen Flügel] mit den Worten auf: ›Ich habe dich heute noch gar nicht gehört, mache mir ein wenig Lärm vor‹, und dann pflegt er sich neben mich zu setzen, und wenn ich fertig bin (ich phantasiere gewöhnlich), so bitte ich mir einen Kuß aus oder nehme mir einen. [. . .]«
F. Mendelssohn an seine Eltern, Weimar, nach dem 12. November 1821

549 Karl Friedrich Schinkel (1781-1841) 1824 in Neapel *Ölgemälde von Franz Louis Catel*

550 Schinkel: Perspektivische Ansicht des neuen Schauspielhauses zu Berlin *Aus: Schinkel: ›Sammlung architectonischer Entwürfe . . .‹ Heft 2, Berlin 1821. Aus Goethes Bibliothek*

Mit einem wegen dringender Zeit gleichsam aus dem Stegreife *erfundenen Prolog, den Goethe im Auftrag des Grafen Brühl geschrieben hatte, und mit Goethes ›Iphigenie‹ wurde am 26. Mai 1821 in Berlin das von Schinkel erbaute neue Schauspielhaus eröffnet.*
Prächtiger Saal im antiken Styl; Aussicht aufs weite Meer.
I. Die Muse des Drama's [. . .]
So schmücket sittlich nun geweihten Saal / Und fühlt euch groß im herrlichsten Local. / Denn euretwegen hat der Architekt, / Mit hohem Geist, so edlen Raum bezweckt, / Das Ebenmaß bedächtig abgezollt, / Daß ihr euch selbst geregelt fühlen sollt; / Wie's dem Senat geziemt, den eine Welt / Auf seinen Spruch zu harren würdig hält. [. . .]
›Prolog zur Eröffnung des Berliner Theaters im May 1821‹

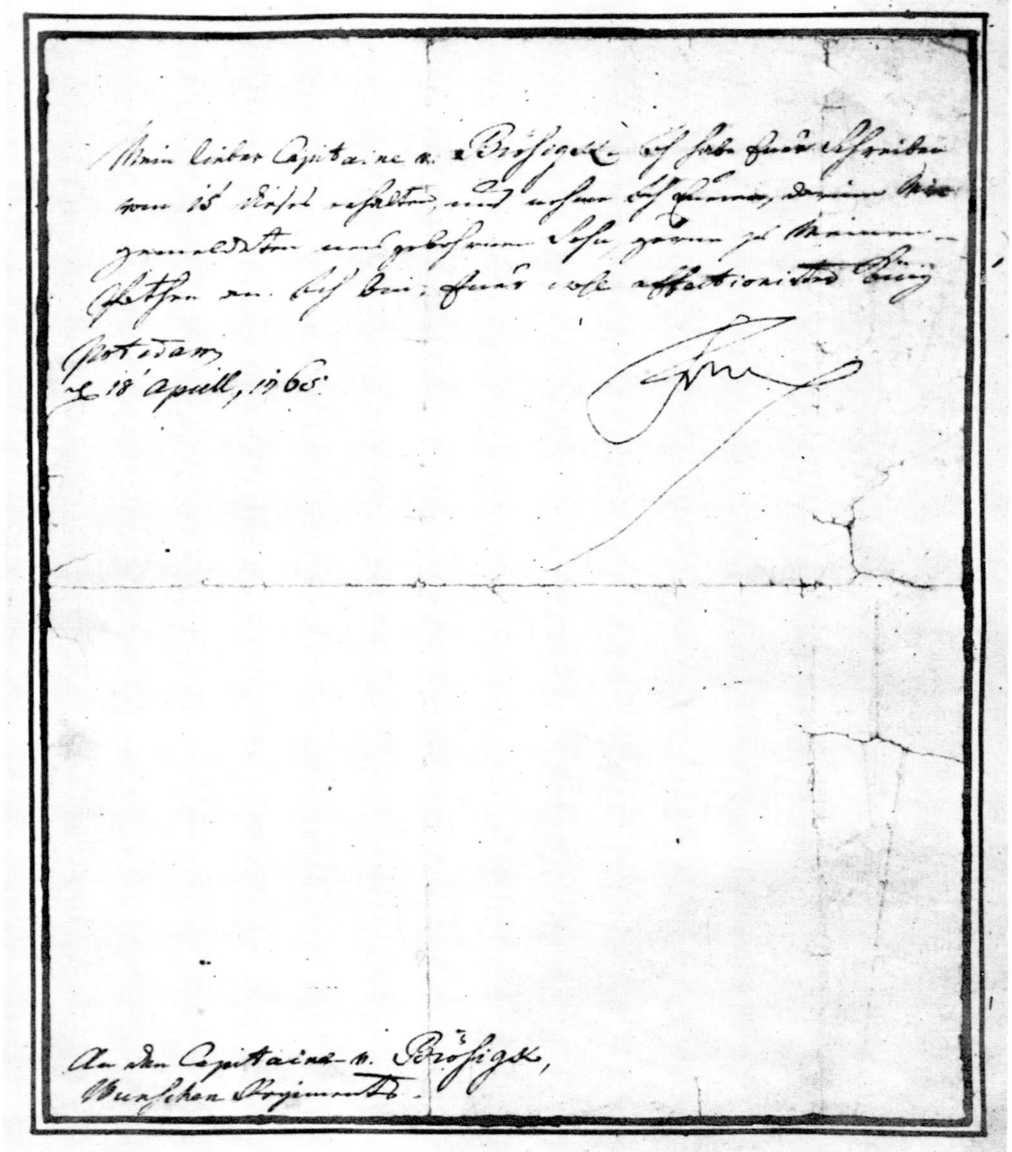

Mein lieber Capitaine v. Brösigke. Ich habe Euer Schreiben
vom 15. dieses erhalten, und nehme Ich Euren, deme Mir
gemeldeten neugebohrnen Sohn gerne zu Meinem
Pathen an. Ich bin Euer sehr affectionirter König

Potsdam
d. 18. April, 1765.

Frch

An den Capitaine v. Brösigke,
Wunschen Regiments.

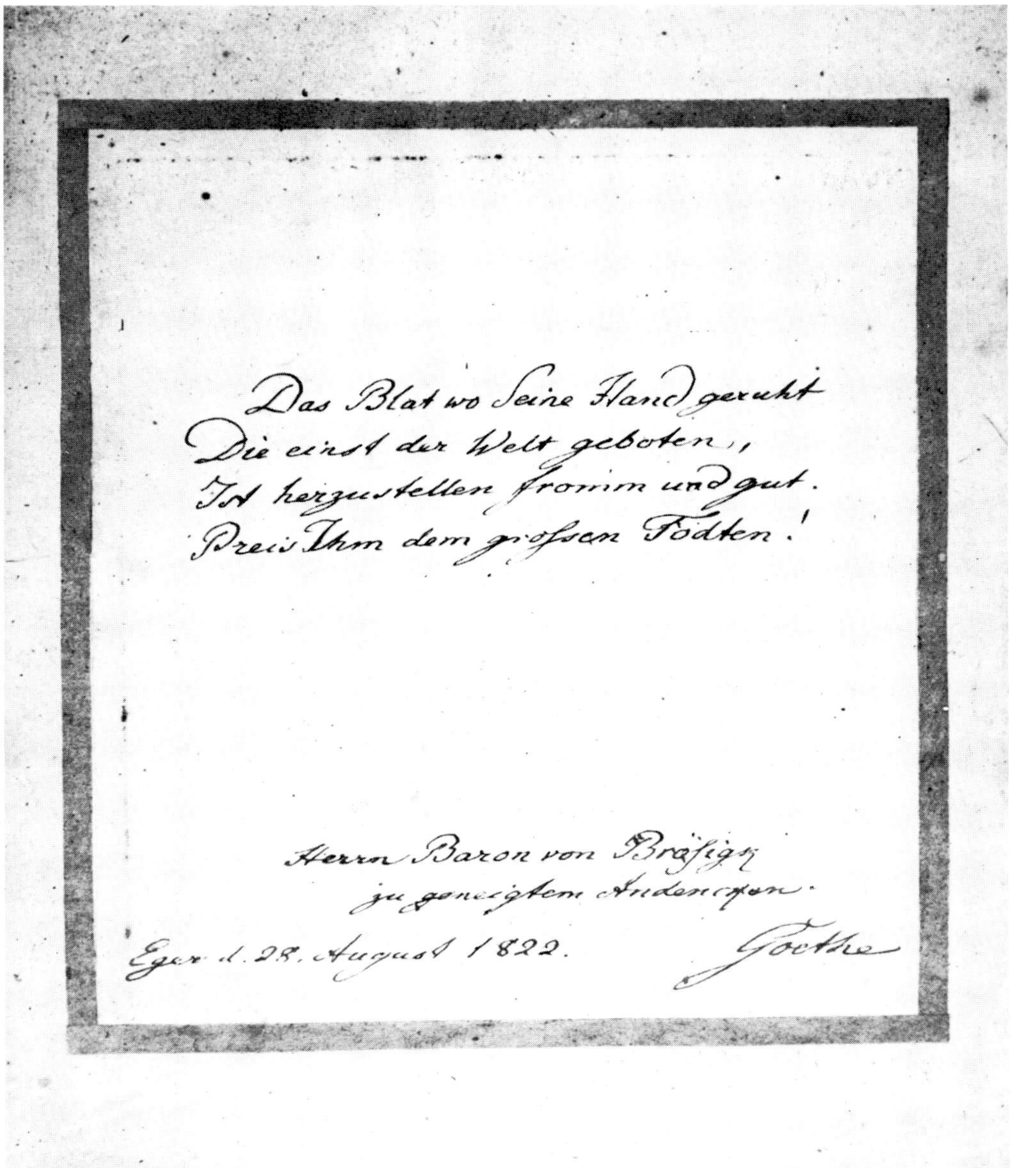

Das Blat wo Seine Hand geruht
Die einst der Welt geboten,
Ist herzustellen fromm und gut.
Preis Ihm dem grossen Todten!

Herrn Baron von Brösigk
zu geneigtem Andenken.
Eger d. 28. August 1822. Goethe

551 Von Goethe restauriertes und mit einem Begleitgedicht versehenes Autograph Friedrichs des Großen *Aus dem Nachlaß Ulrike von Levetzows*

»Mein lieber Capitaine v. Brösigk. Ich habe Euer Schreiben vom 15 dieses erhalten, und nehme Ich Euren, darinn mir gemeldeten uns gebohrenen Sohn gerne zu meinem Pathen an. Ich bin Euer wohl affectionirter König Friedrich Potsdam den 18 Aprill, 1765 An den Capitaine v. Brösigk, Burschen Regiment.«

552 Vorraum zu Goethes Arbeitszimmer *mit Mineralienschränken und der Standuhr aus Goethes Elternhaus*

»Es wurde in dieser Zeit [von Goethes Aufenthalten in Marienbad] auch von Handschriften gesprochen, und Goethe sagte, daß er keine Schrift von Friedrich dem Großen gesehen. Da holte mein Großvater einen Brief des Königs, worin er die Patenstelle bei ihm annahm; da das Papier des Briefes gänzlich verbogen und zu zerreißen drohte, sagte Goethe, er wolle es wieder glätten und in Ordnung bringen; da er es aber bei seiner Abreise meinem Großvater nicht zurückgestellt, glaubte dieser, er würde den Brief wohl nicht wieder zurück erhalten; doch Goethe sandte ihn schon von Eger, wo er sich bei einem Bekannten von ihm [Grüner] schon öfter aufgehalten, meinem Großvater zurück. Goethe hatte den Brief auf Papier aufgezogen und auf der andern Seite dazu geschrieben: ›Das Blatt, wo seine Hand geruht, / Die einst der Welt geboten, / Ist herzustellen fromm und gut, / Preis ihm, dem großen Toten.‹«
Ulrike von Levetzow: Erinnerungen

... da mir die sinnliche Anschauung durchaus unentbehrlich ist, so werden mir vorzügliche Menschen durch ihre Handschrift auf eine magische Weise vergegenwärtigt. Solche Documente ihres Daseyns sind mir, wo nicht ebenso lieb, als ein Portrait, doch gewiß als ein wünschenswerthes Supplement oder Surrogat desselben.
An Friedrich Jacobi, 10. Mai 1812

553 Goethe: Marienbad (mit dem Kreuzbrunnen) *Schwarze Kreide, Feder, Tusche, Sepialavierung. Datierung: 1820/23*

554 Ellenbogen *Kupferstich, anonym. Aus dem Nachlaß J. Urzidils*

*Am 26. Juli 1821 reist Goethe zur Kur nach Marienbad. Er trifft dort Amalie v. Levetzow, die er (*als einen glänzenden Stern meines früheren Horizonts*) 1806 in Karlsbad kennengelernt hatte, und ihre drei Töchter. Seine Zuneigung zu Ulrike scheint sogleich entschieden* (Du hattest längst mir's angethan . . .).

»Und wie wird sich Ulrikchen freuen, wenn sie wieder Töchterchen genannt wird, worauf sie so stolz ist.«
Ulrike an Goethe, 23. April 1822

In Marienbad habe Goethe »die Bekanntschaft einer an *Körper und Geist gleich liebenswürdigen jungen Dame gemacht und zu ihr eine leidenschaftliche Neigung gefaßt. Wenn er in der Brunnenallee ihre Stimme gehört, habe er immer rasch seinen Hut genommen und sei zu ihr hinuntergeeilt. Er habe keine Stunde versäumt, bei ihr zu sein, er habe glückliche Tage gelebt; sodann, die Trennung sei ihm sehr schwer geworden, und er habe in solchem leidenschaftlichen Zustande ein überaus schönes Gedicht gemacht, das er jedoch wie eine Art Heiligthum ansehe und geheim halte [Die ›Elegie‹].«*
Eckermann: ›Gespräche‹ 27. Oktober 1823

555 Ulrike von Levetzow (1804-1899) *Anonymes Pastellbild. 1821*

556 Ulrikes Siegelabdruck *Aus der Sammlung Urzidil*

Liebeschmerzlicher Zwie Gesang unmittelbar nach dem Scheiden

[. . .] *Sie.* Du trauerst daß ich nicht erscheine, / Vielleicht entfernt so treu nicht meine *[= liebe]*, / Sonst wär' mein

Geist im Bilde da. / Schmückt Iris wohl des Himmels Bläue? / Laß regnen, gleich erscheint die Neue, / Du weinst! Schon bin ich wieder da.

Er. Ja du bist wohl an Iris zu vergleichen! / Ein liebenswürdig Wunderzeichen. / So schmiegsam herrlich, bunt in Harmonie / Und immer neu und immer gleich wie sie.

Die wohl unmittelbar nach der Abreise von Marienbad am 24./25. Juli 1822 gedichteten Verse schrieb Goethe am 6. August in Eger in das Stammbuch des Komponisten Tomaschek

557 Goethe: ›Wilhelm Meisters Wanderjahre‹ *Erste Fassung. 1821. Widmungsexemplar »Fräulein Ulrike von Lewezow zu freundlichem Andencken des Augusts 1821. Marienbad Goethe« mit einer später montierten Zeichnung: Goethes Profil*

»In diesem Sommer [1821] schenkte mir Goethe ›Wilhelm Meisters Wanderjahre‹, es war ihm das Buch als neue [d. h. Erst-] Auflage zur Durchsicht nach Marienbad gesandt worden. Als er es mir gegeben und ich darin zu lesen begann, fand ich, daß schon früher etwas sein müßte, da sich manches noch mir Unbekanntes begab, und als ich es Goethe sagte und ihn bat, mir doch das frühere Buch auch zu geben, meinte er, es sei nicht recht für mich, er wolle mir lieber daraus erzählen . . .«
Ulrike v. Levetzow: Erinnerungen

558 Ulrike von Levetzow an Goethe *Beilage zu den Briefen ihrer Mutter und ihrer Schwestern. Dresden, 28. August 1824*

»Geehrter Herr Geheime Rat heute vor einem Jahre hatten wir das Vergnügen beynahe den ganzen Tag mit Ihnen in Ellbogen zuzubringen, damals nahmen wir uns sehr in Acht das öffentliche Geheimniß nicht durch Worte zu entheiligen, da Sie unsere Gefühle in unsern Mienen lesen konnten, heute ist es anders, aber gewiß nicht besser; denn wir entbehren das Glück in Ihrer Gesellschaft zu sein, und darum dürfen wir auch aussprechen, was wir fühlen an dem Tag der Sie uns und der Welt schenckte. Nehmen Sie daher unsere besten innigsten Wünsche für Ihr Glück und Ihre Zufriedenheit, von uns mit freundlichen Wohlwollen an, und erinnern sich auch entfernt zuweilen an Ihre ergebene Freundin Ulrike«

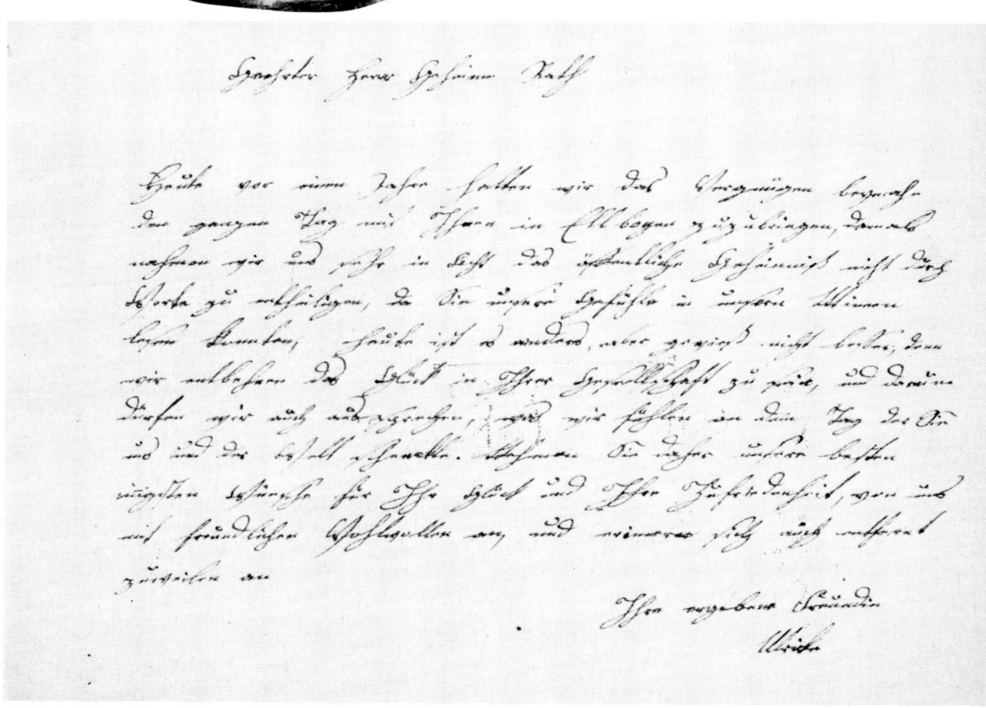

Geehrter Herr Geheime Rath

Heute vor einem Jahre hatten wir das Vergnügen beynahe den ganzen Tag mit Ihnen in Ellbogen zuzubringen, damals nahmen wir uns sehr in Acht das öffentliche Geheimniß nicht durch Worte zu entheiligen, da Sie unsere Gefühle in unsern Mienen lesen konnten, heute ist es anders, aber gewiß nicht besser, denn wir entbehren das Glück in Ihrer Gesellschaft zu sein, und darum dürfen wir auch aussprechen, was wir fühlen an dem Tag der Sie uns und der Welt schenckte. Nehmen Sie daher unsere besten innigsten Wünsche für Ihr Glück und Ihre Zufriedenheit, von uns mit freundlichen Wohlwollen an, und erinnern sich auch entfernt zuweilen an

Ihre ergebene Freundin
Ulrike

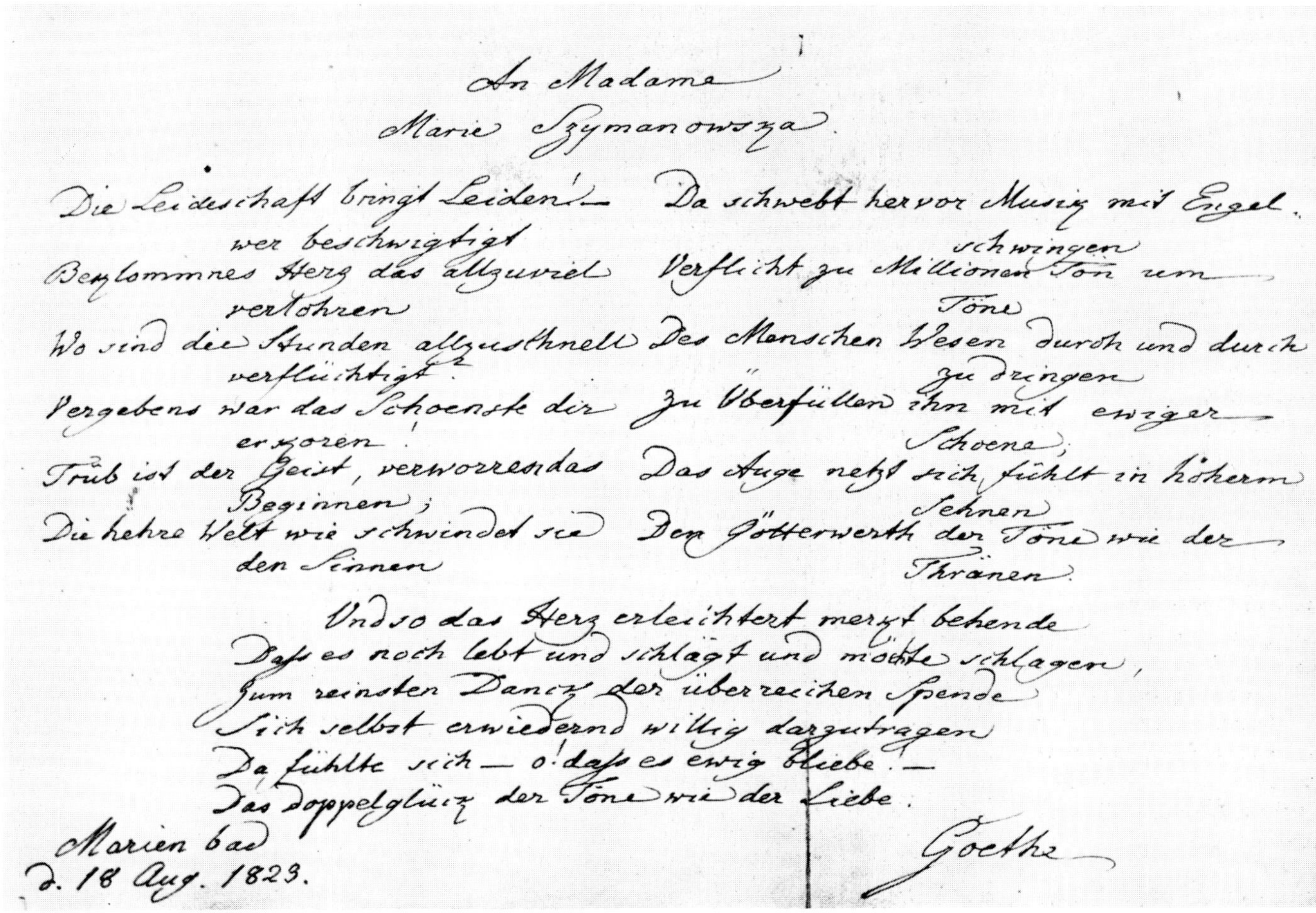

An Madame
Marie Szymanowska

Die Leidenschaft bringt Leiden! – Wer beschwichtigt
Beklommnes Herz das allzuviel verlohren
Wo sind die Stunden allzuschnell verflüchtigt!
Vergebens war das Schoenste dir erkoren!
Trüb ist der Geist, verworren das Beginnen;
Die hehre Welt wie schwindet sie den Sinnen

Da schwebt hervor Musik mit Engelschwingen
Verflicht zu Millionen Ton um Töne
Des Menschen Wesen durch und durch zu dringen
Zu überfüllen ihn mit ewger Schoene;
Das Auge netzt sich, fühlt in höherm Sehnen
Den Götterwerth der Töne wie der Thränen.

Und so das Herz erleichtert merkt behende
Daß es noch lebt und schlägt und möchte schlagen,
Zum reinsten Danck der überreichen Spende
Sich selbst erwiedernd willig darzutragen.
Da fühlte sich – o! daß es ewig bliebe! –
Das doppelglück der Töne wie der Liebe.

Marienbad
d. 18 Aug. 1823.

Goethe

559 Goethe: An Madame Marie Szymanowska »Die Leidenschaft bringt Leiden . . .« *Eigenhändige Reinschrift des später unter dem Titel ›Aussöhnung‹ zur ›Trilogie der Leidenschaft‹ gefügten Gedichts. Marienbad, 16.-18. August 1823*

So geh ich nun von Marienbad weg, das ich eigentlich ganz leer lasse; nur diese zierliche Tonallmächtige *[M. Szymanowska]* und den Grafen St. Leu noch hier wissend. Alles andere, was mich leben machte, ist geschieden, die Hoffnung eines nahen Wiedersehens zweifelhaft. [. . .] Hierbey noch einige Gedichte. Im schönsten Sinne dein liebender Vater G.
An Ottilie von Goethe, Marienbad, 19. August 1823

Verlasst mich hier, getreue Weggenossen! / Laßt mich allein am Fels, in Moor und Moos; / Nur immer zu! euch ist die Welt erschlossen, / Die Erde weit, der Himmel hehr und gros; / Betrachtet, forscht, die Einzelnheiten sammelt, / Naturgeheimniß werde nachgestammelt. /

Mir ist das All, ich bin mir selbst verlohren, / Der ich noch erst den Göttern Liebling war; / Sie prüften mich verliehen mir Pandoren, / So reich an Gütern, reicher an Gefahr; / Sie drängten mich zum gabeseligen Munde, / Sie trennen mich, und richten mich zu Grunde.
›Marienbader Elegie‹ (Str. 22-23)

»Sie sehen das Produkt eines höchst leidenschaftlichen Zustandes . . .; als ich darin befangen war, hätte ich ihn um alles in der Welt nicht entbehren mögen . . . Ich setzte auf die Gegenwart, so wie man eine bedeutende Summe auf eine Karte setzt, und suchte sie, ohne Übertreibung, so hoch zu steigern als möglich.« Eckermann: »Gespräche« 16. November 1823

560 Marie Szymanowska, geb. Wolowska (1795-1831), Pianistin *Lithographie von J. Oleszkiewicz. o. D.*

561 Blick ins ›Junozimmer‹ in Goethes Haus am Frauenplan

Das ›blaue‹ oder ›große‹ Zimmer, auf der Frauenplanseite, erhielt seinen Namen erst spät, nachdem die Goethe von Staatsrat Schultz bei dessen Besuch im Oktober 1823 geschenkte kolossale Juno-Büste aufgestellt worden war.

Nun aber zu dem A und Ω das ich Ihnen ewig verdanke. Mehrere Wochen war ich nicht in das große und durchkältete Zimmer gekommen, und als ich wieder hineintrat erstaunt ich zum Erschrecken, so trat mir das erhabene einzige Götterbild entgegen. Nun seh ich es wieder täglich und immer wieder mit neuem Eindruck.
An C. L. F. Schultz, 8. März 1824
In diesem Raum, an dessen Längswand hinter grünen Vorhängen die Meyersche Kopie der Aldobrandinischen Hochzeit hing (siehe Abb. 572), empfing Goethe am 10. Juni 1823 zum erstenmal Johann Peter Eckermann.

562 Erbprinz Carl Friedrich von Sachsen-Weimar (1783 bis 1853; Großherzog seit 1828) und Großfürstin Maria Paulowna (1786-1859) *Vorderseite eines von Friedrich Tieck zur Hochzeit des Erbprinzen mit Maria Paulowna am 3. August 1804 modellierten Medaillons (Rs.: Vier geflügelte Genien im Zodiak, nach einem von Goethe veranlaßten Entwurf J. H. Meyers). Bronzeguß. Aus Goethes Sammlungen*

Der Frühling grünte zeitig, blühte froh / Narziss' und Tulpe, dann die Rose so; / Auch Früchte reiften mit gedrängtem Segen / Der nah und nähern Sonnengluth entgegen; / Sie zierten wechselnd längst ersehnte Zeit / Und schmeichelten der tiefsten Einsamkeit. / Da stellte sich dem Hocherstaunten dar / Ein hehrer Fürst und Jugend Paar um Paar, / So gut als lieb, ehrwürdig und erfreulich; / Der innre Sinn bewahret sie getreulich, / In Frühlings-, Sommer-, Herbst- und Wintertagen / Die holden Bilder auf- und abzutragen; / So kann er dann, bei solcher Sterne Schein, / Auch wenn er wollte, niemals einsam sein.
›Ihro Kaiserlichen Hoheit Großfürstin Alexandra‹ nach einem Besuch des Großherzogs mit den Paaren Maria Paulowna und Carl Friedrich, Nicolaus I. und Alexandra in Goethes Haus, am 3. Juni 1821

563 Großherzog Carl August vor dem (von Goethe entworfenen) ›Tempelherrenhaus‹ im Weimarer Park *Mezzotintoblatt von C. A. Schwerdgeburth. 1824*
Am 3. September 1825 wurde Carl Augusts fünfzigjähriges Regierungsjubiläum, am 7. November die fünfzigste Wiederkehr von Goethes Ankunft in Weimar gefeiert.
Laßt fahren hin das allzu Flüchtige! / Ihr sucht bei ihm vergebens Rath; / In dem Vergangnen lebt das Tüchtige, / Verewigt sich in schöner That. / Und so gewinnt sich das Lebendige / Durch Folg' aus Folge neue Kraft, / Denn die Gesinnung die beständige / Sie macht allein den Menschen dauerhaft. / So lös't sich jene große Frage / Nach unserm zweiten Vaterland; / Denn das Beständige der ird'schen Tage / Verbürgt uns ewigen Bestand.
Zur Logenfeier des 3. Septembers 1825

564 Heinrich Heine (1797 bis 1856) *Bleistiftzeichnung von Wilhelm Hensel. 1829 (mit Heines Unterschrift: »Eh bien, cet homme c'est moi!«*

1821 schickt Heine seine ›Gedichte‹, 1823 die ›Tragödien‹ mit dem ›Lyrischen Intermezzo‹, schließlich 1826 die ›Reisebilder‹ (». . . als ein Zeichen der höchsten Verehrung und Liebe . . .«) an Goethe.

»Ich hätte hundert Gründe Ew. Exzellenz meine Gedichte zu schicken. Ich will nur einen erwähnen: Ich liebe Sie. Ich glaube das ist ein hinreichender Grund. – Meine Poetereien, ich weiß es, haben noch wenig Wert; nur hier und da wär manches zu finden, woraus man sehen könnte was ich mal zu geben imstande bin. Ich war lange nicht mit mir einig über das Wesen der Poesie. Die Leute sagten mir: frage Schlegel. Der sagte mir: lese Goethe. Das hab ich ehrlich getan, und wenn mal etwas Rechts aus mir wird, so weiß ich wem ich es verdanke. Ich küsse die heilige Hand, die mir und dem ganzen deutschen Volke den Weg zum Himmelreich gezeigt hat, und bin Ew. Exzellenz gehorsamer und ergebener H. Heine. Cand. Juris.
Heine an Goethe, 29. Dezember 1821

565 George Noël Gordon, Lord Byron (1788-1824) *Kupfertafel (Frontispiz) aus: Thomas Moore: ›Letters and Journals of Lord Byron: with Notices of his Life‹ 2 Bde., London 1830. Aus Goethes Bibliothek*

An diesem höchst bedeutenden Werke habe ich meine Theilnahme zu bewähren gesucht, daß ich eine Abschrift jenes schätzbaren Schreibens, womit Lord Byron von Livorno aus mich erfreut, durch Herrn Robinson dem Herausgeber mittheilen ließ, wie es denn auch gegenwärtig mit abgedruckt worden. [. . .] Bey uns fällt aller sittlicher und politischer Weltklatsch des Tages in diesem Falle hinweg, der Mensch und das Talent allein bleiben in ihrer Würde glänzend stehen. Hiebey getrau ich mir zu sagen: wer jetzt und künftig von dieser ungemeinen Individualität sich einen annähernden Begriff machen kann, sie ohne Lob und Tadel in ihrer Eigenthümlichkeit anzuerkennen weiß, der darf sich eines großen Gewinnes rühmen.
An John Murray d. J., 29. März 1831

Ein freundlich Wort kommt eines nach dem andern / Von Süden her und bringt uns frohe Stunden; / Es ruft uns auf, zum Edelsten zu wandern, / Nicht ist der Geist, doch ist der Fuß gebunden. /

Wie soll ich dem, den ich so lang begleitet, / Nun etwas Traulichs in die Ferne sagen? / Ihm, der sich selbst im Innersten bestreitet, / Stark angewohnt das tiefste Weh zu tragen. /

Wohl sei ihm doch wenn er sich selbst empfindet! / Er wage selbst sich hoch beglückt zu nennen, / Wenn Musenkraft die Schmerzen überwindet; / Und wie ich ihn erkannt mög' er sich kennen.
›An Lord Byron‹ 22. Juni 1823

566 Rahel Varnhagen, geb. Levin (1771-1833), Schriftstellerin *Bleistiftzeichnung von Wilhelm Hensel. 1822 (Unterschrift: »Mich dünkt immer, die Gestalt des Menschen ist der Text zu allem, was sich über ihn empfinden und sagen läßt. (Aus Stella von Goethe) Für Ihre Auslegung sage ich den aufrichtigsten Dank! Friedrike Varnhagen«)*

»Wer mich [nicht] liebt«, sagte Goethe . . ., »der darf mich auch nicht beurteilen.« Rahel Varnhagen: ›Gespräche mit Goethe‹ 1837 (zum 23. Juni 1824)

567 Karl August Varnhagen von Ense (1785-1858), Schriftsteller, preußischer Diplomat *Bleistiftzeichnung von Wilhelm Hensel. 1822 (mit Beischrift: »Was im Leben uns verdrießt, / Man im Bilde gern genießt (Goethe.)«)*

Goethe, der Karl Varnhagen schon 1822 (›Geneigte Teilnahme an den Wanderjahren‹ in: ›Über Kunst und Alterthum‹ III 3) öffentlich seinen Dank dafür abgestattet hatte, daß er mich über mich selbst seit Jahren belehrte, *entwarf nach Erscheinen der Varnhagenschen Sammlung ›Goethe in den [wohlwollenden] Zeugnissen der Mitlebenden‹ (1823) einen, ungedruckt gebliebenen, Gegenvorschlag:*

Nun würde ich rathen, ein Gegenstück zu besorgen: »Goethe in den mißwollenden Zeugnissen der Mitlebenden«. [. . .] Zu diesem Vorschlag bewegt mich die Betrachtung, daß, da man mich aus der allgemeinen Literatur und der besondern deutschen jetzt und künftig, wie es scheint, nicht los werden wird, es jedem Geschichtsfreunde gewiß nicht unangenehm sein muß, auf eine bequeme Weise zu erfahren, wie es in unsern Tagen ausgesehen und welche Geister darinnen gewaltet. Mir selbst würde es bei dem Rückblick auf mein eigenes Leben höchst interessant sein; denn wann sollt' ich mir läugnen, daß ich vielen Menschen widerwärtig und verhaßt geworden und daß diese mich auf ihre Weise dem Publicum vorzubilden gesucht. Ich bin mir wohl bewußt, daß ich niemals unmittelbar dagegen gewirkt, daß ich mich in ununterbrochener Thätigkeit erhalten und sie bis jetzt, wiewohl angefochten, bis gegen das Ende durchgeführt.

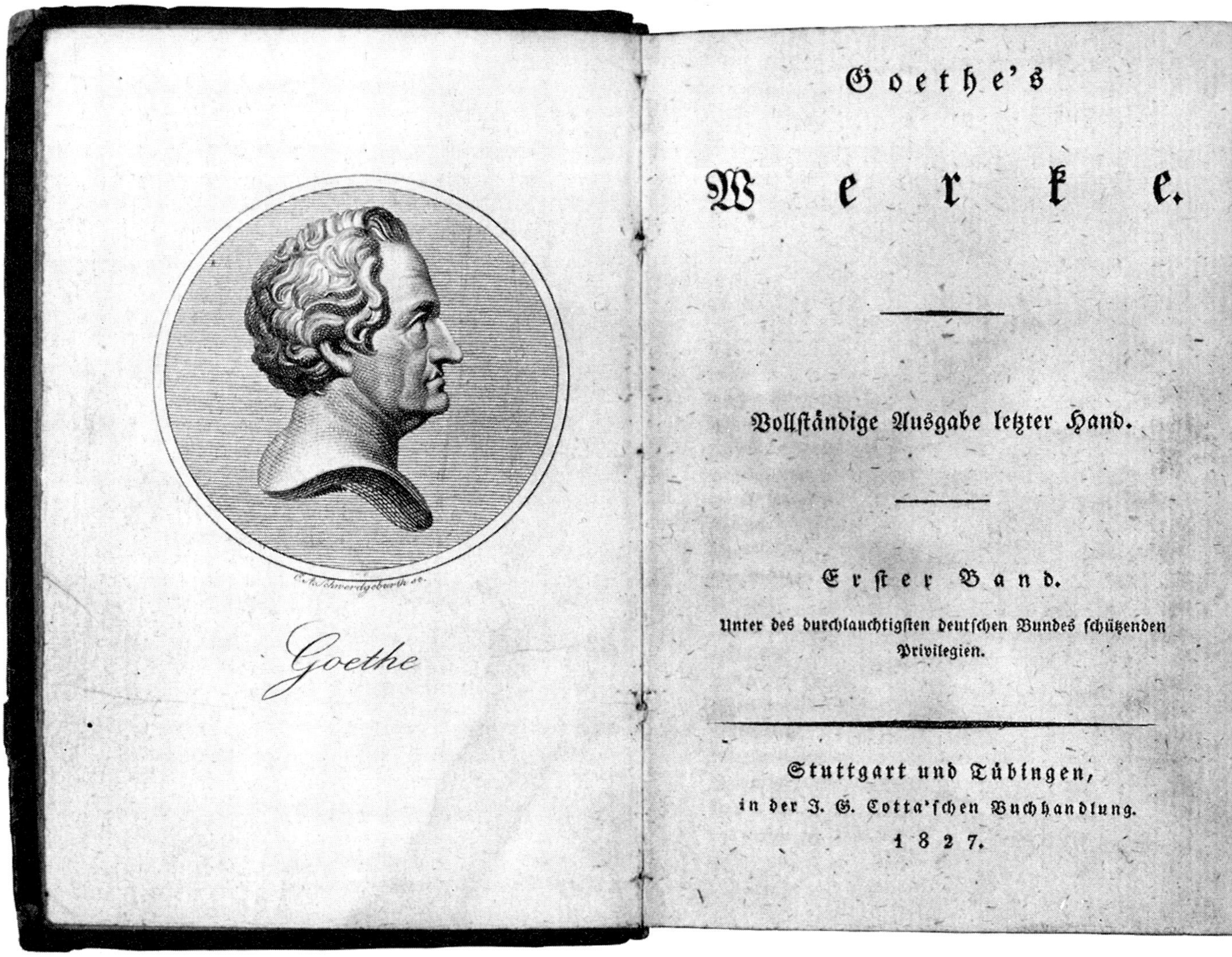

568 ›Goethe's Werke. Vollständige Ausgabe letzter Hand‹ *Erster Band. 1827. Mit einem Goetheporträt von C. A. Schwerdgeburth (Kleinoktav; sogen. ›Taschenausgabe‹)*

Warum ich mich besonders auf die Herausgabe meiner sämmtlichen literarischen Arbeiten freue, warum ich wünsche sie noch selbst zu redigiren, ist das Gefühl, daß ich zuletzt reiner auftreten kann als im ganzen Leben. Der Autor der begleitet von der ganzen Masse seiner Bestrebungen und Leistungen vors Publikum tritt, erscheint viel freyer als in einzelnen successiven Versuchen. Er wirkt gleichsam außerhalb der Zeit, er bringt Vorübergegangenes und übergiebt es der Zukunft. Er darf über sich und andere ein redlicher Bekenntniß aussprechen als an diesem oder jenem Tage, wo der Freymüthigste sich genirt fühlt und der Lebhafteste sich vollkommen zu äußern' Bedenken trägt. Nur die Unvernunft beachtet nicht die Stunde in der sie spricht.
Paralipomenon zu ›Maximen und Reflexionen‹ Nr. 470 (Hecker)

Euer Wort sey ja! ja! also ja! und Amen! / Das Nähere nächstens.
An S. Boisserée, 30. Januar 1826 (Zustimmung Goethes zu den mit Cotta ausgehandelten Bedingungen)

569 Johann Peter Eckermann (1792-1854) *Kreidezeichnung von Joseph Schmeller. 1828*

570 Karl Wilhelm Göttling (1793-1869), Philologe *Kreidezeichnung von Joseph Schmeller. Nach 1824*

571 Friedrich Wilhelm Riemer (1774-1845), Philologe *Kreidezeichnung von Joseph Schmeller. Nach 1824*

572 Carl August und Goethe im ›Junozimmer‹ *Kupferstich von C. A. Schwerdgeburth. o. D. (um 1825) An der Wand ein Porträt Zelters und J. H. Meyers Kopie der ›Aldobrandinischen Hochzeit‹*

»Das Haus [Goethes] war illuminiert, der Großherzog hatte sich zum Tee ansagen lassen; ich ließ jedoch einstweilen meine Ankunft melden. Goethe empfing mich aufs freundlichste und herzlichste; ich hatte ihm mancherlei zu erzählen. Nach einer halben Stunde kam der alte Großherzog. – Eine Hauptsache muß ich aber noch nachholen, daß ich außer Riemer – Zelter bei Goethe antraf. Goethe präsentierte mich dem gnädigsten Herrn, zu dem ich mich auf den Sofa – ich glaube sogar, ich saß ihm zur Rechten – setzte. Er frug nach Paris . . . so verging der Abend . . ., so gut es mit dem alten Herrn gehen wollte in der Konversation bis ½ 10 Uhr. Goethe stand dabei immer, ich merkte diesem nach und nach ab, daß der Herr etwas taub war, und daß man, wenn es still mit Sprechen wird, nicht ihn zu unterhalten suchen, sondern warten solle, bis ihm wieder etwas einfällt. – Sonst ging alles ganz ungeniert, ich mußte ein paar Stunden auf meinem Sofa genagelt aushalten.«
Hegel an seine Frau, 17. Oktober 1827

573 Goethe *Porzellanmalerei von Ludwig Sebbers. 1826*

Das farbige Bild wurde im Juli und August 1826 auf eine Porzellantasse gemalt (Höhe des Ovals: 4,7 cm)
Ein wunderliches Ereigniß muß ich auch noch melden: Ein junger Porzellanmahler aus Braunschweig hatte mir durch Vorzeigen von seinen Arbeiten soviel Vertrauen und Neigung eingeflößt, daß ich seinen dringenden Wünschen nachgab und ihm mehrere *[zwanzig]* Stunden gewährte. Das Bild ist zu aller Menschen Zufriedenheit wohl gerathen. Wenn es glücklich durch den Brand durchkommt, so wird es, sowohl um sein selbst willen als der schönen Zierrathen, zu Hause ihm eine gute Empfehlung seyn. Er heißt Ludwig Sebbe*[rs]* und kam reisend hier durch.
Sibillinisch mit meinem Gesicht / Soll ich im Alter prahlen! / Jemehr es ihm an Fülle gebricht / Desto öfter wollen sie's mahlen! /
So habe ich billigermaßen über diese Bemühungen gescherzt; man muß es eben geschehen lassen.
An Zelter, 12. August 1826

574 Abguß der ›Medusa Rondanini‹ *Geschenk König Ludwigs I. von Bayern an Goethe 1825*

Gegen uns über im Palast Rondanini steht eine Medusenmaske, wo, in einer hohen und schönen Gesichtsform, über Lebensgröße, das ängstliche Starren des Todes unsäglich treffend ausgedrückt ist.
›Italienische Reise‹ Rom, 25. Dezember 1786

Die kühne Bitte um einen Abguß der unvergleichlichen Medusa haben Höchst Dieselben auf die gnädigste Weise zu verzeihen und zurecht zu legen geruht. Schon seit beynahe vierzig Jahren vermisse ich den sonst gewohnten Anblick eines Gebildes, das uns auf die höchsten Begriffe hindeutet wie sie sich dem Alterthum aus täglicher Gegenwart entwickelten. Höchst Dieselben haben das Glück so manche dergleichen Reste um sich zu versammeln, die, sonst auf ein Ganzes bezüglich, uns noch in uns selbst gegen die Zerstückelung des Tags zu einem höheren Ganzen herzustellen fähig sind.
An den Kronprinzen Ludwig von Bayern, 6. Juli 1825 (Konzept)

Vor mir aber steht ein langersehntes, einer mythischen Vorzeit angehöriges Kunstwerck. Ich richte die Augen auf und schaue die ahnungsvollste Gestalt. Das Medusenhaupt, sonst wegen unseliger Wirkungen furchtbar, erscheint mir wohlthätig und heilsam, durch hohe Gunst und unschätzbares Andenken gewürdigt und geheiligt.
An König Ludwig I. von Bayern, November 1825 (Konzept)

Ihr werdet euch aus meinen ersten römischen Briefen einer Meduse erinnern, die mir damals schon so sehr einleuchtete, jetzt nun aber mir die größte Freude gibt. Nur einen Begriff zu haben, daß so etwas in der Welt ist, daß so etwas zu machen möglich war, macht einen zum doppelten Menschen. [. . .] Besonders ist der Mund unaussprechlich und unnachahmlich groß. . . . ein wundersames Werk, das, den Zwiespalt zwischen Tod und Leben, zwischen Schmerz und Wollust ausdrückend, einen unnennbaren Reiz wie irgend ein anderes Problem über uns ausübt.
›Zweiter Römischer Aufenthalt‹ »29. Juli 1787« und »April 1788«. 1829

575 Goethe diktiert in seinem Arbeitszimmer dem Schreiber John *Ölgemälde von J. J. Schmeller. 1829/31*

»›Prächtige Gebäude und Zimmer sind für Fürsten und Reiche. Wenn man darin lebt, fühlt man sich beruhigt, man ist zufrieden und will nichts weiter. Meiner Natur ist es ganz zuwider. Ich bin in einer prächtigen Wohnung, wie ich sie in Karlsbad gehabt, sogleich faul und untätig. Geringe Wohnung dagegen, wie dieses schlechte Zimmer worin wir sind, ein wenig unordentlich ordentlich, ein wenig zigeunerhaft, ist für mich das Rechte; es läßt meiner inneren Natur volle Freiheit tätig zu sein und aus mir selber zu schaffen.‹«
Eckermann: ›Gespräche‹ 23. März 1829

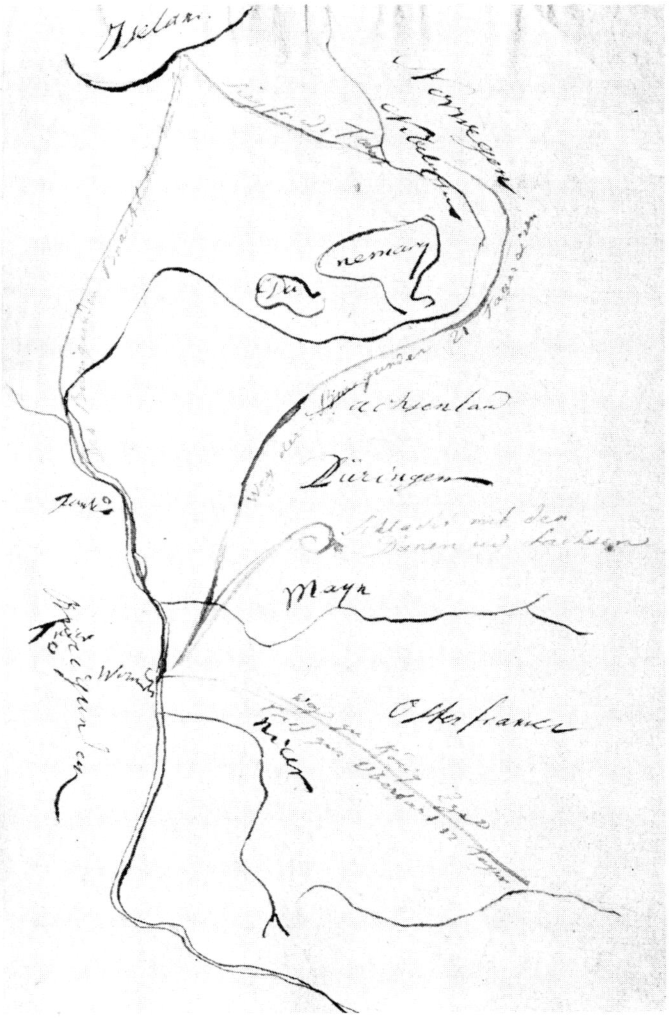

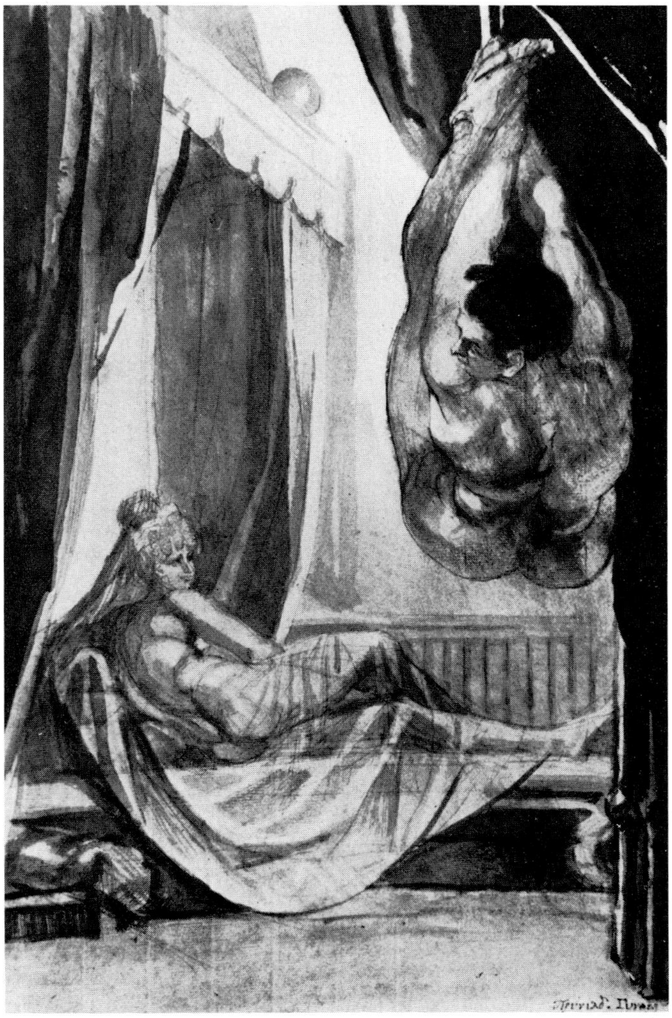

576 Goethe: Karte zu den ›Nibelungen‹ *Bleistift, Feder mit roter und brauner Tinte. 1808*

1827 erschien Karl Simrocks Übersetzung des ›Nibelungenlieds‹. Ein Schema Goethes für eine nicht ausgeführte Besprechung dieses Werks enthält die Summe seiner jahrzehntelangen Beschäftigung mit dieser Dichtung.

Kurze Literaturgeschichte. Zuerst durch Bodmer bekannt, späterhin durch Müller. [. . .] Untersuchungen wer der Autor. Welche Zeit. Verschiedene Exemplare des Originals. Schätzung, Überschätzung. Entschuldigung letzterer, Nothwendigkeit sogar, um irgend eine Angelegenheit zu fördern. Unterliegt immerfort neuen Ansichten und Beurtheilungen. [. . .] Uralter Stoff liegt zum Grunde. Riesenmäßig. Aus dem höchsten Norden. Behandlung wie sie zu uns gekommen. Verhältnißmäßig sehr neu. Daher die Disparaten, die erschienen, wovon wir uns Rechenschaft zu geben haben. Die Motive durchaus sind grundheidnisch. Keine Spur von einer waltenden Gottheit. Alles dem Menschen und gewissen [Kräften?] imaginativer Mitbewohner der Erde angehörig und überlassen. Der christliche Kultus ohne den mindesten Einfluß. Helden und Heldinnen gehn eigentlich nur in die Kirche um Händel anzufangen. Alle ist derb und tüchtig von Hause aus. Dabey von der gröbsten Rohheit und Härte. Die anmuthigste Menschlichkeit wahrscheinlich dem Deutschen Dichter angehörig. In Absicht auf Localität große Düsternheit. Und es läßt sich kaum die Zeit denken, wo man die fabelhaften Begebenheiten des ersten Theiles innerhalb der Grenzen von Worms, Zanten und Ostfriesland setzen dürfte. Die beyden Theile unterscheiden sich voneinander. Der erste hat mehr Prunk. Der zweite mehr Kraft. Doch sind sie beyde in Gehalt und Form einander völlig werth. Die Kenntniß dieses Gedichts gehört zu einer Bildungsstufe der Nation. Und zwar deswegen, weil es die Einbildungskraft erhöht, das Gefühl anregt, die Neugierde erweckt, und um sie zu befriedigen uns zu einem Urtheil auffordert. [. . .] Der neue Bearbeiter ist so nah als möglich Zeile vor Zeile beym Original geblieben. Es sind die alten Bilder, aber nur erhellt. Eben als wenn man einen verdunkelnden Firniß von einem Gemälde genommen hätte und die Farben in ihrer Frische uns wieder ansprächen. [. . .]

577 Johann Heinrich Füßli: Brunhild betrachtet den von ihr aufgehängten Gunther *Lavierte Bleistift- und Federzeichnung. 1807*

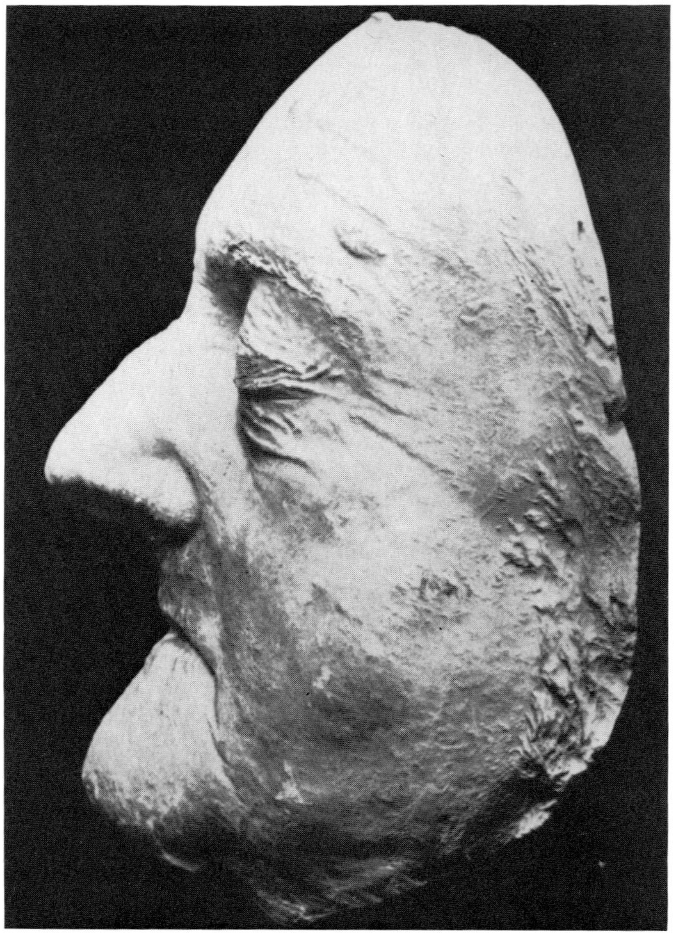

578 Totenmaske des Großherzogs Carl August von Sachsen-Weimar. 1828 *Wahrscheinlich von Peter Kaufmann abgenommen*
Am 14. Juni 1828 starb, auf der Reise nach Teplitz, Carl August siebzigjährig in Graditz. Goethe erhielt die Nachricht am 15. Juni: Mittag Weller und Frau, Töpfer und Eckermann; die Tyroler sangen bey Tische *[Eckermann: »Die Lieder und das Gejodel der heitern Tiroler behagte uns jungen Leuten; Fräulein Ulrike und mir gefiel besonders der ›Strauß‹ und ›Du, du liegst mir im Herzen‹ . . .«].* Die Nachricht von dem Tode des Großherzogs störte das Fest. *(Tagebuch v. 15. Juni)*
Eine schwere Müdigkeit in den Gliedern werden Sie natürlich finden; ich konnte mich gestern Abend kaum aus dem untern Garten herauftragen, und dieß ist es auch, was mich hindert, nach Wilhelmsthal *[wo sich die Großherzogin aufhielt]* zu gehen . . . Sie thun sehr wohl, länger in Eisenach zu verweilen, denn in solchen Fällen sind die Nachwirkungen immer zu fürchten: der Charakter widersetzt sich dem treffenden Schlage, aber consolidirt dadurch gleichsam das Übel, das sich späterhin auf andere Weise Luft zu machen sucht. *(An den Arzt C. Vogel, 21. Juni) Am Tag der »Parade-Ausstellung« und Beisetzung des Toten (7. Juli) verließ Goethe Weimar mit der* Vergünstigung eines Aufenthalts in Dornburg. *Im Oktober erhielt Goethe Alexander von Humboldts Berichte über seine letzten Gespräche mit Carl August in Berlin und Potsdam (Zitate bei Eckermann, ›Gespräche‹, 17. Oktober 1828).* Dergleichen letzte Stunden sind immer, wie die Gypsabgüsse der Leichenmasken, in's Leidende verzogene Carricaturen auch des thätigsten Lebens. *(12. Oktober)*

579 Portal des Renaissanceschlosses *in dessen Bergstube Goethe vom 7. Juli bis 12. September 1828 wohnte, mit einer lateinischen Inschrift aus dem Jahre 1608*

Dornburg, d. 10. Jul. 1828.
Bey dem schmerzlichsten Zustand des Innern mußte ich wenigstens meine äußern Sinne schonen und ich begab mich nach Dornburg um jenen düstern Functionen zu entgehen wodurch man, wie billig und schicklich, der Menge symbolisch darstellt was sie im Augenblick verloren hat, und was sie diesmal gewiß auch in jedem Sinne mitempfindet. Ich weiß nicht ob Dornburg Dir bekannt ist; es ist ein Städtchen auf der Höhe im Saalthale unter Jena, vor welchem eine Reihe von Schlößern und Schlößchen gerade am Absturz des Kalkflötzgebirges zu den verschiedensten Zeiten erbaut ist; anmuthige Gärten ziehen sich an Lusthäusern her; ich bewohne das alte neuaufgeputzte Schlößchen am südlichsten Ende. Die Aussicht ist herrlich und fröhlich, die Blumen blühen in den wohlunterhaltenen Gärten, die Traubengeländer sind reichlich behangen und unter meinem Fenster, seh ich einen wohlgediehenen Weinberg, den der Verblichene auf dem ödesten Abhang noch vor drey Jahren anlegen ließ und an dessen Ergrünung er sich die letzten Pfingsttage noch zu erfreuen die Lust hatte. Von den andern Seiten sind die Rosenlauben bis zum Feenhaften geschmückt und die Malven, und was nicht alles, blühend und bunt, und mir erscheint das alles in erhöhteren Farben wie der Regenbogen auf schwarzgrauem Grunde. Seit funfzig Jahren hab' ich an dieser Stätte mich mehrmals mit Ihm des Lebens gefreut und ich könnte diesmal an keinem Orte verweilen wo seine Thätigkeit auffallend anmuthiger vor die Sinne tritt. [. . .]
An Zelter

580 Joseph Stieler (1781 bis 1851): Porträt Goethes nach dem im Auftrag König Ludwigs I. von Bayern im Sommer 1828 vollendeten Gemälde *Farbige Kreidezeichnung, aquarelliert. Mit Widmung des Malers für Ottilie von Goethe*

»Herr Staatsminister, ein wohlgetroffenes Bildnis des Königs der Teutschen Dichter zu besitzen ist ein von mir lange gehegter Wunsch; darum, und darum allein schicke ich meinen Hofmaler Stieler nach Weimar. Kostbar für unser gemeinsames Vaterland sind Göthes Stunden, doch wird, ich darf es hoffen, demselben nicht gereuen einige zu Sitzungen gewidmet zu haben, denn Stieler . . . ist ein Seelenmaler zu nennen.« Ludwig I. an Goethe, 16. Mai 1828

581 Goethe: Weinreben *Bleistift, Feder mit Tinte. Dornburg, August 1828*

An jedem Knoten irgend eines Pflanzenzweiges wird man ein Blatt gewahr welches ich das *Vorblatt* nenne, weil es zur Vorbereitung dem dahinter liegenden Auge dient ... *[bei der Rebe]* tritt ein besonderer Umstand hervor. Es sproßt nämlich zwischen Auge und Vorblatt ein Zweiglein heraus ... man hat nicht gewußt für was man es halten und was es für einen Naturzweck haben sollte. ... so hat man gedachten Schößling bisher weggebrochen, weil man glaubte, dessen Wachsthum thue dem dahinter liegenden Auge Schaden, entziehe ihm die Nahrungssäfte und hindere vielleicht eine günstige Fülle der Traube. Daher nannte der Weinbauer dieses Zweiglein *Geiz*, als wenn es parasitisch die dem Auge bestimmten Zuflüsse an sich reißen und unrechtmäßig ergeizen wolle. Daß diese Vorstellungsart in Deutschland alt sey, scheint mir aus der Benennung: *Aberzahn* hervorzugehn; das *Aber* steht hier als verneinend wie bey *Aberglauben, Aberwitz; Zahn* hat man es zu nennen beliebt als etwas Vorstehendes, sich Vordrängendes, und dadurch ... sich berechtigt geglaubt, dieses Organ zu entfernen, anstatt daß man es nunmehr als ein Vorbereitendes wie das Vorblatt ansieht und es also einen *Vorzweig* nennen möchte; man mag nun annehmen, daß es dem Auge ersprießliche Säfte zuführe oder das Unnütze, Überflüssige ableite ... soviel ist gewiß daß beide nachbarliche Pflanzentheile in organischer Verbindung stehen und daß daher eine Wechselwirkung, von welcher Art sie auch sey, statt finde.

Beilage zu einem Brief an Riemer vom 30. August 1828, ›Erkundung nach dem deutschen Wort Aberzahn‹

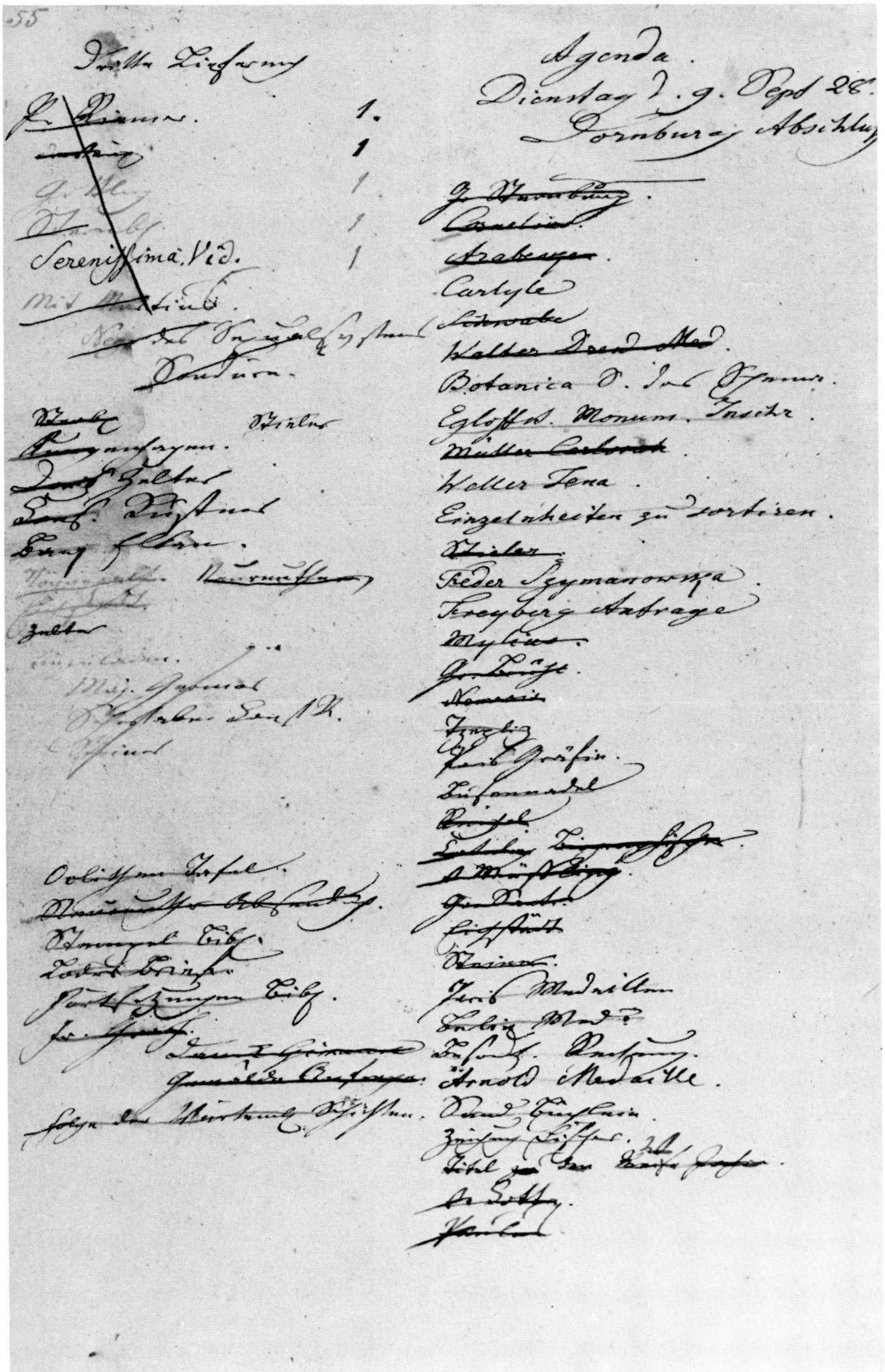

582 Goethe: ›Agenda‹-Zettel, Dornburg, 9. September 1828

»Da wir beide einander zugesagt hatten . . ., uns gegenseitig einander ganz zu widmen: so schlug er mir gleich in der ersten Stunde folgenden Plan vor, der dann auch nicht Einen Tag abgeändert worden ist. ›Früh‹, sagte er, ›fange ich an, mich alt zu fühlen, muß mich sammeln und nach und nach in Gang bringen. Dazu bedarf ich der Einsamkeit. Nun ordne ich ein- für allemal an, daß, wer und was zu mir will, auf die Zeit bis gegen 12 Uhr verwiesen werde. Von da bis 2 Uhr bin ich einzig für Sie da, und in diesen besten Stunden beschäftigen wir uns bloß mit Gegenständen und über Gegenstände, die uns beiden zu den wichtigsten unsers Daseins und Wesens gehören. Nach zwei Uhr gehen wir zu Tisch, und Sie finden da nie mehr als höchstens noch sechs Personen . . . Bleibt die Unterhaltung geistvoll und belebt: so sitzen wir lange; wo nicht, so gehen wir an Kunstsachen, machen Musik oder dergleichen. Dann . . . fahren wir noch ins Freie, die Abendkühlung zu genießen; beide allein oder mit irgendeinem Freunde.‹ – Da haben Sie . . . den Grundriß eines jeden dieser acht Tage . . . Viel gestärkter und innerlichst befestigt habe ich ihn, der auch an Festigkeit einer Säule gleicht, verlassen.«
F. Rochlitz an I. von Mosel, 17./18. September 1829

583 August von Goethe *Bleistiftskizze »nach dem Tode gezeichnet« von Julie von Egloffstein. 1830*
Am 22. April 1830 bricht August mit Eckermann zu einer Italienreise auf. Sie trennen sich am 25. Juli in Genua. Am 26. Oktober stirbt August im Beisein des Malers Preller in Rom. Er wird bei der Cestius-Pyramide beigesetzt. Sein Vater erhält die Nachricht am 10. November durch den Kanzler von Müller. Er erleidet am 25. November einen schweren Blutsturz.

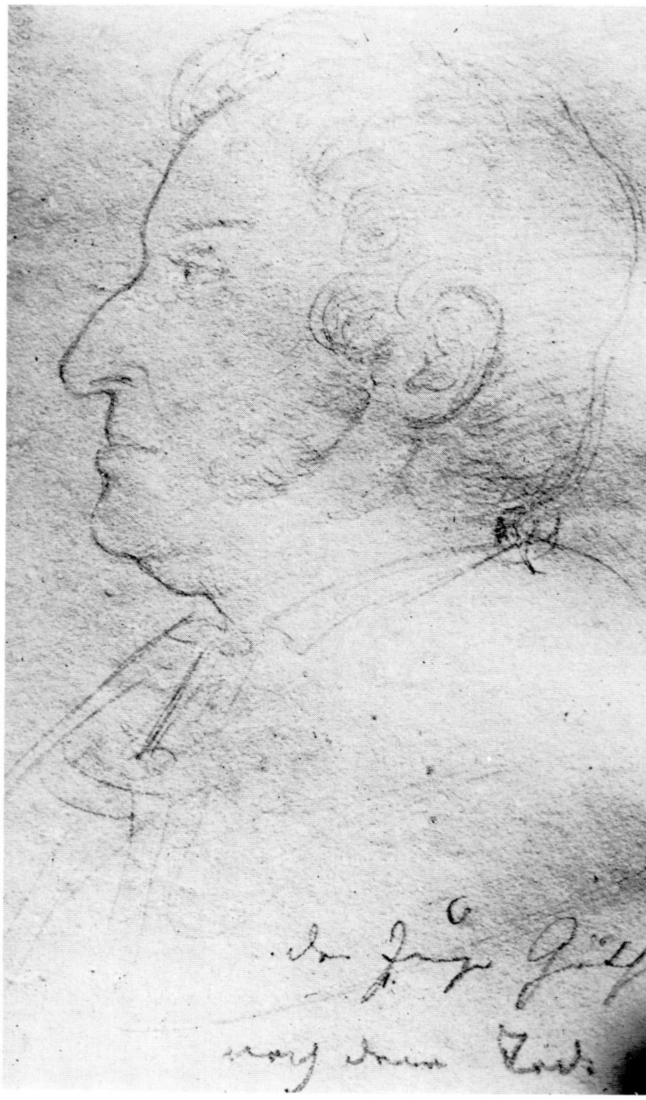

Deine Tagebücher sind ununterbrochen zu uns gelangt und haben uns viel Freude gemacht; besonders da sich die willkürlichen und unwillkürlichen Excentricitäten immer bald wieder in das rechte Gleis finden. Da du so vieler Menschen Städte gesehen und Sitte gelernt hast *[s. ›Odyssee‹ I. V.3]*, so ist zu hoffen, daß dir auch die Art, wie sich auf dem Frauenplane zu Weimar mit guten Menschen leben läßt, werde klar geworden seyn. »Goethe, Father and Son. – The Son of the great German poet, Goethe, the Chambelain *[Kammerherr]* Goethe, has just drawn up a diary of his journey through Italy, which Goethe the father is about to publish. – Literary Gazette.« Vorstehendes, aus einer englischen Zeitung genommen, wollen wir auf sich bewenden lassen; daß du aber deine Tagebücher redigiren und der Vollständigkeit näher führen mögest, ist mein Wunsch und wird dir eine angenehme Beschäftigung geben.
An August, zwischen dem 8. und 10. November 1830 diktiert, nicht mehr abgeschickt

»Nemo ante obitum beatus« ist ein Wort, das in der Weltgeschichte figurirt, aber eigentlich nichts sagen will. Sollte es mit einiger Gründlichkeit ausgesprochen werden, so müßte es heißen: »Prüfungen erwarte bis zuletzt.« Dir hat es, mein Guter, nicht daran gefehlt, mir auch nicht, und es scheinet, als wenn das Schicksal die Überzeugung habe, man seye nicht aus Nerven, Venen, Arterien und andern daher abgeleiteten Organen, sondern aus Drath zusammengeflochten. [. . .] Das eigentliche Wunderliche und Bedeutende dieser Prüfung ist, daß ich alle Lasten, die ich zunächst, ja mit dem neuen Jahre abzustreifen und einem jünger Lebigen zu übertragen glaubte, nunmehr selbst fortzuschleppen und sogar schwieriger weiter zu tragen habe. Hier nun allein kann der große Begriff der Pflicht uns aufrecht erhalten. Ich habe keine Sorge, als mich physisch im Gleichgewicht zu bewegen; alles Andere gibt sich von selbst.
An Zelter, 21. November 1830

584 Goethes »Marienbader Korb«

»Mit Goethe nach Berka. [. . .] Im Wagen zu unseren Füßen lag ein aus Binsen geflochtener Korb mit zwei Handgriffen, der meine Aufmerksamkeit erregte. ›Ich habe ihn, sagte Goethe, aus Marienbad mitgebracht, wo man solche Körbe in allen Größen hat, und ich bin so an ihn gewöhnt, daß ich nicht reisen kann, ohne ihn bei mir zu führen. Sie sehen, wenn er leer ist, legt er sich zusammen und nimmt wenig Raum ein; gefüllt dehnt er sich nach allen Seiten aus und faßt mehr, als man denken sollte. Er ist weich und biegsam und dabei so zähe und stark, daß man die schwersten Sachen darin fortbringen kann.‹ Er sieht sehr malerisch und sogar antik aus, sagte ich. ›Sie haben recht, sagte Goethe, er kommt der Antike nahe, denn er ist nicht allein so vernünftig und zweckmäßig als möglich, sondern er hat auch dabei die einfachste, gefälligste Form, so daß man also sagen kann: er steht auf dem höchsten Punkt der Vollendung. Auf meinen mineralogischen Exkursionen in den böhmischen Gebirgen ist er mir besonders zustatten gekommen. Jetzt enthält er unser Frühstück. Hätte ich einen Hammer mit, so möchte es auch heute nicht an Gelegenheit fehlen, hin und wieder ein Stückchen abzuschlagen und ihn mit Steinen gefüllt zurückzubringen!‹«
Eckermann: ›Gespräche‹ 24. September 1827

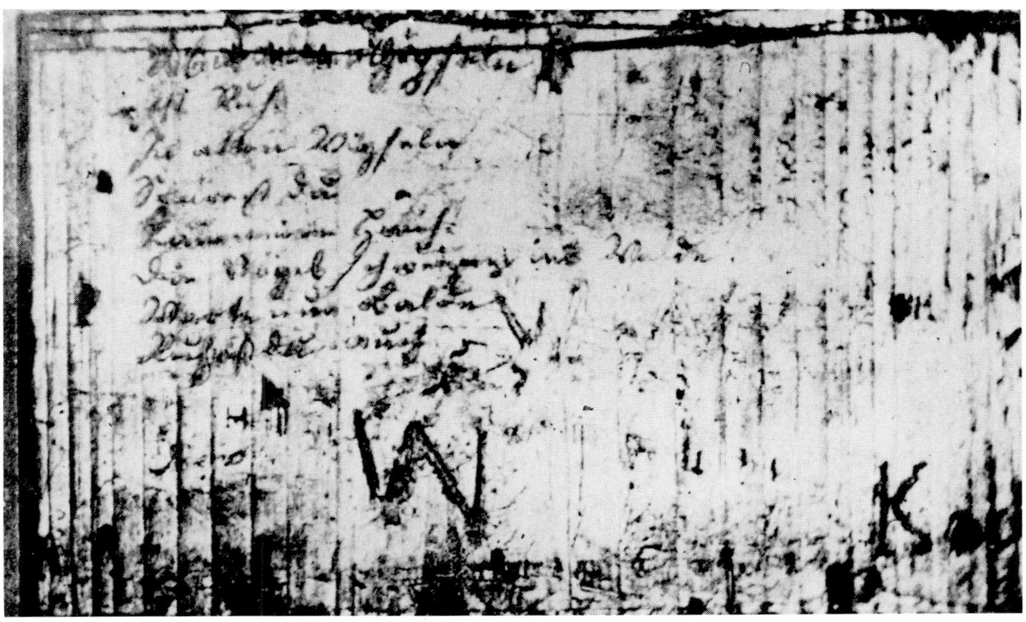

585 »Über allen Gipfeln . . .« Goethes Handschrift auf der Bretterwand des Jagdhäuschens auf dem Kickelhahn bei Ilmenau. *Alte Photographie (vor 1870)*

Friedrich [Krause] ging mit den Kindern [Walther und Wolf] durch die Gebirge auf den Gickelhahn. Ich fuhr mit Herrn Mahr auch dahin. Die alte Inschrift ward recognoscirt: ›Über allen Gipfeln ist Ruh pp. Den 7. September 1783 *[vielmehr: 1780]*.‹
Goethes Tagebuch vom 27. August 1831

»Seinen letzten Geburtstag brachte Goethe in Ilmenau zu. Er fuhr nach dem [Forsthaus] Gabelbach und bestieg von hier aus den nahen ›Kickelhahn‹, wo er das durch ihn berühmt gewordene Bretterhäuschen besuchte, an dessen einen Fensterpfosten er vor langen Jahren die unsterblichen Verse ›Über allen Gipfeln ist Ruh!‹ mit Bleistift geschrieben hatte. In tiefer, wehmütiger Bewegung betrachtete er seine durch eine Glastafel geschützten Schriftzüge, die Verse leise vor sich hinsprechend.«
Julius Schwabe: ›Harmlose Geschichten‹ 1890

586 Ottilie von Goethe, geb. von Pogwisch (1796-1872) *Pastellgemälde, anonym. o. D.*

Ehe wir nun weiter schreiten / Halte still und sieh Dich um: / Denn geschwätzig sind die Zeiten / Und sie sind auch wieder stumm. /

Was Du mir als Kind gewesen, / Was Du mir als Mädchen warst, / Magst in Deinem Innern lesen, / Wie Du Dir es offenbarst. /

Deiner Treue sei's zum Lohne, / Wenn Du diese Lieder singst, / Daß dem Vater in dem Sohne / Tüchtig-schöne Knaben bringst.
›Ottilien v. Goethe‹ Erstdruck in ›Wilhelm Meisters Wanderjahre‹ (1821) Blatt 1 (hinter dem Titel)

Und so fang ich oben / Gleich wie billig an / Urmama zu loben, / Die euch wohlgethan. / Dann geht meine Kunde / Zu der A-mama, / Die zu jeder Stunde / Gern die Enkel sah. / War doch je sie grämlich / Gegen diese Brut? / Sind sie unbequemlich, / Ist sie wohlgemuth. / Mutter sei gegrüßet / Und auch der Papa, / Wie ihr euch versüßet / Euer Ehstands-Ja. / Und so wird Ulrike / Sticheln für und für, / Daß es wohl sich schicke / In der Putz-Gebühr. / Werden so die Knaben / Tag für Tage groß, / Wie sie's leidlich haben, / Geht's bei ihnen los.
›Familien-Gruß‹ Jena, 21. Oktober 1821

3. § 1. Ich ernenne meine drei Enkel Walther, Wolfgang und Alma von Goethe zu meinen Universalerben . . .
§ 8. Meine geliebte Schwiegertochter Ottilie, geb. v. Pogwisch, soll außer freier Wohnung und Gartengenuß, jährlich fünfhundert Thaler Sächs*[isch]* an Witthum aus meinem Nachlaß erhalten.
[. . .]
Aus Goethes drittem Testament, Weimar, 6. Januar 1831

587 Wolfgang Maximilian (»Wölfchen«) von Goethe (1820-1883) *Kreidezeichnung von Joseph Schmeller. Um 1830*

»Sehen Sie meinen Wolf in die Augen, sagte Goethe, es spricht so etwas heraus, daß ich meinen sollte, er werde ein Dichter. Mein Sohn hat keine Anlage dazu, wohl aber ist er auf seinem Platz als Kammerrat. Er versieht auch meine ganze Wirtschaft . . . Meine Enkel machen mir viele Freude, sie werden gut erzogen, meine Schwiegertochter ist eine einsichtsvolle, in Sprachen geübte, im Umgange in höheren Zirkeln gewandte, unterrichtete Hausfrau.«
J. S. Grüner, 7. September 1825

588 Alma von Goethe (1827 bis 1844) *Pastellgemälde von Luise Seidler. 1832*

589 Walter Wolfgang von Goethe (1818-1885) *Kreidezeichnung von Joseph Schmeller. Um 1830*

590 Goethe: Erscheinung des Erdgeists (›Faust I‹) *Bleistift. o. D. (im Zusammenhang mit der Berliner Aufführung von Faustszenen 1819?)*

Am 29. August 1829 wird Goethes ›Faust I‹ erstmals in Weimar aufgeführt (Faust: F. A. Durand; Mephisto: J. C. A. La Roche; Gretchen: B. A. E. Lortzing).

Diese Darstellung des Erdgeists stimmt im Ganzen mit meiner Absicht überein. Daß er durch's Fenster hereinsieht, ist gespensterhaft genug. Rembrandt hat diesen Gedanken auf einem radierten Blatte sehr schön benutzt. Als wir uns hier auch einmal vornahmen, dieses Stück anzugreifen und vorzubereiten, war mein Gedanke gleichfalls nur, einen colossalen Kopf und Brustteil transparent vorzustellen, und ich dachte, dabei die bekannte Büste Jupiters zu Grunde zu legen, da die Worte: »schreckliches Gesicht« auf die Empfindung des Schauenden, der vor einer solchen Erscheinung allerdings erschrecken kann, eben sowohl als auf die Gestalt selbst bezogen werden konnten; auch überhaupt hier nichts Fratzenhaftes und Widerliches erscheinen dürfte. Wie man etwa durch flammenartiges Haar und Bart sich dem modernen gespensterhaften Begriff einigermaßen zu nähern hätte, darüber waren wir selbst noch nicht einig . . .
An Graf Brühl, 2. Juni 1819

Fürst Radziwill . . . ließ die Erscheinung des Geistes in der ersten Szene auf eine phantasmogorische Weise vorstellen, daß nämlich bei verdunkeltem Theater, auf eine im Hintergrund aufgespannte Leinwand, von hinten her, ein erst kleiner, dann sich immer vergrößernder, lichter Kopf geworfen wurde, welcher daher sich immer zu nähern und immer weiter hervorzutreten schien. Dieses Kunststück ward offenbar durch eine Art Laterna Magica hervorgebracht. Könnten Sie baldigst erfahren: wer jenen Apparat verfertigt, ob man einen gleichen erlangen könnte und was man allenfalls dafür entrichten müßte?
An W. Zahn, 12. Dezember 1828 (Vorbereitungen für die Aufführung)

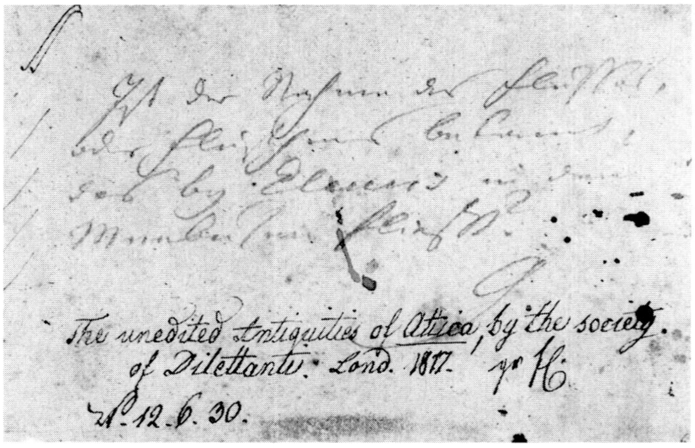

591 Goethe: Zettel mit Frage nach dem Namen eines Flüßchens bei Eleusis *Juni 1830*

Ist der Nahme des Flusses oder Flüßchens bekannt, das bey Eleusis in den Meerbusen fließt? G.
[William Gell:]
»›The unedited Antiquities of Attica, *by the society of Dilettanti‹. Lond[on] 1817. gr[oß] F[o]l[io]. W[eimar] 12.6.30«*
Chiron.
Die Frage läßt sich leicht gewähren. / Die Dioskuren hatten, jener Zeit, / Das Schwesterchen aus Räuberfaust befreit. / Doch diese, nicht gewohnt besiegt zu sein, / Ermannten sich und stürmten hinterdrein. / Da hielten der Geschwister eiligen Lauf / Die Sümpfe bei Eleusis auf; / Die Brüder wateten, ich patschte, schwamm hinüber; / Da sprang sie ab und streichelte / Die feuchte Mähne, schmeichelte / Und dankte lieblich-klug und selbstbewußt. / Wie war sie reizend! jung, des Alten Lust!
›Faust. Zweiter Teil‹ 2. Akt. »Klassische Walpurgisnacht« (V.7414-7425)

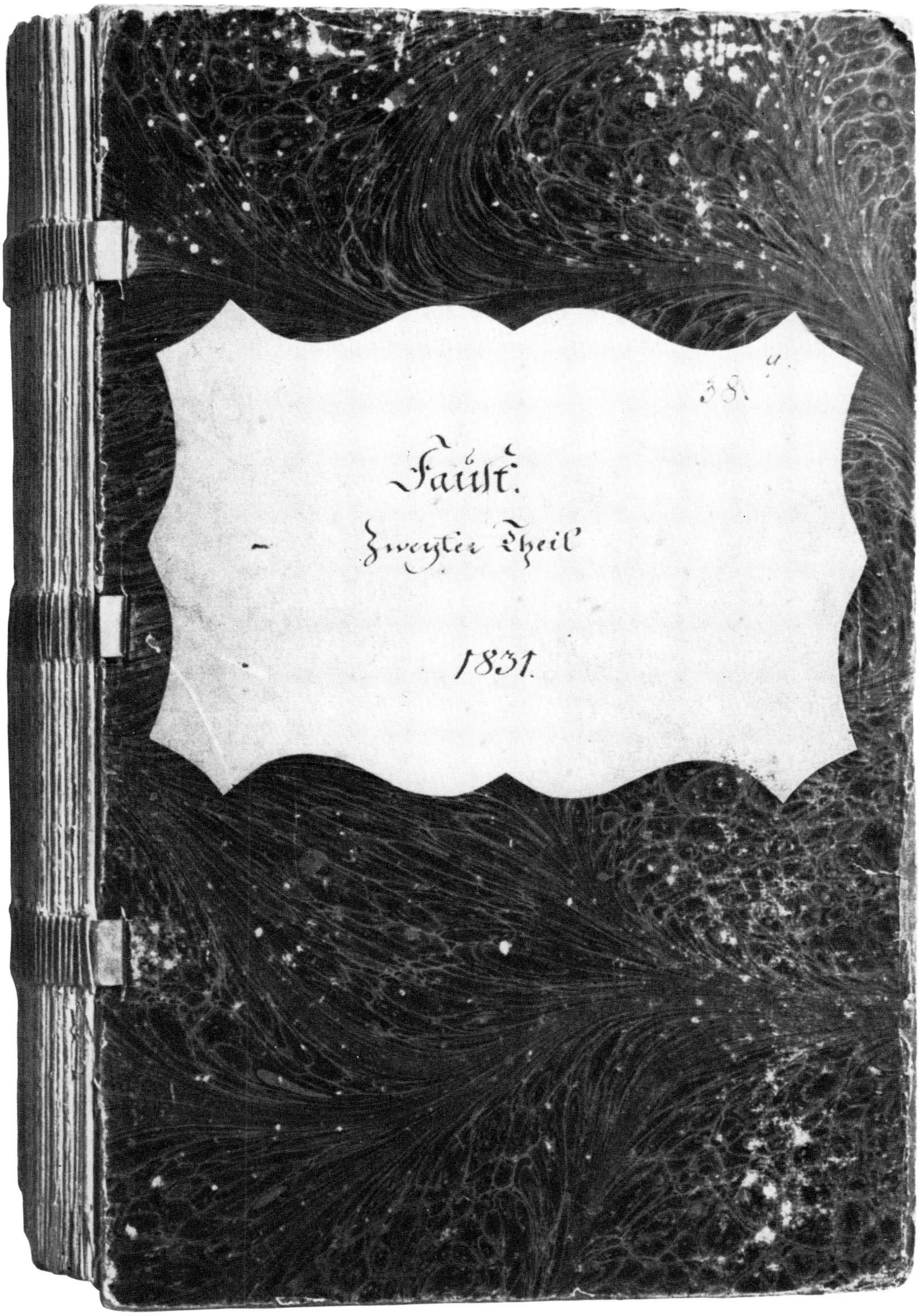

592 Faust. Zweyter Theil *Das Mitte August 1831 eingesiegelte, am 8. Januar 1832 zum privaten Vorlesen wieder geöffnete ›Mundum‹*

Von meinem Faust ist viel und wenig zu sagen; gerade zu einer günstigen Zeit fiel mir das Dictum ein: Gebt ihr euch einmal für Poeten, / So commandirt die Poesie; und durch eine geheime psychologische Wendung, welche vielleicht näher studirt zu werden verdiente, glaube ich mich zu einer Art von Production erhoben zu haben, welche bey völligem Bewußtseyn dasjenige hervorbrachte, was ich jetzt noch selbst billige, ohne vielleicht jemals in diesem Flusse wieder schwimmen zu können, ja was Aristoteles und andere Prosaisten einer Art von Wahnsinn zuschreiben würden. [. . .] Das Ausfüllen gewisser Lücken war sowohl für historische als ästhetische Stätigkeit nöthig, welches ich so lange fortsetzte, bis ich endlich für räthlich hielt auszurufen: Schließet den Wäss'rungskanal, genugsam tranken die Wiesen. Und nun mußte ich mir ein Herz nehmen, das geheftete Exemplar, worin Gedrucktes und Ungedrucktes in einander geschoben sind, zu versiegeln, damit ich nicht etwa hie und da weiter auszuführen in Versuchung käme . . .
An W. von Humboldt,
1. Dezember 1831

593 Alfred Normand: Pompeji, ›Casa del fauno‹ *(früher: ›Casa di Goethe‹). Photographie (Calotypie) 1851*

594 Ausschnitt aus dem ›Alexandermosaik‹: Darius und sein Wagenlenker

Nun ist mein Wunsch erfüllt, und es möchte wohl keine Frage seyn, daß jenes Mosaik den Alexander als Überwinder, den Darius in dem Seinigsten überwunden und persönlich zur Flucht hingerissen vorstellt. Es ist ein höchster Gedanke daß, indessen der Perserkönig sich vor der unmittelbaren Gefahr weniger als über den Untergang seines Getreusten entsetzt, sein Wagenlenker mit dem Peitschenstiele die nachdringenden, schon siegwähnenden tapfern treuen Perser aus einander winkt, dem flüchtigen Königswagen Platz zu machen, da denn der Wald der gegen die Griechen gesenkten Speere durch diesen einzigen Gest dem Zuschauer paralysirt erscheint. [. . .] Bey dem Gebäude selbst, dessen Grundriß Sie vorsorglich beygelegt, ist gar manches zu denken, vorzüglich aber Ihre Bemerkung über das Abweichen von der strengen Symmetrie als von der größten Wichtigkeit zu betrachten. Es läßt sich dieses ansehen wie die Ausweichungen in der Musik, die man nicht Mißtöne nennen sollte, weil sie zu einem sonst unerreichbaren Schönen hinführen und uns die anmuthigste Befriedigung vorbereiten.
An W. Zahn, 10. März 1832

595 »Carl Friedrich Zelter königlich preußischer Professor der Tonkunst Deutscher Ritter von seinen Verehrern am 11. Dezember 1831« *Bronzemedaille von A. Facius. Aus Goethes Sammlungen*

596 Goethe: Zelters Wappen *Bleistift, Tinte. Auf Zelters Wunsch 1829 für ein Petschaft entworfen und mit einigen Veränderungen für den Revers der 1831 geprägten Medaille verwendet*

Nun bemerke: Helm, Lyra, Stern, alles ist gegen die rechte Seite gerückt, die Helmdecke, nach echter alter Art angebracht, zieht das Auge durch eine stärkere Masse gegen die linke, der eigentliche Mittelpunkt ist ganz leer, wodurch das Auge von einer strengen Vergleichung der beiden Seiten entbunden ist. Das Pferd ist etwas zu lang, der Turm mag angehen, das Ordenskreuz steht rein auf der Mittellinie und nötigt das Auge ins Bleigewicht. Die Flügel könnten etwas mehr zusammengerückt werden, die Leier schmaler sein und eine bessere Form haben, auch begnügte man sich, dächte ich, mit drei Saiten, mit denen mein Zeichner zu freigebig war. Das Motto nach Belieben. [. . .] Denke dir, daß hier etwas Fugenartiges für die Augen geleistet werden soll, das, wenn es recht gelänge, in größter Regelmäßigkeit regellos erschiene und durch alle Verwirrung etwas Anmutiges durchblicken ließe. Übereile die Sache nicht, aber laß sie nicht stocken und denke dabei, daß eine Medaille länger aushält, als man denken mag. In einer abgelegenen Wald- und Talkneipe in Thüringen fand sich ein Pfennig aufm Tische, den der Bettler nicht möchte; es war indessen eine Münze von Licinius Licinianus, dem Schwager Constantin des Großen, eine Weile sein Mitregent, dann ein Opfer seiner Politik.

An Zelter, 4. Februar 1831

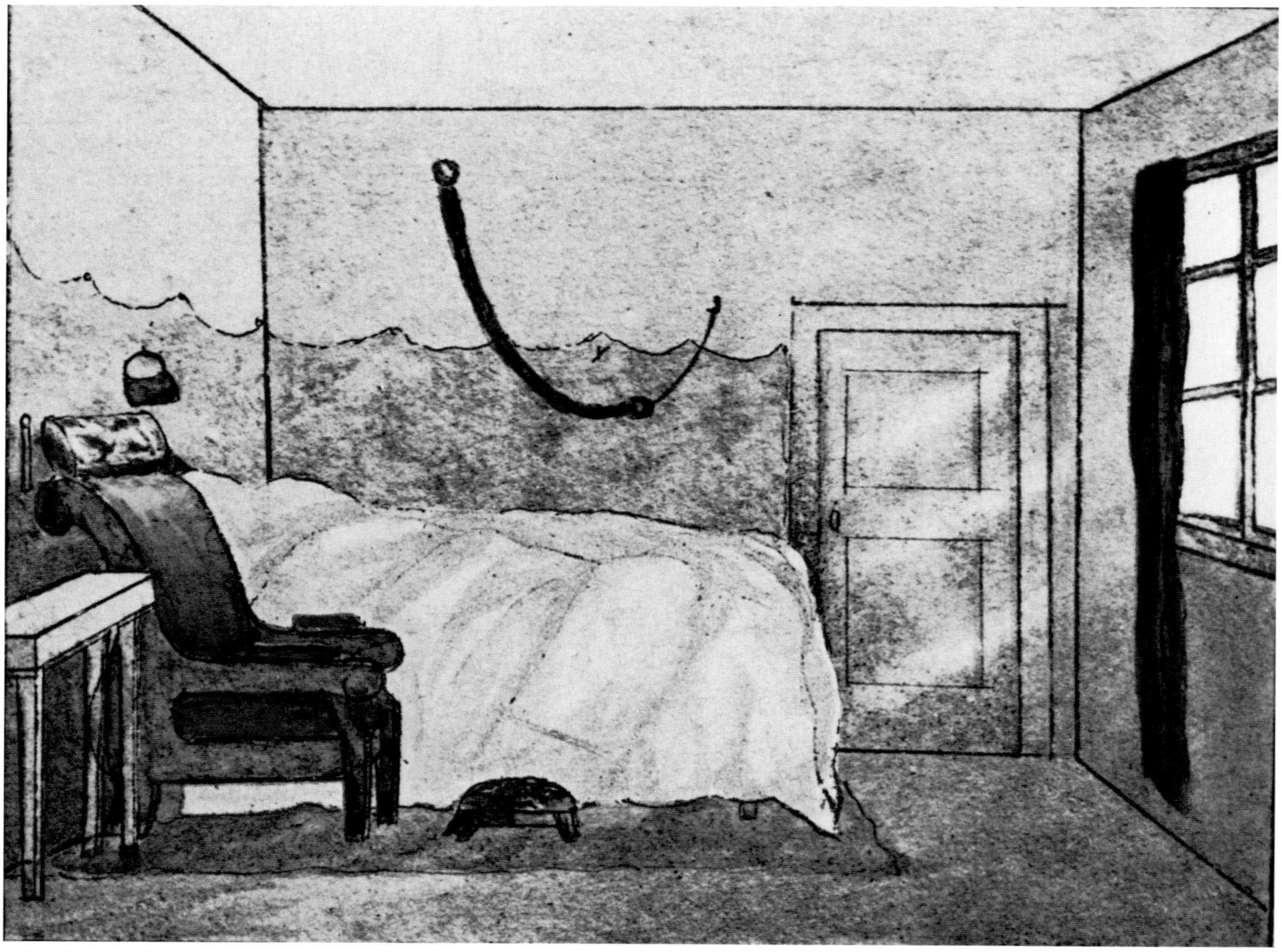

597 Goethes Sterbezimmer *Aquarell von F. L. A. v. Germar. 1832 (Die erste Zeichnung von Goethes Schlafzimmer, kurz nach seinem Tod)*

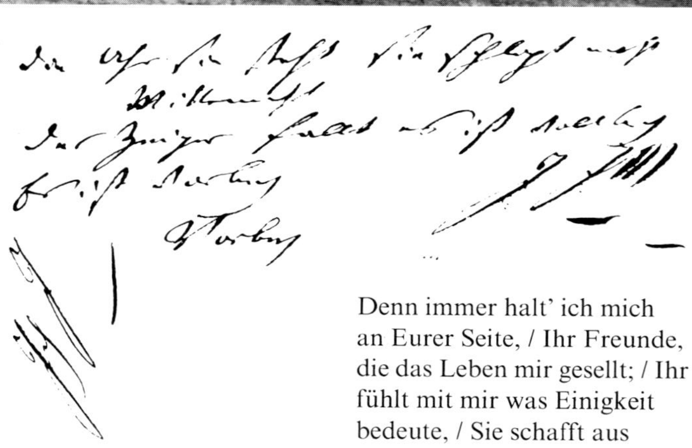

598 Zettel mit Faust-Entwurf und monogrammatischen Übungen *(Vorderseite Briefentwurf an Graf Beust): H*[17] *zum 5. Akt von ›Faust II‹*

Die Uhr sie steht sie schlagt nicht Mitternacht / Der Zeiger fallt es ist vorbey / Es ist vorbey / Vorbey

Am Ende bin ich nun des Trauerspieles / Das ich zuletzt mit Bangigkeit vollführt, / Nicht mehr vom Drange menschlichen Gewühles, / Nicht von der Macht der Dunkelheit gerührt. / Wer schildert gern den Wirrwarr des Gefühles, / Wenn ihn der Weg zur Klarheit aufgeführt? / Und so geschlossen sei der Barbareien / Beschränkter Kreis mit seinen Zaubereien. /

Und hinterwärts mit allen guten Schatten / Sei auch hinfort der böse Geist gebannt, / Mit dem so gern sich Jugendträume gatten, / Den ich so früh als Freund und Feind gekannt. / Leb' alles wohl was wir hiemit bestatten, / Nach Osten sei der sichre Blick gewandt. / Begünstige die Muse jedes Streben / Und Lieb' und Freundschaft würdige das Leben. /

Denn immer halt' ich mich an Eurer Seite, / Ihr Freunde, die das Leben mir gesellt; / Ihr fühlt mit mir was Einigkeit bedeute, / Sie schafft aus kleinen Kreisen Welt in Welt. / Wir fragen nicht in eigensinn'gem Streite, / Was dieser schilt, was jenem nur gefällt, / Wir ehren froh mit immer gleichem Muthe / Das Alterthum und jedes neue Gute. /

O Glücklich! wen die holde Kunst in Frieden / Mit jedem Frühling lockt auf neue Flur; / Vergnügt mit dem was ihm ein Gott beschieden / Zeigt ihm die Welt des eignen Geistes Spur. / Kein Hinderniß vermag ihn zu ermüden, / Er schreite fort, so will es die Natur. / Und wie des wilden Jägers braus't von oben / Des Zeiten Geists gewaltig freches Toben.

›Abschied‹ zum ›Faust‹ Um 1800

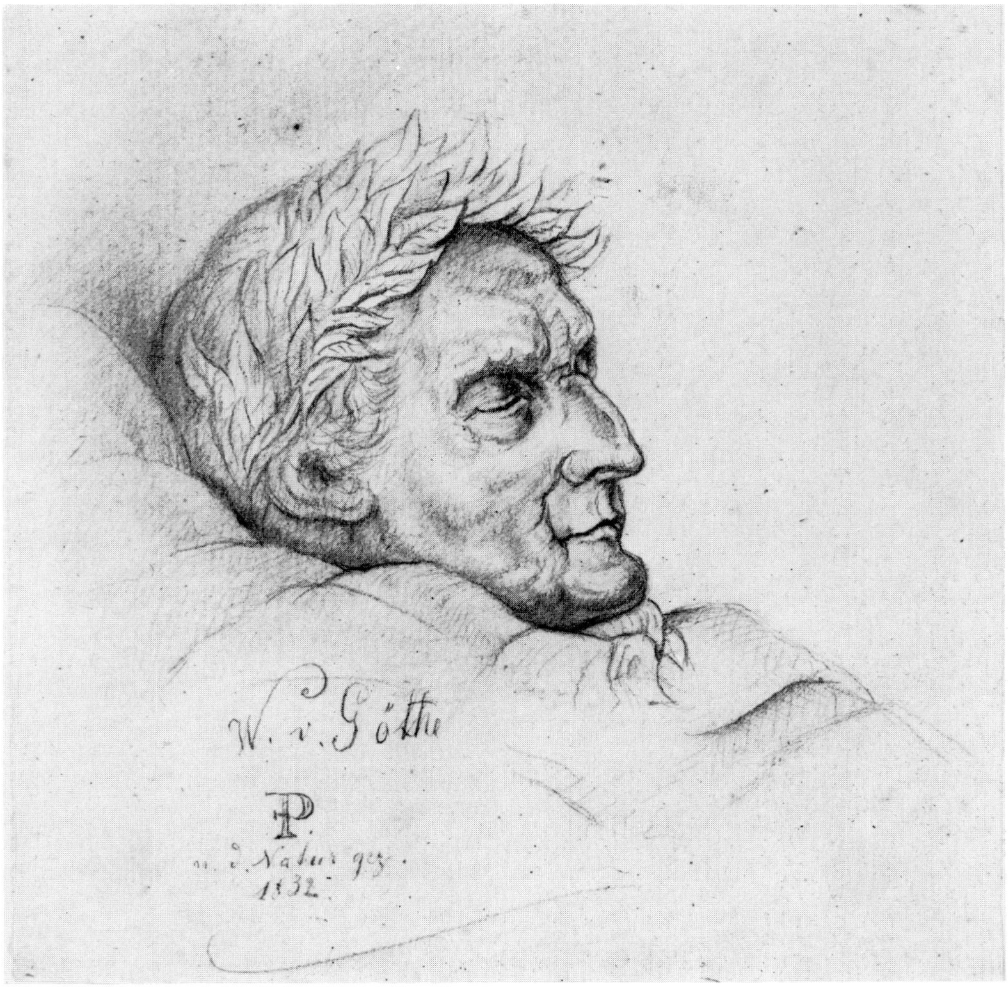

599 Goethes letztes Bildnis
»n[ach] d[er] Natur gez[eichnet] 1832« von Friedrich Preller. Bleistift

»Er hatte durchaus keine Todesahnung, war geistreich, bewußt und mitteilend bis zum letzten Morgen. Auch noch in der letzten Stunde trank er Wasser und Wein unter der Frage: ›Es ist doch nicht zu viel Wein im Glase?‹ Kurz nachher, die halb entschlummerten Augen aufschlagend: ›Macht doch den Fensterladen in der Stube auf, damit mehr Licht hereinkomme!‹ Dies waren die letzten Worte, die ich *hörte. Bloß am Stocken und Aufhören des Atems merkte man den Tod . . .«*
F. von Müller an Zelter, 29. März 1832

»Vorliegende kleine Zeichnung habe ich selbst aufs genauste nach dem Hochseligen gezeichnet [d. h. nach einer am 23. März, am Tag nach Goethes Tod, angefertigten Skizze] und darf wohl sagen, daß sie wirklich ähnlich sei. [. . .] Welchen schönen, ruhigen Ausdruck er auch nach seinem Leben noch hatte, können Sie wohl sehen, und ich muß gestehen, daß ich mich damals nicht überreden konnte, daß es wirklich so sei.«
F. Preller an A. Kestner, 1. Juli 1832

600 Anzeige von Goethes Tod

»Nur das vermag uns dabei Trost und Ruhe zu geben, daß eben das Geistige auch noch dann auf Erden fortlebt, wenn das Irdische, womit es umkleidet ist, in sich zerfällt, und daß das Wirken und Schaffen eines über gewöhnliche Menschengeister so Hocherhabenen, wie dieser Vollendete war, selbst auf dem Schauplatz allgemeiner Vergänglichkeit ein unvergängliches ist. [. . .] ›Seine Werke folgen ihm nach!‹ – heißt es von Dir in ausgezeichnetem Sinne des Wortes; denn Du wirktest reicher, umfassender und glänzender, als Tausende um Dich her, und wenn die Zeit selbst die namhaftesten Männer eines Jahrhunderts nach und nach der Vergessenheit preisgibt, so bleibet Dein Name mit ehernem Griffel in die Bücher derselben geschrieben, weil Du auf der Höhe aller Jahrhunderte standest. –«
Aus der Trauerrede des Generalsuperintendenten J. F. Röhr bei Goethes Bestattung, 26. März 1832

Gestern Vormittags halb Zwölf Uhr starb mein geliebter Schwiegervater, der Grofsherzogl. Sächsische wirkliche Geheime-Rath und Staatsminister

JOHANN WOLFGANG VON GOETHE,

nach kurzem Krankseyn, am Stickflufs in Folge eines nervös gewordenen Katharrhalfiebers.

Geisteskräftig und liebevoll bis zum letzten Hauche, schied er von uns im drei und achtzigsten Lebensjahre.

Weimar, 23. März 1832.

OTTILIE, von GOETHE, geb. von POGWISCH, zugleich im Namen meiner drei Kinder, *WALTHER*, *WOLF* und *ALMA* von GOETHE.

»Gott ist tot, denn Goethe ist gestorben – rufen unsere Goethekoraxe mit Einem Munde, Verehrtester. Was ich *dazu gesagt habe, sehen Sie aus der Beilage . . . [der Trauerrede]. Urteilen Sie aber gnädig und mild über mein Gesagtes, denn ich hatte dazu nur ein paar Stunden Zeit, indem der Abgeschiedene sich selbst zwar, nicht aber mir zur bequemen Stunde starb. Von dem Brillanten seines Leichenbegängnisses werden Sie wahrscheinlich bald in allen Zeitungen lesen, auch wohl, was die ihm gewogenen und nicht gewogenen Totenrichter über ihn urteilen zu müssen glauben. Ich selbst bin über seinen sittlichen Wert mit möglichstem Glimpf hinweggegangen und habe mich damit begnügt, ihn mit seinem eigenen Fette zu beträufeln. Wer die nicht-gesprochenen Worte aus den gesprochenen herauszulesen versteht, wird nicht im Zweifel sein, was ich meinte.«*

J. F. Röhr an seinen Freund Reil, 29. März 1832 bei Übersendung zweier Exemplare der Trauerrede

Anhang

Zitatnachweise und Anmerkungen

Abkürzungen: a) Primärquellen
BaG: ›Briefe an Goethe‹ Hamburger Ausgabe in 2 Bänden, hrsg. v. K. R. Mandelkow, Hamburg 1969. – *Behrens:* J. W. Goethe: ›Briefe an Auguste Gräfin zu Stolberg‹, hrsg. v. J. Behrens. Bad Homburg v. d. H., Berlin, Zürich 1968 (Neuaufl. Frankfurt a. M. 1982). – *Bode:* ›Goethe in vertraulichen Briefen seiner Zeitgenossen‹, zusammengestellt v. W. Bode. Neuausgabe, revidiert v. R. Otto mit Anm. v. P.-G. Wenzlaff. 3 Bde., Berlin u. Weimar 1979. – *Briefe aus dem Elternhaus:* Erster Ergänzungsband der Goethe-Gedenkausgabe, hrsg. v. W. Pfeiffer-Belli mit einem Vorwort v. E. Beutler, Zürich (Artemis) ^{2}1973. – *BW Goethe–Schiller:* ›Der Briefwechsel zwischen Schiller u. Goethe‹ hrsg. v. E. Staiger. 2 Bde., Frankfurt a.M. 1977 (insel taschenbuch 250). – *BW Goethe–Zelter:* ›Der Briefwechsel zwischen Goethe u. Zelter‹ hrsg. v. M. Hecker. 3 Bde., Frankfurt a.M. 1913-18 (Reprint Bern 1970). – *CG:* ›Corpus der Goethezeichnungen‹ bearbeitet v. G. Femmel. Bde. I-VII (in 10), Leipzig 1958-72. – *Daunicht:* R. D.: ›Lessing im Gespräch‹ München 1971. – *DjG:* ›Der junge Goethe‹ Neu bearb. v. H. Fischer-Lamberg. 5 Bde., Berlin 1963-74. – *DuW:* ›Dichtung und Wahrheit‹. – *Eckermann: ›Gespräche‹:* J. P. Eckermann: ›Gespräche mit Goethe in den letzten Jahren seines Lebens‹ hrsg. v. H. H. Houben, Wiesbaden ^{25}1959. – *G:* ›Goethes Gespräche . . .‹ Aufgrund der Ausgabe . . . v. F. Frhr. v. Biedermann ergänzt u. hrsg. v. W. Herwig. Bde. I-V (in 6), Zürich u. Stuttgart 1965-87. – *Gedenkausgabe Bd. 18:* J. W. Goethe: ›Briefe der Jahre 1764-1786‹ hrsg. v. E. Damm. Bd. 18 der Gedenkausgabe, Zürich u. Stuttgart (Artemis) ^{2}1965. – *Gräf:* ›Goethe über seine Dichtungen‹ hrsg. v. H. G. Gräf. 3 Teile in 9 Bdn., Frankfurt a.M. 1901-14. – *H* (mit Exponent): Handschrift (textgeschichtlich; sonst: *Hs.*). – *HA:* ›Goethes Werke‹ Hamburger Ausgabe in 14 Bdn. hrsg. v. E. Trunz u. a., Hamburg 1948-64 (zahlreiche Neuauflagen; zuletzt: München 1986). – *IR:* Goethe: ›Italienische Reise‹. – *KuA:* Goethe: ›Über Kunst u. Altertum‹ Bde. I-VI, 1816-32. – *Ms.:* Manuskript. – *MuR:* Goethe: ›Maximen u. Reflexionen‹. – *RA:* ›Briefe an Goethe‹ Gesamtausgabe in Regestform. Hrsg. v. K.-H. Hahn, Weimar 1980 ff. – *SchrGGes.:* Schriften der Goethe-Gesellschaft, Weimar 1885 ff. – *SW Hamann:* J. G. Hamann: ›Sämtliche Werke‹ hrsg. v. J. Nadler. 6 Bde., Wien 1949-57. – *SW Herder:* J. G. Herder: ›Sämtliche Werke‹ hrsg. v. B. Suphan u. J. Redlich, Berlin 1877-1913. – *WA:* ›Goethes Werke‹ Hrsg. im Auftrage der Großherzogin Sophie v. Sachsen, Abt. I-IV, 133 Bde. (in 143) [I: Werke, II: Naturwiss. Schriften, III: Tagebücher, IV: Briefe], Weimar 1887-1919.
b) Nachschlagewerke, Periodika, Sekundärliteratur:
Beutler: Essays: E. Beutler: ›Essays um Goethe‹. Bremen ^{6}1957. – *Beutler: Goethehaus/Goethemuseum:* E. Beutler: ›Das Goethe-Haus in Frankfurt a. M.‹ (^{9}1974) u. ›Frankfurter Goethemuseum. Führer‹ (^{3}1961). – *FS:* Festschrift. – *GJb:* Goethe-Jahrbuch (auch *JbGGes.:* Jb der Goethe-Gesellschaft). – *JbFDH:* Jahrbuch des Freien deutschen Hochstifts. – *Matthaei:* R. M.: ›Goethes Farbenlehre‹ Ravensburg 1971. – *Ruppert:* H. R.: ›Goethes Bibliothek. Katalog‹ Weimar 1958.
Die Stanzen auf S. 15 sind eine Wiedergabe des Erstdrucks aus: ›Goethe's Schriften‹ Achter Band. Leipzig (Göschen) 1789, S. 317.

1
Transkription der Hs. – WA I 26, 29
Das 1808/1809 entstandene erste ›Biographische Schema‹, das die Vorarbeiten für ›Dichtung und Wahrheit‹ einleitete, wurde erstmals publiziert in Bd. 26 der 1. Abt. der WA, S. 349-364 und 1922 von Georg Witkowski in einer Faksimileausgabe herausgegeben. S. auch JbFDH 1975, S. 508 ff.

2-4
WA I 29, 236 f.
Die ›Aristeia [= Preislied auf die Tüchtigkeit] der Mutter‹, größtenteils ein Bericht Bettina Brentanos, war von Goethe zunächst für die Aufnahme in DuW vorgesehen; dann beiseite gelegt. Spätere Notiz Eckermanns: »Unbrauchbar, weil in dem Briefwechsel mit einem Kinde [= Bettina] diese Documente abgedruckt sind.« – F. Lübbecke: ›Die Mutter Goethe trifft Carl den Unglücklichen‹. In: ›Neue Presse‹ vom 21. 11. 1950. Beutler: ›Briefe aus dem Elternhaus‹ 92 ff.

7
G I 17 (Nr. 1). Vgl. DuW I 1 (WA I 26, 11 f.)
Accoucheur: ». . . daß ein Geburtshelfer angestellt, und der Hebammenunterricht eingeführt oder erneuert wurde« (DuW). – R. Jung: ›Die Beurkundung der Taufe Goethes‹. In: GJb 30, 1909, S. 81 ff.

8
Beutler: ›Briefe aus dem Elternhaus‹ 117. – M. Schuette: ›Der Goethesche Familienteppich‹ In: GJb 9, 1944. S. 172 ff.

9
WA I 29, 32 f.

10
WA I 33, 159 f. (Trier, 29. Oktober 1792)
Erinnerungen anläßlich einer Anfrage, ob Goethe eine Ratsstelle in Frankfurt annehmen wolle. – Über den Großvater, seine politischen Anschauungen, konträr zu denen von Goethes Vater, was zu Händeln »wie in Romeo und Julia« führte, s. DuW I 1 und 2. – Beutler: ›Essays‹ 3 ff. (›Das Hausbuch des Großvaters Textor‹).

11
S. auch die Neujahrsgedichte für die Großeltern 1757 (»Erhabner Gros Papa!. . .«), die ersten erhaltenen Dichtungen Goethes.

12
WA I 26, 105 f.
S. ebd., S. 107 ff. über die durch die Sticheleien eingeimpfte »sittliche Krankheit«, die später wieder Börne verspottete (Tagebuch 20. Mai 1830). – Zum Weidenhof Beutler: ›Briefe aus dem Elternhaus‹ 14 ff.

13
WA I 26, 12 und 14 ff.
Beutler: ›Essays‹ 27 ff. (›Das Haus‹; dort auch über den alten ›Hirtzengraben‹). – Im Geräms spielt die von Sigmund Freud in »Eine Kindheitserinnerung aus ›Dichtung und Wahrheit‹« analysierte Szene des Zerstörens von Töpferware.

14
WA I 26, 18 f. – WA I 57, 5 und 7 (s. auch Beutler: ›Briefe aus dem Elternhaus‹ 676)
Das Haushaltsbuch des Vaters verzeichnet für den 30. Juni 1754 Ausgaben für eine Theateraufführung.

15
Über den erst nach dem Tod der Großmutter (1754) möglich gewordenen Umbau s. DuW I 1 (WA I 26, 19 ff.)

16
WA I 26, 15 f. – WA I 37, 89

18
WA I 27, 228 f.
Im Treppenhaus kam es am Karfreitag 1759 zu dem in DuW I 3 geschilderten heftigen Zusammenstoß zwischen Graf Thoranc und Goethes Vater. – Die »chinesischen Tapeten« im Peking-Zimmer.

19
G I 20 (Nr. 5)
Der von Bettina erwähnte Garten ist der des Großvaters Textor. – Eine Deutung des Gemäldes gab A. von Arnim in einem Brief an Bettina 1808 (s. ›Goethes Leben u. Werk in Daten u. Bildern‹ zu

Abb. 37). Das Bild kam nach dem Tod von Goethes Mutter in Bettinas Besitz.

21
WA I 26, 140 – WA I 26, 223
Über die von Thoranc nach Grasse gesandten, jetzt wieder im GM Frankfurt vereinigten Bilder der Josephs-Geschichte s. Jb FDH 1980, S. 427 und D. Lüders: ›Die Josephs-Geschichte . . .‹ Frankfurt 1977. – Zu der epischen Dichtung ›Joseph‹ s. Anm. zu Abb. 53.

22
WA I 23 f.

23
Der Plan einer Stadtanlage ohne Befestigung geht auf französische Theoretiker zurück. – Über seinen Großonkel Loën berichtet Goethe DuW I 2 (WA I 26, 115; s. HA IX 652 f.). – S. Sieber, J. M. von Loën. Goethes Groß-Oheim, Leipzig 1922 – Loëns Hauptwerk: ›Der redliche Mann am Hofe‹ (1742) wurde 1966 (Stuttgart, Metzler), die Sammlung seiner ›Kleinen Schriften‹ 1972 (Frankfurt, Athenäum) nachgedruckt.

24
WA I 26, 22

25
WA I 9, 134 – WA I 34^{I}, 241 f. (»Frankfurt, 18. August 1797«)

26-27
WA I 26, 119-121
1816 gibt Goethe in dem Aufsatz ›Kunst und Alterthum am Rhein und Main‹ einen (auf ein Gutachten Chr. Schlossers gestützten) Bericht über den desolaten Zustand der Stiftung mit Vorschlägen zu ihrer Sanierung (WA I 34^{I}, 122-137).

28-31
WA I 26, 23 – WA I 34^{I}, 242 f. – WA I 26, 25 f.
Die Schilderungen, 1797 und 1811 (DuW) niedergeschrieben, sind kritische Analysen des alten Frankfurt (s. Texte zu Abb. 426-428). – Zu Goethes schriftlichen Quellen, seinen Francofurtensien, s. HA IX 637 f.

33
WA I 26, 235 ff. – WA IV 2, 171
1811, im Jahr der Publikation von DuW I. Teil, wurde das Getto geöffnet. – In dem auf der Abb. rechts an die Brandmauer anschließenden Gebäude wurde 1786 Ludwig Börne geboren, der spätere vehemente Gegner des »gereimten Knechts« Goethe. »Er *[Goethe]* war schon sechzig Jahre alt . . . da ärgerte er sich, als er erfuhr, die Frankfurter Juden forderten Bürgerrecht, und er geiferte gegen die ›Humanitätssalbader‹, die den Juden das Wort sprächen.« (s. DuW III 13) – *Gottfrieds Chronik:* s. Text zu Abb. 81. – *Schule:* Die Synagoge.

34
WA I 26, 197 (s. dort die ausführliche Schilderung des Rektors Albrecht, einer »der originalsten Figuren von der Welt«, eines »Äsop mit Chorrock und Perrücke«. – Elisabeth Mentzel: ›Wolfgang und Cornelia Goethes Lehrer‹, Leipzig 1909, S. 210-238; ebd., S. 263 ff. über Goethes Englischlehrer Dr. Schade.

35
Über den, nur während des Hausumbaus unterbrochenen, Privatunterricht: DuW I 1 (WA I 26, 45-47). – Zu Thym s. Mentzel, a.a.O. und Beutler: ›Essays‹ 89 (›Die Kindsmörderin‹).

36
Zu Scherbius und dem nicht völlig beglaubigten Bild s. Jb FDH 1978, S. 591 f. und Mentzel, a.a.O.

37
Transkription, Beschreibung und Kommentierung der jetzt an getrennten Orten (FDH und GMD) aufbewahrten Hs. bei Fischer-Lamberg: DjG I 50 f. und 445 ff. – S. auch Goethes späten Aufsatz: ›Phaethon, Tragödie des Euripides. Versuch einer Wiederherstellung aus Bruchstücken‹ 1823 (WA I 41^{II}, 32 ff.).

38
Über das durch Familientradition beglaubigte Porträt s. ›Festschrift zu Goethes 150. Geburtstag‹ Frankfurt (FDH) 1899, S. 251-300.

39
WA I 19, 58
Katharina Mommsen: ›Goethe und 1001 Nacht‹ Frankfurt a. M. 1981, S. 3 f. (die ›Werther‹-Stelle auch ein autobiographisches Zeugnis, das darauf schließen läßt, daß Goethes erste Begegnungen mit der Scheherazade in die Kindheit zurückreichen. Ebd. über die Erzählweise der Mutter. S. Text zu Abb. 19).

40
WA I 26, 80 f.
Das um 1720 angefertigte schmiedeeiserne Tor grenzt seit 1953 die beiden Gartenstücke hinter dem Frankfurter Goethehaus ab.
Schlimme Mauer: Der Name vermutlich von einem Anwohner namens Slymme. – K. Mommsen, a.a.O., S. 5-19 mit zahlreichen Belegen aus Galland.

41
WA I 15^{I}, 184 f.
Zu frühen Troja-Eindrücken (Homer, Vergil) DuW I 1 (WA I 26, 61 f.).

42
WA I 26, 283 f., 293 f.
Die Verbindung von ›Gretchen‹-Geschichte und Krönungsbericht wohl romanhaft, jedenfalls im ›Biographischen Schema 1809‹ noch nicht angedeutet. – *Diarien:* s. auch Abb. 2-3. Zu den Vorgängen bei Wahl und Krönung: HA IX 673 f. – *Lavater . . . Offenbarung:* ›Jesus Messias oder die Zukunft des Herrn‹ Zürich 1780, 19. Gesang.

43
WA I 26, 327 f.

44
WA I 26, 351; die Einfügung ebd., S. 122 f.
Vgl. auch DuW I 1 (WA I 26, 38 f.) und Franz Götting: ›Die Bibliothek von Goethes Vater‹. In: ›Nassauische Annalen‹ 64, 1953. S. 23-69 (ders. schon in dem Sonderabdruck [›Aus der Welt Goethes‹] aus ›Beiträge aus Frankfurter Bibliotheken zum Gutenbergjahr‹ 1942, S. 79 ff.); HA IX 639 f. – *Portias Traum:* ›Messias‹ VII V. 399-448; *Gespräch von Satan u. Adramelech:* X V. 96-145. S. auch Abb. 48 f.

45
WA I 26, 17 und 223 f.
Vollständige Edition des ›Viaggio in Italia . . . in XLII Lettere descritto‹ von Arturo Farinelli, Rom 1932/3. Dt.: J. C. Goethe: Reise durch Italien im Jahre 1740. Übers. u. komm. v. A. Meier, München 1986. – Das *Mündel:* J. D. B. Clauer (1732-1796); s. E. Mentzel im Jb FDH 1914/15 und E. Beutler: ›Briefe aus dem Elternhaus‹ 159 ff.: »Das Leid des Wahnsinns . . . wohnte dem werdenden Poeten Tür an Tür . . . Im Frühjahr 1769 . . . steigerte sich Clauers Trübsinn zu Tobsuchtsanfällen. Es wurden von nun an zwei Grenadiere ins Haus genommen . . .«

46
WA I 10, 125 (V. 488/93)
Vgl. auch DuW I 1 (WA I 26, 38): ». . . für den Tasso bezeigte er *[der Vater]* eine große Vorliebe.«

47
WA I 27, 40 f. (s. ebd. 384 f. eine frühere Fassung)
Moors war ein Jugendfreund Goethes aus dem Nachbarhaus und Vorbild des »Pylades« in DuW (s. auch Bode I 9 ff. und WA IV 1, 60). – *die beste Welt:* gegen Leibniz (s. dazu Beutler: ›Goethe-Haus‹ 37; ders. ›Essays‹ 62: ›Das Betrugslexikon‹).

48-49
WA I 27, 296 ff. (im folgenden auch Kritik an Klopstock und Gleim, besonders an der »Wechselnichtigkeit« ihrer Briefwechsel in Konventikeln gleichgestimmter Seelen).

50
WA IV 1, 2 f.
Buris Antwort v. 26. Mai 1764: s. RA 1, Nr. 1.

51
WA I 27, 48 f.

52
WA I 27, 50 und 117

53
WA IV 1, 114 f. (ebd.: auch das ›Joseph‹-Epos sei zum Feuer verdammt worden)

Eckermann: ›Gespräche‹ 17. 3. 1830: Goethe: »Ich habe als sechzehnjähriger Knabe ein dithyrambisches Gedicht über die Höllenfahrt Christi geschrieben . . . Das Gedicht ist voll orthodoxer Borniertheit und wird mir als herrlicher Paß in den Himmel dienen.« [. . .] Riemer: ». . . ich erinnere mich, daß Sie im ersten Jahre nach meiner Ankunft schwer krank waren und in Ihrem Phantasieren mit einmal die schönsten Verse über denselbigen Gegenstand rezitierten.«

54

WA I 27, 23 f.

G. Witkowski: ›Cornelia die Schwester Goethes‹ Frankfurt a. M. 1903 ([2]1924); B. Reifenberg: ›Cornelia‹. In: B. R.: ›Lichte Schatten‹, Frankfurt a. M. 1955, S. 474 ff.; E. Beutler: ›Briefe aus dem Elternhaus‹ 203 ff.; Ch. Michel: ›Cornelia in »Dichtung und Wahrheit«. Kritisches zu einem Spiegelbild.‹ In: Jb FDH 1979, S. 40 ff.

55

WA IV 1, 20 – WA I 27, 22 f.

Richardsons Roman ›*Clarissa* or the History of a Young Lady‹ erschien 1748, der Briefroman ›*Pamela* or Virtue Rewarded‹ 1740. – L. M. Price: ›On the Reception of R. in Germany‹. In: ›The Journal of English and Germanic Philology‹ 25, 1926. – Goethes Distanz zum Richardson-Kult auch in dem Briefgedicht: »Binn ich bey Mädgen launisch froh . . .« (WA IV 1, 173 f.) u. ö. – Vgl. auch Goethes Versuch, seine Beziehung zu Gretchen vor der Folie eines Romans [›Manon Lescaut‹] darzustellen (WA I 26, 376 ff.).

56

WA IV 1, 92

Über das Porträt der Mutter (ein Pastellbild) E. Beutler: ›Essays‹ 70-74 (›Heimkehr eines Bildes‹).

57

WA I 27, 52 f. und 127 f.

C. Schlingmann: ›Gellert. Eine literarhistorische Revision‹, Bad Homburg/Berlin/Zürich 1967.

58

WA IV 1, 106 f. und 22 f.

»Mir war es lustig genug zu sehen, wie ich dasjenige was Gellert uns im Collegium überliefert oder gerathen, sogleich wieder gegen meine Schwester gewendet . . .« (DuW II 8; WA I 27, 216).

59

WA I 36, 226 (dort auch über die erste Bekanntschaft mit den Schauspielerinnen Schmehling und Corona Schröter)

Vgl. auch über die Einweihung des neuen Komödienhauses »auf der Ranstädter Pastey« Goethe an Cornelia, 18. 10. 1766, und DuW II 8 über den ›programmatischen‹ Bühnenvorhang Oesers (mit der Gestalt Shakespeares).

60

WA I 27, 136/140 – Das Gedicht an Samuel Händel: WA I 37, 58.

61

WA IV 1, 190-193 (s. auch Text zu Abb. 74)

Gessners Welten: die Idealwelt in Salomon Geßners ›Idyllen‹ (1756).

62-64

WA I 27, 155-158

Über Oeser als Lehrer: »Sein Unterricht wird auf mein ganzes Leben Folgen haben. Er lehrte mich, das Ideal der Schönheit sey Einfalt und Stille, und daraus folgt, dass kein Jüngling Meister werden könne. [. . .] Nach ihm und Schäckespearen, ist Wieland noch der einzige, den ich für meinen ächten Lehrer erkennen kann, andre hatten mir gezeigt dass ich fehlte, diese zeigten mir wie ichs besser machen sollte.« (An Ph. E. Reich, 20. 2. 1770.)

65

WA I 27, 84, 110-112

Vgl. Goethes Brief an Ch. G. Schönkopf vom 1. 10. 1768. – Eine Eifersuchtsszene wird im Brief an Behrisch vom 11. 11. 1767 geschildert. Aus dieser Situation »entsprang die älteste meiner überbliebenen dramatischen Arbeiten, das kleine Stück ›Die Laune des Verliebten‹ . . .« (DuW II 7).

66

WA I 27, 133 f.

›Ziblis‹ erstmals gedruckt: WA I 37, 14-17 (s. auch HA I 14-16) – Über die Sammlung ›Annette‹ berichtete Goethe an Cornelia im August 1767 (WA IV 1, 97): »[. . .] tu ne connois de cette elite que 5 pieces, savoir Ziblis, Lyde, Pygmalion, an den Schlaf. Die Elegie.«

67

Die drei Oden an Behrisch: WA I 4, 182-186. – Goethe kaufte das Manuskript 1818 aus dem Nachlaß des Jugendfreundes (s. an A. von Rode, 19. 1. 1818) zurück. Über Behrischs Abschied (»sehr lustig«, »ist endlich seine dumme Stelle los geworden«) an Cornelia, 13. 10. 1767, pathetischer an den Freund (»Auerbachshof . . . leer«): 2. 11. 1767.

68

Der ›Goldene Bär‹ Name und Signet des Hauses Breitkopf, in dem Goethe 1766 mit Schlosser den alten Gottsched aufsuchte (DuW II 7; WA I 27, 86 f.).

69

WA I 27, 179 f.

Stock wohnte in Breitkopfs Haus, dem ›Goldenen Bären‹. *zwei Töchter:* Dorothea, die Malerin (s. Abb. 70) und Maria (Minna), später mit Schillers Freund Gottfried Körner verheiratet, Mutter des Dichters Theodor Körner. – Fortsetzung des Radierens in Frankfurt: DuW II 8 (WA I 27, 213).

70

G I 35 (Nr. 25)

F. Götting: ›Dorothea Stock‹. In: GKal 1938 (mit Abb.)

71

WA I 27, 184 f.

Die ›Mordakte Winckelmann‹ wurde erst 1818, durch Domenico Rossetti, publiziert und Goethe von K. A. Böttiger, dem Verfasser der deutschen Vorrede, übersandt. S. auch: ›Winckelmanns Tod. Die Originalberichte‹. Hrsg. v. H. Rüdiger, Wiesbaden (Insel-Bücherei Nr. 695) 1959.

72

WA I 46, 59 (›Papst‹); s. ebd. S. 58 f. (›Spätere Werke‹): ». . . ein Werk . . ., das als Vermächtniß auf alle Zeiten übergehen wird«. – ›Winckelmann und sein Jahrhundert. In Briefen und Aufsätzen herausgegeben von Goethe‹, Tübingen 1805; darin Beiträge Meyers, F. A. Wolfs und Goethes biographische Skizze.

73

WA I 27, 186 ff. – WA IV 1, 161

74

WA IV 1, 174-176

dem schönen Ort: Oesers Landgut in Dölitz bei Leipzig.

75-76

WA I 37, 102-106 – WA IV 2, 11 f.

Tabula Cebetis: Kebes, dem Schüler Platons und Dialogpartner in dessen ›Phaidon‹, wurde der (stoische) Dialog ›Pinax‹ (= Gemälde; lat. tabula) zugeschrieben, die Deutung eines allegorischen Gemäldes, in dem das menschliche Leben in Gestalt eines pyramidalen Bergs mit vielen Stufen und Wegen von der Hölle bis zur Glückseligkeit dargestellt ist. Ein oft wiederholtes Muster. Merians Kupfertafel in Goethes Sammlungen (Sch. I, S. 132, Nr. 282). Den Aufstieg zum Rochusberg bei Bingen am 16. 8. 1814 vergleicht Goethe mit der ›Tabula Cebetis‹: »Den steilsten, zickzack über Felsen springenden Stieg erklommen wir mit Hundert und aber Hunderten . . . Es war die Tafel des Cebes im eigentlichsten Sinne, bewegt, lebendig . . .« (›Sanct-Rochus-Fest zu Bingen‹ 1816/17). – *Eroberungswuth aller Lügen und Laster:* d. h. Entschluß, alle Lügen und Laster aufdecken zu wollen: Zitat aus J. G. Hamann: ›Sokratische Denkwürdigkeiten‹ 1759, Einleitung (»Ein durstiger Ehrgeitz nach Wahrheit und Tugend, und eine Eroberungswuth aller Lügen und Laster, die nämlich *nicht* dafür erkannt werden, noch seyn wollen; hierinn besteht der Heldengeist eines Weltweisen«); Hamanns Schrift war für Goethes ›Sokrates‹-Plan ein wichtiges Stimulans.

77
WA I 27, 217 f.
eine Welt, die seltsam genug aussah: a.a.O., S. 218 ff. kurz dargestellt. Zu Goethes ›Hermetismus‹ s. jetzt: Rolf Christian Zimmermann: ›Das Weltbild des jungen Goethe. Studien zur hermetischen Tradition des 18. Jahrhunderts‹, 2 Bde., München 1969 und 1979.

78
WA I 27, 199-201

79
WA I 27, 203 f.
Zu Welling und den anderen im Text genannten Autoren s. HA IX 716-729 und das zu Abb. 77 genannte Werk von Zimmermann.

80-81
WA I 39, 222 – WA I 14, 63 f. (V. 1251/58)
Zu diesen und weiteren frühen Bildeindrücken umfassend: E. Beutler: ›Die Philemon- und Baucis-Szene, die Merianbibel und die Frankfurter Maler‹. In: Sonderdruck zu ›Beiträge aus Frankfurter Bibliotheken zum Gutenbergjahr‹, Frankfurt a. M. 1942. Auch: G. F. Hartlaub: ›Aus der Werkstatt des Dichters. Erinnerungen an Merians Kupfer in Goethes Werken‹. In: ›Frankfurter Zeitung‹ v. 12. 1. 1941.

82
WA I 53, 75 (vgl. I 9, 94 und 489 f.)
Zu den drei Fassungen des Stücks HA IV 475 ff.

83
WA IV 1, 224
auf beyde etwas vom Doctor: Käthchen hatte ihre Verlobung mit dem Advokaten Dr. Kanne angekündigt. – Goethe plante damals noch, von Straßburg nach Paris zu gehen.

84-85
WA I 37, 139/151
Vgl. auch DuW II 9 und III 11 (mit einer Vorfassung: WA I 27, 400 ff.). – Kommentar in: HA XII 560-566 (von Einem) und in der Neuausgabe der Sammelschrift: ›Von deutscher Art und Kunst‹, hrsg. von H. D. Irmscher, Stuttgart (Reclam) 1977 (1968), S. 153-157. E. Beutler: ›Von deutscher Baukunst. Goethes Hymnus auf Erwin von Steinbach. Seine Entstehung und Wirkung‹, München 1943 (mit Abb.).

86
WA I 27, 303
Ernst Traumann: ›Goethe der Straßburger Student‹, Leipzig ²1923 (daraus die Abb.). – Der bei der Begegnung 26jährige Herder war durch seine ›Fragmente‹ ›Über die neuere deutsche Literatur‹ (1767) und die ›Kritischen Wälder‹ (1769; beide anonym erschienen) schon berühmt.

87
WA I 27, 306-308 (ebd. über Herders Mitteilungen aus seiner damals entstehenden Preisschrift ›Über den Ursprung der Sprache‹).

88
Transkription – WA I 27, 321 f.
Vollständige Transkription des vierseitigen Briefs in Bd. 2 der Gesamtausgabe der Briefe Herders (ed. Dobbek/Arnold), Weimar 1977, S. 244 f. – *In Ihren Zeitungen:* die 1772 von Merck und Schlosser (s. zu Abb. 112 f.) redigierten ›Frankfurter gelehrten Anzeigen‹, zu denen auch Goethe und Herder beitrugen. – *Göthe . . . Lord mit . . . Hahnenfüßen:* Ähnlich: Goethe als Specht in Herders ›Eine Bilderfabel für Goethe‹ März 1773 (»Hinangeflog'n da kam ein Specht . . .«): SW Bd. XXIX 529 ff.); s. Goethe an Herder, Straßburg, Sommer 1771 (WA IV 1, 256). *Der irländische Dechant:* Anspielung auf Herders Lieblingsschriftsteller Jonathan Swift, Dechant von St. Patrick in Dublin.

89
G I 52 f. (Nr. 69) – WA I 28, 41 (s. ebd. S. 39-45). Vgl. G I Nrn. 66-68
Tag der Promotion: 6. 8. 1771. Die Thesen abgedruckt: WA I 37, 119 ff. Dazu: G. Radbruch: ›Goethes Straßburger Promotionsthesen‹. In: G. R.: ›Gestalten und Gedanken‹, Stuttgart 1954, S. 70 ff. – In der von Metzger zitierten These »jus naturae« fehlt nach »quod« das Wort »natura«.

90
WA I 27, 330-333 – WA IV 1, 235 f. (Konzept)
Vgl. die Umformung des Briefs in DuW II 10 (WA I 27, 335 f.) – *Alaun:* als Beize beim Färben und Gerben benötigt.

91
WA I 27, 351 f. – WA IV 1, 251
Zu Friederike: Goethe-Handbuch Bd. 1, Sp. 1440 ff. – *Falbel:* Faltensaum.

92
WA I 27, 341 f., 346
Die Bekanntschaft mit dem ›Vicar‹ vermittelte Herder, der das Werk in der deutschen Übersetzung von J. G. Gellius (1767) vorlas. Lit.: HA IX 744. – Wie der ›Vicar‹ als Initiale der Sesenheimer Idylle, dient Goldsmith' ›Deserted Village‹ Goethe im 12. Buch von DuW zur dunkleren Folie (verstärkt noch durch die von Jerusalem propagierten Idyllen – Radierungen Gessners) des Wetzlarer Sommers.

93
WA I 27, 346-349
von einem Landgeistlichen: Joh. Jacob Brion (1717-1787), seit 1760 Pfarrer in Sesenheim. – Goethe berichtet DuW III 11, wie er für einen geplanten Umbau des alten Pfarrhauses Entwürfe gezeichnet habe. Vielleicht ist die Abb. 93 als ein solcher anzusehen (s. Femmel: ›Hirschhügelzeichnungen‹ 1).

94-95
WA I 28, 30 f. – WA IV 1, 259 – WA I 28, 83 f.
die Feengärten: S. Wieland: ›Don Sylvio‹ 1764 (Roman): die Gärten der Fee Radiante. – *nach acht Jahren . . . auf demselben Wege:* s. Text zu Abb. 244.

96-97
WA I 28, 74 f.
Shakeskpeare, übersetzt: durch Wieland 1762-1766 (8 Bde.). – *stellen- und auszugsweise:* W. Dodd: ›Beauties of Shakespeare‹, London 1752: das Werk, durch das Goethe, in Leipzig, mit Shakespeare bekannt wurde.

98
WA IV 2, 3 und 5 – ›Zum Schäkespears Tag‹ nach Goethes Ms.: Faksimile-Ausgabe in SchrGGes. 50, 1938 mit Nachwort von E. Beutler; s. auch den Kommentar in: HA XII 668-671. – Vorbild für die von Goethe angeregten Feiern in Frankfurt und Straßburg (mit einer Ansprache F. Chr. Lersés) war das von Garrick vorbereitete erste Shakespeare-Fest in Stratford-on-Avon 1769, über dessen Verlauf Goethe einen Auszug aus dem ›Mercure de France‹-Bericht vom Dezember 1769 besaß. – *Will of all Wills*: Zitat aus der von Garrick für die Morgenserenade des Fests gedichteten ›Warwickshire-ballad‹. – Herders Beitrag ›Etwas über Shakespeare‹ (1771) erschien 1773 umgearbeitet in ›Von deutscher Art und Kunst‹, Goethes Rede erst postum, 1854.

99
Die von Lenz angegebene »Gesellschaft guter Freunde« hielt Goethe für eine (ehrgeizige) Fiktion: DuW III 14 (WA I 28, 251). E. M. Inbar: ›Shakespeare in Deutschland. Der Fall Lenz‹ Tübingen 1981.

100-101
WA IV 2, 7 f. – WA IV 2, 10 f.
Zur Entstehung des ›Götz‹ s. auch G I 54 f. (Nrn. 74-76): »Er *[Goethe]* fand etliche Spuren dieses vortrefflichen Mannes in einem juristischen Buch, ließ sich Götzens Lebensbeschreibung von Nürnberg kommen . . .« (Goethes Mutter an Großmann, 4. 2. 1781).

102
WA I 8, 159 f. (5. Akt)

103
WA IV 2, 19
Es ist alles nur gedacht: als Zitat aus Herders (nicht überliefertem) Brief zu lesen. Vgl.

Herder an Caroline Flachsland, ca. 25. 7. 1772 (B II 195): »Göthens Berlichingen . . . denn werden auch Sie einige Himmlische Freudenstunden haben, wenn Sie ihn lesen. Es ist ungemein viel Deutsche Stärke, Tiefe u. Wahrheit drinn, obgleich hin u. wieder es auch nur gedacht ist.« – Auf Herders Kritik hin schrieb Goethe das Stück um; der Erstdruck ist die 2. Fassung.

104

WA I 28, 198 (die erste Fassung, in sechs Wochen entstanden); dort auch Bericht über den Umformungsprozeß.

105-107

›Zeitgenössische Rezensionen und Urteile über Goethes »Götz« u. »Werther«‹. Hrsg. v. H. Blumenthal, Berlin 1935, S. 7. – J. G. Hamann: ›Briefwechsel‹ Bd. 4 (hrsg. v. A. Henkel), Wiesbaden 1959, S 275. – J. Möser: ›Anwalt des Vaterlands. Ausgewählte Werke‹ (hrsg. v. F. Berger), Leipzig u. Weimar 1978, S. 404.

Wie ein Kommentar zu Abb. 107: Goethes Brief an J. D. Salzmann vom 6. 3. 1773 (WA IV 2, 65 ff): »Unser Theater, seit Hanswurst verbannt ist, hat sich aus dem Gottschedianismus noch nicht losreißen können. Wir haben Sittlichkeit und lange Weile; denn an jeux d'esprit . . . haben wir keinen Sinn, unsre Sozietät und Charakter bieten auch keine Modele dazu, also ennuyiren wir uns regelmäßig . . .«

108

Gedenk-Ausgabe Bd. 18, S. 163/166.

Übertragung Goethes aus dem Epos ›Tighmora‹ (›Temora‹) in Macphersons ›Works of Ossian‹ 1765. Dabei bedient Goethe sich, wie von Herder (in der zu Abb. 109 genannten Schrift) empfohlen, der Elision (»G'sangs« usw.), um den Eindruck archaischer Dichtung zu verstärken. – Erinnert sei an die Ossian-Stellen im ›Werther‹; s. auch Abb. 429. Zu Goethe, Ossian und dem Ossianismus: HA VI 575 ff., 581 ff. s. auch den Katalog der Hamburger Kunsthalle ›Ossian und die Kunst um 1800‹, 1974.

109

WA IV 2, 2 (s. WA I 38, 235-254: die von Goethe gesammelten Lieder) – HA I 491 ff. (zum Heidenröslein und Goethes Liedersammlung für Herder; mit Lit.). – Das in Abb. 109 (S. 56) auf der linken Seite stehende Lied vom Wettstreit des Kuckucks mit der Nachtigall (»Einsmals in einem tiefen Tal . . .«) wurde 1808 in ›Des Knaben Wunderhorn‹ aufgenommen. – Herder als Liedersammler und Anreger: s. seinen Brief an R. E. Raspe, 25. 8. 1772 (B II 215 f.).

110-111

WA I 38, 376 f.

Aeneas: Seine Landung an der Tibermündung: Vergil: ›Aeneis‹ 7. Buch, V. 25 ff. – Lit.: HA XII 570; M. Kitson: ›Claude Lorrain: Liber Veritatis‹, London 1978, zu Nrn. 122 und 82; s. auch ›Insel-Almanach 1982: Goethe: Zu Bildern‹ S. 7 mit Erläuterungen.

112-113

WA I 28, 163-165

Charakteristik Mercks: DuW III 12 (WA I 28, 95 f.). Über Goethes späteren Schwager Schlosser: E. Beutler: ›Essays‹ 102-110 (›Johann Georg Schlosser‹). – H. Bräuning-Octavio: ›Herausgeber und Mitarbeiter der Frankfurter gelehrten Anzeigen 1772‹, Tübingen 1966 (= Schriften des FDH 20). – Als der Verleger Deinet Ende 1772 den Gießener Theologen K. F. Barth zum Redaktor der ›Anzeigen‹ bestellte, beendeten Goethe, Herder, Merck und Schlosser ihre Mitarbeit.

114-116

WA I 28, 118 f.

Beruhigung für mein Gemüth: »Die Antwort Friederikens auf einen schriftlichen Abschied zerriß mir das Herz. . . . und so war die Epoche einer düsteren Reue . . . höchst peinlich, ja unerträglich.« (DuW a.a.O.) – ›Wandrers Sturmlied‹: WA I 1, 67 bis 71 (s. HA I 463-467). Eine genaue Interpretation: A. Henkel: ›Wandrers Sturmlied‹, Frankfurt a. M. 1962.

117

›Concerto dramatico‹: WA I 38, 3-9. – S. auch Goethes ›Felsweihe-Gesang an Psyche‹ 1772 (WA I 4, 187-189) und Herders ›Gegengedicht‹ ›Antwort auf die Felsweihe an Psyche‹ (SW XXIX 511); Herder war seit 1770 mit Caroline verlobt. Über den Darmstädter Kreis gibt Herders Briefwechsel mit Caroline Flachsland (hrsg. v. H. Schauer, 2 Bde., Weimar 1926/28 = SchrGGes. 39 u. 41) die unmittelbarste Auskunft.

118

WA I 27, 19 f.

Vgl. auch DuW II 8 (WA I 27, 212 f.) und G III² 640 (Nr. 6582; Gespräch mit dem Kanzler v. Müller, 8. 6. 1830).

119

WA IV 2, 35

Zur Situation: Beutler: ›Briefe aus dem Elternhaus‹ 12 f.; ders.: ›Essays‹ 391 f. (›Das Goethesche Familienvermögen von 1687-1885‹). – J. C. Goethe: ›Liber domesticus‹. Hrsg. v. H. Holtzhauer. 2 Bde. (mit vollständigem Faksimile), Weimar 1972.

120-121

WA I 28, 151-155

neuen Heloise: Rousseau: ›La Nouvelle Héloise‹ 1761, 5. Teil, 7. Brief; dort auch die Worte: »le lendemain, le surlendemain et toute sa vie«. – E. Behrend (Hrsg.): ›Goethe, Kestner u. Lotte‹, München 1914.

122

WA I 19, 36 – Herder, SW XXIX 349; s. auch: ›Klopstocks Oden und Elegien‹ (Faksimiledruck der Ausgabe Darmstadt 1771), hrsg. v. J.-U. Fechner, Stuttgart 1974, S. 83 ff., Anhang; R. Alewyn: ›»Klopstock!«‹ In: ›Euphorion‹ 73, 1979, S. 357-364.

123

WA IV 2, 171

Umfassend kommentiert durch E. Trunz in HA VI.

124

WA I 19, 97 ff.

125

WA I 19, 26 f.

126

Hier zitiert nach HA VI 518; Kestners Bericht vollständig in: ›Goethe und Werther‹, hrsg. v. A. Kestner, Stuttgart u. Tübingen 1854, S. 86-99. – Goethes Brief: WA IV 2, 33 f.

127

WA I 19, 180 f.

128

Weißes Brief nach: Daunicht: ›Lessing im Gespräch‹ S. 342. – Jerusalem an Eschenburg: Bode I 29 (Nr .32) Jerusalems Abhandlungen mit Bezug auf Mendelssohns ›Phaedon‹ (s. Ab. 76). Lessing gab 1776 ›Philosophische Aufsätze von Karl Wilhelm Jerusalem‹ heraus. – S. auch Lessing an Eschenburg, 26. 10. 1774: »Solche kleingroße, verächtlich-schätzbare Originale hervorzubringen, war nur der christlichen Erziehung vorbehalten . . . Also, lieber Goethe, noch ein Kapitelchen zum Schlusse! Und je zynischer, je besser!«

129

Das Bruchstück gedruckt WA I 19, 311 (ebd. das zweite, der Entwurf zum Vorwort, S. 310); es hat noch nicht die Briefform wie im Druck (s. ebd. S. 185/186, 189), sondern ist Tagebuchaufzeichnung. – Über das zugrundeliegende Faktische s. Kestners Bericht in HA VI 518 f. und 523.

130-131

WA I 19, 188 f. und 191

Vgl. Kestners Bericht: HA VI 519.

132

WA IV 2, 21 f.

Kestners Aufzeichnungen über Goethes Abreise: G I 72-74 (Nrn. 118-121). – *Diskurs:* ». . . er *[Goethe]*, Lottchen und ich hatten ein merkwürdiges Gespräch, von dem Zustande nach diesem Leben; vom Weggehen und Wiederkommen p.; welches nicht er, sondern Lottchen anfing; wir machten miteinander aus, wer zuerst von uns stürbe, sollte, wenn er könnte, den Lebenden Nachricht von dem Zustande jenes Lebens geben; Goethe wurde ganz niedergeschlagen . . .« (Kestner; G I 72, Nr. 118)

133
WA I 28, 177/184
Maximilianes Heirat: In diese Zeit datiert die Niederschrift des ›Werther‹. S. Goethes Schema zu DuW: »Max Laroche verheiratet. Taedium vitae. Wertherianism. Düstre Lebenslast. Periodisch wiederkehrend. Entschluß zu leben. Werther geschrieben und gedruckt.« (WA I 28, 370).

134
Gedenk-Ausgabe Bd. 18, S. 186 (dort: 8. Januar; unsere Dat. nach Fischer-Lamberg: DjG III 17).

135
WA I 38, 490 – WA IV 2, 49
Gerocks: Antoinette und Nanne, die Töchter des Kaufmanns J. G. Gerock, waren mit Goethe und Cornelia befreundet. Am 27. 1. 1773 macht Goethe mit den Mädchen einen Nachtspaziergang auf die Alte Brücke: »Das Wasser ist sehr gross rauschte starck und die Schiffe alle versammelt in einander, und der liebe trübe Mond ward freundlich gegrüsst, und Antoinette fand das alles paradiesisch schön und alle Leute so glücklich die auf dem Land leben, und auf Schiffen, und unter Gottes Himmel.« (An Kestner, 28. 1. 1773).

136
Gedenk-Ausgabe Bd. 18, S. 263 – WA I 47, 347 (s. auch S. 137).

137
G I 94 (Nr. 166) – WA IV 2, 174-176

138
G I 97 (Nr. 173)
Goethe u. Spinoza (s. auch zu Abb. 141 u. 293): HA X 598 ff.; M. Bollacher: ›Der junge Goethe und Spinoza‹, 1969; M. Mommsen: ›Goethes Verhältnis zu Christus u. Spinoza‹ In: ›Deutsche Weltliteratur‹, hrsg v. K. W. Jonas, 1972.

139-140
WA I 14, 302 f.
Über Basedow und die gemeinsame Reise: DuW III 14 (WA I 28, 271 ff.; ebd. scharfe Kritik am ›Elementarwerk‹).

141
G I 117 f. (Nrn. 194 und 192)
›Das Unglück der Jacobis‹: Bericht davon in Goethes Gespräch mit Johanne Fahlmer, der Tante der Jacobis: WA I 38, 420 ff. (auch: G I 93; Nr. 164). – Über das spätere Verhältnis zu Fritz Jacobi abschließend die Aufzeichnung ›Jacobi‹ in den ›Biographischen Einzelnheiten‹ (WA I 36, 267 ff.). H. Nicolai: Goethe u. Jacobi, Stgt. 1965

144
WA I 28, 285 f.
Th. Hetzer: ›Aufsätze und Vorträge II‹, Darmstadt 1957, S. 219 f.; H. Vey: ›Die Bildnisse Everhard Jabachs‹. In: ›Wallraf-Richartz-Jb.‹ XXIX, 1967, S. 157 f.; HA X 597 f.

145
WA I 38, 392
Münz 24 f.

146
WA IV 2, 176
E. v. d. Hellen: ›Goethes Anteil an Lavaters Physiognomischen Fragmenten‹, Frankfurt a. M. 1888. Erl. d. Vignette in: J. C. Lavater, Physiogn. Fragmente. Eine Auswahl. Hrsg. v. Ch. Siegrist, Stuttgart 1984, S. 349.

147
WA I 37, 339 f.

148
WA I 37, 340 f.

149
WA I 37, 357 f.

150
Gedenk-Ausgabe Bd. 18, 276 (mit gegenübergestellter Charakteristik der Frau v. Branconi); ebd. S. 1030 Zimmermanns Briefe über seine Begegnung mit Goethe an Frau v. Stein. S. auch WA I 38, 393 (Nr. 92).

151
WA I 37, 338 f.

152
WA I 37, 347 f.
1792 erklärt Goethe vor Freunden in Münster, er sei durch Lavaters Physiognomik in die Osteologie eingeführt worden: »Lavater selbst, der glücklichste Beschauer organisirter Oberflächen, sah sich . . . getrieben, mehrere Thierschädel *[Kopien aus Buffon: ›Histoire naturelle‹ 1749]* in sein Werk abbilden zu lassen, und selbige mir zu einem flüchtigen Commentar darüber zu empfehlen.« ›Campagne in Frankreich 1792‹ (WA I 33, 240).

153-154
Fischer-Lamberg: DjG III 30 – WA I 37, 89 f.
Goethe hatte in seinem Frankfurter Zimmer Abgüsse von den Köpfen der Laokoon-Gruppe aufgestellt. – Über die Wirkung von Lessings ›Laokoon‹ (1766) auf den Leipziger Studenten – blitzartig erhellend, hinreißend »in die freien Gefilde des Gedankens« – s. DuW II 8 (HA IX 316 f. mit Erl. 709). – Die Stelle, mit der Goethe sich kritisch auseinandersetzt: ›Laokoon‹ I 2 (SW IX 14 f.) am Beispiel eines Meleager-Reliefs. In DuW ist von solcher Kritik nicht mehr die Rede.

155
Die Verse aus dem ›Prometheus‹-Fragment (WA I 39, 201; V. 150/3) – WA I 28, 312 f.
Zum Pantheismusstreit zwischen Jacobi und Mendelssohn, der in seiner 1786 gedruckten Schrift ›Moses Mendelssohn an die Freunde Lessings‹ diesen gegen Jacobis Behauptung, Lessing sei Spinozist und damit Atheist gewesen, verteidigte: HA X 606 ff.; (mit Lit.).

156-157
Daunicht: ›Lessing im Gespräch‹ 498 (vollständiger Abdruck). Ἑν και Παν (Hen kai Pan): Eins und Alles; Lessing: »eine inwohnende, ewig *in sich* unveränderliche Ursache der Welt, welche mit allen ihren Folgen zusammengenommen – Eins und dasselbe wäre.« (ebd. 500). – Zu Goethes Gedicht: HA I 471 ff.

158-159
WA IV 2, 148 f.
Johanna Fahlmer (1744-1821), die Tante der Brüder Jacobi, jünger als diese. *Lotte:* Schwester der Jacobis. – *die Iris im Lohn:* die schnelle Götterbotin (zugleich auch Anspielung auf die von Ch. G. Jacobi herausgegebene Zs. ›Iris‹?). – *Pfarrturm:* Turm des Frankfurter Doms. – *Unterschrifft:* Mittelalterlichen Urkunden nachgebildet.

160
WA IV 2, 62 f.
Merkurius . . .: Der Schluß des Briefs wörtlich nach Homer: ›Odyssee‹ 5, V. 43-46 (Hermes eilt zu Kalypso).

161
WA I 38, 23 – G I 91 f. (Nr. 164)
Goethe hatte das gegen Wielands ›Alceste‹, vor allem aber gegen dessen (in ›Merkur‹-Briefen an Jacobi geäußerte) Kritik an Euripides gerichtete Stück auf Drängen von Lenz in Straßburg drucken lassen. Wieland empfahl die Farce im ›Merkur‹ als »Meisterstück von Persiflage«. – *Parthenia:* Die von Wieland erfundene Schwester der Alceste (anstelle des Dieners bei Euripides), auf die er besonders stolz war. – HA IV 535 ff.

162
WA IV 2, 171 f. und 187
S. dazu DuW III 15 (WA I 28, 346 ff.) und HA IV 546 ff. Das Stück wurde in acht Tagen geschrieben. – Der 4. Band von Beaumarchais' Erinnerungen war im Februar 1774 erschienen.

163
WA IV 2, 205 (s. DuW III, 13, WA I 28, 187 f.) – WA I 38, 67 (ergänzt nach Gedenk-Ausgabe).

164
WA I 19, 214-16 (vgl. auch den Brief an Auguste Stolberg, 13. 2. 1775) – E. Beutler: ›Essays‹ 191-331 (›Lili. Wiederholte Spiegelungen‹).

165
WA I 1, 71 – WA I 29, 57 – WA I 37, 304

»Ich schlafe, . . .«: ›Hohes Lied‹ 5, 2 (Luthers Übersetzung). – S. auch das späte Gedicht ›Der Bräutigam‹ (»Um Mitternacht, ich schlief, . . .«).

166-167
Auf Goethes frühe Erfahrungen mit der richtenden Gesellschaft verweist Beutler im Faustkommentar und in ›Essays‹ 87 ff. (›Die Kindsmörderin‹).

168-169
WA IV 2, 50 – Behrens 16
Köpfe nach Raphael: Auch für die ›Physiognomischen Fragmente‹ genutzt. Einige im CG. – *Lotte ist auch da:* Wohl der oft erwähnte, berühmte Schattenriß (WA IV 2, 27 f., 30, 45, 48, 72 f., 74, 86, 151).

170
WA I 28, 315 und 317 f.
Von den Fragmenten in Goethes Zimmer, vor allem von ›Faust‹, berichtet Knebel an Bertuch, 23 12. 1774 (G I 128, Nr. 122).

171
WA IV 2, 222 f.
Seine Dankbarkeit für den »herrliche[n] Justus Möser«, dem er nie persönlich begegnete, bezeugt Goethe noch 1823 in einem Aufsatz für ›Kunst und Altertum‹ (IV 2).

172-173
WA I 28, 316 f. (s. auch DuW IV 20, WA I 29, 172 f.). Vgl. Abb. 459.

178
G I 147 (Nr. 270)

179
WA I 29, 88 f. (ebd. der redigierte Bericht über die Reise mit eingeschalteten Charakteristiken der Stolbergs und der Schwester Cornelia) – G I 145 f. (Nr. 267) – G I 144 (Nr. 264)

180
Nach dem revidierten Text in: Goethe: ›Tagebuch der ersten Schweizer Reise 1775‹, hrsg. u. erläutert v. H.-G. Dewitz, Frankfurt a. M. 1980 (mit Goethes Zeichnungen u. vollständigem Faksimile der Handschrift).

181
WA I 11, 327 f. (II 9) – BaG I 53 (Nr. 40) – Behrens 22 f., 29-31, 34

Zu ›Erwin und Elmire‹, das Goethe 1775 mit Motto-Versen für Lili [›An Belinden‹] drucken ließ, s. Goethe: Singspiele‹, hrsg. v. H.-A. Koch, Stuttgart 1974, S. 291 ff. – *ein Papagey auf der Stange:* Vgl. das Gedicht ›Lilis Park‹ (1775).

183
WA IV 2, 303 f. und 3, 1
S. dazu DuW III 12 (WA I 28, 105-111), das große Hamann-Porträt; Kommentar: HA X 563-67. Dort auch ein Verzeichnis der von Goethe gesammelten Hamann-Schriften. – In dem unter 9) genannten *Brief der Hexe von Kadmonbor* sind die Namen Mephistopheles und Faust genannt. – Zum ›anstößigen‹ Titelblatt der ›Kreuzzüge‹ äußert sich Goethe an der genannten Stelle in DuW.

184
G I 167 (Nr. 323)

185
Beutler: ›Goethehaus‹ 39 f. – G I 179 f. (Nr. 346 f.)

186
G I 216 (Nr. 403) (s. ebd. S. 219, Nr. 406 »nur mein Werkeltagsgesicht«)

187
S. G I 182-185 (Nrn. 352-354)
Die Vers-»Epistel zum Lobe Goethes« wurde auch von Lessing scharf kritisiert (Daunicht 522).

188
WA IV 3, 11 f.
Zu Kraus s. DuW IV 20 (WA I 29, 170 f.); Beutler: ›Essays‹ 417-443 (›Georg Melchior Kraus‹); SchrGGes. 43, 1930. – *Waldeck:* Forsthaus bei Bürgel.

189
BaG I 38 (Nr. 46) mit Kommentar (auch zu Nr. 47 mit Stolbergs Brief an Klopstock nach dem Eintreffen von Goethes Antwort) – WA IV 3, 63 f.
Über Klopstocks Motiv: Mandelkow in BaG I S. 573. Mit Goethes Entgegnung endete der Briefwechsel. S. auch Text zu Abb. 445.

190
›Seefahrt‹: WA I 2, 72 f. – WA IV 3, 37
S. auch J. C. Goethe an Schönborn, 24. 7. 1776 (›Briefe aus dem Elternhaus‹ 314 f.).

191
WA IV 3, 51 f. – Gedicht nach Goethes Ms.
Walter Hof: ›Goethe und Charlotte v. Stein‹, Frankfurt a. M. 1980.

192
WA IV 3, 163 f.

193-194
WA IV 3, 6 und 79 f. (s. auch Goethes Brief an Herder vom 10. 7. 1776; WA IV 3, 87).

195
Behrens 43 (WA IV 3, 69)
K. Hebel: ›Goethes Branderlebnisse im ersten Weimarer Jahrzehnt u. ihre Spiegelung in Flammengleichnissen‹. In: Jb Goethe NF XXII 1960, S. 89 f.

196
WA III 1, 90 f.

197
WA IV 3, 89 f.
S. auch Goethes Brief an Frau v. Stein vom 19. 11. 1776 (WA IV 3, 121), aus dem hervorgeht, daß das »Berg Nebelbild« auf Großkochberg an einer Zimmerwand gehangen hat.

198
Boccaccio: ›Das Dekameron‹. Übertragen von A. Wesselski, Leipzig 1921, S. 539 – WA IV 3, 85
Zum ›Falken‹ s. WA I 38, 493; Gedenk-Ausgabe Bd. 18, S. 1048. – 1778 entnahm Lessing dem ›Decameron‹ (I 3) die ›Ringparabel‹ als Keimzelle zum ›Nathan‹.

199
WA IV 3, 100 (s. I 1, 102 u. 394)

200
WA IV 3, 93 f. und 4, 281 (s. auch IV 6, 310 und I 4, 120: eine Inschrift für Frau v. Stein, der Höhle zugedacht).

201
Text nach der Hs. für Frau v. Stein. Die Melodie hatte Kayser für ein Lied von H. L. Wagner geschrieben. S. HA I 523. Zur Korrektur der Angaben in WA I 1, 393: Gräf III 1, 52 f.

202
WA III 1, 60 f.

203
WA IV 3, 207 f.

204
S. auch WA I 2, 316 f.; ebd. 92 eine spätere Fassung unter dem Titel ›Liebebedürfniß‹. Kommentar HA I 531 f.: Johannes Secundus – Hans Sachs: zwei Pole der dt. Literatur, im 16. Jh. zerfallen, von Goethe beide erfaßt. G. Ellinger: ›Goethe und J. Secundus‹. In: GJb. 13, 1892, S. 199 ff.

206
WA I 2, 148 und 333 (Erstdruck; nach diesem zitiert, doch ohne die vier, auf Anna Amalia bezogenen, Schlußverse)
R. Graul: ›Gellertdenkmäler in Meißner Porzellannachbildungen‹. In: ›Leipziger Kalender‹ 1909 (6. Jg.), S. 157-163.

207
WA IV 3, 180 und 176 f.
Luthers Pathmos: Die Verbindung Luther–Goethe auch in den Berichten seiner Freunde und Besucher: GI 242-45 (Nrn. 455-57).

208
WA IV 3, 238 f. – WA I 2, 63 f. (V. 77-88), jedoch mit der Lesart »unerforscht die Geweide« statt »mit unerforschtem Busen«, nach der Merck übersandten Hs. des Gedichts.
Vgl. auch: ». . . der Brocken . . . ich war oben heut und habe auf dem Teufels Altar meinem Gott den liebsten Danck geopfert.« An Frau v. Stein, 10. 12. 1777 (WA IV 3, 200; ebd.: ». . . meine Reise auf den Harz war, dass ich wünschte den Brocken zu besteigen . . .«). – R. Denecke: ›Goethes Harzreisen‹, Hildesheim 1980, S. 21-58

210
G I 217 f. (Nr. 404; Wieland) – WA IV 3, 71 – WA I 35,6 u. 40, 106 ff. (Aufsatz Goethes von 1815)

211
WA I 40, 107 f.
Kommentar zu ›Proserpina‹ (mit Bibliogr.): HA IV 596-600). – Beutler: ›Essays‹ 405 f. (›Begegnung mit Mozart‹) und 460-505 (›Corona Schröter‹), bes. S. 476-491

(über die »eigens und nur für Corona geschriebene« ›Proserpina‹).
212
WA IV 3, 239 f. – WA III 1, 66
bei dem jetzigen Kriege: Der bayerische Erbfolgekrieg zwischen Österreich und Preußen, Juli 1778 bis Frühjahr 1779 (Friede von Teschen).
213
WA IV 3, 223
K. Lein: ›Führer durch den Landschaftspark Wörlitz‹, Halle 1973; M.-L. Harksen: ›Erdmannsdorff u. seine Bauten in Wörlitz‹, Wörlitz 1973; C. A. Böttiger: ›Reise nach Wörlitz 1797‹, hrsg. v. E. Hirsch, Wörlitz ²1973.
214
WA IV 3, 224 f. – WA I 52, 140 (s. auch S. 144 f.)
Beutler: ›Goethemuseum‹ 28 f. – Prinz Heinrich, Goethes politischer Gegenspieler, konnte im Juni 1784 auf dem Ständetag in Eisenach Carl August für die Politik Preußens gewinnen.
215
Das Gedicht nach O. Pniower: ›Goethe in Berlin und Potsdam‹, Berlin 1925, S. 62 (s. auch WA IV 3, 226) – G I 253 f. (Nr. 476).
›Die Karschin. Friedrichs d. Gr. Volksdichterin. Ein Leben in Briefen‹ Eingel. u hrsg. v. Elisabeth Hauptmann, Frankfurt 1933.
216
WA I 48, 212
Goethes frühe Hochschätzung des Illustrators Chodowiecki wird in DuW III 13 (WA I 28, 229) erwähnt. – Carl Brinitzer: ›Die Geschichte des Daniel Chodowiecki‹, Stuttgart 1973.
217
E. Berckenhagen: ›Anton Graff, Leben und Werk‹, Berlin 1967. S. auch: ›Goethe in Berlin‹, hrsg. v. F. Moser, Berlin 1949.
218-219
WA I 5[1], 161 (Gräf III 1, 56 f.); s. auch Goethe an Frau v. Stein, 14.5.1779 (WA IV 4, 37) – WA I 29, 16
Die Verse 1821 in DuW aufgenommen, dort stark verändert (s. o.). – ›Lesewuth, Raubdruck und Bücherluxus – Das Buch in der Goethe-Zeit‹, Katalog Goethemuseum Düsseldorf 1977.
220-221
WA III 1, 91 – ›Oberon‹ I. Gesang, 1. Stanze (s. die Erläuterungen in Bd. 5 der von F. Martini u. H. W. Seiffert hrsg. ›Werke‹, München 1968, 786)
Goethe und Wieland mußten sich von dem Bayreuther Hofmaler May (s. auch Abb. 56) für die Herzogin von Württemberg malen lassen (s. Wielands Bericht an Merck, 1. 8. 1779; G I 266 f.).
222-223
WA III 1, 11 – G I 388 (Nr. 782) – G I 248 (Nr. 463) – WA IV 3, 64-67 (vgl. Behrens 39-41)
Mit dem Erwerb des ›Börnerischen Gartens‹ erhielt Goethe das Weimarer Bürgerrecht (s. G I 203 f.) (Nr. 387). – W. Bode: ›Goethes Leben im Garten am Stern‹ Weimar 1929.
224-225
Zu dem Bild der Beatrice Cenci (heute noch in Goethes Gartenhaus) s. auch WA IV 4, 174. – G I 158 (Nr. 309)
226-227
WA III 1, 78 – Bode II 435 (Nr. 1555): W. v. Humboldt an seine Frau, 8.9.1809
S. auch Fritz v. Steins Erinnerungen über die Zeit in Goethes Haus (1783-86): G I 388 (Nr. 781). – Beutler: ›Essays‹ 506-13 (›Taten und Ruhm von Gottlieb Martin Klauer‹); W. Geese: ›G.M. Klauer, der Bildhauer Goethes‹, Leipzig 1935. – Die Statue Fritz v. Steins ist die erste in Weimar geschaffene unbekleidete Ganzfigur.
228-229
G I 389 (Nr. 783)
Heinrich Julius v. Lindau, den Goethe 1775 in der Schweiz kennengelernt hatte, bat, bevor er 1776 in den amerikanischen Freiheitskrieg zog, die Freunde, sich seines Zöglings anzunehmen. Der aus einem Internat geflohene Junge traf im Sommer 1777 in Weimar ein. »Mich macht's lachen, dass er zum antritt einen Spiesruthen lauffen und einen ausprügeln sieht . . . Der Junge ist nun mein, und wenn ich's recht kann so soll er . . . von niemandem abhängen weil er von allem abzuhängen fühlen muss.« (Goethe an Lavater, 14. 8. 1777) S. Gedenk-Ausgabe Bd. 18, Anm. zu S. 344, 356, 364, 426 f.; Beutler: ›Essays‹ 444-58 (›Peter im Baumgarten‹).
230
G III[1] 672 (Nr. 5445) – WA IV 4, 175
Kammerpräsident v. Fritzsch hatte mit seinem Rücktritt gedroht, falls Goethe in das Conseil aufgenommen würde. Der Herzog entgegnete mit einer Erklärung, in der er seinen Grundsatz, dem Vertrauen vor der Anciennität den Vorrang zu geben, darlegte. S. Gedenk-Ausgabe Bd. 18, S. 1046.
231
WA IV 4, 3-5
232
WA I 38, 496 f. – WA IV 4, 11-13, 20 f.
Mein Stück . . . koche an meinem Töchtergen: ›Iphigenie auf Tauris‹; das Bild vielleicht nach der antiken Mythologie: Medeas Verjüngungskünste an Aison.
233-234
WA IV 4, 13 f.
das neue Schloß: das vom Großvater Carl Augusts, Herzog Ernst August, erbaute ›mittlere‹ (Rokoko-)Schlößchen Dornburg. Goethe sah es im Zustand des Verfalls, 1798 wurde es restauriert. – Die Prosafassung der ›Iphigenie‹ liegt jetzt wieder (in der Inselbücherei, Leipzig und Frankfurt a. M. 1982) vor, hrsg. von E. Haufe.
235
WA III 1, 84 und 87 f.
S. das Nachwort E. Haufes zur Neuausgabe der Prosa-›Iphigenie‹ (Anm. zu 233 f.) und: U. Helmensdorfer: ›Iphigenie auf Ettersburg‹. In: ›Neue Zürcher Zeitung‹, 25./26. 8. 1979, S. 67. – W. Rasch: ›Iphigenie auf Tauris als Drama der Autonomie‹, München 1979.
236
WA IV 4, 58 f.
›On ne va jamais plus loin . . .‹: S. MuR 901 (Hecker): ›Man geht nie weiter, als wenn man nicht mehr weiß, wohin man geht.‹ Quelle der (sinngemäßen) Übersetzung: ›Memoires du cardinal de Retz‹ (Nouvelle Edition, Amsterdam 1731, Bd. 2, S. 384 f.): der Präsident v. Bellièvre berichtet dem Vf., Oliver Cromwell habe zu ihm gesagt, »que l'on ne montoit jamais si haut, que quand on ne sait où l'on va«. S. auch Goethe an Zelter, 3. 12. 1812.
237
Zur Persönlichkeit des jungen Herzogs s. Goethes Gedicht ›Ilmenau am 3. September 1783‹ und Eckermann: ›Gespräche‹, 23. 10. 1828.
238
WA IV 4, 49 f.
da an den Bergen Samariä . . .: Vgl. Jeremias 31, V. 5. Als Goethe 1769 »kranck zum Todte war«, schlug seine Mutter »in der äusersten Noth ihres Herzens ihre Bibel auf und fand . . .: ›Man wird wiederum Weinberge pflanzen an den Bergen Samariä, pflanzen wird man und dazu pfeifen.‹« (An Frau v. Stein, 9. 12. 1777; s. auch an die Mutter, 7. 12. 1783).
239
WA III 1, 93 f.
Propria . . .: ›Wer sich um seine eigenen Dinge kümmert, fürchtet keines anderen Waffen.‹
240-241
G I 270 (Nrn. 508 und 509)
242-243
WA III 1, 99 und 327
244
WA IV 4, 66 f.
In einer späten biographischen Aufzeichnung über den Besuch in Sesenheim (WA I 36, 230 f.; HA X 537) gibt Goethe als Hauptthema des Gesprächs mit Friederike J. M. R. Lenz an, der sich nach Goethes Abreise als sein ›Nachfolger‹ bei Friederike eingeschmeichelt und sich verliebt gestellt habe, um Be-

richte über seinen ›Rivalen‹ erfahren und ihm damit schaden zu können. – 1823 schrieb Goethe, als Antwort auf Näkes ›Wallfahrt nach Sesenheim‹ den (von Eckermann so benannten) Aufsatz ›Wiederholte Spiegelungen‹.

246

Zit. nach: M. Bourquin: ›Die Schweiz in alten Ansichten u. Schilderungen‹, Sigmaringen 1968, S. 137 – WA IV 4, 91
verbertucht: Wortspiel: verbucht wie bei (dem Kaufmann und herzogl. Schatullverwalter) Bertuch.

247-248

WA III 1, 99 (s. ebd. S. 359 f.)
S. auch ›Briefe aus der Schweiz. Erste/Zweite Abteilung‹ (WA I 19, 193-306). – M. Ruetz/M. Müller: ›Mit Goethe in der Schweiz‹, Zürich u. München 1979.

249-250

WA IV 4, 74 u. 84 – Das Gedicht nach der Hs. für B. Schultheß (Kommentar: HA I 534 f.). – Vgl. Hallers Verse über den Staubbach in seinen ›Alpen‹ 1729 (V. 351-360; dort in einer Anm. der späteren Auflagen ein Hinweis auf den Maler C. Wolf).

251-252

WA III 1, 99-101
Der Herzog wollte es noch immer toller . . .: s. dazu an Frau v. Stein, 14. 10. 1779 (WA IV 4, 78 f. – JbGGes. 11, 1925 (Briefe Carl Augusts an Luise, mitget. v. H. Wahl); Schweiz. Beiträge zur allgemeinen Geschichte 6, 1948, S. 99 ff. (Tagebuchblätter u. Briefe Carl Augusts von der Reise; mitgeteilt von W. Andreas); Ruetz/Müller a.a.O., S. 55-58.

253

WA IV 4, 82 f.
las aus dem Homer: auf dem Thunersee. S. auch Text zu Abb. 262. – *von den Sirenen:* ›Odyssee‹ 12. Buch, V. 39 ff. S. auch zu Abb. 254.

254

WA IV 4, 92 f. – G I 279 f. (Nr. 527)
Ulyss von dem Felsen der Scylla: ›Odyssee‹ 12. Gesang, V. 55 ff. (Kirke berichtet dem Odysseus von den Plankten, den ‚irrenden Felsen‘, und von den Symplegaden mit Skylla und Charybdis). – *›Unverletzt . . .‹:* Freie Übertragung von V. 62-65 des 12. Buchs (aus Bodmer). – W. Rimpau: ›Frau v. Branconi‹ Wernigerode 1900. Ruetz/Müller, a.a.O., S. 97-99. S. zu Abb. 150 und 278-80.

255-256

WA IV 4, 122 und 119
In der Vorrede zu seinen ›Voyages‹ spricht de Saussure vom Montblanc-Massiv, einem enormen Granitfelsen, als von einem Zentrum der Alpen, dem ‚Schlüssel eines großen Systems‘. Nur fünf Jahre später schrieb Goethe seine grundlegende ›Abhandlung über den Granit‹ (s. zu Abb. 288 f.). Er exzerpierte auch aus dem ›Discours préliminaire‹ (s. WA II 13, 412 Nr. 6). – Julia Gauss: ›Goethe und die Genfer Naturforscher‹ in: Jb FDH 1978, S. 28 ff. – S. auch WA II 1, 33 f. – *Buffarthischen:* Buchfarth, ein Dorf an der Ilm.

257

WA IV 4, 127 – WA III 1, 102 f.
S. auch an Frau v. Stein, Luzern, Mitte November 1779 (WA IV 4, 122-137).

258

WA IV 4, 119-21
Vgl. auch Wieland an Merck, 16. 4. 1780 (G I 296 f., Nr. 566) der Goethes Furka-Bericht mit Xenophons ›Anabasis‹ vergleicht, die Reise selbst ›eins von Goethes meisterhaftesten Dramatis‹ (ebd., S. 294) nennt.

259

G I 283 f. (Nr. 535)

262

G I 282 (Nr. 535)
S. auch Carl Augusts Bericht über seinen Besuch bei Bodmer: G I 285 (Nr. 537). – Die Begegnung mit Lavater nennt Goethe »Siegel und oberste Spizze der ganzen Reise, und eine Weide an Himmelsbrod« etc. (an Frau v. Stein, Zürich, ca. 24. 11. 1779).

264-265

WA IV 4, 154 – G I 287 (Nr. 545)– G I 290 f. (Nr. 551) – WA IV 4, 154 f. und 160 f.
Über den Besuch in Stuttgart berichtete die ›Stuttgardtische privilegirte Zeitung‹ am 16. 12. 1779 mit Aufdeckung des Inkognito. – *zu Schubart:* seit 1777 war der Dichter Schubart Gefangener Carl Eugens, der ihn, trotz Bitten Klopstocks und Lavaters, erst nach zehn Jahren Festungshaft entließ. – *Der Marckgraf:* Carl Friedrich v. Baden.

266-267

G I 291 (Nr. 552)
S. auch Goethes Bericht ›Besuch von Iffland . . . 1779‹ in den ›Biographischen Einzelnheiten‹ (Nachlaß): WA I 36, 243. – *Ekhof:* S. den Text zu Abb. 172 f.

268

WA IV 4, 141-145
Fortunae . . .: ›Der Göttin des Glücks / bei Hin- und Rückreise / und ihren Kindern / dem Genius und Terminus / nach dem Gelübde‹. – Füßli lehnte das Ansinnen ab (s. Gedenk-Ausgabe Bd. 18, S. 1081 zu S. 484).

269

WA I 17, 35 ff.

270-271

WA I 36, 233-42
W. Vulpius: ›Der Goethepark in Weimar‹, NFG Weimar, [4]1969; S. Gerndt: ›Idealisierte Natur. Die lit. Kontroverse um den Landschaftsgarten des 18. u. frühen 19. Jh.s in Deutschland‹, Stuttgart 1981.

272

WA III 1, 74 f.
Der Identifizierungsversuch zur Abb. in SchrGGes. 43, S. 14 f.

273

WA IV 6, 97 f.
H. Frhr. v. Maltzahn: ›K. L. v. Knebel, Goethes Freund‹, 1929. – *Bakons großes Salomonisches Haus:* Francis Bacon (von Verulam): ›Novum organon scientiarum‹ 1620, der Versuch (gegen Aristoteles) durch Induktion »vom Particularen zum Universalen« zu gelangen: s. Goethes kritische Stellungnahme im historischen Teil der ›Farbenlehre‹ (WA II 3, 226-242). S. auch MuR 1166 (Hecker).

274

WA IV 6, 9 f.
J. W. Goethe: ›Singspiele‹, hrsg. v. H.-A. Koch, Stuttgart 1974, S. 311-13. – S. Herder: ›Erlkönigs Tochter. Dänisch‹ (›Volkslieder‹ II, 1779): SW XXV 443 f. – S. zu Abb. 529 f.

277

WA IV 4, 202 und 228 f. – WA I 35, 6 f.
Die schon 1776 konzipierte Darstellung sollte an ›Berlichingen‹ (15. Jh.) und ›Egmont‹ (16. Jh.) anschließend »die Verworrenheit« des 17. Jh.s entwickeln.

278-279

Transkription nach der Hs. S. WA IV 4, 275 f. und den Bericht in Jb FDH 1977, S. 456 ff. (J. Behrens). – *Dechant:* Dumeix.

280

WA IV 4, 281 f. und 321 – Zum Gedicht HA I 533 f. – S. Abb. 585.

281-282

WA I 35, 129 – WA I 1, 134-139
Kommentar zum Gedicht: HA I 515 f. – ›Das Journal von Tiefurt‹, hrsg. v. E. v. d. Hellen, Weimar 1892 (= SchrGGes. 7) – Joh. Martin Mieding (1725-1782) war Hofebenist, Modelltischler und Theatermeister in Weimar. – Das Gedicht enthält auch eine Huldigung an Corona Schröter.

284

G I 315 (Nr. 618)
Beutler: ›Essays‹ 514-523 (›Luise von Weimar‹).

285

WA I 36, 367-70
J. Walther: ›Goethe als Seher und Erforscher der Natur‹, Leipzig 1930. – S. auch Goethes Gedicht ›Ilmenau‹ (die Verse: »Ich sehe hier, wie man nach langer Reise . . .«). – J. Voigt: ›Die sogenannte Ilmenauische Empörung von 1768‹, Leipzig 1912.

286-287

WA IV 49, 55 f.
Zu den Anteilsscheinen s. Goethe an Herzog Ernst II. v. Gotha, 15. 3. 1784 (WA IV 6,

254). – Im Okt. 1796 kam es zu einem Stolleneinbruch, 1812 wurde der letzte Schacht stillgelegt. – S. auch WA II 13, 320: ›Instruction für den Bergbeflissenen J. C. W. Voigt‹ 1780 (HA XIII 591).

288-289
WA II 9, 171-176
Kommentar: HA XIII 592 f.

290
WA IV 6, 346
S. auch: IV 6, 401 f. (an Merck, 2. 12. 1784) – R. Denecke: ›Goethes Harzreisen‹, Hildesheim 1980, s. 93-135. W. Herrmann: ›Goethe u. Trebra‹, Berlin 1955.

291
G I 339 (Nr. 637)
Denecke a.a.O., S. 59-91. – v. Trebra war schon 1776 als Berater Carl Augusts in Bergwerksfragen mit Goethe bekannt geworden.

292
WA IV 6, 229 f. und 293

293
HA XIII 7 f. (Kommentar S. 562); s. WA II 11, 315 f. – G I 360 f. – WA IV 7, 84
Fr. Warnecke: ›Goethe, Spinoza und Jacobi‹, Weimar 1908. S. auch zu Abb. 155-157. An Fr. Jacobi, 9. 6. u. 21. 10. 1785.

294-295
WA I 5^{I}, 170
Zur Vorbereitung der Ausgabe seiner ›Schriften‹ schreibt Goethe im Juni 1786 an Bertuch u. Göschen (WA IV 7, 234 ff.). – ›Aus Bertuchs Nachlaß‹ Veröffentl. v. L. Geiger. In: GJb 2, 1881. – A. v. Heinemann: ›Ein Kaufmann der Goethezeit. F. J. J. Bertuchs Leben und Werk‹, Bad Münster a. Stein 1950. – F. A. Hünich: ›Goethe u. seine Verleger‹. In: GKal. 8, 1925.

296
WA IV 6, 258
H. Jantzen: ›Rembrandt, Tulp und Vesal‹. In: H. J.: ›Die Aufsätze‹, Berlin 1951, S. 69 ff. (der überzeugende Nachweis, daß auf Rembrandts Gemälde eine Anatomiestunde vor dem berühmten Lehrbuch des Andreas Vesalius [s. Text zu Abb. 299] dargestellt ist).

297-298
Herder, SW XIII 135
S. auch Frau v. Stein an Knebel, 1. 5. 1784 (G I 347).

299
BaG I 86 f. (Nr. 69) – WA II 8, 93 f. (Erläuterungen in HA XIII 585-87; D. Kuhn).

300-301
WA IV 6, 265 – WA II 7, 192 ff. (vgl. II 8, 118 ff.)

302
WA IV 7, 240/42
Zu Goethes Linné-Studium s. die Briefe an Knebel v. 2. 4. 1785 und an Frau v. Stein, 8. 11. 1785; kritisch der Rückblick in der Schrift: ›Der Verfasser teilt die Geschichte seiner botanischen Studien mit‹, 1817/31 (WA II 6, 98-118), wo auch der Zustand vor der befreienden Italienreise eindrucksvoll geschildert wird. »Unauflösbar schien mir die Aufgabe, Genera mit Sicherheit zu bezeichnen, ihnen die Species unterzuordnen.«

303-304
G I 377 (Nr. 766) und 379 (Nr. 767) – WA IV 7, 250
A. Kippenberg: ›Goethe, Dittmar und Lavater‹. In: Jb. Sammlung Kippenberg 10, Leipzig 1935, S. 144 f. – Zu Bagers Porträt hatte Lavater eins seiner enthusiastischen Gedichte verfaßt (»Goethe! Dich malt und beschreibt kein Geist, der kleiner, als Du, ist . . .«).

305
WA IV 8, 8
Herder hielt sich mit Carl August und dem Hof in Karlsbad auf. – Goethe nahm die ›Iphigenie‹ zur Umarbeitung auf die Reise mit.

306
Hamann: SW (Nadler) IV 455. Kurz vor seiner Abreise nach Italien las Goethe in Karlsbad noch »mit unsäglichem Glück« aus den schon 1780 aufgeführten ›Vögeln‹ vor (WA I 30, 25 f.): »Die Feier meines Geburtstages bestand hauptsächlich darin, daß ich mehrere Gedichte erhielt, im Namen meiner unternommenen, aber vernachlässigten Arbeiten . . . Darunter zeichnete sich ein Gedicht im Namen der Vögel aus, wo eine an Treufreund gesendete Deputation dieser muntern Geschöpfe inständig bat, er möchte doch das ihnen zugesagte Reich nunmehr auch gründen und einrichten.« *Herders Gott:* ›Gott. Einige Gespräche‹, 1787. Goethe erhielt das »Büchlein voll würdiger Gottesgedanken« an seinem Geburtstag 1787 in Rom. – *pränumerieren:* subskribieren.

307
WA III 1, 158/62 und 177 f.
S. auch die Ausgaben des Reisetagebuchs für Frau v. Stein in SchrGGes. 2, 1886 (E. Schmidt, mit Briefen u. Kommentar), in Bd. 14 der ›Berliner Ausgabe‹ (Erl. v. H.-H. Reuter), durch E. Haufe (Weimar 1971, mit Abb.) und Ch. Michel (Frankfurt a. M. ^{3}1982, mit Abb. u. Erl.).

308
WA III 1, 183-85
haranguirt: eine Ansprache gehalten, sie beschwatzt. – Die Episode in der IR ausgestaltet: »Ich saß nicht lange *[im Schloßhof, zeichnend]*, so kamen verschiedne Menschen in den Hof hinein, betrachteten mich . . . Endlich drängte sich ein Mann zu mir . . . Er sagte . . ., es sei dies nicht erlaubt . . . Er ergriff darauf mit wahrer italienischer Gelassenheit mein Blatt *[Abb. 308]*, zerriß es, ließ es aber auf der Pappe liegen . . .«

309-310
WA III 1, 199 f. und 211
die Grabmähler: attische, in der Säulenportikus um den Innnenhof des ›Teatro Filarmonico‹ mit anderen Stücken aus Maffeis Sammlung aufgestellt. – G. Rodenwaldt: ›Goethes Besuch im Museum Maffeianum zu Verona‹, Berlin 1942 (102. Winckelmannsprogramm); mit Abb. – *kein geharnischter Mann:* wie Götz auf seiner Grabplatte (s. Abb. 101 mit Inschrift!). – *Nacht macht . . . Epoche:* einen Einschnitt. – Einen Aufsatz ›Stundenmaß der Italiener‹ veröffentlichte Goethe schon 1788 anonym in Wielands ›Merkur‹.

311
WA III 1, 213-15
H. v. Einem: ›Goethe u. Palladio‹. In: v. E.: ›Goethe-Studien‹, München 1972, S. 132-155; H. Keller: ›Goethe, Palladio u. England‹, München 1971. – *Säulen und Mauern:* Vgl. Goethes Jugendaufsatz ›Von deutscher Baukunst‹ (1772); v. Einem, a.a.O., S. 137. – *die Vögel:* s. zu Abb. 306.

312
WA III 1, 256
eine andre Commödie: als die »Oper a St. Moisé« vom Vorabend. – Ausführlich über die Verhandlung der Bericht in der IR; s. auch G I 593 (Böttiger) u. G III, 2, 555 (Soret). Goethe besaß noch 1830 die Akten dieser Gerichtsverhandlung. – R. Hübner: ›Goethe als Kenner und Liebhaber der Rechtsgeschichte‹, Weimar 1932.

313
WA III 1, 328 – WA IV 8, 39 f.
der Engel des Herrn . . .: Vgl. Könige II, Kap. 19, V. 35. – *wohin ich ging:* Vgl. den ›Egmont‹-Schluß von DuW IV 20.

314
WA IV 8, 37 f.
Die Hausleute: Collina. – Vgl. Tischbeins Erinnerungen an Goethes Ankunft: G I 404 (Nr. 812); aber auch Maler Müllers kritischen Bericht an W. Heinse, Rom 17. 4. 1787 (Bode I 335 f.), über den Künstlerkreis um Goethe: ». . . es schien mir immer, wenn ich den starken Goethe unter den schalen Schmachtlappen so herummarschieren sah, als erblickt ich den Achilles unter den Vozen von Skyros.«

315
»Ich bitte diejenigen die mich lieben und mir wohlwollen mir ein Wort in die Ferne bald zu sagen, und dem Briefe an mich, der nur mit Oblaten gesiegelt werden kann, noch einen *Umschlag* zu geben mit der Adresse Al Sigr. Tischbein Pittore Tedesco al Corso, incontro del Palazzo

Rondanini Roma.« – Goethe stand als politischer ›Geheimnisträger‹ unter Überwachung durch den Wiener Hof, seine Post wurde zensiert.

317
WA IV 8, 51

318
WA IV 8, 57 f.

319-320
WA I 32, 60 – WA I 31, 48
›Angelica Kauffmann und ihre Zeitgenossen‹, Katalog der Ausstellung Bregenz 1968. – Über die Entstehung der Zeichnung s. IR Rom, 15. 2. 1787 (WA I 30, 267), ihre Hochschätzung in Goethes Brief an Göschen vom 27. 10. 1787.

321
WA I 32, 8
Vgl. aber Herders Urteil: »Goethes Bild hat sie sehr zart ergriffen, zarter als er ist; daher die Welt über Unähnlichkeit schreiet, die aber wirklich im Bilde nicht existiert.« (An seine Frau, Rom, 27. 2. 1789.)

323
WA IV 8, 134 f. (vgl. auch WA I 46, 62: ›Schilderung Winckelmanns‹)
Auf seiner Sizilienreise führte Goethe »wie ein Brevier oder Talisman« das Büchlein ›Reise durch Sicilien u. Großgriechenland. Zwei Sendschreiben an Winckelmann‹, Zürich 1771, des Winckelmann-Schülers und -Freundes v. Riedesel mit sich (WA I 31, 164 f.).

324-325
WA I 31, 82/87
Über die Tasso-Maske gab Goethe in einem Brief an Schadow vom 28. 3. 1816 (WA IV 26, 317 f.) ein Gutachten:
»Zeugniß. Was die *Maske des Tasso* betrifft, so hat es mit derselben folgende Bewandniß. Er starb zu Rom, im Kloster St. Onofrio, wo man von seinem Gesicht nach dem Tode einen Abguß machte. Man setzte die Maske auf eine Büste, die noch in der Bibliothek benannten Klosters steht. Ich erhielt die Erlaubniß darüber eine Form machen zu lassen ... Sie ist als echt anerkannt und der Bildhauer Joseph Cades hat sie bey einer gefertigten Marmorbüste zu Rathe gezogen. Diese kam in den Besitz des Abbate Serassi, welcher das Leben des T. Tasso sorgfältig beschrieben und in Rom 1785 herausgegeben hat. Ein sehr zu empfehlendes Werk«. (Von Goethe in Rom 1788 als Quelle für seine Dichtung benutzt).

326
WA III 1, 338-41
Erläutert in: Goethe: ›Tagebuch der italien. Reise 1786‹, Frankfurt a. M. ³1982, S. 333 f.

327
WA III 1, 334-36
Erläutert in: Goethe: ›Tagebuch . . .‹, a.a.O., S. 330-32. – Von Goethe in der IR unter dem 9. 4. 1787 ausführlich berichtet. – K. Lohmeyer: ›Palagonisches Barock‹, Berlin 1942; H.-W. Kruft: ›Goethe u. Kniep in Sizilien‹. In: JbSlgKippenberg 1970, S. 201-327; ders.: ›Goethe u. der »Unsinn des Prinzen Pallagonia«‹. In: ›Neue Zürcher Zeitung‹ v. 29. 8. 1971, S. 50.

328
WA III 1, 334 – WA I 31, 104 f. (Ausgestaltung der Notizen in der IR)
Einen Aufsatz ›Rosaliens Heiligthum‹ veröffentlichte Goethe schon 1788 in der Oktober-Nr. des ›Teutschen Merkur‹. Erläuterungen in: Goethe: ›Tagebuch . . .‹, a.a.O., S. 331 f. – *die Illusion . . .*: Die Naturähnlichkeit der von dem Florentiner Bildhauer Gregorio Tedeschi geschaffenen Statue wird in der Italienliteratur des 18. Jh.s öfters erwähnt (z. B. bei Saint-Non).

331
L. Münz: ›Goethes Zeichnungen u. Radierungen‹, Wien 1949, s. 70 – WA IV 8, 232 f. (vgl. I 31, 239 f.), Transkription der Notizen (s. WA II 13, 158, Nr. 174): »Nelcke wo die Samenkapsel sich wieder zum Kelch bildet und die Spitzen der Einzähnungen noch die Stigmata hatten. Dieser Kelch hatte wieder eine gefüllte Korolle in sich und ferner zwey blättchen mit Stigmatibus welche abermals Blumenblätter einschlossen. NB. Wegen der Cryptogamen durch zu dencken wo und wie die Fortpflanzung durch Knötchen geschieht. Die Bildung des Equisetums läßt vielleicht etwas finden.«

332
Transkription aus der Hs. (im FDH) – WA I 31, 199-201 (dort das ausführliche ›Argument‹ der ›Nausikaa‹).
Der Plan zu dem Trauerspiel ›Ulysses auf Phäa‹ wird von Goethe schon auf der Reise nach Rom (Giredo, 22. 10. 1786 erwähnt. – D. Lohmeier: ›Goethes Nausikaa-Fragment‹. In: JbFDH 1974, S. 1-16

333-334
WA I 31, 50 f.
1811 veröffentlichte Goethe die umfangreiche Schrift: ›Philipp Hackert. Biographische Skizze meist nach dessen eigenen Aufsätzen entworfen von Goethe‹ (WA I 46, 103-388). – Von Goethe sind Übungen nach Hackerts ›Laubwerkformeln‹ (wie sie Abb. 333 zeigt) erhalten, z. B. CG II Nr. 282 (= Rs. unserer Abb. 355).

335-336
WA I 32, 54 f. (s. ebd., S. 250-53: Neapel, 26. 5. 1787, mit deutlicher Kritik an dieser Art Darstellungen, auch an Miß Harte: »ein geistloses Wesen«; Goethes Vorbehalte gegenüber den ›Tableaux vivants‹ kommen auch in den ›Wahlverwandtschaften‹ II 5 zum Ausdruck).

337
Paß und Reisemodalitäten sind erwähnt IR Neapel, 31. 5./3. 6. 1787.

338
SchrGGes. 25, 1910, S. 36
Der »Ausguß des kolossalen Junokopfes« sowie die kleineren Junonen sind erwähnt in der IR 6. 1. 1787, 21. 2. 1787 u. im ›Zweiten Römischen Aufenthalt‹, April 1788 »Bericht«. S. auch Abb. 561.

339-340
WA I 49^{I}, 309 (zu dem als »musterhafte Gruppe« für angehende Künstler bezeichneten Baum-Ensemble [Abb. 340] ebd., S. 311 f.).
E. Trunz: ›Über Goethes Verse u. Prosa zu Tischbeins Idyllen‹. In: ›Studien zu Goethes Alterswerken‹, hrsg. v. E. Trunz, Frankfurt a. M. 1971, S. 35-74 (mit Abb.). – Insel-Almanach auf das Jahr 1982, S. 70-90 (mit Abb. u. Erl.).

341
WA I 32, 335
H. Rüdiger: ›Zur Komposition von Goethes »Zweitem römischen Aufenthalt«. Das melodramatische Finale u. die Novelle von der »schönen Mailänderin«‹. In: ›Aspekte der Goethezeit‹, Göttingen 1977, S. 97-114.

342
WA IV 1, 264 – WA I 32, 323 f.
S. auch Goethes Brief an die Freunde in Weimar: Rom, 7. 11. 1786. *eine Art von . . . Gegengift:* über die ›veredelnde‹ Wirkung der Kunstwerke, speziell der antiken Skulpturen WA I 32, 321 f.

343-344
WA IV 8, 352 – WA I 32, 428 f.
Vgl. ›Römische Elegien‹ VII u. Goethes Brief an Zelter vom 23. 2. 1831. – Die (im ›Zweiten Römischen Aufenthalt‹ von Riemer übersetzten) Ovid-Verse aus den ›Tristia‹ I, 3 V. 1-4 u. 27-30. – Zur Rückreise (und der Arbeit am ›Tasso‹) s. L. Blumenthal: ›Ein Notizheft Goethes von 1788‹, Weimar 1965 (SchrGGes. 58).

345-346
WA IV 8, 105
Zum ›Campagna‹-Bild s. den Bericht des Malers L. Strack (Zustand 1787): G I 423 f. (Nr. 843); Tischbeins Bericht bei F. v. Alten: ›Aus Tischbeins Leben u. Briefwechsel‹, Leipzig 1872, S. 26 ff. – J. H. W. Tischbein: ›Goethe in der Campagna‹, Einf. v. Ch. Beutler, Stuttgart 1962; ›Goethe gemalt von Tischbein. Ein Porträt u. seine Geschichte‹, Katalog der Städel-Ausstellung Frankfurt a. M. 1974 (E.

Spickernagel); H. v. Einem: ›»Der Wanderer auf dem Obelisk« . . .‹. In: ›Gedenkschrift für G. Bandmann‹, Berlin 1978.

347
WA I 32, 139

348
Cotta-Ausgabe Bd. 16 (1961; hrsg. v. Löhneysen), S. 435 f.

349-350
WA IV 8, 53 f. (vgl. IR: Frascati, 15. 11. 1786; WA I 30, 215 f.) S. auch WA I 32, 83 f. zur zweiten Villeggiatur in Frascati, September 1787.

351
WA IV 8, 183 f. u. 202 f.
Vgl. dazu auch WA II 1, 28 f.: ›Zur Farbenlehre. Didaktischer Teil‹ I. »Physiologische Farben«, Kap. 5: »Farbige Bilder« (§§ 59-61). – Femmel: ›Hirschhügelzeichnungen‹ Nr. 9.

352
WA IV 8, 240 – WA II 4, 231-33
Vgl. die als dritter der ›Beiträge zur Optik‹ konzipierte, aber nicht veröffentlichte Abhandlung ›Von den farbigen Schatten‹ (1792/3); WA II 5^I, 101 ff.

354
WA I 31, 192 f.

355
WA IV 8, 229 f.
Über die Kühnheit der Mondscheinbilder Goethes s. sein Paralipomenon zur IR (11. 8. 1787): »Ich habe ein Paar Landschaften componirt als wenn man im Mond wäre und die Erde als ein ungeheurer aufgehender Mond die Gegend erleuchtet.« (WA I 32, 393).

356
WA I 2, 182 f.
Dazu IR 22. 2. 1788 (»Korrespondenz«), WA I 32, 277: die Übersendung des Gedichts wird angekündigt, zugleich der Verzicht »auf das Ausüben der bildenden Kunst« angedeutet.

357
WA II 4, 290 f.
Im didaktischen Teil der Farbenlehre (I §§ 102, 112 f. »Pathologische Farben«) erwähnt Goethe seine Erfahrungen mit zwei Fällen von abweichendem Farbensehen, die, vereinfachend, als ›Akyanoblepsie‹ bezeichnet werden. Er spricht dort von einer »Landschaft, gefärbt nach der Weise, wie diese Menschen wahrscheinlich die Natur sahen, den Himmel rosenfarb und alles Grüne in Tönen vom Gelben bis zum Braunrothen, ungefähr wie es uns im Herbst erscheint«. (WA II 1, 49 f.; 5^I, 377-84; Matthaei 93).

358
Beschreibung der Karten in den ›Beiträgen zur Optik I‹ VI.

359
Der Farbenkreis als Beispiel der Farbentotalität, wie die Natur sie in keinem allgemeinen Phänomen (auch nicht im Regenbogen, dem das reine Rot fehle) dem Menschen zeige. Durch »Pigmente auf dem Papier« könne man sich von der Idee dieser Harmonie völlig ›penetrieren‹ und zur Idee der Freiheit erheben. (›Zur Farbenlehre. Didaktischer Teil‹ VI, §§ 812-15; WA II 1, 323-25).

360
WA II 4, 350 f.
Die vier quadratischen Felder auf Abb. 360 »sind prismatischen Erscheinungen gewidmet« (Goethes Erklärung).

361
». . . in dem langen Mittelstab wiederholt sich fast der ganze Farbenkreis . . . aus den prismatischen Farben aufgebaut, die ihrerseits aus den Kantenspektren in den kleinen Stäben links entwickelt wurden.« (Matthaei 50-54) – Zum Magneten und seiner Bedeutung in der Farbenwelt: ›Gott, Gemüth und Welt‹, 1815 (WA I 2, 218-20).

362
WA I 8, 347 f.
Ein neues Blatt: Andeutung der neu zu definierenden Autorschaft. Über diese (den Schritt von den ›Schriften‹ zu den ›Neuen Schriften‹ 1792-1800): K. H. Kiefer: ›Wiedergeburt und Neues Leben – Aspekte des Strukturwandels in Goethes Italienischer Reise‹ Bonn 1978 (bes. Kap. 5).

363
WA IV 8, 376

365
WA IV 8, 373 f.
Wir gedencken: Goethe reiste in Gesellschaft des Komponisten Ph. Chr. Kayser, der 1787 nach Rom gekommen war; kurz zuvor (am 14. 8. 1787) hatte Goethe ihm von seinem Plan, »die famose Halsbands Geschichte des Card. Rohan, zur Opera Buffa« zu machen, berichtet. S. zu Abb. 380. – G. v. Schultheß-Rechberg: ›Frau Barbara Schultheß die Freundin Goethes u. Lavaters‹ Zürich ²1912, S. 95-101 u. 165-181 (»Die ›Konstanzer Tage‹«).

366
WA IV 8, 116
eine neue Schaale: Zur Wiedergeburts-Metaphorik s. Kiefer, a.a.O. (Anm. zu Abb. 362), 1. Kap.; H. G. Haile: ›Artist in Chrysalis. A Biographical Study of Goethe in Italy‹ Urbana 1973. – Das antike Vorbild des Schlangensteins war 1749 in Herculanum gefunden worden; Goethe sah es am 18. 3. 1787 im Museum von Portici.

367
Text nach Katalog d. Sammlung Kippenberg, Leipzig 1913, Tafel 9 (Faksimile der Hs.). S. HA I 525.

369-372
Faksimile und Transkription der Elegie nach: Goethe: ›Römische Elegien‹ Faksimile der Handschrift, Transkription . . . v. H.-G. Dewitz. Mit einem Nachwort v. H. Rüdiger, Frankfurt a. M. 1980, S. 27 u. 93 (s. auch die Faksimile-Ausgabe M. Heckers, Leipzig 1921). D. Jost: ›Deutsche Klassik. Goethes »Römische Elegien«‹ Pullach b. München 1974. H. G. Haile: ›Prudery in the Publication History of Goethe's Roman Elegies‹ In: German Quarterly 49, 1976, S. 287-94. Lit. in HA I 559. S. auch Abb. 415. – (Knebel übersetzt Erotica von Properz) »Ich leugne nicht daß ich ihnen im Stillen ergeben bin. Ein Paar neue Gedichte sind dieser Tage zu Stande gekommen, sie liegen mit den andern unter Raphaels Schädel, wohin das Cahier in meinem Schrancke durch Zufall kam und nun, um des ominosen willen, da bleiben soll. Moritzen amüsirte diese Combination gar sehr.« (An den Herzog, 6. 4. 1789; WA IV 9, 102 f.) Für den Geist der Zeichnungen aufschlußreich: an Fritz v. Stein, 16./18. 11. 1788: »Was meine Tugend betrifft, so kann ich mich nur italiänisch ausdrücken: Cresceno le mie virtù, ma la mia virtù cala. [. . .] Ich lege dir das Portrait einer Schönen *[wohl eine der Töchter Ziegesar]*, nach der Natur gezeichnet, bei.«

373
WA IV 9, 124/127 – WA IV 9, 49 – WA I 53, 338 f. (Zu dem anderen unterdrückten Gedicht, dem 1788 entstandenen, von Properz' Elegie ›Qualis Thesea . . .‹ beeinflußten ›Der Besuch‹ s. G. Herwig-Hager: ›Goethes Properz-Begegnung‹ In: ›Synusia. FS W. Schadewaldt‹ Pfullingen 1965, S. 429-53) – Zu Goethes Begegnung mit Christiane s. Beutler: ›Essays‹ 536-48 (›Christiane‹).

374
Goethes lateinische Bemerkungen zur Sammlung ›Priapeia‹, wohl 1790 entstanden, in WA I 53, 197-202.

375
WA IV 9, 197 f. – WA III 2, 10 – WA I 47, 221 f.
Erotio: Christiane (die Form nach Lukian: ›Philopseudes‹, der Quelle zu Goethes ›Zauberlehrling‹); *Geschöpf in den Windeln:* der am 25. 12. 1789 geborene Sohn August. – *Griechischen Kirche:* S. Giorgio dei Greci (im Sanktuarium die von Goethe beschriebene byzantinische Madonnen-Ikone, wohl aus dem 13. Jh.).

376
WA II 5^II, 12
»Die dargestellten Gegenstände nennt Goethe im 73. Paragraphen der ›Beiträge I‹, wo er schreibt, ›daß es bei-

nahe nur Entwicklung sein wird, wenn wir in der Folge das durch das Prisma *[auf der Abb. links]* entdeckte Gesetz in allen Linsen, Glaskugeln und andern mannichfaltig geschliffenen Gläsern, ja endlich mit dem bloßen Auge . . . entdecken werden.‹ Die Linse ist in der Form einer Lupe dargestellt . . . Ein Auge hatte schon Newton im Titel der lateinischen Ausgabe seiner ›Opticks‹ als Symbol verwandt. In unserer Vignette hat Goethe sein rechtes Auge, im Spiegel gesehen, gezeichnet.« (Matthaei 15 u. 45) Über das ›Optische Kartenspiel‹ s. Goethes Brief an den Herzog, 8. 7. 1791, an J. F. Reichardt, 17. 11. 1791; über »Versuche . . ., die mehr Platz und größere Distanzen erfordern«, an Georg Forster, 25. 6. 1792 (Konzept): »So habe ich z. B. die Regenbogen unter allen Umständen durch eine Feuerspritze mit einer sogenannten Windblase hervorgebracht, bey Sonnenschein, bey Mondschein, beym Scheine eines Reverbères, bey einem großen angezündeten Strohfeuer.« (WA IV 9, 312).

377
WA IV 9, 204
S. auch die Darstellung in den ›Tag- und Jahresheften 1790‹ (WA I 35, 15 f.). »Ich war völlig überzeugt, ein allgemeiner, durch Metamorphose sich erhebender Typus gehe durch die sämmtlichen organischen Geschöpfe durch . . . und müsse auch da noch anerkannt werden, wenn er sich auf der höchsten Stufe der Menschheit in's Verborgene bescheiden zurückzieht.« Die auf der schlesischen Reise (26. Juli - 6. Oktober 1790) fortgesetzten Studien zur vergleichenden Anatomie blieben unabgeschlossen.

378
WA IV 9, 183 f.
Vgl. den Brief an Knebel, 9. 7. 1790: »Meinen Faust und das botanische Werckchen [›Versuch, die Metamorphose der Pflanzen zu erklären‹ 1790] wirst du erhalten haben, mit jenem habe ich die fast so mühsame als genialische Arbeit der Ausgabe meiner Schriften geendigt, mit diesem fange ich eine neue Laufbahn an, in welcher ich nicht ohne Beschwerlichkeit wandeln werde.« (WA IV 9, 213 f.) – S. dazu Kiefer (Anm. zu Abb. 362), Kap. IV. – Zu Abb. 378: »Auf diesem Blättchen vereinigt Goethe viele der in der Metamorphose der Pflanzen ausgeführten Gedanken . . .« (Femmel nach Troll in CG Vb 90; ebd. Transkription und Deutung des Blatts.)

379-380
WA I 35, 11
S. auch WA IV 9, 270; 8, 244-46: an Kayser mit einer Skizze der Oper und Schilderung der Charaktere; G I 508-12 (Nr. 1046): Böttigers Bericht über Goethes öffentliche ›Vorträge‹ über Cagliostro als Benefizveranstaltungen für die verarmte Familie Balsamo in Palermo; WA I 31, 126 ff. (das ›Palermitanische Abenteuer‹ in der IR); WA I 17, 379 f. (›Kophtische Lieder‹); WA IV 9, 281 (über den Titel der Oper); WA IV 9, 323 f. (über die Widerstände gegen die Oper im Publikum). – Kiefer (Anm. zu Abb. 362), Kap. III.

381
WA I 53, 386
Dessen Schrift: 1788 erschienen, von Goethe im ›Teutschen Merkur‹, Juli 1789, besprochen; später teilweise in den ›Zweiten Römischen Aufenthalt‹ aufgenommen (WA I 47, 86 f. u. 32, 302-15. – J. Nohl: ›K. Ph. Moritz als Gast Goethes in Weimar‹ In: Sinn u. Form 15, 1963.

382
WA I 53, 283 f.
Vgl. auch Goethes Brief an den Erfurter Statthalter v. Dalberg, 19. 7. 1792 (WA IV 9, 321 f.).

383
WA IV 9, 175 – WA IV 10, 6 – WA I 33, 4 f.
In einem Schema zur ›Campagne‹ heißt es etwas schärfer: »Mainz. Forster u. Frau. Huber. Mad. Böhmer, nachherige Schlegel. Sömmering und andere. Vergleichende Anatomie angeregt. Große republicanische Spannung der Gemüther. Mir ward unwohl in der Gesellschaft.« – W. Müller-Seidel: ›Deutsche Klassik u. Französische Revolution‹ und: C. David: ›Goethe u. die Französische Revolution‹ In: ›Deutsche Literatur u. Französische Revolution. Sieben Studien‹ Göttingen 1974. – E. Kleßmann: ›Caroline‹ [Michaelis-Böhmer-Schlegel-Schelling] München 1979.

386
WA I 33, 50 f.
S. ebd. S. 28 f. die Schilderung der prismatischen Erscheinung in einem Erdtrichter vor Verdun. Dazu den Aufsatz ›Im Wasser Flamme‹ in den ›Nachträgen zur Farbenlehre‹ 1822 (WA II 5[I], 351-55).

387
WA I 33, 8 f.; s. ebd. 151-53 und Goethes Aufsatz ›Das römische Denkmal in Igel . . .‹, als Vorwort zur Monographie von Zumpft/Osterwald, Koblenz 1829.

388
WA I 33, 270 f.
Goethes Unmut über die Campagne sehr deutlich im Brief an C. G. Voigt, Luxemburg, 15. 10. 1792: »Dieser Feldzug wird als eine der unglücklichsten Unternehmungen in den Jahrbüchern der Welt eine traurige Gestalt machen. [. . .] Ich habe mit Betrübniß gesehen daß das Geheime Conseil unbewunden diesen Krieg für einen Reichskrieg erklärt hat. Wir werden also auch mit der Heerde ins Verderben rennen – Europa braucht einen 30jährigen Krieg um einzusehen was 1792 vernünftig gewesen wäre.« (WA IV 9, 35).

389
WA IV 10, 35 f.
»Auf der li. Seite ein Wappen mit der Bourbonenlilie, das als Sonnenball die Landschaft überstrahlt, während auf der re. Seite auf den preußischen Adler Regen niedergeht.« (Femmel zu CG VIb 137; s. ebd. Nr. 136) – Georg Forster, der 1793 zur Errichtung des Freiheitsbaums in Mainz aufrief, schrieb am 20. 11. 1792 an C. G. Heyne: »Göthe, selbst ziemlich aristokratisch, schreibt seiner Mutter in Frankfurt aus Luxemburg: Keine Feder und keine Zunge kann das Elend der combinirten Armee beschreiben.« (WA IV 10, 372).

390
WA IV 10, 64 u. 78 f. – Herders ›Briefe‹ in SW XVII.

391
WA I 35, 23 f. – WA I 33, 316 f.
Kraus und Gore arbeiteten bei ihren ›Brandstudien‹ mit der Camera obscura.

394
WA I 33, 301
S. auch WA I 46, 337: ›Charles Gore‹ (Nachträge zur biographischen Skizze ›Philipp Hackert‹ 1811) – W. F. Schirmer: ›Goethes englische Gäste‹ In: ›Neue Zürcher Zeitung‹ 29. 8. 1971, S. 51.

395
WA I 33, 308 f.
S. auch WA I 35, 26 (›Tag- u. Jahreshefte 1794‹).

396
WA I 33, 231 f.
›Goethe und der Kreis von Münster‹ hrsg. v. W. Loos u. E. Trunz, Kiel [2]1974. – Über die Leihgabe der Fürstin an Goethe, die Hemsterhuissche Gemmensammlung, auf der Goethe »das Studium der geschnittenen Steine gründete«, s. jetzt: G. Femmel: ›Die Gemmen aus Goethes Sammlung‹ Leipzig 1977, S. 40 f. und Zeugnisse 132 ff.

397
WA III 1, 292-94
la quale . . .: »die wunderbar ausgefallen ist«. (Palladio: ›I quattro libri dell'Architettura‹ Venedig 1642, S. 91 über Treppen: »lo ne ho fatto una vacua [Goethe: ohne Säule in der Mitte] nel mezo nel Monasterio della Carità in Venetia, la quale riesce mirabilmente.«)

398
Eckermann: ›Gespräche‹ S. 308 (Houben)
Zum Treppenhaus sind Ent-

würfe Goethes überliefert (CG IVb 77-79); es wurde, wie die Wendeltreppe, im Sommer 1792 in Angriff genommen.

399
Jb FDH 1978, S. 239 – WA IV 9, 304 f.

400
G I 643 (Nr. 1300) – WA I 4, 141 (s. I 5^II, 102)

401-402
G I 500 (Nr. 1028) und 576 (Nr. 1159)
S. aber auch den kritischen Vergleich des Gemäldes mit dem vis-à-vis durch D. J. Veit (an Rahel Levin), 20. 3. 1793 (G I 536 f.). »Das Gesicht ist voll, mit ziemlich herabhängenden Backen. Im ganzen ist das Gemälde wohl getroffen; aber es macht doch einen sehr falschen Begriff von ihm; Sie würden ihn gewiß nicht erkennen. [. . .] Alles zusammen genommen, kann er ein Minister, ein Kriegsrat, ein Geheimrat, ein Amtmann sein, nur kein Gelehrter und gewiß kein Virtuose *[= Künstler]*. In Berlin würde ihn jeder einheimisch glauben.«

403-404
WA I 35, 22 – WA I 49^I, 350 f.
als Übung im Hexameter: Herder und Voß wurden zur kritischen Durchsicht zugezogen. S. Gräf I 1, 248 ff. – *flügelmännisch:* charakteristisch-einfach, wie die Vormänner bei der Kompagnie, die alle Bewegungen überdeutlich ausführen (eine morphologische Notiz Goethes: »Tier als Flügelmann. Mensch verschlossener.«). S. zu Abb. 421. – *Everdingen:* Die Folge der 57 Radierungen des hochgeschätzten Künstlers zu ›Reineke Fuchs‹ hatte Goethe schon 1783 erworben (Gräf I 1, 249).

405
WA I 12, 391

406
WA I 12, 216-18
Am 24. 1. 1796 schrieb Goethe dem Komponisten P. Wranitzky: »Der große Beyfall, den die Zauberflöte erhielt, und die Schwierigkeit ein Stück zu schreiben das mit ihr wetteifern könnte, hat mich auf den Gedanken gebracht aus ihr selbst die Motive zu einer neuen Arbeit zu nehmen . . . [ich wünsche] daß, selbst durch die Decorationen, die Erinnerung an die erste Zauberflöte immer angefesselt bliebe.« (WA IV 11, 13 f.) – S. zur Lit.: J. W. Goethe: ›Singspiele‹ hrsg. v. H.-A. Koch, Stuttgart 1974, S. 273 f. u. 316 ff.

407
WA IV 11, 296
S. auch ›Hermann und Dorothea‹ Elegie (1796), V. 27-30: »Erst die Gesundheit des Mannes, der, endlich vom Namen Homeros / Kühn uns befreiend, uns auch ruft in die vollere Bahn. / Denn wer wagte mit Göttern den Kampf? und wer mit dem Einen? / Doch Homeride zu sein, auch nur als letzter, ist schön.« – Grumach: ›Goethe u. die Antike‹ I 144 ff. – R. Pfeiffer: ›History of Classical Scholarship‹ II, Oxford 1976, S. 173 ff.

408
BaG I 156 (Nr. 116) – WA IV 10, 167
Am 24. 6. 1794 rief Fichte Goethes Hilfe und »politisches Ansehen« in einer anonymen Kampagne gegen angeblich die politische Ordnung gefährdende Passagen seiner Vorlesungen an. – R. Neumann: ›Goethe u. Fichte‹ Jena 1904.

409
Grumach: ›Goethe u. die Antike‹ I, S. 136 ff. (Voß' Homerübersetzung, Goethes eigene Versuche, Böttigers Bericht über die Weimarische Homerlektüre 1794). – W. Müller-Seidel: ›Goethes Verhältnis zu J. H. Voß‹ In: ›Goethe u. Heidelberg‹ 1949.

410-411
G I 463 f. (Nr. 936) – WA I 36, 250-52
Batsch: A. J. G. K. (1761-1802), Professor der Naturwissenschaften in Jena. *Aufsatz über Anmuth und Würde:* 1893 in der ›Neuen Thalia‹ erschienen. – Die Begegnung wird zwischen dem 20. und 23. Juli 1794 datiert. – F. W. Wentzlaff-Eggebert: ›Schillers Weg zu Goethe‹ Tübingen u. Stuttgart 1949; H. Pyritz: ›Der Bund zwischen Goethe u. Schiller‹ In: PEGS N.S. 21, 1952, S. 27-55; W. Müller-Seidel: ›Naturforschung u. dt. Klassik. Die Jenaer Gespräche im Juli 1794‹ In: FS v. Wiese 1973. – Über Abb. 412 s. CG VIb 274 u. Goethe: ›Maximen u. Reflexionen‹ Frankfurt a.M. 1976 (insel taschenbuch 200), S. 347 f.

413
G I 567 f. (Nr. 1151)
Zur Einleitung der Mitarbeit Goethes an den ›Horen‹ s. den Brief Schillers an Goethe vom 13. 6. 1794 und Goethes Antwort vom 24. 6. 1794. – Zu den wegen Schillers Kritik von Goethe zurückgehaltenen ›Elegien‹ s. das editorische Nachwort zur in der Anm. zu Abb. 369-72 genannten Neuausgabe der ›Römischen Elegien‹.

414-415
WA IV 10, 353 f. – BW Goethe–Schiller I 177 (Nr. 136) – WA I 35, 64
Abb. 414 zeigt, in Schillers Handschrift, eine Auswahl von ›Mustern‹, von denen das dritte Epigramm (»Triste supercilium . . .«; Martial XI 2, V. 1-4), das schon Goethe als Motto für seine ›Epigramme. Venedig 1790‹ erwogen hatte, der ›Xenien‹-Serie im ›Musenalmanach‹ für 1797 vorangestellt wurde. Abb. 415: Xenien von Goethes Hand, das 3. bis 5. im ›Xenien‹-Almanach veröffentlicht. – SchrGGes. 47, 1934: ›Ur-Xenien‹ (Faksimile) hrsg. v. H. Wahl; SchrGGes. 8, 1893: ›Xenien 1796‹ hrsg. v. E. Schmidt u. B. Suphan; HA I 591 ff. (Kommentar zur Auswahl, mit Lit.).

416
A. Kippenberg: ›Zu den Antixenien‹ In: JbSammlung Kippenberg 6, 1926, S. 279-94.

417
WA I 5^I, 208 (s. ebd. ›Das Amalgama‹). S. Goethe an Schiller, 15. 10. 1796.

418
BW Goethe–Schiller I 298 (Nr. 232) – WA I 5^I, 207
Über St. Martins Buch hatte Goethe schon am 9. 4. 1781 an Lavater geschrieben: ». . . welche Wahrheit! und welcher Irrthum! Die tiefsten Geheimnisse der wahrsten Menschheit mit Strohseilen des Wahns und der Beschränktheit zusammen gehängt.« Zu Claudius' ›Anti-Xenien‹ s. die Ausgabe seiner Werke hrsg. v. J. Perfahl, München (Darmstadt) 1980, S. 938-46 u. Anm.

419
WA I 5^I 216 u. 271 (Nachlaß, Nr. 16)
Vgl. Schiller an Goethe, 16. 10. 1796: »Sie müssen doch das neue Stück vom Journal Deutschland lesen. Das Insekt hat das Stechen wieder nicht lassen können *[Reichardt hatte ›Die Horen‹ rezensiert]*. Wirklich, wir sollten es noch zu Tode hetzen, sonst ist keine Ruhe vor ihm.«

420
WA I 5^I, 227 und 280
S. auch Goethes ›Invektiven‹ aus dem Nachlaß auf Böttiger u. Kotzebue, WA I 5^I, 171 ff. – Zur Korrektur des Böttiger-Bildes (›Meister Ubique‹ etc.) s. B. Maurach: ›Zeitgenosse Goethe . . .‹ In: JbFDH 1978, S. 225-55.

421
WA I 44, 350
R. Schuler: ›Das Exemplarische bei Goethe. Die biographische Skizze zwischen 1803 u. 1809‹ München 1973, S. 11-92 (›Cellini‹), bes. S. 16 ff. (Klärung des Begriffs ›Flügelmann‹).

422-423
H. v. Einem: ›Goethe und Michelangelo‹ In: GJb 92, 1975, S. 165-94.

424
WA I 1, 267 – BW Goethe–Schiller 233 f. (Nr. 184) – WA IV 11, 119 f.
HA I 574-76 (Kommentar) – S. auch einen Einwand Schillers in seinem Brief an Goethe v. 18. 6. 1796 u. Goethes Entgegnung v. 22. 6. 96.

425
Frankfurter Hölderlin-Ausgabe Bd. 3, S. 70 f. – WA

IV 12, 171 f. u. 262 f.
S. auch Schiller an Goethe, 30. 6. 1797 – R. Fahrner: ›Hölderlins Begegnung mit Goethe und Schiller‹ Marburg 1925.

426
WA III 2, 79; WA I 34[I], 247, 295
S. auch Hüsgens Bericht über den Besuch seines Jugendfreundes: G I 675 (Nr. 1389). – JbFDH 1902, S. 347 ff. (über Hüsgen).

427-428
WA IV 12, 243-46 – WA IV 45, 318
Über den Umzug der Mutter, die neue Wohnung im Zentrum des öffentlichen Lebens s. ihre Briefe an Goethe v. 1. 5., 16. 5., 24. 8. und 24. 9. 1795. – *was ich Symbolisches bemerken kann:* s. die Aufzeichnungen auf der Weiterreise über die Alte Brücke in Heidelberg, den Rheinfall bei Schaffhausen.

429
WA III 2, 119 f. (s. Anm. zu Abb. 108)
Der hier vertonte Gesang im 2. Buch des ›Werther‹ (WA I 19, 165).

430
G I 678 f. (Nr. 1393)
S. auch Goethes Brief an Schiller v. 30. 8. 1797 mit dem für Goethes ›Lehre von den Gegenständen‹ typischen Urteil: ». . . nur leidet er daran, woran wir Modernen alle leiden: an der Wahl des Gegenstands. [. . .] Wann werden wir armen Künstler dieser letzten Zeiten uns zu diesem Hauptbegriff erheben können.« S. Text zu Abb. 436 f.

431
WA IV 12, 355
in ihrer reinsten typographischen Form: Ein Exemplar des ›Taschenbuchs für 1798‹ ohne das Kalendarium und die schlechten Kupferstiche (Berlin, Vieweg). S. auch G I 679 f. (Nrn. 1394 f.)

434
WA IV 12, 301 – Bode II 115 (Nr. 981) – WA IV 12, 301 f.
L. Lohrer: ›Cotta – Geschichte eines Verlags 1659-1959‹ Stuttgart 1959. – ›Marbacher Magazin‹ 1 (1976): ›Goethe u. Cotta‹ (bearb. v. D. Kuhn). – ›Goethe u. Cotta. Briefwechsel. 1797-1832‹ Hrsg. v. D. Kuhn. Bd. 1 u. 2 Stuttgart 1979 (Bd. 3; Komm.: in Vorb.). – I. C. Loram: ›Goethe and his publishers‹ Univ. of Kansas Press, 1963. – *kleine Schrift von Kant:* 1796 in der ›Berlinischen Monatsschrift‹ erschienen, gegen J. G. Schlossers ›Schreiben an einen jungen Mann, der die kritische Philosophie studieren wollte‹.

435
WA IV 12, 316 – WA I 35, 182-85
B. Schnyder-Seidel: ›Goethes letzte Schweizer Reise‹ Frankfurt a.M. 1980 (bes. zum Reiseweg u. Goethes Begegnungen). – Zum ›Tell‹-Plan: Gräf I, 1, S. 297-315; W. Binder: ›Das Ungeheure u. das Geordnete. Die Schweiz in Goethes Werk‹ Zürich u. München 1979, bes. S. 8-11 (›Die poetischen Werke‹). – S. auch Goethe an Schiller, 14. 10. 1797.

436-437
WA I 35, 74 f. – WA IV 12, 345 – WA I 1, 285 f. (Kommentar: HA I 576-80)
S. auch Goethes Erinnerung in den ›Tag- und Jahresheften 1791‹ (WA I 35, 19) und die Notizen zur Elegie unter Goethes Reiseaufzeichnungen (WA I 34[II], 135).

438-439
Transkription der Hs. (vgl. Gräf: ›Goethes Ehe in Briefen‹ Frankfurt a.M. 1921, S. 97 f. [Nr. 51])
W. Vulpius: ›Christiane. Lebenskunst u. Menschlichkeit in Goethes Ehe‹ Weimar 1949; Beutler: ›Essays‹ S. 544/46 (›Christiane‹). – Goethes Antwortbrief: 24. 2. 1797 (WA IV 12, 52).

441
G I 773 (Nr. 1636) – BaG I 290 (Nr. 191); vgl. Gräf, a.a.O. (Anm. zu Abb. 438 f.), S. 173 (Nr. 153)
Über den Theaterprospekt (Abb. 440) s. CG VIa 267; vgl. die Bühnenanweisung zu ›Jery und Bätely‹ (1779): »Der Schauplatz ist in den Gebirgen des Canton Uri. / Bergige Gegend, im Grund eine Hütte am Felsen, von dem ein Wasser herabstürzt; an der Seite geht eine Wiese abhängig hinunter, deren Ende von Bäumen verdeckt ist. [. . .]« (WA I 12, 2 f.). Das Puppentheater erhielt August wohl erst zu Weihnachten 1800; Goethe an Christiane, 16. 12. 1800: »Das Theater für August ist bestellt und ich habe schon mit Götzen gesprochen, der mir helfen will das Portal und die Straßendecoration zu mahlen . . .« (WA IV 15, 235 f.). – W. Röhler: ›Das Puppentheater im Weimarer Goethehaus‹ In: Goethe. Vj Schrift der G.Ges. 3, 1938, S. 282 ff. (mit Abb. des Puppentheaters).

442-443
WA IV 13, 310 f. – BW Goethe – Schiller II 705 f. (Nr. 541) – Matthaei 160
Zur Kommentierung des Arbeitsblatts s. auch CG Va S. 52 f. zu Nrn. 345/46 (Matthaei) u. Abb. 361. – Über die Zusammenarbeit mit Schiller berichtet auch Goethes Tagebuch 12.-17. 11. 1798 (WA III 2, 222 f.). – Zur Sache s. noch: WA II 1, 281 ff., 321 ff., bes. S. 324 (Kap. VI: ›Sinnlich-sittliche Wirkung der Farbe‹ § 813): »So einfach also diese eigentlich harmonischen Gegensätze sind, welche uns in dem engen Kreise gegeben werden, so wichtig ist der Wink, daß uns die Natur durch Totalität zur Freiheit heraufzuheben angelegt ist, und daß wir dießmal eine Naturerscheinung zum ästhetischen Gebrauch unmittelbar überliefert erhalten.«

444
WA IV 41, 203
Am 25. 4. 1797 hatte Schiller in einem Brief an Goethe ausführlich zu Goethes ›Jagdgedicht‹ im Zusammenhang mit den diskutierten Gattungsgesetzen Stellung genommen und dabei auch Bedenken W. v. Humboldts referiert: »Er meint . . .: daß es dem Plan an individueller epischer Handlung fehle.« S. die Fortsetzung der Diskussion in den Briefen Goethes u. Schillers v. 22. u. 26. 6. 1797 und Goethes Fazit im Rückblick dreißig Jahre später: »Man soll daher nie jemand fragen, wenn man etwas schreiben will.« (Eckermann: ›Gespräche‹ 18. 1. 1827). Gräf I 1, 211-40 u. HA VI 713-38 (mit Entstehungsgeschichte, Schemata u. Lit.).

445
›Briefe von und an Klopstock. Ein Beitrag zur Literaturgeschichte seiner Zeit‹ Hrsg. v. J. M. Lappenberg, Braunschweig 1867, S. 419 f. – WA IV 10, 96
Eine Würdigung Jean Paul Marats (1744-1793) in der ›Geschichte der Farbenlehre‹ (WA II 4, 221 ff.; s. 5[II], 306 ff. u. HA XIII 534).

446-447
Jean Paul: ›Werke‹ Hrsg. v. N. Miller, Bd. III, München 1961, S. 17. – M. Kommerell: ›Jean Paul in Weimar‹ In: ›Dichterische Welterfahrung‹ hrsg. v. H.-G. Gadamer, Frankfurt a.M. 1952, S. 53-82.

448-449
WA I 35, 71 – WA I 1, 128 (auch 3, 77) – WA IV 15, 117
Über die Entstehung des »wahrhaft enthusiastischen Liedes« (im Herbst 1803 gedruckt) in einer Zeit, »wo ein reicher jugendlicher Mut sich noch mit dem Universum identifizierte, es auszufüllen, ja es in seinen Teilen wieder hervorzubringen glaubte« (an Zelter, 20. 5. 1826), s. den Kommentar in HA I 612-14 (mit Zitaten aus Schellings Schriften). Unter dem Stichwort ›Weltschöpfung‹ hatte Goethe ursprünglich ein großes Naturgedicht schreiben wollen, das alle Bereiche der Natur im Zusammenhang darstellen sollte (›Tag- u. Jahreshefte 1799‹).

450-452
Reprint der ›Propyläen‹ hrsg. v. W. v. Löhneysen, Darmstadt 1965, S. 167 (der Originalzählung) – Schadows Artikel zit. nach dem Anhang des ›Propyläen‹-Reprints, S. 1164
W. Scheidig: ›Goethes Preisaufgaben für bildende Künst-

ler 1799-1805‹ Weimar 1958 (= SchrGGes. 57) – H. Mackowsky: ›Goethe u. Schadow‹ In: Zs. f. Kunstwiss. III, 1949, S. 33 ff. – Wie sehr Goethe Schadows programmatische Antwort beschäftigte, geht aus der langen Reihe nachgelassener, das Thema ›Natur u. Idee in der Kunst‹ umkreisender Maximen hervor (WA I 48, 201-212); konkreter noch ist die Auseinandersetzung in Goethes Notizen (ebd., S. 252 f.; s. auch die Anmerkungen Heckers in seiner Maximen-Ausgabe 1907, zu Nrn. 1064 ff., jetzt in: insel taschenbuch 200, Frankfurt a.M. 1976, S. 324 ff.).

453

W. Scheidig: ›Goethes Preisaufgaben‹ a.a.O. (Anm. zu 450-52), S. 234

S. dazu Runges Begleitbrief an Goethe v. 23. 8. 1801 (BaG I 364-67; Nr. 251); ferner seine Äußerungen nach der Ablehnung im Brief an seinen Bruder Daniel v. 20. 3. 1802 (»Es ist nicht Goethe, der das Falsche will . . .«) und grundsätzlicher in den ›Hinterlassenen Schriften‹ 1802 (»Wir sind keine Griechen mehr, können das Ganze schon nicht mehr so fühlen, wenn wir ihre vollendeten Kunstwerke sehen, viel weniger selbst solche hervorbringen, und warum uns bemühen, etwas mittelmäßiges zu liefern!«). ›Runge in seiner Zeit‹ Katalog der Ausstellung Hamburg 1977 (hrsg. v. W. Hoffmann), S. 86 ff. – H. v. Einem: ›Philipp Otto Runge und Goethe‹ In: JbFDH 1977, S. 92-110.

454

G II 198 (Nr. 2409; aus einem Brief J. Schopenhauers an ihren Sohn Arthur)

Am 2. 6. 1806 hatte Goethe Runge um Scherenschnitte u. seine Silhouette ersucht (WA IV 19, 132 f.). Am 17. 9. 1806 schickte Runge »einige ausgeschnittene Blumen« und das Porträt (BaG I 456 f.); mit diesen Gaben und den ›Tageszeiten‹ wollte Goethe einen eigenen Raum ausstaffieren, wurde aber durch den Krieg daran gehindert (an Runge, 10. 11. 1806; WA IV 19, 231 f.). – ›Ph. O. Runges Briefwechsel mit Goethe‹ hrsg. v. H. Frhr. v. Maltzahn, Weimar 1940 (= SchrGGes. 51). – H. Wahl: ›Zu Runges Selbstbildnis in Goethes Nachlaß‹ In: JbGGes. 14, 1927, S. 78 ff.

455

›Propyläen‹-Reprint (Anm. zu Abb. 450-52), S. III-IV

Vgl. auch Goethes Briefkonzept an F. Müller v. 19. 11. 1800: »Unsere Absicht dabey ist aufzuregen und zu wirken, nicht fest zu setzen und zu bauen; ob wir gleich von einem Gebäude unsern Titel hergeleitet haben!«

456

WA IV 18, 81 f. – WA IV 14, 214 f.

Zu Abb. 456 s. die Erläuterungen zu CG IVb 121. – Über den »alten römischen Freund« Hirt s. Goethe an Schiller, 5. 7. 1797 und die Parodie des ›Charakteristikers‹ in ›Der Sammler und die Seinigen‹ (›Propyläen‹ II 2, 1799), die sich vor allem gegen Hirts ›Laokoon‹ wendet (s. auch Hirts Antwort in BaG I 340; Nr. 230).

459

Über die Baugeschichte kritisch: ›Tag- und Jahreshefte 1801‹ (WA I 35, 117).

460

WA I 36, 261 und 173 f.

In die ›Tag- und Jahreshefte 1803‹ nahm Goethe Schillers Brief vom 21. 12. 1803 auf, in dem Mme de Staël wohlwollend, aber nicht unkritisch charakterisiert wird (WA I 35, 162 f.). S. auch: H. Sauter: ›Goethe in Lob u. Tadel seiner französischen Zeitgenossen‹ 1951. – Ch. Herold: ›Madame de Staël. Herrin eines Jahrhunderts‹ München 1980 (1960).

461

WA I 36, 161 – WA IV 16, 198

S. auch CG Va 388-90; G I 439 (Nr. 882; Ch. v. Kalbs Bericht über Goethes Experimente mit Klangfiguren 1788); an Schiller, 26. 1. 1803 (über Chladni); an Seebeck, 13. 4. 1813 (WA IV 13, 312; über die Ähnlichkeit der entoptischen mit den Klangfiguren; s. dazu noch ›Schicksal der Handschrift‹ WA II 6, 135 ff.).

462

WA I 36, 254 ff.

Über den *widerwärtigen Trumpf* ist die Überlieferung kontrovers: G I 887 f. (Nrn. 1839 f.: »Am Ende ist mir aber doch Dein natürlicher Sohn lieber, als Deine ›Natürliche Tochter‹« – oder umgekehrt formuliert). Über den Gewinn des Gesprächs s. Falks Bericht: G II 764 f.

463

WA I 16, 562 ff. (von dort, aus weiteren Schemata, unsere Ergänzungen) –SchrGGes. 20, 1905 (›Zum 9. Mai 1905‹), S. 26 – WA I 40, 121 (›Zu Schillers und Ifflands Andenken‹)

Über die geplante Totenfeier, die dann zustande gekommene und die späteren Gedenkfeiern berichtet im Beiheft zu SchrGGes. 20 ausführlich B. Suphan, der auch die Schemata u. Notizen Goethes in WA I 16 herausgegeben hat.

464

WA I 49[I], 341 (s. SchrGGes. 3, 1888 ›Zweiundzwanzig Handzeichnungen von Goethe. 1810‹ hrsg. v. C. Ruland, S. 7) – WA IV 28, 34 – Transkription aus Goethes Ms. (H[1]; vgl. WA I 16, 166)

465-466

WA I 3, 93 f.

Über das, von Goethe 1829 am Ende der ›Wanderjahre‹ ohne Titel veröffentlichte, Gedicht s. HA I 678-80. Goethe an Zelter, 24. 10. 1827 (WA IV 43, 122): »Die Reliquien Schillers solltest du verehren *[d. h. hätte Zelter bei seinem Besuch in W. kennenlernen sollen]*, ein Gedicht das ich auf ihr Wiederfinden al Calvario gesprochen . . .«. Mitte September 1826 waren Schillers Überreste aus dem von der Landschaftskasse verwalteten Totenhaus gebracht, vorübergehend in der Bibliothek aufbewahrt worden, bevor sie am 16. 12. 1827 in der ›Fürstengruft‹ beigesetzt wurden. Die Reinigung des Schädels wurde noch 1826 in Goethes Haus vorgenommen. W. v. Humboldt berichtet am 29. 12. 1826, daß er, Goethe und Riemer lange vor dem Schädel gesessen hätten (G III 2, 93 f.; Nr. 5930). – M. Hecker: ›Schillers Tod u. Bestattung‹ Leipzig 1935.

467

G II 47 (Nr. 2183) – WA I 35, 272 f.

Zur Begegnung Goethes mit Louis Ferdinand in der ›Campagne‹: WA I 33, 52. – E. Kleßmann: ›Prinz Louis Ferdinand von Preußen 1772-1806. Gestalt einer Zeitenwende‹ München 1978. – E. Weniger: ›Goethe u. die Generale‹ Stuttgart 1959.

470

G III 1, 233 f. (Nr. 4833) – WA I 16, 501

in Mignons Lied: vielmehr im Lied des Harfners. – S. auch Goethes Übernahme der Anekdote in MuR 231 (Hecker) (KuA V 1; 1824): »Auch Bücher haben ihr *Erlebtes . . .*«.

471-472

WA I 40, 337 f.

Unter Berufung auf Goethes Anzeige veröffentlichte 1810 der mecklenburgische Kaufmann J. N. Böhl-v. Faber ›Vier und zwanzig Alte deutsche Lieder aus dem Wunderhorn mit bekannten meist älteren Weisen beym Klavier zu singen‹. – *zum Volke zurück, von dem sie . . . ausgegangen:* derselbe Gedanke schon im Bezug auf Herders ›Volkslieder‹; s. Text zu Abb. 274.

474

G II 160 (Nr. 2326)

S. die Neuausgaben des ›Reise-, Zerstreuungs- u. Trostbüchleins‹ durch Ch. Michel (Frankfurt a. M. [2]1979) und G. Femmel (Leipzig 1982; Faksimile-Ausg.) u. zu Abb. 474: Femmel/Michel: ›Einige Bemerkungen zu den »Idealen Landschaften« in Goethes »Reise-, Zerstreuungs- u. Trostbüchlein«‹ in: JbFDH 1979, S. 120-131. – H. Koch: ›Prinzeß Caroline v. Weimar,

Goethe u. Sylvie v. Ziegesar‹ In: JbGGes. NF 30, 1968, S. 288 ff. – ›Damals in Weimar. Erinnerungen u. Briefe von und an Johanna Schopenhauer‹ hrsg. v. H. H. Houben, Leipzig 1924. – G II 200 (Nr. 2412): Goethes nicht erhaltene Skizze zu Schmettaus Denkmal: »Ein Haus, welches einstürzt, weil Jupiters Donnerkeil drauf fällt. Schmettau, in Rittertracht, das Schwert in der Hand, geht im Augenblick des Einsturzes mit festem Tritt heraus und sieht zürnend hinauf nach dem Donnerkeil, der eben einschlägt.«

478
Transkription der Hs. – G II 147 (Nr. 2296) – ›Briefe aus dem Elternhaus‹ 850 (Nr. 387)

479
WA IV 19, 252 f. u. 265 (dort auch, S. 516-19, der ausführliche, nicht abgeschickte Brief: »Ich bin nicht vornehm genug, daß meine häuslichen Verhältnisse einen Zeitungsartikel verdienten; soll aber was davon erwähnt werden, so glaube ich, daß mein Vaterland mir schuldig ist, die Schritte die ich thue, ernsthaft zu nehmen: denn ich habe ein ernstes Leben geführt, und führ' es noch.«)
Der Zuträger war K. A. Böttiger. Zur gesamten Korrespondenz über den Fall s. jetzt Bd. I des BW Goethe–Cotta, hrsg. v. D. Kuhn, Stuttgart 1979.

480-481
G II 149 (Nr. 2299) u. 226 f. (Nr. 2473)
Zur Entstehung der Zeichnungen s. die in Anm. zu Abb. 474 genannten Neuausgaben des ›Reisebüchleins‹. – ›Weimars Kriegsdrangsale in den Jahren 1806-1814‹ Hrsg. v. F. Schulze, Leipzig 1915.

482
Aktennotiz Goethes nach SchrGGes. 43, 1930 (›G. M. Kraus‹ v. E. Frhr. Schenk zu Schweinsberg), S. 35 (ebd. S. 36 f. Bertuchs Nachruf auf Kraus). S. auch WA IV 19, 201 (Goethe an den Herzog).

483
WA I 36, 449 u. 308 f.
Anna Amalias Bruder, Karl Wilhelm Ferdinand, Herzog v. Braunschweig (1735-1806), war am 14. 10. 1806 von den Franzosen besiegt und blindgeschossen worden. S. dazu auch Abb. 502 (Text u. Anm.).

484
WA I 36[II], 8 f. – WA IV 21, 111
Im April 1807 hatte Goethe die ›Mittwochsgesellschaften‹ wieder aufgenommen und dabei Humboldts Arbeiten zugrunde gelegt. – Zur ›Profilcarte‹ s. auch Goethes Beschreibung im Brief an Bertuch v. 8. 4. 1813 (WA IV 23, 308-10). In der Vorzeichnung hatte Goethe durch kleine Figuren diejenigen »Männer, welche die höchsten Höhen in beyden Welttheilen erklommen«, angedeutet und »den Luftschiffer Gay Lussac nach seiner Angabe in Regionen schweben« lassen, »wohin vor wenigen Jahren nur die Einbildungskraft den Menschen hinzuheben wagte.«

485
WA I 20, 292

486-487
WA I 2, 7
Zum ›Roten Reisebüchlein‹ s. Münz 93 f. u. Kletzl in: Germanoslavica Jg. 1931/2, S. 444-61. – ›Freundliches Begegnen. Goethe, Minchen Herzlieb u. das Frommannsche Haus‹ hrsg. v. G. H. Wahnes, Stuttgart 1927. – S. auch G II 277-79 (Nrn. 2597 f.); G. Loeper berichtete von seinem Besuch bei Wilhelmine 1857, das Sonett ›Wachsthum‹ »drücke ganz ihr Verhältnis zu Goethe aus«. – Goethes Rückblick auf seine Beziehung zu Wilhelmine im Brief an Christiane v. 6. 12. 1812. Über die Sonette: HA I 632-38.

488
WA I 50, 299 f. (s. HA V 520-35)
Zu der 1807 abgenommenen Maske: Gall hatte am 23. September an Bertuch geschrieben: »Wenn Goethe da ist, so beschwören Sie ihn doch, daß er mir seinen prächtigen, herrlichen Kopf abdrücken läßt. Alle Welt lacht mich aus, daß ich ihn nicht habe; ich will recht sanft mit ihm umgehen.« Goethe selbst bezeichnete in einem Brief an S. Boisserée vom 27. Februar 1820 die Maske als »wohl geraten« und empfahl sie und Weißers 1808 nach ihr geformte Büste als Vorlage für Dannecker. – Die Eigenarten des Gesichts (insbesondere die, nur en face sichtbare, auffällige Skoliose) bespricht P. Möbius, zit. bei E. Schaeffer: ›Goethes äußere Erscheinung‹ Leipzig 1914, S. 58.

489
WA IV 30, 149 (s. auch Goethe über die Entstehung des Blatts: WA I 49[I], 339).

490
WA IV 20, 74 f.
Zur Deutung des schwierigen Blatts s. CG IVb 260-63 mit Lit. und W. Vulpius: ›Das Rätselwort »Calegiae«‹ In: JbGGes. 3, 1938, S. 108 ff. – Schon im Frühjahr 1807 hatte Goethe von J. H. Voß d. J. Informationen über die Heidelberger Fakultäten erhalten und weitere erbeten (so ein, noch heute in seiner Bibliothek aufbewahrtes, Vorlesungsverzeichnis, das er in einem Brief an Voß v. 17. 3. 1807 persifliert: WA IV 19, 487 f.).

491-492
WA IV 20, 118 f.
Einen Monat zuvor, zum 21. Juni 1807, dem Geburtstag Sylvies, hatte Goethe das Festgedicht »Nicht am Susquehanna . . .« geschrieben. – ›Goethe u. Sylvie. Briefe, Gedichte, Zeugnisse‹ Gesammelt u. hrsg. v. Paul Raabe, Stuttgart (Cotta) 1961.

493-494
WA I 36, 157 (s. WA II 9, 76-91: Aufsatz über den Kammerberg 1808)
Zu der Suiten-Sammlung: 1807 veröffentlichte Goethe als Separatdruck die Abhandlung: ›Sammlung zur Kenntniss der Gebirge von und um Karlsbad, angezeigt und erläutert‹ (zur Sammlung des Karlsbader Steinschneiders Joseph Müller). Die darin niedergelegten Erfahrungen »bilden die empirischen Grundelemente des Goetheschen Systems der Geologie« (WA II 9, 310). – Zum Kammerberg s. auch: HA XIII 593 u. 595.

496
WA I 14, 199 f.
H. Wahl: ›Die sieben Zeichnungen Goethes zu seinem Faust‹ Weimar 1925.

497-499
HA X 544-46; 545 (der von L. Blumenthal hrsg. erstmals authentische Text); s. ebd. 759-66 (Kommentar)
Die Berichte F. v. Müllers, Talleyrands, des Ehepaars Sartorius u. a. sind jetzt bequem einzusehen in G II 333 ff. (Nrn. 2748 ff.); zu Humboldts Briefen v. 19. u. 21. 11. 1808 s. HA X 763 f. (Bode II 409 f.). Zum Werther-Gespräch auch Eckermann: ›Gespräche‹ 7. 4. 1829. – A. Henkel: ›»Warum habt Ihr das gethan?« Was Napoleon zu Goethe über den »Werther« gesagt hat‹ In: ›Neue Zürcher Zeitung‹ v. 28./29. 6. 1975 (Nr. 147), S. 41 f.

500
Über das Bild Goethe in dem Aufsatz ›Collection des portraits historiques de M. le Baron Gérard‹ 1826. S. zu Abb. 519 f.

501
WA IV 20, 194 (= BW Goethe-Zelter I 223)
Zu Napoleons ›Begleitprogramm‹ in Erfurt gehörte außer Theateraufführungen und einer großen Hirschjagd auch eine Besichtigung des Schlachtfelds bei Jena. Eine gedruckte ›Beschreibung der Feierlichkeiten‹ (mit Kupfertafeln) in Goethes Bibliothek (Ruppert 3572). Vgl. auch G II 373 f. (Goethe auf dem Apoldaischen Berg [›Windknollen‹]) u. Bode II 402 (Nr. 1499: »Goethe, heißt es, will den Napoleonsberg dekorieren lassen.«).

502
WA I 20, 252 f. – G II 314 (Nr. 2691)
Den politischen Hintergrund der drei ›Lebenden Bilder‹ hat

überzeugend G. Brude-Firnau aufgezeigt: ›Lebende Bilder in den *Wahlverwandtschaften*. Goethes *Journal intime* vom Oktober 1806‹ In: ›Euphorion‹ 74, 1980 (Heft 4), S. 403-16 (mit Abb.; s. auch Insel Almanach 1982, S. 34-37). – In Falks sicher etwas zu theatralischem Bericht erklärt Goethe weiter, er wolle Bänkelsänger werden, ums Brot singen und in den Schulen des Landes die Schande der Deutschen vortragen. – *wie jener Lucas Cranach:* Goethes ›Vorfahre‹ hatte 1547 seinen Gönner, Johann d. Großmütigen, ins Exil begleitet. – S. auch Goethe an L. d'Ideville, 6. 10. 1809 (WA IV 21, 464 f.). – Über Bettina Brentano als ›Luciane‹ s. Bode II 453 (Nr. 1586).

503
G II 495 f. (Nr. 3093)

504
WA I 36, 55
Zum Wasserprisma s. WA II 1, 126, auch; II 4, 385 f. (Matthaei 113). – Über den Abschluß der ›Farbenlehre‹ schrieb Goethe am 11. 5. 1810 an Frau v. Stein (WA IV 21, 289 f.): »Vielleicht interessirt Sie dabey am meisten ein Capitel Confession, wie ich zu diesen Studien gekommen. Es reut mich nicht ihnen so viel Zeit aufgeopfert zu haben. Ich bin dadurch zu einer Cultur gelangt, die ich mir von einer andern Seite her schwerlich verschafft hätte.«

505
WA IV 21, 311 – (Erklärung der Zeichnung durch Riemer zit. zu CG IVb 159)

506-507
Über den Aufenthalt der österr. Kaiserin in Karlsbad im Juni 1810 s. Goethes Bericht an den Herzog v. 10. 6. 1810 (WA IV 21, 321-23) und die Gedichte auf der Kaiserin Ankunft, Becher, Platz u. Abschied. Ein 1812 in Teplitz gemeinsam mit Maria Ludovica konzipiertes Lustspiel ›Die Wette‹ (WA I 9, 147-68) blieb, wohl auf Wunsch der Kaiserin, unveröffentlicht (s. G II 733 f.; Nr. 3629).

508
S. WA I 27, 279 f. (HA IX 734 f.) sowie G II 1100 (Nr. 4252): »Goethe sagte mir: ›An euerm Domriß ist mir ein Licht aufgegangen; ich habe aperçu gehabt. Ich glaube jetzt das ganze Geheimnis der Architektur heraus zu haben.‹« (S. Boisserée, 2. 10. 1815) – Boisserée an Goethe, 20. 12. 1812 (Antwort auf Goethes rühmenden Hinweis in DuW): BaG II 128 ff. (Nr. 422).

509
WA I 32, 191 f.
Im November 1810 begann Goethe mit der Ausarbeitung eines Aufsatzes über den »humoristischen Heiligen«, der, unter diesem Stichwort, erst 1829 in den ›Zweiten Römischen Aufenthalt‹ eingefügt, erschien. S. aber das kurze Porträt dieses ›Lieblingsheiligen‹ Goethes im II. Teil der IR, Neapel, 26. 5. 1787 (WA I 31, 244-49).

510
BaG II 84 (Nr. 400) – G II 735 (Nr. 3631)
Zu Bettina Brentanos ›Vermittler-Rolle‹ zwischen Beethoven und Goethe s. BaG II 75 f. (Nr. 394) u. den zitierten Brief Nr. 400 komplett. Die vollständige Musik zu ›Egmont‹ erhielt Goethe im Januar 1812, sie wurde im Januar 1814 in Weimar aufgeführt. (WA IV 35, 8; G II 735 f., Rochlitz) – Die so denkwürdige Begegnung Beethovens und Goethes mit der kaiserlichen Familie: G II 734 f. (Nr. 3630).

511-512
WA IV 23, 89 (s. Zelter an Goethe, 14. 9. 1812)
Am 19. Juli 1812 besuchte Goethe Beethoven in Teplitz. Beide fuhren am 20. nach Bilin. Am 21. u. 23. spielte Beethoven Goethe vor; am 8. September begegneten sie sich, in Karlsbad, zum letztenmal. Spontan ist Goethes Äußerung an Christiane, 19. 7. (WA IV 23, 45): »Zusammengefaßter, energischer, inniger habe ich noch keinen Künstler gesehen. Ich begreife recht gut wie er gegen die Welt wunderlich stehen muß.« – R. Rolland: ›Goethe u. Beethoven‹ (dt. v. A. Kippenberg), Zürich 1928 (^{2}1948).

513
WA IV 23, 46 f. – G III 2, 618 (Nr. 6558; vgl. Eckermann: ›Gespräche‹ 12. 5. 1830) – WA I 7, 181
S. auch die Abhandlung ›Christus nebst zwölf alt- und neutestamentlichen Figuren, den Bildhauern vorgeschlagen‹ 1830: »Diesen Heroen *[Moses]* kann ich mir . . . nicht anders als sitzend denken . . . Wahrscheinlich hat die überkräftige Statue des Michel Angelo am Grabe Julius des Zweiten sich meiner Einbildungskraft dergestalt bemächtigt, daß ich nicht von ihr loskommen kann.« (WA I 42^{II}, 91) Am 3. 12. 1786 notierte Goethe in Rom: »Peter in Vinculis. Mosé.« – v. Einem, a.a.O. (Anm. zu Abb. 422 f.), S. 171 f.

514
WA IV 23, 275 – WA I 36, 313 f.
Goethes Gespräch mit Falk am 25. 1. 1813: G II 769 ff. (Nr. 3677). S. auch den Brief an C. F. v. Reinhardt v. 25. 1. 1813: »Geistesruhe und Thätigkeit hielten sich bey ihm so schön das Gleichgewicht, und so hat er, mit der größten Gelassenheit und ohne das mindeste leidenschaftliche Streben, unendlich viel auf geistige Bildung der Nation gewirkt.« (WA IV 23, 268).

516
Transkription der Hs.
Das Gedicht entstand auf dem Weg nach Ilmenau, wo Goethe seinen 64. Geburtstag feierte: »Daß ich unterwegs heiter war saht ihr aus den Verslein.« (An Christiane, 28. 8. 1813; WA IV 23, 429 f.) Gleichzeitig und auf ebensolchen Blättchen schickte Goethe die erst 1846 als ›Räthsel‹ mit der Auflösung ›Die Herbstzeitlosen‹ veröffentlichten Verse an Riemer: »Da sind sie wieder / Die losen Dinger . . .«.

517-518
WA I 4, 295 (dazu 5^{II}, 186 f.)
Erste Strophe: Worte eines Mannes über seine (verstorbene?) Frau; zweite Strophe: Gedenken der Frau an ihren Mann und die verstorbenen Kinder. Von Gräf auf Christiane bezogen.

519-520
WA IV 25, 101f. u. 247 – WA I 49^{I}, 398 (s. Abb. 500)
Die Notizen über den ›Wiener Congreß‹: WA I 53, 414-16. – Zu Goethes Haltung während der Befreiungskriege: G II 850 (Nr. 3803), 855 (Nr. 3819), Bode II 410 (Nr. 1509).

521-522
BaG II 160 (Nr. 440) u. 159 f. (Nr. 439; das vierstrophige Gedicht Marianne v. Willemers)
H. Pyritz: ›Goethe u. Marianne v. Willemer. Eine biogr. Studie‹ Stuttgart ^{3}1949 – ›Marianne u. J. J. Willemer. Briefwechsel mit Goethe‹ hrsg. (mit Chronik u. Erl.) v. Hans-J. Weitz, Frankfurt a. M. 1965.

523
WA I 6, 187 mit Einarbeitung der Lesarten auf S. 426 f. – WA I 36, 93
S. die Kommentare zum ›Divan‹ in HA II (Trunz) u. in der ›Divan‹-Ausgabe v. Hans-J. Weitz, Frankfurt a. M. 1974, ^{4}1981. Zur Abb. 523 s. CG VIb 205 u. H. v. Maltzahn im Insel Almanach 1962, S. 96 ff.

524-525
G II 1101 (Nr. 4256; s. auch die Nrn. 4257 f.)
R. Steig: ›Goethe u. die Brüder Grimm‹ Berlin 1892 – E. Firmenich-Richartz: ›Die Brüder Boisserée‹ Bd. 1, Jena 1916. Sulpiz Boisserée: Tagebücher 1808-1854. Hg. v. Hans-J. Weitz. 4 Bde. u. Reg. Darmstadt 1978-1996. – A. Bach: ›Aus Goethes rheinischem Lebensraum‹ Neuß 1968.

526
G II 1064 (Nr. 4200; s. auch Nr. 4228) – WA I 6, 155
Tulbend: Kopfbedeckung der Moslimen: Seide oder Musselin um eine Leinwand-Form gewunden. *Abbas* I., König v. Persien (1557-1626), aus der Dynastie Sa-

fawi. *das Band, das Alexandern:* das Diadem, Kopfschmuck der persischen Könige, das Alexander als Eroberer Persiens übernahm. (Weitz, a.a.O., Anm. zu Abb. 523, S. 318 f.).

527
WA IV 25, 40 u. 73
S. auch G II 1091 (Nr. 4230) u. Pyritz (Anm. zu Abb. 523), S. 24 f. mit Anm. (zu Goethes Inschrift am Fenster des Türmchens).

528
WA I 6, 492 f. (dort Auflösung auch der anderen, bei Ruppert Nr. 1771 verzeichneten Chiffren-Briefe) – WA I 7, 130 f.

529-530
BaG II 188 (Nr. 450; s. Nr. 577)

531
WA IV 27, 233-37 – WA I 42^{II}, 32-34
Ein ausführliches Schema der ›Kantate‹ als Beilage zum Brief an Zelter v. 10. 12. 1816 (WA IV 27, 260-64); s. auch den BW Goethe-Zelter I 531 u. 535 ff.

532
WA IV 26, 15 (Goethe an Kirms, Wiesbaden 17. 6. 1815)
Das Stück: WA I 13^{I}, 127 ff. – Zur Abb. 532 s. SchrGGes. 38, S. 51, Nr. 104.

533
WA IV 28, 178-80 (ebd., S. 121 f., in einem Brief an J. W. Chr. Roux vom 29. 1. 1815
Konzept einer illustrierten Ausgabe der IR; dazu G. v. Graevenitz in GJb. 32, 1911)
Woltmann, K. L. v. (1770-1817), Historiker u. Diplomat. Seine Bedeutung für Goethe erhellt aus BaG II 162 ff. (Nr. 442). Er hatte schon 1803 Goethes ›Natürliche Tochter‹ rezensiert. S. O. Fambach: ›Goethe u. seine Kritiker‹ Düsseldorf 1953.

534-535
Den besten und komprimiertesten Kommentar zu ›Kunst u. Altertum am Rhein u. Main‹ gibt H. v. Einem in HA XII 613-26. – Goethes Beschreibung des St. Rochus-Gemäldes WA I 49^{I}, 358 f. u. jetzt im Insel Almanach 1982, S. 48f. – S. auch den Aufsatz ›Sanct-Rochus-Fest zu Bingen‹ 1816/17 (WA I 34^{I}, 1-45; Kommentar in HA X 716-22). – Zu Abb. 535 vgl. Abb. 546 u. P. Raabe im ›Euphorion‹-Sonderheft 1955, S. 40 f.).

536-537
WA II 5^{I}, 347 – BaG II 294-99 (Nr. 512)
Den ›Vivats‹ auf Goethe in seinem »humoristischen« Dankesschreiben (2. 8. 1821) läßt Hegel den Wunsch folgen, es möge »die Geschichte der Aufnahme der Farbenlehre« geschrieben werden, »eine Art Gegenstück zur Aufnahme Werthers« (BaG II 306; Nr. 517). – Das ›Urphänomen‹ zeigt auch die in Goethes Arbeitszimmer aufgestellte (s. u., Photographie auf S. 332 f.) kleine Glasbüste Napoleons, die Eckermann in einem Friseurladen in Genf entdeckte und Goethe 1830 schenkte. ›Gespräche‹, 14. 9. 1830: »Wenn Ihr Dämon Sie wieder nach Weimar führt, sollen Sie jenes Bild in der heftigen klaren Sonne stehen sehen, wo, unter dem ruhigen Blau des durchscheinenden Angesichts, die derbe Masse der Brust und der Epauletten von dem mächtigsten Rubinrot in allen Schattierungen auf- und abwärts leuchtet, und wie das Granitbild Memnons in Tönen, so sich hier das trübe Glasbild in Farbenpracht manifestiert. Man sieht hier wirklich den Helden auch für die Farbenlehre sieghaft.«

538
Bode III 16-20
S. Goethes belebenden Aufsatz: ›Klassiker u. Romantiker in Italien sich heftig bekämpfend‹ (KuA II 2, 1820; WA I 41^{I}, 133-43).

539
WA I 41^{I} 372 (ebd. ein Lob für Platens ›Ghaselen‹)

540
BaG II 239 (Nr. 483) – ›Goethe im Urteil seiner Kritiker‹ hrsg. v. K. R. Mandelkow, Bd. I, München 1975, S. 514.

541
WA I 16, 281-83
Zur Erklärung der Wirkung des ›Götz‹ auf die Romantiker s. WA I 41^{II}, 185 f. (J. J. Ampère) – 1819 erprobte Goethe eine Neuinszenierung des ›Götz‹ in zwei Teilen; bemerkenswert daran sind eine große Narrenrolle im 4. Aufzug und ein ›Epilog‹ des Narren (WA I 3, 167 f.).

542-543
Eckermann ›Gespräche‹ S. 90 (Houben) – G II 1192-94 (Nr. 4420)
W. Abegg: ›Karoline Jagemann – Sängerin u. Schauspielerin in Weimar zur Goethe-Zeit‹ In: ›Neue Zürcher Zeitung‹ v. 22./23.1.1977, S. 65 f. Im Oktober 1816 hatte Zelter den ›Hund des Aubri‹ in Berlin gesehen und das Stück »geistreich« genannt »bei der Einfachheit des Motivs: daß ein Mörder durch den Hund des Ermordeten entdeckt wird . . . doch müßte der Hund gleich auf dem Theater und beständig um seinen Herrn sein, so lange er lebt.« (BW Goethe-Zelter I 516; Nr. 265) – W. Flemming: ›Goethe u. das Theater seiner Zeit‹ 1968; ›Gesang u. Rede . . . Goethe als Theaterleiter‹ Katalog der Ausstellung des GM Düsseldorf 1973.

544-545
WA I 49^{II}, 76/82 – WA I 36, 104 f.
Die Relieftafeln symbolisieren Blüchers Niederlage bei Ligny und seinen Sieg bei Waterloo. – M. Mommsen: ›Die Entstehung von Goethes Werken‹ I, 1958, S. 286-342. – Zur Inschrift: HA I 660 f.

546-547
WA I 30, 204 f.
A. Federmann: ›J. H. Meyer, Goethes Schweizer Freund‹ Frauenfeld u. Leipzig 1936; W. Pfeiffer-Belli: ›Goethes Kunstmeyer u. seine Welt‹ Zürich 1959; Goethe: Berliner Ausgabe, Bd. 20, S. 542 ff. (Kommentar v. S. Seidel). – S. auch zu Abb. 535. – Das von Meyer identifizierte Bild ist von Paris Bordone.

548
G III 1, 352 (Nr. 4958) u. 341 f. (Nr. 4952)
Über Felix Mendelssohns ersten Besuch bei Goethe (mit Zelter) s. auch L. Rellstabs Erinnerungen: G III 1, 331 ff. (Nr. 4950).

549-550
WA I 13^{I}, 115/124 f.
S. auch ›Tag- und Jahreshefte‹ 1820 (WA I 36, 166) u. A. Doebber: ›Schinkel in Weimar‹ In: JbGGes. 10, 1924, S. 103-30.

551-552
G III 1, 376 (Nr. 4984; s. auch Nr. 4985) – WA IV 23, 6
S. auch ›Tag- und Jahreshefte 1809‹ (WA I 36, 52). – 1811 ließ Goethe ein Verzeichnis seiner Sammlung ›Autographa‹ drucken (s. JbFDH 1977, S. 463ff.), die bei seinem Tod auf ca. 2300 Einzelstücke angewachsen war. H.-J. Schreckenbach: ›Goethes Autographensammlung. Katalog‹ Weimar 1961.
Die Uhr auf Abb. 552 ist die alte Hausuhr vom Hirschgraben, die der Herzog von Mecklenburg 1828 erwarb und Goethe zum Geburtstag schenkte. S. dazu Beutler: ›Essays‹ 58 f. (›Das Haus‹) u. WA IV 44, 307 f. (Goethes Dankesbrief v. 3. 9. 1828).

553-554
G III 1, 303 (Nr. 4926) – Eckermann: ›Gespräche‹ 46 f. (Houben)

555-556
WA I 3, 28 f. (Überschrift des Erstdrucks 1827: ›Äolsharfen. Gespräch‹)
Tomascheks Bericht und Wiedergabe der »diplomatischen« Hs. des Gedichts: G III 1, 399-404 (Nr. 5003). – HA I 698 f.

557
G III 1, 301 f. (Nr. 4924)
S. auch G III 1, 302 f. (Nr. 4925): L. Stettenheim referiert über einen Besuch bei Ulrike 1898; über das auf den ›Wanderjahren‹ montierte Porträt »von einer jungen Kurländerin, Fräulein v. Foelkersahm . . . Die Künstlerin gehörte zu dem Kreise junger Mädchen, in dem Goethe sich gern bewegte, und sie zeichnete ihn für Ulrike nach dem Gedächtnis. Ulrikens Großvater, Herr v.

Brösigke, ließ dann das Bild seiner Enkelin zuliebe auf den Deckel der ›Wanderjahre‹ heften.« – S. auch G III 1, 375 f. (Nr. 4984) über Goethes Geschenk der ›Campagne‹ (mit Widmung) 1822.

558
Die vier Levetzowschen Briefe jetzt in BaG II 395 ff. (Nr. 567). – G III 1, 548-51 (Nr. 5215): U. v. Levetzows Bericht über Goethes Werbung, Carl Augusts Mittlerrolle, Goethes Geburtstagsfeier 1823 in Elbogen (»Tag des öffentlichen Geheimnisses«).

559
WA IV 37, 177 – ›Elegie‹: Transkription nach Goethes Ms. – Eckermann: ›Gespräche‹ 57 f. (Houben).
›Elegie September 1823. Goethes Reinschrift . . .‹ hrsg. v. B. Suphan, Weimar 1900 (= SchrGGes. 15). – HA I 701-11 (Kommentar zur ›Trilogie der Leidenschaft‹); ebd., S. 700 f. zu den sechs Gedichten an Ulrike. – G III 1, 611 (Nr. 5316): »Ich statuiere keine Erinnerung in eurem Sinne . . .« (Abschied von Mme Szymanowska).

561
WA IV 38, 67 (s. auch Abb. 338) Eckermann: ›Gespräche‹ 29 ff. (Houben).

562
WA I 4, 5

563
WA I 3, 68
Die Verse wurden, in Zelters Vertonung, später bei Goethes Begräbnis gesungen. – Zu Goethes Gratulation am 3. 9. 1825 im Römischen Haus s. den Bericht F. v. Müllers: G III 1, 812 (Nr. 5076).

564
BaG II 311 (Nr. 522)
S. auch G III 1, 722 ff. (Nr. 5525 ff.): Heine über seinen Besuch bei Goethe 1824. – U. Maché: ›Der junge Heine u. Goethe‹ In: Heine-Jb. 1965.

565
WA IV 48, 165 – WA I 4, 18 (Kommentar: HA I 663 f.)
E. M. Butler: ›Goethe and Byron. Analysis of a Passion‹ London 1956. – S. auch Goethe an Ottilie, Marienbad, 18. 8. 1823 (WA IV 37, 174 f.); Eckermann: ›Gespräche‹ 5. Juli 1827.

566
G III 1, 700 (Nr. 5486)
K. Hamburger: ›Rahel u. Goethe‹ In: FS L. Blumenthal, Weimar 1968.

567
WA I 42^{II}, 59 f.
Varnhagen als ›Vermittler‹: 1821 erschien seine Rezension der ›Wanderjahre‹, 1822 die (lobende) der Heineschen ›Gedichte‹ (mit Hervorhebung der Byron-Übertragungen). S. jetzt K. A. Varnhagen v. Ense: ›Literaturkritiken‹ hrsg. v. K. F. Gille, Tübingen 1977 (mit Bibliogr.) M. Holzmann: ›Aus dem Lager der Goethegegner‹ Berlin 1904.

568
›Maximen u. Reflexionen‹ Frankfurt a. M. 1976 (insel taschenbuch 200), S. 287 (nach Hecker) – WA IV 40, 273 (s. den Dankesbrief an Boisserée v. 3. 2. 1826: ebd., S. 283 f.)
S. auch an Cotta, 3. 2. 1826 (WA IV 40, 282 f.). Am 19. Juli 1826 kündigte Goethe die Ausgabe in Cottas ›Morgenblatt‹ an (WA I 42^{I}, 109-120 u. 121/3). Für die Organisation war eine kleine »Societät« zuständig: August v. Goethe und Eckermann, Riemer, Göttling (Abb. 569-71), zeitweise auch Schuchardt.

572
G III 2, 231 (Nr. 6089)

573
WA IV 41, 121 (s. I 3, 310) (lobende Urteile Dritter bei Schaeffer zu Nr. 65 u. Wahl zu Nr. 66).

574
WA I 32, 238 – WA IV 39, 240 – WA IV 40, 195 – WA I 32, 39 u. 322
S. auch Boisserées Bericht über eine Betrachtung vor der »auf einem Modellier-Tischchen« liegenden Maske am 23. 5. 1826: G III 2, 42 f. (Nr. 5834).

575
Eckermann: ›Gespräche‹ 251 (Houben)

576
WA I 42^{II}, 472-74 (die Kartenskizze ebd., 430 f.)
HA XII 689 f. (Kommentar); A. Hübner: ›Goethe u. das dt. Mittelalter‹ In: Goethe 1 (= JbGGes.)., 1936, S. 83 ff.

578
WA IV 44, 148 (an Vogel) – WA IV 45, 22 (an F. v. Müller)

579
Transkription der Hs. (Diktat); s. WA IV 44, 179 f. (s. auch den großen Dornburger Brief an F. A. v. Beulwitz, 18. 7. 1828; ebd., S. 205-12; dort auch eine Schilderung des Portals und die Übertragung der Inschrift)
A. Schöne: ›Regenbogen auf schwarzgrauem Grunde – Goethes Dornburger Brief an Zelter zum Tod seines Großherzogs‹ Göttingen 1979 (= Göttinger Universitätsreden 65).

580
BaG II 478 (Nr. 628)
Am 25. Mai läßt Goethe das Deckenzimmer für die Sitzungen räumen, am 26. beginnt Stieler mit Vorzeichnungen, am 5. Juli ist »die Stielerische Exposition« und damit der Auftrag in Weimar beendet. Eine Unterbrechung der fast täglichen Sitzungen bewirkte die Nachricht vom Tod Carl Augusts, die am 15. Juni eintraf. Goethe soll damals zu Stieler geäußert haben: ». . . wir müssen eilen, das Gesicht zu bekommen. Der Großherzog ist weggegangen . . . und nicht mehr wiedergekommen. Wer verbürgt einem, ob man morgen erwacht.« (G III 2, 317 ff.; Nr. 6206).

581
WA IV 44, 298 f.
Auf Abb. 581 (CG Vb 144a) Notizen Goethes: ein Distichon, als ›Antwort‹ auf die Inschrift über dem Portal des Renaissanceschlosses (»Gaudeat ingrediens laetetur et aede recedens / His qui praetereunt det bona cuncta Deus.«): »Schmerzlich trat ich hinein, getrost entfern ich mich wieder / Gönne dem Herren der Burg alles Erfreuliche Gott.« (s. Tagebuch v. 11. Juli 1828) und die Termini »Aberzahn. Christ. 37/Geiz. /Ableiter./Zuleiter.« aus: J. L. Christ: ›Vom Weinbau‹ 3. Auflage, Frankfurt/M. 1800, S. 37.

582
G III 2, 429 (Nr. 6360; s. ebd. Nr. 6225, S. 346 f.: Sckells Bericht)
E. R. Curtius: ›Goethes Aktenführung‹ In: E. R. C.: ›Kritische Essays . . .‹ Stuttgart ²1954; E. Trunz: ›Ein Tag aus Goethes Leben‹ In: GJb 90, 1973.

583
WA IV 48, 275 und 20 f.
S. auch die Äußerungen Augusts über sich und seinen Vater kurz vor der Reise bei K. v. Holtei: G III 2, 719 f. (Nr. 6705).

584
Eckermann: ›Gespräche‹ 203 f. (Houben)

585
WA III 13, 129 – G III 2, 814 (Nr. 6897); s. ebd., S. 809 ff. (Bericht des Goethe begleitenden Bergbeamten Mahr); WA IV 49, 55 (an Zelter, 4. 9. 1831); BW Goethe–Zelter III 475 f. (Zelter an Goethe, 8. 9. 1831). S. zu Abb. 280.

586
WA I 4, 19 u. 260 (auf die Familien v. Donnersmarck–v. Pogwisch–v. Goethe) – WA I 53, 328/31
Zu Ottilie v. Goethe s. den Artikel im DLL (Kosch) Bd. 6, Bern u. München 1978, Sp. 532-34.

587
G III 1, 822 f. (Nr. 5714)
J. v. Gerstenbergk: ›Ottilie v. Goethe u. ihre Söhne Walther u. Wolf in Briefen u. persönlichen Erinnerungen‹ Stuttgart 1901; W. Vulpius: ›Walther Wolfgang v. Goethe u. der Nachlaß seines Großvaters‹ Weimar 1963. S. auch den Artikel ›Wolfgang v. Goethe‹ im DLL (Kosch) Bd. 6, Sp. 534-36.

590
WA IV 31, 163 – WA IV 45, 80
S. die Sammlung: ›Goethe über den Faust‹ hrsg. v. A. Dieck, Göttingen ²1963; J. Pe-

tersen: ›Goethes Faust auf der deutschen Bühne‹ Leipzig 1929; C. Niessen: ›Faust auf der Bühne‹ u. ›Faust in der bildenden Kunst‹ Katalog einer Aussstellung, Berlin 1929.

591
WA I 15^{I}, 129
Der eleusinische Bach ist der Kephissos. Das auf dem Zettel genannte Werk hatte Goethe schon 1817 durchgesehen (›Tag- und Jahreshefte 1817‹; WA I 36, 125): »Die architektonischen Überreste von Eleusis, in Gesellschaft unseres Oberbaudirectors *Coudray* betrachtet, ließen in eine unvergleichliche Zeit hinüber sehen.« Unsere Verknüpfung mit der Faust-Stelle ist hypothetisch.

592
WA IV 49, 165-67
Schließet den Wässrungskanal . . .: Vergil: ›Bucolica‹ III, V.111 (»Claudite iam riuos, pueri, sat prata biberunt.«).

593-594
WA IV 49, 261 f. (s. auch 266 f: an Zelter, 11. 3. 1832)
H. Kähler: ›Das Alexandermosaik. Goethes letzte Äußerung zu einem Kunstwerk‹ Freiburger Hochschulvortrag 1972;
B. Andreae: ›Das Alexandermosaik aus Pompeji‹ Recklinghausen 1977, S. 29-36; Insel Almanach 1982, S. 132-35.

595-596
WA IV 48, 113/115 (CG IVb 64)

597-598
WA I 15^{I}, 344 f.
Zu H^{17} (Abb. 598): U. Landeck: ›Der fünfte Akt von Goethes Faust II‹ Kommentierte krit. Ausgabe, Zürich u. München 1981, S. 137.

599
G III 2, 902/904 (Nrn. 7031 u. 7033)

600
G III 2, 923 (Nr. 7048) – Bode III 403 f. (1. Aufl. 1923). – S. auch Anm. zu Abb. 537.

Nachweis der abgebildeten Goethezeichnungen im »Corpus der Goethezeichnungen«

Abb. Nr.	*Corpus-Nr.* (Röm. Ziffer = Band-Nr.)
18	I 56
32	I 59
62	I 90
69	I 48
93	I 83
104	VI B 229
108	VI B 272
118	VI B 18
134	I 39 Rs
135	I 79
136	VI B 239
137	I 94
145	VI B 230
155	IV B 54
158 f.	VI B Vs, Rs
163	I 93
166	I 78
168	I 97
169	VI B 174
177	I 121
179	I 118
186	I 286
191	I 291
192	I 167
195	VI B 175
196	I 161
197	I 145
199	I 147
200	I 148
202	I 193
203	I 159
207	I 183
208	I 190
213	I 197
223	I 220
224	I 179 Rs
228	I 290
232	I 307
234	I 151
235	I 292
268	VI B 37
270	I 225
285	I 275
290	I 276
307	II 13
308	II 17
311	III 93
312	VI A 119
313	III 34
317	III 38
318	III 40
322	II 61
326	VI A 140
327	VI A 138 B
331	VI A 48
343	II 331
344	II 332
347	II 44

Abb. Nr.	*Corpus-Nr.* (Röm. Ziffer = Band-Nr.)
348	II 285
349	II 267
350	II 26
351	II 58
352	II 290
353	II 287
354	II 170
355	II 282
356	II 314
357	V A 156
358	V A 41
359	V A 141
360	V A 165
361	V A 142
363	II 401
369	IV B 38
371	IV B 33
372	IV B 34
376	V A 7
377	V B 24
378	V B 90
383	IV A 253
386	IV A 255
388	vgl. IV A 267 f.
389	VI B 137
397	IV B 80
405	IV B 210
412	VI B 274
440	VI A 267
442 f.	V A 345 f.
455	VI B 226
456	IV B 121
463	WA I 16, 563
464	IV A 284
474	IV A 61
480 f.	IV A 285 Rs; 28[illegible]
484	vgl. VI B N 16; V B 201
486	IV A 79
489	IV A 301
490	IV B 262
492	IV A 306
495	IV B 222
496	IV B 227
504	V A 297
505	IV B 159
523	VI B 205
531	VI A 216
533	VI B 279
534	vgl. VI B 280
535	VI B 280
553	IV A 233
576	VI A 288
581	V B 144 Vs
590	IV B 224
596	IV B 64

Bildnachweise

Aargauer Kunsthaus, Aarau (Eidgen. Gottfried-Keller-Stiftung) 178, 258
Alinari, Florenz u. Rom 594
Archäologisches Seminar der Universität Freiburg i. Br. 147
Archives Photographiques, Paris 593
Bayerische Staatsgemäldesammlungen/Bayer. Verw. d. Staatl. Schlösser, Gärten u. Seen 4
Bibliotheca Bodmeriana, Cologny-Genève 136, 268
Brogi, Florenz 400
Deutsches Seminar der Universität Freiburg i. Br. 58
Freies Deutsches Hochstift, Frankfurter Goethe-Museum, Frankfurt a. M. 1-3, 5 f., 12-16, 19, 21, 35-37, 41 f., 44, 46 f., 49, 54, 56, 61, 68-74, 76-85, 88, 99, 103, 105, 109, 112, 115, 117 f., 120, 123, 130 f., 138, 146, 148 f., 154, 157, 171-173, 181, 185, 190, 214 f., 225, 227, 240, 245, 262 f., 278 f., 291 f., 295, 297, 305, 314, 319, 324, 330, 332, 341, 345, 362, 364, 379 f., 401-403, 416 f., 419, 426, 428 f., 441, 455, 459, 461, 468, 470-473, 475, 484, 494, 506 f., 510 f., 521 f., 529, 540, 550, 551, 554, 556 f., 559 f., 580 (Leihgabe aus Frankfurter Privatbesitz), 582, 591
Gebrüder-Grimm-Museum Kassel 524 f.
Goethe-Museum Düsseldorf 7, 51, 94-96, 106, 108, 128, 133, 170, 216, 218, 261, 282, 299, 334, 367, 381, 477, 482 f., 523, 585, 588, 597, 599
Hessisches Landesmuseum Darmstadt 272, 541
Historisches Museum Frankfurt a. M. 24 f.
Historisches Museum Hanau 503
Klopstock-Museum Quedlinburg 189
Kunsthaus Zürich 174, 257
Kunstmuseum Basel 141, 253
Kurpfälzisches Museum Heidelberg 539
Landesmuseum Braunschweig 254
Museum für Kunsthandwerk Frankfurt a. M. 206
Stiftung Weimarer Klassik, Weimar (SWK) (Goethe-Nationalmuseum, Goethe- und Schiller-Archiv, Anna-Amalia-Bibliothek) 8, 11, 18, 32, 45, 48, 53, 55, 57, 59 f., 62, 65, 67, 89, 93, 97, 102, 107, 110 f., 113 f., 119, 121 f., 126 f., 129, 134 f., 137, 139, 155 f., 160 f., 163, 166-168, 177, 179 f., 183, 186 f., 191 f., 194-205, 207 f., 211-213, 221, 223 f., 228 f., 230-239, 243, 247 f., 259, 265, 267, 269 f., 273-277, 281, 284-290, 294, 300-302, 307-313, 315-318, 320-322, 325-329, 331, 335, 338-340, 342-344, 347-361, 363, 365, 368 f., 371-378, 383-388, 390, 392-395, 397, 404-407, 412-415, 421-423, 436-440, 442 f., 448, 454, 456-458, 463-465, 474, 478, 480 f., 486, 488-493, 495-497, 499, 502, 504 f., 508 f., 513-516, 519 f., 526, 528, 531, 534 f., 537, 542 f., 545, 547, 553, 562 f., 565, 569-572, 574-576, 581, 583 f., 586 f., 589 f., 592, 595 f., 598, 600
Nottingham, City Museum and Art Gallery 577
Schiller-Nationalmuseum und Deutsches Literaturarchiv, Marbach a. N. 264, 410 f., 424 f., 431, 433 f., 446 f., 479, 546
Schloßmuseum Weimar 188
Schloß Schönbrunn, Wien 43
Staatliche Museen Preußischer Kulturbesitz, Nationalgalerie, Berlin 396, 536, 548 f., 564, 566 f.
Staatsgalerie Stuttgart 430, 432
Staats- und Universitätsbibliothek Hamburg 445
Stadtarchiv Aachen 90
Stadtmuseum Jena 382
Städelsches Kunstinstitut Frankfurt a. M. 346, 391, 538
Stiftung Oscar Reinhart, Winterthur 217, 250-252
Studer, Bern 246, 255
Theatersammlung im Literaturwiss. Seminar der Universität Hamburg 533
Universitätsbibliothek Freiburg i. Br. 124 f., 162, 209, 219, 303
Zentralbibliothek Zürich 249.

Vorlagen aus dem Insel Verlag Frankfurt a. M.: 50, 66, 87, 142 f., 333, 336 f., 370, 418, 420, 448, 451, 453, 460, 485, 487, 498, 500

Vorlagen aus Publikationen: A. Bach: ›Aus Goethes rheinischem Lebensraum, Neuß 1968: 144; W. Bode: ›Damals in Weimar‹ Weimar ²1917: 184, 193, 293, 469; W. Bode: ›Die Schweiz, wie Goethe sie sah‹ Leipzig 1922: 435; ›Das Zeitalter Goethes‹ Berlin 1932: 409, 444, 450, 452, 467, 512, 530, 544; ›Das schöne Gesicht von Frankfurt a. M.‹ Frankfurt a. M. 1924: 28-31, 33, 164, 427; ›Der Briefwechsel zwischen Goethe u. Zelter‹ hrsg. v. M. Hecker, Bd. I, Leipzig 1913: 501; ›Die Ayrerische Silhouettensammlung‹ hrsg. v. E. Kroker, Leipzig 1899: 52, 132, 140, 151, 175 f.; ›Jena u. Weimar‹ Ein Almanach des Verlages E. Diederichs in Jena 1908: 266, 408; ›Mit Goethe durch das Jahr. Ein Kalender für das Jahr 1981‹ hrsg. v. E. Biedrzynski, Zürich u. München 1980: 517; Ludwig Münz: ›Goethes Zeichnungen u. Radierungen‹ Wien 1949: 104, 145, 158 f., 169, 389; J. Nadler: ›J. G. Hamann. Der Zeuge des Corpus mysticum‹ Salzburg 1949: 306; ›Schriften der Goethe-Gesellschaft, Weimar‹ Bd. 7, 1892 (›Das Journal v. Tiefurt‹): 283; Bd. 15, 1900 (›Goethes Elegie‹): 555, 558; Bd. 37, (›Goethes Gedichte an Frau v. Stein‹): 150; Bd. 38, 1925 (›Die Bildnisse Carl Augusts v. Weimar‹): 20, 532, 578; G. Schiff: ›J. H. Füßli‹ Bd. 2, Zürich 1973: 577; E. Traumann: ›Goethe der Straßburger Student‹ Leipzig 1910: 86, 244; H. Voelcker: ›Die Stadt Goethes. Frankfurt a. M. im 18. Jh., Frankfurt a. M. 1932: 23, 27, 34, 75; H. Wahl: ›Goethe im Bildnis‹, Leipzig 1930: 38, 220, 304, 573; Weimarer Ausgabe der Werke Goethes, I. Abt., Bd. 37: 152.

Privatbesitz des Hrsg. (Originalgraphik, alte Photographien, Erstausgaben): 98, 153, 165, 241 f., 462, 527, 568.

Reproduktionen: Ursula Edelmann (Frankfurt a. M.), Karl-Heinz Feuerstein (Frankfurt a. M.), Hermann Michels (Essen), Karin Roppel (Photo Inhoffen, Freiburg i. Br.).
Originalaufnahmen für diesen Band: 40, 44, S. 372 (Goethes Unterschrift und Siegel): K.-H. Feuerstein. – 17, 101, 210, 222, 226, 271, 280, 349-361, 366, 376, 398 f., 439, 466, 476, 493, 516, 518, 552, 561, 579, 592, S. 372 f. (Goethes Arbeitszimmer): Hermann Michels.

Chronik

»Let me embrace thee, good old chronicle, / Thou hast so long walk'd hand in hand with time.« (Motto von Goethes Hand über dem Manuskript der ›Annalen‹ zu 1794)

Goethe, Johann Wolfgang von, * 28. 8. 1749 Frankfurt/M., † 22. 3. 1832 Weimar, Sohn des Dr. jur. u. Kaiserl. Rates Johann Caspar G. (1710-1782) u. der Catharina Elisabetha, geb. Textor (1731-1808). Großeltern: Friedrich Georg G. aus Artern/Thür., Schneidermeister, später Gastwirt zum Weidenhof in Frankfurt/M., u. Cornelia, geb. Walther, verw. Schellhorn; Johann Wolfgang Textor, Dr. jur., Stadtschultheiß in Frankfurt/M., u. Anna Margarethe, geb. Lindheimer. Schwester: Cornelia Friederike Christiana (7. 12. 1750 - 8. 6. 1777; seit 1. 11. 1773 verh. mit Johann Georg Schlosser). Vier jüngere Geschwister im Kindesalter gestorben.

Frankfurter Kindheits- und Jugendjahre bis 1765. **1752-1755:**
G. besucht mit Cornelia eine Spielschule. **1753:** Geschenk eines Puppentheaters. **1755:** Umbau des Hauses am Großen Hirschgraben (-1756). Besuch einer öffentlichen Schule (ab 1756 Privatunterricht). 1. Nov.: Erdbeben von Lissabon. **1756:** Beginn des Siebenjährigen Krieges; politische Kontroversen in der Familie. G. erhält Unterricht in Latein u. (ab 1759) in Griechisch. **1757:** Neujahrsgedicht an die Großeltern Textor (erste erhaltene Verse). ›Labores juveniles‹ (dreisprachige Schularbeiten). **1758:** Zeichenunterricht. Französisch. **1759:** Französische Besatzung; G.s Elternhaus Quartier des Stadtkommandanten Graf Thoranc (-1761). G. oft im französischen Theater. Interesse für die im Auftrag Thorancs arbeitenden Frankfurter Maler. **1760:** Kalligraphie. Italienisch. **1762:** Englisch u. Hebräisch. Erfindung eines Briefromans in sechs Sprachen. Lektüre von Klopstocks ›Messias‹. Epische Dichtung ›Geschichte Josephs‹ entsteht. **1763:** Klavierunterricht. G. hört ein Konzert des siebenjährigen Mozart in Frankfurt. **1764:** Joseph II. in Frankfurt zum Römischen König gekrönt. G.s Verhältnis zu »Gretchen« u. ihrem Kreis wird entdeckt u. gelöst. G. bewirbt sich um Aufnahme in die »Arkadische Gesellschaft« (erster erhaltener Brief, an v. Buri). **1765:** Fecht- u. Reitunterricht. Wunsch, in Göttingen klassische Philologie zu studieren. Der Vater bestimmt ihn zum Jurastudium.

Leipziger Studienjahre (1765-1768). 3. Okt.: Ankunft in Leipzig. Wohnt in der »Großen Feuerkugel«. Belegt Kurse bei Böhme (Staatsrecht), Clodius (Philosophie), Ernesti (Philologie), Gellert (Poetik, Morallehre), Winckler (Physik). Bildung des Briefstils (französische u. englische Briefgedichte, besonders an Cornelia). Medizin u. Naturwissenschaft. Theater (Lessing, Molière, Voltaire, Otway, C. F. Weiße). Bekanntschaft mit Gottsched. Verkehr im Haus des Verlegers Breitkopf. Privater Zeichenunterricht bei Adam Friedrich Oeser. Neigung zu dessen Tochter Friederike. Erste Winckelmann-Lektüre. Arbeit am Schauspiel ›Belsazar‹. **1766:** Mittagstisch im Haus des Gastwirts Schönkopf. Dort Bekanntschaft mit Ernst Theodor Langer (Theologe), dem Dichter Zachariae, dem Hofmeister Ernst Wolfgang Behrisch. Liebe zu Schönkopfs Tochter Anna Katharina (Käthchen); erste Gedichte für sie. G. liest Lessings ›Laokoon‹. Plan zu einer Tragödie ›Der Thronfolger Pharaos‹. **1767:** Arbeit am Schäferspiel ›Die Laune des Verliebten‹ (-1768). Satiren auf den rhetorischen Stil. Abschluß des ›Belsazar‹. Abschrift der Gedichte durch Behrisch (G. nennt die Sammlung ›Annette‹). Behrisch verläßt Leipzig. G. widmet ihm drei ›Oden an meinen Freund‹. G. verbrennt seine Frankfurter Jugenddichtungen u. ›Belsazar‹. Beginnt ein Lustspiel ›Der Tugendspiegel‹ (in Prosa) u. eine Übersetzung von Corneilles ›Le menteur‹. **1768:** Reise nach Dresden. Besuch der Gemäldegalerie. Lernt den Direktor der Kunstakademie u. Leiter der Sammlung Christian Ludwig v. Hagedorn kennen. In Leipzig Unterricht im Radieren. Lösung des Verhältnisses zu Käthchen. Nachricht von Winckelmanns Ermordung (8. Juni) »wie ein Donnerschlag«. Ende Juli: Blutsturz, Krankenlager. 28. August: Abreise nach Frankfurt.

Krankheit u. Rekonvaleszenz (Frankfurt 1768-1770). Andauern der Krankheit. Krise im Dez. Beginn der Komödie ›Die Mitschuldigen‹ (1. Fassung). Zeichentheorie (Anatomie). **1769:** Rückfall u. lange Rekonvaleszenz. Einfluß pietistischer Kreise durch Susanna Catharina v. Klettenberg. Lektüre mystischer u. alchimistischer Schriften (Paracelsus, Welling, van Helmont); alchimistische Experimente. Reise zur Synode der Herrnhuter Brüdergemeinde. Liest Gottfried Arnolds ›Kirchen- u. Ketzerhistorie‹. Religiöser Briefwechsel mit Langer (-1774). Reisen nach Mannheim (Antikensaal) u. Worms (Charitas Meixner). **1770:** Beginn der »Ephemerides« (Lektüreauszüge). Nennt Shakespeare, Oeser u. Wieland seine einzigen echten Lehrer (Brief an Reich, 20. Febr.). Ende März: Aufbruch nach Straßburg. Zuvor Leipziger Entwürfe z. T. vernichtet.

Fortsetzung u. Abschluß des Studiums (Straßburg 1770-1771). Juristisches Pflichtstudium; daneben Anatomie, Chirurgie, Chemie, Geschichte, Staatswissenschaft. Tischgesellschaft mit Johann Daniel Salzmann (Aktuar), Franz Christian Lersé (Theologe), Johann Heinrich Jung, gen. Stilling (Mediziner) u. a. Juni: Reise ins Unterel-

saß u. nach Lothringen (Zabern, Saarbrücken) weckt G.s Interesse für Geologie, Bergbau, römische Baukunst. Sept. (-April 1771): Herder in Straßburg. Weist G. auf Homer, Pindar, Ossian, die englischen Dichter, die Volkspoesie u. Hamann hin. Liest sein Manuskript ›Abhandlung über den Ursprung der Sprache‹. Okt.: G. in Sesenheim im Haus des Pfarrers Brion eingeführt; lernt die Tochter Brions, Friederike (1752-1813), kennen. Plan eines ›Cäsar‹-Dramas; Faust-Stoff u. Götz (Chronik) beschäftigen G. **1771:** Mai/Juni: In Sesenheim. Gedichte für Friederike (›Sesenheimer Lieder‹). Sammlung elsässischer Volkslieder aus mündlicher Überlieferung für Herder. Ossian-Übersetzung. Bekanntschaft mit dem Dichter Jacob Michael Reinhold Lenz. G.s Dissertation ›De legislatoribus‹ wird nicht zum Druck zugelassen.
6. Aug.: Promotion zum Licentiatus Iuris. G. lehnt Angebot einer akademischen Laufbahn ab. Abschied von Friederike (Endgültigkeit geheimgehalten). 14. Aug.: Abreise. Mannheim (Antikensaal).

Juristische Praxis (Frankfurt/Wetzlar/Frankfurt 1771-1775). Aug./Sept.: G. als Advokat in Frankfurt zugelassen. Bürgerrecht. Freie Anwaltstätigkeit.
14. Okt.: Rede ›Zum Schäkespears Tag‹. Auf Drängen Cornelias Niederschrift des ›Götz‹ (Ur-Fassung) in sechs Wochen; Manuskript an Herder. G. lernt durch Johann Georg Schlosser den Schriftsteller u. Kriegsrat Johann Heinrich Merck (1741-1791) in Darmstadt kennen. **1772:** Merck wird Herausgeber der ›Frankfurter Gelehrten Anzeigen‹. G. u. Herder werden Mitarbeiter. Frühjahr: G. von Merck in den Kreis der Darmstädter Empfindsamen eingeführt; lernt Herders Braut Caroline Flachsland, die Dichterin Sophie v. La Roche (1731-1807) u. ihre Tochter Maximiliane kennen. ›Wanderer‹-Gedichte, ›Darmstädter Hymnen‹ u. die hymnische Prosa ›Von deutscher Baukunst‹ entstehen. 25. Mai - 11. Sept.: G. Praktikant am Reichskammergericht in Wetzlar. »Rittertafel« (Freundeskreis) mit August Siegfried v. Goué, Friedrich Wilhelm Gotter (Herausgeber des ›Göttinger Musenalmanach‹), Karl Wilhelm Jerusalem u. a. Juni: G. lernt den Legationssekretär Johann Georg Christian Kestner u. dessen Braut Charlotte Buff (1753-1828) kennen; Leidenschaft für Lotte.
G. liest Lessings ›Emilia Galotti‹. 11. Sept.: Schriftlicher Abschied von Kestner u. Lotte. Wanderung durch das Lahntal. Mit Merck Besuch bei Sophie v. La Roche.
19. Sept.: Frankfurt. Johanna Fahlmer (1744-1821), Tante der Brüder Jacobi, wird G.s Vertraute. G. übersetzt aus dem Koran. ›Mahomets-Gesang‹ (Gedicht).
30. Okt.: Selbstmord Jerusalems. G. in Darmstadt u. Wetzlar. Portraitzeichnen, Kupferstechen; körperliche Übungen, Schlittschuhlaufen. **1773:** Wielands Zeitschrift ›Der Teutsche Merkur‹ erscheint. G. läßt ›Brief des Pastors . . .‹ u. ›Zwo wichtige . . . biblische Fragen‹ drucken. Zweite Fassung des ›Götz‹ (im Selbstverlag mit Merck). Ossian-Ausgabe (mit Merck). G. liest Hans Sachs. Die Schwänke ›Satyros‹, ›Jahrmarktsfest zu Plundersweilern‹ u. ›Pater Brey‹ entstehen. Satiren auf Jacobi u. Wieland (›Götter, Helden u. Wieland. Eine Farce‹, 1774 gedruckt). Übersetzung aus Pindar. Erste Arbeit an ›Faust‹. ›Prometheus‹ (Drama), ›Mahomet‹ (dramatisches Fragment). ›Erwin u. Elmire‹ (Singspiel) begonnen. Erstes ›Künstler‹-Gedicht. Lektüre Spinozas u. Swedenborgs. Briefwechsel mit Lavater beginnt (-1792). Kontakte zu Claudius u. Klopstock. **1774:** ›Claudine v. Villa Bella‹ (Singspiel) begonnen. Freundschaft mit Maximiliane La Roche, verh. Brentano. Febr./Apr.: Niederschrift des ›Werther‹. Plan zu einem Epos ›Der ewige Jude‹. Mai: ›Clavigo‹; Konzeption des ›Egmont‹. Gottfried August Bürger nennt G. den »deutschen Shakespeare«. Freundschaft mit Friedrich Maximilian Klinger (1752-1831; Dichter des Dramas ›Sturm u. Drang‹). J. K. Lavater (1741-1801) läßt G. porträtieren. Mit ihm in Bad Ems (Spinoza-Gespräch). Juli/Aug.: Reise von Ems nach Köln mit Lavater, Schmoll (Maler) u. Basedow (Pädagoge). Gedicht ›Diné zu Coblenz‹. G. allein nach Düsseldorf, Pempelfort; bei den Brüdern J. G. und Friedr. Heinr. Jacobi; mit diesen u. dem Dichter Heinse nach Bensberg. Okt.: G. begleitet Klopstock nach Darmstadt; Gedicht ›An Schwager Kronos‹. Beiträge zu Lavaters ›Physiognomischen Fragmenten‹ (1775/76) u. der Zeitschrift ›Iris‹. Versuche in Ölmalerei. »Ich lebe ganz in Rembrandt.« ›Künstler‹-Gedichte u. ›Prometheus‹ (Gedicht). Versöhnungsbrief an Wieland. 11. Nov.: G. wird dem weimarischen Prinzen Carl August vorgestellt; Gespräch über Justus Möser (›Patriotische Phantasien‹). 13.: Tod S. v. Klettenbergs. Brand des Weimarer Schlosses. **1775:** G. lernt Anna Elisabeth (»Lili«) Schönemann (1758-1817), Tochter eines Bankiers in Offenbach, kennen. ›Neue Liebe, neues Leben‹ (Gedicht). Gesellschaftliches Leben in ihrem Kreis. Um Ostern Verlobung. ›Stella. Ein Schauspiel für Liebende‹ entsteht. Beginn des Briefwechsels mit Auguste Gräfin zu Stolberg (»Gustgen«). Neue Freunde: Maler Müller, Georg Melchior Kraus (Maler), die Komponisten André u. Kayser.
14. Mai - 22. Juli: *Erste Reise in die Schweiz.* Mit den Grafen Stolberg u. Kurt v. Haugwitz, in ›Werthertracht‹, über Darmstadt (Merck), Karlsruhe (Markgraf Karl Friedrich v. Baden, Karl August u. dessen Braut Luise), Emmendingen (Schlosser, Cornelia, Lenz) nach Zürich (9. - 15. 6.). In Lavaters Kreis; Bekanntschaft mit Barbara Schultheß, dem Maler Lips. Besuch bei Johann Jakob Bodmer. 15. 6.: Fahrt auf dem Zürichsee (Beginn des Tagebuchs). Einsiedeln. Mit Lavaters Gehilfen Jakob Ludwig Passavant zum Gotthard-Paß (Zeichnung ›Scheideblick nach Italien‹). 6. Juli: Abschied von den Stolbergs in Zürich. Straßburg (›Dritte Wallfahrt nach Erwins Grabe‹, Prosahymne); der Arzt Zimmermann zeigt G. die Silhouette der Frau v. Stein. G. beginnt ›Egmont‹; übersetzt das ›Hohelied‹; beendet den ›Urfaust‹. Lösung der Verlobung mit Lili. Sept./Okt.: Karl August wird Herzog; Heirat in Karlsruhe. G. nach Weimar eingeladen. Vergebliches Warten auf das Geleit dorthin. 30. Okt.: Aufbruch zu einer Italienreise. 3. Nov.: In Heidelberg Nachricht von Weimar. Umkehr.

Weimar 1775 bis zur ersten Reise nach Italien 1786.
7. Nov.: Ankunft in Weimar. »Enthusiastische Aufnahme.« Freundschaft mit Herzog Carl August (1757-1828), dessen Gattin Herzogin Luise, Herzogin-Mutter Anna Amalia, Prinz Constantin, Bruder des Herzogs; mit Wieland u. v. Knebel u. dem Hof. »Etwas Strebendes im Ganzen.« G. liest ›Faust‹-Szenen im Kreis Anna Amalias. Besuch in Groß-Kochberg (Gut der Familie v. Stein). In Gotha, Erfurt (v. Dalberg). **1776:** Freundschaft mit Charlotte v. Stein, geb. v. Schardt (1742-1827); Beginn des Briefwechsels. Entschluß, in Weimar zu bleiben. April: Lenz in Weimar (-Dez.). 22.: Der Herzog

schenkt G. das Gartenhaus am Stern. 26.: Bürgerrecht. Mai: Erstmals nach Ilmenau; im Bergwerk. Klopstock, der G.s Lebensstil tadelt, bricht nach dessen Entgegnung die Korrespondenz ab. 11. Juni: G. zum Geheimen Legationsrat ernannt. Klinger in Weimar (-Sept.). Nachricht von Lilis Verlobung. Der ›Genie-Apostel‹ Christoph Kaufmann besucht Weimar. 1. Okt.: Herder wird durch G.s Vermittlung Generalsuperintendent in Weimar. Ende Okt.: ›Die Geschwister‹ (Schauspiel) konzipiert u. vollendet. Nov.: »In den Garten gezogen.« Die Sängerin u. Schauspielerin Corona Schröter (1751-1802) kommt nach Weimar. Dez.: Mit dem Herzog in Wörlitz u. Dessau; »Schweinshazze«. Trifft Behrisch, Basedow. ›Eis-Lebens-Lied‹ (Gedicht). **1777:** Febr.: G. beginnt ›Wilhelm Meisters theatralische Sendung‹ (-1785). J. G. Jacobi in Weimar. 8. Juni.: Tod Cornelias. G. nimmt »Peter im Baumgarten« als sein Mündel ins Haus. Reist zur Wartburg (mit Merck), zeichnet. Nov.: G. wird Bergwerkskommissar. 29. Nov. - 19. Dez.: »Allein auf dem Harz« (›Harzreise im Winter‹, hymn. Gedicht). **1778:** ›An den Mond‹ (Gedicht). G. spielt den König Andrason in ›Der Triumph der Empfindsamkeit‹ (Lustspiel mit dem Zwischenakt ›Proserpina‹, Monodrama). März: Neuanlage des Parks mit dem Herzog begonnen. Mai: Politische Reise mit dem Herzog nach Potsdam u. Berlin (Chodowiecki, Graff, die Dichterin Karsch, Prinz Friedrich v. Preußen). In Leipzig bei Oeser, Gespräch über Winckelmann. Manöver. G. liest Anton Raphael Mengs u. Herders ›Plastik‹. Erwirbt Rembrandt-Zeichnungen für den Herzog durch Merck. Arbeit an ›Egmont‹. **1779:** Jan.: G. wird Leiter der Kriegskommission u. des Wegebaus. Febr.: ›Iphigenie auf Tauris‹ (1. Prosafassung) begonnen »zwischen dem Rekrutenausheben«. April: ›Iphigenie‹ aufgeführt. Corona Schröter in der Titelrolle, G. als Orest. Mai: Neubau des Komödienhauses (-1780). Merck in Weimar. Aug.: »Epoche des 30. Jahrs.« Autodafé alter Papiere (»Schalen«). 5. Sept.: G. »Geheimer Rat«. 12. Sept. 1779 - 13. Jan. 1780: *Zweite Reise in die Schweiz*. Mit dem Herzog über Kassel (Joh. Gg. Adam Forster), Frankfurt (Elternhaus), Sesenheim (Brion), Straßburg (Lili), Emmendingen (Schlosser), Basel, Bern (Lauterbrunnen, ›Gesang der Geister‹) an den Genfer See. Lausanne (Marie Antonie v. Branconi), Genf (de Saussure). Über Chamonix, Wallis, Furka, St. Gotthard, Luzern nach Zürich (Lavater, Bodmer). Rückreise über Stuttgart (Besuch der Karlsschule, bei der Preisverleihung; unter den Ausgezeichneten der Eleve Schiller), Mannheim (Aufführung des ›Clavigo‹; Iffland als Carlos). ›Jery u. Bäteli‹ (Singspiel). **1780:** Vorarbeiten für eine Biographie Herzog Bernhards v. Weimar. Neufassung der ›Iphigenie‹. März: Konzeption des ›Tasso‹ (Prosafassung). Juni: Aristophanes' ›Vögel‹ bearbeitet (Aufführung mit G. als ›Treufreund‹ u. Dekorationen von Oeser). G. wird »Lehrling« der Loge »Amalia«. Liest dem Herzog den ›Urfaust‹ vor. Reise durch Thüringen. 6. Sept.: Ilmenau (›Über allen Gipfeln‹, Gedicht). Mineralogie. **1781:** G. schreibt Maskenzüge u. das szenische Gedicht ›Epiphaniasfest‹. Singspielpläne mit Chr. Kayser. Der Schweizer Theologe u. Übersetzer Georg Christoph Tobler in Weimar. Liest mit G. griechische Literatur; Prosafragment ›Die Natur‹ entsteht. Aug.: ›Elpenor‹ (Drama) begonnen. Gründung des ›Tiefurter Journals‹ (-1784). Okt.: G. hört in Jena Anatomie (bei Loder) u. hält in Weimar vor der neugegründeten ›Freien Zeichen-Schule‹ anatomische Vorträge. Plan eines ›Roman über das Weltall‹ (Epos). **1782:** ›Auf Miedings Tod‹ (Gedicht). 10. April: Adelsdiplom durch Joseph II. Mai: Diplomatische Mission nach Gotha, Meiningen, Hildburghausen, Coburg. 25.: Tod des Vaters. 2. Juni: G. zieht in die Stadt. »Interimistisches Präsidium der Kammer« (Finanzverwaltung). Arbeit am Tiefurter Park; Aufführung ›Die Fischerin‹ (Singspiel; darin: ›Der Erlkönig›). ›Werther‹ umgearbeitet. **1783:** Große Wirkung des Erdbebens von Messina. Mai: G. nimmt Charlottes zweiten Sohn, Fritz v. Stein (1772-1844), in sein Gartenhaus. Aug.: Beginn der Zusammenarbeit mit Christian Gottlob Voigt in der Bergwerkskommission (Briefwechsel -1819). 6. Sept. - 6. Okt.: 2. Harzreise, mit Fritz v. Stein. Baumannshöhle, Halberstadt (Gleim), Clausthal, Brocken (mit v. Trebra), Göttingen (G. hört ein physikalisches Kolleg Lichtenbergs), Kassel (Begegnung mit Sömmering). 4. Buch des ›Meister‹ vollendet (Mignon-Gestalt). **1784:** Maskenzug ›Planetentanz‹. Abhandlung ›Über den Granit‹. G. eröffnet Ilmenauer Bergbau mit einer Rede. 27. März (Jena): Entdeckt das »Os intermaxillare« (Aufsatz darüber). Juni: Versuche mit einer Montgolfiere. Juli: Aufsicht in der Steuerkommission (-1805). ›Scherz, List u. Rache‹ (Singspiel). Mit dem Herzog nach Braunschweig (Fürstenbund). 1.-16. Sept.: 3. Harzreise, mit G. M. Kraus. Goslar, Schierke, Elbingerode. »Hämmern u. Zeichnen«. Mit F. H. Jacobi u. Claudius in Weimar Religionsgespräche. G. liest Spinozas ›Ethik‹ u. Hemsterhuys. Schickt Abhandlung ›Specimen osteologicum‹ an Merck. 5. Buch des ›Meister‹ (»Kennst du das Land . . .«). **1785:** G. führt Geheimkorrespondenz bei den Fürstenbundverhandlungen. Botanische Studien mit Knebel (Mikroskop). Arbeit am Epos ›Die Geheimnisse‹. Resignation (»flicke am Bettlermantel«). Spinoza-Disput mit Jacobi (brieflich). Mit Knebel ins Fichtelgebirge (Mineralogie). Juli: Erste Kur in Karlsbad. Herbst: Ungeheure Erschütterung durch die Halsband-Affaire (→ ›Groß Cophta‹). Linné-Studium. 6. Buch des ›Meister‹ an Barbara Schultheß zur Abschrift (›Urmeister‹). G. liest Italienwerke (Archenholz, Riedesel u. a.). Reiseplan. **1786:** Vertrag mit Göschen über Ausgabe der ›Schriften‹. Juli: Lavater in Weimar. Völlige Entfremdung. G. nach Karlsbad u. Schneeberg (mit Frau v. Stein).

Erste Reise nach Italien (3. Sept. 1786 - 18. Juni 1788). Heimliche Abreise von Karlsbad. Manuskripte mitgenommen (›Iphigenie‹, ›Egmont‹, ›Tasso‹, ›Faust‹, Singspiele). Führt Reisetagebuch für Frau v. Stein (-30. Okt.). Über Regensburg, München, Brenner, Gardasee (Arbeit an ›Iphigenie‹), Verona (14. Sept.; Museum Maffei), Vicenza (Palladio), Padua (Mantegna; botanischer Garten), Venedig (28. Sept. - 14. Okt.; Palladiostudium, Theater), Ferrara, Cento (Guercino), Bologna (18.-21. Okt.), Apennin (Mineralogie), Florenz, Perugia, Assisi (Minerva-Tempel), Spoleto, Terni nach Rom (29. Okt.). Quartier bei dem Maler Wilhelm Tischbein (1751-1829). Gemeinsame Exkursionen mit der deutschen Künstlerkolonie (Angelica Kauffmann, Friedrich Bury, Johann Georg Schütz, Johann Heinrich Lips, Heinrich Meyer, Alexander Trippel, dem Archäologen Johann Friedrich Reiffenstein, dem Schriftsteller Karl Philipp Moritz). Nov.: Frascati. Landschaftszeichnen. Plan zu ›Idyllen‹ (→ 1821, mit Tischbein). **1787:** ›Iphigenie‹ (Versfassung) an Herder. ›Claudine‹ umgearbeitet. 22. Febr.: Abreise nach Neapel über Velletri, Capua. 25. Febr. - 29. März: Neapel. Volksleben. Besuch bei dem Maler Philipp Hackert. Pozzuoli, Vesuv (2., 6., 19. März), Paestum. Begegnet dem Staatsrechtler Filangieri. Liest Vico. Abreise nach Sizilien (-14. Mai) mit dem Maler Christoph Heinrich Kniep. 3.-17. April: Palermo; Monreale; Besuch bei der Familie Cagliostros (→ 1792); Villa Palagonia. Odyssee-Lektüre. Plan u. Szenen zu einem Drama ›Nausikaa‹. 17. April: Im botanischen Garten »Idee der Urpflanze«. 18. April - 11. Mai: durch Sizilien. Tempel von Segesta (20. April), Agrigent (23.-27. April), Catania (1.-5. Mai; Sammlung Biscari/Gioeni; Aetna), Taormina (Theater), Messina (8.-11. Mai). 14. Mai - 3. Juni: Neapel. Gesellschaftsleben. In Paestum u. Portici (Museum). Fest des Filippo Neri (→ Aufsatz 1810). Zu Fronleichnam (Raffaels Teppiche, → Aufsatz 1829) in Rom. Mit Hackert nach Tivoli; Zeichenstudien. Architekturzeichnen (bei Maximilian v. Verschaffelt), Modellieren, Physiognomie. Sept.: ›Egmont‹ nach Weimar geschickt. G. erhält Bd. 1-4 seiner ›Schriften‹. Okt.: Villeggiatur in Frascati, Albano, Castel Gandolfo (Bekanntschaft mit Maddalena Riggi, der »schönen Mailänderin«). Der Komponist Kayser kommt nach Rom; gemeinsame Opernpläne. Singspiele umgearbeitet. ›Cupido‹-Gedicht. **1788:** G. zieht in Briefen an den Herzog Fazit seiner Reise. Gefühl der Künstlerschaft. Malerei »falsche Tendenz«. Neuregelung des Verhältnisses zu Fürst u. Staat (»als Gast«). ›Faust‹- u. ›Tasso‹-Pläne. Bd. 6-8 der ›Schriften‹ vorbereitet. 23. Apr.: Abschied von Rom. Heimreise mit Kayser über Florenz (-11. Mai), Mailand (Leonardo), Como, Chiavenna, Chur, Konstanz (B. Schultheß), Nürnberg. 18. Juni in Weimar.

Weimar 1788 bis zur zweiten Reise nach Italien 1790. Entlastung von mehreren Ämtern. Oberaufsicht über das ›Freie Zeicheninstitut‹. Herder u. Anna Amalia brechen nach Italien auf. Entfremdung zwischen G. u. Frau v. Stein. 12. Juli: Begegnung mit Christiane Vulpius (1765-1816). Beginn der Lebensgemeinschaft. Sept.: Erstes Treffen mit Schiller in Rudolstadt. Schillers Rezension des ›Egmont‹. G. beginnt die ›Erotica Romana‹, (›Römische Elegien‹). ›Auszüge aus einem Reise-Journal‹ anonym im ›Teutschen Merkur‹. Dez. (-Febr. 1789): Moritz bei G. **1789:** G. wird Mitglied der Berliner Akademie der Künste. März: In der Schloßbaukommission (-1803). Mai: Schillers Antrittsvorlesung in Jena. Juni: Lösung des Verhältnisses mit Frau v. Stein. Juli: Ausbruch der Französischen Revolution. G. bespricht Moritz' ›Über die bildende Nachahmung des Schönen‹. Vollendet ›Tasso‹. Begründet die ›Botanische Anstalt‹ in Jena. Nov.: Umzug ins ›Jägerhaus‹ (-1792). Aufsatz ›Versuch, die Metamorphose der Pflanzen zu erklären‹. Dez.: Bekanntschaft mit Wilhelm v. Humboldt (1767-1835). 25.: Der Sohn Julius *August* Walter geboren (vier jüngere Geschwister sterben kurz nach der Geburt). **1790:** ›Faust‹-Fragment an Göschen. Studien u. Experimente zur Farbenlehre.

Zweite Reise nach Italien (10. März - 20. Juni 1790). Über Bamberg, Nürnberg (Dürer), Augsburg, Brenner, Verona (25.-28. März) nach Venedig (31. März - 22. Mai). Erwarten der Herzogin-Mutter. Studium venezianischer Malerei u. der Restaurationstechniken. ›Venetianische Epigramme‹ an Herder (»meiner Liebe zu Italien ein tödlicher Stoß versetzt«). Fund eines Schafschädels am Lido: Entwicklung der Metamorphose der Tiere (»Wirbeltheorie«). 6. Mai: Ankunft Anna Amalias mit H. Meyer u. Bury. Gemeinsame Kunststudien. Heimreise über Padua (Mantegna), Vicenza, Mantua.
26. Juli - 6. Okt.: *Reise nach Schlesien.* G. mit dem Herzog bei den preußischen Manövern im schlesischen Feldlager. In Dresden (Begegnung mit Christian Gottfried Körner), Breslau, Tarnowitz (Besichtigung der ersten Dampfmaschine), Krakau, Riesengebirge. Okt.: G. Leiter der Wasserbaukommission. Liest Kant.

Weimar 1791 bis 1832. **1791:** ›Wilhelm Meister‹ wieder vorgenommen (›Lehrjahre‹ 1796 beendet). G. wird Leiter des Hoftheaters. März: Uraufführung des ›Egmont‹ in Weimar. Abhandlung ›Über das Blau‹. 27. Juni: Selbstmord Mercks. G. schreibt die Revolutionskomödie ›Der Groß-Cophta‹ (zuächst als Oper geplant; Aufführung im Dez.). Gründung der »Freitagsgesellschaft« (-1797). Nov.: H. Meyer (1759-1832) wird G.s Hausgenosse (-1802). ›Beyträge zur Optik‹, 1. Stück (- 4. Stück 1793). **1792:** Intensive Studien zur Farbenlehre. Juni: ›Von den farbigen Schatten‹ (Aufsatz). Erster Brief an Lichtenberg. G. erhält vom Herzog das Haus am Frauenplan (ab 1794 sein Eigentum).
8. Aug. - 16. Dez.: *Campagne in Frankreich.* Reise ins Feldlager des Herzogs über Frankfurt, Mainz (Sömmering), Trier nach Longwy (27. Aug.). 2. Sept.: Besetzung Verduns. Vormarsch in die Champagne. G. betreibt Farbstudien (→ Aufsatz ›Im Wasser Flamme‹). 20. Sept.: Kanonade von Valmy. Rückzug. Okt.: Verdun, Luxemburg, Trier (›Monument bei Igel‹ → Aufsatz 1829). Nov.: Koblenz, Düsseldorf/Pempelfort; G. liest bei Jacobis vor Emigranten das Romanfragment ›Reise der Söhne Megaprazons‹; verbrennt sein Kriegstagebuch. Dez.: Duisburg, Münster (bei der Fürstin Gallitzin; Leihgabe ihrer Gemmensammlung. 24. Dez.: G. lehnt Angebot einer Ratsherrenstelle in Frankfurt ab. **1793:** Arbeit am Epos ›Reineke Fuchs‹. Mai: ›Der Bürgergeneral‹ (Revolutionskomödie) aufgeführt.
12. Mai - 22. Aug.: *Belagerung von Mainz.* Über Frankfurt ins Hauptquartier Marienborn. Durchsicht des ›Reineke Fuchs‹. Farbenlehre (Refraktion; gegen Newton). 23. Juli: Die Franzosen übergeben Mainz. G. über Schwalbach, Wiesbaden, Heidelberg (Streitgespräch mit seinem Schwager Schlosser über die Farbenlehre), Frankfurt zurück. Okt.: Christiane Becker-Neumann spricht G.s Prolog zu Goldonis ›Der Krieg‹. Nov.: ›Die Aufgeregten‹ (politisches Drama, fragmentarisch). Ilmenau (Eisenverhüttung). **1794:** J. G. Fichte (1762-1814) wird Prof. in Jena. Juni: Johann Heinrich Voß (1751-1826) in Weimar. Liest aus der ›Odyssee‹; metrische Durchsicht von ›Reineke Fuchs‹. Schiller lädt G. zur Mitarbeit an den ›Horen‹ ein; Zusage G.s. Juli: Gespräch G.s mit Schiller in Jena über die »Urpflanze« leitet die Freundschaft ein (s. Schillers Brief vom 23. Aug.). G. mit H. Meyer in Dresden u. Jena. Umgang mit Schiller, Fichte, v. Knebel, Loder (Anatom), Batsch (Botaniker), Hufeland (Mediziner), Göttling (Philologe), den Brüdern Humboldt. Bei Schiller erste Begegnung mit Hölderlin, der G. im Dez. besucht. **1795:** ›Die Horen‹ erscheinen. G. diktiert das Grundschema der Knochenlehre. Pläne zu einem ›Prometheus Lyomenos‹-Drama. Der Altphilologe Friedrich August Wolf (1759-1824) bei G. (Briefwechsel -1819); G. liest seine ›Prolegomena ad Homerum‹). Kritik an Jean Pauls ›Hesperus‹. Plan zu einer neuen Italienreise (mit Meyer) u. Materialsammlung für ein großes Ita-

lienbuch. Juli/Aug.: Karlsbad (G. trifft Rahel Levin); Pläne zum ›Märchen‹ (›Unterhaltungen deutscher Ausgewanderten‹). Okt.: Meyer allein nach Italien. G. wirkt an Knebels Properz-Übersetzung mit. ›Baukunst‹ (Aufsatz). Dez.: Plan zu den ›Xenien‹ (mit Schiller). **1796:** Politische Gegnerschaft zu dem ›Revolutionär‹ J. F. Reichardt (→ ›Xenien‹). G. übersetzt die Autobiographie des Benvenuto Cellini (→ ›Horen‹); Mithilfe Meyers aus Florenz. März/Apr.: Gastspiel Ifflands (›Egmont‹). ›Alexis u. Dora‹ (Elegie). Plan zu einem Epos ›Hero u. Leander‹. Sept.: ›Hermann u. Dorothea‹ (Epos), 1. Teil Schiller vorgelesen. Okt.: ›Xenien-Almanach‹. **1797:** Tafeln zur Farbenlehre. Metamorphose der Insekten. ›Cellini‹ fortgesetzt. Caroline Jagemann kommt ans weimarische Theater. G. plant Märchen u. Epos ›Die Jagd‹ (Bedenken Schillers u. W. v. Humboldts; → ›Die Novelle‹ 1826). Begegnung mit Friedrich Schlegel (1772-1829; Briefwechsel -1813). April: Theorie des Epos u. Dramas (mit Schiller; Aufsatz); Aristoteles-Lektüre. Aufsatz über Moses (→ ›Divan‹-Noten), Studien zum Alten Testament. Juni: Balladen G.s u. Schillers. Theorie dazu. Schema u. ›Zueignung‹ zum ›Faust‹ (→ 1808). Juli: G. verbrennt alle bis 1792 empfangenen Briefe. 24.: Abfassung des Testaments.

30. Juli - ca. 20. Nov.: *Dritte Reise in die Schweiz.* (G. führt »Reise-Akten«; »skeptischer Realism«) Frankfurt (3.-25. Aug.; Studium der Stadt, Theaterwesen; trifft Sömmering, Hölderlin), Heidelberg, Heilbronn, Stuttgart (trifft Dannecker, den Architekten Thouret, den Komponisten Zumsteeg), Tübingen (7.-16. Sept.; bei seinem späteren Verleger Joh. Friedr. Cotta [1764-1832]), Schaffhausen (Aufzeichnungen über den Rheinfall), Zürich (ab hier mit Meyer), Stäfa, Gotthardt, Stäfa (8.-21. Okt.; Plan zu einem Tell-Epos), Zürich, Nürnberg (Knebel), Jena. Dez.: Pläne zu einem Epos ›Achilleis‹. G. u. Voigt Leiter der Bibliotheken in Weimar u. Jena. **1798:** G. liest Fr. Wilhelm v. Schellings (1775 -1854) ›Ideen zu einer Philosophie der Natur‹ u. ›Von der Weltseele‹. Erwirkt Berufung nach Jena (Briefwechsel -1831). 8. März: Kauf des Gutes Oberroßla (-1803). Studien zur Geschichte der Farbenlehre. Magnetische Versuche. Astronomie (La Place). Arbeit an ›Cellini‹ u. ›Achilleis‹. Aufsatz ›Laokoon‹. ›Euphrosyne‹ (Elegie auf den Tod Christiane Becker-Neumanns). ›Zauberflöte 2. Teil‹ (Opernfragment). Novalis bei G. Vorbereitung der Zeitschrift ›Propyläen‹ mit Schiller. Studien zur 1. ›Walpurgisnacht‹. Aug.: Theaterneubau in Weimar (Thouret); mit Schillers ›Wallensteins Lager‹ eröffnet. Repertoire-Entwürfe. ›Athenäum‹ (Zeitschrift der Schlegels) erscheint. G. lehnt Kants ›Anthropologie‹ ab. **1799:** Schiller öfter in Weimar (›Piccolomini‹ u. ›Wallensteins Tod‹ aufgeführt). März: Entlassung Fichtes (»Atheismusstreit«; G. vermittelt vergeblich). G. liest Herders ›Metakritik‹. Sommer: Tieck, Novalis, Fr. Schlegel, S. La Roche u. der König v. Preußen bei G. Aug./Sept.: Mondbetrachtungen mit Spiegelteleskop. Erste Kunstausstellung der Weimarer Kunstfreunde. Briefwechsel mit dem Musiker Karl Friedrich Zelter (1758-1832) begonnen (-1832). G. liest Schlegels Shakespeare-Übersetzung u. ›Tausend u. eine Nacht‹. Übersetzung von Voltaires ›Mahomet‹. Dez.: Anregung zu ›Die natürliche Tochter‹ (Drama). Tieck liest ›Genoveva‹ vor. Schiller zieht nach Weimar. **1800:** 30. Jan.: Aufführung des ›Mahomet‹. G. sendet ›Weissagungen des Bakis‹ an A. W. Schlegel. Bury portraitiert G.

28. April - 16. Mai: Mit dem Herzog zur Leipziger Messe; trifft Cotta, Unger, den Schriftsteller Rochlitz, den Altphilologen Gottfried Hermann. – Schillers ›Maria Stuart‹ uraufgeführt. G. schreibt Prosaskizze ›Die guten Weiber‹; beginnt Übersetzung von Voltaires ›Tancred‹; im Okt. Helena-Akt zum ›Faust‹. Diktiert das Festspiel ›Paläophron u. Neoterpe‹. Dez.: Ende der ›Propyläen‹. **1801:** Jan.: »Ungeheure Krankheit«. G. totgesagt. Beginnt Theophrasts ›Von den Farben‹ zu übersetzen. 30. Jan.: ›Tancred‹ aufgeführt. Bis April fast tägliche Arbeit an ›Faust‹; liest Werke über Dämonologie. Gedicht ›Dauer im Wechsel‹. 5. Juni - 30. Aug.: Reise zur Kur nach Pyrmont über Göttingen (Huldigung der Studenten; G. bei Kestners u. Achim v. Arnim). Farbenlehre. Schema zu einer ›Geschichte Pyrmonts‹. Sept.: Gastspiel der Berliner Schauspielerin Friederike Unzelmann. Tieck, Jean Paul u. erstmals Friedrich v. Müller (der spätere Kanzler) bei G. Okt.: G. gründet das Mittwochskränzchen (›Cour d'amour‹). 21. Okt.: Der junge Hegel (1770-1831) stellt sich G. vor. Arbeit an der ›Natürlichen Tochter‹ (1. Akt im Jan.). **1802:** Friedrich de la Motte-Fouqué u. Zelter bei G. Neubau des Lauchstädter Theaters (am 26. Juni mit G.s Vorspiel ›Was wir bringen‹ u. Mozarts ›Titus‹ eröffnet). 13. Juni: August konfirmiert. Juli: In Halle u. Giebichenstein. Aug.: Diskutiert »komparative Anatomie« mit Loder u. Farbensehen mit Himly in Jena. 23.: Tod Corona Schröters. Sept.: Anhang zum ›Cellini‹. Der Bildhauer Schadow in Weimar; G. verweigert ein Porträt. Okt.: Johann Friedrich Blumenbach (Anatom) bei G. – Voß zieht nach Weimar. Kleist wohnt bei Wieland (- Ostern 1803). **1803:** Jan.: ›Cellini‹ (Abschluß im März). Gespräch mit dem Physiker Chladni über Akustik. 2. April: ›Die natürliche Tochter‹ (›Eugenie‹) aufgeführt. Mai: In Lauchstädt u. Halle. Juli: G. beginnt Lehrgänge für den Theaternachwuchs (→ ›Regeln für Schauspieler‹). Aug.: Einzug des Herzogs in das neue Schloß. G. beaufsichtigt Bau des neuen Schießhauses in Weimar. Erwirbt eine große Münzsammlung aus Nürnberg. Sept.: G. gründet die ›Jenaische Allgemeine Litteratur-Zeitung‹ (1804-1832). »Mühsame Vorarbeiten«. Fr. W. Riemer (1774-1845) wird G.s Sekretär u. Hausgenosse (-1812). ›Polygnots Gemälde‹ (Aufsatz) zur Kunstausstellung. Ph. O. Runge, Tieck, Mme. de Staël (mit Benjamin Constant) u. F. A. Wolf bei G. 18. Dez.: Herders Tod. **1804:** G. liest Calderon u. Philostrats ›Eikones‹ (›Bilder‹) (→ Aufsatz 1818). März: Umarbeitung des ›Götz‹ (Aufführung 22. Aug., danach Kürzungen). Bei den Proben zu Schillers ›Tell‹. Juni: Liest Akten der Londoner Royal Society für die ›Geschichte der Farbenlehre‹. Pläne zur Fortsetzung der ›Natürlichen Tochter‹. 13. Sept.: G. wird »Wirklicher Geheimer Rat«; 25.: Präsident der ›Naturforschenden Gesellschaft‹; 22. Okt.: Präsident der ›Mineralogischen Gesellschaft‹ in Jena. Schiller schickt das Manuskript von Diderots ›Le Neveu de Rameau‹ zur Übersetzung an G. Dez.: G. beginnt Skizze zum ›Leben Winckelmanns‹. **1805:** Übersetzung und Erläuterung von ›Rameaus Neffe‹, dazu Studium französischer Literatur. Jan.-Mai: Schwere Erkrankung mit Rückfällen. Apr.: Abschluß des Winckelmann-Aufsatzes für das Sammelwerk ›Winckelmann u. sein Jahrhundert‹. 1. Mai: Letzter Besuch bei Schiller; 9.: Tod Schillers. Juni: Voß zieht nach Heidelberg. G.s erster Angriff auf die romantischen Künstler. 3. Juli - 5. Sept.: Kur in Bad Lauchstädt (dort 10. Aug. dramatische Aufführung von Schillers

›Glocke‹ mit G.s Epilog); Reise nach Halle (G. hört Franz Josef Gall über Schädellehre), Halberstadt (Gleimhaus), Helmstedt. Plotin-Lektüre. Sept.: Siebte u. letzte Kunstausstellung (Thema Herakles). Beginn der physikalischen Mittwochsvorträge (-1806). Gedanken zu »Polarität u. Steigerung«. **1806:** 15. Jan.: Neufassung der ›Stella‹ (tragischer Schluß) aufgeführt. Febr.: Französische Einquartierung. 21. Apr.: ›Faust. 1. Teil‹ abgeschlossen. Der dänische Dichter Adam Gottlob Oehlenschläger bei G. (›Aladin‹, ›Hakon Jarl‹). Mai: Museumsrevision in Jena. Studien zum Nibelungenlied. 29. Juni - 8. Aug.: Mit Riemer nach Karlsbad. Geologische u. mineralogische Studien (Schema). Landschaftszeichnen. 31. Juli: Aufnahme in die Berliner Akademie der Wissenschaften. Aug.-Okt.: Oft in Jena. Gespräch mit dem Historiker Heinrich Luden über den ›Faust‹ (18./19. Sept.). Redaktion des Dramenfragments ›Elpenor‹. Okt.: G. im Kreis der Schriftstellerin Johanna Schopenhauer. 14.: Schlacht bei Jena u. Auerstedt. Plünderung Weimars. Christiane rettet G.s Haus vor Invasoren. 19.: Kirchliche Trauung mit Christiane. Nov.: ›Metamorphose der Tiere‹ (Gedicht). G. M. Kraus stirbt. H. Meyer wird Direktor der Freien Zeichenschule. Dez.: ›Polemischer Teil‹ der ›Farbenlehre‹ begonnen. **1807:** ›Chromatische Polemik‹ (-Apr.). Uraufführung des ›Tasso‹ in Weimar. G. übersetzt Johannes v. Müllers Rede ›La gloire de Frédéric‹. März: Christiane und August reisen nach Frankfurt. 10. Apr.: Anna Amalia stirbt. G.s Nachruf von den Kanzeln verlesen. 23.: Erster Besuch Bettina Brentanos (1785-1859; Briefwechsel -1830). Mai: G. beginnt ›Wilhelm Meisters Wanderjahre‹ (›St. Joseph‹, ›Die Neue Melusine‹, ›Der Mann von funfzig Jahren‹, ›Die pilgernde Thörin‹; in Karlsbad fortgeführt). 25. Mai - 11. Sept.: Karlsbad; lernt den Diplomaten Karl Friedrich Reinhard (1761 bis 1837) kennen (Briefwechsel -1832). Erhält Hackerts Autobiographie als Vermächtnis (→ 1810/11). Sept.: ›Vorspiel‹ zur Rückkehr der herzoglichen Familie ins Weimarer Schloß. Okt.: G. nimmt Singstunden, gründet Hausmusikgruppe (Leitung: Eberwein). Nov./Dez.: Jena. Leidenschaft für Minchen Herzlieb (1789-1865). Sonett-Zyklus für sie im Wettstreit mit Zacharias Werner. Arbeit an ›Pandorens Wiederkunft‹ (Festspiel). **1808:** G. läßt Z. Werners Tragödie ›Wanda‹ aufführen. Kleist sendet die Zeitschrift ›Phöbus‹ mit ›Penthesilea‹-Fragment. G. inszeniert den ›Zerbrochenen Krug‹ im März. 4. Apr.: August zum Studium nach Heidelberg. 12. Mai - 17. Sept.: Karlsbad u. Franzensbad. ›Pandora‹; ›Die Wahlverwandtschaften‹ 1.-3. Kapitel. Umgang mit Silvie v. Ziegesar (1785-1855). Im Juli bei Ziegesars in Franzensbad. Kammerberg bei Eger gezeichnet u. Aufsatz darüber. 13. Sept.: Tod der Mutter. 29.: G. zum Erfurter Kongreß gerufen. 2. (6., 10.) Okt.: Begegnungen mit Napoleon. Gespräch über ›Werther‹; Einladung, in Paris eine ›Cäsar‹-Tragödie zu schreiben. 14.: G. wird Ritter der Ehrenlegion. Nov./Dez.: Nibelungenlied (Studien, Lesungen). »Theaterhändel« (wegen der Schauspielerin Jagemann). **1809:** Quellen zur ›Geschichte der Farbenlehre‹ (16./17. Jh.). W. v. Humboldt bei G. ›Nibelungen u. Consorten‹ (Jan. - Jahresmitte): Lektüre altnordischer Sagen, Otfrids. Der Archäologe Martin Friedrich Arendt bringt Abschrift der ›Edda‹, Runenschriften. 29. Apr. - 13. Juni u. 23. Juli - 7. Okt.: In Jena. ›Wahlverwandtschaften‹ beendet. ›Geschichte meiner chromatischen Arbeiten‹. Graf Reinhard u. Clemens Brentano bei G. 11. Okt. - 10. Dez.: 1. Autobiographisches Schema. Dez.: Wilhelm Grimm bei G. (altdeutsche Dichtung, Grimms Balladensammlung). **1810:** Maskenzug ›Die romantische Poesie‹ für die Erbprinzessin Maria Pawlowna. Plan einer Tragödie in der Art Calderons (Schema). ›Das Tagebuch‹ (Gedicht). ›Farbenlehre‹ erscheint zur Ostermesse. Mai: Sulpiz Boisserée (1783-1854) sendet Zeichnungen vom Bau des Kölner Doms (Briefwechsel -1832). 16. Mai - 2. Okt.: Mit Riemer nach Karlsbad, Teplitz u. Dresden. Vorarbeiten zur Autobiographie (›Karlsbader Schema‹). ›Wanderjahre‹. In Teplitz mit dem Herzog, Fichte, Wolf, Frau v. Levetzow, Bettina; in Eisenberg bei Fürst Lobkowitz. Mit Zelter Entwurf einer Tabelle zur Tonlehre. Okt./Dez.: Material zur Autobiographie (Bettinas Hilfe). Aufsatz ›Philipp Neri‹ (→ ›Zweiter römischer Aufenthalt‹ 1829); ›Philipp Hackert‹ (biographische Skizze) begonnen. Der Chemiker Johann Wolfgang Döbereiner wird Dozent in Jena (Briefwechsel -1830). **1811:** Jan.: G. inszeniert Calderons ›Der standhafte Prinz‹. Jan.-Nov.: ›Dichtung u. Wahrheit‹ (Sept.: 1. Teil abgeschlossen; 1812 veröffentlicht). ›Philipp Hackert‹ im Mai beendet. Plan zu einem Roman ›Die Egoisten‹. März: Kantate ›Rinaldo‹ für Prinz Friedrich v. Gotha. Mai: Brief Beethovens u. Auszüge aus der ›Egmont‹-Partitur. Boisserée bei G. Juni: Karlsbad (mit Riemer, Christiane). Aug.: Theater in Halle mit Prolog G.s eröffnet. G. liest Calderons ›Das Leben ein Traum‹ (Aufführung 1812), Bandellos ›Novelle‹, Niebuhrs ›Römische Geschichte‹. Dez.: G. bearbeitet Shakespeares ›Romeo u. Julia‹. **1812:** Farbphysikalische Versuche mit Seebeck, galvanische mit Döbereiner. ›Dichtung u. Wahrheit‹ (Nov.: 2. Teil beendet); dazu französische Brief- u. Memoirenliteratur, Biographien. Jan.: ›Egmont‹ mit Beethovens Musik aufgeführt. Carl Maria v. Weber konzertiert in Weimar. März: Riemer gibt seine Stellung als G.s Sekretär auf. Apr.: G. erhält Oberaufsicht der Jenaer Sternwarte. 30. Apr. - 15. Sept.: Karlsbad u. Teplitz. 19. Juli: G. trifft Beethoven in Teplitz (danach noch mehrmals). ›Die Wette‹ (Lustspiel) u. ›Die neue Melusine‹ (Märchen; später in die ›Wanderjahre‹ aufgenommen). Okt.: Ottilie v. Pogwischs (1796-1872) erster Besuch bei G. Nov.: Pläne für Aufführung des ›Faust‹. Schema für neue Ausgabe der Werke an Cotta. Dez.: ›Myrons Kuh‹ (Aufsatz) begonnen. 15.: Napoleon auf dem Rückzug von Moskau in Weimar. Ab 20.: Gastspiel Ifflands. – Gedichte ›Gegenwart‹ u. ›Groß ist die Diana‹. **1813:** G. entwirft eine Erd-Profilkarte. Kantate ›Idylle‹. 20. Jan.: Tod Wielands. Nachruf G.s (Logenrede). Aufsätze ›Ruysdael als Dichter‹ u. ›Shakespeare u. kein Ende‹ begonnen. Apr.: Konzeption des ›Egmont‹-Schlusses von ›Dichtung u. Wahrheit‹ (nach Lektüre von Adolf Müllners ›Die Schuld‹). 17. Apr. - 19. Aug.: Reise über Naumburg (Gedicht ›Der getreue Eckart‹), Leipzig (Gedicht ›Der Totentanz‹), Meißen, Dresden (E. M. Arndt) nach Teplitz (26. Apr. - 9. Aug.). Nach Bilin, den Erzgruben von Zinnwald u. Altemberg. Zurück über Dresden (Galerie, Antiken). Aug.: Ilmenau. Gedicht ›Gefunden‹ (für Christiane). Okt.: Einquartierung. Epilog zu ›Essex‹ (Trauerspiel) v. Banks. Werke zur chinesischen Kultur. G. begegnet in Weimar Kaiser Alexander v. Rußland, Fürst Metternich, Staatskanzler v. Hardenberg. Plan zu einer Oper ›Der Löwenstuhl‹. Nov.: Arthur Schopenhauer (1788-1860) bei G. Dez.: Heinrich Karl de la Motte-Fouqué (1777-1843;

Briefwechsel -1828). Rochlitz berichtet über die Völkerschlacht von Leipzig. Erste Arbeit an der ›Italienischen Reise‹. **1814:** ›Italienische Reise‹ (Jan.-Mai, Nov./Dez.). G. liest Mme. de Staëls ›De l'Allemagne‹. Apr.: Fürst v. Radziwill bei G. (Bühnenmusik zu ›Faust‹). Friedrich Kräuter wird G.s Sekretär (-1832). Der Staatsrechtler Sartorius bespricht mit G. Entwürfe einer neuen deutschen Verfassung. Mai: G. schreibt das Festspiel ›Des Epimenides Erwachen‹ für die Rückkehr des Königs nach Berlin. Juni: In Bad Berka (Zelter, Wolf). Liest Hafis' ›Divan‹ in der Übersetzung v. Hammers). 21.: 1. ›Divan‹-Gedicht (›Erschaffen u. Beleben‹). Juli: Rückkehr des Herzogs.
25. Juni - 27. Okt.: *Erste Reise an Rhein, Main und Neckar.* Über Fulda, Gelnhausen (Kaiserpfalz), Frankfurt nach Wiesbaden (30. Juli - 31. Aug.) ›Divan‹-Gedichte. Zelter, Bergrat Cramer, Frhr. vom Stein, Carl August, Johann Jakob v. Willemer u. Marianne Jung (1784-1860) besuchen G. Sept.: Bei Brentanos in Winkel; Fahrten in den Rheingau; zur Herbstmesse nach Frankfurt; trifft Jugendfreunde. Besuch in der Gerbermühle (Willemer).
22. Sept.: Ifflands Tod.
24. Sept.-9. Okt.: Mit Boisserée in Heidelberg (Voß, die Grimms); sieht dessen Kunstsammlung. Über Frankfurt (Willemers) zurück. Nov./Dez.: Hafis- u. Orientstudien. Jena (Silvie). **1815:** Calderons ›Die große Zenobia‹ aufgeführt. Studien zu den entoptischen Farben. Orientstudien (Koran, Firdusi, Diez, Chardin u. a.). Entwurf eines Opernlibrettos ›Feradeddin u. Kolaila‹. Febr.: Das Monodrama ›Proserpina‹ (1778; jetzt mit Eberweins Musik) aufgeführt. Christiane schwer erkrankt. 11.: Sachsen-Weimar wird Großherzogtum. Arbeit an der ›Italienischen Reise‹. Mai: Gedächtnisfeier für Schiller u. Iffland im Weimarer Theater. G. wird um Mitarbeit am Blücher-Denkmal gebeten.
24. Mai - 11. Okt.: *Zweite Reise an Rhein, Main und Neckar.* Auf der Reise erste Suleika-Gedichte. Wiesbaden (27. Mai - 20. Juli). Gruppierung der ›Divan‹-Gedichte (»Wiesbader Register«). 21. - 31. Juli: Reise nach Nassau (Bergbau), Köln (E. M. Arndt); über Koblenz (J. Görres), Laach, Nassau (Diez) nach Wiesbaden (Boisserée). 12. Aug. - 18. Sept.: Frankfurt; Gerbermühle (dort Geburtstag); in Willemers Stadthaus.
18. Sept. nach Heidelberg (mit Carl August). 23. - 26. Sept.: Willemers in Heidelberg. Letzte Begegnung mit Marianne (Ost- u. Westwind-Gedicht). Okt.: Nach Karlsruhe (J. P. Hebel, Jung-Stilling, Gmelin). Über Würzburg u. Gotha zurück. Dabei ›Divan‹-Bucheinteilung. Dez.: Jena. Erste Wolkenstudien (Howard-Lektüre). **1816:** ›Noten u. Abhandlungen‹ zum ›Divan‹. Coudray wird Oberbaudirektor in Weimar. ›Über Bildung von Edelsteinen‹ (Aufsatz). Gutachten über Gemälderestauration (Dresden). Schopenhauer sendet Schrift ›Über das Sehn u. die Farben‹. G. plant ›Faust‹ als Melodram. Mai: Erste Byron-Lektüre. Juni: Erstes Heft der Zeitschrift ›Über Kunst u. Altertum‹ erscheint (mit H. Meyer, Boisserée, später Eckermann).
6. Juni: Tod Christianes.
28.: Nees v. Esenbeck (1776-1858; Botaniker) bei G. (Briefwechsel -1827). Chemische Versuche mit Pflanzenfarben. 20. Juli: Aufbruch zur Kur nach Baden-Baden. Unfall mit dem Wagen; Aufgabe des Plans. 24. Juli - 10. Sept.: Bad Tennstedt. Aufsatz ›Sankt-Rochus-Fest zu Bingen‹. ›Italienische Reise‹, 2. Teil (Aug. 1817 abgeschlossen). Sept.: Charlotte Kestner geb. Buff bei G. Nov./Dez.: Kantate für das Lutherfest 1817 (aufgegeben). Schema für ›Faust II‹. **1817:** Orientstudien. G. bearbeitet Theaterstücke Kotzebues. Studium der Elgin Marbles. ›Regeln für Schauspieler‹. Sommer meist in Jena. Kant-Lektüre (→ ›Einwirkung der neueren Philosophie‹, ›Anschauende Urteilskraft‹, ›Bedenken u. Ergebung‹, Aufsätze). G. legt die Leitung des Hoftheaters nieder. 17. Juni: August v. G.s Heirat mit Ottilie v. Pogwisch. Aug.: Schema für ›Annalen‹ (1800-1807). ›Urworte. Orphisch‹ (Gedichte) u. ›Geistesepochen‹ (Aufsatz). Reorganisation der Jenaer u. Weimarer Bibliotheken.
18. Okt.: Wartburgfest; G. zunächst positiv (empfängt K. L. Sand). Übersetzt aus Byrons ›Manfred‹. Dez.: G. verläßt den Frankfurter Bürgerverband. **1818:** Weiterarbeit am ›Divan‹. Beginn meteorologischer Aufzeichnungen (besonders zu Wolkenformen) über mehrere Jahre. ›Um Mitternacht ging ich . . .‹ (Gedicht). Aufsätze ›Relief v. Phigalia‹, ›Myrons Kuh‹ (→1812), ›Philostrats Gemälde‹, ›Antik und modern‹. Briefwechsel mit C. G. Carus (1789-1869; Mediziner, Ästhetiker, Maler) beginnt. 9. Apr.: Der Enkel *Walther* Wolfgang geboren. 23. Juli - 17. Sept.: Karlsbad (Metternich, Blücher, v. Gentz, Adam Müller, K. Solger). G. wird Mitglied der Deutschen Akademie der Naturforscher. Sept.: Grillparzers ›Sappho‹ in Weimar aufgeführt. Dez.: Aufführung von G.s ›Festzug‹ für die russische Kaiserin. Koran-Lektüre. **1819:** Abschluß des ›Divan‹. ›Tag- u. Jahreshefte‹ fortgesetzt. G. liest Schopenhauers ›Die Welt als Wille und Vorstellung‹. 22. März: Christian Gottlob v. Voigt gestorben. 23.: Kotzebue von Sand ermordet. G. liest Byron u. Wardens ›The United States of America‹. Schenkt seine Werke der Harvard University. Sichtung der römischen Korrespondenz. Aug.: Karlsbad (-28. Sept.). G. wird Mitglied der ›Gesellschaft für ältere deutsche Geschichtskunde‹ (Frhr. vom Stein). Erhält Aufsicht über Weimarer Lithographische Anstalt. Okt.: ›Egmont‹ in Berlin verboten. 1. Aufführung des ›Adelbert von Weislingen‹. Dez.: Arbeit an der ›Campagne‹. **1820:** Mitarbeit am ›Archiv‹ der ›Gesellschaft für ältere deutsche Geschichtskunde‹ (›Monumenta Germaniae historica‹). Studien für ›Campagne in Frankreich‹ u. ›Belagerung von Mainz‹. ›Tag- u. Jahreshefte‹. Briefwechsel mit Manzoni. Apr.: Übersetzung des ›Veni creator‹. Besuch des Königs von Württemberg. Mai: Karlsbad u. Eger (Bekanntschaft mit dem Polizeirat u. Mineralogen Joseph Sebastian Grüner; Briefwechsel -1832). ›Divan‹-Gedichte (›Buch des Paradieses‹) u. Meteorologie. Kommentar zu ›Urworte. Orphisch‹ u. zur ›Ballade‹. ›Wer ist der Verräter?‹ (Novelle; → ›Wanderjahre‹). Aufsatz über Mantegnas ›Triumphzug‹. Trifft Anselm Feuerbach, Elisa v. der Recke. Juli: ›Entoptische Farben‹ (Aufsatz). 18. Sept.: G.s Enkel *Wolfgang* Maximilian geboren. ›Wanderjahre‹ seit 1812 erstmals wiederaufgenommen. Nov.: Studium altrömischer Geschichte u. Kultur. Übersetzt aus der ›Ilias‹. Lektüre Purkinjes.
1821: G. ordnet nicht gruppierte Gedichte zu Zyklen. ›Wanderjahre‹ 1. Teil im Mai abgeschlossen. Byron-Lektüre. Indische Dichtung (Kalidasa); Aufsatz. März: Kommentar zur ›Harzreise‹ (Gedicht 1777). ›Howards Ehrengedächtnis‹ (Gedichte). Juni: Beschreibung 1810 entstandener Landschafts-Skizzen (Sept.: Gedichte zu eigenen Handzeichnungen). ›Wilhelm Tischbeins Idyllen‹ (Gedichte u. Kommentare). 26. Juli - 15. Sept.: Reise nach Marienbad u. Eger (ab 25. Aug.). Bekanntschaft mit Amalie von Levetzow u. ihren Töchtern. Geologische Studien u. Aufsätze über Böhmen. ›Bil-

dung des Erdkörpers‹ (Aufsatz). Franzensbrunn (Fritz v. Stein) u. Hartenberg (Graf Auersperg). Okt.: August v. Platen bei G. ›Dichtung u. Wahrheit‹ 17. Buch (Lilis Geburtstag). Legenden-Bearbeitung mit Gustav Schwab. Nov.: Zelter mit dem jungen Felix Mendelssohn-Bartholdy bei G. Bettina von Arnim u. Elisabeth Mara. G. rekonstruiert Euripides' ›Phaeton‹ u. übersetzt aus den ›Bacchen‹. ›Paria‹-Trilogie. **1822:** G. ordnet die Edelsteinsammlung Carl Augusts. Übersetzt Manzonis Ode auf Napoleons Tod. ›Zahme Xenien‹. Abschluß der ›Campagne‹ u. ›Belagerung‹. März/April: Briefwechsel mit Luke Howard. G. übersetzt Howards ›Autobiographical Sketch‹. April: Tod Friedrich Justin Bertuchs. G.s erstes Schema für die Ausgabe letzter Hand. Aufsatz ›Fossiler Stier‹. Mai: Beethoven schickt Partitur von ›Meeresstille‹ u. ›Glückliche Fahrt‹. 16. Juni - 29. Aug.: Marienbad (-24. Juli) u. Eger. (Fam. v. Levetzow, Fürst Khevenhüller, Barclay de Tolly). Sept.: Kräuter beginnt mit Archivierung der Handschriften u. Drucke G.s. Frédéric Jean Soret (1795-1865) tritt zu G.s Freundeskreis. Okt.: F. Mendelssohn-Bartholdy (1809-1847) bei G. ›Des Paria Gebet‹ (Gedicht). Purkinje bei G. **1823:** ›Wiederholte Spiegelungen‹ (Aufsatz). Febr.: G. schwer erkrankt. März: ›Dank des Paria‹ (Gedicht). ›Tasso‹ zur Feier der Genesung aufgeführt. Aufsatz: ›Von deutscher Baukunst‹. G. liest Byrons ›Sardanapal‹. 17. Apr.: Letzter Brief an Auguste (Gustgen) Bernstorff, geb. Stolberg. Mai: Ordnung der Briefe Schillers u. Zelters für künftige Ausgabe. 10. Juni: Johann Peter Eckermann (1792-1854) bei G. 23.: Erste Gesprächsniederschrift. ›An Lord Byron‹. 26. Juni - 17. Sept.: Marienbad (-20. Aug.), Karlsbad (-5. Sept.), Eger (-11. Sept.). G. lernt die Pianistin Maria Szymanowska kennen (→ Gedicht ›Aussöhnung‹). Leidenschaft für Ulrike von Levetzow (1804 bis 1899). 28. Aug.: »Tag des öffentlichen Geheimnisses«. Auf der Rückreise ›Elegie‹ vollendet. Okt.: Maria Szymanowska bei G. Nov.: G. erkrankt schwer. Dez.: Darstellung der Schweizer Reise 1797 vorbereitet (1833 hrsg.) **1824:** G. skizziert seine Begegnung mit Napoleon für die ›Annalen‹. ›An Werther‹ (Gedicht). 19. April: Tod Byrons. Mai: ›Wanderjahre‹ (›Das nußbraune Mädchen‹). Juni: 1. Brief Carlyles. 8. Juli: Tod F. A. Wolfs. Niederschrift von ›Goethes Beitrag zum Andenken Lord Byrons‹. Osteologische Aufsätze. ›Vergleichende Knochenlehre‹. Studium d'Altons. Franz Bopp sendet Sanskrit-Übersetzung. Der Schriftsteller William Emerson aus Boston bei G. Okt.: Heinrich Heine besucht G. Dez.: Schinkel bei G. Gedicht ›Der Bräutigam‹. Aufsatz ›La Cena, pittura in mura di Giotto‹. **1825:** G. gewinnt den Jenaer Altphilologen Carl Wilhelm Göttling zum Mitarbeiter (Redaktion der Ausgabe letzter Hand). Johann Christian Schuchardt wird G.s Sekretär. ›Versuch einer Witterungslehre‹. Arbeit an ›Dichtung u. Wahrheit‹ 4. Teil u. Fortsetzung des ›Faust‹. März: G. erörtert Plan des Panama-Kanals. 21./22.: Brand des Weimarer Hoftheaters. G. u. Coudray beraten Wiederaufbau. Schubert sendet G.-Lieder. ›Wanderjahre‹, neues Schema. Regierungs-Jubiläum Carl Augusts u. G.s 50jähriges Dienstjubiläum feierlich begangen. Ludwig I. von Bayern sendet Abguß der Medusa Rondanini. **1826:** ›Wanderjahre‹ fortgesetzt. G. liest Zeitschrift ›Le Globe‹. Idee der »Weltliteratur« (→ 1827). Anzeige u. Inhaltsangabe der ›Ausgabe letzter Hand‹. ›Helena‹-Akt für ›Faust II‹ beendet. Neue Stücke der ›Zahmen Xenien‹. Karl Vogel wird G.s Hausarzt. 9. Juli: Tod Charlotte v. Schillers. Sept.: Danneckers Schillerbüste. G. läßt Schillers Schädel exhumieren; ›Schillers Reliquien‹ (Gedicht). Fürst v. Pückler-Muskau u. Grillparzer bei G. Okt.: G. beginnt die ›Novelle‹ (→ 1797). ›Der Mann von funfzig Jahren‹ (Novelle, → ›Wahlverwandtschaften‹) vollendet. **1827:** Zahlreiche Aufsätze in ›Kunst u. Altertum‹ (Idee der »Weltliteratur«). Lektüre chinesischer Dichtung (Aufsatz ›Chinesisches‹). 6. Jan.: Tod Charlotte v. Steins. ›Wanderjahre‹ fortgesetzt. ›Teilnahme Goethes an Manzoni‹ (Vorwort). April: Thomas Carlyle sendet seine Schiller-Biographie (Briefwechsel -1832). Mai: ›Faust II‹ wird »Hauptgeschäft« (1. u. 4. Akt). G. im Gartenhaus. ›Chinesisch-deutsche Jahres- und Tageszeiten‹ (Gedichte). G. liest Simrocks Übersetzung des Nibelungenlieds; entwirft Rezension. Sept.: Wilhelm Zahn berichtet über die Funde in Pompeji. 29. Okt.: G.s Enkelin *Alma* geboren. G. liest Walter Scotts ›Napoleon‹. Dez.: Schillers Sarg in der Fürstengruft beigesetzt. **1828:** Arbeit an ›Faust II‹ (2. Akt) u. den ›Wanderjahren‹. April/Mai: ›Zweiter römischer Aufenthalt‹ diktiert. L. Stieler porträtiert G. für Ludwig I. v. Bayern. 14. Juni: Carl August stirbt auf der Reise von Berlin in Graditz. 7. Juli - 11. Sept.: G. in Dornburg. Botanische Studien. Aufsatz ›Bignonia radicans‹. 18. Juli: ›Dornburger Brief‹ an v. Beulwitz. Dornburger Gedichte. 11. Dez.: Zelters 70. Geburtstag; ›Tischlied‹. ›Nicht mehr auf Seidenblatt‹ (Gedicht). **1829:** Erste Aufführungen von ›Faust I‹ in Deutschland. ›Wanderjahre‹ (2. Fassung) vollendet. ›Faust II‹ fortgesetzt (II, 1). ›Zweiter römischer Aufenthalt‹ vollendet (Aug.). ›Vermächtnis‹ (Gedicht). ›Das altrömische Denkmal bei Igel‹ (Aufsatz). ›Analyse und Synthese‹ (Aufsatz). Juli/Aug.: G. wohnt letztmals im Gartenhaus. Sept.: Ottiliens Zeitschrift ›Chaos‹ erscheint (Beiträge G.s). Hegel, Zelter u. der Violinvirtuose Paganini bei G. ›Ferneres über Weltliteratur‹. **1830:** ›Faust II‹ fortgesetzt (2. Akt; ›Mütter-Szene‹). 14. Febr.: Tod der Großherzogin Luise. G. liest Schelling ›Über die Gottheiten von Samothrake‹. Beobachtungen über Spiraltendenz. Wilhelmine Schröder-Devrient singt G. vor. 22. April: August v. G. reist mit Eckermann nach Italien. Mai: F. Mendelssohn-Bartholdy spielt G. vor (u. a. aus Beethovens 5. Symphonie). Juli: ›Klassische Walpurgisnacht‹ vollendet. Eckermann kehrt aus Italien zurück. 3. Aug.: Nachricht von der Juli-Revolution. Okt.: William Thackeray bei G. 26.: Tod Augusts in Rom. 10. Nov.: G. erhält die Todesnachricht. 25.: Schwere Erkrankung (Blutsturz). Dez.: ›Faust II‹. **1831:** Briefwechsel mit Zelter für die Ausgabe geordnet. ›Dichtung und Wahrheit‹ fortgesetzt (Abschluß im Okt.). 6./22. Jan. u. 3. Mai: Testament (Riemer u. Eckermann Hrsg. des Nachlasses). A. v. Humboldt bei G. ›Faust II‹ 4. Akt; 22. Juli: Abschluß des 5. Akts; Manuskript versiegelt. Letzter Besuch Zelters. Aug.: Huldigung engl. Dichter. 26.-30.: G. mit den Enkeln in Ilmenau (Kickelhahn). Okt.: Die zwölfjährige Pianistin Clara Wieck spielt G. vor. – G. beginnt Korrespondenz zu verbrennen. Aufsatz ›Rembrandt der Denker‹. **1832:** Jan.: G. öffnet den versiegelten ›Faust II‹, liest Ottilie u. Eckermann daraus vor. Febr.: ›Plastische Anatomie‹ (Aufsatz). 25.: An Boisserée über Erklärung des Regenbogens. 11. März: Gespräch mit Eckermann über die Urreligion. W. Zahn sendet Zeichnung der ›Casa di Goethe‹ in Pompeji (›Alexandermosaik‹). G. liest Plutarch. 16. März: Beginn der Krankheit (letzter Tagebuch-Eintrag). 17.:

Letzter Brief (an W. v. Humboldt). 22.: Tod mittags. 26.: Beisetzung in der Fürstengruft.

II.

Goethes Schriften (außer den Gesamtausgaben) in zeitlicher Folge:

Neue Lieder (Gedichte) 1770 (gedruckt 1769; anonym); Von deutscher Baukunst. D. M. Ervini a Steinbach, 1773 (gedruckt 1772; anonym); Brief des Pastors zu*** an den neuen Pastor zu***. Aus dem Französischen, 1773 (anonym); Zwo wichtige bisher unerörterte Biblische Fragen zum erstenmal gründlich beantwortet, von einem Landgeistlichen in Schwaben, 1773 (anonym); Götz von Berlichingen mit der eisernen Hand. Ein Schauspiel, 1773 (anonym); Prolog zu den neuesten Offenbarungen Gottes verdeutscht durch Dr. Carl Friedrich Bahrdt, 1774 (anonym); Götter Helden und Wieland. Eine Farce, 1774 (anonym); Clavigo. Ein Trauerspiel, 1774; Neueröffnetes moralisch-politisches Puppenspiel, 1774 (anonym); Die Leiden des jungen Werthers. Erster/Zweiter Theil, 1774 (anonym); Erwin und Elmire. Ein Schauspiel mit Gesang, 1775 (anonym); Stella. Ein Schauspiel für Liebende in fünf Akten, 1776; Claudine von Villa Bella. Ein Schauspiel mit Gesang, 1776; Die Fischerinn. Ein Singspiel. Auf dem natürlichen Schauplatz zu Tiefurth vorgestellt, 1782 (anonym); Rede bey Eröffnung des neuen Bergbaues zu Ilmenau, 1784 (anonym); Die Mitschuldigen. Ein Lustspiel, 1787; Iphigenie auf Tauris. Ein Schauspiel, 1787; Die Geschwister. Ein Schauspiel, 1787; Der Triumph der Empfindsamkeit. Eine dramatische Grille, 1787; Egmont. Ein Trauerspiel in fünf Aufzügen, 1788; Claudine von Villa Bella. Ein Singspiel, 1788; Erwin und Elmire. Ein Singspiel, 1788; Das Römische Carneval, 1789 (anonym); Torquato Tasso. Ein Schauspiel, 1790; Faust. Ein Fragment, 1790; Jery und Bätely. Ein Singspiel, 1790; Scherz, List und Rache. Ein Singspiel, 1790; Versuch, die Metamorphose der Pflanzen zu erklären, 1790; Beyträge zur Optik. Erstes/Zweytes Stück, 1791; Der Groß-Cophta. Ein Lustspiel in fünf Aufzügen, 1792; Der Bürgergeneral. Ein Lustspiel in einem Aufzuge, 1793 (anonym); Wilhelm Meisters Lehrjahre. Ein Roman I-III 1795, IV 1796; Herrmann und Dorothea, Taschenbuch für 1798; Göthe's neueste Gedichte, 1800 (auch als 7. Bd. der Neuen Schriften); Paläofron und Neoterpe. Ein Festspiel . . ., 1801 (Seckendorfs Neujahrs Taschenbuch); Was wir bringen. Vorspiel, bey Eröffnung des neuen Schauspielhauses zu Lauchstädt, 1802; Die natürliche Tochter. Trauerspiel, Taschenbuch auf das Jahr 1804; Sammlung zur Kenntniß der Gebirge von und um Karlsbad. Angezeigt und erläutert, 1807; Faust. Eine Tragödie, 1808; Die Wahlverwandtschaften. Ein Roman . . . Erster/Zweyter Theil, 1809; Pandora (Festspiel), Taschenbuch für das Jahr 1810; Zur Farbenlehre. Erster Band. Nebst einem Hefte mit sechzehn Kupfertafeln. Zweyter Band, 1810; Aus meinem Leben. Dichtung und Wahrheit, I 1812, II 1813, III 1814; Goethe's Gedichte, 1812; Des Epimenides Erwachen. Ein Festspiel, 1815; Aus meinem Leben. Zweyter Abtheilung erster/zweyter Theil [Italienische Reise] I 1816, II 1817; West-östlicher Divan, 1819; Wilhelm Meisters Wanderjahre oder Die Entsagenden. Ein Roman . . . Erster Theil, 1821; Reinecke Fuchs. In zwölf Gesängen, 1822 (Erstdruck 1794); Aus meinem Leben. Zweyter Abtheilung fünfter Theil [Campagne in Frankreich u. Belagerung von Mainz] 1822; Faust. Eine Tragödie. Zweyter Theil in fünf Acten, 1833; Das Tagebuch (Gedicht) (hg. S. Hirzel) 1860; Notizbuch von der Schlesischen Reise 1790 (hg. F. Zarncke) 1884; Tagebücher u. Briefe Goethes aus Italien an Frau v. Stein u. Herder (hg. E. Schmidt) 1886 (= SchrGGes Bd. 2); Goethes Faust in ursprünglicher Gestalt nach der Göchhausenschen Abschrift (hg. E. Schmidt) 1887; Goethes Tagebücher der sechs ersten Weimarischen Jahre 1776 bis 1782 (hg u. erl. H. Düntzer) 1889; Xenien 1796 (hg. E. Schmidt u. B. Suphan) 1893 (= SchrGGes Bd. 8); Wilhelm Meisters theatralische Sendung. Nach der Schultheß'schen Abschrift (hg. H. Maync) 1911; Ein Notizheft Goethes von 1788 (hg. L. Blumenthal) 1965 (= SchrGGes Bd. 58).

Herausgeber- und Mitverfasser-Arbeit (Ausw.): Frankfurter gelehrte Anzeigen, Jg. 1772 (hg. Merck); Works of Ossian I/II 1773, III/IV 1777 (mit Merck); Physiognomische Fragmente . . . v. J. C. Lavater, 4 Bde., 1775-78; Volkslieder I 1778, II 1779 (hg. Herder); Journal von Tiefurt 1781-84; Die Horen (hg. Schiller) 1795-97; Musenalmanach (hg. Schiller) 1796-1800 (1797 »Xenien«-, 1798 »Balladen-Almanach«); Propyläen. Eine periodische Schrift, 1798-1800; Taschenbuch auf das Jahr 1804 (hg. Wieland u. Goethe); Winckelmann und sein Jahrhundert. In Briefen und Aufsätzen, 1805; Philipp Hackert. Biographische Skizze, meist nach dessen eigenen Aufsätzen entworfen, 1811; Über Kunst und Alterthum. Bde. I-VI, 1816-32; Zur Naturwissenschaft überhaupt, besonders zur Morphologie. Erfahrungen, Betrachtung, Folgerung, durch Lebensereignisse verbunden, Bde. I-II, 1817-24 (die Titel auch getrennt erschienen: Zur Morphologie, Bde. I-II, 1817, 1823; Zur Naturwissenschaft überhaupt, Bde. I-II, 1817, 1823); Briefwechsel zwischen Schiller und Goethe in den Jahren 1794-1805. Erster bis Sechster Theil, 1828-1829.

Übersetzungen, Bearbeitungen: Die Vögel. Nach dem Aristophanes, 1787; Gesänge aus der Oper: Die vereitelten Ränke. Nach dem Italiänischen frei bearbeitet in zwei Aufzügen, 1794; Gesänge aus der Oper: Circe, in Einem Aufzuge, 1794; Gesänge aus der Oper: Theatralische Abentheuer, in zwei Aufzügen (Ergänzungen v. Vulpius), 1797; Mahomet. Trauerspiel in fünf Aufzügen nach Voltaire, 1802; Tancred, Trauerspiel in fünf Aufzügen, nach Voltaire, 1802; Leben des Benvenuto Cellini . . . Übersetzt und mit einem Anhang herausgegeben . . . Erster/Zweyter Theil, 1803; Rameau's Neffe. Ein Dialog von Diderot. Aus dem Manuskript übersetzt und mit Anmerkungen begleitet, 1805.*

* Chronik und Schriftenverzeichnis wurden vom Herausgeber für den von ihm betreuten Artikel ›J. W. v. Goethe‹ in Bd. 6 des ›Deutschen Literatur-Lexikons . . . begründet von W. Kosch‹, 3., völlig neu bearbeitete Auflage, Bern und München 1978, Sp. 479-532, erarbeitet; die ›Chronik‹ erschien dort in einer gekürzten Fassung. Für die Erlaubnis zum Wiederabdruck dankt der Herausgeber dem Leiter des Francke Verlags Bern und München und Herausgeber des DLL, Herrn Dr. Carl Ludwig Lang.

Namen- und Werkregister

Die Ziffern bezeichnen Bildnummern. Kursive Zahl bedeutet, daß die Person oder das Objekt in der Abbildung erscheint. *Anm.*: Person oder Gegenstand sind auch oder nur in der Anmerkung zur angeführten Bildnummer erwähnt. Namen aus der Mythologie sind nicht ins Register aufgenommen.

I Namen

II Goethes Werke

Nachwort des Herausgebers zur 1. Auflage 1982

»Zwar vieles wollt' ich lieber selbst erzählen, / Als ich jetzt nur zu hören stille bin; / Der kleinste Umstand sollte mir nicht fehlen, / Noch hab' ich alles lebhaft in dem Sinn; / Ich höre zu und kann es kaum verhehlen, / Daß ich nicht stets damit zufrieden bin: / Sprech' ich einmal von allen diesen Dingen, / Sie sollen prächtiger aus meinem Munde klingen.«

Noch einmal, wie schon im Motto, ›Die Geheimnisse‹, Goethes Lied von der Gleichheit der Religionen, von Toleranz, Koexistenz und ›Entsagung‹, gleichsam seine praktisch-utopische Konsequenz aus dem nicht lange zuvor erschienenen ›Nathan‹. Ein schönes Alibi für den Herausgeber, nichts mehr dazu zu sagen, im Montserrat der Bildung (nicht zufällig adaptierten Humboldts das Gedicht!), hinter einer spanischen Wand das Fazit mit Stillschweigen zu ziehen. Aber das Gedicht ist Fragment! Formvollendung und Utopie gingen nicht überein. Da war ein Dichter, der zuviel konnte und wußte, als daß ihm – wie Herder – im dithyrambischen Flug das Bild einer besseren, gar der besten Welt hätte einholbar und darstellbar erscheinen können. Also brach er ab, steckte die Herrlichkeiten in die Tasche.
Den Herausgeber hat bei seiner Arbeit immer wieder fasziniert, wie das hochsensible Instrument Sprache, auf Zeit und Umwelt und innere Verfassung abgestimmt, diesem sprachmächtigen Dichter die Aussage zuließ oder verweigerte. Daher so wenig ›Endgültiges‹, aber allenthalben »Wartesteine« (mit Goethes bildhaftem, aus dem mittelalterlichen Baubetrieb genommenem Begriff), an denen, mit der Zeit, immer wieder anzusetzen ist. Einen Bildband aus dem Geist dieser Sprache zu gestalten schien ein verlockendes, nur allzu schweres Unternehmen. Es könnte mehr über Goethe in seiner Zeit aussagen als die bemühte und doch ängstlich zu kurz greifende ›lückenlose‹ Dokumentation. Die Energie (und Magie), die in der Unabgeschlossenheit dieses Werks liegt, wird wohl bisweilen verspürt, aber noch lange nicht genutzt. Auf dieses Potential möchte der Band gerade da, wo er sprunghaft scheint, deutlich hinweisen. Welches ungeschriebene Werk steht, beispielsweise, hinter Goethes Sammlung zu Napoleon, in der das Zwergenhafte dominiert – welche Komik in der scheinbar höchsten Erhöhung (das »Männchen« auf dem Siegerhügel; Abb. 501) und welcher Glanz in der, bei einem Straßburger Friseur gekauften, billigen Glasbüste des Gestürzten (S. 372 f.), die aufleuchtend zur Memnonssäule anwächst!

Der Herausgeber hätte die Aufgabe, in Jahresfrist einen Bildband über Goethes Leben und Werk vorzulegen, nicht bewältigen können, wäre er nicht vielfach und in oft ungewöhnlichem Maß unterstützt worden. Die im Abbildungsverzeichnis genannten Personen und Institute haben das Bildmaterial in kürzester Zeit zur Verfügung gestellt. Die Mitarbeiter des Freien Deutschen Hochstifts in Frankfurt a. M. und der Forschungs- und Gedenkstätten in Weimar haben keine Mühe gescheut, die beiden umfangreichsten Aufträge auszuführen. Ihnen allen sowie den Direktoren Dr. D. Lüders und Dr. P. Goldammer sei für ihren Einsatz herzlich gedankt. Frau Ingrid Westerhoff war mir beim Sammeln des Bildmaterials eine große Hilfe. Herrn Hermann Michels ist es zu verdanken, daß wir Farbaufnahmen von Goethe-Zeichnungen in bisher noch nicht erreichter Qualität zeigen können; er hat für diesen Band auch in Weimar, Tiefurt, Dornburg und Ilmenau photographiert. Aus der Überfülle des Materials hat Herr Prof. Willy Fleckhaus eine souveräne Auswahl getroffen. Mit großer Sorgfalt und Geduld hat sich die Herstellung des Insel und des Suhrkamp Verlags des Bandes angenommen; ihrem Leiter, Herrn Rolf Staudt, und dem Hersteller dieses Bandes, Herrn Gerhard Voltz, sei herzlich gedankt. Der Verleger hat dem Herausgeber ungewöhnliches Vertrauen bewiesen und ihm bei seiner Arbeit völlig freie Hand gelassen; ihm sei mein Anteil an diesem Band dankbar gewidmet.

Christoph Michel

Für die Neuauflage des Bandes konnten einige Fehler berichtigt und die Nummern der abgebildeten Goethezeichnungen nach dem »Corpus der Goethe-Zeichnungen« aufgelistet werden (S. 396).

Freiburg, im Mai 1998 — Christoph Michel

Goethe im Insel Verlag

Sämtliche Werke. Briefe, Tagebücher und Gespräche. Die Frankfurter Ausgabe. 40 in 45 Bänden in zwei Abteilungen. Hg. von Friedmar Apel u.a.
Werke in sechs Bänden. Jubiläumsausgabe. Herausgegeben von Friedmar Apel, Anne Bohnenkamp, Hendrik Birus, Dieter Borchmeyer, Hans-Georg Dewitz, Karl Eibl, Wolf von Engelhardt, Stefan Greif, Peter Huber, Herbert Jaumann, Dorothea Kuhn, Klaus-Detlev Müller, Gerhard Neumann, Andrea Ruhlig, Albrecht Schöne, Wilhelm Voßkamp, Manfred Wenzel und Waltraud Wiethölter. Redaktion: Hans-Georg Dewitz.
Insel Almanach auf das Jahr 1999. Johann Wolfgang Goethe. 250. Geburtstag. Herausgegeben von Hans-Joachim Simm. Mit einem Verzeichnis der lieferbaren Goethe-Veröffentlichungen des Insel Verlags und mit einer Übersicht über die Goethe-Edition des Deutschen Klassiker Verlags. Kart.
Alle Freuden, die unendlichen. Liebesgedichte und Interpretationen. Herausgegeben von Marcel Reich-Ranicki. 1987. IB 1028.
Behalte mich ja lieb! Christianes und Goethes Ehebriefe. Auswahl und Nachwort von Sigrid Damm. Mit einem Frontispiz. IB 1190.
Sigrid Damm, Christiane und Goethe. Eine Recherche. Mit 10 Abbildungen. Geb.
Elegie von Marienbad. Faksimile einer Urschrift. September 1823. Mit einem Kommentarband. Herausgegeben von Christoph Michel und Jürgen Behrens. Mit einem Geleitwort von Arthur Henkel. Einmalige limitierte und numerierte Auflage von 900 Exemplaren. 1983. Ldr. in Kassette.
Faust. Eine Tragödie. Faksimile der Erstausgabe. 1979. Ldr.
Faust. Zweiter Teil. Faksimile-Ausgabe. Mit einem Beiheft herausgegeben von Jörn Göres. Faksimile-Drucke deutscher Literatur. Eine Bibliothek deutscher Erst- und Frühausgaben in originalgetreuen Wiedergaben. Brosch. im Schuber.
Faust. Der Tragödie zweyter Theil in fünf Acten. (Vollendet im Sommer 1831.) Faksimile der Erstausgabe. 1970. Ldr.
Faust. Gesamtausgabe. 1909. Ln.
Gedichte. Mit Illustrationen von Ernst Barlach, Max Liebermann, Hans Meid und Karl Walser. Vier Bände in einer Insel-Bücherei-Kassette. 1994.
Gedichte 1. Mit 31 Illustrationen von Ernst Barlach. 1994. IB 1144.
Gedichte 2. Mit 15 Illustrationen von Max Liebermann. 1994. IB 1145.
Gedichte 3. Mit 19 Illustrationen von Hans Meid. 1994. IB 1146.
Gedichte 4. Mit 20 Illustrationen von Karl Walser. 1994. IB 1147.
Gedichte in zeitlicher Folge. Eine Lebensgeschichte Goethes in seinen Gedichten. Herausgegeben von Heinz Nicolai. 1998. Sonderausgabe zum 150. Todestag. 1982. Ln.
Goethe für Kinder. »Ich bin so guter Dinge«. Ausgewählt von Peter Härtling. Illustriert von Hans Traxler. Halbleinen.
Goethe in Leipzig. 1765-1768. Bruchstücke einer Konfession. Dokumentiert in Briefen und Selbstzeugnissen. Mit 12 Holzstichen von Karl-Georg Hirsch. Zusammengestellt von Christine Schaper. 1991. Geb. im Schmuckschuber.
Goethes Anschauen der Welt. Schriften und Maximen zur wissenschaftlichen Methode. Zusammengestellt und mit einem Nachwort von Ekkehart Krippendorff. 1994. Geb.
Goethes Liebesgedichte. Herausgegeben von Hans Gerhard Gräf. Mit einem Nachwort von Emil Staiger. 1985. Ln.
Goethes schönste Gedichte. Herausgegeben von Jochen Schmidt. 1982. IB 1013.
Hier schicke ich einen Traum. Fünfzig Geschenk- und Stammbuchblätter, gezeichnet von Johann Wolfgang Goethe. Herausgegeben und kommentiert von Gerhard Femmel. Limitierte Faksimileausgabe in 1000 Exemplaren mit Kommentarband, eingelegt in Kassette. 1982. Brosch.
Der junge Goethe in seiner Zeit. Texte und Kontexte. Sämtliche Werke, Briefe und Tagebücher und Schriften bis 1775. Bilder, Handschriften, Zeugnisse und Werke der Zeitgenossen. Bildungsmuster der Epoche. Kommentare, Chronik, Register. In zwei Bänden und einer CD-ROM. Herausgegeben von Karl Eibl, Fotis Jannidis und Marianne Willems. Ln.
Die Leiden des jungen Werther. Mit einem Essay von Georg Lukács ›Die Leiden des jungen Werther‹. Mit zeitgenössischen Illustrationen von Daniel Nikolaus Chodowiecki und anderen. 1981. Ln., Ldr.
– Faksimile. Ldr.
Lektüre für Augenblicke. Gedanken aus seinen Büchern, Briefen und Gesprächen. Auswahl und Nachwort von Gerhart Baumann. 1982. Ppd.
Pandora. Ein Festspiel. Illustriert von Johannes Grützke. Einmalige numerierte Auflage in 1000 Exemplaren. Zweifarbiger Druck. Die Nummern 1 bis 180 sind als Vorzugsausgabe von Johannes Grützke signiert und in Ziegenleder gebunden. 1992. Ln., Ldr.
Das Römische Carneval. Mit den farbigen Figurinen von 1789. Mit einem Nachwort von Isabella Kuhn. 1995. IB 1155.
Römische Elegien. Faksimile der Handschrift. Transkription und ›Zur Überlieferung‹ von Hans-Georg Dewitz. Mit einem Nachwort von Horst Rüdiger. 1980. IB 1010.
Skizze zu einer Schilderung Winckelmanns. Mit einem Nachwort von Jochen Golz. Mit zahlreichen Abbildungen. 1994. IB 1149.
Die Tafeln zur Farbenlehre und deren Erklärungen. Mit einem Nachwort von Jürgen Teller. Mit 16 Tafeln. 1994. IB 1140.
Vermischte Gedichte. Faksimiles und Erstdrucke. Mit einem Kommentarband herausgegeben von Karl-Heinz Hahn. (2 Bde.) Ppd. im Schmuckschuber.
Verweile doch. 111 Gedichte mit Interpretationen. Herausgegeben von Marcel Reich-Ranicki. 1992. Ln.
Die Wahlverwandtschaften. Ein Roman. Erläuterungen von Hans-J. Weitz. Mit einem Essay von Walter Benjamin ›Goethes Wahlverwandtschaften‹. 1981. Ln., Ldr.
West-östlicher Divan. Eigenhändige Niederschriften. Herausgegeben und eingeleitet von Katharina Mommsen. 2 Bände. Erster Band: Handschriften. Zweiter Band: Einführung, Transkriptionen und Kommentar. Numerierte und auf 1000 Exemplare limitierte Auflage. 1996. Ln. im Schuber.
West-Östlicher Divan. Mit Essays zum ›Divan‹ von Hugo von Hofmannsthal, Oskar Loerke und Karl Krolow. Herausgegeben und mit Erläuterungen versehen von Hans J. Weitz. 1986. Ln.
Wilhelm Meisters Lehrjahre. Herausgegeben von Erich Schmitt. Mit sechs Kupferstichen von Catel, sieben Musikbeispielen und Anmerkungen. 1982. Ln., Ldr.
Wilhelm Meisters Wanderjahre oder die Entsagenden. Mit einem Nachwort von Adolf Muschg. 1984. Ln., Ldr.
Zweiundzwanzig Handzeichnungen von 1810. Ein Zyklus. Herausgegeben von Margarete Oppel. Mappenwerk in Kassette. 22 Blätter. Mit einem Kommentar.
Goethe-Kalender 1999. Mit dreizehn Handzeichnungen und Betrachtungen von Johann Wolfgang Goethe.
Eckermann, Johann Peter: Gespräche mit Goethe in den letzten Jahren seines Lebens. Herausgegeben von Fritz Bergemann. 1992. Neuausgabe. Ln.
Die Erotica und Priapea aus den Kunstsammlungen Johann Wolfgang Goethes. Herausgegeben und erläutert von Gerhard Femmel und Christoph Michel. Mit Abbildungen. Einmalige numerierte Auflage in 950 Exemplaren. Die Exemplare 1 bis 100 sind in naturfarbiges Lammleder gebunden. 1992. Sonderausgabe. Klappen-Broschur. Ln.
Johann Wolfgang Goethe: Geschichte meines Herzens. Briefe an Behrisch. Herausgegeben und mit einem Anhang versehen von Wilhelm Große. IB 1189.
Goethe. Sein Leben in Texten und Bildern. Mit einem Vorwort von Adolf Muschg. Herausgegeben von Christoph Michel. Sonderausgabe. Kartoniert.
Goethe im zwanzigsten Jahrhundert. Spiegelungen und Deutungen. Herausgegeben von Hans Mayer. 1987. Ln.
Bertaux, Pierre: Gar schöne Spiele spiel' ich mit dir! Zu Goethes Spieltrieb. 1986. Ln.
Bohnenkamp, Anne: ... das Hauptgeschäft nicht aus den Augen lassend. Die Paralipomena zu Goethes ›Faust‹. 1994. Ln.
Henel, Heinrich: Goethezeit. Ausgewählte Aufsätze. 1980. Geb.
Mommsen, Katharina: Goethe und die arabische Welt. 1988. Ln.
Unseld, Siegfried: Goethe und der Ginkgo. Ein Baum und ein Gedicht. Mit Abbildungen. IB 1188. Limitierte Vorzugsausgabe von 850 Exemplaren. Ldr.
– *Goethe und seine Verleger.* Mit zahlreichen Abbildungen. 1991.
›Das Tagebuch‹ Goethes und Rilkes ›Sieben Gedichte‹. Erläutert von Siegfried Unseld. 1978. IB 1000.